普通高等教育汽车类专业（方向）系列教材

现代汽车检测与故障诊断技术

主　编　司传胜
副主编　许善珍　周建立
参　编　王建胜　徐礼超　王程
主　审　范钦满

机械工业出版社

本书简要阐述现代汽车检测与故障诊断基础,着重阐述发动机检测与故障诊断、底盘检测与故障诊断、汽车附属系统检测与故障诊断、汽车整车检测技术,简要介绍汽车远程测试与诊断技术。本书图文并茂,内容翔实,深入浅出,贴近实际,直观易懂。

本书可作为应用型本科汽车类专业教材,也可作为大、中专院校汽车运用工程、汽车维修等相关专业的教材,同时可供汽车维修人员和汽车检测方面工程技术人员在实际工作中参考和使用。

图书在版编目（CIP）数据

现代汽车检测与故障诊断技术/司传胜主编. —北京：机械工业出版社，2013.7（2023.12 重印）

普通高等教育汽车类专业（方向）系列教材

ISBN 978-7-111-43196-1

Ⅰ.①现… Ⅱ.①司… Ⅲ.①汽车-故障检测-高等学校-教材②汽车-故障诊断-高等学校-教材 Ⅳ.①U472.9

中国版本图书馆 CIP 数据核字（2013）第 150291 号

机械工业出版社（北京市百万庄大街 22 号 邮政编码 100037）
策划编辑：冯春生 责任编辑：冯春生 章承林 王保家
版式设计：霍永明 责任校对：闫玥红
封面设计：张 静 责任印制：邓 博
北京盛通数码印刷有限公司印刷
2023 年 12 月第 1 版·第 10 次印刷
184mm×260mm·22.25 印张·548 千字
标准书号：ISBN 978-7-111-43196-1
定价：49.80 元

电话服务 网络服务
客服电话：010-88361066 机 工 官 网：www.cmpbook.com
　　　　　010-88379833 机 工 官 博：weibo.com/cmp1952
　　　　　010-68326294 金 书 网：www.golden-book.com
封底无防伪标均为盗版 机工教育服务网：www.cmpedu.com

前　言

随着我国汽车工业的迅速发展，汽车数量的剧增以及汽车档次的提高，对相关汽车专业人员的需求，特别是汽车检测、故障诊断、维修等专业人员的需求也与日俱增，各高校培养的汽车服务工程方向的人才更是供不应求。努力提高人才培养质量，已成为应用型本科汽车服务工程专业人才培养的重要任务。

在多年的教学中，我们深切地感到教材质量在人才培养中占据了非常重要的地位，在学生能力的培养中，应用型本科应注重理论与实际相结合，这就迫切需要一本既有一定的理论知识，又能指导生产实践的汽车检测与故障诊断技术教材。

本书是根据全国应用型本科汽车服务工程专业教材编写委员会制订的教学大纲，在广泛征求各相关院校意见后编写的，力求引用最新资料、数据，着力反映本学科的最新研究成果，理论联系实际，注重学生实践能力的培养，以充分体现教材的科学性、先进性和实用性。

本书综合考虑了各个应用型本科汽车服务工程专业人才培养方案中现代汽车检测与故障诊断技术课程的学时安排，按64个标准学时进行内容编排。全书共分六章：第一章，主要介绍现代汽车检测与故障诊断基础，由淮阴工学院司传胜编写；第二章，主要介绍发动机检测与故障诊断，由淮阴工学院司传胜和许善珍编写；第三章，主要介绍底盘检测与故障诊断，由河南科技大学周建立编写；第四章，主要介绍汽车附属系统检测与故障诊断，由淮阴工学院王建胜编写；第五章，主要介绍汽车整车检测技术，由淮阴工学院徐礼超编写；第六章，主要介绍汽车远程测试与诊断技术，由淮阴工学院王程编写。

本书由淮阴工学院范钦满教授担任主审，并在本书编写过程中给出了指导性的宝贵意见，同时淮阴工学院交通工程学院的领导和老师在本书编写过程中也给予了大力支持和协助，在此一并表示感谢。

由于编者水平有限，书中难免会出现缺点、错误，望读者给予指正。

编　者

目 录

前言
第一章 现代汽车检测与故障诊断基础 …… 1
第一节 现代汽车检测与故障诊断技术简介 …… 1
一、概述 …… 1
二、现代汽车检测与故障诊断的分类 …… 1
三、现代汽车检测与故障诊断技术的作用 …… 2
第二节 汽车检测系统 …… 3
一、汽车检测系统的结构 …… 3
二、汽车检测系统的基本要求 …… 5
第三节 汽车检测诊断参数、参数标准和周期 …… 6
一、汽车检测诊断参数 …… 6
二、汽车检测诊断参数标准 …… 10
三、汽车检测诊断周期 …… 12
第二章 发动机检测与故障诊断 …… 14
第一节 发动机综合故障诊断 …… 14
一、人工经验诊断法 …… 14
二、利用仪器设备检测诊断法 …… 16
三、电路的万用表检测 …… 28
四、其他常用诊断方法 …… 30
五、间歇性故障的诊断方法 …… 30
六、部件重复出现故障的诊断 …… 32
七、发动机故障综合诊断的一般步骤 …… 33
第二节 发动机功率检测与故障诊断 …… 33
一、无负荷测功原理 …… 33
二、无负荷测功方法 …… 35
三、各缸功率均衡性检测 …… 36
第三节 气缸密封性检测 …… 37
一、气缸压缩压力检测与故障诊断 …… 37

二、进气管真空度检测与故障诊断 …… 39
第四节 起动系统检测与故障诊断 …… 41
一、起动电路电压降测试 …… 41
二、起动机性能检测 …… 41
三、起动系统常见故障诊断 …… 43
第五节 点火系统检测与故障诊断 …… 45
一、点火系统波形检测与分析 …… 45
二、点火正时检测 …… 50
三、点火系统常见故障诊断 …… 52
四、点火系统主要部件故障与检修 …… 54
第六节 燃油供给系统检测与故障诊断 …… 63
一、汽油机燃油供给系统检测与故障诊断 …… 63
二、柴油机燃油供给系统检测与故障诊断 …… 74
第七节 润滑系统检测与故障诊断 …… 85
一、机油压力异常 …… 86
二、机油消耗异常 …… 88
三、机油变质 …… 90
第八节 冷却系统检测与故障诊断 …… 92
一、发动机过热或过冷的危害 …… 93
二、冷却液温度过高（发动机过热）…… 94
三、冷却液温度过低或升温缓慢 …… 95
四、冷却液消耗过多 …… 96
第九节 发动机电子控制系统检测与故障诊断 …… 97
一、概述 …… 97
二、发动机电子控制系统故障自诊断 …… 99
三、电子控制系统电子元器件检测与诊断 …… 103
第三章 底盘检测与故障诊断 …… 129
第一节 传动系统检测与故障诊断 …… 129

一、离合器故障诊断与排除 …………… 129
二、机械式变速器故障诊断与排除 …… 135
三、自动变速器检测与故障诊断 ……… 144
四、传动系统的检测 …………………… 174
第二节 转向系统检测与故障诊断 ………… 178
一、常见故障诊断及排除 ……………… 178
二、车轮定位的检测 …………………… 184
三、转向盘自由转动量和转向力的
检测 ………………………………… 191
第三节 制动系统检测与故障诊断 ………… 192
一、常见故障诊断与排除 ……………… 192
二、利用解码器对 ABS 进行检测 …… 204
三、制动性能检测 ……………………… 209
第四节 行驶系统检测与故障诊断 ………… 223
一、常见故障诊断与排除 ……………… 223
二、车轮不平衡的检测 ………………… 229
三、车轮侧滑量的检测 ………………… 235
四、悬架装置的检测 …………………… 238

第四章 汽车附属系统检测与故障诊断 ……………………………………… 242
第一节 汽车空调系统检测与故障诊断 …… 242
一、空调系统的工作原理 ……………… 242
二、汽车空调系统的分类 ……………… 242
三、汽车空调系统故障诊断方法 ……… 243
第二节 汽车安全气囊系统的检测与故障
诊断 ………………………………… 252
一、电子控制安全气囊系统的故障
诊断 ………………………………… 253
二、电子控制安全气囊系统的检测 …… 255
三、安全气囊的报废处理 ……………… 258
第三节 汽车电子仪表检测与故障诊断 …… 258
一、汽车电子仪表系统 ………………… 259
二、汽车电子组合仪表的检测与诊断 … 259
第四节 汽车音响系统检测与故障诊断 …… 261
一、汽车音响检修应注意的问题 ……… 261
二、汽车音响检修 ……………………… 262
三、汽车音响故障诊断与排除 ………… 265
第五节 汽车电动门窗检测与故障诊断 …… 266

一、电控门锁的结构 …………………… 267
二、汽车电动门窗系统故障检修 ……… 268

第五章 汽车整车检测技术 ……………… 271
第一节 汽车检测站概述 …………………… 271
一、汽车检测站的任务 ………………… 271
二、汽车检测站的类型 ………………… 271
三、汽车检测站的组成和检测线的工位
布局 ………………………………… 272
四、汽车检测站和检测线的工艺路线
流程 ………………………………… 273
五、汽车检测线微机控制系统 ………… 274
第二节 汽车动力性检测 …………………… 276
一、底盘测功试验台的结构与检测
原理 ………………………………… 277
二、驱动轮输出功率检测 ……………… 279
三、在用车动力性检测结果分析 ……… 281
第三节 汽车燃油经济性检测 ……………… 283
一、汽车燃油经济性评价指标 ………… 284
二、汽车燃油经济性检测 ……………… 284
三、汽车燃油消耗量限值 ……………… 292
第四节 汽车排放污染物检测 ……………… 293
一、汽车排放污染物及其危害 ………… 293
二、汽车排放污染物检测技术 ………… 294
三、汽车排放污染物检测方法 ………… 300
四、汽车排放污染物检测标准 ………… 303
五、检测结果分析 ……………………… 307
第五节 汽车噪声检测 ……………………… 308
一、噪声及其危害 ……………………… 308
二、噪声的评价指标 …………………… 308
三、汽车噪声检测仪器 ………………… 309
四、汽车噪声检测方法 ………………… 311
五、汽车噪声检测标准 ………………… 315
第六节 汽车前照灯检测 …………………… 316
一、前照灯评价指标 …………………… 316
二、前照灯检测原理 …………………… 317
三、前照灯检验仪 ……………………… 318
四、前照灯检测方法 …………………… 324
五、前照灯检测标准 …………………… 325

六、前照灯检测结果分析 …………… 327
第六章　汽车远程测试与诊断技术 …… 329
　第一节　远程测试与诊断技术概述 …… 329
　　一、远程测试与诊断技术的发展 …… 329
　　二、汽车远程测试与诊断技术的
　　　　优越性 …………………………… 329
　　三、远程故障诊断系统模式 ………… 330
　　四、远程故障诊断的实现方法及手段 …… 331
　第二节　虚拟仪器技术 ………………… 332
　　一、虚拟仪器的概念 ………………… 332
　　二、虚拟仪器技术的特点 …………… 332

　　三、虚拟仪器的组成 ………………… 333
　　四、虚拟仪器技术的发展及其应用 … 335
　第三节　远程虚拟仪器技术及其应用 … 335
　　一、基于B/S模式的远程数据传输 … 336
　　二、基于C/S模式的远程数据传输 … 338
　　三、基于DataSocket技术的远程数据
　　　　传输 ……………………………… 339
　　四、远程虚拟仪器技术在汽车检测中的
　　　　应用实例 ………………………… 343
参考文献 ………………………………… 347

第一章　现代汽车检测与故障诊断基础

第一节　现代汽车检测与故障诊断技术简介

一、概述

现代汽车检测与故障诊断技术是指在整车不解体的情况下，检测汽车使用性能或工作能力，以确定汽车技术状况及其故障的一门学科。它是研究汽车检测方法、检测原理、诊断理论，确定汽车技术状况，查明故障原因和故障部位的汽车应用技术。

现代汽车检测与故障诊断技术包括汽车检测技术与故障诊断技术，统称为汽车诊断技术。它以先进的检测技术为基础，以科学的检测方法为手段，以准确的诊断为目的，通过对汽车性能参数或工作能力的检测，依靠人工智能科学地确定汽车的技术状态，识别、判断故障，甚至预测故障，为汽车继续运行或进厂维修提供可靠的依据。

现代汽车检测与故障诊断技术，与传统的人工检查、经验诊断有原则上的不同，它是借助科学技术的新成就，利用必要的仪器、设备，在满足整车不解体条件下进行检测，从而确定汽车技术状况、工作能力和故障部位的。它具有科学、高效、省力、准确的特点。随着汽车技术的飞速发展，高新技术的广泛运用以及电子化程度的不断提高，现代汽车检测与诊断技术本身所包含的知识、侧重的内容、涉及的范围、利用的设备以及采取的方法均会发生很大变化。目前现代汽车检测与故障诊断技术，已贯穿于汽车运用、汽车维护、汽车修理、交通安全和环境保护等各个领域，并起着重要的作用。

二、现代汽车检测与故障诊断的分类

1. 汽车检测分类

根据汽车检测的目的，汽车检测可分为以下四类。

（1）安全环保性能检测　安全环保性能检测是指对汽车实行定期和不定期的安全运行和环保性能检测，如对制动、侧滑、灯光、排放、噪声、车速表的检测。其目的是建立安全和公害的监控体系，强化汽车的安全管理，确保汽车具有符合要求的外观、良好的安全性能和规定范围内的环境污染程度，使汽车能在安全、高效和低污染下运行。

（2）综合性能检测　综合性能检测是指对汽车实行定期和不定期的综合性能方面的检测，如对汽车安全性、可靠性、动力性、经济性和环保的检测。其目的是在汽车不解体的情况下，确定汽车的可靠性、安全性等使用性能和减少对环境的污染程度，以创造更大的经济效益和社会效益。

（3）汽车故障检测　汽车故障检测是指对故障汽车的检测。其目的是在不解体（或仅卸下个别部件）的情况下，查出故障的确切部位和产生的原因，以确定故障的排除方法，提高排除故障的效率，使汽车尽快恢复正常。

(4) 汽车维修检测　汽车维修检测是指对维修车辆进行的维修前、维修中、维修后检测。维修前的检测，目的是找出汽车技术状况与标准相差的程度，以确定汽车是否需要大修或应采取何种技术措施，以视情修理；维修过程中的检测，目的是确诊故障的部位和原因，提高维修质量及维修效率；维修后的检测，目的是检验汽车的使用性能能否得到恢复，以确保维修质量。

在汽车使用过程中，为了解在用车的技术状况，应对汽车经常进行检测，每次检测的时机，可以与汽车的正常维护、修理周期以及汽车年检相互配合。

2. 故障诊断分类

故障诊断是指运用必要的手段（包括外观、气味、振动、声响、感觉、仪器等）、知识和经验对车辆故障（包括故障码、故障症状）做出分析和判断，确定故障部位、原因的过程。它是由检查、分析、判断等一系列活动完成的。从完成这些活动的方式来看，现代汽车故障诊断可分为以下三类。

(1) 人工经验诊断　人工经验诊断是指利用人工观察、经验检查、推理分析、逻辑判断进行的故障诊断。诊断时，诊断人员凭借丰富的实践经验和一定的理论知识，利用简单工具，在不解体汽车或局部解体的情况下，根据汽车外部异常状况，通过眼看、手摸、耳听的手段，边检查、边试验、边分析，从而确定汽车故障部位和原因以及汽车的技术状况。人工经验诊断不需专用仪器设备，可随时随地地应用。但它对诊断人员的经验依赖性强，要求诊断人员有较高的技术水平，但存在诊断速度慢、准确性差及不能进行定量分析等缺点。

(2) 仪器分析诊断　仪器分析诊断是指汽车在不解体情况下，利用各种专用仪器和设备获取汽车的各种数据，并根据这些数据来进行的故障诊断。诊断时，利用现代检测设施对汽车、总成或机构进行测试，并通过对诊断参数测试值、变化特性曲线、波形等的分析判断，定量确定汽车技术状况或确诊故障部位和原因。采用微型计算机控制的仪器设备能自动分析、判断、存储并打印诊断结果。利用现代仪器诊断的特点是诊断速度快、准确性高、能定量分析，但检测的投资大、成本高。

(3) 自我诊断　自我诊断是指利用汽车电控单元（ECU）的自诊断功能进行的故障诊断。自诊断功能就是利用监测电路检测传感器、执行器以及微处理器的各种实际参数，将检测到的实际数据与存储器中的标准数据进行比较，并根据比较结果对系统是否存在故障进行判定。当判定系统存在故障时，电控单元将故障信息以故障码的形式存入存储器，并控制警示灯向驾驶员发出警示信号。自我诊断就是通过一定的操作方式，把汽车电控系统中电控单元的故障码提取出来，然后通过查阅相应的"故障码表"来确定故障的部位和原因。

在实际检测诊断工作中，上述三类故障诊断并不相互独立，而是相辅相成的。人工经验诊断是检测诊断的基础，具有十分重要的实用价值；仪器分析诊断是在人工检验诊断法基础上发展起来的诊断方法，它在汽车检测诊断中所占的比例日益增大，使用现代仪器设备诊断是汽车检测诊断技术发展的必然趋势；自我诊断对于电子控制的汽车各大系统十分有效，而且快捷准确，这是其他方法无可比拟的。

三、现代汽车检测与故障诊断技术的作用

汽车在使用过程中，其使用性能下降、出现故障是不可避免的。如果能利用现代汽车检测与故障诊断技术，对汽车的运行状态作出判断，及时发现故障，并采取相应的对策，则可

以提高汽车的使用可靠性，避免汽车恶性事故的发生，同时可充分发挥汽车的效能，减少维修费用，获得更大的经济效益。现代汽车检测与故障诊断技术的作用具体表述如下。

（1）是实施汽车维修制度的重要保证　我国现行的汽车维修制度属于计划预防维修制度，车辆的维修必须贯彻预防为主、定期检测、强制维护、视情修理的原则。这种维修制度是根据车辆检修诊断和鉴定的结果，对车辆进行视情处理，施以不同的作业范围，这样可以减少不必要的拆卸，避免盲目维修或失修现象发生，能最大限度地发挥零件的使用潜力，大大提高汽车的可靠性和使用经济效益。然而，这一维修制度的实施，是以先进的汽车检测诊断技术为前提的，可以想象，如果没有车辆检测诊断技术，要实现视情维修则是一句空话。因此，我国交通运输部《汽车运输业车辆技术管理规定》中明确指出：现代汽车检测诊断技术，是检查、鉴定车辆技术状况和维修质量的重要手段，是促进维修技术发展，实现视情修理的重要保证。

（2）是提高维修效率、监督维修质量的重要措施　在车辆技术保障中，统计资料表明，查找故障的时间约为70%，而排除和维修的时间约为30%。为提高汽车维修效率，应采用先进的汽车检测与故障诊断技术。随着汽车结构的日益复杂化，现代汽车检测与故障诊断技术的地位越来越高，人们更加依赖于它。若没有现代汽车检测与故障诊断技术，则车辆的故障就不能迅速排除，车辆的技术状况就不能迅速恢复，车辆的维修质量也就不能得到有效的监督。因此，现代汽车检测与故障诊断技术在汽车保障中处于十分关键的地位，它是提高维修效率、保证维修质量的重要措施。

（3）是保证行车安全的重要手段　随着汽车保有量的增加，汽车交通事故造成人身伤亡的现象十分严重，现已构成不可忽视的社会问题。面对日益严峻的交通形势，采用现代汽车检测与故障诊断技术，利用先进的检测仪器，能对机动车辆加强安全技术检测，对汽车的技术状况做出准确的诊断，找出隐患及时排除，发现问题及时维修，确保汽车的行车安全。

第二节　汽车检测系统

一、汽车检测系统的结构

1. 检测系统的基本组成

现代汽车的不解体检测是依赖汽车检测系统来完成的。检测系统主要由传感器、信号变换部分、显示或记录部分等组成，如图1-1所示。它能将汽车上被测物理量经检测、放大、转换和显示或记录等变换成便于观测者直接感觉的信号。

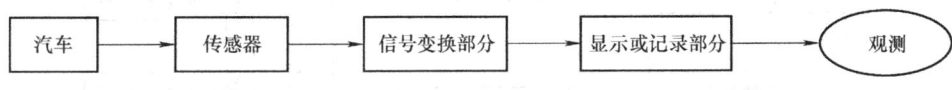

图1-1　汽车检测系统组成框图

（1）传感器　传感器是检测系统的信号获取装置，它将被测物理量转换成容易检测、传输或处理的以电量为主要形式的信号。例如，将机械位移量转换成电阻、电容或电感等电参数的变化；又如，将振动或声音信号转换成电压或电荷的变化信号。传感器实际上是人的感觉器官的延伸，扩展了人的信息功能，使人们可以探索那些无法用感官直接检测的汽车内部故障信息。

（2）信号变换部分　信号变换部分对传感器所送出的信号进行加工，如将电阻抗变为电压或电流；如将信号放大、调制与解调、阻抗变换、线性化以及转化成数字编码信号等。经过这样的加工使之变为一些合乎需要，便于传输、显示或记录，以及可作进一步后续处理的信号。从广义上看，信号变换部分实际上是传感器与信号处理之间的一种"接口"。在汽车检测的实际工作中，信号变换部分有时可以是由很多仪器组合成的一个完成特定功能的复杂群体；有时却可能简单到仅有一个变换电路，甚至可能仅是一根导线。

（3）显示或记录部分　显示或记录部分将所测信号变为一种能为人们感觉所理解的形式，以供人们观测和分析。通常使用电表来指示所检测的数值，用阴极射线示波器来显示波形。为了在被测信号消失之后，仍然可以重新观察或再现，需要使用记录仪将检测的信号记录下来。

2. 检测系统的基本原理

现代汽车检测系统常将检测信号的后续处理引入其中，且普遍采用计算机辅助测试，利用计算机来分析、处理、存储、显示检测信号。由于在检测过程中，多数还是采用输出模拟信号的传感器。因此，为了实现计算机对被测信号的分析和数据处理，需要将传感器输出的模拟量经过预处理并依靠模-数（记为A-D）转换器转换为计算机所需要的数字量。由于检测结果往往需要模拟记录、显示以及模拟过程控制，因此，计算机测试系统又必须采用数-模转换器，把数字量转换为模拟输出量。

图1-2所示为汽车悬挂振动性能检测系统框图，该系统是由实现信息转换、传输和处理的一些装置组合成的检测系统。检测时，将被测的悬挂车轮置于振动检测台上，振动检测台在激振源作用下进行激振，使振动检测台-汽车系统产生共振，从而通过振动检测台下面的传感器A_1、A_2测量汽车的振动参数（振动幅值、振动频率、相位差），并经过预处理电路，送入与微型计算机接口的多通道模拟信号输入子系统，微型计算机一方面采集各点被测信号并进行分析和处理；另一方面按计算机程序的要求，通过模拟信号输出子系统去控制振动的激振源。计算机分析和处理的结果，输出至外围设备——打印机和绘图仪。汽车悬挂振动性能检测系统实现了测量和控制的一体化，它通过测量汽车共振时垂直振动的频率、振幅以及输出振动波形曲线并经检测系统处理来获得汽车悬架减振性能的评价结果。

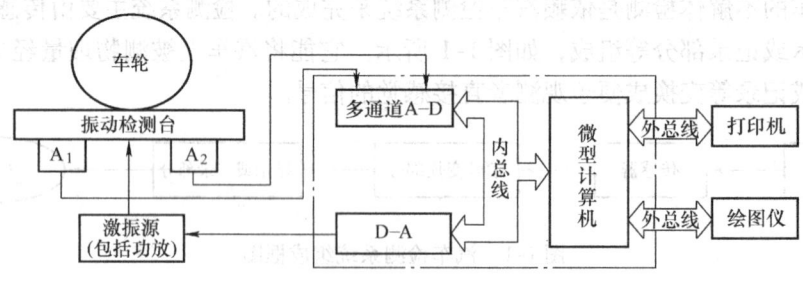

图1-2　汽车悬挂振动性能检测系统框图

汽车发动机综合性能分析仪是现代汽车检测系统的典型应用实例，它主要是由信号提取系统、前端处理器和微型计算机系统等组成，如图1-3所示。信号提取系统由各类夹持器、探针、传感器和连接电缆等组成。信号提取系统的任务是拾取汽车被测点的参数值，提取发动机的各种状态信号，鉴于被测点的机械结构和参数性质不同，信号提取系统必须具有多种形式以适应不同的测试部位。前端处理器包括部分采集信号的预处理和信号转接，并承担与主机的并行通信，任务是将发动机的所有传感器信号，经衰减、滤波、放大、整形处理后，转换成标准的数字信号，送入信号采集系统。微型计算机系统主要包括主机、显示器、键盘和打印机等部件，任务是承担测试过程的数据采集、处理、显示和打印等工作。

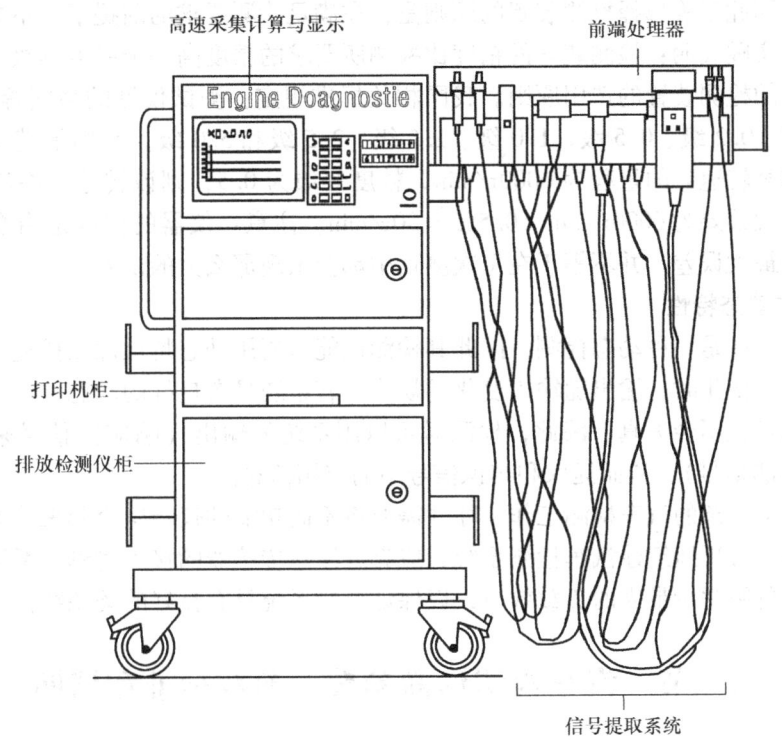

图1-3 汽车发动机综合性能分析仪

现代汽车检测系统一般可实现自动检测、实时数据处理、数据存储、数据表或图形的显示和输出，还可以根据检测结果进行故障分析诊断，提高检测诊断的效率。

二、汽车检测系统的基本要求

汽车检测系统是要检测出被测对象中人们所需要的某些特征参数信号，不管中间经过多少环节的变换，必须忠实地从信源点把所需信息通过其载体信号传输到输出端。为此，对检测系统有如下基本要求。

1. 能有效地检测被测量

检测系统首先应保证能有效地检测规定检测项目中所有被测量，满足检测所必需的功能要求。因此，检测系统应具有适当的灵敏度和足够的分辨率。

（1）灵敏度 灵敏度是指输出信号变化量与输入信号变化量的比值，它反映了检测系统对输入量变化的敏感程度。其值越大，表示系统越灵敏，检测微弱变化信号的能力越强。

但灵敏度过高时，其系统的示值稳定性越差且检测范围越窄，故灵敏度的选择应适当。

（2）分辨率　分辨率是指检测系统能测量到最小输入量变化的能力，即能引起输出量发生变化的最小输入变化量。当系统具有足够分辨率时，就能有效地检测微弱变化的被测量。

2. 足够的检测精度

检测系统所检测的各种被测量应该准确可靠，即应有足够的检测精度。检测系统的精度与检测装置的复杂程度和价格直接相关，通常精度高的检测装置，其结构也较复杂，价格也会成倍增加。因此正确选择检测装置的原则是：在满足检测要求的前提下，不要片面地追求高精度。工作实践表明：检测装置的精度比检测所要求的精度高一个精度等级就可以很好地满足上面所述的检测装置的选用原则。我国相关标准规定：测试仪器的精度等级共有7级，分别是0.1级、0.2级、0.5级、1.0级、1.5级、2.5级和5.0级。它们是满量程绝对误差的百分数，如某转速计的量程为6000r/min，精度等级为0.5，则该转速计在满量程范围内可能产生的最大误差为6000r/min×0.5% = 30r/min。注意：仪器的精度是指在满量程范围内可能产生的最大误差，并不等于在每次测量中都会出现那么大的误差。

3. 良好的动态特性

汽车检测往往是一种动态检测，因此其检测性能需要用动态特性加以描述。动态特性是指输入量随时间变化时，输出随输入变化的规律。若系统具有良好的动态特性，则整个检测过程其传输信号就不会失真，因此，检测时可以用系统的输出（响应）信号来正确地估计输入信号（被测信号），从而提取和辨识信号中的有用信息。

当然，一项复杂的汽车检测工作，往往需要将不同功能的仪器组合起来才能完成其检测任务，因此需要合理地组建汽车检测系统，应充分注意传感器的接入对测试系统动态特性的影响及仪器设备级联所带来的负载效应，以保证检测系统具有良好的动态特性。

第三节　汽车检测诊断参数、参数标准和周期

选择合适的检测诊断参数，制定合理的检测诊断标准，确定最佳的检测诊断周期是现代汽车检测与故障诊断技术的重要的组成部分，是汽车检测与故障诊断的前提。

一、汽车检测诊断参数

在不解体的情况下直接测量汽车结构参数常常受到限制，因此，在进行汽车诊断时，需要找出一组与汽车结构参数有联系并能足够表达汽车技术状况的直接或间接指标，并通过对这些指标的测量来确定汽车技术状况的好坏。这种供诊断用的、表征汽车技术状况的指标称为汽车检测诊断参数。

1. 汽车检测诊断参数分类

汽车检测诊断参数按形成的方法可分为三大类，即工作过程参数、伴随过程参数和几何尺寸参数。

（1）工作过程参数　工作过程参数是指汽车工作时输出的一些可供测量的物理量和化学量，或指体现汽车或总成功能的参数，如发动机功率、油耗、汽车制动距离等。工作过程参数反映了汽车或总成技术状况的主要信息，是对汽车技术状况进行综合评价的主要依据，

通常用作初步诊断。

(2) 伴随过程参数 伴随过程参数是指伴随工作过程输出的可测量,如温度、噪声、振动等。它可反映有关诊断对象技术状况的局部信息,常用于复杂系统的深入诊断。

(3) 几何尺寸参数 几何尺寸参数是由各机构零件尺寸间的关系决定的,能够反映诊断对象的具体结构要素是否满足要求,如间隙、自由行程、车轮定位参数等。几何尺寸参数与其他参数配合使用,无论是在初步诊断,还是深入诊断,均可对汽车技术状况的评价或故障诊断起到重要的作用。

虽然每一类诊断参数都有不同的含义,但在确定汽车技术状况或判断某些复杂故障时,需采用不同的诊断参数进行综合诊断。

2. 汽车检测诊断参数的选择原则

能够表征汽车技术状况的参数很多,而且同一技术性能可采用不同参数反映。究竟选择哪些参数作为检测诊断参数,应研究检测诊断参数随汽车技术状况变化的规律,从技术上和经济上综合分析确定。具体选择时,汽车检测诊断参数应满足下列原则或特性。

(1) 灵敏性 灵敏性通常用检测诊断参数的灵敏度来表示。检测诊断参数的灵敏度是指汽车检测诊断参数相对于汽车技术状况的变化率,可用下式表示

$$K_t = \frac{dT}{dy} \tag{1-1}$$

式中 K_t——检测诊断参数灵敏度;
dy——汽车技术状况参数微小变化量;
dT——汽车检测诊断参数 T 相对于 dy 的增量。

K_t 值越高,表明检测诊断参数的灵敏性越好。检测诊断汽车时,应优先选择 K_t 值高的检测诊断参数,以提高汽车诊断的可靠性。

(2) 单值性 单值性是指汽车技术状况参数从初始值变化到终了值的过程中,其检测诊断参数 T 与技术状况参数 y 具有一一对应的关系,即检测诊断参数没有极值。也就是说,检测诊断参数的曲线不应由上升变为下降,或由下降变为上升。否则,同一检测诊断参数将对应两个不同的技术状况参数,使得汽车的技术状况无法判断。因此,要求

$$\frac{dT}{dy} \neq 0 \tag{1-2}$$

(3) 稳定性 稳定性是指在相同的测试条件下,检测诊断参数的多次测量值具有良好的一致性。检测诊断参数的稳定性可用均方差来衡量,即

$$\sigma_T(y) = \sqrt{\frac{\sum_{i=1}^{n}[T_i(y) - \overline{T}(y)]^2}{n-1}} \tag{1-3}$$

式中 $\sigma_T(y)$——汽车技术状况为 y 状态下检测诊断参数测量值的均方差;
$T_i(y)$——检测诊断参数的第 i 次测量值,$i=1、2、\cdots、n$;
$\overline{T}(y)$——检测诊断参数 n 次测量值的平均值;
n——测量次数。

其均方差越小,表示重复性越好,汽车检测诊断参数的稳定性越高。

(4) 信息性 信息性是指检测诊断参数包含的信息量,它表明通过测量所能获得的信

息数量及其诊断的可靠程度。检测诊断参数的信息性越强,则诊断的结论越可靠。

检测诊断参数的信息性取决于检测诊断参数处于完好和故障状态时的分布函数的分布,设 $f_1(T)$、$f_2(T)$ 分别是无故障诊断参数和有故障诊断参数的分布函数,若 $f_1(T)$ 和 $f_2(T)$ 分布曲线的重叠区域越少,则诊断结论出差错的可能性就越小,诊断参数的信息性就越强。如图1-4所示,诊断参数 T 的信息性强,诊断参数 T' 的信息性弱,而诊断参数 T'' 的信息性差。

对于检测诊断参数的信息强弱可用下式进行定量描述

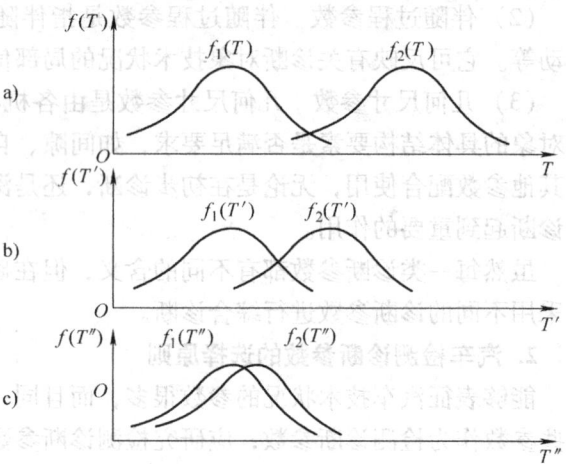

图1-4 诊断参数信息性比较
a) T 的信息性强 b) T' 的信息性弱 c) T'' 的信息性差

$$I(T) = \frac{|\overline{T}_1 - \overline{T}_2|}{\sigma_1 + \sigma_2} \qquad (1-4)$$

式中 $I(T)$——检测诊断参数 T 的信息性;
$\overline{T}_1$——无故障时检测诊断参数 T 的平均值;
$\overline{T}_2$——有故障时检测诊断参数 T 的平均值;
σ_1——无故障时检测诊断参数 T 的均方差;
σ_2——有故障时检测诊断参数 T 的均方差。

$I(T)$ 值越大,说明检测诊断参数的信息性越好,越能表明汽车状况的特征,其诊断结果越可靠。

(5) 经济性 经济性是指所确定的检测诊断参数在用于实际诊断时,其投资的费用的高低。

(6) 方便性 方便性是指所确定的检测诊断参数在用于实际诊断时,其设备是否简单、操作是否方便及检测是否容易的程度。

3. 常用的汽车检测诊断参数

根据检测诊断参数选择原则确定的汽车常用检测诊断参数见表1-1。

表1-1 汽车常用的检测诊断参数

检测诊断对象	检测诊断参数	检测诊断对象	检测诊断参数
汽车整车	最高车速(km/h) 最大爬坡度(%) 0~100km/h 的加速时间(s) 驱动车轮驱动力(N) 汽车燃料消耗量(L/100km) 侧倾稳定角(°)	汽油机供给系统	汽油泵出口关闭压力(kPa) 空燃比 过量空气系数 电喷发动机喷油器的喷油量(mL) 电喷发动机各缸喷油不均匀度(%)

(续)

检测诊断对象	检测诊断参数	检测诊断对象	检测诊断参数
发动机总成	额定转速（r/min） 怠速转速（r/min） 功率（kW） 燃料消耗量（L/h） 单缸断火（油）时功率下降率（%） 发动机 HC、CO、NO_x 浓度排放量 发动机微粒（PM）排放率（g/m^3、g/km） 柴油机烟度 R_b 值和光吸收系数	柴油机供给系统	输油泵输油压力（kPa） 喷油泵高压油管最高压力（kPa） 喷油泵高压油管残余压力（kPa） 喷油器针阀开启压力（kPa） 喷油器针阀关闭压力（kPa） 喷油器针阀升程（mm） 各缸供油不均匀度（%） 喷油提前角（°） 各缸供油间隔（°） 每一工作循环供油量（mL/工作循环）
润滑系统	机油压力（kPa） 机油温度（℃） 理化性能指标变化量 清净性系数变化量 介电常数变化量 金属微粒的质量分数（%） 机油消耗量（kg）	点火系统	蓄电池电压（V） 初级电路电压（V） 各缸点火电压（kV） 各缸短路点火电压（kV） 次级电路开路电压（kV） 断电器触点间隙（mm） 断电器触点闭合角（°）
冷却系统	冷却液温度（℃） 散热器冷却液入口与出口温差（℃） 风扇传动带力（N/mm）		各缸点火波形重叠角（°） 点火提前角（°） 电容器容量（μF）
曲柄连杆机构	气缸压力（MPa） 气缸间隙（mm） 曲轴箱窜气量（L/min） 气缸漏气量（kPa） 气缸漏气率（%） 进气管真空度（kPa）	传动系统	传动系统游动角度（℃） 传动系统机械传动效率（%） 传动系统功率损失（kW） 滑行距离（m） 传动系统噪声（dB） 总成工作温度（℃）
配气机构	气门间隙（mm） 配气相位（°）		
制动系统	制动距离（m） 地面制动力（N） 左右制动力差值（N） 制动阻滞力（N） 充分发出的平均减速度（m/s^2） 制动系统协调时间（s） 驻车制动力（N） 制动完全释放时间（s） 汽车制动滑移率（%）	行驶系统	车轮侧滑量（m/km） 车轮前束（mm） 前束角（°） 推力角（°） 车轮外倾角（°） 主销后倾角（°） 主销内倾角（°） 左右轴差距（mm） 车轮静不平衡量（g） 车轮动不平衡量（g） 车轮端面圆跳动量（mm） 车轮径向圆跳动量（mm）

(续)

检测诊断对象	检测诊断参数	检测诊断对象	检测诊断参数
转向系统	转向盘自由转动量（°） 转向盘转向力（N） 最小转弯直径（m）	其他	前照灯发光强度（cd） 前照灯光轴偏移量（mm） 前照灯配光特性 车速表车速指示误差 喇叭声级[dB（A）] 汽车定置噪声限值[dB（A）] 加速行驶车外噪声限值[dB（A）]

二、汽车检测诊断参数标准

1. 汽车检测诊断参数标准概述

汽车检测诊断参数（简称诊断参数）标准是指从技术、经济观点出发，汽车处于正常运行时输出的各种状态参数变化范围的界限值。它是定量评价汽车及其总成技术状况的标准。汽车检测诊断参数标准一般包括诊断参数初始标准、诊断参数极限标准和诊断参数许用标准。

（1）诊断参数初始标准 诊断参数初始标准相当于无技术故障的新车诊断参数的大小，它是新车和大修车的诊断标准。

（2）诊断参数极限标准 诊断参数极限标准是指汽车即将失去工作能力或技术性能即将变坏时所对应的诊断参数值。当汽车技术状况低于极限标准后，汽车技术经济性能严重下降，甚至不能继续使用。在汽车使用过程中，经常对汽车进行检测，将检测结果与诊断参数极限标准进行比较，可以预测汽车的使用寿命。

（3）诊断参数许用标准 诊断参数许用标准是指汽车无需维修可继续使用时，诊断参数的允许界限值。它是汽车维修工作中定期诊断的主要标准。当诊断结果超过许用标准时，即使汽车还有工作能力，也需要进行维修，否则，汽车的技术性经济性能将会下降，故障率将会上升。

2. 汽车检测诊断参数标准分类

按汽车检测诊断标准的来源可分为国家标准、行业标准、地方标准和企业标准四类。

（1）国家标准 国家标准是国家制定的冠以中华人民共和国国家标准字样颁布的标准。国家标准一般由行业部委提出，由国家质量监督检验检疫总局发布，全国参照执行，具有强制性和权威性。国家标准又分为强制性标准和推荐性标准，如 GB 18352.3—2005《轻型汽车污染物排放限值及测量方法（中国Ⅲ、Ⅳ阶段）》中的排放限值标准就是强制性标准，而 GB/T 18344—2001《汽车维护、检测、诊断技术规范》中的标准就是推荐性标准。汽车检测诊断参数的国家标准很多，主要与汽车行车安全、环境保护、能源消耗有关，如制动距离、噪声、排放污染物含量、汽车燃油消耗量等限值标准。使用这些参数标准进行检测诊断时，只能从严，不可放宽，以保证国家标准的严肃性和权威性。

（2）行业标准 行业标准是部级或国家委员会级制定的冠以中华人民共和国某行业标准字样颁布的标准。行业标准一般在部、委系统内或行业内贯彻执行，具有强制性和权威性。我国交通运输部颁布的 JT/T 198—2004《营运车辆技术等级划分和评定要求》通常作为交通系统和运输行业的部分检测诊断标准。

(3) 地方标准　地方标准是省级、市级、县级制定并发布的标准，在地方范围内贯彻执行，具有强制性和权威性。地方标准通常是根据本地具体情况制定的，其标准内容可能比上级标准更多，其标准限值可能比上级标准更严，以满足本地区的特殊要求。

(4) 企业标准　企业标准是汽车制造厂商或汽车维修企业根据自己的实际情况制定的标准，由于各自企业的性质不同，因而其企业标准也有差异。

汽车制造厂商提供的标准是根据其设计要求、制造水平，为保证汽车的使用性能和技术状况而制定的，它通过技术文件对汽车某些参数规定其限值，将其限值作为检测参数力、气缸间隙、连杆轴承间隙、配气相位等标准。它们通常可通过一定的函数关系与诊断参数进行换算，可以直接用诊断参数限值代替诊断标准。

汽车维修企业提供的标准是根据其技术素质、维修要求等具体情况，为保证维修质量而制定的。其维修检测标准一般与汽车使用经济性和可靠性密切相关，其诊断标准限值往往比上级标准更严，要求更高，以确保汽车维修质量和树立良好的企业形象。

3. 诊断参数标准的制定

诊断参数标准是评价汽车技术状况的依据，若诊断参数标准制定得不合理，就不能据此对汽车状况作出合乎实际的评价，其结果是或者过早维修造成不必要的浪费，或者是维修不及时使汽车带病运行，不能保证其技术经济指标和行驶安全性，因此应科学合理地制定诊断参数标准。

制定诊断标准是一项比较复杂的工作，既要考虑技术、经济、安全等方面的因素，又要考虑标准是否适应大多数汽车行的检测诊断，同时还应注意与国际标准接轨。确定诊断标准的一般方法如下。

(1) 统计法　统计法是通过找出相当数量的在用汽车在正常状况下诊断参数测试值的分布规律，然后经综合考虑并以大多数在用汽车合格为前提制定诊断参数标准的一种方法。

运用统计法确定诊断参数分布规律的通常做法是：随机选择相当数量有工作能力的车辆，对所研究的诊断参数 T 进行全面测试，其测试值从 T_f 变到 T_L，把 T_f 至 T_L 分成若干个区间，再计算对应各区间的汽车百分数，然后制成直方图，把各小区间中值所对应的百分数用曲线连接，即得到诊断参数的分布规律，如图 1-5 所示。

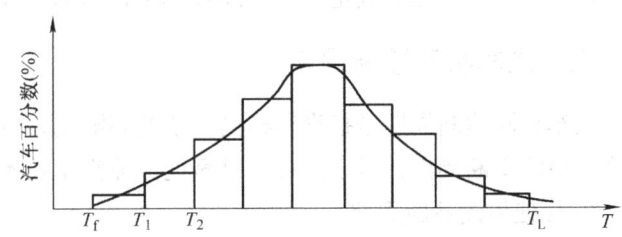

图 1-5　统计法确定诊断参数的分布规律

在得到检测诊断参数分布规律后，对诊断参数允许分布的范围加以限制，即可求得诊断参数标准，下面分三种情况讨论。

1) 限制上限的诊断参数标准。诊断参数测试值必须小于这个标准值才为合格。这种情况以分布密度曲线右侧某个数值作为限值，一般是取汽车正常概率为 95% 或 85% 的诊断参数值作为诊断参数标准，如图 1-6a 所示。

2) 限制下限的诊断参数标准。诊断参数测试值必须大于这个标准值才为合格。这种情况以分布密度曲线左侧某个数值作为限值,一般是取汽车正常概率为95%或85%的诊断参数值作为诊断参数标准,如图1-6c所示。

3) 平均诊断参数标准。诊断参数测试值在某一数值范围内为合格。这种情况以诊断参数分布密度的均值为中心,取汽车正常概率为95%或85%时所对应的诊断参数值作为诊断参数标准,如图1-6b所示。

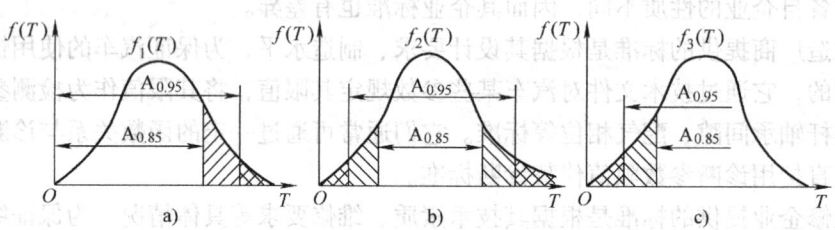

图1-6 检测诊断参数标准的确定

(2) 类比法 类比法是指利用类似结构在类似使用条件下已建立的诊断标准,根据自己的实际情况加以比较从而确定诊断参数标准的一种方法。

(3) 相对法 相对法是指通过对正常汽车总成或零部件进行测试后,采用一定的处理措施确定诊断参数标准的一种方法,通常的做法是:测定一定数量正常的汽车总成或零部件的运行参数,确定一个基准值,然后用一个适当的系数乘上基准值即可得到诊断参数标准,在实际工作中具有实用价值。由于我国目前技术水平和经济实力的限制,一个产品投入使用后,不可能对一些渐变故障的破坏特征有十分清楚的了解,因此,为了能对一些重要部件进行监测和诊断,可用相对法确定诊断参数标准。

确定诊断标准的方法很多,但不管采用哪种方法,其制定的诊断参数标准都要在实际中试用、修改后才能最后确定。而且随着汽车技术的发展,诊断参数标准常常需要修正。

三、汽车检测诊断周期

汽车检测诊断周期是指汽车检测诊断的间隔期,以汽车行驶里程或使用时间表示。科学地确定检测诊断周期,对于经济、可靠地保障汽车技术状况具有重要的作用。

1. 最佳检测诊断周期

最佳检测诊断周期是根据技术与经济相结合的原则进行定义的,它是指能保证车辆的完好率最高而消耗的费用最少的检测诊断周期。

设 $M[U(\tau)]$ 为检测诊断周期 τ 时检测诊断和维修费用的数学期望,$M[V(\tau)]$ 为检测诊断周期 τ 时汽车或机构工作时间的数学期望,令

$$\frac{d}{dt}\left[\frac{M[U(\tau)]}{M[V(\tau)]}\right]=0 \quad (1-5)$$

则满足式(1-5)的检测诊断周期即为最佳检测诊断周期。

2. 最佳检测诊断周期的确定

式(1-5)经过处理后,可以得到最佳检测诊断周期的一般公式

$$\frac{F'(\tau)}{[1-F(\tau)]^2}\int_0^\tau [1-F(L)]dL + \ln[1-F(\tau)] - \frac{C_Z}{C_X} = 0 \tag{1-6}$$

式中 C_Z——完成计划检测诊断和维护的费用；

C_X——完成计划外小修的费用；

τ——所求的最佳诊断周期。

最佳检测诊断周期的计算比较繁琐，为方便起见，可用图解法确定最佳检测诊断周期。图解时，需引入一个最佳系数 t，$t = \tau/\overline{L}$，即最佳诊断周期 τ 与故障间平均行程 $\overline{L}$ 的比值。

汽车在正常使用期内，汽车的失效形式服从指数分布规律，此时其最佳系数 t 与费用比 C_Z/C_X 的关系曲线如图 1-7 所示。从图中可以看出，随着 C_Z/C_X 的增加，t 逐渐增加，使得 τ 向故障间平均行程 $\overline{L}$ 靠近，这说明检测诊断和维护费用增加时，能有效地抑制故障发生，因此最佳检测诊断周期延长了。

利用大量的统计资料，根据图 1-7 所示曲线可图解出最佳检测诊断周期。首先从统计资料中得到费用比 C_Z/C_X，然后从图 1-7 中得到对应的最佳系数 t 值，再由 $\tau = t/\lambda$ 确定最佳诊断周期，其中 λ 为单位里程（时间）内发生故障的比率。例如：已知 $C_Z/C_X = 0.40$，$\lambda = 10^{-4} \text{km}^{-1}$，从图上查得 $t = 0.80$，则最佳检测诊断周期为

$$\tau = \frac{t}{\lambda} = \frac{0.80}{10^{-4}}\text{km} = 8000\text{km}$$

实际确定汽车检测诊断周期时，还应考虑下列问题。

（1）不同构件的故障率 汽车是一个不等强度的复杂系统，各机构的故障率及故障间的平均行程一般并不相同。从可靠性着想，通常取总成内故障概率最大的零部件的故障间平均行程作为制订检测诊断周期的依据。另外，由于汽车是由许多总成、机构组成的，不可能对每一个总成或机构都规定一个检测诊断周期，一般把需要检测的总成或机构，

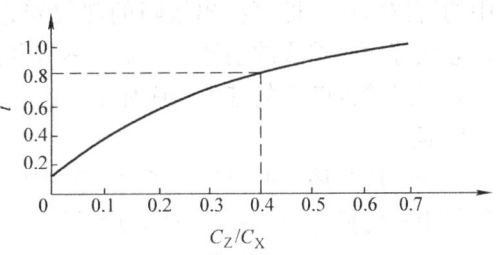

图 1-7 指数分布规律时最佳系数与费用比的关系曲线

按检测诊断周期相近的原则组合在一级检测诊断中，对汽车执行与现行维护制度类似的分级检测诊断。

（2）不同系统的重要性 有关汽车行车安全的系统，在确定检测诊断周期时，其可靠性始终是首要的，而经济性的考虑则占据次要地位。因此，对于与汽车行车安全有关的系统或机构，不能以计算结果为依据建立最佳检测诊断周期，而应从安全角度出发，以保证足够的可靠性为条件来确定检测诊断周期，因而其检测诊断周期常较其他系统或机构的检测诊断周期短得多，甚至每日或隔日检测诊断。现代快速检测诊断技术的发展为此提供了条件。

（3）不同的运用条件 在大规模的汽车运输企业，由于车辆数量较大，汽车的使用年限不一样，而且使用条件相差很大，因此汽车的无故障行驶里程在很宽的范围内变化。故在确定最佳检测诊断周期时，应按车种、使用年限及使用条件分成若干类别，使每一类车的无故障行驶里程相差不大，并据此分别建立每一类车的检测诊断周期。

第二章　发动机检测与故障诊断

第一节　发动机综合故障诊断

故障诊断就是根据汽车的故障现象，利用各种检查和监测手段，分析、查找出故障原因，准确判断故障部位。在汽车维修作业中，常采用人工经验诊断法、解体检查法和替换部件或总成等检验方法。现主要介绍电控发动机故障诊断的基本方法和常用技巧。

一、人工经验诊断法

人工经验诊断法是通过路试或对总成工作情况的观察，凭借检验人员丰富的实践经验，借助感官（眼看、耳听、手摸、鼻子闻），对汽车技术状况进行定性分析，从而对故障部位和原因进行判断的一类检查方法。

对于一些明显的故障，无需使用仪器检测，经过人工观察、分析、判断后，结合修理过程中的解体作业，即可找出故障的部位和原因，如故障汽车零部件磨损、腐蚀、疲劳、变化、老化等原因造成的漏油、漏水、漏气及连接松动等故障现象。

人工经验诊断法的基本程序如下。

1. 问

首先通过与用户的交谈，了解故障的全过程，但应注意用户讲的不一定是故障，或故障现象与用户的描述不一样，可能与实际情况有差异，应去粗取精，去伪存真。要认真倾听用户提供的汽车故障史，如使用、保养、故障及修理情况，这对检查判断故障大有帮助。向用户询问的内容主要包括以下几个方面：

（1）使用情况　掌握汽车常在什么条件下运行，是城市道路还是乡间道路；了解汽车是经常低速行驶还是高速行驶，以及常用挡位、汽车行驶里程等。

（2）维修情况

1）汽车的维护情况。例如，汽车上次换三滤的时间，发动机机油和变速器油是什么时间更换的，各种油液液面是否在规定的范围内，拆装过哪些传感器，拆装调整过哪些零部件等，这些都有助于判读故障。

如一辆北京切诺基 4.0L 吉普车，加速性能差，并且起动困难、耗油量大、排气管冒黑烟。通过询问用户得知，该车已运行 12 万 km，除进行机油和三滤维护外，没有进行过其他的项目作业。该故障从出现至今，车辆已行驶 1 万 km，故障不断加重，排气冒黑烟更严重，因此断定火花塞间隙太大，拆检发现两电极间隙接近 2.5mm，更换火花塞后，故障排除。

2）汽车的修理情况。了解汽车过去发生过什么样的故障，更换了什么样的零部件，最重要的是了解与故障现象有关的零件近期是否做过修理，修理后故障症状是否完全消失，维修后是否又产生其他异常现象。有些汽车经其他维修厂修理后，经常因装配不当或漏装某些部件而引起新的故障。

如一辆林肯大陆轿车，加速性能很差，经询问用户得知是由更换火花塞所引起的。拆下火花塞发现其型号也符合要求，断定其点火顺序不正确，更正后，行驶正常。

（3）故障情况

1）故障出现的温度。故障是在冷车时出现还是热车时出现，或是始终都出现。

2）故障出现的频率。故障是间歇发生、偶然发生，还是一直存在。有些故障有一定的规律性，汽车行驶几千米后故障出现，关闭一会儿点火开关，再起动发动机行驶，故障消失；而有些故障相反，开始行驶时故障出现，而行驶一段时间后故障消失。

3）故障出现时的转速或负荷。故障在什么转速或负荷下明显，是在急速时出现、起步时出现、加速时出现，还是在高速大负荷时出现；或者与转速、负荷无关。

了解汽车故障发生的整个过程是诊断工作的第一步，这可以使维修人员理出思路，进行初步判定。这一过程虽不能代替继续进行的直观检查、路试，但可以帮助维修人员分析故障原因，并有针对性地检查相关系统，对检查结果与故障现象进行分析比较，从而验证初步判断是否正确。

在进行基本检查的过程中，应认真听取客户对故障现象的描述，这一环节非常重要。由于客户是车辆的使用者，对车辆发生故障的具体情况比较了解，往往掌握了维修车辆所需的第一手资料。进行客户调查时，应着重了解故障出现时的情形、条件、如何发生的以及是否检修过，检修调整过哪些部位等信息。同时，还应认真填写关于发动机故障的"客户信息反馈表"，这些信息都是诊断、检修过程中寻找故障的依据。

2. 看

1）看清是什么车型，哪年款式，发动机和变速器等的型号，必要时要记下原始型号、代号或编号，以便于以后的故障诊断。

2）看停驶状态下的汽车状态。在车下检查有无漏油、漏液，连接部件有无松动，线束是否有弯曲、折断处，导线插接处是否脱落，熔丝是否松动、熔断，散热器是否太脏，油管是否弯曲、变瘪，各操纵杆、拉线、拉杆是否调整得太松或太紧，调节螺钉是否松动。这些检查一定要认真仔细，不能大概齐、差不多。当然不可否认的是经验在这一环节起着很重要的作用。

3）看工作状态下的汽车状况。在汽车工作时，观察驾驶室、发动机室、底盘处是否有异常变化，各种指示灯有无提示或警告，工作油液量是否在规定的范围内。检查仪表板上故障灯的亮或熄，可初步判断是电控系统的故障，还是机械系统的故障。

3. 听

所谓听就是利用工具或直接监听，判断工作状态或异响产生的部位，并分析可能产生的原因，借助一些工具、仪器设备和经验，使诊断更准确。

常借助的工具和仪器有：

1）长柄螺钉旋具。将螺钉旋具一端抵在怀疑部位，另一端放在耳朵前不断变换检测点，仔细探听，判定声音是否正常或找到产生异响的区域。这种方法在车辆处于静止状态时使用。

2）专用工具。用真空软管和螺栓制成专用工具，用于汽车运动时的检查。将真空软管套入螺栓内，把螺栓拧在可能发生故障的部位，并将真空软管放在车内，在汽车运动过程中，仔细探听不同状态下管内声音的变化，找出故障部位。

3) 汽车用听诊器。该仪器由探头、控制器和耳机组成。探头是夹子型或具有磁性，可接于待检查部位，控制器可进行音量或频率调节。

听，首先要弄清故障部位，分清响声的类型。同时要注意不同工况交叉，进行综合分析和考虑，避免误诊。如果找不到故障部位，维修时就会走很多弯路，浪费人力、物力和财力。这要求维修人员平时认真总结各种响声的特性，如连续响与间断性响、脆响与闷响、有规则响与无规则响等，积累听的经验，把已有的理论上升为一种实际的技能。

4. 摸

通过触摸来感觉温度变化和电气元件的温度。油温对各工作装置的影响很大，很多运动件的不正常损坏都是由油温过高造成的。反过来，运动件运动不顺畅也会造成油温过高。当然造成油温、冷却液温度高的原因较多，故障原因不尽相同，如用手摸上、下水管感觉其温差来判断节温器是否打开等。用手触摸的另一个作用是感觉电气元件的温度，如点火控制器、电磁阀等，检查其是否过热；还可对电路接头接触不良处进行辅助判断，如用手摸蓄电池接头、发电机正极接线柱、起动机接线柱、各搭铁点、导线各接点等，如果哪个点发热，就说明这个点接触不良，应拆下它打磨干净，就能使故障排除。

这里需要指出的是，发动机工作时温度很高，且不可随便触摸。这种方法有其局限性，只有了解了相关结构和工作原理，且具有一定的工作经验才能很好地应用此方法。

5. 闻

闻就是检查有无异味，通过闻可以感知故障的产生，如导线有无过热熔化，或高温使导线外皮烧焦；胶带打滑引起异味；机械部件磨损、不正常的摩擦产生异味。通过对油液的闻可知油液的品质及该系统基本的工作情况；通过对发动机排放气体的闻，可以感觉发动机的工作情况，从而为故障判断提供指导。如一辆桑塔纳 2000GSi 轿车，怠速不稳，且急加速抖动严重。通过对排放气体气味的分析，认为是高压线有时断火，更换后，故障排除。"闻"在维修中用得比其他手段少，但并不是说它不重要，运用恰当，在故障判断上可以少走许多弯路。

6. 试

这里的试包括道路试验及其他一些相关的试验，如点火系统的高压跳火试验等。有时还需要创造条件进行试验。

以前的维修人员只重视修理，对车辆维修和修理后的情况没有一个感性认识，对故障的认识深度不够，对故障的判断准确性差。试车应该成为维修人员的基本技能。通过试车可以学到书本上没有的知识。如发动机在修理后无负荷运转正常，有负荷时很有可能挂挡后车辆加速不良、高速断火与换挡不畅、制动时方向发抖等。如果没有切身的感觉，就会使故障的判断蒙上一层面纱，造成判断故障时的犹豫和不肯定。因此，试车可以给维修工作带来灵感，加快故障的排除。

二、利用仪器设备检测诊断法

利用仪器设备检测诊断法，是综合利用机械、电子、流体和振动、声学、光学等技术，在不解体情况下，通过故障码、参数、曲线、波形的变化，测试汽车性能和故障。还可以应用微型计算机自动分析、判断、打印检测结果。这种方法的优点是准确性高，能定量分析，容易掌握。随着汽车工业的发展，汽车结构越来越复杂，电子化程度越来越高，电子控制燃油喷射机构、电子控制防抱死制动装置、自动变速器、自动巡航系统等结构已成为很多轿车的基本配置。传统的眼看、手摸、耳听、鼻闻和拆拆装装的故障判断方法已经很难适应这种形势。汽车维修技师即使懂得这些机构的工作原理，如果不借助仪器设备，也很难迅速、准确地诊断出故障。现代汽车发动机设计得十分紧凑，在没有确诊出故障的部位和原因的情况下，盲目进行不必要的拆卸作业，不仅会破坏系统的可靠性，影响汽车的使用寿命，而且还可能因维修不当增添新的故障。

仪器设备检测诊断法是在传统的经验检查法的基础上发展起来的，有些检测设备就是沿着人工经验检查法的思路研制出来的，而且在使用仪器设备进行检测诊断的过程中，也离不开人的逻辑思维和判断。使用检测设备的人员，不仅要懂得检测设备的结构原理和使用方法，还必须懂得汽车的构造、原理和驾驶、维修的基础知识，而且要具备一定的实践经验，才能用好检测仪器设备。

总之，在汽车使用和维修部门，应坚持利用仪器设备检测诊断与人工经验检查相结合的方法，片面强调哪一方面都是不适宜的。

利用仪器设备检测、诊断电控发动机故障时常用到的分析方法有故障码分析法、数据流分析法、波形分析法（含压力和真空波形分析）、尾气分析法。

1. 故障码分析法

为了使电控系统处于良好的工作状态，电子控制单元（ECU，又称"行车电脑"）随时监控和分析各个信号。如果发现有异常情况就发出警告信号，并储存相应的故障码。通过故障自诊断系统提取故障码，可判断故障类型和范围。该系统大多是通过警告灯信号来显示的，故使用该系统时应检查其警告系统是否工作良好。

自诊断系统故障码的读取方法有两种：人工读码和检测仪器读码。人工读码主要包括进入自诊断状态、故障码显示。进入自诊断状态的方法有：跨接线法、专用开关诊断法、特殊程序操作诊断法。故障码的显示方法有：仪表灯显示法、试灯显示法、专用信息显示法等。

新型车辆一般需要专用检测仪器读码。这里不介绍人工读码的方法，尽量利用检测仪器读码和消码，以免发生新的故障。

在装备 OBD-Ⅱ系统的车辆上，所有的故障码（DTC）都以英文字母开头，后面跟随4个数字，如 P0101、C1234、B2236 等。

DTC 开头的字母表示被监测到的故障系统：P 为动力系统；B 为车身系统；C 为底盘系统；U 为网络或数据通信传输系统。

第一个数字是通用码（对所有的车辆制造商），或是制造商专用码。比如：0 指一般码，1 指制造商专用码。美国通用汽车公司就有帮助自诊断车辆技术状况所特定的数字类型编码。

第二个数字指出了受影响的故障系统类型，数字从 1 到 7。其中，1 为燃油及空气计量系统；2 为燃油及空气计量系统（特指喷射系统回路功能不良）；3 为点火系统或缺缸监测系统；4 为辅助排放系统；5 为车速控制和怠速控制系统；6 为计算机输出线路系统；7 为变速器。

最后两位数字指出了系统中出现故障的部件或部位，此处不赘述。

在利用故障码分析故障时，首先应理解汽车自诊断系统对故障的确认方法，并了解故障码产生的条件。

（1）自诊断系统故障判别法　ECU 中的报警自诊断系统，是根据各类电控元件工作性质的不同，采用多元化的确认方法，将故障信号编为故障码，存储记忆在 RAM 数据库中，以便提取和消除。汽车自诊断系统一般用四种方法确认故障。

1）值域判定法。当 ECU 接收到的输入信号超出规定的数值范围时，自诊断系统就确认输入信号出现故障。例如，某车冷却液温度传感器设计的正常使用温度范围为 $-30 \sim 120℃$（或范围更大些），输出电压为 $0.30 \sim 4.70V$，当 ECU 检测出信号电压小于 $0.15V$ 或大于 $4.85V$ 时，就判定冷却液温度传感器信号系统发生短路或断路故障。

2）时域判定法。当 ECU 检测时发现某一输入信号在一定的时间内没有发生变化或变化没有达到预先规定的次数时，自诊断系统就确定该信号出现故障。例如，氧传感器在发动机达到正常工作温度，控制系统进入闭环后，ECU 检测不到氧传感器的输出信号超过一定时间或氧传感器信号在 $0.45V$ 上下没有变化的情况已超过一定时间，自诊断系统就判定氧传感器信号系统出现故障。

3）功能判定法。当 ECU 给执行器发出动作指令后，检测相应传感器的输出参数变化，若传感器输出信号没有按照程序规定的参数变化，就确认执行器或电路出现故障。例如，一般汽车 EGR（废气再循环）系统装有 EGR 阀高度传感器，用以检测 EGR 阀是否正常工作。但有的汽车并没设置 EGR 阀高度传感器，当 ECU 发出开启 EGR 阀命令后，通过检测进气压力传感器（MAP）输出信号是否有相应变化，也可以确定 EGR 阀有无动作，若没有变化，则确认 EGR 阀及其电路有故障。

4）逻辑判定法。ECU 对两个具有相互联系的传感器进行数据比较，当发现两个传感器信号之间的逻辑关系违反设定条件时，就断定其一定有故障。例如，ECU 检测到发动机转速大于某个转速时，节气门位置传感器输出信号小于某个值，则判定节气门位置传感器出现故障。

（2）故障现象和故障码的相互关系　现代汽车微型计算机控制系统都具有故障自诊断功能，当发动机 ECU 检测到控制系统有故障时，ECU 将故障信息存入存储器。同时起动后"检查发动机"警告灯报警，通过一定的操作程序可将故障码从 ECU 中调出，读取故障码，了解故障原因，从而缩小检查范围，迅速准确地确定故障的性质和部位，有针对性地去检查排除故障。但是读取故障码并不一定能快速排除故障，因为有故障码不一定有故障，无故障码控制系统不一定正常，故障码仅指一个范围，有时必须综合考虑其他因素。

故障码所覆盖的内容，是 ECU 直接输入和输出的相关元件（如电动燃油泵的继电器），非直接控制的电控元件的好坏，只能通过现象来判断故障（如电动燃油泵）。因此，故障码和故障现象也存在着因果关系和非因果关系。

1）有故障码，却无故障现象。运行中曾经发生过轻微的、瞬时的偶发性间歇故障，很快又恢复正常。例如：

① 偶发性一两次断火故障，瞬时断油故障。

② 瞬时外界电磁波干扰故障。

③ 瞬时误操作又改正的故障。

④ 相关电气元件偶发性影响的故障。

有时会同时读出几个故障码，几个故障码中可能都是当前故障码，也有可能同时有历史故障码和当前故障码。判别的方法是首先记下读出的故障码，然后清除故障码，再起动运行发动机。有时需要一定条件的试车才会出现故障码，然后再读故障码，读出的故障码是当前故障码，应优先按故障码的提示排除故障。

2) 有故障现象，却无故障码。也就是说无故障码控制系统不一定正常。

如果读故障码时发现无故障码，不能肯定控制系统一定正常，这主要指没有故障码但传感器信号或开关信号不一定正常。有时发动机运行不正常，但起动后"检查发动机"警告灯熄灭，这时应该用诊断仪读取发动机数据，并将其与标准数据进行比较，检查传感器或开关信号是否正常。

① 冷却液温度传感器。冷却液温度传感器信号有一定的范围，如果超出信号范围，发动机 ECU 一定储存故障码，但如果信号在范围内，也不一定正常，因为冷却液温度传感器是一个负温度数的热敏电阻，冷却液温度低，阻值大，信号电压高；冷却液温度高，阻值小，信号电压低。假设冷却液温度传感器标准是 20℃时阻值为 2~3kΩ，80℃时的阻值为 200~400Ω，但实际冷却液温度传感器在 80℃时阻值为几千欧，发动机 ECU 认为是冷车，增加喷油量，造成热车难起动，混合气浓，油耗大。在这种情况下绝对读不出故障码，因为冷却液温度传感器信号在规定范围内，ECU 认为传感器是正常的，所以没有故障码。如果 20℃时阻值是几百欧，ECU 认为是热车，不增加喷油量，造成冷起动困难，暖车工况不良，因为冷却液温度传感器信号在规定范围内，没有开路或断路，所以 ECU 认为传感器正常，因此也没有故障码。

② 节气门位置传感器。滑片电阻式的节气门位置传感器一般信号电压为 0.5~4.5V，怠速时约 0.5V。如果由于节气门卡、拉索过紧或安装位置不当，就会使怠速时信号电压不正常。假如安装位置不当，怠速时信号为 0.8V，ECU 认为是小负荷工况，非怠速工况，不修正喷油量，使怠速时混合气稀而怠速不稳。这种情况下节气门位置传感器有信号电压，ECU 认为是正确的，所以没有故障码。节气门位置传感器信号不正确还会使自动变速器的换挡点改变，如某克莱斯勒车节气门位置传感器型号不对，怠速时信号电压为 4.5V，节气门全开时信号电压为 0.5V，因为有信号，所以没有故障码。但该车存在两个故障现象，一是不踩加速踏板不能起动，因为 ECU 收到节气门传感器信号电压为 4.5V，认为是节气门全开，此时再收到起动信号，ECU 进入"清除溢油功能"，控制不喷油或空燃比为 20:1，造成不能起动。此时必须踩下加速踏板才能起动，踩到底刚好是 0.5V。又因为怠速时节气门位置传感器信号电压为 4.5V，从而造成自动变速器换挡点错误，发动机转速很高而车速仅仅为 20km/h 左右。节气门位置传感器信号错误还会使空调压缩机不工作。这些情况下都不会有故障码。

③ 空气流量计。空气流量计与发动机转速信号确定基本喷油量。如果空气流量计信号偏弱，或随着节气门开度的增加，空气流量计信号上升很小，造成基本喷油量少，但实际进气量随着节气门开度的增加而增加，结果造成混合气稀，加速时动力反而下降，甚至熄火。此时因为空气流量计有信号，所以也没有故障码。

④ 进气歧管绝对压力传感器。随着节气门开度的增加，真空度下降，进气压力传感器信号下降或上升。如果真空管漏气、发动机真空度低或进气压力传感器本身故障，进气压力传感器信号会偏离正常值，而由于进气压力传感器与发动机转速确定基本喷油量，所以会造成混合气浓或稀。因为有信号，所以也没有故障码。

⑤ 氧传感器。氧传感器监测发动机燃烧情况，信号电压应该在 0.45V 左右变动。信号电压小于 0.45V，反馈给 ECU 后，ECU 立即修正增加喷油量；信号电压大于 0.45V 时，反

馈给ECU后，ECU立即修正减少喷油量。如果氧传感器本身故障造成信号电压一直偏低，即告诉ECU混合气稀，ECU立即增加喷油量。虽然增加喷油量，但氧传感器信号电压仍偏低，造成混合气越来越浓，甚至使排气管排出大量的黑烟。在这种情况下有的车会储存氧传感器信号偏低的故障码，有的车不会。

⑥ 爆燃传感器。爆燃传感器监测发动机爆燃情况，有的车爆燃传感器信号断路会储存故障码，有的车拔去爆燃传感器的信号线也不会产生故障码。

⑦ 曲轴位置传感器和凸轮轴位置传感器。曲轴位置传感器没有信号一般不能起动发动机，当发动机转速及曲轴位置传感器出现故障后，ECU用凸轮轴位置传感器（霍尔传感器）信号替代并换算出发动机转速及位置信号，发动机可以再起动。凸轮轴位置传感器没有信号时，有的车能起动，有的车根本不能起动。有的车能起动一瞬间然后立即熄火。本田飞度发动机如缺少凸轮轴位置传感器信号就像丰田车系的发动机缺少ICF信号一样中断燃油喷射，出现起动又立即熄火的现象。如果曲轴位置传感器或凸轮轴位置传感器由于脏污、信号盘缺齿或弯曲变形，造成信号不正常影响喷油正时和点火正时，就会出现转速不稳、动力性和加速性差、回火或放炮等故障现象，但不一定存储故障码。有的则需用起动机带动发动机运转较长时间才能记忆故障码。

⑧ 开关信号。怠速时接通空调（A/C）开关或变速杆由P位、N位换入D位，或打方向使动力转向开关接通，此时ECU收到开关信号要提高怠速转速。如果由于开关信号损坏，接通上述开关时，开关信号没有传递给ECU，ECU就不会控制怠速提速，造成不接通上述开关时怠速正常，接通上述开关时怠速下降甚至熄火。开关信号断路或短路通常不会存在故障码。但在一定条件下，ECU根据逻辑判定法，可能能检测到相关故障，进而存储故障码，如在一定持续时间内，车速已超过一定数据（一般为70km/h或更大），发动机转速大于一定转速（一般为1500~2500r/min），而空挡起动开关仍保持接通时，ECU则会存储空挡起动开关不良的故障码。

凡不受ECU直接控制的电子元件和机械元件，或直控元件，因未超出值域和时域范围时，有故障现象，但无故障码。如电动燃油泵油压偏低时，有怠速不稳和加速不良的故障现象，但无故障码，严重时氧传感器会代为报警。

3) 故障码不一定反映具体故障部位。读取的故障码仅指一个故障范围，而不是一个具体的故障部位。故障码所指示的也不一定就是电气元件及相关电路的问题，有些机械故障可能与电子故障相似或相反。计算机控制装置的正常工作是以正常的发动机机械性能为前提的。计算机系统出现的许多故障码，实际上可能是由发动机的机械磨损或机械故障所引起的。例如，如果故障指示灯（MIL）点亮，并出现一个表示进气歧管绝对压力（MAP）传感器发生故障的故障码，那么除了检测MAP传感器及其电路外，还应检查进气管有无真空泄漏。又如丰田车系发动机中的故障码71，内容为EGR系统故障。但行驶中故障灯亮，故障码为71时，清码后故障灯熄灭，如不进行相应的试车，故障灯一时不会点亮，但通常在用户行驶几天后故障灯又会亮起。这时除了要检查EGR气体温度传感器及其线路、EGR真空管软管的连接、EGR阀的工作、ECU是否不良外，还要检查EGR阀后方的废气进入进气歧管的通道是否阻塞。因为废气在循环通道堵塞，EGR阀打开时，废气无法进入进气歧管，这时EGR气体温度传感器感应到的温度值就和发动机机体温度相近，而不是高温的废气温度。ECU从EGR气体温度传感器电阻值的不正常变化中感觉到故障，因而点亮警告灯报警。

2. 数据流分析法

汽车专用诊断仪器通常具有检测和清除故障码、读取数据流、冻结数据帧、系统动态监视器、执行元件动作测试等功能。数据流是 ECU 与传感器和执行交流的数据参数通过诊断接口由专用诊断仪器读出的数据。

通过诊断仪器读取发动机运行时的动态数据来诊断系统故障是另一个重要的故障分析方法。正如前面所述，发动机燃油喷射系统的 ECU 对于某些故障是不进行记忆储存的。比如冷却液温度传感器信号失真，既没有断路，也没有短路，只是信号电压反映的不是真实的冷却液温度，ECU 的自动诊断功能就不会认为是故障。再比如氧传感器反馈信号失真使尾气超标，空气流量计由于进气太脏导致实际进气量与空气流量计所检测到的进气量差异大等，都可能不被 ECU 所记录。在这种情况下，阅读控制单元数据成为解决问题的关键。通过阅读控制单元数据，能够了解各传感器输送到 ECU 的信号值与 ECU 对某些执行器的输出值，经过与真实值的比较，就能找出确切的故障部位。不光是针对无故障存储的 ECU，即使对于有故障码输出的 ECU，阅读控制单元的数据也是至关重要的。它是维修人员寻找故障原因、判断故障部位的重要依据。

脉冲编码调制（PCM）传送给诊断仪的数据既有数字信号值又有模拟信号值。数字信号参数常常称为开关参数，即开关信号，它们或通或断，或高或低，或是或否。模拟参数提供一个信号值，它具有规定的最低值、最小值。这种数据包括模拟电压读数、车速信号、温度读数和频率值等。

传送给诊断仪的 PCM 串行数据可能是一个有 50、60 或更多项目的数据列表。对一种故障和症状来说，并非所有的数据都有关系。

（1）专用诊断仪显示的主要串行数据参数

1）系统电压。蓄电池和充电系统必须提供一个连续调节的 12～14V 的电压。更重要的是，PCM 必须接收到此电压。大多数串行数据流提供了 PCM 获得的系统电压值。为了正常工作，此电压必须在 PCM 和系统部件的正常工作范围内。

2）发动机转速。发动机转速信号是 PCM 最重要的一个信号，没有这个信号，PCM 就不能了解发动机是否在运转。转速信号能告诉 PCM 发动机是在起动、怠速、加速、减速，还是在常速运转。转速信号会影响到 PCM 对点火、燃油和变速器的全面控制。

3）进气量。所有传送串行数据的燃油控制系统，都具有一些反映进气量测量方法的迹象。进气量测量的方法可以是速度密度法（进气歧管绝对压力和发动机转速）、空气体积流量（如叶片式空气流量计）或质量流量法（如采用热线式、热膜式空气流量计直接测量空气质量）。数据值可以是电压、频率或空气流量（g/s）。大多数控制系统将进气量测量值作为 PCM 计算发动机相对负荷的起始点。这些参数主要是作为燃油控制和点火控制的主控信号。有的发动机既有空气流量计又有进气歧管绝对压力传感器，在正常情况下以空气流量计检测控制为主，当 ECU 检测到空气流量计失效时则采用速度密度法控制方式，两者配合可相互检测，并便于 ECU 利用逻辑判定法判断某些故障，如进气歧管漏气、空气流量计后方漏气等故障，有的还可利用进气歧管绝对压力传感器判断 ECR 是否工作等。

4）节气门位置。因为在发动机加速、减速、常速以及怠速工况时，PCM 都要改变空燃比，因此节气门位置传感器（TPS）信号对燃油控制系统有较直接的影响。而且它也是自动变速器变速控制的主控信号之一。它以开启角度、百分比开度或信号电压来表示。

5）温度参数。发动机冷却液温度、进气温度和自动变速器油温度均会对燃油、点火和排放系统的工作以及变速器控制产生影响。

6）氧传感器。排气氧传感器（O_2S）的信号是 PCM 用来控制空燃比的反馈信号，也是 PCM 用来确定开环或闭环控制的主要信号。氧传感器测出废气中有过多的氧存在时，说明混合气过稀，PCM 便以略微加浓混合气作为反应。当氧传感器测量出废气中的氧含量低于正常值时，表明混合气过浓，PCM 将做出反应，使混合气略微变稀。

7）控制环路状态（开环还是闭环）。这是表明燃油控制状态的一个 PCM 内部参数。

8）长期和短期燃油修正值。许多燃油喷射系统提供一些数据参数，这些数据参数能指示出控制系统在稀或浓的方向上对燃油混合气进行修正的长期趋势或短期作用。短期校正表示 ECU 对混合气浓度变化立即做出反应的校正过程；而长期校正值则表示 ECU 对所控制的混合气浓度的长期校正的程度，它取决于燃油短期修正值在一定时间内的变化情况。若 ECU 发现燃油短期修正值在一段时间内一直太大，就会增大燃油长期修正值，这表明 ECU 在一段时间内一直按增加喷油脉宽来控制发动机的工作。OBD-Ⅱ车载诊断标准要求这些值以百分数的形式给出。

9）车速。车速影响到变速器控制、点火正时、燃油计算和几个排放控制子系统。它还是某些防抱死制动（ABS）和巡航控制的输入信号。

10）怠速控制值。发动机转速信号反映实际怠速转速。大多数系统也提供这样的数据，如所希望的怠速转速、怠速空气控制（IAC）阀或节气门电磁阀和电动机的工作数据。这个数据项以占空比的百分数或怠速控制步进电动机步数等形式出现。

11）喷油脉宽。即喷油器每次喷油时的喷射时间。

12）点火提前角。反映点火正时，一般显示实际的点火提前角。

13）开关信号状态。开关信号状态主要有空调请求开关状态、变速器挡位开关状态、动力转向压力开关状态、制动开关状态、起动信号等。

14）继电器状态。继电器状态主要有空调压缩机电磁离合器继电器状态、燃油泵继电器状态、风扇控制继电器状态等。

15）活性炭罐清污电磁阀。显示 ECU 指令的燃油蒸发控制（EVAP）清污电磁阀的开关状态或占空比负载循环。

16）废气再循环控制。反映废气再循环控制的状态，各系统不同，主要有 EGR 控制真空电磁阀、EGR 电磁阀、EGR 位置传感器等，以占空比的百分数或电压等形式出现。

所有的 OBD-Ⅱ系统必须将含有 16 个数据项目的一个列表传送给诊断仪。基本的 OBD-Ⅱ参数有：氧传感器电压、开环或闭环指示符、发动机转速和温度、大气压力和进气歧管压力、短期和长期燃油校正、进气温度、点火提前角、发动机负荷和车速。

除了对诊断条件和 MIL 显示加以规定和标准化之外，OBD-Ⅱ系统要求采用标准的通信接口和数据通信用的语言、标准的故障码以及标准术语。"冻结数据帧（freeze frame data）"和"检查维护（IM）备用状态指示灯（inspectction maintenance readiness indicators）"就是标准诊断信息的两个例子。

冻结数据帧是最初检测到故障的那一时刻存储在 PCM 内的数据。冻结数据帧包括发动机转速和负荷、燃油控制状态、点火正时和升温状态等参数。冻结数据帧是在第一次检测到故障时被存储的，但是如果检测到的故障是燃油系统故障和缺火故障，那么以前存储的故障信息将被替换掉。为了帮助技师修理汽车,可用诊断工具读取冻结数据帧。

OBD-Ⅱ检查维护(IM)准备指示灯亮,表明所有的 OBD-Ⅱ监视器都已工作完毕。

(2) 数据分析法　数据分析法有数值分析法、时间分析法、因果分析法、关联分析法、比较分析法等。

1) 数值分析法。数据分析是对数据的数值变化规律和数值变化范围的分析,即数值的变化,如转速、车速、ECU 读数值与实际值的差异等。

在控制系统运行时,控制模块将以一定的时间间隔不断接收各个传感器的输入信号和向各个执行器发出控制指令,对某些执行器的工作状态还根据相应传感器的反馈信号再加以修正。维修人员可通过诊断仪器读取这些信号参数的数值加以分析。如系统电压,在发动机未起动时,其值应约为当时的蓄电池电压,在起动后应约等于该车充电系统的电压。若出现不正常的数值,就表示充电系统或发动机控制系统可能出现故障(因有些车型的充电系统是由发动机 ECU 控制的),有时甚至是 ECU 内部的电源部分出现故障。

对于发动机不能起动(起动系统正常)的情况,应注意观察发动机转速信号(用诊断仪),因为大多数发动机控制系统在对发动机进行控制时都必须知道发动机的转速(取信号的方式各车型会不同),否则将无法确定发动机是否在转动,当然也无法计算进气量和进行点火及喷油的控制。

又如某些车型冷却风扇的控制不是采用安装在散热器上的温控开关,而是发动机 ECU 接收冷却液温度传感器的电压信号,判断冷却液的温度变化,当达到规定的温度点时,ECU 将控制风扇继电器接通,使风扇工作。如一辆克莱斯勒汽车,发动机起动时间不长,冷却风扇即工作,此时凭手感可知发动机只有 40~50℃。根据该车的电路图,可确定该车的风扇是由 ECU 控制的,故接上检测仪,没有故障码存在,但在观察数据时发现,ECU 读取的冷却液温度为 115℃。根据该车的设计,发动机电动冷却风扇的工作点为 102~105℃,停止点为 96~98℃。所以可以判断 ECU 对风扇的控制电路是正常的,问题在于 ECU 得到的温度信号是不正确的,这可能是由冷却液温度传感器、线束接头或 ECU 本身的故障引起的。经检查发现传感器的阻值不正确,更换后一切正常。有人会问,为什么没有故障码呢?这是因为该车在故障码的设定中,只规定了开路(读数值一般为 -35℃以上)和短路(读数值一般为 120℃以上)状态,并不能判断传感器温度值是否反映实际温度值,当然也就无法给出故障码了。从此例中可看出,应注意测量值和实际值的关系,对一个确定的物理量,不论是通过诊断仪还是直接测量得到的值与实际值应差异不大(因测量手段不同),否则就可能是测量值有问题了。

从 PCM 传给诊断仪的每项数据都有特定值,即汽车维修手册中给出的信号范围。维修技师必须了解这些数值范围,并将它们与诊断仪目前的读数进行比较,以便识别出系统故障。有些信号还需要在发动机不同的工况下观察其动态变化来判断其好坏。

用诊断仪读数来判别短路和断路是最容易的事。对电阻型传感器来说,诊断仪显示的读数为 5.0V 和接近 5.0V 的参考电压(大多数这样的传感器均靠这样的电压来工作),那么就表明到 PCM 的传感器电路断路。

诊断仪动态数据可以是 PCM 输入和输出信号的数据,也可能是由 PCM 处理后的数值。在某些系统中,一个传感器发生故障将导致 PCM 忽视来自故障传感器的信号,而是根据它自己的存储器内存储的备用值进行工作。在这种情况下,PCM 传送给诊断仪的此备用值不是故障传感器的信号。如某些车的氧传感器线路断路,诊断仪上显示的氧传感器信号电压为0.45V。如果诊断仪的任何一个读数与特定的故障或症状都没有关系,维修技师应直接用电压表、欧姆表、示波器、频率计数器和其他的检测设备对系统进行检测。

2)时间分析法。时间分析是对数据变化的频率和变化周期的分析。

ECU在分析某些数据参数时,不仅要考虑传感器的数值,而且要判断其响应的速度,以获得最佳的控制效果。如氧传感器的信号,不仅要求有信号电压和电压的变化,而且信号电压的变化频率在一定时间内要超过一定的次数(如某些车要求大于6~10次/10s),当小于此值时,就会产生故障码,表示氧传感器响应过慢。有故障码的故障是比较好解决的。但当次数并未超过限定值,而又已经反应迟缓时,并不会产生故障码。此时如仔细体会,可能会感到一些故障症状,应接上仪器观察氧传感器的数据(包括信号电压和在0.45V上下的变化状态以判断传感器的好坏)。比如奥迪车,当氧传感器的响应迟缓时,往往在1600~1800r/min之间出现转速自动波动(加速踏板不动)100~200r/min,甚至影响加速性。这往往是由于氧传感器响应迟缓,导致空燃比变化过大,从而造成转速的波动。对采用OBD-II系统的车,三元催化转化器前后氧传感器的信号变化频率是不一样的。通常,后氧传感器的信号变化频率至少应低于前氧传感器的一半,否则可能是三元催化转化器的转化效率降低了。

3)因果分析法。因果分析是对相互联系的数据间响应情况和响应速度的分析。

在各个系统的控制中,许多参数之间是有因果关系的。如ECU得到一个输入,肯定要根据此输入给出下一个输入。在认为某个过程有问题时,可以将这些参数连贯起来观察,以判断故障出现在何处。

如在自动空调系统中,通常当按下空调选择开关后,该开关并不是直接接通空调压缩机离合器,而是该开关信号作为空调请求或空调选择信号被传送给发动机ECU。发动机ECU接收到此信号后,检查是否已满足设定的条件,若满足,就会向压缩机继电器发出控制指令,接通继电器,使压缩机工作。所以当空调不工作时,可观察在按下空调开关后,空调请求(选择)、空调允许、空调继电器等参数的状态变化,以判断故障点。

又如现在许多车上都装有EGR(废气再循环)系统,该排放装置的作用主要是降低NO(氮氧化物)。通常ECU是根据反馈传感器(如EGR温度传感器、EGR位置传感器、DFPE传感器或其他传感器等)来判断EGR阀的工作状态。当有EGR系统未工作的故障码出现时,应首先在相应工况下观察ECU对EGR控制电磁阀的输出指令和反馈传感器的值。若无控制输出,可能是工况条件不满足或ECU有故障。若反馈值没有变化,则可能是传感器、线路或EGR阀(包括废弃通道)有问题。此时可直接在EGR阀上施加一定的真空(发动机在怠速时),若发动机出现明显抖动或熄火,则说明EGR阀本身和废气通道无问题,故障可能在传感器、线路或ECU上,应查找电路。若无明显抖动,则可能是EGR阀或废气通道有问题,属于常规机械故障。

4)关联分析法。关联分析是对互为关联的数据间存在的比例关系和对应关系的分析(指几个参数之间的逻辑关系)。

有时ECU对故障的判断是根据几个相关传感器信号的比较,当发现它们之间的关系不合理时,会给出一个或几个故障码,或指出某个信号不合理。此时一定不要轻易地断定该传感器不良,而要根据它们之间的相互关系进行进一步的检测,以得到正确的结论。

如韩国大宇某些车有时会给出节气门位置传感器信号不正确，但不论用什么方法检查，该传感器及其设定值都无问题。而维修人员若能认真地观察转速信号（用仪器或示波器），就会发现转速信号不正确，更换分电器中的转速传感器后，故障排除。故障原因是 ECU 在接收到此时不正确的转速信号后，并不能判断出转速信号是否正确（因无比较量），而是比较此时的节气门位置传感器信号，认为其信号与接收到的错误转速信号不相符，故给出节气门位置传感器的故障码。

5）比较分析法。比较分析是对相同车型及系统在相同条件下的相同数据组进行的对比分析。

在很多时候，维修人员没有足够的技术资料和详尽的标准数据，无法很准确地判定某个器件的好坏。此时可与同类车型或同类系统的数据进行比较。当然在修理中，很多人会使用替换试验进行判断，这也是一种简单的方法。但在进行时，注意应首先做一定的基本诊断，在基本确定故障趋势后，再替换被怀疑有问题的器件，不可一上来就换这换那，其结果可能是换了所有的器件，仍未发现问题。要注意的是，用于替换的器件一定要确定是良好的，而不一定是新的，这是做替换试验的基本准则。

(3) 数据分析的一般步骤

1）有故障码时。在进行故障码分析并确认有故障码存在时，可以直接找出与该故障码相关的各组数据进行分析，并根据故障码设定的条件分析故障码产生的原因，进而对数据的数值及波形进行分析，找出故障点。

2）无故障码时。

① 读取相关数据参数。分析后确认无故障码存在时，从故障现象入手，根据控制系统的工作原理和结构，推断相关数据参数，再用数据分析的方法对相关数据参数进行观察和全面分析。

② 用直接测量的方法鉴定诊断仪数据并验证精度。用直接测量的方法验证诊断仪数据的精度，一般要求进行几个试验来确定校正误差。用一个红外温度测量工具，在安装冷却液温度传感器的位置检查气缸盖温度，同时观察诊断仪上的传感器测量读数。两个读数之间的偏差过大，就意味着冷却液温度传感器失调。对进气歧管绝对压力传感器也可以做类似的测试：用手持式真空泵给传感器加真空，用数字式万用表测量传感器信号电压。在不同的真空度情况下测取电压读数，与标准值比较，便可确定传感器校准正确与否。进行这种测试对消除运行故障的误诊断和不必要的部件更换是很重要的。

③ 运用多种数据分析方法分析故障产生的原因。可先运用数值分析法分析，对相关数据进行动态检测，再结合其他分析方法观察数据，进行逻辑推理和判断，找出导致数据不正常的某个或多个原因。在进行数据分析时，常常需要知道所修车辆系统的基本原理和结构、基本的控制参数及其在不同工况条件下的正确读数值，并同时运用多种数据分析方法，经过认真的分析，才有可能得出准确的判断。

④ 区分燃油系统和进气系统的电气/电子故障与机械故障。如经分析存在多个可能原因时，可逐个检查排除，并注意区分燃油系统和进气系统的电气/电子故障与机械故障。一般机械故障也会影响燃油控制，并会引起串行数据读数和电子控制系统工作出现异常，如真空泄漏便是这种机械故障的最常见例子。过多的空气经过泄漏处进入进气系统会带来一些问题，过少的气体流经排气管也将引发排气系统的故障。排气不畅也是一种机械故障，它会影

响歧管压力、燃油喷射脉冲宽度和氧传感器信号。

⑤ 进一步检测、排除故障，并试车、验车看故障是否排除。

3. 波形分析法

（1）汽车专用示波器的应用　专用诊断仪增加了对汽车微型计算机控制系统数据扫描的功能，能显示出微型计算机控制系统传感器等元件的实际运行参数（数据流），以便检修人员快速分析、诊断出故障部位。但是扫描工具对错误信号的判断是有局限性的，往往会错误地认为超范围的信号是正确的，或由于"假信号"发生得太快，扫描工具不能同比捕捉信号而不能显示出来。这也就是人们常常纳闷：为什么汽车明明有故障，而扫描工具不能显示故障码的原因。汽车示波器就是为进一步满足市场的需要，快速、准确地判断故障的部位与原因而产生的。

示波器显示的波形是对所测信号的实时显示。可以把示波器看成一个二维的电压表。传统意义上的电压表，不管它是模拟式的还是数字式的，均是用来测量稳定的电压的，数字式电压表甚至能够精确到小数点后第3位。但是，在测量和分析快速变化的电压时，数字式电压表就显得无能为力。即便是最好的数字式电压表，1s也只能采集并显示4次电压值，即每250ms采集一次。问题是，许多电子信号频率突变要比每250ms一次快得多。如果电子信号变化过快，数字式电压表给出的读数仅仅是一段时间的电压平均值。

示波器通过在显示屏上同时提供电压和时间测量，解决了测量快速变化信号的难题。实际上，示波器所显示的是根据电压信号随时间变化所描绘的曲线图，提供了信号电压变化趋势、幅度、频率、相关性等比普通数字电压表多得多的分析依据及方法。数字式电压表通常只能用一两个电参数来反映电信号的特征，而示波器则用电压随时间变化的图像来反映一个电信号，它显示电信号比万用表更准确、更形象。所以"一个画面通常要胜过一千个数字"。因为取样的频率高，信号的每一个重要细节都被显示出来，可在发动机运转时识别出任何可造成故障的信号。而且如果需要，任何时间都可重看波形，因为这些波形都可保存在示波器中，并在需要的时候回放所保存的波形。现代测试用汽车示波器多为双通道显示，甚至为四通道显示。示波器有多个通道接口，能够同时显示多个波形，把示波器连接到4个不同传感器与执行器，就可以把4种信号波形同时显示出来，便于分析判断。这样就可观察一个信号如何影响另一个信号。例如，可将氧传感器电压信号输入到通道1，将喷油器脉冲输入到通道2，然后观察喷油器脉冲是否响应氧传感器信号的变化。

汽车专用示波器使用操作简单，只要选择好需要测试的内容，不再需要任何设定和调整就可以直接观察电子部件的波形。

（2）电控系统输入与输出信号的种类　电控系统部件输入与输出的信号，基本上可分为模拟信号和数字信号两种。模拟信号是信号数值在时间上连续变化的电信号，即信号的变化只发生在一系列离散的瞬间，信号的数值是阶跃变化的。数字信号只有两种状态：高电平、低电平，或有信号、无信号。例如，汽车上的霍尔式曲轴位置传感器信号和用于故障自诊断的故障码等，就是一种典型的数字信号。

这些模拟信号和数字信号再细分，又可分为直流模拟信号、交流信号、频率调制数字信号、脉宽调制信号和串行数据信号。

1）直流模拟信号波形。汽车上产生直流模拟信号的传感器元件有发动机冷却液温度传感器、燃油温度传感器、进气温度传感器、节气门位置传感器、废气再循环压力传感器、叶片式和热线式空气流量等。这类信号一般观察其幅值的变化即可。

2）交流信号波形。交流信号也是模拟信号，其大小和方向随时间而周期性变化。在汽车上产生交流信号的传感器和装置有车速传感器、轮速传感器、磁感应式曲轴位置与凸轮轴位置传感器、从模拟压力传感器信号得到的发动机真空平衡波形和爆燃传感器。这类信号通常需同时观察其幅值、频率和波形形状来判断其是否正常。

3）频率调制数字信号波形。汽车电控系统中产生可变频率信号的传感器和装置有卡门旋涡式空气流量计、福特数字式进气压力传感器、光电式车速传感器、霍尔式车速传感器、光电式曲轴位置和凸轮轴位置传感器，以及霍尔式曲轴位置和凸轮轴位置传感器。这类信号通常也是需同时观察其幅值、频率和波形来判断其是否正常。

4）脉宽调制信号波形。汽车电控系统的电路和装置有点火线圈、电子点火正时电路、EGR控制电磁阀、净化电磁阀、涡轮增压和控制电磁阀、喷油器、怠速控制电动机和怠速控制电磁阀。这类信号通常不仅需同时观察其幅值、频率和波形形状，还要观察其脉冲宽度或占空比的变化来判断其是否正常。

5）串行数据信号波形。串行数据由发动机 ECU、车身 ECU、ABS 与 ASR（TRAC）制动防滑控制系统和其他控制模块产生串行数据信号波形。串行数据信号波形是很复杂的信号波形，通常需同时观察其幅值、频率、波形形状及阵列来判断其是否正常。阵列是指组成信息信号的重复方法。

（3）汽车专用示波器的功能　汽车专用示波器的功能分基本功能和附加功能。基本功能就是对汽车电控系统的模拟信号和数字信号进行波形显示。附加功能包括万用表功能和发动机性能测试功能。

目前测试用汽车示波器多为双通道显示，甚至为四通道显示。示波器有多个通道接口，能够显示多个波形。把示波器连接到 4 个不同传感器与执行器上，即可以把 4 种信号波形同时显示出来，便于分析判断。

当测试波形信号需要进行分析时，通过功能键操作可对波形进行锁定和存储，以便仔细分析波形，进行判断，也可以通过功能键的操作重新查看和删除。通过设定信号电压的大小和改变扫描时间的长短，可以确定所测波形的大小与屏幕坐标相配，使观察方便。

示波器设有波形资料，它收集有各系统电子元件的标准波形，如传感器和执行器、点火波形等。可以通过测试波形与标准波形的对比，进行分析。通过功能键可以调出所需要的标准波形。

示波器的附加功能包括万用表功能和发动机性能测试功能。它的万用表功能可以很直接地显示出一些简单特定的信号，为使用者提供了方便。示波器备有一些附加测试探头与车辆连接，可以测试发动机的起动电流、交流发电机二极管的状态、相对缸压等。

直接点火系统无高压电缆，火花塞被摇臂罩盖起来，上面还配置进气歧管的空气导管、曲轴箱排气管等各种零件，所以诊断发动机的点火系统相当困难。对于这种点火方式，因为没有高压电缆，无法采样二次信号电压波形，但是如果每缸都有点火器（点火功率晶体管），点火线圈一次信号线露在外面的话，采样点火一次信号电压波形进行点火系统诊断是最好的方法，也是示波器的最方便之处。

4. 尾气分析法

尾气分析法就是利用尾气分析仪进行检测分析，通过尾气分析可以判断混合气的空燃比、点火燃烧的情况、点火正时状态、三元催化转化器效率等。

当燃油燃烧时，如果没有足够的氧气来实现完全燃烧，就会在燃烧室内形成一氧化碳。当空燃比高（稀）于 14.7:1（理想值）时，一氧化碳（CO）排放值就低，通常低于 0.5%（体积分数）。当空燃比低（浓）于 14.7:1（理想值）时，一氧化碳（CO）排放值就会增加。一氧化碳读数被用作衡量混合气稀浓程度的标志。

废气气样中的碳氢化合物来自未燃燃油。阻碍正常燃烧的任何因素都将增加碳氢化合物的排放值。混合气过浓、混合气过稀以至于达到缺火的程度，点火有故障，或压缩压力不正常，这些都会使碳氢化合物的排放值增加。由于混合气过浓或过稀，碳氢化合物都会增加，因此碳氢化合物的排放值不能用作衡量混合气稀浓程度的标志。

当燃烧室内的温度很高（一般高于 1371℃）时，燃烧室内的氧会与氮结合，形成氮氧化合物。在有阳光的情况下，氮氧化合物与碳氢化合物一起形成光化学烟雾。

废气气样中有氧是因为发动机吸入的空气当中氧占 21%（体积分数），且并非所有的氧都参与燃烧。当混合气的空燃比低于 14.7:1 时，废气中的含氧量就低，一般低于 0.5%（体积分数）；当混合气的空燃比高于 14.7:1 时，废气中的含氧量就增加。如果废气中含氧量大于 1.2%（体积分数），则表明混合气过稀，存在缺火，或外面的空气被吸入分析仪。如果汽车装有二次空气喷射系统，在进行气体分析之前，必须让该系统停止工作，否则会导致错误的读数。

二氧化碳是一种无害的燃烧产物，是衡量燃烧效率高低的标志。二氧化碳排放值越高越好。一台正常运转的新型发动机的二氧化碳排放值一般应在 13.5%～15.5%（体积分数）之间。

过量的废气排放可能是由发动机机械故障及燃油系统、点火系统以及发动机控制系统故障引起的。例如，由于气门烧蚀而泄漏导致的压缩压力过低将会引起不完全燃烧。由于燃烧室内的混合气不完全燃烧，导致了废气中碳氢化合物和氧含量的增加。在装有氧传感器的发动机上，增加的氧含量会使 ECU 认为混合气过稀，因而就给发动机的各个气缸增加供油量，进而又增加了 HC 的排放值。

HC 排放值过高可能由导致缺火或不完全燃烧的任何因素以及过量供油所引起。过多的燃油进入发动机会引起 CO 排放值过高。当混合气过浓时，氧含量值应降低。如果发动机采用反馈控制，且一个气缸缺火，CO 和 O_2 读数可能就会过高。当混合气的空燃比为理想值（14.7:1）时，二氧化碳排放值就接近最大值。一台严重磨损或三元催化转化器失效的发动机，二氧化碳排放值就较低。

当发动机大负荷运转而气缸温度又很高的时候，就容易形成氮氧化合物（NO_x）。混合气过稀和点火过早会使氮氧化合物排放值增加。控制 NO_x 排放量的主要措施是采用废气再循环（EGR）系统。由于发动机无负荷运转时很少产生 NO_x，因此大多数五气体分析仪为手提式，这样可在驾驶汽车期间进行废气取样。因为三元催化转化器只能使 NO_x 排放值降低很小的幅度，因此 EGR 系统能否正常工作对控制 NO_x 的排放值至关重要。

三、电路的万用表检测

1. 测量电压降

对任何电气系统来说，测量电压降始终是最重要的诊断方法。它常应用在汽车上的许多电路中（线路插头、电源、开关或其他装置），这是一个在蓄电池线和蓄电池桩头、开关、插头、负载和其他接地电路中查找高电阻的非常有用的测试方法，它是动态的测试。也就是说，为了完成电压降测量，必须给电路通电（例如，接通点火开关，或闭合相应的开关），使电流流过电路，没有电流，电路中负载的两端就不会有电压降。

测量电压降可以用下面的两种方法：

（1）步进法 步进法是检查低压系统（如"计算机控制系统"）压降过大的最有效的方法。"计算机控制系统"中电路工作电流很低，可将电压表直接跨接在电路负载上，观察系统极性，并直接读出电压降。

（2）累积法 将电压表负极引线接到搭铁处，将电压表正极引线先接到电路负载的正极侧，然后再接到负极侧。第一次的读数减去第二次的读数就得到这个特定电路负载两端的电压降。注意，在蓄电池与灯泡之间有一个 4.1V 的过大压降。

电路导线、接头和开关的最大正常电压如下：接头 0.00V；一段导线和电缆 0.20V；开关 0.30V；搭铁处或搭铁接头 0.10V。

因此，保持搭铁连接处的清洁，以获得最小的电压降是很重要的。为了测量电路搭铁处的电压降，应将电压表的负极引线直接接到蓄电池负极输出端子（负极柱）上，然后将电压表正极引线接触搭铁接头、端子和蓄电池搭铁电缆本身。总搭铁电压降不应超过 0.10V。搭铁电阻过高，通过测量电压可以得到最好的检测。

有时，为了测量一条线路是否存在腐蚀和接触不良，可外加一负载，如试灯。让试灯工作，观察试灯的亮度，并进行电压降测试。

注意，电路中所有电压降的总和必须精确等于电源电压。如果测量的电路负载的电压降低于电源电压，则表明电路中存在不希望有的电阻。通常，这就是接头和导线损坏、搭铁连接处有腐蚀和接触不良所引起的电阻。

2. 测量系统各电路的电流

测量电流常用来检查电磁线圈、继电器和电动机的工作情况，如测量燃油泵的工作电流，一般均要求不大于 9A，若大于该值，则表明燃油泵电动机匝间短路或有卡滞等。由发动机 ECU 直接控制的执行器，如活性炭罐清污控制电磁阀工作时电流一般为 400~700mA。测量电流时，应将万用表串联在电路中合适的位置（熔丝位置可能是一个比较方便的位置，拆下熔丝，将电流表接在熔丝的位置上），使执行器工作，便可测量执行器的工作电流。

只要控制输出装置的 ECU 将要被更换，就要求测量电流。输出装置即执行器包括：怠速控制电磁阀、EGR、活性炭罐清污控制电磁阀、换挡电磁阀、喷油器和继电器中的控制线圈。低电阻电磁阀或线圈将增大电流，可能会损坏 ECU 中的驱动晶体管。如果没有查清有故障的电磁阀或线圈就更换 ECU，则刚替换上的 ECU 也要遇到同样的故障。测量输出装置的电流应使用数字式万用表，测量时将数字式万用表调整在电流挡，并将红色引线与 ECU 插接器的每个输出端子相连（注意不是连续电源端子），将黑色引线接搭铁，然后将点火开关转至运转（RUN）位置。应在停 5min 后再读数，以便让该装置升温。读数不应超过制造厂家的规定，通常低于 750mA。像变速器脉宽调节电磁阀和采用限流驱动器（峰值和保持）的喷油器这样的低电阻电磁线圈就不能用上述方法测量电流，因为这样它们的电流将过大。测量这些部件需要采用实验室级示波器和电流传感器或采用欧姆表测量电阻的方法。

维修技师可以用电流表检查和测量电路是否断路，也可以用电流表或电压表，或两者同时使用,来检查电磁线圈、继电器和电动机的工作情况。当然,万用表的功能远不止这些,需根据具体情况灵活应用。

四、其他常用诊断方法

1. 替换法与信号替代法

进行故障诊断尤其是电气元件和电路故障诊断时常用替换法,即采用同规格、功能良好的元件来替换怀疑有故障的元件。若替换后故障现象消失,则表明被替换的元件已损坏。对一些传感器信号,用模拟信号发生器产生相应的信号替代,若替代后故障现象消失,则表明被替换的信号可能存在问题,但应注意分析故障时逻辑的严密,否则可能导致错误。如混合气过稀导致发动机怠速不稳的故障,当用模拟信号发生器代替空气流量计信号使混合气变浓,发动机怠速运转平稳了,这只能确定故障是由于混合气过稀造成的,却不能说明一定是空气流量计不良。如果发动机因无高压火而不能起动,怀疑发动机转速与曲轴位置传感器不良,用信号发生器模拟并替代发动机转速与曲轴位置传感器信号,结果有高压火了,这可以说明发动机转速与曲轴位置传感器信号不良。

2. 断路法

断路法是将被怀疑的电气元件或电路的连线或插头断开,然后再观察结果,并与未断开时的结果进行比较,或用万用表进行测量分析。这种方法用来检查搭铁十分有效,也广泛用于分析电子电路。如对总烧熔丝的故障进行检查时,可在熔丝座两侧跨接试灯,此时试灯发亮,然后依次对熔丝座后方的电路进行断开,当试灯不亮时,就说明搭铁出现在断开的后方电路中。

3. 短路法

短路法是使用跨接线,将被怀疑的某一器件(如开关)或某一部分电路短路,观察其结果,并与短路前的结果进行比较,或用万用表进行测量分析来诊断故障。

4. 试灯法

试灯法就是用带电源或不带电源的测试灯来检查电气元件和电路故障。带电源的测试灯常用于测量模拟脉冲触发信号等;不带电源的测试灯常用来检查电气元件和电路有无断路或短路故障。通过试灯的闪烁情况来判断电控单元的输出控制信号是否正确、电磁阀是否损坏。例如,对电磁阀电路的检测常用试灯法。

此外,查看制造厂家提供的故障树或故障诊断流程图、故障征兆一览表对故障诊断也有很好的指导作用。

在实际的故障诊断中,可能需综合运用多种方法,不必拘泥于形式。只要测量方法可安全、快速、有效地诊断出故障所在,那就不失为一种好方法。

无论用哪种方法,一定要注意所测数据的前后对比,做好保存工作,积累好资料,并注意对故障分析进行记录、整理。

五、间歇性故障的诊断方法

1. 故障征兆的重现

常用故障征兆模拟试验法来重现故障。所谓故障征兆模拟试验采用的是一种人为模拟与车辆出现故障时的相同或相似的条件和环境来激活故障的方法,以便使该类故障再现,以此进行判断。

在模拟试验中，故障征兆固然要验证，更重要的则是找出故障部位或零件。为了做到这一点，在预先连接试验仪器和开始试验之前，必须把可能发生故障的范围缩小，然后再进行故障征兆模拟试验，进而判断被测试的对象是否正常。故障征兆的模拟方法主要有：振动法、改变环境温度法、水淋法、电器全接通法。

(1) 振动法　当车辆在粗糙路面上行驶或当发动机振动（怠速时空调运转）时，可能发生故障或症状现象变得更明显。在这种情况下，应检查与振动相关的情况。

1) 接头和线束。确定哪个接头和线束影响正在检查的电气系统。然后轻轻地晃动各接头和线束，并监测系统是否再次出现故障。这样可以查出是否有松动或不良的电路连接。

线束可能由于接头暴露在潮湿的空气中，导致接头端口表面产生很薄的腐蚀层。目视检查不可能发现未断开的接头中的故障。如果故障间歇发生，可能是腐蚀层造成的。因此最好拆开检查并清理与系统相关接头的端口。

2) 传感器和继电器。轻轻晃动正在检查的系统中的传感器和继电器。该试验可以查出传感器和继电器松动或固定不良的问题。

在车辆或发动机振动时造成电气方面的故障有几个原因，检查发动机室是否存在以下问题：

① 接头未完全到位。
② 线束长度不足，在发动机振动或摇晃时会受力。
③ 电线靠着支架或运动部分。
④ 接地线松动、脏污或腐蚀。
⑤ 线路距发热部件太近。

检查发动机罩下的元件时，从确认接地线完好开始。首先确认系统正确接地，然后如前述轻轻晃动电线或部件来检查连接是否松动，用电路图检查线路是否导通。对仪表板后部的线路来说，在安装附件时，错误的布线或未固定好的线束，可能会受到挤压，车辆振动时会使那些沿支架布置或靠近螺钉的线束损坏。

对座椅下面的线路来说，松动或未固定的线束，在车辆振动时，会使电线被座椅部件（如滑轨等）挤压。如果电线从座椅下边通过，则应检查线束是否损坏或被挤压。

(2) 改变环境温度法

1) 加热法。有时车辆在炎热天气或短暂停车之后出现问题。在这种情况下，应检查热敏感情况。要想确定电气元件是否热敏感，应用加热枪或类似的工具加热该元件。不要将部件加热到60℃以上。如果在加热该单元时发生故障，则应更换或正确隔离该元件。

2) 冷冻法。车辆可能在暖机后（冬天）故障即消失。这种情况的原因可能与电路系统的某部分结冰有关。有两种检查办法。第一种是为了再现客户反映的故障现象，确认气温达到足够低的温度。将车停放在露天过夜。在早晨时，对可能受影响的电气元件进行快速全面的检查。第二种方法是将可疑零部件放入冰箱内冷冻足够长的时间，直到结冰。重新将零部件装回并检查故障是否再次出现。如故障再次出现，则修理或更换该零部件。

(3) 水淋法　故障可能只发生在高温或雨雪天气。在这种情况下，故障可能是由水浸入电气元件所致。可以通过浸湿车辆或将车辆驶过清洗机来模拟故障情况，不得将水直接喷在任何电气元件上。

(4) 电器全接通法　故障也可能是由于对电负载敏感。将所有附件（包括空调、后车窗除雾器、收音机、雾灯等）全部打开，然后进行诊断。

2. 查找和利用相关的维修信息

技术服务公报是最新信息的主要来源，如果能得到的话，应该查阅它们，以便为尽可能多的诊断作业项目找到相关的维修信息。这样做，有时候会事半功倍。

3. 综合各种分析方法，确定诊断程序

利用故障码分析和数据流测试，对发动机进行静态与动态分析，用专用诊断仪读取冻结帧数据，从中发现问题所在。然后运用各种检测仪器对所怀疑的部件或部位进行检测。必要时视情况连接好燃油压力表、诊断仪、示波器或记录仪进行路试，在行驶过程中观察燃油压力、动态数据流、相关波形的变化等，以期发现故障。还要检测各执行器的电源电压供应，如喷油器、燃油泵、点火模块等的电源电压。

六、部件重复出现故障的诊断

在很多情况下，仅仅更换一个失效的部件而不去弄清故障的原因是不够的。例如，如果更换了一只新的氧传感器，而这只新的传感器的寿命却又只有 5000～10000km，在不进行深入调查的情况下，就不会知道此故障的根本原因。冷却液漏入燃烧室大概会在氧传感器上形成沉积物，也许查找冷却系统泄漏才会找到氧传感器失效的根本原因。

几个相关的部件可能会因同一个原因而失效。氧传感器和三元催化转化器可能都会受到前述冷却液泄漏的危害。根据泄漏的严重程度和泄漏的时间长短，在更换第二只氧传感器之后，用四气体废气分析仪检查三元催化转化器的效率，这也许是有效的方法。

在行驶里程并不长的情况下，火花塞上出现积炭，不能只是更换火花塞了事，显然它并不是点火系统故障造成的，这是故障根本原因存在于发动机另一个系统的一个典型例子。在这种情况下，活塞环折断或气门导管磨损这样的机械故障都能引起火花塞积炭，并且在这个根本原因未得到解决之前，新火花塞将继续出现积炭。

有时点火模块会受温度影响而反复出现故障，高温是由点火线圈一次线圈短路致使电流过大而引起的。高温故障的起因也可能是发动机罩下温度过高。发动机过热、隔热板拆掉或环境温度变化，都可能是控制模块反复出现故障的根本原因。

没有对发动机其他的故障和排放系统故障进行检查，就更换失效的三元催化转化器可能会导致昂贵的返工。火花塞高压线与气缸盖之间产生漏电电弧可能会增加 HC 排放，并引起三元催化转化器的损坏。装有符合 OBD-Ⅱ 标准的排放系统的新型汽车，就能监视发动机是否缺火，防止出现这种故障。对采用 OBD-Ⅱ 之前的系统，努力确定一个部件失效的原因便是技师的工作。这里提到的火花塞高压线产生漏电电弧就是三元催化转化器失效的根本原因，也是三元催化转化器反复失效的根源。

如果维修技师因为发动机 PCM 内的输出驱动晶体管损坏而更换 PCM 的话，他必须先查清晶体管损坏的原因。否则，新换的 PCM 可能也会损坏。PCM 驱动晶体管常常因为输出电磁线圈、继电器、电动机和喷油器出现短路而损坏。这些装置无论哪一个出现短路，都能增大流经 PCM 晶体管的电流，从而导致故障。识别并更换有故障的输出装置才能消除故障的根源，避免故障重复出现。

以上例子说明，查明多个部件故障和部件重复出现故障的根本原因是十分重要的。

七、发动机故障综合诊断的一般步骤

（1）初步观察　观察仪表指示情况，并打开发动机罩，观察发动机部件是否完整，真空管有无脱落，电线插接器有无松脱，是否存在漏油、漏液、漏气及漏电现象，发动机怠速运转是否平稳，排气管是否冒黑烟或有燃油味等异常现象。

（2）读码—清码—运行—再读码　连接故障诊断仪查询故障码，要对读出的永久性和偶发性故障码进行记录，然后清除故障码。起动发动机，待冷却液温度达到80℃，发动机高速运转几秒钟，创造故障再现条件，再次查询故障码并做记录。

（3）分析故障码　使用维修手册查阅故障码产生的原因、影响及排除方法，且不能忽视偶发性故障码。如果未存储故障码，要考虑控制单元不能监视的元件，如很多车型的点火线圈存在故障时不会有故障码显示，应采用其他方法判断其是否存在故障。

（4）阅读数据流　发动机要满足阅读数据流的条件，对于数据流中超出正常值的数据，应参照维修手册列出的故障原因进行分析。数据流可以给发动机提供运转状态的实时数据，能否正确全面地分析数据流体现着诊断者的技术水平。

（5）检查测量　根据故障现象、故障码内容及数据流中的相关数值确定测量项目，可以使用万用表、二极管测试笔、废气分析仪、燃油压力表、真空表、气缸压力表、示波器、模拟信号发生器及喷油器检测清洗仪等仪器，进行必要的测量。选择仪器的原则是能快速、准确地判断故障。

（6）排除故障　根据以上工作记录并参照维修手册或相关资料，对故障进行分析，得出诊断结论和修理方案，如清洗节气门、气门和进气道，调整或更换元件，剥开线束查找故障点，以及清洁接地线等。

（7）竣工检验　再次使用故障诊断仪、废气分析仪等设备进行检测，确认故障是否排除。对于发动机行驶熄火、加速闯车及动力不足的故障必须进行路试，待故障完全排除后方能竣工交车。如果故障仍未排除或未全部排除，则根据需要再重复以上的诊断步骤。只要具有坚强的自信心，采用正确的诊断步骤进行认真的检查测量及缜密的分析，任何故障都不会难住诊断者。

第二节　发动机功率检测与故障诊断

发动机功率检测方法有稳态测功和动态测功之分。稳态测功也称有负荷测功，它必须在专门台架上进行，需要专门的检测设备给发动机加载，其特点是测功准确、测试时间长、测试费用高，不能适应汽车不解体检测的要求；动态测功也称无负荷测功或无外载测功，可以在汽车不解体条件下就测定发动机功率，其特点是所用仪器轻便、测功速度快、方法简单，但测功精度较低。对于汽车维修企业和交通管理部门，目前应用较多的是无负荷测功。

一、无负荷测功原理

根据检测方法的不同，无负荷测功分为瞬时功率检测和平均功率检测。瞬时功率是指发动机在加速运转时某一转速所对应的功率；平均功率是指发动机在加速运转时某一指定转速范围内的平均功率。

1. 瞬时功率检测原理

把发动机的所有运动部件等效地看做是一个绕曲轴中心旋转的回旋体。没有外界负荷的发动机，在急速情况下突然加大节气门时，发动机发出的动力除克服各种机械阻力矩外，其有效转矩将全部用来加速发动机运动部件。其加速时的惯性阻力矩为该工况下的唯一负载，因此其加速过程的运动方程为

$$T_{tq} = J\frac{d\omega}{dt} = J\frac{\pi}{30}\frac{dn}{dt} \tag{2-1}$$

式中　T_{tq}——发动机转矩（N·m）；

　　　J——发动机运动部件与附带的旋转部件对曲轴中心线的当量转动惯量（kg·m²）；

　　　$\frac{d\omega}{dt}$——曲轴的角加速度（rad/s²）；

　　　n——发动机转速（r/min）；

　　　$\frac{dn}{dt}$——曲轴转速变化率（r/s²）。

将 T_{tq} 代入有效功率计算式得

$$P_e = \frac{T_{tq}n}{9549} = \frac{\pi}{30}\frac{J}{9549}n\frac{dn}{dt} = C_1 n\frac{dn}{dt}$$

式中　P_e——发动机有效功率（kW）；

　　　$C_1 = \frac{\pi}{30}\frac{J}{9549}$；对于一定的发动机，$J$ 视作常量，因而 C_1 为常量。

由于在动态测试时，发动机的进气、燃烧状况与稳态时不同，其有效功率相对小些，因而应进行功率修正。设动态测量时功率的修正系数为 k，则

$$P_e = kC_1 n\frac{dn}{dt}$$

令 $C_0 = kC_1$，则

$$P_e = C_0 n\frac{dn}{dt} \tag{2-2}$$

式（2-2）表明，发动机在加速过程中某一转速下的功率，与该转速和其转速变化率成正比。因此，只要得知被测发动机的转速 n，就可以通过测取发动机转速变化率 $\frac{dn}{dt}$ 来判断发动机的动力性能。由于 $\frac{dn}{dt}$ 是瞬态参数，所以式（2-2）计算得到的是转速 n 时的瞬时功率。

2. 平均功率检测原理

瞬时功率的检测在实际操作中有一定的困难，实际应用时往往测量发动机加速过程中的平均功率。根据功能原理知，发动机驱动曲轴所做的功 W（J）等于曲轴旋转动能的增量，其数学表达式为

$$W = \frac{1}{2}J(\omega_2^2 - \omega_1^2)$$

式中　J——发动机当量转动惯量（kg·m²）；

　　　ω_1，ω_2——发动机加速过程测定区间的曲轴起始角速度和终止角速度（rad/s）。

设曲轴角速度加速测定区间为 $\omega_1 \sim \omega_2$，对应的发动机转速为 $n_1 \sim n_2$，加速所经历的时

间为 ΔT，则这一时间间隔的平均功率 P_{av} 为

$$P_{av} = \frac{W}{\Delta T} = \frac{J(\omega_2^2 - \omega_1^2)}{2\Delta T} = \frac{J}{2\Delta T}\left(\frac{\pi}{30}\right)^2 (n_2^2 - n_1^2)$$

令 $C = \frac{1}{2}J\left(\frac{\pi}{30}\right)^2 (n_2^2 - n_1^2)$；对于一定的发动机，$J$ 视作常量，n_1、n_2 为给定值，因而 C 为常量。

因此可以得出

$$P_{av} = \frac{C}{\Delta T} \tag{2-3}$$

式（2-3）表明，发动机在加速过程中的平均功率与加速时间成反比，即节气门突然全开时，发动机由转速 n_1 加速到转速 n_2 的时间越长，表明发动机功率越小；反之，加速时间越短，表明发动机功率越大。实际应用中，只要测量出某一转速范围内的加速时间，就可计算出发动机相应的平均功率，便可间接评价发动机的动力性能。

二、无负荷测功方法

在国产发动机检测仪中，有的采用通过测试加速时间来测定平均功率，有的采用通过测角加速度来确定瞬时功率。无负荷测功仪既可以制成单一功能的便携式测功仪，又可以与其他测试仪表组合成发动机综合检测仪。无负荷测功仪的一般使用方法如下。

1. 测试前的准备

1）调整发动机配气机构、供油系统和点火系统，使之处于技术完好状态；预热发动机至正常工作温度（80~90℃）；调整发动机怠速，使之在规定范围内稳定运转。

2）接通电源，预热仪器并调零，把传感器按要求连接在规定部位。

3）对测加速时间——平均功率的仪器应按要求设置 n_1、n_2。

4）需置入转动惯量的仪器，要把被测发动机的转动惯量置入仪器内。若被测发动机的转动惯量未知时，则应先测定其转动惯量。

5）操作其他必要的键位，如机型（汽油机、柴油机）选择键、缸数选择键和"测试"键等。

2. 总功率测试方法

常用的总功率测试方法有怠速加速法和起动加速法两种。

（1）怠速加速法　发动机在怠速下稳定运转，然后突然将节气门开到最大位置，发动机转速急速上升，当转速达到所确定的测试转速（测瞬时功率）或超过终止转速时，仪表显示出所测功率值。此后应立即松开加速踏板，以避免发动机长时间高速运转。记下或打印出读数后，按"复零"键使指示装置复零。为保证测试结果可靠，一般重复测量3次取其平均值。该测试方法既适用于汽油机，也适用于柴油机。

（2）起动加速法　首先将节气门开至最大位置，再起动发动机自由加速运转，当转速达到确定值或超过终止转速后，仪表显示出测试值。起动加速法可避免因迅猛加速操作发动机引起的误差，也可排除化油器式汽油机加速泵附加供油作用的影响。

3. 测试注意事项

1）发动机当量转动惯量 J 值的选取对测量精度的影响较大，J 值的确定至关重要。仪

器生产厂家提供的某些车型的 J 值多为发动机台架试验时取得的。这种试验一般不带风扇和空气滤清器,与就车测试的条件不同。因此,必须使用有关部门提供的就车测试的发动机当量转动惯量 J 值。对于新型或初次测试的车型,必须经过大量的试验,并与出厂数据和发动机台架试验数据对比后,才能得出适当的当量转动惯量 J 值。

2)采用平均功率检测法时,发动机加速区间的转速 n_1、n_2 的选取要适当。通常起始转速 n_1 应高于发动机怠速转速,以减少怠速和加速泵的影响,常取发动机怠速转速的 150%;终止转速 n_2 宜取额定转速,以便增加测试时间,提高测量精度。

3)检测时,踩加速踏板的速度和力度要均匀,且要求重复性好。

4)无负荷测功所测得的发动机加速性能,仅仅是动力性的一个侧面,而不是全部。众所周知,功率指标高的发动机其加速性能不一定优良。

5)无负荷测功精度一般不高,但作为发动机维修调整后的质量判断或一般车况分析,无负荷测功常常是十分有效的方法。

三、各缸功率均衡性检测

检查各缸功率的均衡性是发动机检测诊断的一个重要内容。各缸功率的均衡性可通过单缸功率检测和单缸断火后转速变化的检测来评价。

1. 单缸功率检测

利用无负荷测功仪测量单缸功率的方法:先测出各缸都工作时的发动机功率,然后在某气缸断火(高压短路或柴油机输油管断开)的情况下再测量发动机功率,两功率之差即为断火气缸的单缸功率。

在发动机正常工作的情况下,发动机输出功率应等于各缸功率之和,各缸输出功率应大致相等。这样,发动机才具有良好的动力性,其运转才能平稳。但是由于结构、供油系统以及点火系统方面的差异,各气缸实际输出的功率还是会有所不同。特别是当某气缸有故障时,这种差别就更大,如在某一转速下,若某气缸火花塞突然断火,该气缸就不能做功,发动机总功率就会下降。当发动机总功率较小时,采用轮流将各缸断火的方法测试发动机各单缸功率,可以判断各缸技术状况是否良好。

若发动机单缸功率偏低,则一般为该缸高压线、分线插座或火花塞技术状况不佳,气缸密封性不良所致,应更换、调整或维修。

2. 单缸断火后转速变化的检测

发动机在一定转速下运行时,若某缸突然断火,则发动机输出功率将减少,因而转速也会降低。因此,可以利用在单缸断火情况下测得的发动机转速下降值,来评价单缸的工作情况。

通常在发动机各缸工作都正常的情况下,以某一平衡转速下单缸断火时发动机转速下降的平均值作为诊断标准。若各缸轮换断火时,转速下降的幅度大而且基本相同,则说明各气缸工作状况良好,各缸的功率是均衡的;若转速下降的幅度差别很大,则说明有的气缸工作不正常;若转速下降值等于零,则单缸功率也等于零,说明该气缸不工作。

正常时发动机转速下降的平均值与气缸数有关。显然,气缸数越多,单缸断火后转速下降值就越小。因此,对于缸数越多(8 缸以上)的发动机,用单缸断火后转速的变化来判断各缸工作性能的难度就越大,仪器测试的误差也就越大。另外,需要注意的是:发动机进行断火试验的时间不能太长,因为当某缸断火后,进入该缸的燃油混合气不参与燃烧,燃油会洗刷气缸壁上的润滑油膜，使气缸磨损加剧；同时流入油底壳的燃油会稀释机油。

第三节　气缸密封性检测与故障诊断

良好的气缸密封性是保证发动机缸内压力正常并有足够动力输出的基本条件，因此通过气缸密封性的检测可容易判断发动机的基本技术状况。气缸密封性是由活塞组、气门与气门座以及气缸盖、气缸体、气缸垫等零件保证的。发动机在使用过程中，若气缸与活塞组因磨损使配合间隙过大，气门与气门座因磨损、烧蚀而关闭不严，缸体、缸盖因受力变形而密封面翘曲，则气缸密封性就会变差，从而导致发动机动力性下降。气缸密封性差的主要表现是：发动机起动困难甚至不能起动；发动机燃料与润滑油消耗增加，排烟增多；气车达不到最高车速、加速距离延长、最大爬坡能力下降等。通常通过检测气缸压缩压力、进气管真空度来评价气缸的密封性。

一、气缸压缩压力检测与故障诊断

1. 用气缸压力表测量气缸压力

实际中用得最多的是用气缸压力表测定气缸压力。气缸压力表有多种结构形式，如图 2-1 所示，一般由表盘、导管、单向阀和接头等组成。压力表盘的作用是指示压力；压力表接头的作用是连接火花塞或喷油器安装孔，有螺纹管接头和锥形、阶梯形橡胶接头两种；单向阀的作用是，当单向阀处于关闭位置时可保持测得的气缸压缩压力读数，当单向阀打开时可使压力表指针回零。

发动机气缸压缩压力的检测方法如下：
1）将发动机运转至正常工作温度（冷却液温度达 70~90℃）后停机。
2）拧出各缸火花塞或喷油器，以减少曲轴转动阻力。
3）汽油机应将节气门和阻风门全开，以减少空气阻力。
4）将气缸压力表锥形橡胶接头压紧在火花塞或喷油器安装孔上，如图 2-2 所示。

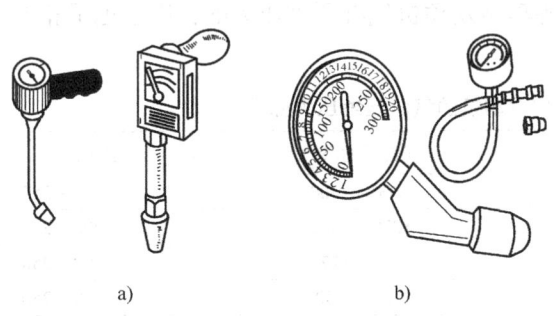
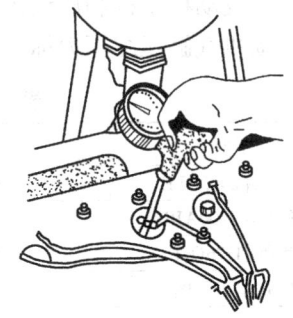

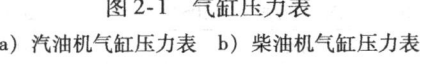

图 2-1　气缸压力表　　　　　　　　　图 2-2　测量气缸压缩压力
a) 汽油机气缸压力表　b) 柴油机气缸压力表

5）用起动机带动发动机运转 3~5s，汽油机转速应≥130~250r/min，柴油机转速应≥500r/min。此时压力表的指示值即为被测气缸的压缩压力。为使测量数据准确，每缸应重复测量 2～3 次，取其平均值。

6）依次测量各缸，即可得到各缸的压缩压力。

2. 用电子气缸压缩压力测量仪测量气缸压力

电子气缸压缩压力测量仪可在不拆卸火花塞或喷油器的情况下测定发动机各缸的压缩压力，其原理是利用示波器记录的起动机电流曲线来测定发动机各缸压缩压力。

起动机驱动发动机时的阻力矩 T 与起动机起动电流 I_s 近似成线性关系，即起动阻力矩越大，则起动电流就越大。发动机起动阻力矩由机械阻力矩和气缸内压缩空气的反力矩两部分组成，正常情况下机械阻力矩可认为是常数，而缸内压缩空气的反力矩是随气缸压缩过程而波动的变量。因此，起动发动机时，可通过测量反阻力

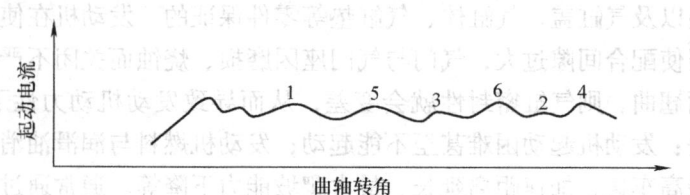

图 2-3　起动机的起动电流曲线

矩波动的起动机起动电流变化曲线来确定气缸的压缩压力。利用示波器可直接记录起动机的起动电流曲线，如图 2-3 所示。

由该曲线可以看出，起动电流的波动部分是因气缸压缩压力的波动而引起的，波形各段的峰值与各缸的最大压缩压力成正比。若能确定某一起动电流峰值所对应的气缸，则可按点火次序确定各缸所对应的起动电流峰值，其大小可代表相应气缸的最大压缩压力值。通常各缸起动电流波形峰值所对应的缸号是通过点火传感器或喷油传感器先确定第一缸波形的位置而推得的。

利用电子气缸压缩压力测量仪检测气缸压力时，发动机要达到正常的工作温度，起动机应以规定的转速驱动发动机运转。

若检测时显示的各缸起动电流波形振幅一致，且峰值又在规定范围内，说明各缸压缩压力符合要求；若各缸起动电流波形振幅不一致，对应某缸起动电流峰值低于规定范围，则说明该缸压缩压力不足。

3. 发动机气缸压缩压力的技术标准

由于发动机结构和压缩比的不同，各车型发动机气缸压缩压力的标准值也不相同。几种车型发动机气缸压缩压力标准见表 2-1。

表 2-1　几种车型发动机的气缸压缩压力标准

车型	压缩比	气缸压力/kPa	测定转速/(r/min)
桑塔纳 2000AFE	9.0	1000～1300	200～250
桑塔纳 2000AJR	9.5	1000～1300	200～250
夏利 TJ376Q-E	9.5	1000～1225	200～250
广州本田雅阁	8.9	930～1230	200～250
捷达	8.5	900～1200（各缸差 <300）	200～250
切诺基	8.6	1068～1275（各缸差 <206）	200～250
解放 CA1091	7.4	930	100～150
北京 BJ1040	7.2	785～981	200～250
跃进 NJ1041	7.5	980	200～250

4. 气缸压力检测结果诊断

根据 GB/T 15746—2011《汽车修理质量检查评定方法》的规定：完成大修后，气缸压缩压力应符合原设计规定；每缸压力与各缸平均压力的差，汽油机应小于5%，柴油机应小于8%。气缸压缩压力超过标准，过低或过高，说明发动机技术状况不良，存在故障。通常可根据以下几种情况做出诊断。

1）有的气缸在2～3次测量中，压力读数时高时低，相差较大，说明气门有时关闭不严密。

2）相邻两缸压力读数偏低或很低，而其他缸正常，是由于相邻两缸间气缸垫漏气或缸盖螺栓未拧紧所致。

3）一缸或数缸压力读数偏低，可以用清洁而粘度较大的机油20～30mL，注入偏低缸后再测量气缸压力，若压力读数上升说明气缸与活塞组零件磨损过大；如读数基本上无变化说明气门关闭不严。

4）各缸压力偏高，说明这些缸可能积炭过多而导致燃烧室容积减少所致。

5）各缸压力都偏高，汽车行驶中又出现过热或爆震，则可能是燃烧室积炭过多，或经几次大修因缸径加大，缸盖接合平面修理磨薄而使压缩比增大所致。

二、进气管真空度检测与故障诊断

进气管真空度是指进气歧管内的进气压力与外界大气压力之差。其真空度数值随气缸活塞组的磨损而变化，并与配气机构零件状况以及点火系统和供油系统的调整有关。因此，检测进气管真空度不仅可以评价发动机气缸的密封性，而且还能诊断相关系统的故障。

1. 进气管真空度检测

进气管真空度的检测是针对汽油机而言的，一般在怠速条件下进行。因为怠速时进气管的真空度比较高，同时技术状况良好的汽油机怠速时，进气管真空度具有较稳定的数值。另外，怠速时真空度对进气管和气缸密封性不良最为敏感。

检测进气管真空度的真空表由表头和软管组成，软管一头固定在真空表上，另一头可方便地连接在进气管的检测孔上，其检测步骤如下：

1）发动机预热至正常工作温度。
2）将真空表软管与进气管上的检测孔连接。
3）将变速器置于空挡，发动机怠速稳定运转。
4）在真空表上读取真空度读数，如图2-4所示。
5）必要时，按规定改变节气门的开度，看真空度读数的变化情况来诊断相关故障。

2. 进气管真空度诊断

一般进气管真空度怠速时都有规定的正常值，通过对进气管真空度检测结果分析，可诊断发动机的技术状况和故障。

1）若真空表指针稳定在57～70kPa之间，如图2-4a所示，则表明气缸密封正常。海拔高度每升高500m，真空度应相应降低4～5kPa。

2）怠速时，若真空表指针跌落3～23kPa，如图2-4b所示，而且指针有规律地摆动，则说明气门与气门座密封不良。

3）怠速时，若真空表指针有规律地迅速跌落10～16kPa，如图2-4c所示，则表明气门

4）急速时，若真空表指针在 33~74kPa 范围内迅速摆动，如图 2-4d 所示，则表明气门弹簧弹力不足；若某一只气门弹簧折断，则真空表指针将相应地产生快速波动。

5）急速时，若真空表指针较正常值低 10~13kPa，且缓慢地在 47~60kPa 范围内摆动，如图 2-4e 所示，则表明气门导管磨损严重。

6）当发动机转速升至 2000r/min 时，突然关闭节气门，真空表指针迅速跌落至 6~16kPa 以下；节气门关闭时，指针不能恢复到 83kPa，如图 2-4f 所示，则表明活塞环磨损严重。当迅速开启节气门时，指针指示值不低于 6~16kPa，则表明活塞环工作良好。

7）急速时，若真空表指针从正常值突然跌落至 33kPa，随后指针又恢复到正常值，在发动机运转过程中，真空表指针总是这样来回地波动，如图 2-4g 所示，则表明气缸衬垫窜气。

8）急速时，若真空表指针不规则跌落，如图 2-4h 所示，则表明发动机的混合气稀；若真空表指针缓慢摆动，则表明发动机的混合气过浓。

9）急速时，若真空表指示值比正常值低 10~30kPa，如图 2-4i 所示，则表明进气歧管衬垫漏气；若发动机转速升至 2000r/min，突然关闭节气门，真空表指针从 83kPa 跌落至 6kPa 以下，并迅速回至正常，则表明排气系统堵塞。

10）急速时，若真空表指针稳定地指示在 47~57kPa 之间，如图 2-4j 所示，则表明发动机点火过迟。

11）急速时，若真空表指针稳定地指示在 27~50kPa 之间，如图 2-4k 所示，则表明发动机气门开启过迟。

12）急速时，若真空表指针缓慢地摆动在 47~54kPa 之间，如图 2-4l 所示，则表明火花塞电极间隙太小，断电器接触不良。

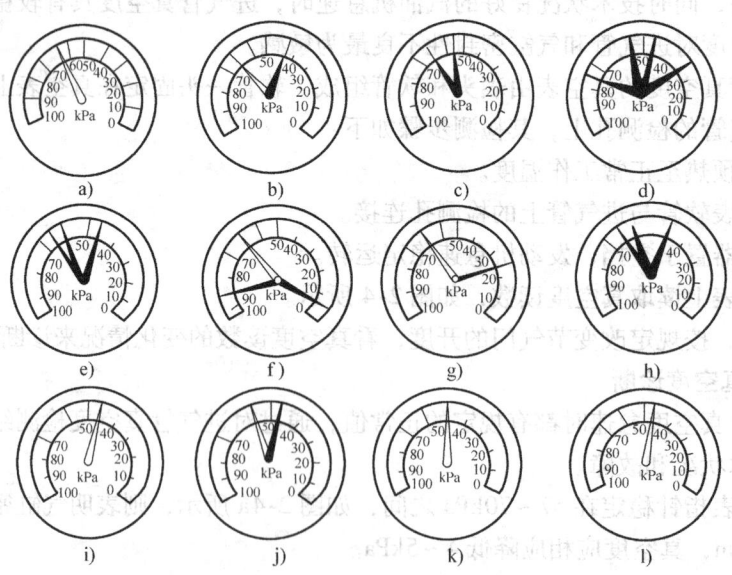

图 2-4 真空表检测实例（白针表示稳定，黑针表示漂移量）

3. 进气管真空度检测标准

根据 GB/T 15746—2011《汽车修理质量检查评定方法》的规定：大修竣工的汽油发动机在正常工作温度和标准状况下，怠速运转时，进气歧管真空度应符合原设计规定；其波动范围 6 缸汽油发动机不超过 3kPa，4 缸汽油发动机不超过 5kPa（大气压力以海平面为准）。

进气管真空度随海拔高度升高而降低。海拔每升高 1000m，真空度将降低 10kPa 左右。因此检测发动机进气管真空度时，应根据当地海拔高度修正检测标准。

第四节　起动系统检测与故障诊断

一、起动电路电压降测试

起动机运转时，电流很大，而起动电路中若各接点接触不良使其接触电阻较大，则会导致接点处的压降过大，使起动机难以起动发动机。因此，必须保证起动电路中各接点接触良好。通常，采用检测起动电路中电压降的方法能较方便地判断起动电路中各接点的接触状态。

起动电路中电压降的测试方法是将万用表接入有高电阻的电缆线端头，然后运转起动机进行测量。图 2-5 所示为一般起动电路可能接触不良点电压降发生处，各接点处的电压降一般不允许超过 0.1~0.2V。

起动电路电压降测量步骤如下：

1）将万用表的正极接线柱与电缆最接近蓄电池的正极端连接。

2）将万用表的负极接线柱与所测电缆的另一端连接。如果没有电流流过，则读数为 0，因为在没有电流的情况下，两端的电位相同。

3）运转起动机，万用表的读数应低于 0.2V。

4）评估测试结果。如果电压表的读数为 0，表明电缆电阻、接点处电阻几乎为 0，电缆及接点处于良好状态；如果读数超过 0.2V，就意味着电缆途中电阻过大，或接点处的电阻过大，应逐段检查接点是否接触不良，否则应更换电缆。

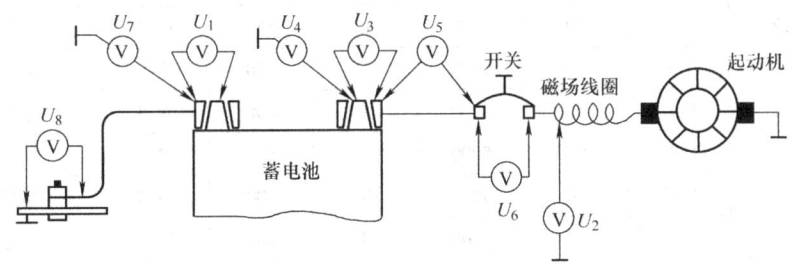

图 2-5　起动电路接触不良点电压降发生处

二、起动机性能检测

起动机是汽车起动系统的主要部件，起动性能的好坏对汽车的起动性具有决定性作用，因此实际应用中必须检测起动机的性能。起动机性能检测包含空载性能检测和制动性能检测。

1. 空载性能检测

空载性能检测也称空载试验，其检测目的是检查起动机有无机械故障以及电气故障。

（1）检测方法　汽车起动机一般都装在发动机侧面，将其安装到汽车上操作十分不便。为了检查起动机维修质量和减少维修工作量，修复后的起动机最好在专用试验台上检测。若无专用试验台，则可固定在台虎钳上，按图2-6所示的连接线路进行简易的空载性能检测，其检测方法如下：

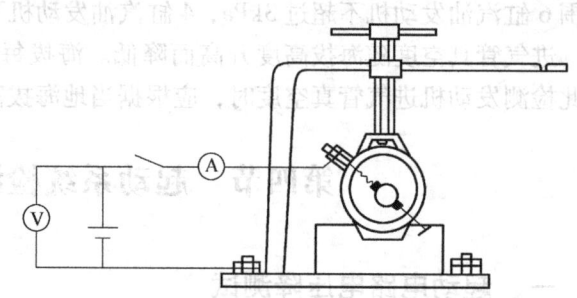

图2-6　起动机的空载性能检测

1）备好蓄电池及直流电压、电流表，蓄电池应充足电，电流表的量程应在0~100A以上。

2）将发动机夹紧，接上电源。

3）接上开关，起动机运转。

4）测量电流、电压和转速。

注意：每次空载检测时间不要超过1min，以免起动机过热。

（2）检测标准

1）起动机运转应均匀、电刷无较强火花。

2）测量的电流、电压和转速应符合标准规定，常用起动机的空载性能参数标准见表2-2。

表2-2　常用起动机的性能参数标准

起动机型号	额定参数		空载特性		制动特性			适用车型
	电压/V	功率/kW	电流≤/A	转速≥/(r/min)	电压/V	电流≤/A	转矩≥/N·m	
QD124F	12	1.47	90	5000	8	650	29.4	东风EQ1090
QD1211	12	1.8	90	5000	7.5	750	34	东风EQ1090
QD122C	12	1.47	75	4700	8	600	29.4	东风EQ2100
QD124A	12	1.85	95	5000	8	600	24	解放CA1091
QD124H	12	1.47	90	5000	8	600	29.4	解放CA1091
QD1238A	12	1.1	75	7500	8	480	12.7	跃进NJ1041C
QD121	12	1.1	100	5000	8	525	15.7	北京BJ2020
QD1225	12	0.96	45	6000	7	480	13	上海桑塔纳
DW1.4	12	1.4	67	2900	9.6	160	13	北京切诺基
QD25	24	3.5	90	6000	9	900	34.3	跃进NJ1061
QD2754	24	5.4	80	5500	12	1450	78.4	斯泰尔系列

(3) 检测分析

1) 若电流大、转速低，则可能是起动机存在机械故障或有电气故障。其机械故障的原因有：轴承（或铜套）磨损过多使电枢轴与轴承不同心，电枢轴弯曲使电枢与磁极发生摩擦，装配过紧使摩擦阻力矩过大等。其电气故障的原因有：电枢绕组、磁场绕组有短路或搭铁现象。

2) 若电流和转速都低，则说明起动机内部电路有接触不良之处。其故障原因有：电刷与换向器接触不良或电刷弹簧压力不足等。

2. 制动性能检测

制动性能检测又称转矩试验，是一种锁止起动机驱动齿轮，接通电枢电流使其输出转矩的试验。其检测的目的是检验起动机的起动性能是否良好，有无电气故障。

(1) 检测方法 起动机的制动性能检验应在专用试验台上进行，其检测原理如图 2-7 所示。检测时确保蓄电池充足电，检测方法如下：

1) 将起动机固定在专用试验台上。

2) 给起动机驱动齿轮加上负载，如测力弹簧。

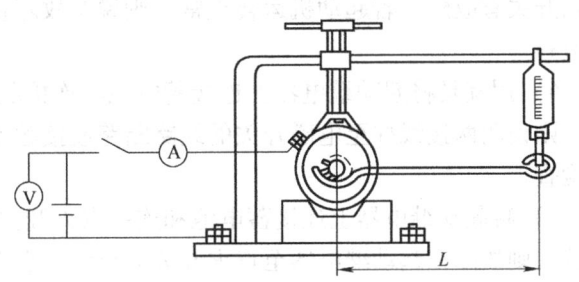

图 2-7 起动机的制动性能检测

3) 给起动机通电，然后迅速测量电流表、电压表和弹簧秤的示值。

注意：制动性能检测时，起动机工作电流大，动作要迅速，一次试验时间不要超过 5s，以免烧坏起动机线圈和对蓄电池造成不利影响。

(2) 检测标准 起动机制动性能检测时的工作电流、电压和转矩应符合标准规定。常用的起动机制动性能参数标准见表 2-2。

(3) 检测分析

1) 若电流大、转矩小，则说明磁场绕组或电枢绕组有匝间短路或搭铁故障，导致产生转矩的有效线圈匝数减少。

2) 若转矩和电流都小，则说明起动机内接触电阻过大或主电路接触不良，如电刷与换向器接触不良或弹簧压力不足等。

3) 若检测过程中电枢轴能转动，则说明起动机的单向离合器打滑。

三、起动系统常见故障诊断

1. 起动机不转

(1) 故障现象 起动时，接通起动开关，起动机不转。

(2) 故障原因

1) 电源供电故障。蓄电池容量不足；起动电路有短路、断路；起动电路各导线连接松动，接线柱接触不良。

2) 起动机故障。换向器与电刷接触不良；磁场绕组或电枢绕组有断路或短路；绝缘电刷搭铁。

3）电磁开关故障。电磁开关线圈断路、短路、搭铁；电磁开关触点烧蚀、接触不良。

4）起动继电器故障。起动继电器线圈断路、短路、搭铁；起动继电器触点接触不良。

（3）故障诊断

1）起动前，先按喇叭和前照灯，如喇叭声响不正常，灯光暗，说明电源供电存在故障或蓄电池电量不足。

2）如喇叭声响正常、灯光正常，则用旋具将起动机电磁开关上的起动机电源接线柱与连接起动机内部绕组的接线柱短接，若起动机不转，则说明起动机内部有断路或接触不良故障；若起动机空转正常，则进行下一步检查。

3）用旋具将电磁开关接线柱与起动机电源接线柱相连，若起动机不转，则说明起动机电磁开关有故障；若起动机运转正常，则说明故障在起动继电器及其有关线路，可进行下一步检查。

4）用旋具将起动继电器上连接蓄电池和连接起动机的两接线柱直接相连，若起动机不转，则说明两接线柱至电磁开关的线路断路或接触不良；若起动机能正常运转，则进行下一步检查。

5）将起动继电器上连接蓄电池和连接点火开关的两接线柱直接相连，若起动机能正常运转，则故障在起动继电器至点火开关的导线或点火开关；若起动机不转，则说明是起动继电器故障，可能是其接触不良或继电器磁力线圈断路，应拆修或更换起动继电器。

2. 起动机转动无力

（1）故障现象　起动机转动缓慢无力，起动转速过低，起动发动机困难。

（2）故障原因

1）电源供电故障。蓄电池容量不足；起动电路导线连接松动，接线柱接触不良。

2）起动机故障。换向器与电刷接触不良；磁场绕组或电枢绕组有局部短路现象。

3）电磁开关故障。电磁开关接触盘和触点烧蚀或接触不良。

（3）故障诊断

1）检查起动机电源，查看各接线柱是否接触不良，确保供电正常。

2）检查起动电磁开关接触盘、触点，是否烧蚀或接触不良。

3）若上述检查正常，而故障依存，则需拆修起动机。

3. 起动机空转

（1）故障现象　起动发动机时，起动机转动，发动机不转。

（2）故障原因

1）传动叉脱槽，不能拨动小齿轮进入啮合。

2）起动机的电磁开关铁心行程太短。

3）单向离合器打滑。

4）飞轮齿严重磨损或打坏。

（3）故障诊断　起动机空转有两种原因：一种是起动机驱动小齿轮和飞轮啮合的空转，故障主要在起动机的操纵和控制部分；另一种是起动机驱动小齿轮已和飞轮齿啮合，由于单向离合器打滑而空转，故障主要在起动机单向离合器。

1）当驱动小齿轮与飞轮齿啮合空转时，若将发动机飞轮转一角度其故障消失，则为个别飞轮齿严重磨损或打坏所致，应检修飞轮齿环。

2）当飞轮齿环正常，而驱动小齿轮未与飞轮齿啮合而空转，应检查电磁控制式起动机电磁开关主回路接触盘的行程是否过小。该行程过小会使主回路提早接通，造成电枢提前高速旋转而使小齿轮不能进入啮合。

3）若起动机的操纵和控制部分正常，其起动机驱动小齿轮可与飞轮齿啮合而空转，则故障为单向离合器打滑，此时应该检修起动机单向离合器。

第五节　点火系统检测与故障诊断

点火系统低压、高压电路故障和点火正时失准会使发动机动力性、经济性变差，运行熄火甚至根本不能发动。点火系统的故障特点是发生比较突然，原因相对复杂。因此，故障判断时，应分析其点火系统原理，通过仪器检测和经验诊断来确定故障。

一、点火系统波形检测与分析

无论是传统触点式点火系统还是无触点电子点火或计算机控制的点火系统，都是由点火线圈通过互感作用把低压电转变为高压电，通过火花塞跳火点燃混合气做功的。点火系统低压部分、高压部分的变化过程是有规律的。因此，把实际测得的点火系统点火电压波形与正常工作情况下的点火电压波形进行比较分析，可判断点火系统技术状况的好坏及故障所在。

目前，对点火系统进行故障诊断一般是利用汽车专用示波器或发动机综合性能分析仪检测点火线圈的一次、二次电压波形与标准波形比较，进而确定点火系统的工作状况。

1. 点火系统标准波形

点火系统的点火线圈相当于一个变压器。在一次线圈周期性通电和断电的过程中，一次、二次线圈都因电流变化而感应电动势，而一次、二次电压随时间变化的规律也是相似的。点火系统工作正常时，反映其一次、二次电压变化规律的一次、二次电压波形是进行点火系统不解体诊断的前提，而点火系统标准波形则是点火系统故障诊断的标准。

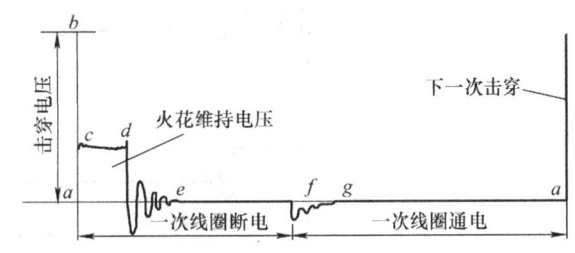

图2-8　单缸二次电压标准波形

（1）二次电压标准波形　单缸二次电压标准波形如图 2-8 所示，它反映了一个气缸在正常点火时，一个完整的点火循环其二次电压随时间变化的过程。

图 2-8 所示波形上有关点线的意义如下：

1）a 点：断火器触点断开或电子点火器输出断开，一次线圈突然断电，导致二次电压急剧上升。

2）ab 线：称为点火线，其幅值为火花塞击穿电压即点火电压。传统点火系统击穿电压为 15～20kV，电子点火系统击穿电压可达 18～30kV。

3）bc 线：在火花塞间隙被击穿时，两电路之间要出现火花放电，同时二次电压骤然下降，bc 线为下降的幅值。

4) cd 线：称为火花线。火花塞电极间混合气被击穿之后，维持火花放电所需电压一般为几千伏，cd 的高度表示其电压值。而 cd 的宽度则表示火花放电持续的时间。火花线应具有一定的高度和宽度，它反映了点火能量的大小，也是保证可靠点火的重要条件。

5) de 线：振荡波。火花消失后，点火线圈中剩余磁场能量在线路中维持一段衰减振荡，振荡结束后，电压降到零。

6) f 点：断电器触点闭合，或电子点火器输出导通，使点火线圈一次电路有电流通过，一次电流开始增加，引起二次电压突然增大。但由于在 f 点一次电流的变化趋势与 a 点正好相反，故在 f 点产生一个负电压。

7) fg 线：因一次电流接通而引起回路电压出现衰减振荡，振荡消失后，电压恢复到零。

从图 2-8 中可以看出，由左至右，从 a 点到 f 点为一次线圈断电时间，即断电器触点张开时间，是二次线圈放电阶段；从 f 点到 a 点为一次线圈通电时间，即断电器触点闭合时间，是点火线圈的储能阶段。这两个阶段组成了一个完整的点火循环。

2. 一次电压标准波形

图 2-9 所示为传统点火系统和电子点火系统的单缸一次电压标准波形。从图中可以看出，一次电压的标准波形与点火系统的结构有关。对于传统点火系统，在断电器触点刚断开后，由于触点并联电容的存在，会在一次回路中行成高频衰减振荡，如图 2-9a 的 ac 段；而对于电子点火系统来说，由于没有触点并联电容，所以不存在这一振荡过程，其波形与二次电压波形更相似，如图 2-9b 所示。

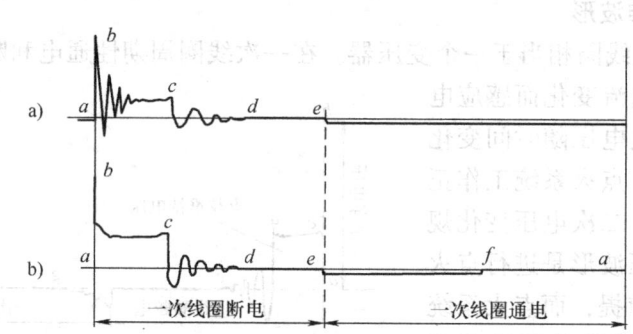

图 2-9　一次电压标准波形
a) 传统点火系统　b) 电子点火系统

由于二次电压对发动机的正常点火至关重要，实际检测中应用更多的是二次电压波形，因此应重点掌握二次电压标准波形，以便分析诊断故障。

3. 点火波形类别

为了便于比较、分析各缸点火波形，判断点火系统故障，通常按一定的规则分类排列各缸点火波形，利用示波器可显示各类点火波形。

(1) 多缸平列波　多缸平列波是指将各缸的电压波形按点火顺序从左至右依次排列的波形，如图 2-10 所示。利用多缸平列波很容易观察各缸点火电压的高低以及点火状况是否正常。

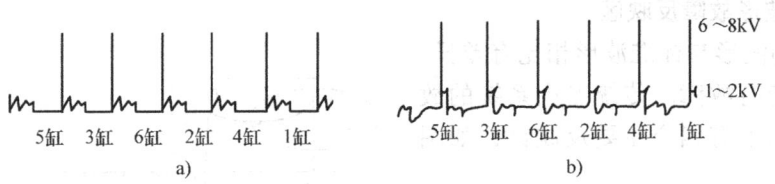

图 2-10 多缸平列波
a) 一次电压平列波　b) 二次电压平列波

（2）多缸并列波　多缸并列波是指将各缸的电压波形之首对齐并重叠放在一起的波形，如图 2-11 所示。利用多缸并列波很容易观察各缸火花线长度、断电器触点的张开角和闭合角是否一致，从而判断点火系统工作是否正常。

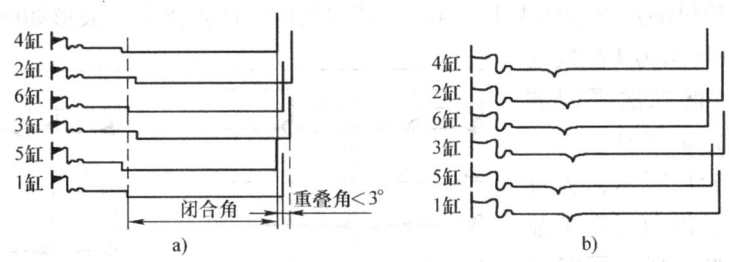

图 2-11 多缸并列波
a) 一次并列波　b) 二次并列波

（3）多缸重叠波　多缸重叠波是指将各缸的电压波形之首对齐并重叠放在一起的波形，如图 2-12 所示。利用多缸重叠波可以评价各缸工作的一致性，各缸工作一致的重叠波就像一个单缸波形，只要其中一缸工作不佳，其波形就会偏离重叠波，届时通过逐缸断火可立即找出这一工作不佳的气缸来。

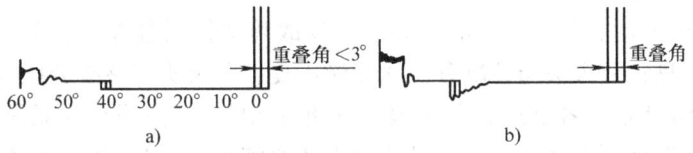

图 2-12 多缸重叠波
a) 一次重叠波　b) 二次重叠波

（4）单缸选缸波形　在故障判断过程中，有时为了仔细观察某一缸的故障波形，可将其单独选出观测。单缸选缸波形是指根据需要单独选出的任何一缸的单缸点火波形。将选出的波形适当提高其垂直幅度以及水平幅度，并与单缸标准波形对照，可容易发现故障。图 2-13 所示为提高了垂直幅度，并扩展了水平幅度的某缸一次选缸波形。

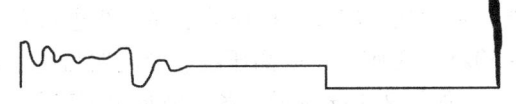

图 2-13 一次选缸波形

4. 点火波形故障反映区

如果实测波形与标准波形相比有差异，说明点火系统有故障。传统点火系统的故障在二次波形上有四个主要反映区，如图 2-14 所示。

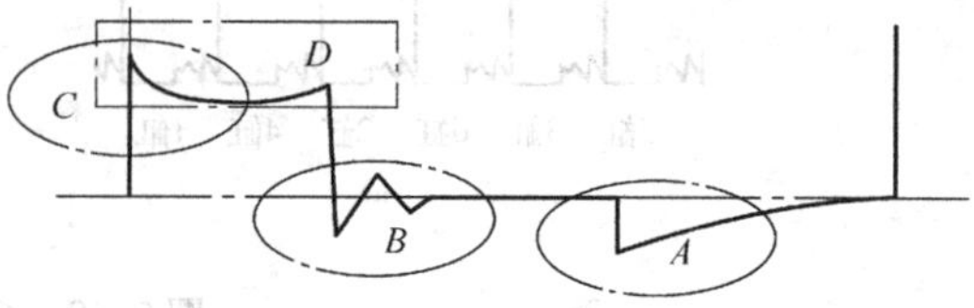

图 2-14 中，A 区为断电器触点故障反映区，B 区为电容器、点火线圈故障反映区，C 区为电容器、断电器触点故障反映区，D 区为配电器、火花塞故障反映区。

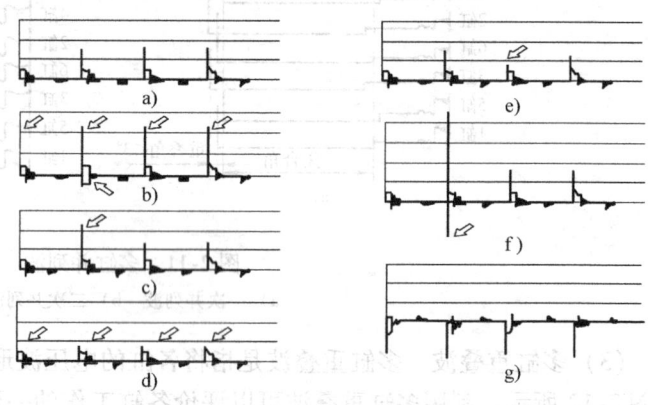

图 2-14　二次波形故障反映区

5. 波形分析与故障诊断

（1）波形分析　以 4 缸发动机点火系统实测的二次平列波为例分析及诊断点火系统故障，这些 4 缸发动机的点火次序为 1-2-4-3，其常见的二次点火平列波形如图 2-15 所示。

1）图 2-15a 所示为 4 缸发动机点火系统正常的二次平列波形，其点火电压为 6～8kV。

2）如图 2-15b 所示，各缸点火电压均高于标准值（图中箭头所指处），说明其高压回路有高阻，多为点火线圈的高压线插孔、分电器高压线插孔及分火头等有积炭，或高压线内有高阻（断线、接插不牢固）等。2 缸在点火线下端出现多余波形，说明该缸火花塞存在故障，可能是火花塞电极烧毁或间隙增大所致。

图 2-15　4 缸发动机二次点火平列波形

3）如图 2-15c 所示，2 缸点火电压偏高，其故障原因可能是：该缸火花塞间隙偏大；该缸分压线接触不良；分火头与该缸分压线接触不良；分火头与该缸分压线插座间隙过大。

4）如图 2-15d 所示，各缸点火电压偏低（低于 6kV），说明点火系统存在故障，可能是点火线圈故障，或低压电路故障，也可能是火花塞脏污，火花塞电极间隙太小所致。

5）如图 2-15e 所示，4 缸点火电压偏低，说明该缸高压电路存在短路故障，可能是该缸火花塞间隙太小，火花塞脏污，以及该缸高压线（绝缘损坏）或火花塞（瓷芯破裂）有漏电现象所致。

6）如图 2-15f 所示，2 缸点火电压过高，为 2 缸高压线掉落所致，有时为诊断点火系统性能，特意从火花塞上拔掉某缸高压线进行开路单缸高压测量，此时，该缸点火电压应达到 20～30kV；否则，说明高压线、分电器盖绝缘不良或点火线圈、电容器的性能不佳。

7）如图 2-15g 所示，各缸波形上下颠倒，说明电源线接反。

（2）闭合角检测与故障诊断　利用并列波可以诊断出分电器凸轮磨损情况和断电器触点闭合角。汽油机点火过程中，一次电路导通阶段所对应的凸轮轴转角称为闭合角。对于传统点火系统，闭合角为触点闭合时期所占的凸轮轴转角；对于电子点火系统，则是晶体管导通所占的凸轮轴转角，利用一次并列波可方便地观测各缸的闭合角，其闭合角的大小应在以下范围内：

4 缸发动机：50°~54°；
6 缸发动机：38°~42°；
8 缸发动机：29°~32°。

对于传统有触点点火系统而言，若测出的闭合角小，说明触点间隙太大，触点闭合时间短，一次电流增加达不到需要的数值，会使点火能量不足；若闭合角太大，说明触点间隙小，会使触点间发生电弧放电，反而削弱了点火能量，不利于正常点火。

在闭合角相同时，发动机转速高则闭合时间短，转速低则闭合时间长。因此，为保证点火可靠，闭合角应随发动机转速而变化。电子点火系统中的点火控制器可对闭合角的大小进行控制和调节：低速时，减小闭合角；高速时，增大闭合角。

（3）重叠角检测与故障诊断　各缸点火波形首端对齐，最长波形与最短波形长度之差所占的凸轮轴转角称为重叠角，重叠角不应大于点火间隔的5%，具体数据如下：

4 缸发动机≤4.5°；
6 缸发动机≤3°；
8 缸发动机≤2.5°。

重叠角的大小反映了多缸发动机点火间隔的一致程度，重叠角越大，则点火间隔越不均匀。这不仅会影响发动机的动力性、经济性，还影响发动机运转的稳定性。重叠角太大是由分电器凸轮磨损不匀或分电器轴磨损松旷、弯曲变形等原因造成的。

（4）典型的故障波形分析及诊断　图 2-16 给出了传统点火系较常见的一些二次电压故障波形（请注意图中箭头所指处），下面对这些故障波形进行分析与诊断。

1）如图 2-16a 所示，断电高压产生之前出现小的多余波形，可能是断电器触点接触不平，在完全断开之前有瞬间分离现象，从而引起电压抖动。

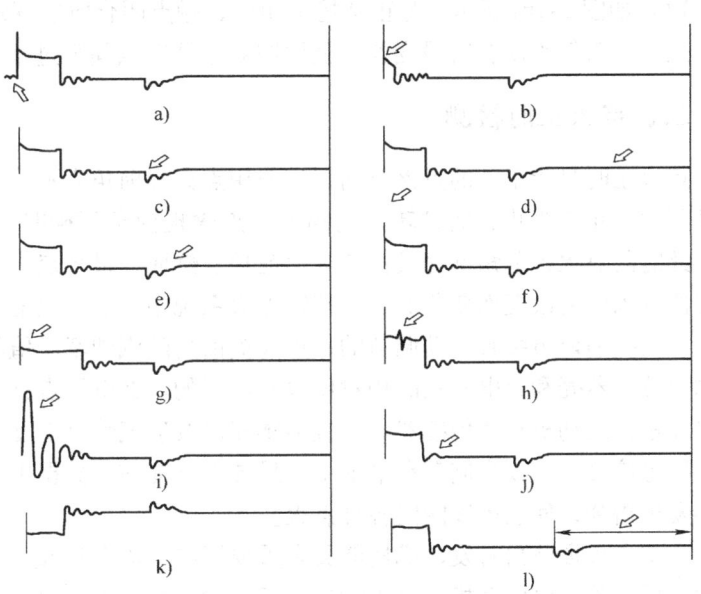

图 2-16　几种二次电压故障波形

2）如图 2-16b 所示，火花线变短，火花很快熄灭，说明点火系统储能不足，可能是供电电压偏低，或一次电路导线接触不良所致。

3）如图 2-16c 所示，第二次振荡波形之前出现的小杂波，可能是断电器触点接触不平，在完全闭合前有不良接触所致。

4) 如图 2-16d 所示，在触点闭合阶段，存在多余的小杂波，可能是一次电路中断电器触点搭铁不良，或各连接点接触不良，或断电器触点臂弹簧弹力太弱，引起小的电压波动。

5) 如图 2-16e 所示，第二次振荡波形存在严重的杂波，一般是由于断电器触点臂弹簧弹力太弱，使触点闭合瞬间引起弹跳所致。

6) 如图 2-16f 所示，击穿电压过高，且火花线较为陡峭，可能是火花塞间隙太大，或二次电路开路等引起。火花塞间隙越大，所需击穿电压越高，而且往往没有良好的放电过程。

7) 如图 2-16g 所示，击穿电压和火花线都太低，且火花线变宽，可能是火花塞间隙太小或积炭严重所致。

8) 如图 2-16h 所示，火花线中出现干扰"毛刺"，可能是分电器盖或分火头松动。这样在发动机高速运转时，因分电器的振动会使火花塞上的电压不稳定而出现抖动。

9) 如图 2-16i 所示，完全没有击穿电压和火花线波形，说明火花塞未被击穿，也就没有火花放电过程。这可能是二次高压线接触不良或断路，或者火花塞间隙过大所致。

10) 如图 2-16j 所示，第一次振荡次数明显减少，可能的原因是与断电器触点并联的电容器漏电、电容器容量不够或一次线路接触不良，导致线路上电阻增大、耗能增加，火花熄灭后剩余能量小，振荡衰减加快。

11) 如图 2-16k 所示，整个二次电压波形上下颠倒，说明点火线圈一次侧两端接反或将电源极性接反了，从而一次电流、二次电压都改变了方向。

12) 如图 2-16l 所示，与正常情况相比，触点闭合阶段变短，说明断电器触点间隙过大了；反之，若触点闭合阶段变长，就说明断电器触点间隙过小了。

二、点火正时检测

点火正时是指正确的点火时间，一般用点火提前角表示。点火提前角是指从点火开始到活塞到达上止点为止，曲轴转过的角度。点火提前角正确时，发动机的动力性和经济性最好，此时的点火提前角称为最佳点火提前角。然而，最佳点火提前角是随转速、负荷和汽油辛烷值等因素的改变而变化的。在传统点火系统中，点火提前角随转速的变化是通过分电器离心点火提前调节装置自动调节的；点火提前角随汽油辛烷值的变化，则是在静态情况下通过调整分电器壳和分电器轴的相对位置而实现的。在电子点火系统中，最佳点火提前角由电控单元根据发动机转速传感器、位置传感器以及进气管真空度、曲轴位置、水温和进气温度传感器等信号，从预先储存在电脑中的最佳点火提前角数据中选定，并由微处理器向电子点火器发出指令，使点火线圈向各缸点火。

由于点火提前角对发动机性能具有重要影响，因此应重视对发动机点火提前角的检测。通常，凭经验可对发动机点火正时进行粗略检查并校正，但对点火提前角的精确检测必须借助于仪器。常用的检测方法有频闪法和缸压法。

1. 频闪法

（1）检测原理 如果照射转动零件的光束频率与旋转零件的转动频率相等，则由于人的视觉具有暂留的生理现象，觉得其零件似乎不转动。频闪法就是利用这种原理进行检测的。用频闪法检测点火提前角使用的点火正时仪又称为正时灯，如图 2-17 所示，它由闪光灯、传感器、整形装置、延时触发装置和显示装置构成。

频闪法检测时，在发动机飞轮或曲轴带轮上都刻有正时标记，在与之相邻的固定机壳上也刻有标记。曲轴旋转至活动标记与固定标记对齐时，第一缸活塞刚好达到上止点。通常用第一缸的点火信号触发闪光灯，并使之发出短暂光脉冲。也就是说，闪光灯每闪光一次表示第一缸的火花塞点火一次，其闪光与第一缸点火同步。当闪光灯照射刻有活动定时标记的飞轮或曲轴带轮时，若发动机转速稳定，则活动标记与闪光灯闪光在光学上是相对静止的，活动标记似乎不动。当闪光灯在第一缸点火信号发生的同时闪光时，第一缸活塞尚未达到压缩上止点，活动标记与固定标记尚未对齐，此时两标记之间所对应的发动机曲轴转角即为点火提前角，如图 2-18 所示。

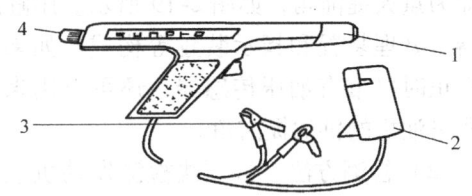

图 2-17　点火正时仪
1—闪光灯　2—点火脉冲传感器
3—电源夹　4—电位计旋钮

（2）检测方法　检测时，先接上正时灯，再将传感器夹持在第一缸高压线上，擦拭飞轮或曲轴带轮使之清晰显露出正时标记。置发动机于怠速工况下运转，打开正时灯并使之对准正时标记，调整电位计旋钮，使活动标记与固定标记对齐时闪光发生，此时延时电路中可变电位计电阻的变化量（或电流的变化量）即表示点火提前角，延时越大，点火提前角就越大。此时所显示的读数即为怠速工况下的点火提前角。

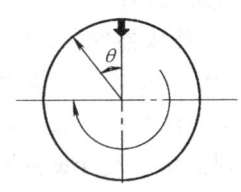

图 2-18　飞轮及固定壳上的标记和点火提前角

发动机怠速运转时，离心式和真空式点火提前装置未起作用或起作用很小，此时测得的点火提前角为初始点火提前角。初始点火提前角是点火系统正常工作的基础，在离心式和真空式点火提前装置正常工作的情况下，发动机的最佳点火提前角往往取决于初始点火提前角。若测出的各工况下的点火提前角符合规定，说明初始点火提前角调整正确，同时说明离心点火提前装置和真空提前装置工作正常。也可对各种工况下的离心提前角和真空提前角进行测试：拆下分电器真空提前装置的真空软管，用在真空提前装置不起作用时各种转速下的点火提前角减去初始点火提前角，即可得到在各种转速下的离心点火提前角；在连接真空提前装置真空软管的情况下，用在同样转速下测得的点火提前角减去离心点火提前角和初始点火提前角，则又可得到真空点火提前角。

对于计算机控制的电子点火系统而言，其点火提前角的检测应按制造厂规定的校准点火正时的步骤进行。

用频闪法检测点火正时时，通常只测第一缸就可以了，其他缸的点火提前角决定于点火间隔。当测得的各缸波形间的重叠角很小时，可以认为各缸间点火间隔是相等的，因而其他缸的点火提前角与被测缸相等，此时被测缸的点火提前角可认为是整台发动机的点火提前角。所测的发动机点火提前角应符合标准。

2. 缸压法

（1）检测原理　当某缸活塞到达压缩行程上止点时，气缸内压缩压力最高。用缸压传感器检测出这一时刻，同时用点火传感器检测出同一缸的点火时刻，两者间所对应的曲轴转角即为点火提前角,如图 2-19 所示。用缸压法制成的点火正时仪,由缸压传感器、点火传感器、处理装置和指示装置等构成。如果点火正时仪带有油压传感器,还可以用来检测柴油机的供油提前角。

(2) 检测方法　缸压法检测发动机点火提前角的方法如下。

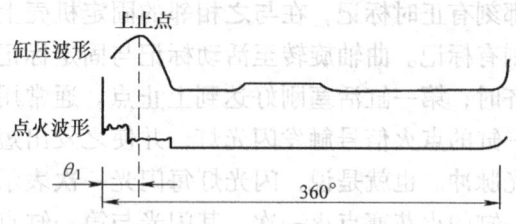

图 2-19　缸压法检测点火提前角原理

1) 运转发动机使其达到正常工作温度后停机。

2) 拆下某一缸的火花塞,把缸压传感器装在火花塞孔内,接上传感器连接线。

3) 把拆下的火花塞固定在机体上使之搭铁(注意:中心电极不能与机体相碰),并把点火传感器插接在火花塞上,连接好该缸的高压线。此时,该缸火花塞可缸外点火。

4) 运转发动机,由于被测缸不工作,因而缸压传感器输出的信号反映气缸压缩压力大小,其最大值产生于活塞压缩终止了的上止点。

5) 按仪器使用说明书的要求操作,可测得被测缸的点火波形信号和缸压波形信号(见图 2-19),并从指示装置上测得怠速、规定转速或任一转速下的点火提前角。

缸压法与频闪法一样,可测得初始点火提前角和不同工况下的总提前角、离心提前角、真空提前角以及计算机控制电子点火系统的点火提前角。

三、点火系统常见故障诊断

1. 发动机不能发动

(1) 故障现象　起动发动机时,起动转速正常,供油系统正常,而发动机无着火迹象,确定为点火系统故障。

(2) 故障原因　点火系统不点火、火花太弱、点火不正时均可能造成发动机不能发动。引起点火系统不点火或火花太弱的故障原因很多,概括起来有两大类:高压电路故障和低压电路故障。

(3) 故障诊断　首先察看点火线圈和分电器的高压导线、低压线路有无松脱,然后拔出分电器上的中央高压线,使高压线端距发动机机体 5～8mm,再接通点火开关,起动发动机,看高压线端与机体间是否跳火。有三种可能的情况:火花强(火花线较粗、呈蓝白色,且可听到较清晰的"叭、叭"声)、火花弱(火花很细,呈暗红色)或无火,则按图 2-20 所示的流程诊断故障。

2. 发动机动力不足

(1) 故障现象　发动机动力不足,行驶无力,经检查其他系统工作正常,确定是点火系统故障。

(2) 故障原因

1) 少数缸工作不良。多表现为高、中、低速时发动机工作不均匀并伴有节奏的振抖,消声器排黑烟并放炮。

2) 点火过迟。表现为加速时发闷,行驶无力,发动机过热。

3) 断电器触点工作不良。发动机发闷,发动机运转不均匀,各缸都有断火现象,消声

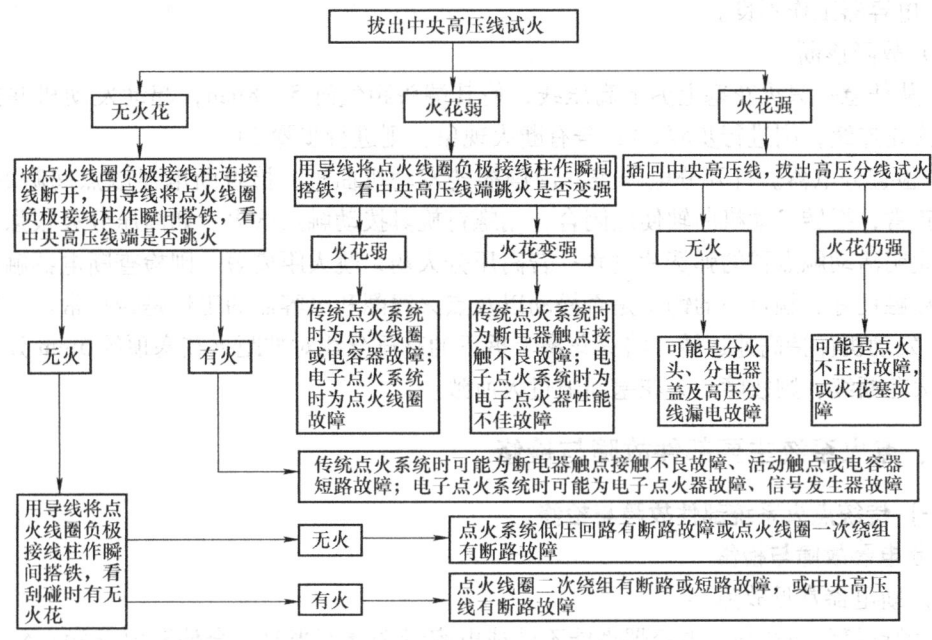

图 2-20 发动机不能发动故障诊断流程

器排黑烟有"突突"声。

(3) 故障诊断

1) 检查高压线是否脱落、漏电，正常时进行下一步检查。

2) 找出不工作的气缸。在发动机怠速运转情况下，逐缸短路高压分线使其断火，观察发动机的反应。若发动机转速没什么变化，则说明断火缸不工作或工作不良，其故障可能是该缸火花塞工作不良，或该缸高压线路存在漏电现象；若发动机转速明显下降，说明断火缸工作基本正常。依次检查其他各缸，若各缸断火时发动机转速均有下降，则进行下一步检查。

3) 进行高压分线试火。拔出高压分线做跳火试验，看火花是否强。若火花强，则故障可能在火花塞处或点火过迟，应予以检查和调整；若火花弱，则故障可能是断电器触点接触不良、触点间隙过小、点火线圈工作状况不佳、电容器工作不良、分电器盖绝缘不良、分火头及中央高压线漏电，应予以检修或更换。

3. 发动机高速运转不良

(1) 故障现象 发动机低速运转正常，但高速时汽车行驶无力，排气管发出不规则的"突突"声，甚至放炮。

(2) 故障原因

1) 断电器触点间隙过大。

2) 断电器触点铆接松动。

3) 断电器触点臂弹簧弹力不足。

4) 火花塞电极间隙过大。

5) 点火线圈性能不佳。

6) 电容器工作不良。

(3) 故障诊断

1) 从任意一只火花塞上拆下高压线,使其端头距气缸5～8mm,起动发动机并提高转速。若火花连续,则进行步骤3);若有断火现象,则进行步骤2)。

2) 检查分电器。打开分电器盖,慢慢摇转发动机曲轴,检查断电器触点间隙的大小。若间隙正常,摇转发动机曲轴使之闭合,用螺钉旋具拨动触点试火。如高压分火很强,并不断火,说明活动触点臂的弹簧片过软;若高压分火弱,跳火距离短,则检查断电器触点是否烧蚀,接触良好、触点头的铆接是否松动以及点火线圈和电容器的工作是否正常。

3) 发动机保持高速运转,将火花塞上拆下的高压分线对准距火花塞顶约5mm处进行试火。若火花断续,则故障是火花塞间隙过大所致。

四、点火系统主要部件故障与检修

(一) 传统点火系统部件故障与检修

1. 断电器故障与检修

(1) 断电器常见故障

1) 触点氧化与烧蚀。电容器性能不佳或电容量选择不当时,会使断电器触点氧化与烧蚀,造成高压火花弱。

2) 触点间隙调整不当。若触点间隙过大,发动机高速时会断火,且易发生过早点火;若触点间隙过小,则会延迟点火,且触点火花大易烧蚀。触点间隙过大或过小,均会使最高二次点火电压下降。

3) 触点臂弹簧弹力不足。若触点弹簧弹力不足,会使触点接触不良,发动机高速时会断火。

4) 活动触点搭铁。若活动触点搭铁,则会导致点火线圈二次侧不产生高压而不点火。

5) 分电器凸轮磨损不均或传动轴松旷。若凸轮磨损不均或传动轴松旷,则各缸的点火间隔不均,影响发动机的工作稳定性。

(2) 断电器检修

1) 触点的检修。触点应平整光洁,无脏污、烧蚀,触点若有轻微烧蚀,可用细砂布修磨,若有严重烧蚀,其表面已凸凹不平,则应拆下用细磨石磨平或更换。触点接触面积不得少于90%,触点厚度应不小于0.5mm。两触点的中心线应重合,接触偏移不得超过0.2mm,若触点上下偏移,可借活动触点臂的上、下垫圈予以调整,若触点左右偏移,可用钳子扭动固定触点架予以校正。

2) 触点间隙的检查与调整。打开分电器,转动凸轮,使凸轮将触点顶开到最大间隙,用塞尺测量触点间隙,如图2-21所示。触点间隙应为0.35～0.45mm,若不合规定,

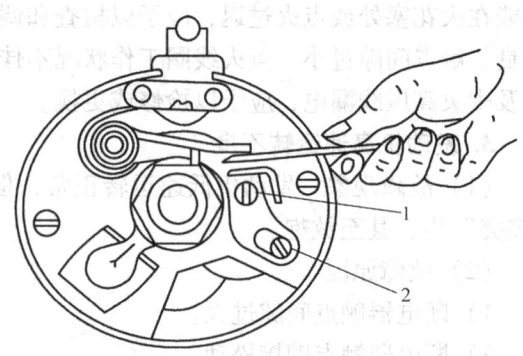

图2-21 触点间隙的检查与调整
1—固定螺钉 2—偏心螺钉

可松开固定螺钉,再拧转偏心螺钉进行调整,调好后拧紧固定螺钉即可。

3）触点臂弹簧张力的检查。在触点闭合时，用弹簧秤的挂钩勾住活动触点的尖端，沿着触点的轴向拉动弹簧秤，如图2-22所示，当触点刚刚分开时，弹簧秤的读数即为触点臂弹簧张力。其弹簧张力应符合规定，一般为4.9~6.9N。若弹簧张力过小或过大，则需更换触点臂弹簧。活动触点臂在其销轴上应摆动灵活，若销轴变形、松动或磨损，应予以修复或更换。

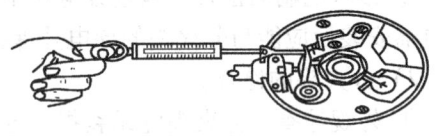

图2-22　触点臂弹簧张力的检查

4）凸轮的检修。凸轮的表面应十分光洁，不得有任何伤痕及能使顶块加速磨损的缺陷。凸轮的棱角不允许有过大的不均匀磨损，凸轮棱角的磨损不得超过0.4mm，各棱角对中心轴线的距离不允许大于0.03mm，表面粗糙度不得高于0.8μm，径向游隙不大于0.1mm，轴向间隙不大于0.25mm。否则，表明凸轮已严重磨损不匀，应更换。

2. 配电器故障与检修

（1）配电器常见故障　配电器由分电器盖和分火头组成。配电器的绝缘应在点火高压作用下不被击穿，否则会引起发动机"断火""错火"或根本不能发动等故障。配电器的常见故障如下：

1）分电器盖漏电故障。分电器盖脏污、破损、绝缘不良漏电，容易造成火花减弱而不点火或错火等。

2）分电器盖接触不良故障。中央插孔内接触电刷弹簧失效或电刷卡住，使接触电刷不能与分火头导电片接触，此处增加的间隙会造成点火电压升高和点火能量的损失，使点火可靠性下降。

3）分火头漏电故障。分火头绝缘部分有裂纹、积污而漏电，使点火线圈的点火能量因漏电而损失，造成火花减弱，严重时会导致点火线圈高压完全不送入各缸火花塞，使发动机不点火。

（2）配电器检修

1）分电器盖的检查。

① 外观检查。检查分电器盖外表面是否脏污、有无裂损，若分电器盖能看到裂纹，则需更换分电器盖。

② 漏电检查。分电器盖的漏电检查可就车进行，方法是：先将火花塞上的高压分线全部拔下，将分电器盖打开后一手握住全部高压分线使分电器盖悬空，其高压分线端头距缸体3~4mm，然后将点火开关接通，另一只手用一字槽螺钉旋具拨动活动触点臂，使触点一开一闭，如图2-23所示。若某高压分线端头与缸体间有火花跳过，则表明该高压分线插孔与中央高压线插孔之间漏电。

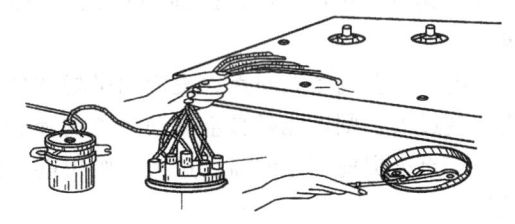

图2-23　分电器盖的漏电检查

检查分线插孔之间是否漏电的方法是：先拔去分电器盖上的所有高压线，再把中央高压线插在任意的分线孔中，并在该分线孔两边相邻的插孔中，插上高压分线，使其端头距气缸体3~4mm，然后拨动活动触点臂，看高压分线与缸体间是否有火花跳过。若有火花，则表明所检查的分线孔之间已击穿漏电。其他分线插孔的检查方法与此相同。

③ 接触电刷的检查。检查分电器中央插孔内的接触电刷,接触电刷应有弹性、不卡滞,分电器安装后应能与分火头的导电片保持良好的接触。

2) 分火头的检查。

① 外观检查。分火头应无裂损,导电片应无烧蚀,与分电器插合应稳固,否则应予以更换。

② 漏电检查。可利用点火线圈的高压电进行就车试验,方法是:先将分火头反放在气缸盖上,如图 2-24 所示,使其导电片与缸盖接触,然后将高压线的端头距离分火头的座孔 6~8mm,接通点火开关,用一字槽螺钉旋具拨动断电触点使它一开一闭。此时若高压线端头与分火头座孔之间有火花跳过,则表明分火头已经漏电搭铁,应予以更换。

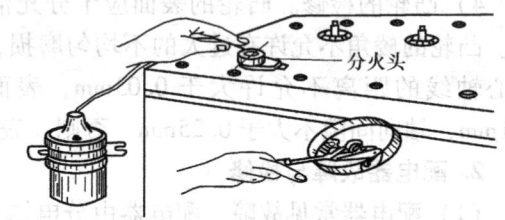

图 2-24 分火头的漏电检查

3. 点火提前装置的故障与检修

(1) 点火提前装置常见故障

1) 真空点火提前装置常见故障。

① 弹簧失效,使点火提前装置调节过大,发动机易产生爆燃。

② 内部膜片破裂漏气,使点火提前角过小或真空点火提前装置不起作用。

③ 分电器内的活动发卡,使点火提前调节过小或真空点火提前装置不起作用。

2) 离心点火提前装置故障。

① 弹簧失效,导致离心点火提前调节过大。

② 拨板槽与重块上销钉磨损而松旷,使点火提前角变化偏小。

③ 拨板与销钉卡死而使离心点火提前装置不起作用。

(2) 点火提前装置检修

1) 真空点火提前装置的检修。

① 仪器检查。利用真空泵和正时灯就车检测不同真空度时点火提前角的改变量,与标准值比较,可诊断真空点火提前装置的性能和故障。在车上检查的方法是:首先从分电器上拆下真空软管接到真空泵上,再运转发动机使其处于怠速工况,然后用正时灯检查点火提前角,利用真空泵对真空点火提前装置施以不同的真空度,并测出相应的点火提前角及其改变量。

若随真空度的增大而点火提前角平稳地变大,则说明真空点火提前装置工作正常;若提前角改变过大,则可能是真空提前装置的弹簧弹力不足;若提前角改变过急,则可能是弹簧折断;若点火提前不足或滞后过大,则可能是断电器活动底板发卡;若无提前,则为膜片损坏漏气。

② 经验诊断。当无检测仪器时,可使真空点火提前装置壳体不动,用手拨动活动板(触点在活动板)或转动分电器壳体(触点在固定底板),应感到有阻力,手放松后,活动板或分电器壳体应能迅速回位,否则说明真空点火提前装置的弹簧失效或活动板发卡。上述检查正常后,可用嘴吸吮真空管做简单检查,在真空点火提前装置的真空管接口处吸气时,膜片应能带动真空提前装置拉杆使断电器活动底板转动,否则说明真空点火提前装置内部膜

片漏气。若真空点火提前装置的弹簧失效或膜片漏气，则需更换总成。

2）离心点火提前装置的检修。

① 仪器检查。利用正时灯就车检测不同发动机转速时的点火提前角，与标准值比较，可诊断离心点火提前装置的性能和故障。在车上检查的方法是：先拧开真空管不让真空提前装置工作，然后连接好正时灯，起动发动机，并逐渐提高发动机转速，记录各点转速及相应的点火提前角。

若随转速的升高而点火提前角平稳地变大，则说明离心点火提前装置工作正常；若提前角改变量过大，则可能是离心调整弹簧过软；若提前角改变过急，则可能是弹簧折断；若提前角不够或不变，则说明离心调节飞锤（离心块）组件不正常，应修理。

② 经验诊断。当无检测仪器时，可做如下简单检查：将分电器轴固定不动，用手捏住断电器凸轮或分火头，沿其工作方向拧至极限位置后松手，若凸轮能迅速地自动回原位，表示弹簧拉力正常。用手转动凸轮时，应有适当的阻力，转动时感觉很松或很紧都为不正常。

若凸轮转不动或转动时用力过大，则可能是离心块遇阻或弹簧拉力过大，导致重块无法向外扩张而失去点火提前作用；若凸轮转动过于轻松，则说明弹簧拉力过小或弹簧脱落。当转动凸轮感到不正常时，应打开断电器触点底板，查看离心点火提前装置有无锈死，弹簧有无断脱，飞锤（离心块）在轴上是否能转动自如，飞锤上的销钉与轴孔是否过于松旷。若存在故障，则予以修理或更换。

4. 电容器故障与检修

(1) 电容器常见故障

1）电容器绝缘击穿，导致短路或漏电。电容器短路时，其断电器就失去作用而不能切断点火线圈一次电流，使点火系统不能产生高压；电容器漏电时会消耗点火能量，使最高二次电压下降。

2）电容器内部引出线断路，或电容器搭铁不良，相当于在断电器触点处没有并接电容器，使触点的火花严重，最高二次电压下降。

3）电容器容量值过大或过小，易使触点烧蚀，并使最高二次电压下降，影响点火系统点火性能。

(2) 电容器检修

1）单独检查。将电容器拆下进行检查，主要有以下几种检查方法。

① 万用表检查法。用指针式万用表的 R×100Ω 挡测量电容器的电阻，若电阻为零或指示某一个较小电阻值不动，则说明电容器已短路或漏电，需更换；若万用表指针开始向电阻为 0 方向摆动，并马上摆回，指示电阻大于 100Ω，则说明电容器良好。

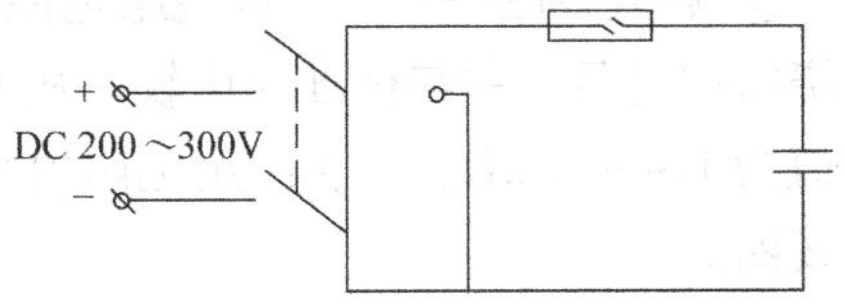

② 氖灯检查法。按图 2-25 所示接线，用 200～300V 的直流电和氖灯进行检查，将测试电路的开关置向左侧，电源则向电容器充电，再将开关置向右侧，使电容器放电，当电容器充电和放电的瞬间，氖灯若发生闪烁，则电容器良好。在接通电源电容器充电时，若氖灯不亮，则说明电容器断路；若氖灯不停地闪亮，则说明电容器漏电；若氖灯一直亮着，则说明电容器短路。

图 2-25 氖灯法检查电容器的电路

2）就车检查。就车检查采用比较鉴别的方法，先取下分电器盖上的中央高压线，并使之距车体 5~7mm，接通点火开关，使用起动机运转发动机，查看高压火花的强度；再将电容器拆下，重新试验火花强度，若两次高压火花完全一样，则说明电容器失效，应更换。若装上电容器时火花很强而拆下电容器时火花弱，则说明电容器良好。

3）电容量检测。电容器的电容量可用专用仪表测量，在没有专用检测电容的仪器时，也可用普通万用表检测，还可用经验判断。

① 万用表检测法。将万用表拨到交流毫安挡，接成如图 2-26 所示的测量电路，通电后记下毫安表的电流读数 I（A）和电压表的电压读数 U（V），然后按下式计算电容器的电容量

$$C = \frac{I \times 10^6}{2\pi f U}$$

式中　C—电容器电容量（μF）；
　　　f—交流电源频率（Hz）。

注意：已短路的电容器不能接入电路中，否则毫安表将会损坏。

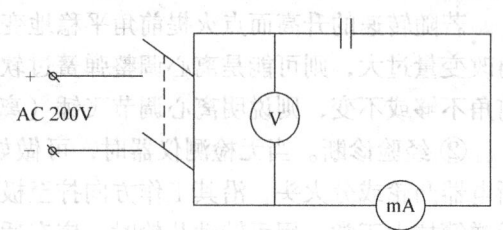

图 2-26　电容器电容量检测电路

② 经验判断法。可根据断电器触点的烧蚀特征来判断电容器电容量是否适合本车点火系统。若断电器的固定触点烧蚀有深坑，而相对触点出现凸起，则表明电容器电容量太小；反之，若发现固定触点凸起，而相对触点烧蚀有深坑，则表明电容器电容量太大；若断电器触点因火花少而烧蚀不严重，则表明电容器电容量合适。

5. 点火线圈故障与检修

(1) 点火线圈常见故障

1）点火线圈的一次绕组或二次绕组断路、短路或搭铁，会造成最高二次电压下降或不产生二次电压。

2）点火线圈的绝缘盖破裂漏电，可导致最高二次电压下降或不产生二次电压。

3）附加电阻烧断（三低压接线柱），造成点火线圈一次电路断路。

(2) 点火线圈检修

1）初步检查。检查点火线圈的绝缘盖有无脏污破损，接线柱是否松动锈蚀。若绝缘盖有破损，则易受潮而失去点火能力，应更换点火线圈；若有脏污锈蚀可予以清洁后做深入检查。

2）深入检查。可用万用表多点火线圈的一次、二次绕组的电阻以及绝缘性进行深入检查。

① 点火线圈一次、二次绕组电阻值的检查。用万用表的电阻挡测量点火线圈一次、二次绕组的电阻，并与标准值比较，从而判断点火线圈绕组是否短路或断路。通常一次绕组电阻值为 1.4~3.2Ω，二次绕组电阻值为 3600~7000Ω。所测阻值应符合标准，否则应更换点火线圈。

② 点火线圈绕组绝缘性的检查。用万用表的电阻挡测量点火线圈任一接线柱与外壳之间的电阻，其值应不小于 50MΩ，否则说明点火线圈绝缘不良，应更换点火线圈。

③ 点火线圈附加电阻的检查。用万用表的电阻挡测量附加电阻，其阻值应与标准值相符。通常，点火线圈附加电阻值约为 1.4Ω。若测得的电阻为无穷大，则说明附加电阻已烧断。

3) 点火性能检查。在实际应用中,常用仪器法和跳火法检查点火线圈的点火性能。

① 仪器法检查。利用示波器或发动机综合性能检测仪可方便地检查点火线圈的点火性能。检查时接上仪器连接线,运转发动机,拔下某缸高压分线,检测发动机的二次点火电压波形。若拔下了高压分线气缸的点火电压高达 20kV 以上,则说明点火线圈点火性能良好;若点火电压较低,而点火系统其他部件正常时,则说明点火线圈点火性能差。

② 跳火法检查。这种方法可直接在车上进行。检查时,先取下分电器盖上的中央高压线,并使之距气缸体 5~7mm,接通点火开关,使用起动机运转发动机,查看高压火花的强度。若跳火间隙中,火花线较粗、呈蓝白色,且有较清晰的"叭、叭"声,则说明点火线圈的点火性能好;若跳火间隙中,火花线很细,呈暗红色,则说明点火线圈的点火性能差。

6. 火花塞故障与检修

(1) 火花塞常见故障

1) 火花塞沉积物,如积炭、积油等,易使发动机点火性能变差。火花塞积炭将导致漏电,使点火线圈产生的高压降低,致使发动机缺火或不能工作;火花塞积油常在发动机长时间起动时发生,积留在电极间的油滴会使火花塞的击穿电压增高,导致发动机起动困难。

2) 火花塞烧损,如火花塞绝缘体起皱、破裂,电极烧蚀等,易使火花塞的击穿电压升高,从而导致发动机缺火或不能工作。

3) 火花塞的间隙不当,使点火性能下降。火花塞间隙过大时,火花塞击穿电压增高,使点火线圈工作在过负荷状态,高速时易断火;其间隙过小会使电火花变得微弱,火花能量小,不能可靠点燃混合气。

(2) 火花塞检修

1) 检查火花塞螺纹,若螺纹损坏,则应更换火花塞。

2) 检查火花塞电极,电极应无损坏、变形,中心电极绝缘柱上不能有裂纹,白瓷不能开裂,绝缘应无损坏,否则应更换火花塞。

3) 检查火花塞电极间隙,用圆形塞尺检查,其电极间隙应符合标准。通常,传统点火系统的火花塞电极正常间隙为 0.6~0.7mm,部分进口车型为 0.7~0.9mm,电子点火系统火花塞电极间隙为 1.0~1.1mm。间隙不当时,应予以调整。调整时,可轻轻扳动火花塞的侧电极,边调整边测量,直至间隙正常为止。

4) 检查火花塞积炭,有积炭时应予以清除。当积炭严重渗入绝缘体内部时,应更换火花塞。

5) 检查火花塞能否工作。把火花塞放在气缸盖上,用中央高压线对准接头螺钉做跳火试验,如两电极间有火花,则可初步判断良好;如无火花,则说明火花塞短路,应更换。

(二) 电子点火系统部件故障与检修

电子点火系统的点火线圈、分电器、火花塞等的结构原理与传统点火系统相同,因此电子点火系统部件的故障与检修主要是针对点火信号发生器和电子点火器而言的。

1. 点火信号发生器故障与检修

(1) 磁感应式点火信号发生器故障与检修

1) 常见故障。

① 信号感应线圈短路或断路，导致无信号输出而不能触发电子点火器工作。

② 信号转子轴磨损偏摆或感应线圈与导磁铁心组件移动，导致转子凸轮与铁心的间隙不当，造成信号过弱或无信号输出而不能触发电子点火器工作。

2) 故障检修。

① 检查感应线圈的电阻值。先将分电器与线束之间的插接器拆开，然后用万用表电阻挡测量与分电器相连接的两根导线之间的电阻值，如图2-27所示。若测量结果与标准阻值相差较大，则说明感应线圈断路，如焊点松脱等，通常断路点在导线接头处较多，可将感应线圈拆下进一步检查，如发现焊点松脱，可用电烙铁焊上即可。若感应线圈损坏，则需要更换点火信号发生器总成。部分车型点火信号发生器感应线圈的电阻值见表2-3。

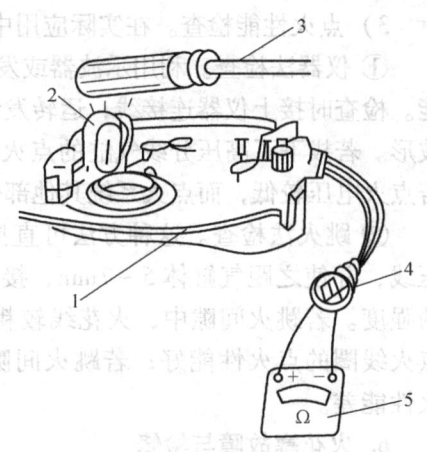

图2-27 感应线圈电阻值的测量
1—分电器 2—感应线圈 3—螺钉旋具
4—插接器 5—万用表

表2-3 几种常见车型点火信号发生器感应线圈电阻值

车型	感应线圈阻值/Ω	车型	感应线圈阻值/Ω
标致	900~1200	福特	400~800
丰田	140~180	克莱斯勒	920~1120
本田	600~800	日产	140~180
三菱	500~700	富康	385
切诺基	400~800	CA1092	600~800

② 检查和调整信号转子凸齿与线圈铁心之间的间隙。用塞尺测量其间隙，如图2-28a所示，该间隙的标准值为0.2~0.4mm。若该间隙不符合要求，可松开如图2-28b所示的紧固螺钉A、B做适当的调整，直至间隙符合规定，再将螺钉A、B拧紧即可。但有些分电器此间隙不可调，若间隙不合适则只能更换点火信号发生器总成。

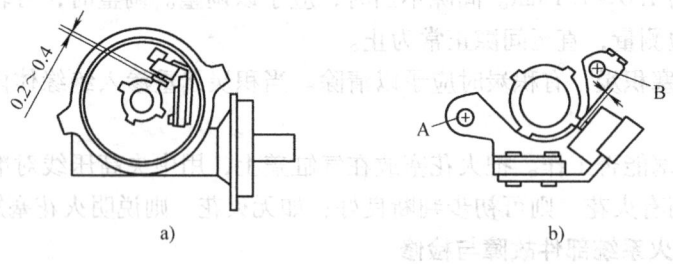

图2-28 信号转子凸齿与线圈铁心间隙的检查和调整
a) 检查间隙　b) 调整间隙

(2) 霍尔式点火信号发生器故障与检修

1) 常见故障。

① 信号发生器内部集成块烧坏无信号输出，导致电子点火器不能正常工作。

② 信号发生器供电线路断脱或接触不良，使霍尔元件不能正常工作，导致无信号输出或信号过弱。

③ 信号发生器输出线路断脱或接触不良，导致点火信号发生器输出信号过弱或无信号输出。

2）故障检修。霍尔式点火信号发生器是有源器件，需输入一定电源电压时才能工作，因此检修时应先测量其输入电压是否正常，然后再检查输出信号是否符合要求，从而诊断故障。下面以上海桑塔纳轿车的霍尔式信号发生器为例说明其检修方法。

① 检查点火信号发生器的工作电压。方法是用直流电压表的"+"、"-"表笔分别接触与分电器相连接的插接器"+"、"-"接线柱（红黑线端与棕白线端），如图 2-29 所示，接通点火开关，电压表应显示接近蓄电池电压，为 11～12V；否则，说明电子点火器没有为霍尔式信号发生器提供正常的工作电压，应检查电子点火器。若电压表显示电压正常，可进行下一步检测。

② 检查点火信号发生器的输出电压。方法是：将分电器插接器电源端子接上电源后，转动分电器轴，测其信号输出端的直流电压。可用同一只电压表在点火开关接通时测量分电器的信号输出线（绿白线）与搭铁线

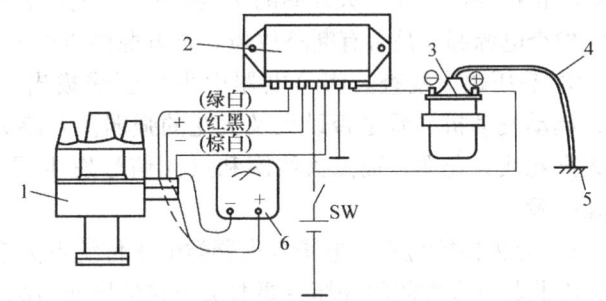

图 2-29　霍尔式信号发生器的检查
1—分电器　2—电子点火器　3—点火线圈
4—高压线　5—搭铁　6—直流电压表

（棕白线）之间的电压。当转子叶片插入缝隙时，电压表应显示与输入电压值相近的电压，即 11～12V；而当转子叶片离开时，所显示的电压为 0.3～0.4V。检测时，若输出电压随着分电器轴的转动而在上述范围内摆动，则说明其点火信号发生器无故障。

其他车型的霍尔式点火信号发生器的检查，可参考上述检查方法，但需注意：由于车型不同，或同种车型而生产年代不同，其霍尔式点火信号发生器的内部结构、电路和有关工作参数也不完全相同，所以其工作电压、信号输出电压幅值也有所不同。检查时，应与同期生产的同种车型的测量值作对比，方可准确判断点火信号发生器的好坏。

有条件时，可利用示波器或检测仪就车检测各种点火信号发生器。检测时，用起动机转动发动机，通过测出点火信号发生器信号输出端的交流电压和波形来检查判断其工作是否正常。

2. 电子点火器故障与检修

电子点火器正常工作时，能准确、可靠地控制其内部电路开关晶体管的导通与截止，及时通断点火线圈一次电流，使点火线圈二次侧适时地产生高压。为保证发动机正常点火，应重视电子点火器常见故障的检修。

（1）电子点火器常见故障

1）电子点火器线路断脱或接触不良，不能有效地通断点火线圈一次电流，造成火花减弱或不能点火。

2）电子点火器内部电子元器件短路、断路、漏电等，易造成功率晶体管不能导通，使点火线圈一次侧无电流而不工作；功率晶体管不能截止，使点火线圈一次侧不能断路而不产生高压；功率晶体管不能工作在开关状态，即不能饱和导通和完全截止，使一次电流减小或断流不彻底，造成火花减弱或不能点火。

（2）电子点火器检修

1）一般检查。当电子点火器不能点火时，首先应进行一般检查，其检查方法如下：

① 检查电子点火器的外部连接线路有无断脱或接触不良现象。松开电子点火器的连接线或插接器，仔细检查各引出端导线，看其是否良好，有无异常迹象。若正常，则恢复其线路连接，进行下一步检查。

② 检查电子点火器电源电压。将点火开关置于 ON 位置，把电压表的正表笔接电子点火器的正接线柱（或点火线圈的正接线柱），电压表的负表笔搭铁，其电压值应为 12V，否则应检查电源部分是否有断路故障。若电源供压正常，则进行下一步检查。

③ 高压跳火检查。将分电器中央高压线拔出，使高压线端距离发动机缸体 5mm 左右，起动发动机，看是否跳火及火花的强弱。若跳火且火花强，则说明电子点火器良好；若无火花或火花弱，而点火线圈和点火信号发生器工作状况又良好，则说明电子点火器存在故障。

2）点火性能检查。电子点火器类似于传统点火系统的断电器，主要是起导通与截止作用，因此其点火性能的好坏主要取决于它导通与截止性能。电子点火器导通与截止性能的简易检测电路如图 2-30 所示，它利用 1.5V 的干电池分别正接和反接于电子点火器的信号输入端来模拟点火信号，电子点火器的输出端按照如图所示连接方式接至点火线圈和蓄电池，测量点火线圈"负极"接线柱的对地电压，根据输入信号改变极性后两次测得的电压值来判断电子点火器的导通与截止性能，从而诊断电子点火器的点火性能。

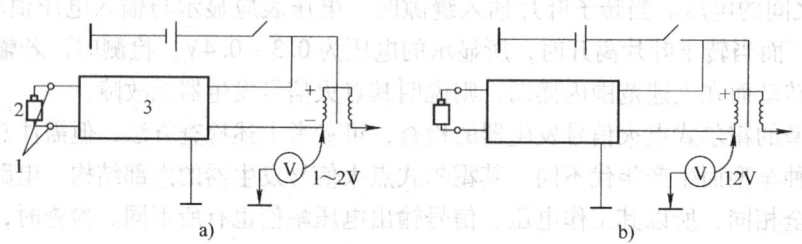

图 2-30 电子点火器的导通与截止性能的简易检测电路
a) 正接（使一次通路）检查情况 b) 反接（使一次断路）检查情况
1—输入端 2—1.5V 干电池 3—电子点火器

① 若两次测得的电压均高（12V 左右），则说明电子点火器存在不导通故障，使一次线圈无电流。

② 若两次测得的电压均低（<2V），则说明电子点火器存在不截止故障，使一次线圈电流无变化而不产生高压。

③ 若两次测得的结果都是在 2~12V 之间，则说明电子点火器存在不能饱和导通和完全截止的故障，使一次电流减小或断流不彻底。

④ 若两次测得的电压分别为 0（或 <2V）和 12V 左右，则说明电子点火器性能良好。

第六节 燃油供给系统检测与故障诊断

一、汽油机燃油供给系统检测与故障诊断

随着汽车电子技术的发展，装备电控燃油喷射系统的汽油机逐渐取代了传统化油器式汽油机，我国已经禁止生产化油器轿车。在此仅介绍电子控制燃油喷射发动机燃油供给系统的故障诊断。

（一）燃油供给系统的组成、功用

电控燃油供给系统主要由油箱、电动燃油泵、燃油滤清器、燃油压力调节器、喷油器、回油管等组成，如图 2-31 所示。其作用是根据发动机各种工况的要求，向气缸提供一定数量和浓度的可燃混合气，以便在临近压缩终了时使发动机点火燃烧而膨胀做功，最后把燃烧产物排至大气。

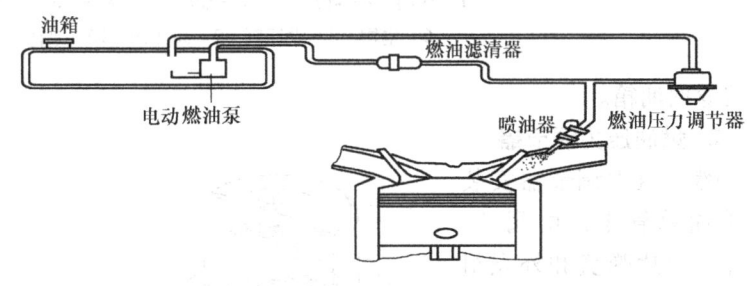

图 2-31 电控燃油供给系统的基本组成

1. 电动燃油泵

电动燃油泵是电子汽油喷射系统中的一个重要部件，其功能是把燃油从油箱内吸出并以一定压力通过喷油器供给发动机各气缸。电动燃油泵技术状况的好坏，将直接影响到汽油喷射系统的正常运转和喷油质量。

电动燃油泵按其安装位置可分为内置式和外置式两种，按其结构不同分为滚柱式、齿轮式、叶片式等几种。燃油泵由集滤器、泵体、永磁电动机、限压阀、单向阀和外壳等组成。图 2-32、图 2-33 所示分别是滚柱式电动燃油泵和叶片式电动燃油泵结构示意图。单向阀的作用是防止燃油倒流，当汽车停车后能够保持适当残余压力，以利于下次起动。限压阀主要起过压保护的作用，当燃油泵工作压力大于 0.4MPa 时，限压阀打开，超出部分的燃油经集

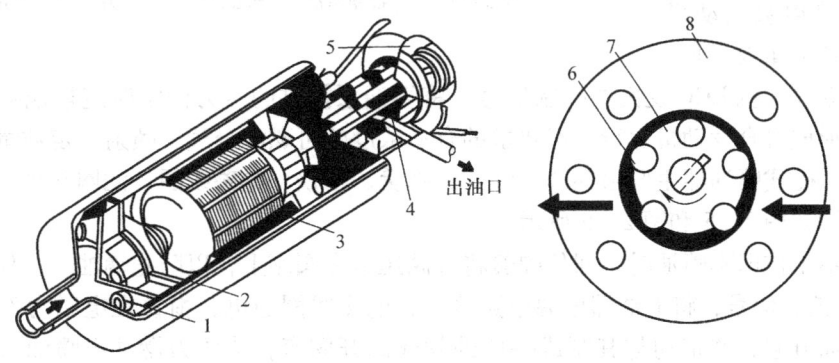

图 2-32 滚柱式电动燃油泵结构示意图

1—限压阀 2—油泵 3—电动机 4—单向阀 5—缓冲器 6—滚柱 7—转子 8—泵体

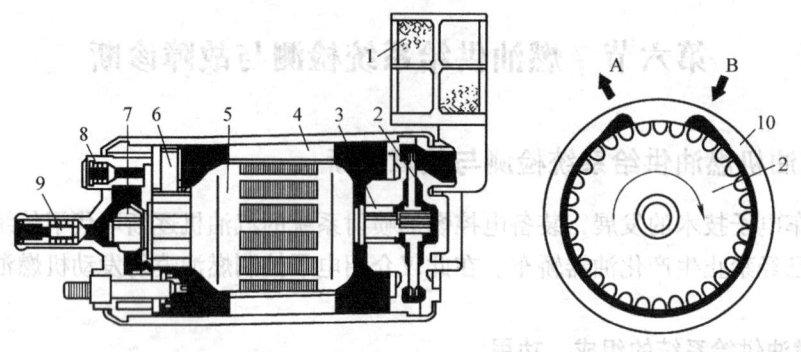

图 2-33 叶片式电动燃油泵结构示意图
1—滤网 2—叶片 3、7—轴承 4—磁铁 5—电枢
6—电刷 8—限压阀 9—减压阀 10—泵体

滤器返回油箱。

2. 燃油压力调节器

燃油压力调节器安装在燃油总管上,由阀片、膜片、膜片弹簧和外壳组成,如图 2-34 所示。其功能在于调节供油系统油压,使供油管内油压与进气歧管之间的压力差保持恒定(250～300kPa)。这样可以保证喷油器的燃油喷射量唯一取决于喷油器的开启时间(即喷油器通电时间)。

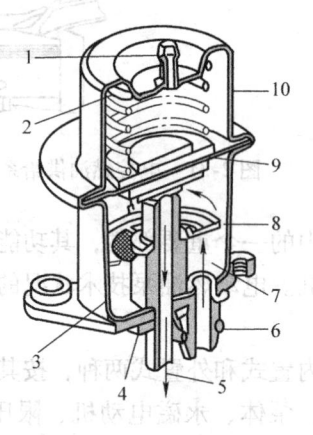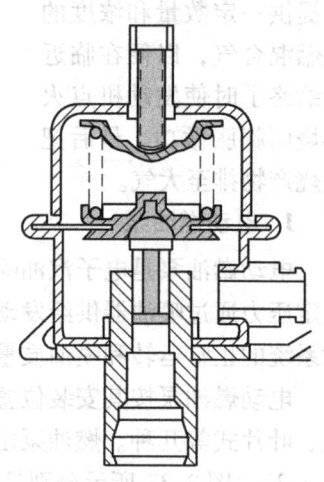

图 2-34 燃油压力调节器的结构
1—发动机真空接头 2—弹簧 3—下壳体 4—垫片 5—回油管
6—O 形密封圈 7—油箱供油 8—滤清器 9—膜片 10—上壳体

3. 喷油器

喷油器是电喷发动机燃油喷射系统的重要部件,其功能是根据发动机 ECU 发出的控制信号,将燃油泵提供的压力油定时定量地喷入进气管中,与进气形成符合发动机运行工况要求的合适浓度的可燃混合气,喷射一定数量和雾化良好的燃油。电磁式喷油器主要由阀体、针阀、弹簧、衔铁、电磁线圈、滤网和线束插接器等组成,其结构如图 2-35 和图 2-36 所示。

喷油器不工作即不喷油时,回位弹簧将针阀压紧在阀座上,以防止滴油。工作时,发动机 ECU 发出控制信号,将喷油器电源电路接通,电磁线圈通电,衔铁在电磁力作用下克服弹簧作用力而升起,并带动与其制成一体的阀体离开阀座,使压力燃油由喷油口呈雾状喷出。喷油停止时,喷油器电源电路被切断时,电磁线圈断电,作用在衔铁上的电磁力消失,针阀在弹簧力的作用下关闭,喷油器停止喷油。

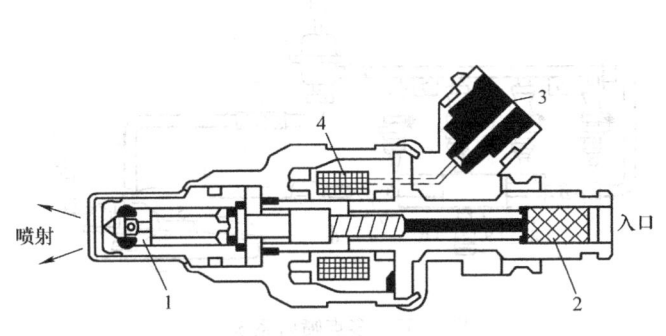 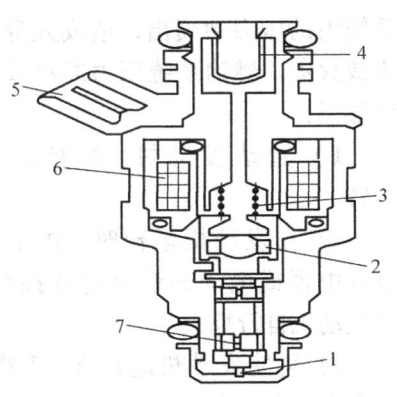

图 2-35　孔式喷油器　　　　　　　　　图 2-36　轴针式喷油器
1—针阀　2—滤网　3—插接器　4—线圈　　1—轴针　2—衔铁　3—回位弹簧　4—滤网
　　　　　　　　　　　　　　　　　　　　5—插接器　6—线圈　7—针阀

4. 燃油滤清器

燃油滤清器滤芯一般采用纸质滤芯，分菊花形和涡卷形两种形式，其功用是清除燃油中的杂质，防止堵塞喷油器等部件，减小运动部件的磨损。安装时应注意燃油流动方向的箭头，不能装反。

（二）燃油供给系统检测

电控喷射发动机燃油供给系统是发动机较易发生故障的系统之一，其技术状况好坏直接影响着发动机的动力性、经济性和工作稳定性。系统出现故障，应先利用油压表检查系统油压，通过测试燃油系统压力，可诊断燃油系统是否有故障，进而根据测试结果确定故障性质和部位。

1. 燃油压力检测

不同喷射类型、不同车系、不同排量的汽车，其燃油压力是不同的。表 2-4 列举了几款汽车的燃油压力值。

表 2-4　汽车燃油压力值

车　系	排量/L	喷射类型	系统油压（接真空管）/kPa	残压/kPa
桑塔纳时代超人	1.8	多点喷射	约 300	大于 150
奥迪 A6	1.8	多点喷射	约 350	大于 100
上海通用别克	3.0	多点喷射	284～325	大于 33
丰田	2.3	多点喷射	196～235	熄火后 5min 不变
福特	2.5	多点喷射	206～318	熄火后 5min 不变
克莱斯勒	2.5	多点喷射	98	残压很低
本田	2.2	多点喷射	265～305	大于 150

多点式燃油喷射系统如图 2-37 所示，大多数汽车的燃油导管上都有油压测试口，用于安装油压表。系统油压的检测方法具体步骤如下：

（1）释放油压　汽油喷射发动机为便于再次起动，在发动机熄火后，燃油系统内仍保持有较高的残余压力。在拆卸燃油系统内任何元件时，都必须首先释放燃油系统压力，以免系统内的压力油喷出，造成人身伤害或火灾。燃油系统压力的释放方法如下：

1）起动发动机，维持怠速运转。

2）在发动机运转时，拔下油泵继电器或电动燃油泵电源接线，使发动机自行熄火。

3）再使发动机起动2~3次，即可完全释放燃油系统压力。

4）关闭点火开关，装上油泵继电器或电动燃油泵电源接线。

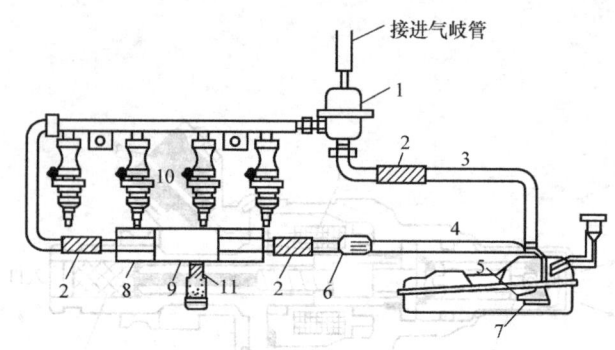

图2-37 多点喷射系统

1—燃油压力调节器 2—软管 3—回油管 4—压力油管软管 5—燃油泵 6—燃油滤清器 7—油泵滤网 8—管接头 9—三通管接头 10—喷油器 11—油压表接头

（2）装油压表 有油压测试口的，可将油压表直接接在油压测试口上；没有油压测试口的可断开进油管，将三通油压表串接在系统管路中。不同车型测试压力表的连接方式有所不同，主要有两种连接方式：一种是日本丰田等车型，用专用接头将油压表连接在输油管的进油管接头处；另一种是韩国大宇和美国通用等车型，用专用接头将油压表连接在燃油滤清器与输油管之间安装脉动阻尼器的位置（进行压力测试时拆下脉动阻尼器）。

（3）油压检测

1）静态油压检测。用导线将电动燃油泵的两个检测插孔短接，打开点火开关但不起动发动机，使电动燃油泵运转，此时压力表测得的压力即为系统的静态燃油压力。其正常油压约为300kPa，若油压过低，应检查油路有无渗漏，以及电动燃油泵、燃油滤清器和油压调节器等；若压力过高，应检查油压调节器。

2）最高油压检测。将油压表接在燃油管路上，并将出油口塞住，如图2-38所示。接上蓄电池负极电源，用一根导线将电动燃油泵的两个检测插孔短接（如日本丰田车系直接将诊断座上的电源端子"+B"与燃油泵测试端子"FP"跨接）。打开点火开关，持续10s左右（不要起动发动机），使电动燃油泵工作，同时读出油压表的压力，该压力称为电动燃油泵的最大压力，其正常值应比发动机运转时的燃油压力高200~300kPa，通常可达490~640kPa。如不符合标准值，应更换电动燃油泵。关闭点火开关5min后，观察油压表

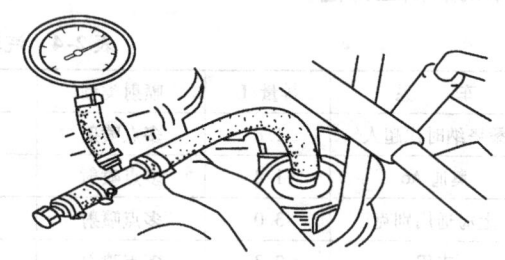

图2-38 电动燃油泵最高油压检测

的压力，此时的压力称为电动燃油泵的保持压力，其正常值应大于140kPa。如不符合标准值，应更换电动燃油泵。

3）工作油压检测。起动发动机并维持怠速运转，测量此时的燃油压力，如图2-39所示。缓慢开大节气门（踩下加速踏板），测量在节气门接近全开时的燃油压力。拆开燃油压力调节器上的真空软管，并用手指堵住进气管一侧的管口。检查油压表指示压力，该压力应

和节气门全开时的燃油压力基本相等，一般多点喷射系统压力应为 0.25~0.35MPa，单点喷射系统压力应为 0.07~0.10MPa。如果测试燃油系统压力符合标准，使发动机运转至正常工作温度后，重新接上燃油压力调节器上的真空软管，检查燃油压力表指示压力，应略有下降（约 0.05MPa），否则应检查真空管路是否堵塞或漏气；若真空管路正常，说明燃油压力调节器有故障，应更换。

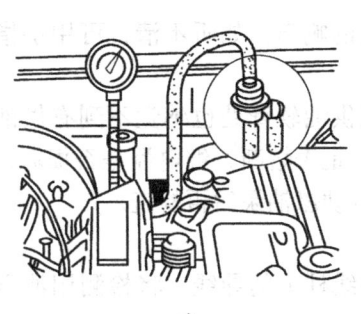 

a) b)

图 2-39 发动机运转工作油压检测
a) 急速及节气门全开时油压检测 b) 拔下真空软管时油压检测

常见系统油压故障有油压过高和油压过低，油压过高将使混合气过浓，油压过低将使混合气过稀。若燃油系统压力过低，可夹住回油软管以切断回油管路，再检查油压表指示压力，若压力恢复正常，说明燃油压力调节器有故障，应更换；若压力仍过低，应检查燃油系统有无泄漏，燃油泵滤网、燃油滤清器和油管路是否堵塞，若无泄漏和堵塞故障，应更换燃油泵。若油压表指示压力过高，应检查回油管路是否堵塞；若回油管路正常，说明燃油压力调节器有故障，应更换。

4）系统残压检测。发动机熄火后，系统管路中应保持一定的残余油压，便于再次起动，如果残余油压很低或等于零，将造成发动困难甚至不能发动的故障。待发动机熄火，燃油泵停止工作 5~10min 后，观察燃油压力表压力（即燃油系统残余压力），应符合标准。多点喷射系统压力应不低于 0.20MPa，单点喷射系统压力应不低于 0.05MPa。若压力过低，应检查燃油系统是否有泄漏，若无泄漏，说明燃油泵出油阀、燃油压力调节器回油阀或喷油器密封不良。

（4）预置燃油系统压力 在拆开燃油系统进行维修之后，为避免首次起动发动机时，因系统内无压力而导致起动时间过长，应预置燃油系统压力。燃油系统压力预置可通过反复打开和关闭点火开关数次来完成，也可按下述方法进行。

1）检查燃油系统所有元件和油管接头是否安装良好。

2）用专用导线将诊断座上的燃油泵测试端子跨接到 12V 电源上。日本丰田车系直接将诊断座上的电源端子"+B"与燃油泵测试端子"FP"跨接。

3）将点火开关转至"ON"位置，使电动燃油泵工作约 10s。

4）关闭点火开关，拆下诊断座上的专用导线。

2. 电动燃油泵及其控制电路检测

电动燃油泵及其控制电路的故障将直接影响发动机的工作性能，该部分的故障在电控发动机故障中占据了较大的比例，因此对燃油泵及其控制电路的检测是十分重要的。由于拆卸电动燃油泵很是不便，故对电动燃油泵的检测，一般都是先在车上在路检测，待确认其损坏或怀疑其有问题时，才将其拆下来进行开路检测。

（1）在路直观判断法

1）先用一根专用导线将检测插座内电动燃油泵的两个检测插孔短接，并接通点火开关，但不要起动发动机。

2）卸下油箱盖，仔细静听有无电动燃油泵运转的响声。如听不清，可用手指捏住供油软管检查有无供油压力。

3）如果既听不到电动燃油泵运转的响声，手在供油软管处也感觉不到有供油压力，则说明电动燃油泵未工作。应检查电动燃油泵电源熔丝是否熔断，继电器是否损坏，控制电路是否断路。如果没有发现上述故障，应检修或更换电动燃油泵后再检查。

（2）在车测压判断法

1）释放燃油系统中的油压，拆下蓄电池负极接线柱上的导线，将检测用油压表接在燃油管路上，并堵住出口。

2）装回蓄电池负极接线柱上的导线，并用专用导线将故障检测插座内电动燃油泵的两个检测插孔短接。

3）接通点火开关，但不要起动发动机，持续约10s，使电动燃油泵工作，并查看油压表的指示值。该压力即为电动燃油泵的最大压力，其数值应比发动机运转时的燃油压力高出200~300kPa，一般为490~640kPa。如与规定值不符，应检修或更换电动燃油泵。

4）断开点火开关，过5min后查看燃油压力表指示值，该压力即为电动燃油泵的保持压力，其数值应大于340kPa。如与规定值不符，应检修或换新的电动燃油泵。

（3）开路检测法　首先拆卸电动燃油泵，然后再对电动燃油泵进行检测。

1）电阻检测法。用万用表电阻挡测量电动燃油泵两接线柱间的电阻，其电阻值应为2~3Ω。如电阻值过大，说明有断路或接触不良之处；如电阻值过小，说明有短路或搭铁故障。

2）电压检测法。用导线将蓄电池两极与电动燃油泵两接线柱连接起来，仔细观察和听电动燃油泵有无运转声。如听不到高速运转声，说明燃油泵未工作。

3）浸液检测法。将电动燃油泵浸在不可燃的专用喷油嘴检验液中，用带绝缘层的导线将蓄电池与电动燃油泵连接起来。接通后，观察电动燃油泵的工作状态，此时电动燃油泵出油口应有大量燃油泵出。否则，说明该电动燃油泵有故障，应对其进行检修或更换。

浸液检测法的液体也可用燃油，但用燃油进行上述检测时，应在空旷、通风的场地上进行，并使蓄电池远离电动燃油泵，而且导线要连接牢固，以防接触不良处跳火产生的电火花引起火灾。

（4）燃油泵供油量检测　拆下电动燃油泵出油管，将燃油泵两接线柱接蓄电池两端，其泵油量应不少于650mL/30s，否则说明泵体或出油阀有故障，应更换。

（5）电动燃油泵控制电路检测方法　要检查电动燃油泵控制电路，首先必须熟悉所检修车型的电动燃油泵控制电路。不同车型电动燃油泵控制电路各有差异，因此检测的方法、步骤不尽相同，但检测的基本思路是相同的，大致可按以下步骤检查。

1）检查电动燃油泵的电源供给电路。电动燃油泵控制电路如图2-40所示。其电源供给一般受 EFI 主继电器及熔丝的控制。当熔丝断路或主继电器出现故障时，接通点火开关，电动燃油泵控制 ECU 的"+B"端将无供电电压输入。

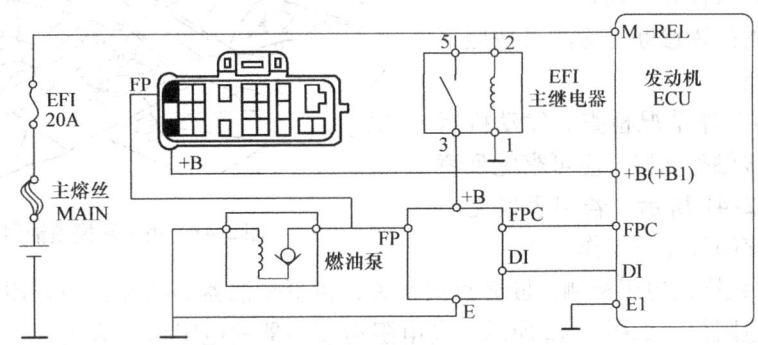

图 2-40 电动燃油泵控制电路

2）电动燃油泵控制电路的检查。电动燃油泵电路工作主要受油泵继电器控制，而电动燃油泵继电器又受 ECU 的控制。

① 检查电动燃油泵继电器和 ECU。
② 检查电动燃油泵调速附加电阻。
③ 检查 ECU 控制线路 FP、FPC 等端子与搭铁间在不同状况下电压值，具体参见表 2-5 和表 2-6。

表 2-5 FP 端子与搭铁间的电压值

工作条件	接通点火开关不起动	发动机起动或运转	结果	故障原因
电压	12V	小于 1V	正常	—
	0	0	不正常	主继电器及线路故障
	12V	12V	不正常	ECU 故障

表 2-6 FPC 端子与搭铁间的电压值

工作条件	接通点火开关不起动	低速或中小负荷	高速或大负荷	结果	故障原因
电压	0	小于 1V	12V	正常	—
	0	0	0	不正常	燃油泵控制继电器断路
	0	小于 1V	小于 1V	不正常	ECU 故障
	0	12V	12V	不正常	ECU 故障

3. 喷油器及喷油控制信号检测

喷油器的性能对发动机工作影响也很大，若喷油器出现故障，不仅影响发动机正常运转，造成动力性能、经济性能下降，严重时甚至会使发动机停转。因此，对喷油器的检修是电喷发动机定期维护中的一项重要工作。

在使用过程中，喷油器的常见故障是脏堵。由于高温环境的影响，燃油中所含树脂和树胶烯烃等物质会逐渐附着在喷油器末端的喷孔上，从而造成堵塞。燃油中所含的水分，也容易使喷油器针阀锈蚀，造成卡滞，使喷油器漏油或不喷油。此外，喷油器控制线路有故障，或喷油器电磁线圈断路、短路，也会造成喷油器工作不良或停止喷油。

对喷油器的故障诊断与检测可按照下述步骤方法进行。

1) 喷油器工作情况检查。发动机运转时，用手指接触喷油器，应可察觉到喷油脉动，如图2-41所示。若用手摸无振动感，则说明该喷油器不工作。

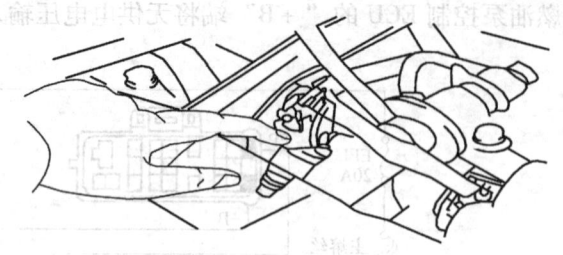

图 2-41 用手触摸喷油器

2) 喷油器线圈的电阻检测。断开点火开关，拔下喷油器的插头，用万用表电阻挡测量喷油器线圈的电阻值，如图2-42所示。高电阻型喷油器的电阻值应为 13~16Ω，低电阻型喷油器应为 2~3Ω。

3) 喷油器拆下后，通12V电压时，应可听到接通和断开的声音。此项试验，通电时间应不大于4s，再次试验应间隔30s，防止喷油器发热损坏。

4) 测量喷油器供电电压。打开点火开关时，端子1对地电压应等于蓄电池电压，如图2-43所示。如果符合要求，则应检查端子1到附加熔丝间的线路有无断路或接触不良。

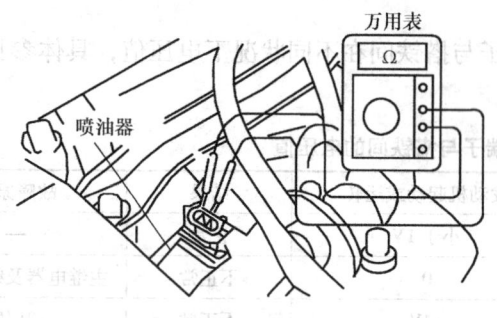

图 2-42 喷油器电阻值检测

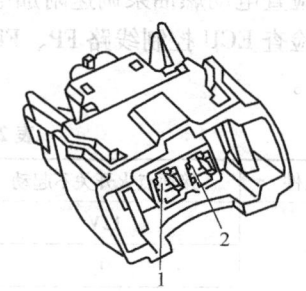

图 2-43 喷油器端子
1、2—端子

5) 喷油质量检测。关闭点火开关，断开蓄电池电源，拆开进油管与分油管后装上专用的软管连接头和检查用的软管、连接头，并且和油管旋紧；再把喷油器、压力调节器和油管用连接头和连接卡夹连接好，如图2-44所示。然后将喷油器喷口置入量筒中，用连接线把连接插头中"+B"与"FP"端子连接起来，重新装上蓄电池搭铁线。接通电源15s，检查喷油器喷油雾化情况。每个喷油器测2~3次，喷油器的标准喷油量应为 70~80cm³/15s，允许误差为9cm³/15s。停止喷油后检查喷油器喷口处有无漏油，每分钟漏油不允许超过一滴。

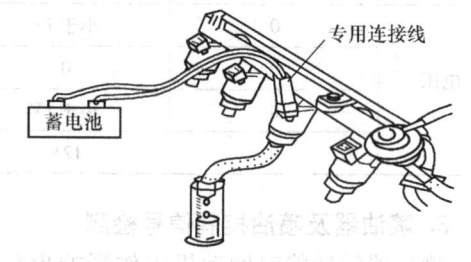

图 2-44 喷油器喷油量检查

6) 喷油控制信号的检查。检测喷油控制信号通常有以下几种方法：

① 用示波器或专用诊断仪检测喷油信号波形。拆开喷油器电路插头，中间接入专用 T 形接头，其一端接喷油器，另一端接电路插头，中间引出端接示波器或专用诊断仪信号探针提取信号。该 T 形接头有直接插头引出式、鱼夹引出式两种形式，如图 2-45 所示。

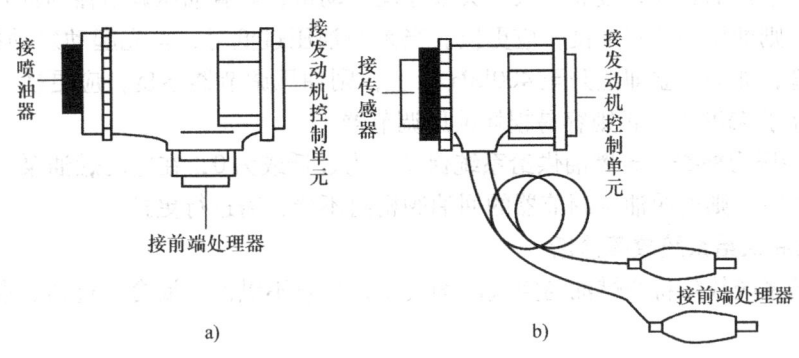

图 2-45 检测喷油器连接头
a) 直接插头引出式 b) 鱼夹引出式

图 2-46 为用示波器采集到的喷油器喷油电压信号波形。图 2-46a 为饱和开关型喷油器的喷油波形，主要在汽车的多点燃油喷射系统中使用，一般安装在进气门际近。图 2-46b 为峰值保持型喷油器喷油波形，多适用于单点燃油喷射系统，一般安装在节气门体上。

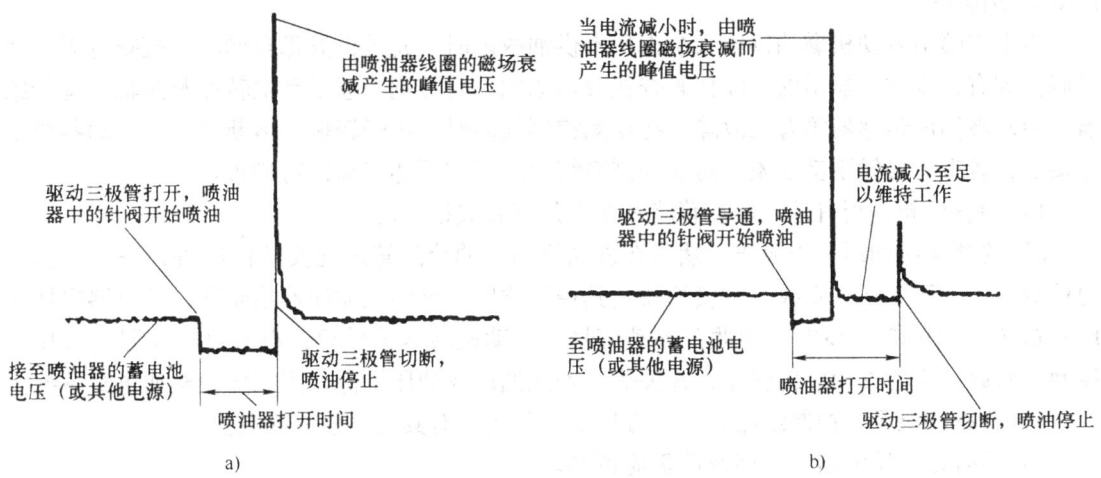

图 2-46 喷油器喷油信号波形

② 用万用表交流电压挡测量交流电压。丰田四缸发动机怠速时约 1.67V，急加速时交流电压可达 2~9V。

③ 将一个 330Ω 电阻串联一个发光二极管做试灯。断开点火开关，拔出喷油器电线插头，在线束插头上接上发光二极管试灯，起动、运行时观察发光二极管，信号正常时发光二极管闪烁，如不闪烁说明没有喷油脉冲控制信号，应检查喷油器至 ECU 的线路、传感器及 ECU。

4. 油压调节器的检测

油压调节器一般安装在油轨的末端。油压调节器的作用是调节燃油供给系统油压，保持喷油器内与进气歧管内的压力差为一个恒定值。燃油系统油压过高、过低、不稳或残压保持不住都与油压调节器有关，判断油压调节器是否良好可用如下方法：

（1）直观检查　检查油压调节器有无外部渗漏现象，若有应更换油压调节器。检查连接油压调节器的真空管有无破裂，若有应更换其真空管。

（2）燃油系统压力检查　当系统油压过高时，首先对系统卸压，拆下油压调节器上的回油管，套上准许的容器，接通点火开关或起动发动机，观看油压调节器回油管，如回油少或没有回油，则油压调节器不良，应更换。当系统油压过低时，首先起动发动机怠速运行，夹住回油软管，如油压立即上升至400kPa以上，则油压调节器不良，应更换。注意，不要使系统油压高于450kPa，否则容易损坏油压调节器。

（3）保持压力检查　若燃油供给系统保持压力过低或为0，在电动燃油泵、喷油器及系统管路无故障时，则说明油压调节器的回油阀密封不严，需进行更换。

（三）燃油供给系统故障诊断

燃油供给系统故障将使燃油与空气配剂失调，导致不供油、混合气过稀、混合气过浓及漏油等故障。

1. 供油系统不供油

发动机燃油供给系统不供油会引起发动机不能起动或在运转过程中自动熄火。引起不供油故障的原因很多，主要有：油箱燃油不足；油管及接头漏油；燃油滤清器严重堵塞；燃油压力调节器膜片破裂；油泵电动机损坏；熔断器、继电器损坏或线路断路、接触不良；喷油器线圈或控制线路不良；冷却液温度传感器、曲轴位置传感器以及起动开关信号失常或ECU有故障等。

当电控喷射发动机燃油供给系统出现不供油故障时，先进行故障自诊断，检查有无故障代码。如有，则按所显示的故障代码查找故障原因。要特别注意发动机转速及曲轴位置传感器、冷却液温度传感器等有无故障。在检测控制线路时，可轻轻振动熔断器盒、晃动各线束插接器，看有无接触不良现象。对非控制系统故障可按下述步骤进行检查。

1）检查油箱是否有油，燃油管路及接头是否有破损之处。

2）检测系统油压。先泄压，然后在进油管和燃油分配管之间安装油压表，进行燃油压力检测。若油压正常，则故障在喷油器及其控制线路，可能是喷油器熔断器、继电器损坏或ECU故障，也可能是ECU未接收到起动信号、发动机转速信号等，没有对喷油器实施喷油控制。对此，应检查相应传感器、开关等。若无油压或油压极低，则故障在燃油供给系统。

3）检查油泵及其控制线路，检测方法如上所述，对其视情检修或更换。

4）检查燃油滤清器，若堵塞严重应更换。

5）检查油压调节器。拔下油压调节器真空管，如有油流出或滴油，说明油压调节器膜片破裂，应更换。若油压过低，可夹住油压调节器回油管切断回油，若油压上升，可能是油压调节器膜片及弹簧性能下降、回油阀门开度一直较大导致系统油压严重降低。

2. 混合气过稀

当发动机燃油供给量与空气供给量调配失调，燃油供给量过少或空气供给量过多时，会引起混合气过稀，表现为发动机在加速过程中转速不能随着节气门的加大而马上升高，出现加速迟滞、反应迟缓现象，或在加速过程中发动机转速有轻微的波动，出现"回火""放炮"等现象。引起混合气过稀的故障原因主要有：燃油泵性能不良；油压调节器性能下降；节气门位置传感器、空气流量传感器或进气歧管绝对压力传感器、冷却液温度传感器、曲轴位置传感器、氧传感器等信号不良；进气歧管、真空管泄漏；燃油滤清器堵塞，管路泄漏；

喷油器堵塞；废气再循环系统工作不良及 ECU 故障等。

当发动机燃油供给系统出现混合气过稀故障时，应首先利用系统故障自诊断功能，检查有无故障代码。有专用诊断仪的还需要观察动态数据流，按故障代码和动态数据查找故障原因。如有故障码，则按故障码提示排除电控系统故障。机械故障可按下述步骤进行检查。

1）检查进气系统有无漏气，真空管是否脱落、破裂等。

2）检查供油管路及接头有无泄漏现象，如有泄漏则予以排除。

3）安装燃油压力表，检查燃油供给压力。急速时燃油压力应为 250kPa 左右或符合原厂规定，加速时应上升至 300kPa 左右或符合原厂规定。如油压过低，需检查油压调节器、燃油滤清器、燃油泵等。

4）检查燃油滤清器，堵塞则更换。

5）检查油压调节器。拔下油压调节器真空管，如有滴油现象，表示调节器膜片破裂，应更换。若油压较低，应检查油压调节器的工作性能，步骤如下：

① 起动发动机并急速运转，观察油压表的读数，应为 250kPa 左右。

② 增大节气门开度加速，油压表读数应增大 30kPa 左右。

③ 拔下油压调节器的真空管，燃油压力应增加 50kPa 左右。

④ 关闭点火开关，检查系统密封性及保持油压，在 10min 后油压应不低于 200kPa。

⑤ 若保持油压过低，说明系统泄漏。重新起动发动机建立油压，关闭点火开关，用钳子夹住回油管，等待 10min，若此时压力表读数不低于 200kPa，说明油压调节器回油阀关闭不严，应更换压力调节器。若仍低于 200kPa，说明系统密封不良，管路泄漏，也可能是油泵单向阀损坏。

6）若油压调节器正常，则因为燃油泵供油不足造成系统油压过低，应进行燃油泵性能检查。

7）若系统油压正常，应拆卸、清洗各喷油器，并检查喷油器的喷油量。如有异常，应更换喷油器。

3. 混合气过浓

当发动机燃油供给量与空气供给量调配失调，燃油供给量过多或空气供给量过少时，会引起混合气过浓，主要表现为发动机耗油量过大，排气管冒黑烟，运转不稳，加速无力等现象。引起混合气过浓故障的故障原因主要有：水温传感器、空气流量传感器或进气管压力传感器、氧传感器失效；燃油压力过高；冷起动喷油器漏油或冷起动控制失常；喷油器漏油；空气滤清器堵塞；ECU 故障。

当发动机燃油供给系统出现混合气过浓故障时，应首先读取故障码，并按故障码提示排除故障。若无码或不能读取故障码，则按下述步骤检测。

1）检查空气滤清器是否堵塞，若堵塞应更换。

2）检查喷油器的喷油脉宽。若正常，则检查系统油压和喷油器；若不正常，则应检测冷却液温度传感器、空气流量计或进气压力传感器、氧传感器信号是否正常，线路有无断路或短路。若传感器正常，则为 ECU 故障导致喷油控制失常，应更换 ECU。对于有冷起动喷油器的发动机还需检查冷起动喷油器控制是否正常。

3）检查系统油压。若燃油压力始终偏高，可能是回油管堵塞或油压调节器失常。检查回油管，若回油管正常，则说明油压调节器有故障，应更换。

二、柴油机燃油供给系统检测与故障诊断

随着电子控制技术的蓬勃兴起，柴油机电控技术得到了飞速发展，使其在经济性、适应性、排气污染、安全可靠性等方面有了很大提高。近年来其在汽车上的应用越来越广泛。和汽油机相比，柴油机在混合气形成、着火和燃烧方式以及燃烧过程等方面有所不同，使得两者在结构、常见故障诊断与检测方法上有较大的差别。柴油机燃油喷射系统是保障高压喷油的核心部件，其性能直接影响燃油的雾化质量，从而影响柴油机的性能。

（一）燃油供给系统的组成、功用

柴油机电控燃油喷射供给系统按其结构形式、工作原理和控制方式，基本上可划分为三种类型。

（1）位置控制式电控燃油喷射系统　这种类型主要应用于20世纪70年代，其特点是不改变原来的机械式供油装置和喷射系统（即泵主体与原来一般喷油泵相同，或继续使用原泵体），只是在供油和供油量调节的机构中，以ECU（电控单元）为核心的位置伺服控制系统取代原来的柱塞泵或分配泵中机械式离心调速器和提前供油两项装置的功能，实现了供油量和喷油定时的自动调节。

（2）时间控制式电控燃油喷射系统　这种类型虽然在供油方式上仍维持着传统的脉动式柱塞泵油，但是其供油调节则由ECU控制的强力快速响应电磁阀开闭时刻所决定。因而大大简化了机械结构，提高了喷射压力和燃油量以及定时供油的调节精度，使柴油机获得较好的性能。虽在工作中，比纯机械式和机械式改进型电控燃油系统具有许多优越性，但仍然存在着许多不足。如喷油压力随发动机转速而变化，喷射的残余压力不稳定，对电磁阀性能要求严格等。

（3）时间-压力控制式电控燃油喷射系统　这种类型主要有电控液压泵-喷嘴系统和高压共轨式电控喷射系统。其主要特点是基本脱开了传统的机械式供油原理，采用了压力-时间式燃油计量原理。由于在其工作过程中，燃油泵并不直接产生高压，而是向公共油道供油，以维持所需要的共轨压力；再通过连续调节共轨压力，利用增压活塞使之达到喷射高压而定时定量喷油。因此，习惯上又把这种电控燃油系统称为共轨式电控燃油喷射系统。

尽管目前已发展出许多功能各异的电控燃油喷射柴油机，但其基本组成大体上还是一致的。如燃油供给系统主要由油箱、输油泵、滤清器、高压油管、低压油管、喷油泵、喷油器、油水分离器等组成，如图2-47所示。输油泵从燃油箱中将燃油吸出，经过车身上的粗滤清器将较大颗粒杂质滤去，进入柴油机上的柴油滤清器，滤去微小杂质后进入高压喷油泵的低压腔，再经过柱塞加压。ECU根据各个传感器的信息以及驾驶员的驾驶意图控制电磁阀的开启时刻以及开启时间，当电磁阀打开时被加压的高压燃油经高压油管送至喷油器。当燃油压力达到喷油器针阀开启压力以上时，燃油喷入气缸。从喷油器内偶件间隙中漏出的微量燃油，经回油管与燃油泵低压腔中的过量燃油汇合在一起，通过回油管返回燃油箱。

（二）燃油供给系统检测

1. 喷油压力检测及其波形分析

燃油供给系统某一主要零部件工作不正常时，必然会对燃油喷射工作过程产生影响，喷油压力波形也会发生相应变化。在发动机不解体的情况下，可以通过燃油喷射过程高压油管中的压力变化来检测柴油机燃油供给系统的技术状况诊断故障（仅适用于位置控制式和时

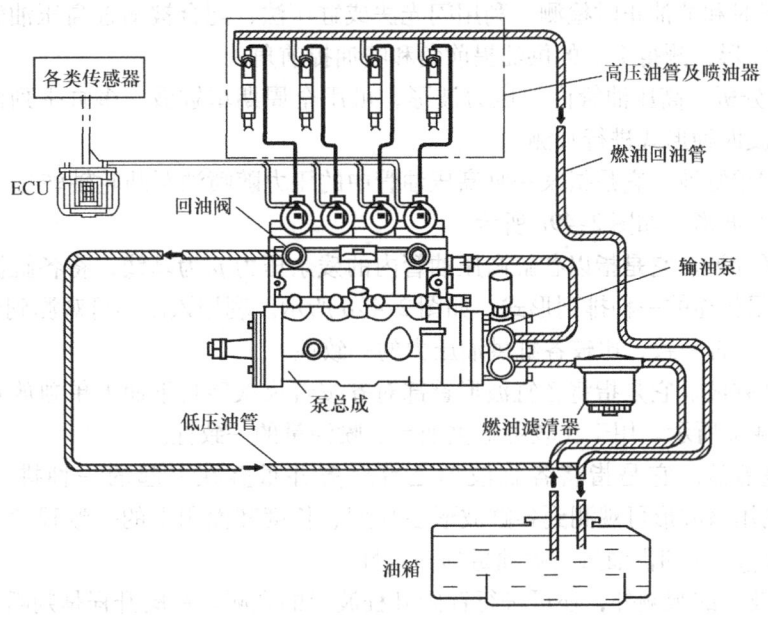

图 2-47 典型电控燃油喷射柴油机供给系统组成示意图

间控制式的电控燃油喷射系统)。

柴油机喷油压力检测可采用发动机专用示波器或发动机综合分析仪进行。由于柴油机供油系统无电量信号采集，利用发动机综合分析仪进行供油系统压力检测时，首先要以一定的预紧力在被测缸高压油管上安装外卡式压力传感器，如图 2-48 所示。柴油机工作时，油管在高压油脉冲的作用下产生微小膨胀，挤压外卡式油压传感器内的压电传感元件使其产生压电电荷，从而实现压力信号的检测。

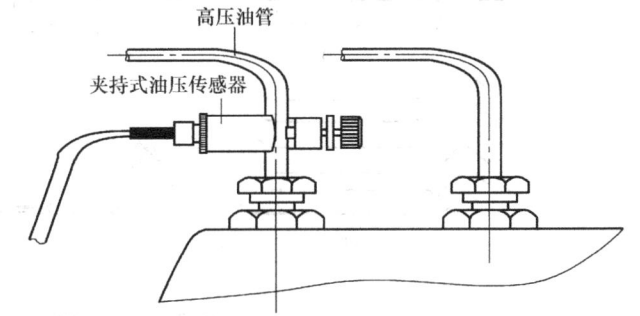

图 2-48 外卡式油压传感器安装示意图

(1) 喷油压力检测的主要项目

1) 压力波形。即各高压油管内压力随凸轮轴转角 θ 的变化曲线。

2) 针阀升程波形。喷油器针阀升程 s 随凸轮轴转角 θ 的变化曲线。根据针阀升程波形和压力波形，可观测喷油器停喷、间隔喷射、二次喷射、喷前滴漏、针阀开启卡死和喷油泵出油阀关闭不严等故障。

3) 瞬态压力。检测各缸高压油管内的最高压力 p_{max}、残余压力 p_r、针阀开启压力 p_0 和针阀关闭压力 p_b。

4) 供油一致性判断。通过比较各缸高压油管内压力波形面积，观测各缸供油量的一致性。

5) 供油间隔检测。通过观测显示器上各缸并列线对应的凸轮轴角度，检测各缸供油间隔的大小。

6) 供油正时和喷油正时检测。利用闪光法或缸压法，配合被测缸高压油管中的压力波形和针阀升程波形，测得1缸的供油提前角和喷油提前角。

(2) 波形分析　高压油管内的压力波形，可用全周期单缸波、多缸平列波、多缸并列波和多缸重叠波四种形式进行观测。

1) 全周期单缸波。它是指某一缸高压油管中的压力随喷油泵凸轮轴转过360°时的变化情况显示出来的波形，如图2-49a所示。

2) 多缸平列波。它是指以各缸高压油管内的残余压力 p_r 为基线，将各缸波形按着火次序从左向右首尾相连的一种排列形式，如图2-49b所示。利用该波形可观测到各缸 p_0、p_b 和 p_{max} 点在高度上是否一致，比较各缸供油压力的一致性。

3) 多缸并列波。它是指将各缸波形首部对齐按着火次序自下而上单独放置的一种排列形式，如图2-49c所示。用于比较各缸供油量、喷油量的一致性。

4) 多缸重叠波。它是指将各缸波形之首对齐并重叠在一起的一种排列形式，如图2-49d所示。利用该波形可观测到各缸波形在高度、长度和面积上的一致程度，可用于比较各缸 p_0、p_b、p_{max}、p_r 和供油量、喷油量的一致性。

除了压力波形的观测外，还可进行针阀升程波形的观测。针阀升程是判断实际喷油情况的重要参数。针阀升程波形检测，主要用于观测喷油器有无二次喷射、间断喷射和停喷等故障。针阀升程与凸轮轴转角及高压油管中压力的对应关系如图2-50所示。

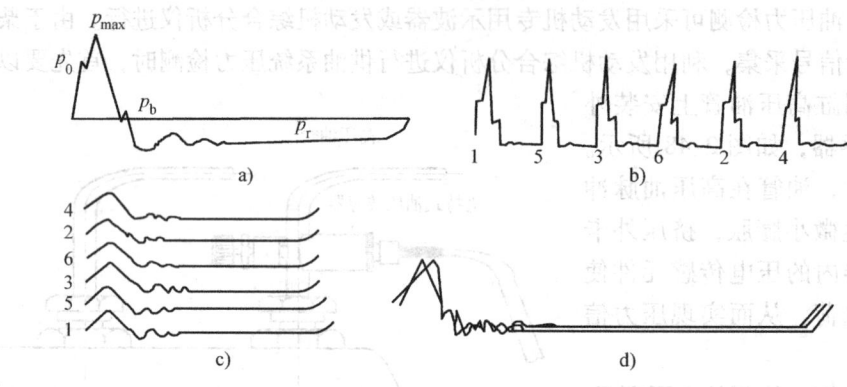

图2-49　压力波形
a) 全周期单缸波　b) 多缸平列波　c) 多缸并列波　d) 多缸重叠波

图2-50所示是在柴油机负荷情况下实测的某缸高压油管内压力 p 和针阀升程 s 随凸轮轴转角 θ 的变化曲线，从图中可以看出针阀升程 s 与压力 p 的对应关系。由于高压柴油在喷油泵出口到喷油器入口的油管中以波动方式传播，在同一瞬间高压油管内喷油泵端的压力和喷油器端的压力有所不同。图2-50中，p_0、p_{max}、p_b、p_r 分别表示针阀开启压力、最大压力、针阀关闭压力和油管中的残余压力。整个燃油喷射过程中，高压油管中的压力变化可分为三个阶段：

第Ⅰ阶段为喷油延迟阶段。当喷油泵泵油压力上升到超过高压油管内的残余压力 p_r 时，燃油进入高压油管，当油压继续升高达到喷油器开启压力 p_0 时，喷油器开始向燃烧室喷油，故喷油器实际喷油开始点落后于喷油泵供油开始点，这段时间称为喷油延迟时间。该阶段的长短与针阀开启压力 p_0、出油阀偶件或喷油器针阀偶件密封情况、高压油管的长度等因素有关。增大针阀开启压力 p_0、增加高压油管长度或燃油供给系统存在高压油管渗漏、出油阀偶件或喷油器针阀偶件密封不良等故障都会使这一阶段延长。

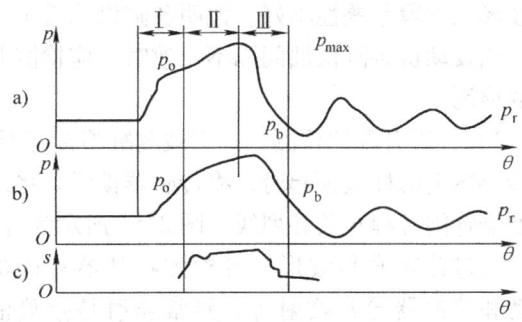

图 2-50　高压油管内压力 p 和针阀升程 s 随凸轮轴转角 θ 的变化曲线
a) 喷油泵端压力波形　b) 喷油器端压力波形
c) 针阀升程波形

第 Ⅱ 阶段为主喷油阶段。随着喷油泵柱塞的继续上行，高压油管中的燃油压力继续升高，直到喷油泵回油孔打开（或电磁溢流阀开启）。对于机械柱塞式喷油泵，该阶段的时间长短与柱塞的供油有效行程长短有关，供油有效行程越长，该阶段越长，即发动机负荷越大，该阶段越长。对于电控单体泵式柴油机，该阶段的时间长短取决于电磁溢流阀开启时间。

第 Ⅲ 阶段为自由膨胀阶段。喷油泵柱塞有效行程结束后，出油阀关闭，高压油管的压力急剧下降。该阶段的长短与高压油管内最大压力 p_{max} 有直接关系，高压油管内最大压力 p_{max} 不足，该阶段缩短，反之使该阶段延长。

由上述分析可以看出，Ⅰ、Ⅱ 阶段为喷油泵的实际供油阶段，而喷油器的实际喷油阶段为 Ⅱ、Ⅲ 阶段。在喷油泵循环供油量一定的情况下，若 Ⅰ 阶段延长和 Ⅲ 阶段缩短，则喷油器针阀升程所占凸轮轴转角减小，使喷油量减少；反之，则使喷油量增大。因此，高压油管内压力波形曲线上三个阶段的长短，对该缸工作好坏是有影响的。同时，对于工作正常的多缸柴油机，其各缸供油压力波形对应的 Ⅰ、Ⅱ、Ⅲ 阶段应基本一致。

（3）压力波形检测方法　以着火次序为 1-5-3-6-2-4 柴油机为研究对象，采用发动机综合分析仪发动机供油压力波形观测。按照仪器使用说明将示波器预热、自校、调试，将外卡式油压传感器按要求安装在高压油管与喷油器之间后，预热柴油机使其处于工作状态，通过按键选择，在示波屏幕上显示被测的多缸平列波、多缸并列波、多缸重叠波或全周期单缸波，进行以下检测。

1) 瞬态压力检测。柴油机转速稳定在 800~1000r/min，通过按键选择，使屏幕仅显示被测缸全周期单缸波。此时，调正时灯上的电位器，有一亮点沿全周期单缸波形移动，如图 2-49a 所示。同时表头指示出亮点所在位置的瞬态压力值，由此可分别测出喷油器针阀开启压力 p_0、关闭压力 p_b、油管最大压力 p_{max} 和油管残余压力 p_r。

当发动机空转，循环供油量很小时，针阀开启压力 p_0 等于油管内最大压力 p_{max}。同一发动机各缸的 p_0、p_{max}、p_b、p_r 应基本一致，并符合规定要求。当不符合要求时，应拆下喷油器，用专用喷油器试验器进行调试。

2) 供油量一致性检测。经过上一项检测，在发动机各缸 p_0、p_{max}、p_b、p_r 一致的情况下，需进一步进行各缸供油量一致性检测。先将发动机转速调至中等转速，通过选择键调出多缸重叠波，观测波形三个阶段的重叠情况。若各缸波形重叠较好，说明供油量比较一致；

若波形三阶段重叠性不好，说明各缸供油量不一致。

当发动机各缸供油间隔不一致时，应检测并调整好供油间隔后，再进行各缸供油量一致性的检测。

3) 针阀升程的检测。拆下被测缸喷油器顶部的回油管，把针阀传感器旋在喷油器上，当传感器上触杆被顶起时，将传感器锁紧。将发动机置于中等转速下运转，通过选择键选择喷油器针阀升程 6 条并列线。图 2-51 所示为针阀传感器接在第 3 缸时的针阀升程波形。

通过针阀升程波形，可检测喷油器针阀的开启、关闭、跳动和喷油器异常喷射等。异常喷射是指喷油器间隔喷射、二次喷射、停喷和针阀抖动等不正常喷射现象。其中，间隔喷射和停喷现象常发生在发动机怠速或低速运转情况下，此时的针阀升程波形会变得时有时无或升程时大时小。

4) 各缸供油间隔检测。检测针阀升程波形之后，接着进行各缸供油间隔检测。首先检测确定第 1 缸供油提前角，然后按照发动机实际工作顺序检测各缸的供油提前角，应均等于第 1 缸供油提前角。检测时，应在检测针阀升程波形之后接着进行，保持原来的操作键位，通过操作使屏幕上的并列

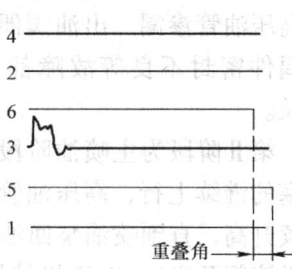

图 2-51 针阀传感器接在第 3 缸时的针阀升程波形

线首端与屏幕左边的横标尺零线对齐，而尾端处于屏幕右边横标尺固定角度上，该角度为喷油泵凸轮轴转角。各线所占屏幕横标尺度数即为各缸实际供油间隔，各缸并列线长度应相等。最短并列线与最长并列线之间的重叠区所占凸轮轴转角为喷油泵重叠角。重叠角以接近零为好，即各缸供油间隔的误差越小越好。

根据规定，实际供油间隔与标准供油间隔相比，其误差应在 ±0.5 倍的曲轴转角范围内。如果各缸供油间隔不符合要求，可调整喷油泵柱塞与滚轮体之间的调整螺钉高度或更换不同厚度的调整垫块。

5) 压力波形的检测。检测压力波形可判断柴油燃料系统的技术状况。利用发动机检测仪，将外卡式油压传感器安装于被测缸高压油管上，并按规定操作时，可检测出发动机燃油压力的多缸平列波、多缸并列波、多缸重叠波以及全周期单缸波。

(4) 压力波形诊断　发动机正常工作时，各缸高压油管压力波形上的最高压力、针阀开启压力、针阀关闭压力和油管残余压力应对应相等，并符合规定要求；各缸压力波形的重叠性要好。若各缸压力波形的幅度和形状都相同，且与标准波一致，则说明各缸喷油状况正常；若某缸油压波形的幅度偏低，波形较窄，则说明该缸喷油量少；若某缸油压波形的幅度小或无波形，说明该缸不工作。由此可以看出，分析压力波形可判断柴油机燃油供给系的技术状况。下面介绍几种常见的故障波形。

1) 图 2-52a 所示压力波形表明高压油管内的压力很低，会导致喷油器不喷油故障。引起该故障原因可能是喷油泵不供油或喷油器针阀"卡死"在开启位置，使高压油管内不能建立高压油。

2) 图 2-52b 所示压力波形表明喷油泵能够建立正常油压，但是油压曲线平滑没有抖动，说明系统无喷油迹象，即喷油器针阀没有动作，一直处于关闭位置不能开启。引发该故障的原因可能是喷油器损坏使针阀不能动作、喷油器开启压力调整过高或喷油器针阀高温烧蚀。

3) 图 2-52c 所示压力波形可以看出高压油管内燃油压力在压力上升阶段出现多余的抖动点，说明压力在到达喷油器针阀开启压力之前出现燃油滴漏现象导致燃油压力波动。引发该故障的原因可能是针阀磨损严重或者针阀表面粘有积炭等脏物而使针阀密封不严。

4) 图 2-52d 所示压力波形可以看出油管残余压力呈窄幅抖动并逐渐降低。引发该故障的原因可能是高压油路密封不严出现燃油渗漏。

5) 图 2-52e 所示压力波形可以看出油管残余压力出现上下抖动，说明喷油器有隔次喷射现象。隔次喷射指燃油喷射后，油管内残余压力低，而下一次供油量又很小，致使高压油管内的油压不足以使喷油器针阀开启，于是燃油存储在油管中，等到二次供油或多次供油后才开启，使两次或多次的供油一次喷出。这是因为当喷油器不能喷油时残余压力升高，而在喷油时残余压力降低的缘故。引发该故障的原因可能是喷油泵供油量过小或者喷油器开启压力调整过高。

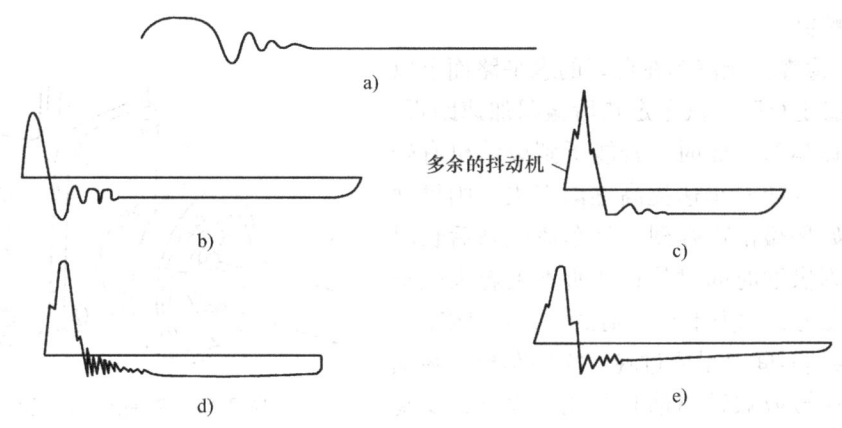

图 2-52　常见压力故障波形

a) 喷油泵不供油或喷油器在开启位置卡死的故障波形　b) 喷油器在关闭位置不能开启的故障波形　c) 喷油器喷前滴漏的故障波形　d) 高压油路密封不严的故障波形　e) 喷油器有隔次喷射的故障波形

2. 柴油机供油正时的检测

供油正时一般用供油提前角表示，是指 1 缸喷油泵柱塞开始供油时，该缸活塞距压缩终了上止点的曲轴或凸轮轴转角。由于柴油混合气在发动机气缸中燃烧过程存在着火延迟期，要想使活塞在压缩终了上止点的附近获得最大爆发力，喷油器必须在活塞运动至上止点前开始喷油。喷油泵向喷油器供油时，由于高压油管的弹性变形和燃油压力升高及传递都需要一定时间，因而开始供油时间要早于喷油器开始喷油的时间。

供油提前角的大小对柴油机的工作过程影响很大，若供油提前角过大，则气缸内混合气速燃期将在活塞压缩终了上止点之前发生，这将造成发动机工作粗暴、功率下降、油耗增加、急速不良、加速无力或起动困难等现象；若供油提前角过小，则气缸内混合气速燃期将在活塞压缩终了上止点之后发生，使燃烧爆发力降低，造成发动机功率下降、油耗增加、加速无力、过热等现象。供油提前角最佳值应能在发动机转速和供油量一定的情况下，获得最大功率、最小燃油消耗量和最佳排气净化。发动机最佳供油提前角应随转速和供油量的变化而变化。当转速越高、供油量越大时，最佳供油提前角也应增大。因此，柴油机喷油泵上一般都装有供油提前角自动调节装置，能在初始供油提前角的基础上，随发动机转速、供油量的变化自动调节。

在柴油机使用过程中，若出现供油正时不当或喷油泵拆下检修重新装回发动机时，均需检查并校正供油正时，其方法如下：

(1) 经验法检查并校正供油正时

1) 摇转柴油机曲轴，使1缸活塞处于压缩行程中，当固定标记对准飞轮或曲轴传动带轮上的供油提前角记号或规定角度时，停止摇转。

2) 检查喷油泵联轴器从动盘上刻线记号是否与泵壳前端面上的刻线记号对正，如图2-53所示。若两记号对正，说明1缸喷油泵柱塞开始供油时间是准确的；若联轴器从动盘刻线记号还未到达泵壳前端面上的刻线记号，说明1缸柱塞开始供油时间晚；若联轴器从动盘上的刻线记号已越过泵壳前端面上的刻线记号，说明1缸柱塞开始供油时间早。

3) 若供油时间过早或过晚，应松开联轴器固定螺钉，使上述一对刻线记号对正后紧固联轴器固定螺钉。

4) 路试检查。让汽车在良好的水平路面上以最高挡低速稳定行驶，汽车走热后猛踩加速踏板，使汽车急加速运行。此时，若能听到柴油机有轻微的敲击声，且随着车速提高逐渐消失，则供油正时正确；如果敲击声强烈，且车速提高后长时间不消失，则供油时间过早；如听不到着火敲击声，且加速无力，动力不足，则供油时间过晚。

5) 若供油时间过早或过晚，需停车松开喷油泵联轴器，逆转或顺转喷油泵凸轮轴少许，反复调试路试几次后，使供油正时准确。

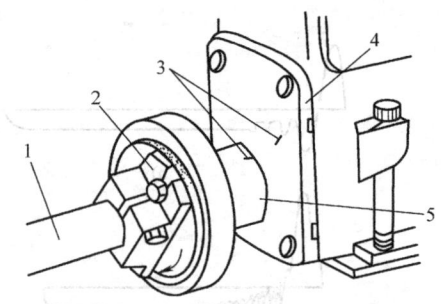

图2-53　喷油泵供油正时
1—驱动轴　2—联轴器主动盘　3—1缸供油记号
4—泵壳前端面　5—联轴器从动盘

检查1缸喷油泵柱塞开始供油时间，也可以采用下述方法：摇转曲轴使联轴器从动盘上的刻线记号与泵壳前端面的刻线记号对正，观察飞轮或曲轴传动带轮上的供油提前记号或规定角度与固定标记的相对位置。若供油提前角记号或规定角度正好转到固定标记，说明1缸喷油泵供油提前角正确；若供油提前角记号或规定角度还未转到固定标记，说明1缸喷油器供油提前角过大，造成供油过早；若供油提前角记号或规定角度已转过固定标记，说明1缸喷油泵供油提前角过小，造成供油过迟。校正方法同上所述。

发动机1缸喷油泵柱塞供油提前角确定后，其他各缸的供油正时可通过各缸间供油间隔来确定。

(2) 频闪法检测供油正时　所谓频闪法是指利用频闪原理制成的供油正时检测仪对柴油机供油正时进行检测的方法。检测方法如下：

1) 将柴油机供油正时仪油压传感器串接在1缸高压油管与喷油器之间或外卡在高压油管上。

2) 起动发动机，使发动机在规定转速下运转。

3) 打开供油正时检测仪，用正时灯对准柴油机第1缸压缩终了上止点标记。此时，油压传感器可使油压变为电信号，并触发正时灯闪光（正时灯每闪光1次表示第1缸供油1

次，闪光与第 1 缸供油同步）。在闪光的照耀下，观察转动部分（飞轮或曲轴传动带轮）上的供油提前角记号或规定角度还未到达固定标记，即第 1 缸活塞还未到达上止点。此时，调整正时灯上的电位器，使闪光逐渐延迟至转动部分上的供油提前角标记或规定角度正好对准固定标记时，那么延迟闪光的时间就是供油提前的时间，经过变换将其显示在指示装置上，便可读出要测出的供油提前角。

4）若柴油机供油正时不当，需进行调整，直至供油提前角符合原厂规定。

（3）缸压法检测供油正时　用缸压法检测柴油供油正时的原理是利用缸压传感器确定发动机某缸活塞运行至压缩上止点的时刻，利用油压传感器确定确定喷油泵柱塞供油时刻，两者之间对应的曲轴转角即是该缸供油提前角。检测方法如下：

1）拆下被测缸的喷油器，在其孔内安上缸压传感器。
2）保持拆下的喷油器和高压油管的连接状态并在两者之间串接上油压传感器。
3）起动发动机，使发动机在规定的转速下运转。
4）通过检测仪器即可测得所测缸的供油提前角。
5）若被测缸的供油提前角不准确，则应对其进行调整，直至符合原厂规定要求。

3. 喷油器技术状况检测

喷油器的技术状况决定柴油机燃油的喷射质量，对柴油机的燃烧过程和技术性能有重大影响。检测在专用试验器上进行，如图 2-54 所示。试验器由手压泵、油箱及压力表等组成。油箱内柴油经滤清器后流入手压泵油腔，压动手压泵泵油时，高压油经油阀流入喷油器，使喷油器喷油，同时在压力表上显示出油压。

（1）喷油压力测试　拆下试验器的锁紧螺母，旋松调节螺钉后将喷油器装在试验器上；压动试验器手柄，排出留在油管和喷油器中的空气和脏物。以 60 次/min 的速度按压试验器手柄，同时观察喷油器喷油过程中压力表上的读数。

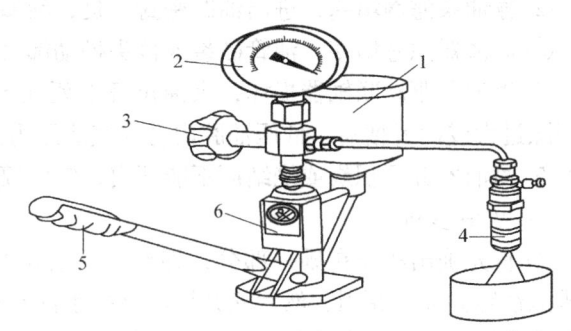

图 2-54　喷油试验器
1—油箱　2—压力表　3—开关　4—喷油器　5—手柄　6—手压泵

各缸喷油器的喷油压力应相同，并应符合制造厂的规定标准。如果喷油器的喷油压力不符合规定，可通过调整喷油器调压螺钉的旋入量或增、减喷油器调压弹簧处的垫片来进行喷油压力调节（旋入调压螺钉，喷油压力升高，反之降低）。

调整喷油器后，拧紧试验器锁紧螺母，再次进行喷油压力试验，直至调整到符合规定要求为止。新喷油器喷射压力为 192MPa，磨损极限时喷油器喷射压力为 17MPa。

（2）喷雾质量检查　以 120 次/min 的速度按压试验器手柄，喷油器喷出的油雾束应细小均匀呈雾状，油束锥角、喷射方向应符合要求。五孔喷油器应能喷出五束锥角在 10°~40°、均匀对称的油雾，轴针喷油器应能喷出一束锥角在 10°~60°、均匀对称的油雾。

（3）喷油滴漏现象的检查　当以较慢的速度按压试验器手柄，使压力表的压力在低于标准喷油压力 1~2MPa 时停止按压并保持 10s 状态不变，正常时喷油器喷孔处不应有油滴流出。

（三）燃油供给系统故障诊断

柴油机燃油供给系统技术状况不良时，常会导致发动机不能起动或起动困难、动力不足，同时伴有大量黑烟或白烟排出。其中，柴油机不能起动分无发动征兆和有发动征兆两种情况。当柴油机燃油供给系统发生故障时，若要迅速、准确地诊断故障，就必须有正确的诊断思路和方法，从故障现象入手，根据故障出现的时机、特征来分析故障原因，确诊故障部位。

1. 柴油机不能起动

发动机曲轴在起动机带动下以起动转速转动，但发动机不能发动。此类故障分为无起动征兆、有征兆但不能发动两种情况，主要与压缩终了时的喷油质量、喷油正时等压燃条件有关。

（1）无起动征兆

1）故障现象：发动机起动时听不到爆发声音，排气口无烟排除，不能起动。此故障的实质为柴油没有进入气缸，多是燃油供给系统工作不良所致。

2）故障原因：

① 油箱内无油或存油不足，油箱开关未打开或油箱盖空气孔堵塞，油箱内上油管堵塞或损坏。

② 输油泵滤网堵塞，进出油阀密封不良，活塞损坏、卡滞或密封阀失效。

③ 滤清器滤芯堵塞，油管破裂或接头松动漏气，油管严重堵塞。

④ 喷油泵驱动联轴器损坏，供油拉杆卡死在不供油位置或熄火拉钮未退回，柱塞与套筒间隙过大或两者粘滞，低压油腔内有空气或压力过低，出油阀粘滞或其弹簧折断。

⑤ 喷油器针阀积炭或烧结而不能开启，针阀喷油孔堵塞，喷油压力调整过高。

3）故障诊断：

① 首先确出故障在哪一部分，即柴油机燃油供给系统故障在低压油路还是高压油路。先排除油箱方面的原因，然后松开输油泵的手油泵用力压几下，若感觉轻松，压力小，则为低压油路故障；若感觉费劲，且有柴油打开溢油阀后的压油过程，则低压油路正常，则燃油供给系统故障由高压油路故障引起。

② 低压油路故障检查。松开输油泵出油管，用手油泵泵油，若能将柴油从油箱吸出并从手油泵出口压出，则故障在喷油泵和滤清器；若不能，则故障在手油泵或手油泵至油箱的油路。

③ 高压油路故障检查。低压油路正常时，松开喷油泵出油管接头，起动发动机，此时应有 50~100cm 的油柱喷出，且无气泡，否则为喷油泵故障。若喷油泵工作状况良好，需检查喷油器的工作状况，将喷油器拆下，并重新连接高压管路在燃烧室外面，起动发动机后，观察喷油器喷雾状况，若喷油器喷雾滴油或不喷油，则为喷油器故障。

（2）有发动征兆但不能发动　发动机起动时能听到不连续的爆发声，排气口大量冒烟，但不能发动。此类故障的实质为柴油进入燃烧室，但不具备压燃条件，已喷入的柴油不能燃烧或不能完全燃烧。根据排气管的排烟颜色可分为以下两种情况：

1）大量冒黑烟不能发动。引发该故障的原因多为进气通道堵塞、喷油过早、喷油压力不足、雾化不良、气缸压力过低、柴油质量低劣或供油量过大所致。具体原因有：

① 气缸压力过低或空气滤清器、进气通道堵塞。

② 喷油泵驱动联轴器上的固定螺栓松动,或喷油泵正时调整过早。
③ 具有柱塞挺杆调整螺钉的喷油泵调整螺钉松动,喷油泵及调速器原因使供油量过。
④ 喷油器泄漏或卡死在常开位置,或弹簧过软使喷油压力过低。
⑤ 排气制动阀未完全打开。

柴油机大量冒黑烟不能发动的故障诊断流程如图 2-55 所示。

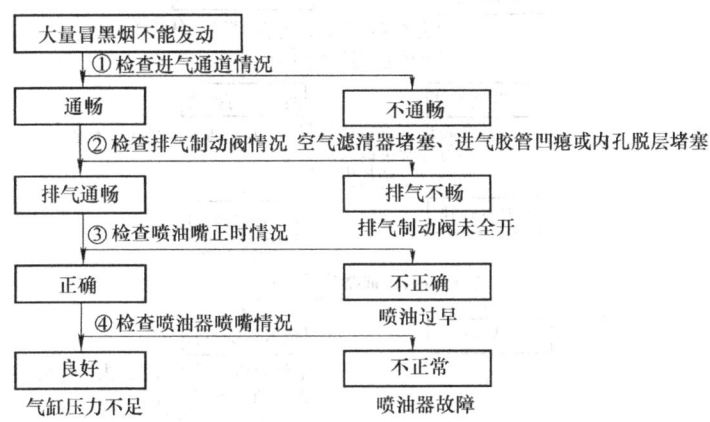

图 2-55　柴油机大量冒黑烟不能发动的故障诊断流程

2)大量冒白烟不能发动。白烟分柴油蒸气灰白烟和水汽白烟。引发柴油机大量冒柴油蒸气灰白烟不能发动的故障原因多为发动机温度过低、气缸压力严重不足、喷油不正时、喷油器泄漏、喷油雾化不良等。引发柴油机大量冒水汽白烟不能发动的原因多为进入燃烧室的水分受热汽化而成,具体有气缸垫损坏或气缸盖螺栓松动,使冷却液进入燃烧室、气缸体或气缸盖冷却水套破裂和燃油中有水等。

诊断该故障时,首先判断白烟是柴油蒸气灰白烟还是水汽白烟。用一物品接近排气消声器出口,若白色烟雾过后物品上留下水珠则说明白烟为水气白烟,否则为柴油蒸气灰白烟。

当为水汽白烟时,首先检查燃油质量,观察是否有水分混入。其次,拆下喷油器,观察喷口是否有水珠。若无水珠,则拆检气缸盖;若有水珠,则拔出机油尺,观察机油油面和机油质量,若油面升高、机油中有水呈乳白色,则为气缸垫损坏或气缸破裂漏水。

当为柴油蒸气灰白烟时,检查冷起动装置的电热塞炽热丝电路是否短路或断路,若正常,依次查看喷油正时、各缸喷油量、气门间隙和进气通道、喷油器的雾化情况、气缸压力等。

2. 柴油机无力

柴油机无力即指发动机额定功率不足,其原因关系到柴油机各机构和系统的技术状况,主要表现为发动机高速不良、发动机无力伴随大量排黑烟或白烟等。

(1) 发动机高速不良　发动机高速不良表现为发动机运转均匀,但无力无高速且排烟极少。该故障实质为发动机达不到最大供油量或供油不足。具体原因有:

1) 喷油泵供油调节拉杆行程不能保证供给最大油量、油量调节齿杆达不到最大供油位置、挺杆滚子或凸轮磨损过甚、柱塞磨损过量等。

2) 调速器调整不当,不能保证喷油泵最大供油量,喷油器泄漏使喷油量减少。

3) 输油泵供油不足、滤网堵塞、油管来油不畅、滤清器堵塞或柴油粘度过大。

发动机高速不良的故障诊断流程如图 2-56 所示。

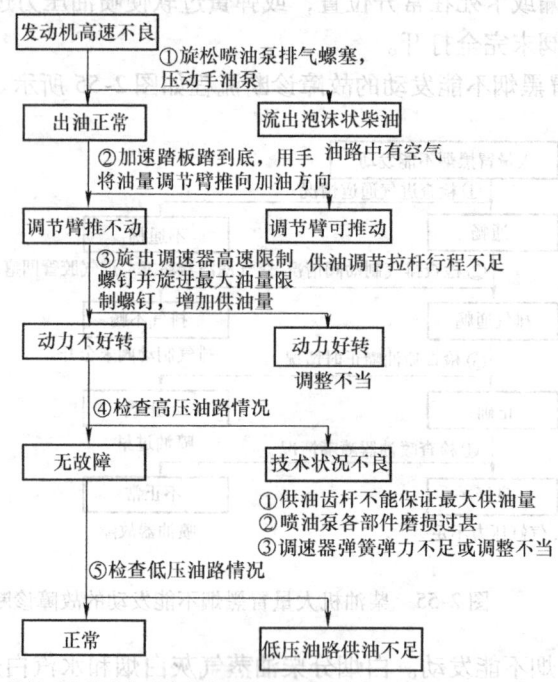

图 2-56　发动机高速不良的故障诊断流程

(2) 发动机无力伴随大量排黑烟　发动机无力伴随大量排黑烟有两种情况：一是发动机运转不均匀，加速时有敲击声；二是发动机运转均匀，有时出现过热现象。

1) 引起第一种情况的故障原因多为个别缸燃烧不完全所致，具体原因为：

① 个别缸喷油压力过低或喷雾质量太差。

② 个别缸压力过低或供油太多。

③ 个别缸供油时间过迟。

对该故障进行诊断时，先进行个别缸断油试验。某缸断油时，若发动机转速显著降低，黑烟减少，敲击声变弱或消失，说明该缸供油量过多。若发动机转速变化小而黑烟消失，说明该缸喷雾质量太差，可换装新喷油器，进行对比试验。其次，检查喷油泵各缸供油正时是否一致，必要时进行调整。最后，检测气缸压力，必要时恢复气缸的密封性。

2) 引起第二种情况的故障原因多为全部或大部分气缸燃烧不完全所致，具体原因为：

① 进、排气通道不畅通，包括空气滤清器、管路排气制动阀等。

② 喷油时间过迟或喷油器雾化不良。

③ 气缸密封性差或气门间隙过大，造成进气不充分。

柴油机运转均匀大量排黑烟的故障诊断流程如图 2-57 所示。

(3) 发动机无力伴随大量排白烟　发动机无力伴随排出大量白烟一般有三种情况：排灰白色烟雾；排水汽白烟；发动机刚发动时排白烟，温度升高变成黑烟。

引发该故障的故障原因主要有：喷油时间过迟，气缸压力过低或配气正时失准，柴油中含水分或气缸破裂漏水，气缸垫水道孔烧穿与气缸相通等。

发动机无力伴随大量排白烟的故障诊断流程如图 2-58 所示。

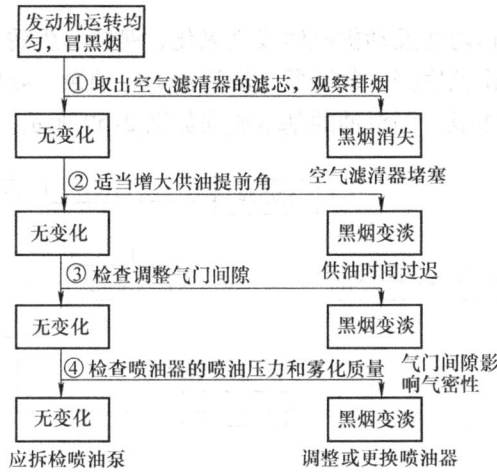

图 2-57　柴油机运转均匀大量排黑烟的故障诊断流程

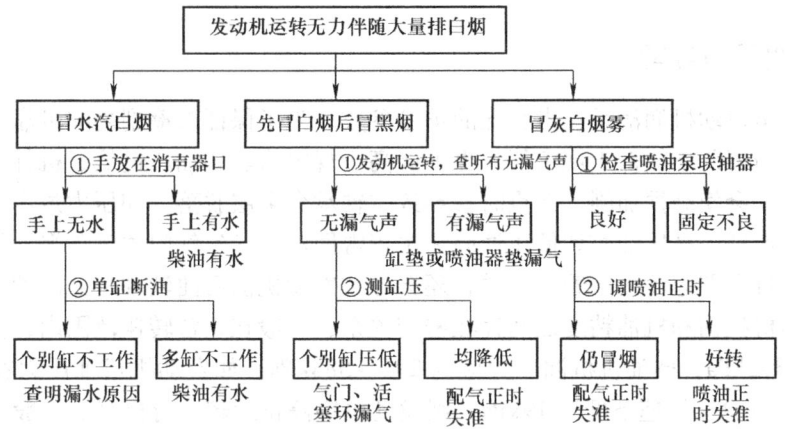

图 2-58　发动机无力伴随大量排白烟的故障诊断流程

第七节　润滑系统检测与故障诊断

发动机工作时，零件间以很小的间隙作高速运动，如果零件间没有良好的润滑，将会导致零件迅速磨损，摩擦高温还会导致零件热膨胀，致使零件配合间隙消失，减摩合金熔化、粘接，活塞环卡滞等故障。因此发动机都设置有润滑系统，其主要作用有：

（1）润滑作用　将机油不断地供给各零件的摩擦表面，减少零件的摩擦和磨损。

（2）清洗作用　清除摩擦表面上的磨屑等杂质。

(3) 冷却作用　流动的润滑油可以带走零件表面摩擦产生的热量，起到冷却摩擦表面的作用。

(4) 密封作用　在运动零件之间、气缸壁上形成的油膜可以提高密封性，防止漏气和漏油。

另外，润滑机油还可以防止发动机机体表面氧化、腐蚀、生锈。

发动机润滑系统一般由油底壳、集滤器、滤清器、机油泵、限压阀、旁通阀、机油压力表、报警开关和报警器等组成。润滑油的基本流向如图 2-59 所示。

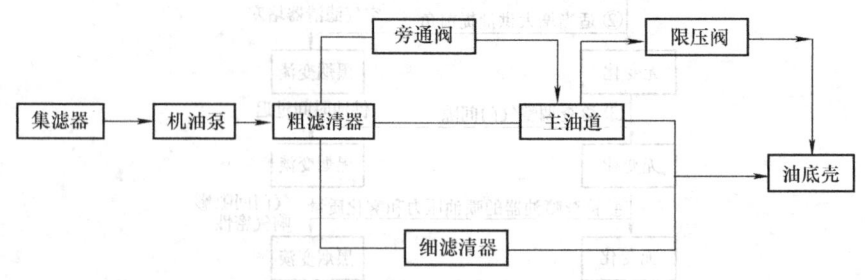

图 2-59　发动机润滑系统中润滑油的基本流向

发动机在使用过程中，润滑系统常出现的故障有机油压力异常、机油消耗异常、机油变质等。

一、机油压力异常

机油压力是发动机润滑系技术状况的重要参数。为了保证摩擦副之间可靠地润滑，润滑系统中机油压力值既不能低于规定值，也不能高于规定值。如油压过低，机件各摩擦表面得不到充分润滑，会使磨损加剧，严重时会导致主轴承合金层脱落。如压力过高，会造成顶置式凸轮轴液压挺杆内高压油腔和低压油腔无法正常回油，导致气门关闭不严，行驶中汽车会出现突然熄火且立即起动无法着车，并且还会导致发动机前后曲轴轴封处漏油。机油压力值的大小与发动机机构和机油粘度之间存在密切关系，一般在正常转速范围内，汽油机机油压力应为 196～392kPa，柴油机机油压力应为 294～588kPa。如发动机机油压力在中等转速下低于 147kPa，在怠速转速下低于 19kPa，则发动机应停止运转进行检修。一般机油压力不正常有两种可能：一种是机油压力低于规定值，即机油压力过低；另一种是机油压力高于规定值，即机油压力过高。

(一) 机油压力过低

1. 故障现象

发动机在正常温度和转速下，机油压力表读数始终低于标准值，则表明机油压力过低。此时应立即停车进行检查修理，否则会使主轴承、连杆轴承烧蚀。

2. 故障原因

导致机油压力过低的原因很多，有润滑系统的原因，也有非润滑系统的原因，其故障部位及原因如图 2-60 所示。具体原因如下：

1) 机油油面过低，粘度过小或变质，混入汽油、冷却液等。
2) 机油泵工作不良，泵油压力不足或机油泵进油滤网堵塞等。

3）机油限压阀调整不当、卡滞泄油，或限压阀弹簧过软、折断。

4）机油集滤器、滤清器堵塞，密封衬垫损坏漏油，旁通阀堵塞；粗滤清器后主油道堵塞或粗滤清器装配不当、漏油。

5）油底壳或放油螺塞漏油，机油管道、接头漏油、堵塞等。

6）发动机各轴承轴颈配合间隙过大，轴承盖松动，造成泄油量过大，导致机油压力过低。

7）机油压力指示有误。如油压表、传感器、油压开关、油压指示灯、油压报警器失效等。

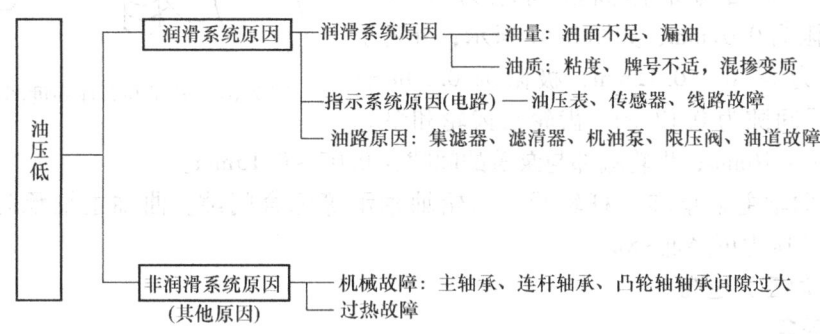

图 2-60 机油压力过低的故障部位及原因

3. 故障诊断

1）试车检查，利用机油压力表、警告灯或警告器确诊故障。

2）检查机油油面、机油粘度、油质以及牌号。首先拔下机油尺，检查机油高度、机油粘度，是否掺加有水或汽油。

将汽车停放在平地上，起动发动机暖机到冷却液温度大于60℃，将发动机熄火，几分钟后待机油基本流回油底壳，拔出油尺，用干净布擦拭干净后重新插入，再次拔出，机油液面高度应在上下两格之间，若油面过低，应检查有无泄漏，并按规定添加机油。用手指检查机油粘度，同时检查机油质量，如果机油变稀、成乳白状或带汽油味，应及时更换，并查明原因。

机油型号的选择主要是选择适合自己发动机粘温性的级别，对于中档以上汽车还必须选择多级油。通常高档轿车应选 0W/40 或 5W/40 机油；中高档轿车应选用 10W/40 机油；中档轿车应选用 15W/40 机油，普通轿车可选用 10W/30 或 15W/30 机油。W 表示低温条件下使用的机油，多级油中 W 前数字越小、W 后数字越大，机油的粘温性就越好。

3）根据发动机的故障征兆，确认机油压力过低为润滑系统所致。区分是机油压力指示系统故障还是润滑系统油路故障。观察机油压力表、警告灯或警告器，如果所示信号不一致，则可能是指示系统或报警系统有故障。可检查油压表与传感器的连接状况，若正常，则拆下传感器导线，打开点火开关，使导线与机体搭铁。若油压表指针急速上升，说明油压表良好；若油压表指针不动或微动，说明油压表失效。若油压表良好，应检查传感器的工作性能。

机油压力传感器检查方法：发动机停机时，接线柱与地之间应该导通，发动机运转时，机油压力应该超过 49kPa，接线柱与地之间应该不导通。如果工作情况不符合要求，更换机油压力传感器。

4）拆下机油感应塞，短时间发动，若机油喷射无力，应检查限压弹簧是否过软、折断，钢球是否磨损；若限压阀良好，拆油底壳，看集滤器是否发生堵塞。集滤器如果没有发生堵塞，则应拆检机油泵，检查机油泵齿轮副的端面间隙、径向间隙和啮合间隙，并进行油压、泵油量等性能检测。机油泵常见有转子式和齿轮式两种。转子式机油泵泵轴间隙为 0.045～0.085mm，极限为 0.10mm；转子端面与泵体高度间隙为 0.03～0.07mm，极限为 0.07mm，如图 2-61 所示；外转子和壳体间隙为 0.10～0.12mm，极限为 0.30mm；主、从动转子间隙为 0.12mm。齿轮泵齿轮和泵壳间隙为 0.05～0.10mm；齿轮端部与泵盖的间隙为 0.05～0.15mm。

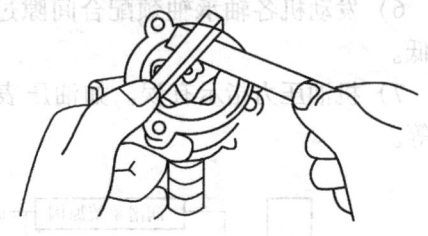

图 2-61 转子与泵体高度间隙检查

5）检查曲轴主轴承和连杆轴承、凸轮轴轴承等配合间隙。曲轴主轴承间隙每增加 0.01mm，机油压力可降低 98kPa。

（二）机油压力过高

1. 故障现象

发动机在正常温度和转速下，机油压力表读数始终高于规定值。点火开关接通，机油压力表即指示 196kPa，起动后增至 490kPa 以上。

2. 故障原因

1）机油粘度过大，机油量过多。
2）压力油压表、传感器及油压指示装置失效。
3）机油压力限压阀调整不当或卡滞。
4）机油滤清器滤芯堵塞且旁通阀开启困难。
5）润滑油道、气缸体主油道堵塞、积垢过多。
6）发动机曲轴轴承或连杆轴承间隙过小。

3. 故障诊断

1）试车检查，根据故障征兆进行分析和诊断。
2）检查油压指示系统装置。若未起动发动机前压力表就有压力指示，则说明油压表或传感器有故障，检查方法同前。
3）检查油面高度，若油面正常，应检查机油粘度、牌号是否符合要求。
4）检查、调整限压阀。如限压阀位于发动机外部，可检查限压阀的技术状况，对于与机油泵一体的限压阀，则应拆检机油泵。
5）拆检发动机，检查、清洗润滑油道，并用压缩空气吹通。
6）检查曲轴主轴承、连杆轴承、凸轮轴轴承等各配合间隙是否过小。

二、机油消耗异常

（一）机油消耗量检测

发动机机油消耗量可按照一定的行驶里程定期进行检测。常用油标尺测定法和质量测定法两种测定方法。

(1) 油标尺测定法　测试前将车辆置于水平硬地面上,预热发动机至80℃后停止运转,将机油加至规定液面高度,然后在机油尺上清楚地划上刻线,以记录这一油面位置。其后车辆投入实际运用,当车辆行驶一定里程后停止运行,将车辆置于原地点,按原测试条件,向机油池内加入机油,使油面升至机油标尺上所划刻线的位置,所加油量即为机油消耗量。这种测试方法比较简单,但由于油底壳内机油表面积太大,机油标尺上较小的高度误差,便会带来机油消耗量较大的测量误差。

(2) 质量测定法　预热发动机至正常工作温度后停止发动机运转并立即打开放油塞,放出油底壳内的机油,当机油由流变成滴时,记下放油时间,拧上放油塞,再将已知质量的机油加入油底壳至规定的液面,使车辆进行实际运行。车辆运行若干里程后,按同样的测试条件和放油时间,放出油底壳内的在用机油,并称量出其质量就可以了,加入和放出的质量之差即为机油消耗量。这种方法费时费力,但测量精度较高。

(二) 机油消耗异常故障诊断

1. 故障现象

机油消耗超过0.1~0.5L/100km,排气管大量排蓝烟,积炭增加,火花塞油污现象严重等。一般采用将机油消耗量除以同时期发动机燃料消耗量的百分比值作为评价机油消耗量是否正常,机油正常消耗时,这个百分比值一般不大于0.5%~1%。

2. 故障原因

引起机油消耗异常的主要原因是漏油和烧机油。发动机机油缺失,不仅使发动机出现润滑不良现象,还会因为烧机油造成燃烧室积炭过多,引起续走、爆燃、燃烧室密封不良等故障,另外机油中磷、硫等有害化学成分,还会导致氧传感器和三元催化转化器失效。引起机油消耗异常的具体原因有:

1) 气门室盖、油底壳、放油塞、正时齿轮(链轮、带轮)、曲轴前后油封、凸轮轴油堵、机油滤清器及机油泵等各部位的油封或密封垫损坏漏油。

2) 活塞与气缸配合间隙过大,活塞环对口、弹性下降等造成窜油。此时,发动机高速运转,排气管冒蓝烟,同时机油加注口也会出现脉动的蓝烟。

3) 气门与气门导管间隙过大、气门油封失效或脱落、曲轴箱通风阀失效等使机油进入燃烧室被烧掉,此时发动机排气管有明显排蓝烟现象,机油加注口无脉动。

4) 空气滤清器堵塞导致烧机油。空气滤清器堵塞,导致进气不畅,充气系数不足,使气缸内真空度过高,曲轴内机油顺着活塞环间隙被吸入燃烧室,由于量少,基本上看不到排气管排蓝烟现象。

5) PCV阀(曲轴箱强制通风阀)堵塞导致烧机油。打开气门室盖,急加速时从气门室盖向外冒蓝烟,但不会从排气管冒蓝烟。

6) 涡轮增压系统密封装置失效导致烧机油或使机油窜入冷却系统。涡轮增压系统与进气道间的密封装置失效,机油进入进气道,发动机在怠速和小负荷运转情况下,由于进气道真空度高,机油被吸入燃烧室,高速和大负荷运转情况下,由于进气道真空度低,机油不会被吸入燃烧室,所以此时发动机在怠速和小负荷时排气管冒蓝烟,高速和大负荷时,排气管不冒蓝烟。若涡轮增压系统和中冷部位密封装置失效,会导致机油进入冷却系统。机油量减少,冷却液中掺杂有机油。

3. 故障诊断

1）首先根据故障现象进行确诊。若机油油耗超过 0.5L/100km，说明油耗过大。

2）检查发动机前、后、上、下及侧部有无明显漏油痕迹。发现漏油部位及时进行处理。

3）若发动机排气管存在排蓝烟现象，说明机油被吸入燃烧室燃烧，根据故障现象确定具体故障部位。

① 缸压检测。检测方法参见本章第三节"气缸密封性检测与故障诊断"。若缸压过低，同时加机油口也脉动冒烟，说明气缸活塞组磨损过大、密封不良而导致气缸窜油。活塞环与缸壁间密封不良引起的烧机油可通过加注"特耐磨"添加剂来排除故障。"特耐磨"添加剂主要由四氟乙烯、二硫化钼、石墨及特种化学添加剂和石油载体组成。添加时，发动机保持怠速运转，打开机油加油口，将"特耐磨"添加剂慢慢加入，为了避免添加剂沉淀，加完后需行驶汽车 20min 左右。"特耐磨"添加剂在气缸壁与活塞环之间形成的保护膜还可以起到保护金属表面的作用，使摩擦系数下降 4%，提高燃烧室密封性，保证发动机恢复良好的加速性能，减少有害尾气的排放，保护氧传感器和三元催化转化器。

② 若排气管排蓝烟，加机油口无脉动冒烟现象，说明故障在气门导管处，应检查气门与气门导管间隙是否过大、气门油封是否失效等。

③ 若发动机怠速和小负荷运转时排气管冒蓝烟，高速和大负荷时排气管不冒蓝烟，此时需检查涡轮增压系统密封装置是否失效。出现该故障需更换涡轮增压器。

4）若发动机排气管不排蓝烟，打开气门室盖急加速时，从气门室盖向外冒蓝烟。说明 PCV 阀粘结、堵塞。检查曲轴箱强制通风装置，将装置软管从曲轴箱一侧拆下，发动机工作时，用手堵住曲轴箱一侧真空软管，应感觉到吸力，否则说明 PCV 阀堵塞，对其进行清洗排除故障。

三、机油变质

（一）机油品质检测

机油品质在发动机使用过程中会逐渐变化，表现为颜色变黑、粘度下降、添加剂性能丧失等。引起机油品质变化的主要原因有：机械杂质（机件表面因摩擦剥落下来的金属微粒，以及未完全燃烧的重质燃料和积炭）对其污染；从气缸窜入机油池内的未燃汽油蒸气和水蒸气也会影响机油品质；机油长期在高温条件下，发生氧化反应，生成氧化产物和氧化聚合物而老化。

机油变质会明显降低发动机的润滑效果，因此，需定期对其进行检测与分析。目前，常用的机油品质检测方法有滤纸斑点分析法和机油污染分析仪检测两种。

1. 滤纸斑点分析法

滤纸斑点分析法就是按照有关国家标准的规定要求，获取检测机油滤纸斑点并与典型斑点图谱对比分析，从而判断发动机机油的清净分散性，以此反映发动机机油的清净剂和分散剂作用的丧失程度。取被测机油一滴按规定条件滴在专用滤纸上，油滴会逐渐向四周浸润扩散，2~3h 后，最终形成中央有深色核心的颜色深浅不同的 3 个或 3 个以上圈环形油斑，如图 2-62 所示。由于机油中所含杂质数量和粒度不同，剩余清净分散能力不同，扩散程度也不同。若机油中杂质粒度小，且清净分散剂性能良好，则杂质颗粒就会扩散到较远处，中心区和扩散区的杂质浓度及颜色深浅程度差别较小；若机油中杂质粒度大，且清净分散剂性能丧失，则机油杂质就越来越集中于中心区，中心区与扩散区的杂质浓度和颜色深浅程度的差别就越大。因此，油斑上中心区杂质浓度反映机油的受污染程度，中心区单位面积的杂质浓度与扩散区单位面积杂质浓度之差可反映机油中清净分散剂的清净分散能力。

滤纸斑点形态分为沉积环、扩散环、油环三个环，如图 2-63 所示。

沉积环在斑点中心，呈淡灰至黑色，为大颗粒不溶物沉积区。机油接近报废时，清净剂和分散剂消失，沉积环直径小，颜色黑。

扩散环在沉积环外圈呈淡灰色或灰色的环带，它是悬浮在机油内的细颗粒杂质向外扩散留下的痕迹。颗粒愈细，扩散得愈远。扩散环的宽窄和颜色的均匀程度是重要因素，它表示油内添加剂对污染杂质的分散能力。扩散环宽度越宽，分散性越好；扩散环窄或消失，表示清净剂和分散剂已耗尽。

油环在扩散环外圈，是颜色由淡黄到棕红色的浸油区，反映机油的氧化程度。新机油的油环透明，而氧化越深，颜色越暗。

测定时，油样应在补加新油前，在发动机运转 5min 后充分搅动取样；滤纸斑点在室内放置 2~3h 后，再进行分析判断。

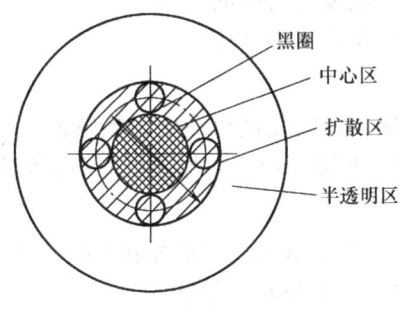

图 2-62 滤纸油斑示意图

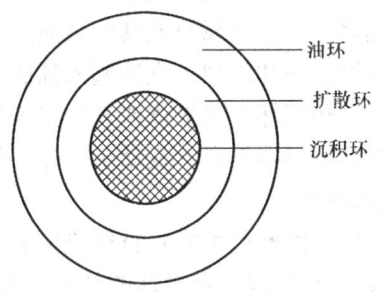

图 2-63 滤纸斑点形态图

2. 机油污染分析仪

机油污染不透明度分析仪是常用的一种机油污染分析仪，其通过测量一定厚度的润滑油油膜的不透明度来反映润滑油内碳物质的含量，以表示润滑油的污染程度。

机油污染不透明度分析仪结构原理如图2-64所示。稳压电源为电桥和光源提供了稳定的电源，光源发出的光通过放油样的玻璃油池而传到光敏电阻，光敏电阻则作为电桥的一个桥臂，电桥的输出端接直流放大器，而直流放大器的输出端接一个指示读数的电流表（透光度表），表头按百分刻度。油池中放入新油时，表头指示为零，当润滑油污染程度达到极限允许值时，指针则指向表头80%的位置。为了使用方便，用红、黄、绿三种颜色表示污染的大致范围，红色表示

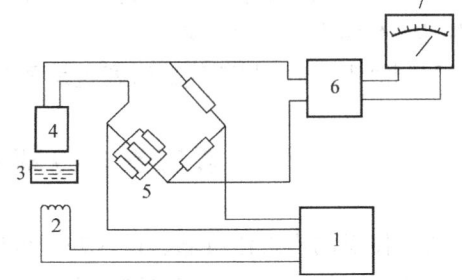

图 2-64 机油污染不透明度
分析仪结构原理示意图
1—稳压电源 2—光源 3—油池 4—光敏电阻
5—电阻 6—直流放大器 7—透光度表

需要更换润滑油的换油区，黄色表示润滑油可用区，绿色表示良好区。

机油品质检测除上述方法外，还有很多简易方法。如爆裂试验，即把薄金属片或金属箔加热至110℃以上，滴上一滴机油，如油爆裂表明有水。此方法虽简单却很灵敏，能检验出0.1%以上的含水量。再如粘度比较试验法，方法是用同样直径（10mm）和长度（300mm左右）的毛细玻璃管两支，一支装在用的机油，另一支装入同种的新机油，机油装至留有5mm左右的空隙。封严后，在同温的条件下，同时倒置过来，并记录两试管中气泡上升至顶部所需的时间，如果两者相差20%~25%时，就应更换机油。

（二）机油变质故障诊断

1. 故障现象

1）将机油滴在白纸上或目测，机油呈黑色，且用手指捻拭无粘性，并有杂质感。

2）机油高度增加，且呈浑浊乳白色，伴有发动机过热或个别缸不工作现象。

3）机油变稀，高度增加，且有汽油味，并伴有混合气过稀或不来油现象。

2. 故障原因

机油变质主要是高温氧化或混入冷却液、汽油及其他杂质所致。

1）机油使用时间过长，未定期更换，高温氧化而变质。

2）气缸活塞组漏气、曲轴箱通风不良，机油受燃烧废气污染而变质。

3）燃烧炭渣、金属屑或其他杂质过多，落入油底壳使机油变质。

4）汽油泵膜片破裂，汽油漏入油底壳稀释机油。

5）气缸垫损坏、气缸体或气缸盖破裂，冷却液漏入油底壳使机油变为乳白色。

6）机油散热器不良、发动机过热，使机油温度超过70~80℃，加速机油高温氧化。

3. 故障诊断

1）根据机油颜色和症状特征判断机油是否变质（经验法），也可利用机油清净性分析仪、机油粘度检测仪测定机油的粘度、颜色，有无汽油、水分和其他杂质等。

2）根据机油变质后的症状，确定故障原因和故障部位。如机油呈浑浊乳白色且油面增高，说明气缸内进水。如机油中掺有汽油且油面增高，说明汽油泵膜片破裂漏油。

3）检查机油是否使用时间过长，未定期更换。

4）检查曲轴箱通风阀是否失效。将曲轴强制通风装置软管从曲轴箱一侧拆下，发动机工作时，用手堵住曲轴箱一侧真空软管，应感觉到吸力，否则说明曲轴强制通风装置堵塞，应对其进行清洗，排除故障。

5）检测缸压，判断气缸活塞组是否漏气窜油。

第八节 冷却系统检测与故障诊断

为了使发动机工作可靠、持久并获得良好的动力性和经济性，冷却系统必须维持发动机在各种工况下均在最适宜的温度内工作。水冷式发动机保持正常工作，其冷却液的温度一般在80~90℃。此时，气缸壁温度不超过200~300℃，气缸盖、活塞顶部的温度不超过300~400℃，润滑油的温度为70~90℃。实验资料表明，当冷却液温度从90℃降到40℃时，耗油量约增加30%，功率约降低10%；冷却液温度从90℃升到120℃时，耗油量增加，功率却降低5%左右；冷却液温度从80℃降到30℃时，发动机磨损将增加5倍左右。由此可以看出,冷却液过热或过冷都会给发动机带来很大的危害。

一、发动机过热或过冷的危害

1. 发动机过热的危害

1) 混合气受热膨胀,充气效率降低,导致发动机功率下降。

2) 早燃和爆燃的倾向加大,破坏了发动机的正常工作;同时,也促使零件承受额外的冲击负荷而造成早期损坏。

3) 发动机各部件高温膨胀变形后,运动部件的正常间隙被破坏,使零件不能正常运动,磨损严重,阻力加大,严重时会产生烧毁、卡滞等现象。

4) 金属材料的力学性能降低,造成零件的变形及损坏。

5) 润滑油粘度下降,润滑情况恶化,加剧了零件的摩擦和磨损。

6) 容易造成发动机早燃和爆燃。

2. 发动机过冷的危害

1) 进入气缸的混合气(或空气)温度太低,可燃混合气品质差(雾化差),使点火困难或燃烧迟缓,导致发动机功率下降,燃料消耗量增加(热量流失过多,燃油凝结流进曲轴箱)。

2) 燃烧生成物中的水蒸气易凝结成水而与酸性气体形成酸类,加重了对机体和零件的侵蚀作用。

3) 未汽化的燃料冲刷和稀释零件表面(气缸壁、活塞、活塞环等)上的油膜,使零件磨损加剧。

4) 润滑油粘度增大,流动性差,不能畅通地进入运动机件工作间隙,造成润滑不良,加剧机件磨损,增大运动阻力,增大功率消耗。

5) 温度过低,燃油燃烧不彻底,使尾气排放中的 HC 含量明显加大。

目前,汽车发动机上采用的冷却系统多为强制循环式水冷却系统,由散热器、风扇、节温器、水泵、百叶窗、指示与报警装置、贮液箱、调压箱、进出水软管、传感器、热水阀等组成,如图 2-65 所示。水泵把该系统的冷却液体加压,使之在水套中流动,冷却液从气缸壁吸收热量,温度升高,热水向上流入气缸盖,继而从缸盖流出并进入散热器。由于风扇的强力抽吸,空气从前向后高速流过散热器,不断地将流经散热器的冷却液的热量带走。受冷却的冷却液再由水泵从散热器底部重新泵入水套,完成一次循环。为了控制冷却液的温度,冷却系统中设有百叶窗、节温器和风扇离合器等冷却强度调节装置。

百叶窗安装在散热器前面,它是由许多片活动挡板组成的。挡板垂直或水平安装,由驾驶员通过装在驾驶室内的手柄操纵调节挡板的开度。在冷却液温度较低时减少挡板的开度,

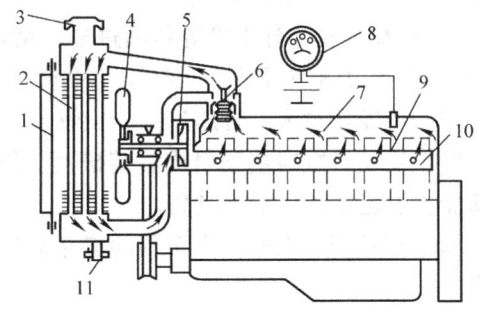

图 2-65 强制循环式水冷却系统
1—百叶窗 2—散热器 3—散热器盖
4—风扇 5—水泵 6—节温器 7—气缸盖水套 8—水温表 9—机体水套 10—分水管 11—热水阀

改变吹过散热器的空气流量,从而控制冷却强度。

风扇是发动机功率的消耗者,最大时约为发动机功率的10%。为了降低风扇的功率消耗,减少噪声和磨损,防止发动机过冷,降低污染,节约燃料,多采用风扇离合器。

节温器的作用是随发动机负荷和水温的大小自动改变冷却液的流量和循环路线,保证发动机在适宜的温度下工作,减少燃料消耗和机件的磨损。

发动机冷却系统的常见故障为冷却液温度过高(发动机过热)、冷却液温度过低或升温缓慢、冷却液消耗过多等。

二、冷却液温度过高(发动机过热)

1. 故障现象

运转中的汽车,水温表指针经常指在100℃以上或指针长时间处在红区,水温警告灯闪亮,并伴随有冷却液沸腾现象,且发动机易产生突爆或早燃,熄火困难等。

2. 故障原因

造成发动机冷却液温度过高的因素很多,有冷却系统的原因也有非冷却系统的原因,具体如下:

1)冷却液液面过低,循环水量不足,或冷却系统严重漏水。

2)冷却液温度表或警告灯指示有误,如感应塞损坏、线路搭铁、脱落或指示表失灵等。

3)百叶窗没有完全打开。

4)散热器芯管堵塞、漏水、水垢过多或散热器片变形导致冷却效果下降。

5)风扇传动带松弛或因油污打滑,风扇离合器失效,温控开关、风扇电动机损坏,叶片变形等原因导致风扇转速上不去或过低。

6)水泵泵水量不足,水泵传动带过松或油污打滑,轴承松旷,水泵轴与叶轮脱转,水泵叶轮、叶片破损,水泵密封面、水封漏水,水泵内有空气等。

7)节温器失效或装反,阀门无法正常开启,致使冷却液大循环工作不良。节温器上有箭头面或标"up"的面朝上。

8)冷却水套、分水管等积垢过多、堵塞、锈蚀等。

9)点火过迟或过早、混合气过稀或过浓、燃烧室内积炭过多或经常超负荷运行等。

10)压缩比过大,缸压过高,突爆或进、排气不畅等。

11)发动机缸盖垫破损或缸盖破裂。缸盖垫破损或缸盖破裂会使大量的高温气体进入冷却器,引起发动机温度过高。

12)汽车制动拖滞。汽车制动拖滞会使汽车发动机负荷长时间过大,引起冷却液温度过高。

3. 故障诊断

在诊断过程中,应视具体故障征兆进行分析和判断。具体步骤如下:

1)检查冷却液液面高度,其规格、牌号是否符合要求。

2)检查液质,检查冷却液中锈皮或水垢是否过多等。

3)检查百叶窗能否完全打开。

4)检查风扇传动带是否过松、叶片有无变形、风扇离合器是否失效等。

汽车在行驶过程中，发动机突然过热应注意电流表动态，若加速时电流表不指示放电，只是由放电 3~5A 摆回到"0"位，说明风扇传动带断裂。

风扇传动带张紧度的检测方法：使用汽油机的轿车用拇指在风扇带轮上施加 50N 的压力，挠度应在 12~14mm；柴油机用 100N 的压力，挠度应在 8~12mm。

风扇离合器是否失效可通过观察法进行，检查风扇离合器是否随发动机温度升高而使风扇转速升高，若风扇转速不随温度升高而升高，说明风扇离合器失效。

对于电动风扇，应先检查温控开关，若将其短接后风扇立即转动，说明温控开关损坏；若风扇仍然不转，应检查线路熔断器、继电器、电动机等是否损坏。

5）检查散热器是否变形、漏水，并触试散热器，检查其各部温度是否均匀。用红外线测温仪检查散热器，如散热器中间热四周凉，则说明散热器内水垢过多。

6）触试散热器及上下通水管。发动机温度达到正常工作温度后，用手摸散热器上下水管，若上下水管温度均较低，说明节温器大循环阀门打不开，应拆检节温器。拆下节温器，将节温器放在水中加热并放入温度计，检查阀门开始开启和完全开启时的温度以及全开时阀门的升程是否符合厂家的具体规定，如不符必须更换。若散热器上水管温度高，下水管温度低，则说明散热器下水管堵塞或水泵叶轮损坏，此时再用红外线测温仪检测散热片温度，若散热器中部温度高，四周温度低，说明散热器下水管堵塞，若散热器中部和四周温度分布均匀，说明散热器下水管没有堵塞，故障由水泵轮引起，应及时进行检查更换。

水泵工作状态检查：打开散热器加水盖，使发动机缓慢加速，查看加水口内冷却水的循环，若不断加快，则水泵工作正常，叶轮也不打滑；反之，水泵有问题。当不易从加水口观察冷却水的循环情况时，可让发动机在水温高时熄火，并迅速拆下气缸盖通往散热器上水室接头的胶管，再用布团将上水室接头塞住，从加水口向散热器内加注冷却水，再起动发动机，若气缸水套内和散热器中的水被水泵泵出胶管外 200mm 左右，说明水泵工作正常，叶轮也不打滑；反之则异常。

水泵流量试验：水泵流量试验须在专用试验台上进行，由试验台驱动装置带动水泵转动，观察排水量是否符合制造厂的标准或者是否有漏水现象。

7）检查冷却液指示装置。若发动机自身症状与冷却液指示、报警装置不一致时，可能是冷却液指示、报警装置出现故障。就车诊断时，将感应器中心电极与发动机机体搭铁，若搭铁后水温表指针摆动，说明水温表良好，感应器有故障，否则说明水温表有故障。

8）检查发动机点火系统、供给系统、机械系统、润滑系统及使用方面的故障。若是发动机点火系统、供给系统、机械系统或润滑系统等工作不良导致过热，往往在过热之前会出现明显的故障征兆，应注意观察并及时排除。例如，发动机出现温度过高，在行驶过程中提速缓慢，同时进气管有"回火放炮"现象，该故障可能是混合气过稀，使混合气燃烧时间延长，造成回火和发动机过热，或由点火过迟引起。

三、冷却液温度过低或升温缓慢

1. 故障现象

运行中的汽车，水温表指针经常指在 75℃以下（温度过低）；发动机工作时水温表指针长时间达不到 90~100℃ 的正常位置（升温缓慢）。

2. 故障原因

冷却液温度过低或升温缓慢的主要原因为节温器不良、水温指示装置失效。

1）水温表或水温感应器损坏，指示有误。
2）在冬季或寒冷地区行驶时，未关闭百叶窗或未采取车身保温措施。
3）风扇离合器或温控开关结合过早。
4）节温器漏装或阀门粘结不能闭合。
5）冷车快怠速调整过低。

3. 故障诊断

冷却液温度过低或升温缓慢的故障诊断流程如图 2-66 所示。

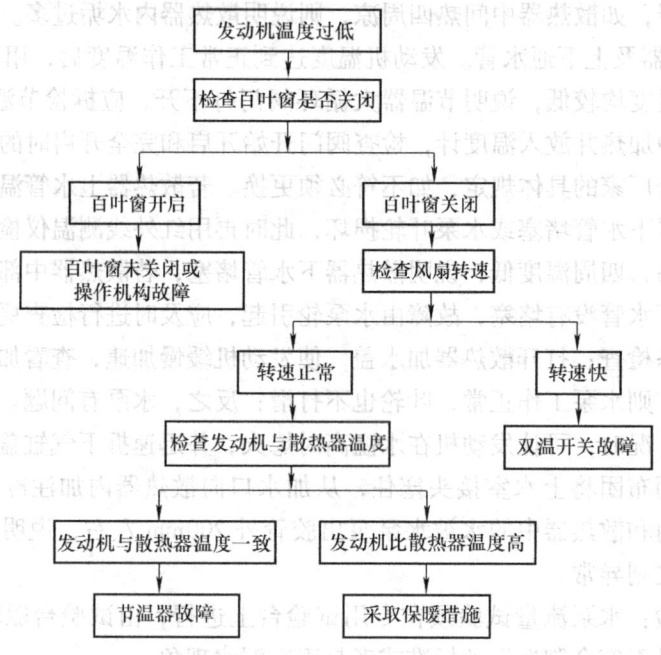

图 2-66　冷却液温度过低或升温缓慢的故障诊断流程

1）若环境温度较低，应检查百叶窗是否关闭，是否采取了保温措施。
2）风扇运转时，观察水温表指示温度，判断风扇是否过早运转。
3）拆检节温器，损坏应更换。
4）检查水温表、传感器及线路是否正常。

四、冷却液消耗过多

1. 故障现象

发动机有漏水现象，冷却液液面下降过快，须经常添加冷却液。

2. 故障原因

引起发动机冷却液消耗过多的原因多是冷却系渗漏，大致分冷却系统外部渗漏和冷却系统内部渗漏。具体包括：散热器损坏，水泵密封不良，管路接头损坏、松动等造成冷却系统外部渗漏；气缸垫损坏、缸体缸盖水套破裂、气缸盖翘曲、缸盖螺栓松动等造成冷却系统内部渗漏。

3. 故障诊断

1）检查冷却系统有无外部渗漏现象。由于发动机冷却液一般都加有染料着色，外部渗漏部位较为明显，应重点检查散热器、水泵、水管、水套及放水开关等部位是否泄漏。对于冷却系统轻微的外部渗漏在冷态时不易被发现，此时可在发动机正常运转的情况下进行观察，因为当发动机在热态时，这种泄漏因蒸发而容易被发现。

2）检查冷却系统有无内部渗漏。一般内部渗漏时会伴随有发动机无力、排气管排白烟、散热器有气泡、机油液面升高、机油呈乳白色等现象，应拆检缸体、缸盖和缸垫。

第九节　发动机电子控制系统检测与故障诊断

一、概述

发动机电子控制系统主要由电子控制单元（ECU）、传感器和执行器组成。其中 ECU 是整个控制系统的核心，用来接收传感器的信息，并储存、计算、处理信息，输出执行命令以控制执行器。

传感器是一种转换装置，用来感知发动机的外部条件与自身性能的变化，将物理量、化学量、电量等转换成计算机能接受的电信号，并及时将这些信息传送给 ECU。常用传感器有空气流量传感器、曲轴转角与转速传感器、压力传感器、温度传感器、节气门位置传感器、氧传感器、爆燃传感器和各类开关量信号等。

执行器则根据 ECU 发出的指令完成某项操作，对发动机进行控制。汽车运行时，传感器将空气流量或进气压力、进气温度、冷却液温度、发动机负荷、发动机转速、排放中的氧含量等运转参数输入给 ECU，ECU 则按设定的程序进行分析、判断和计算，并根据计算结果，向各种执行器发出指令信号。其执行器则控制最佳喷油量和点火时刻，使发动机在各种工况都处于优化的状态下工作。发动机电子控制系统一旦出现故障，发动机将会偏离其最佳工作状态，使其动力性、经济性下降。为保证发动机工作正常，应对发动机电子控制系统故障进行准确的检测和诊断。

目前，汽车发动机电子控制系统常用的诊断方法有：自诊断法（利用仪表板上的自诊断灯或 LED 灯从诊断插座、旋钮或按键中调取故障码）、仪器诊断法（利用诊断仪器通过自我诊断插座调取故障码，用仪表测量各传感器的静态或动态参数，判断故障的具体部位）和经验分析法（在全面熟悉电控汽油喷射系统的工作原理及各种元件结构的情况下，根据故障现象和仪器诊断结果进行综合分析，确定故障的具体部位并进行排除）等。

（一）发动机电子控制系统检测诊断程序

发动机电子控制系统故障的检测与诊断，可按以下程序进行。

1. 用户调查

用户调查是向用户询问故障出现的情形、发生条件、故障现象、过程、是否已检修过、动过什么部位等，以便进行初步诊断。

2. 直观检查

直观检查的目的是为了在进行更为细致的检测和诊断之前，能消除一些一般性的故障因素。检测的主要内容是：排除机械故障、管路和线路的连接不良状况以及泄漏等现象。

3. 试车检查

试车检查的目的是为了对发动机的故障征兆作进一步确认，此时应清除故障码并重新读取故障码，看故障是否确实存在。通过试车检查，可将发动机电子控制系统故障作出有无故障码的分类，便于后续故障诊断。

4. 深入诊断

可利用车载故障自诊断系统调出故障码，或用电脑故障诊断仪检查诊断以确定故障所在。进一步地深入诊断，可利用万用表、示波器等仪器检测线路的通断、传感器信号的正确性等，以判断故障的具体原因。

（二）发动机电子控制系统故障诊断注意事项

发动机电子控制系统是一个比较复杂的微型计算机控制系统，在对该系统进行检测与故障诊断时，应注意以下事项。

1) 蓄电池线没有连接完好时，不能起动发动机。
2) 在拆卸和插接线路或元件插接器之前，点火开关一定要置于"OFF"位置。
3) 点火开关处于"ON"位置时，不能拆除或安装蓄电池线。
4) 拆开任何油路部分，应先对油路进行卸压。
5) 不要轻易拆下 ECU 盒盖；拆装 ECU 连线时，必须将点火开关置于"OFF"位置。
6) 对 ECU 进行检修时，要注意人体静电对计算机芯片的影响，对电子控制系统的各个连接端子，不可用手触摸；ECU 的所有接线必须连接牢靠，否则会损坏集成电路。
7) 电路断路或接触不良是电子控制系统常见的故障，决不可用搭火的方法来检查线路是否通断，因为搭火造成的电路瞬间短路可能引起电路中线圈电感的自感电动势过高，从而击穿电子元件。
8) 音响设备的天线应离 ECU 尽可能远些，其天线的连接线距 ECU 应不少于 20cm。
9) 不要用测试灯去测试任何与 ECU 相连的电子装置。用欧姆表测试时，不能用指针式欧姆表，应用高阻抗数字式万用表。
10) 在车上使用快速充电机充电或在车上使用电弧焊时，应断开 ECU 电源，在靠近 ECU 或传感器的地方进行车身修理作业时，应特别小心。

（三）发动机电子控制系统故障诊断基本原则

在对发动机电子控制系统故障进行诊断时，应遵循先思后行、先机后电、先外后内、先查后诊、先简后繁、先熟后生的故障诊断原则。

1. 先思后行

当发动机出现故障时，根据故障现象先进行故障分析，在清楚可能的故障原因后再选择适当的程序和方法进行故障诊断操作，以防止故障诊断操作的盲目性，尤其是对故障原因比较复杂的故障现象，"先思后行"既可避免对无关部位做无效的检查，又不会漏检有关的故障部位，达到准确迅速排除故障的目的。

2. 先机后电

电子控制发动机主要由电子控制系统和机械系统两部分组成。当电子控制发动机出现故障时，应先确定是机械部分故障还是电子控制系统故障，不可盲目拆检。发动机电子控制系统故障率远比机械部分要低，在诊断时要先排除发动机机械故障，再检测诊断并排除电子控制系统故障。即使是电子控制系统本身的故障，也应确认是否由机械故障引起。如线路接触不良、空气流量传感器与进气系统相配零件松脱、进气压力传感器的真空软管破裂等机械故障都会引起电子控制系统故障，使发动机工作不正常。

3. 先外后内

随着电子技术的发展，电子控制元件的工作可靠性很高，使用中出现的故障概率很小。最常见的故障是因汽车运行振动引起的元件间连线接口松脱或接触不良。因此，在选择故障诊断程序和操作次序时，先对发动机电子控制系统以外的故障原因进行检查，然后再对电子控制系统进行诊断操作，以避免费时费力去检查发动机电子控制系统，而不能及时找到真正的故障原因。

4. 先查后诊

现代发动机电子控制系统均具有自诊断功能，当电子控制系统出现故障时，自诊断系统均会以故障码的方式储存故障信息，以便排除故障时读取使用。因此，在排除故障时，应先查出发动机电控系统故障码，再根据故障代码所代表的故障部位和内容进行诊断排除故障。当然，并不是所有的故障都通过发动机故障警告灯报警，但是，无论仪表板上的发动机故障警告灯是否亮起报警，在对发动机电子控制系统进行检查以前，均应先进行读取故障码操作，以便充分利用故障自诊断系统迅速而准确地排除故障。

5. 先简后繁

能以简单方法检查的可能故障部位优先检查。直观检查最为简单，一些通过看、摸、听、闻等方法可以确认的故障部位优先检查；需要用仪器、仪表或其他专用工具进行检测的部位，也应将较易检查的安排在前面。这样可使电控发动机的故障诊断变得较为简单。

6. 先熟后生

电控发动机的一些故障现象可能有多个故障原因，不同故障原因出现的概率是不同的，对常见的故障部位先进行检查，往往可迅速确定故障部位，省时省力。

7. 根据发动机故障征兆

并不是所有的故障都可以通过发动机电子控制系统故障自诊断功能检测、通过发动机故障警告灯报警，多表现在以下两个方面：

1）纯机械故障。如发动机点火系统火花塞、高压线有缺陷时，导致发动机出现怠速不稳、加速断火、排气管放炮等故障。再如发动机配气正时不准导致发动机不能起动故障。该类故障自诊断系统不能检测，只能根据发动机故障征兆按传统的故障诊断方法进行诊断。

2）电子控制系统电路故障，但是自诊断系统无法检测。如发动机传感器输出特性变差导致发动工作不良。由于传感器没有完全损坏，自诊断系统无法检测，此时也必须根据发动机故障征兆结合经验进行诊断。

二、发动机电子控制系统故障自诊断

自诊断系统自 1979 年在美国通用汽车公司正式使用以来，目前采用微型计算机控制的发动机都设置该系统。它已成为新车出厂和修理厂检测时不可缺少的重要手段。自诊断系统的发展大致分为三个阶段。

第一阶段，各个汽车制造厂家都在自主开发自诊断系统，各有一套自行采用的手段和程序，因此，各汽车制造厂生产的汽车上的自诊断系统，其故障代码的形式、故障代码的读取和显示方法等，往往并不相同。即使同一个故障，不同汽车制造厂生产的车型中，其故障代码也可能不同。即通用性较差，给广大汽车维修人员带来极大的麻烦和困难。如果要维修某种车型，就必须熟悉该车型的自诊断系统，掌握该车型的故障代码的读取、故障代码的显示方法和故障代码的内容等。

第二阶段，即20世纪80年代及90年代初期，汽车上广泛采用的自诊断系统，按照美国标准称为第一代车载自诊断系统，或第一代随车自诊断系统。

第三阶段，即1994年，美国汽车工程师协会倡导提出了第二代车载自诊断系统，一般称为OBD-Ⅱ系统。这一标准被美国政府有关当局制定成相应的法规，并且要求1998年进入美国市场的轿车，都要按照此标准规范执行。OBD-Ⅱ系统有助于诊断系统标准化，如果各汽车制造厂都按照这个标准执行，必然给全球的汽车电控系统的维修工作提供极大的方便。

OBD-Ⅱ系统不仅使诊断测试模式、故障代码、诊断插座、诊断工具等有关诊断系统的内容得到统一，同时也对自诊断系统提出了更高的要求。据有关资料介绍，日本丰田公司于1994年生产出首辆完全符合OBD-Ⅱ标准的发动机电子控制系统。在美国，OBD-Ⅱ系统普及速度最快。1994年世界上约有10%的汽车制造厂采用OBD-Ⅱ标准，到1995年约有40%的汽车制造厂采用OBD-Ⅱ标准，1996年以后，世界主要汽车制造厂已基本上采用OBD-Ⅱ标准。在我国生产的北京切诺基2021型吉普车，由于技术上与美国克莱斯勒公司基本保持同步，也于1996年开始采用OBD-Ⅱ系统。

1. 自诊断系统的功能特点

（1）自诊断系统的功能　现代汽车的电子控制系统都配备有自诊断系统，ECU的自诊断系统主要用于检测电子控制系统各部件的工作情况。自诊断系统具有以下功能：

1）检测电子控制系统的故障。
2）将故障代码存储在ECU的存储单元中。
3）提示驾驶员ECU已检测到故障，应谨慎驾驶。
4）启用故障保护功能，确保车辆安全运行。
5）协助维修人员查找故障，为故障诊断提供信息。

（2）故障的确认方法　当某一电路出现超出规定范围的信号时，自诊断系统就判定该信号线路出现故障。如果故障状态存在超过一定的时间，此故障代码就会储存在ECU的随机存储器中。如果在一定时间内该故障状态不再出现，则电控系统把它判定为偶发性故障（也称间歇性故障），如果发动机起动50次故障不再出现，该偶发性故障代码就会自动消除。

2. 故障代码的读取方法

（1）人工读取法　目前，电控发动机在汽车上的应用已非常普遍，而且每个电控单元内都设有专门的自诊断电路，用于在发动机工作时监测电控系统各部件的工作情况，一旦发现问题，就将故障信号存储在存储器中，同时发出故障报警信号。这样，就可以用人工的方法直接将存储器中存储的故障信息以代码（故障码）的形式读出来，并根据代码找到故障原因和部位，以便及时维修。由于各种车型配置的电控发动机不同，其电子控制系统的随车故障诊断装置也不相同，所以各种车型电控发动机故障码的显示方式、读取方式、代码含义等都有一定的区别，在实际操作时应严格按照使用说明书和维修手册要求的方法进行。

1) 故障码的显示方式。

① 用故障指示灯显示。目前最常见的是用仪表盘上的故障指示灯来显示故障码。大部分电喷发动机的仪表盘上都装有故障指示灯，即用图形表示的或配有"CHECK ENGINE"或"SERVICE ENGINE SOON"文字说明的仪表灯。如果发动机电子控制系统有故障，在发动机工作过程中故障指示灯就会点亮报警。在人工读取故障码时，可通过故障指示灯的闪烁次数来得到故障码。德国大众、宝马公司，日本丰田、本田、铃木公司，美国通用、克莱斯勒公司生产的大部分车型，以及一汽大众生产的捷达车型等都采用这种用故障指示灯的闪烁来显示故障码的方式。

② 用数字直接显示。一些高档轿车的电控系统，是以数字形式直接将故障码显示在组合仪表的信息显示屏上（一般显示在温度显示屏上）的，如美国的林肯大陆、凯迪拉克等车型。

③ 用发光二极管（LED）显示。用发光二极管来显示故障码也是比较常见的一种方式，一般用一个或几个发光二极管来显示故障码。德国奔驰系列的部分车型（配置16孔或38孔故障诊断插座）是将一个发光二极管与一个 330Ω 的电阻串联，读取故障码时将故障诊断插座与电源跨接，通过发光二极管的闪烁次数来显示故障码。日本日产系列车型则有三种发光二极管显示方式：一种是用仪表盘上的一个红色发光二极管来显示故障码；另一种是用一红、一绿两个发光二极管来显示故障码，红色发光二极管表示十位数，绿色发光二极管表示个位数；还有一种是用4个红色发光二极管来显示故障码，各发光二极管分别代表8、4、2、1，将点亮的红色发光二极管所代表的数字相加就是诊断系统输出的故障码。

2) 故障码的读取模式。发动机电子控制系统故障码的读取模式是指读取故障码时发动机所处的状态，一般分为静态模式和动态模式两种。

① 静态模式。静态模式即在点火开关处于"ON"位置但发动机不工作的情况下读取故障码。静态模式简称为"KOEO"（Key ON Engine OFF）模式，大多数电控发动机都采用静态模式。

② 动态模式。动态模式即在点火开关处于"ON"位置在发动机工作的情况下读取故障码。动态模式简称为"KOER"（Key ON Engine RUN）模式，这种模式主要用于读取发动机在动态下发生故障的故障码。这种模式又可分为普通方式和试验方式。普通方式是指在发动机某一固定工况下读取故障码，如奥迪系列车型的电控发动机，需要在发动机起动后运转5min或车辆行驶5min以上再读取故障码，而有些车型的电控发动机要求在发动机怠速运转的状态下读取故障码。试验方式也称模拟方式，是指使发动机在驾驶员所描述的发生故障时的工况下运转来读取故障码。如丰田系列大部分车型的电控发动机，起动后先模拟驾驶员描述的发生故障时的状态（车速不低于10km/h）行驶，停车后发动机不熄火直接读取故障码。

3) 故障码读取方法。由于车型的不同，其电控发动机故障码的读取操作方法也不同。下面介绍几种目前常用的人工读取故障码的方法。

① 特定点火开关循环读取法。一些车型的电控发动机是通过点火开关特定循环操作来读取故障码的。如北京切诺基及美国克莱斯勒公司生产的多种车型，都是特定将点火开关在5s之内开关3次（即"ON"→"OFF"→"ON"→"OFF"→"ON"）来直接读取故障码的。

② 用诊断线跨接读取法。此方法是用专用诊断连接线跨接诊断座中的特定端子（插孔）来读取故障码的。如日本丰田系列车型的电控发动机，是用一根诊断线跨接故障诊断座中的"TE1"和"T1"端子，在静态模式下读取故障码的。国产红旗轿车的 CA488-3 型电控发动机，是用备用熔丝将故障诊断插座中的两个插座短接来读取故障码的。

③ 特定加速踏板操作读取法。即通过对加速踏板的特定操作来读取故障码，这是一些车型读取故障码的一种专用方式。如德国宝马系列车型的电控发动机，是将点火开关打开，发动机处于工作状态，在 5s 之内踩下加速踏板 5 次后直接读取故障码。

④ 操作专用开关读取法。有些车型上设置了专用的诊断开关，可通过对专用诊断开关的操作直接读取故障码，这是这种车型的一个特色。如日产系列大部分车型的电喷发动机都专门设置了专用诊断选择开关，操作时将发动机电脑（ECM）上的诊断选择开关用螺钉旋具顺时针拧到底，等待 2s 以上后，再逆时针拧回原来的位置，即可直接读取故障码。

⑤ 操作共用开关读取法。有些车型的故障诊断开关是与其他电器共用的，这也是区别于其他车型的主要标志。如美国林肯、凯迪拉克等车型的电控发动机，是在点火开关位于"ON"（开机）时，同时按下空调控制中心上的"OFF"（关机）和"WARMER"（加热）两个按钮开关 3s 后释放，然后直接读取故障码。此外，还有一些早期生产的电控发动机，采取外接仪表的方法来读取故障码，本文就不做详细介绍了。总之，由于生产厂家不同，所生产的电控发动机在结构上都有一定的差异，即便是同一厂家生产的发动机，由于生产年代或地区不同，其结构也不完全不同，导致其故障码的读取方式也不尽相同。因此，在实际操作过程中，必须按照本车型配置的使用说明书的要求以及维修手册中提供的方法进行操作，才能准确地读取故障码。人工读取故障码的目的，是及时、方便、快捷地查找出电控发动机电子控制部分产生的故障，以便于及时维修，并降低维修成本。

(2) 用专用诊断仪读取　电控发动机故障的检测，可通过一般方法和调取故障码的方法进行，但上述方法只能对汽车的一般故障或电子控制系统故障的大致范围和元件进行提示。因为一个故障码的出现可能因为某一个元件的故障引起，也可能由该元件的配线引起，也可能是由电脑本身故障造成的，还可能是由其他系统故障造成的。因此，最终判断和排除故障还必须通过各种仪器和各种专用设备，检测和读取有关资料和数据进行分析和比较，最后确定故障原因，加以排除，有时还必须通过专门仪器，模拟有关传感器控制元件和信号，采用置换对比的方法去判断是传感器、元件的本身故障还是线路或电脑本身的故障。所以，在现代电控汽车的检测诊断中掌握诊断仪的正确使用方法，进行数据分析是十分必要的。

在 20 世纪 70 年代末到 80 年代初，出现了专用故障诊断检测仪，利用这种仪器可以诊断、检测、观察电子控制系统的工作情况。如美国福特汽车公司的 EFC-Ⅱ 检测仪和德国大众公司 VAG1551 故障读码器，可用于记录故障码，监测电子控制系统的信号，并找出故障部位。20 世纪 80 年代后期，出现了随车诊断系统，该系统利用电控单元对电子控制系统各部位进行检测和诊断，可自行找出电子控制系统存在的故障，故称之为故障自诊断系统。下面主要通过欧洲车载诊断系统（EOBD）来介绍故障自诊断系统。

欧洲车载诊断系统（EOBD）并未另外增加传感器或执行器来进行尾气排放中的污染物的测量。EOBD 是动力控制模块（PCM）控制系统中集成的一种实时的随车监测系统。EOBD 随时监测零部件和系统的故障，保证车辆在使用中排放不超过 EOBD 法规的要求；EOBD 会持续监测排放的劣化过程，大幅减少由于故障造成的排放超标；利用 EOBD 的监测信息，简化车检和维修的程序，从而减少故障发生和维修之间的间隔时间；EOBD 的实施可保障汽车污染控制装置的生产一致性，减少零部件和系统的散差，提高零部件和系统的耐久性。

欧洲车载诊断系统是与 PCM 整合在一起的，并且通常利用系统现有的传感器和执行器，另外还安装了一个催化转换器监测传感器，在车辆行驶并相应地产生尾气排放的过程中，这些传感器和执行器，以及专用的软件将持续地对与尾气排放有关的系统和部件进行检测。对与尾气排放有关的系统和部件进行的检测是由被称之为监测系统（监测器）来实施的。

1）EOBD 可以减少故障从发生到发现进行修理的时间。
2）在修理与排放有关的问题时，EOBD 可以帮助诊断。
3）EOBD 可以减少由排放相关故障导致的使用中的高排放。

三、电子控制系统电子元器件检测与诊断

发动机电子控制系统主要由传感器、ECU、执行器等电子元器件组成，元器件性能的好坏直接影响发动机的工作状况。下面在了解电子控制系统元器件工作原理的基础上，重点介绍其检测与诊断方法。

（一）常用传感器的检测与诊断

对于汽车发动机电子控制系统的传感器有：空气流量传感器、进气绝对压力传感器、节气门位置传感器、温度传感器、曲轴位置/凸轮轴位置传感器、爆燃传感器、氧传感器等。

1. 空气流量传感器

空气流量传感器是测量发动机吸入空气量并转换成电信号送至 ECU 的装置，作为决定基本喷油持续时间和基本点火提前角的基本信号之一。根据测量原理不同，空气流量传感器有叶片式、卡门涡旋式、热线式及热膜式等几种形式。

（1）叶片式空气流量传感器　叶片式空气流量传感器又称活门式或翼片式空气流量传感器，为体积流量型，它由叶片部分、电位计部分和接线插头三部分组成，如图 2-67 所示。

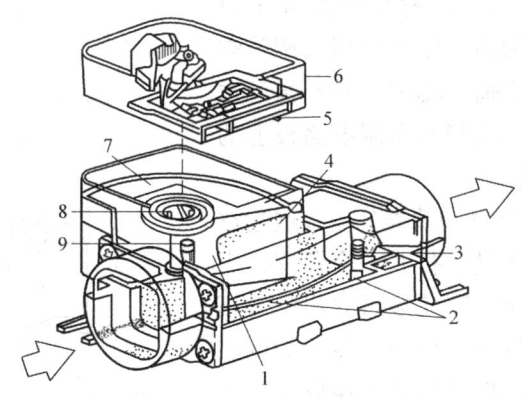

图 2-67　叶片式空气流量传感器的结构（一）
1—测量叶片　2—旁通道　3—怠速调整螺钉　4—缓冲叶片　5—插头
6—电位计　7—缓冲室　8—回位弹簧　9—进气温度传感器

叶片部分由测量叶片和缓冲叶片构成，两者铸成一体。叶片转轴安装在空气流量计的壳体上，转轴一端有螺旋回位弹簧。回位弹簧的弹力与吸入空气气流对测量叶片的推力平衡

时，叶片即处于稳定位置。测量叶片随空气流量的变化在空气主通道内偏转，同时，缓冲叶片在缓冲室内偏转，缓冲室对叶片起阻尼作用。其设计目的在于，当发动机吸入空气量急剧变化和气流脉动时，减小叶片的脉动，使叶片运转平稳。

在空气流量传感器主空气道下方设置有空气旁通道，在旁通道的一侧设有可改变旁通空气量的怠速调整螺钉，以便在小空气流量时对空气流量计的输出特性进行调节，如图2-68所示。

电位计在空气流量传感器壳体上方，内有平衡配重、滑臂、回位弹簧、调整齿圈和印制电路板等，如图2-69所示。

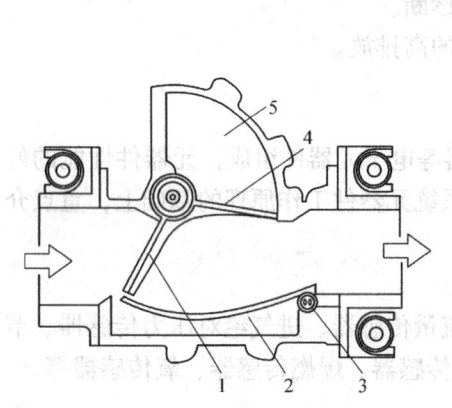

图2-68 叶片式空气流量传感器的结构（二）
1—测量叶片 2—旁通道 3—怠速调整螺钉 4—缓冲叶片 5—缓冲室

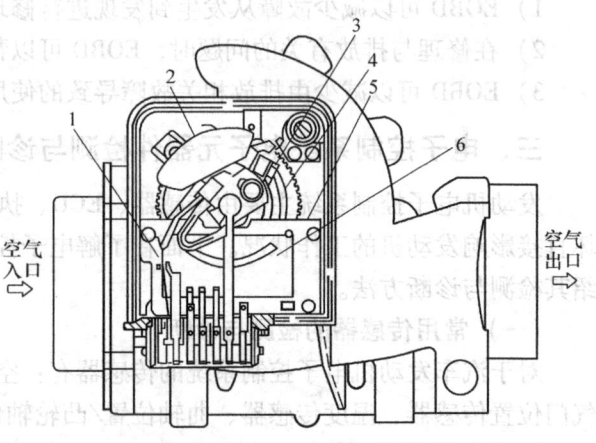

图2-69 电位计结构示意图
1—燃油泵接点 2—平衡配重 3—调整齿圈 4—回位弹簧 5—电位计部分 6—印制电路板

螺旋回位弹簧的一端固定在叶片转轴上，另一端固定在调整齿圈上。调整齿圈被一卡簧定位，且调整齿圈上有刻度标记。改变调整齿圈的固定位置，可调整回位弹簧的预紧力，使用中用以调整空气计量器的输出特性。叶片轴上端固装着平衡配重和滑臂，随叶片一起动作，滑臂与印制电路板上的镀膜电阻接触，并在其上滑动。

如图2-70所示，来自空气滤清器的空气通过空气流量计时，空气推力使测量板打开一个角度，当吸入空气推开测量板的力与弹簧变形后的回位力相平衡时，叶片停止转动。与测量板同轴转动的电位计检测出叶片转动的角度，将进气量转换成电压信号 U_S 送给 ECU。

叶片式空气流量传感器的常见故障是：电位计滑片与镀膜电阻接触不良、传感器电阻不当、叶片回位弹簧失效、传感器轴卡滞。下面以丰田佳美 1ZV-FE 发动机叶片式空气流量传感器为例，说明

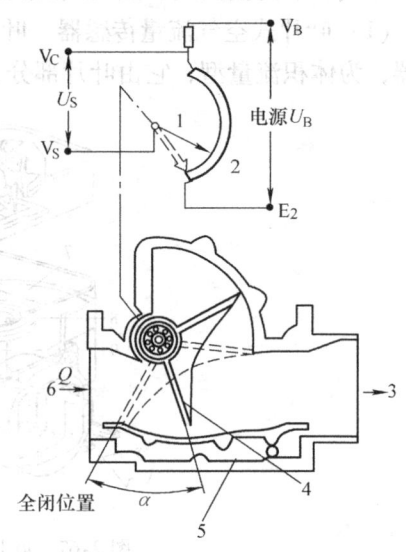

图2-70 叶片式空气流量传感器的工作原理
1—电位计滑臂 2—可变电阻 3—接进气管 4—测量叶片 5—旁通空气道 6—接空气滤清器

如下：

1) 外观检查。检查传感器壳体有无损坏、叶片及轴转动有无卡滞、松旷等。若有，则更换传感器。

2) 电阻检查。将点火开关置于"OFF"位置，拔下叶片式空气流量传感器配线插接器，用万用表电阻挡检查传感器各端子间的电阻，如图 2-71 所示。

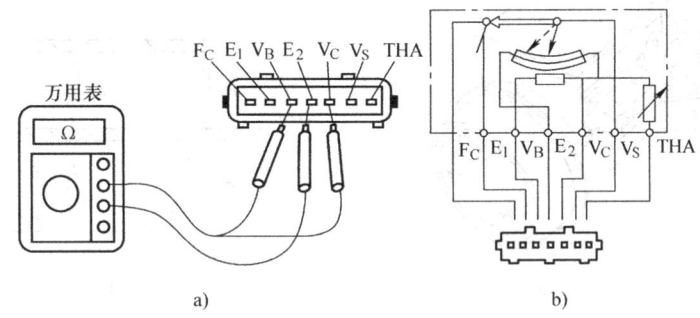

图 2-71　叶片式空气流量传感器的检测
a) 电阻检测　b) 内部电路

① F_C 与 E_1 之间的电阻：叶片不转动时，F_C 与 E_1 之间应断开，用手稍稍拨动计量叶片，F_C 与 E_1 之间应导通，则油泵开关正常；否则油泵开关损坏。

② V_C 与 E_2 之间的电阻：叶片在任何位置时，V_C 与 E_2 间测量电阻不变，一般为 200～400Ω。

③ V_S 与 E_2 之间电阻：V_S 与 E_2 之间电阻随叶片由全闭到全开其阻值逐渐增大，在叶片完全关闭时，V_S 与 E_2 两端子间电阻应为 20～600Ω，叶片由完全关闭位置逐渐打开到完全开启位置时，V_S 与 E_2 两端子间电阻应在 20～1200Ω 之间连续变动。

另外，在环境温度约 23℃ 时，THA 与 E_2 之间电阻为 2～3Ω，当改变进气温度时，THA 与 E_2 间的电阻应变化。可用改变温度方法来测量判断空气流量传感器中进气温度传感器是否损坏。对照结果参照表 2-7。

表 2-7　叶片式空气流量传感器 THA 与 E_2 端电阻

测量引脚	电阻/kΩ	温度/℃
THA 与 E_2	10～20	-20
	4～7	0
	2～3	20
	0.9～1.3	40
	0.4～0.7	60

(2) 热式空气流量传感器　热式空气流量传感器分热线式和热膜式两种不同类型，一般安装在空气滤清器与节气门之间的进气通道中。热线式空气流量传感器结构与工作原理图如图 2-72a、b 所示。热膜式空气流量传感器结构及工作原理与热线式空气流量传感器基本相同，只是将传感元件由热线改为平面形铂金属膜电阻。下面以热线式空气流量传感器为例

进行介绍说明。

热线式空气流量传感器由热线铂丝电阻 R_H、温度补偿电阻 R_K（又称冷线）、控制电路板（包括 R_A、R_B 两个固定电阻）、防护网以及外壳等组成。空气流量计工作时，控制电路板将热线铂丝电阻加热到高于进气温度。

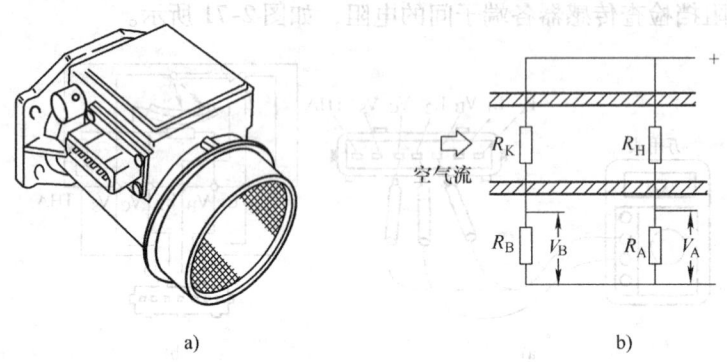

图 2-72　热线式空气流量传感器
a）结构图　b）工作原理图

热线式空气流量传感器是利用空气流过热线时的冷却效应制成的。铂丝热线电阻 R_H 和 R_A、R_B、R_K 组成惠斯顿桥形电路（见图 2-72b）。R_H、R_K 阻值均随温度变化。当空气流经 R_H 时，使热线温度发生变化，电阻减小或增大，使电桥失去平衡，若要保持电桥平衡，就必须使流经热线电阻的电流改变，以恢复其温度与阻值，精密电阻 R_A 两端的电压也相应变化，并且该电压信号作为热式空气流量计输出的电压信号送往 ECU。

热线式空气流量传感器还有自洁功能。由于传感器在长期使用时会使热线上积累杂质，影响其性能。为此，在热线式空气流量传感器上采用了烧尽措施以解决这个问题，当发动机熄火后 4s，ECU 自动接通空气流量传感器壳内的电子电路，使其温度在 1s 内升高 1000℃。

图 2-73 所示为热线式空气流量传感器与 ECU 的连接电路图，各引脚定义为：

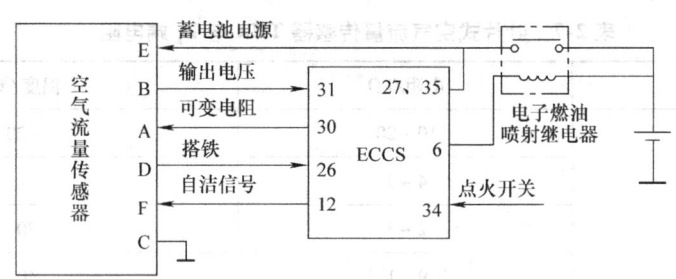

图 2-73　热线式空气流量传感器接线图

E 端子：蓄电池供电电压输入端，一般为 12V。

B 端子：热线式空气流量传感器的信号输出端，输出的信号提供给微型计算机集中控制装置（ECCS）作控制检测信号。

D 端子：热线式空气流量传感器接地端。

F 端子：自洁信号输入端，信号来自 ECCS 控制电路。

A 端子：调整 CO（一氧化碳）的可变电阻输出端子。

热线式空气流量传感器常见故障有：热丝脏污或断路，热敏电阻或电路不良。下面以日产尼桑 MAXIMA 轿车 VG30E 型发动机热线式空气流量传感器为例说明热线式传感器故障检测诊断方法。

1）开路检测。清除空气流量传感器外部的尘垢，拔下线束插头，拆下与空气流量传感器相连的空气滤清器。将空气流量传感器出口处空气软管上的卡箍松开，并卸下空气流量传感器的固定螺栓。将空气流量传感器小心取下。

对拆下的空气流量传感器进行外观检查，检查其护网有无堵塞或破裂，并从进口处查看铂丝热线是否脏污、折断。

将蓄电池正极与空气流量传感器插座内的 E 端子相接，负极与插座内的 D 端子相连，并将万用表置于 10V 直流电压挡，两表笔测量插座的 B、D 两端子间的电压，其值应为 (1.6 ± 0.5) V，如图 2-74 所示。如测得值与规定值不符，应更换或修理空气流量传感器。

2）动态检查。保持上述接线状态不变，用电吹风向空气流量传感器进口吹入空气的同时，用电压表测量 B、D 端间的电压，其值应为 2~4V。如测得值与规定值不符，应换装新的空气流量传感器。

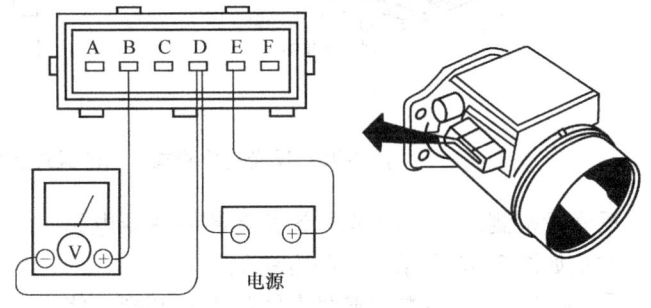

图 2-74 测量电路

3）在路检测方法。

① 接通点火开关，不起动发动机。测量图 2-74 所示插座内 E 与 D 之间的电压应为 12V 左右。

② 若测量 E 与 D 间电压为 0，再测量 E 与 C 之间的电压，其值若为 12V，则说明 D 端子搭铁不良，应检查 D 与 ECCS 之间的导线或 ECCS 的搭铁线是否良好。

③ 测量 B 与 D 之间电压，应为 (1.6 ± 0.5) V。起动发动机，测量 B、D 之间电压，应在 2~4V 之间变化。

④ 检查自洁电路：用万用表 10V 挡，将其两表笔接在插座的 F 与 D 之间，当发动机水温上升至 60℃ 以上，转速超过 1500r/min 时，关闭点火开关，万用表上的示值电压应回零并在 5s 后又跳跃上升，1s 后再回到零。

也可以通过直观检查法进行检测，方法如下：

拆下空气滤清器和空气流量传感器进口处的管道，起动发动机，并使其以 2500r/min 以上的转速运转一段时间后，关闭点火开关，从空气流量传感器进口部位查看流量传感器内的铂丝热线是否在发动机熄火 5s 内被加热至发出红光，并持续 1s 的时间。

（3）卡门漩涡式空气流量传感器 卡门漩涡式空气流量传感器是根据卡门漩涡理论，利用光信号或超声波信号来检测空气流量的。所谓卡门漩涡，是指在进气道内设置一扰流体，当空气流过时，扰流体后将产生涡流，涡流的频率 f 与空气流速 v 之间可用 $f = 0.2v/d$ 表示（其中 d 为漩涡发生体特征宽度）。

根据这种关系,可以通过测量涡流发生频率计算出空气流动的速度,而将空气通路的有效截面积与空气流速相乘即可知空气的体积流量。根据检测空气流量方式的不同,卡门漩涡式空气流量传感器可分为反光镜检测式和超声波检测式两种。

1) 反光镜检测式卡门漩涡式空气流量传感器主要由发生器、发光二极管、光敏晶体管、反光镜以及压力导向孔等组成,如图 2-75 所示。空气流经涡流发生器时,压力发生变化,这种压力变化经压力导向孔作用于薄金属制成的反光镜表面,使反光镜产生振动。反光镜振动时,将发光二极管投射的光线反射到光敏晶体管,对反射光信号进行检测,即可获得涡流频率。频率越高,进气量越大。

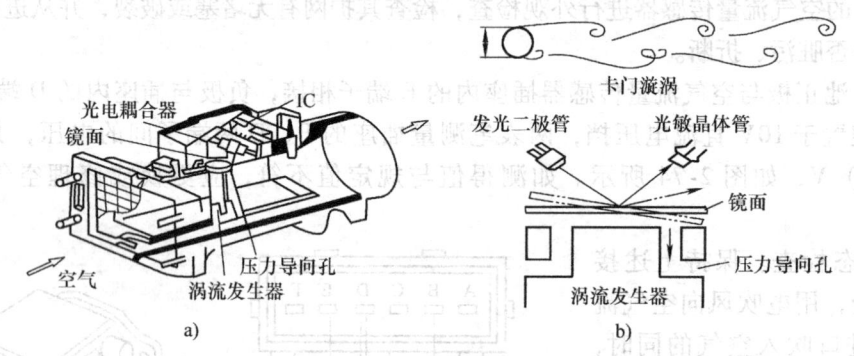

图 2-75 反光镜检测式卡门漩涡式空气流量传感器

反光镜检测式卡门漩涡式空气流量传感器电路连接方法如图 2-76 所示。检测方法如下:

① 外观检查。检查传感器壳体是否有开裂,蜂窝状空气整流栅有无损坏,若有需及时更换。

② 电阻检查。

a. 关闭点火开关,拔开空气流量传感器插接器端子,从车上拆下空气流量传感器。

b. 用电热吹风机或制冷剂改变空气流量传感器上的进气温度的同时,用万用表电阻挡测量进气温度传感器,即 ECU 配线插接器 THA 端子与 E_2 端子间的电阻,其值应符合规定值(参见表 2-8)。

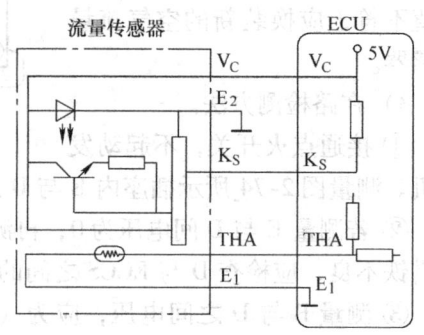

图 2-76 反光镜检测式卡门漩涡式流量传感器连接电路

表 2-8 流量传感器检测数据

测量端子	测量条件	标 准 值
THA 与 E_2	-20℃	10~20kΩ
	0℃	4~7kΩ
	20℃	2~3kΩ
	40℃	0.9~1.3kΩ
	60℃	0.4~0.7kΩ

如果测得值与表2-8规定值不符，说明进气温度传感器有故障，应修理或更换。

③ 电源电压计信号电压检测。

a. 接通点火开关，但不要起动发动机，用万用表电压挡测量 ECU 配线插接器 K_S（信号端）、E_2（信号地端）两端子间的电压，其值应为 4～6V。

b. 接通点火开关，起动发动机使其运转（或怠速运转），用万用表电压挡测量 ECU 配线插接器 K_S、E_2 两端子间的电压，其值应为 2～4V，进气量越大，电压越高。

c. 如果测得值与上述规律不符，则应检查空气流量传感器与 ECU 间的配线和插接器。若检查配线或插接器有问题，应修理或更换新件。若检查配线或插接器无问题，可拔开空气流量传感器配线插接器，接通点火开关，用万用表电压挡测量 ECU 配线插接器 V_C（电源电压端）与 E_2 两端子间的电压，其值应为 4.5～5.5V。如果测得值符合规定，说明空气流量传感器有故障，应进行修理或更换。如果测得值不符合规定，应重换一只新的 ECU 后重新进行检查。

d. 如果测得 ECU 配线插接器 K_S 与 E_2 两端子间的 2～4V 电压正常，可进一步利用 ECU 的故障自诊断功能进行自诊断。如果自诊断显示有相应的故障码，且发动机有时起动性能不良、怠速不稳、甚至熄火，则说明空气流量传感器控制电路有问题。先重换一只正常的空气流量传感器后重新检查，如果故障仍然存在，且检查空气流量传感器与 ECU 间的线路均无问题，则故障多是由于发动机 ECU 有故障引起的，可重换一只新的发动机 ECU 测试。

2) 超声波检测式卡门漩涡式空气流量传感器是利用卡门漩涡引起的空气密度变化进行测量的。其结构示意图如图 2-77 所示。在与空气流动垂直的方向上安装超声波信号发生器，在与其相对的位置上安装超声波接收器。受卡门漩涡造成空气密度变化的影响，信号发生器发出的超声波到达接收器的时机或早或晚，测出其相位差，利用放大器使之形成矩形波，矩形波的脉冲频率即为卡门漩涡的频率。

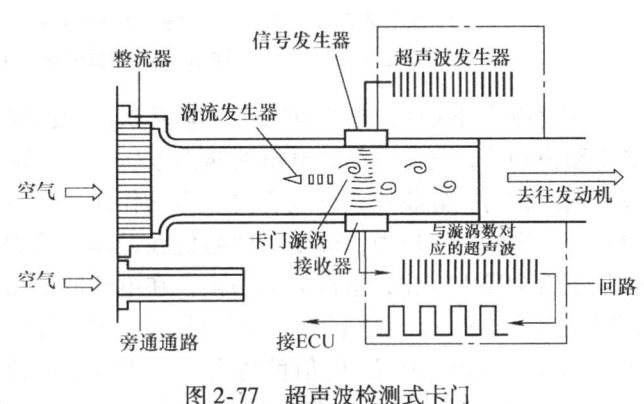

图 2-77　超声波检测式卡门漩涡式空气流量传感器

漩涡式空气流量传感器也装有温度传感器，可检测进气温度，作为对空气密度进行修正的依据。

2. 进气绝对压力传感器

进气绝对压力传感器用于 D 型电控汽油喷射系统，其作用相当于 L 型电控汽油喷射系统中的空气流量传感器，采用歧管压力计量空气进气量，一般安装在节气门后部的进气管上。

进气绝对压力传感器的种类很多，根据其信号的产生原理可分为半导体压敏电阻式、电容式、电磁式等几种形式，其中半导体压敏电阻式和电容式进气压力传感器应用较为广泛。

（1）半导体压敏电阻式进气绝对压力传感器　半导体压敏电阻式进气绝对压力传感器主要由压力转换元件、信号放大装置、外壳等组成，如图2-78所示。压力转换元件是利用半导体的压阻效应制成的硅膜片。硅膜片的一面是真空区，另一面作用的是进气管压力。硅膜片存封在真空室内，其上下各有一层二氧化硅膜，在膜层中，沿硅片四周有4个应变电阻，以惠斯顿电桥方式连接，如图2-79所示。

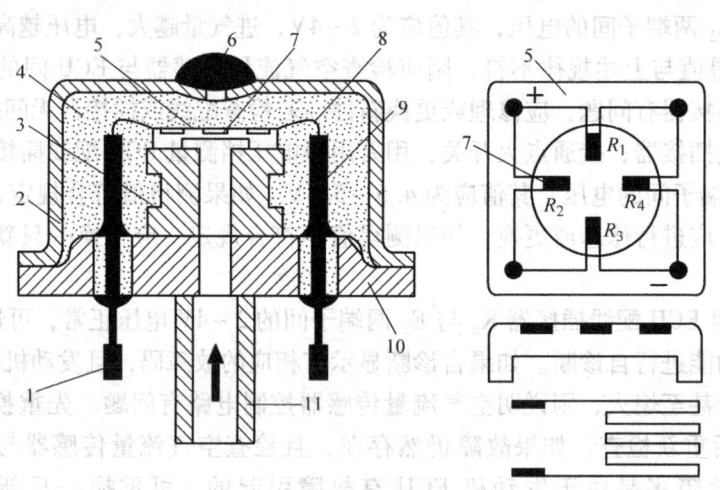

图 2-78　半导体压敏电阻式进气绝对压力传感器的结构
1—引线端子　2—壳体　3—硅杯　4—真空室　5—硅膜片　6—锡焊封口
7—应变电阻　8—金线电阻　9—电极引线　10—底座　11—真空管

当接通点火开关时，电桥电路通以电源U_{CC}。发动机不工作时，电桥电路中4个应变电阻的电阻值相等，电桥平衡，电桥的输出电压U_0为零。当发动机工作时，硅膜片在进气管内压力的作用下产生机械应变，进而产生应力，应变片的阻值在硅膜片应力的作用下就会发生变化，电桥失去平衡，在电桥的输出端即得到输出电压U_0，进气管内的压力越大，硅膜片的变形就越大，输出电压U_0的值就越大。由于该电压值很小，由电路中混合集成电路将该信号进行放大处理以后，从PIM端提供给ECU。ECU通过端子V_C向传感器提供稳定的电源电压，传感器通过端子E_2搭铁，端子PIM为传感器输出信号端。其原理电路如图2-80所示。

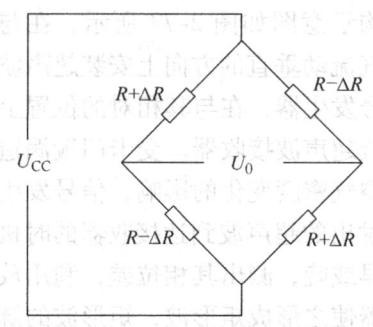

图 2-79　半导体压敏电阻式进气绝对压力传感器等效电路

半导体压敏电阻式进气绝对压力传感器常见故障有：内部硅片损坏、集成电路损坏、真空导入管接头处漏气或内部漏气等。下面以丰田2JZ-GE发动机进气压力传感器为例说明其故障检测诊断方法。

① 检查传感器所连接真空管有无破裂、松动，连接端子有无松动。

② 拔下传感器插接器插头，打开点火开关，测量插接器上V_C端子与E_2端子之间的电压，电压应为4.5~5.5V。若无电压，则应检查ECU相应端子上的电压；若ECU相应端子上电压正常，则为ECU至传感器之间线路故障，否则为ECU故障。

③ 插回传感器插接器插头，拆下传感器上的软管，打开点火开关，测量 ECU 插接器上 PIM 与 E2 端子间的大气压下输出的电压，应符合图 2-81 所示的输出特性。

④ 对传感器加以 13.3～66.7kPa 的负压，再测试 ECU 插接器上 PIM 与 E_2 端脚间的电压，应符合表 2-9 所列值的变化规律。如果不符合表 2-9 所列值的变化规律，且相差较大，则可能是进气压力传感器损坏。

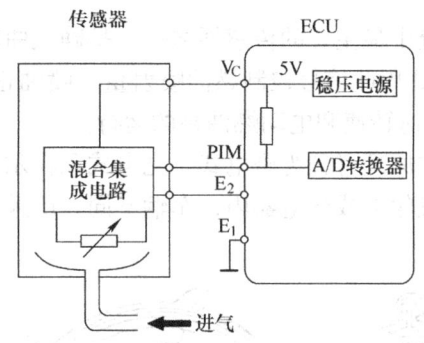

图 2-80 半导体压敏电阻式进气绝对压力传感器的原理电路

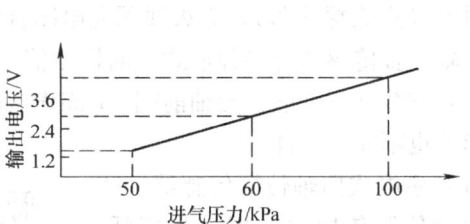

图 2-81 进气压力与输出电压的特性关系

表 2-9 不同进气压力下 PIM 与 E_2 端脚间的电压

真空度/kPa	13.3	26.7	40	53.5	66.7
电压/V	0.3～0.5	0.7～0.9	1.1～1.3	1.5～1.7	1.9～2.1

（2）电容式进气绝对压力传感器　电容式进气绝对压力传感器是使氧化铝膜片和底板彼此靠近排列，形成电容，利用电容量随膜片上下的压力差而改变的性质，从而获得与压力成比例的电容值信号，如图 2-82 所示。将电容变换器与传感器混合集成电路的振荡电路相连接，通过振荡电路输出与电容变化一致的电信号，从而将进气管的压力转变成电信号。

下面以福特汽车所用电容式进气绝对压力传感器为例介绍该类型传感器故障诊断与检测方法。其与 ECU 的连接线路如图 2-83 所示。

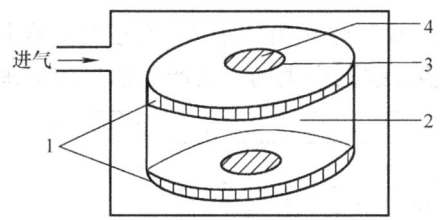

图 2-82 电容式进气绝对压力传感器原理示意图
1—氧化铝膜片　2—绝缘介质　3—厚膜电极　4—电极引线

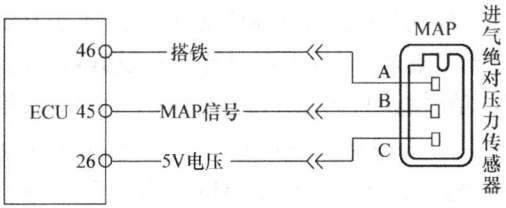

图 2-83 电容式进气绝对压力传感器连接线路

① 用万用表电压挡测量传感器连接端子 C 与搭铁间电压，其值应为 5V 左右。

② 用万用表电阻挡测量传感器搭铁回路端子 A 对搭铁的电阻，其阻值应接近 0Ω。

③ 用万用表电压挡测量传感器信号端子 B 对地的电压，其脉冲信号的平均电压为 1.4～1.6V。

④ 用示波器观察信号输出波形频率，其频率应在 80～160Hz 之间。节气门开度增大时，信号输出频率值有增大趋势。

若上述检测均满足要求，则表明进气绝对压力传感器工作正常，否则，应予以更换。

3. 曲轴位置传感器

曲轴位置传感器（CKP）是发动机集中控制系统中最主要的传感器之一，是确认曲轴转角位置和发动机转速不可或缺的信号源，发动机 ECU 用此信号控制燃油喷射量、喷油正时、点火时刻（点火提前角）、点火线圈充电闭合角、怠速转速和电动燃油泵的运行。

曲轴位置传感器有多种形式，而根据信号形成的原理可分为磁电式、光电式和霍尔式三大类。其安装部位一般在曲轴前端、凸轮轴前端、飞轮上或分电器内，车辆不同，所采用的结构形式也不完全一样。

（1）磁电式曲轴位置传感器 磁电式曲轴位置传感器应用最为广泛，在丰田皇冠、凌志等车上均有应用。其结构如图 2-84 所示，主要由转子和线圈组成，转子固定在分电器轴上，线圈被固定在分电器外壳上。该传感器分成上、下两部分，上部分产生 G 信号，下部分产生 Ne 信号。都是利用带有轮齿的转子旋转时，使信号发生器感应线圈内的磁通变化，从而在感应线圈产生交变的感应电动势信号，将此信号放大后，送给 ECU。

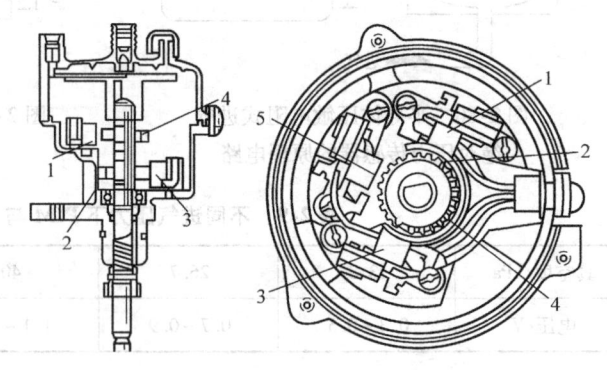

图 2-84 磁电式曲轴位置传感器
1—G_1 感应线圈 2—No.2 正时转子 3—G_2 感应线圈
4—No.1 正时转子 5—Ne 线圈

Ne 信号是检测曲轴转角及发动机转速的信号，由固定在下半部等间隔的 24 个轮齿的转子（No.2 正时转子）及固定于其对面的感应线圈组合而成。转子旋转一圈，即曲轴旋转 720°时，感应线圈产生 24 个交流信号。Ne 信号的一个周期脉冲相当于 30°曲轴转角。更精细的转角检测，是利用 30°转角的时间，由 ECU 再均分为 30 等份，产生曲轴转角约 1°的信号。

G 信号系用于辨别气缸及检测活塞上止点的位置。G 信号是由位于 Ne 信号发生器上方的凸缘转轮（No.1 正时转子）及其对面对称的两个感应线圈产生的。其产生信号的原理与 Ne 信号相同。G 信号也用来作为利用 Ne 信号计算曲轴转角的基准信号。对于六缸发动机来讲，G_1、G_2 信号分别检测第六缸及第一缸上止点的位置。当产生 G_1、G_2 信号时，实际活塞位置在上止点前 10°。

磁电式曲轴位置传感器与 ECU 连接线路如图 2-85 所示。该传感器常见故障是：感应线圈短路或断路、感应线圈与转子间隙不正

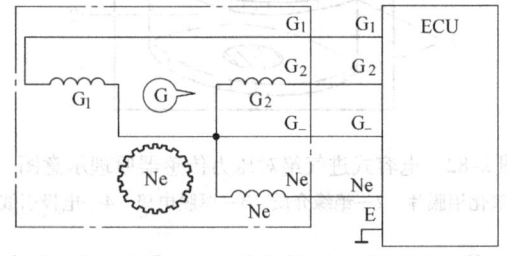

图 2-85 磁电式曲轴位置传感器的工作电路

常、转子损坏等。下面以丰田佳美 1ZV-FE 发动机曲轴位置传感器为例介绍该类型传感器的故障检测与诊断方法。

① 传感器线圈电阻检查。拆开传感器的导线插接器，用万用表欧姆挡分别测量传感线圈上 G$_-$端子与 G$_1$、G$_2$、Ne 端子之间的电阻值，其阻值应符合表 2-10 的规定。若不符合，应更换分电器壳体总成。

② 信号输出检查。使发动机怠速运转，用指针式电压表分别测量曲轴位置传感器上 G$_1$ 端子与 G$_-$端子、G$_2$ 端子与 G$_-$端子、Ne 端子与 G$_-$端子之间的电压。传感器正常时，应有脉冲信号输出（即指针式电压表指针摆动）。若无脉冲信号输出，则需更换曲轴位置传感器。也可以在发动机怠速运转时，用示波器检查曲轴位置传感器上 G$_1$、G$_2$、Ne 端子与 G$_-$端子之间的波形。传感器正常时，其波形应如图 2-86 所示。

表 2-10　磁脉冲式曲轴位置传感器端子间电阻

端　子	状　态	电阻/Ω
G$_1$ 与 G$_-$端子	冷态	125~200
	热态	160~235
G$_2$ 与 G$_-$端子	冷态	125~200
	热态	160~235
Ne 与 G$_-$端子	冷态	155~250
	热态	190~290

③ 间隙检查。用塞尺检查信号转子与传感线圈凸出部分的间隙，其标准值为 0.2~0.4mm。若不符合标准，则需要更换分电器壳体总成。

④ 传感器连接导通性检查。用万用表欧姆挡检查传感器与 ECU 之间的三根连接导线，均应导通。否则，应修复或更换导线。

（2）光电式曲轴位置传感器　光电式曲轴位置传感器广泛应用于亚洲车型，其一般安装在分电器内，由信号发生器和带光孔的信号盘组成，其结构如图 2-87 所示。信号盘安装在分电器轴上，其上外围有 360 条缝隙，产生 1°信号；外围

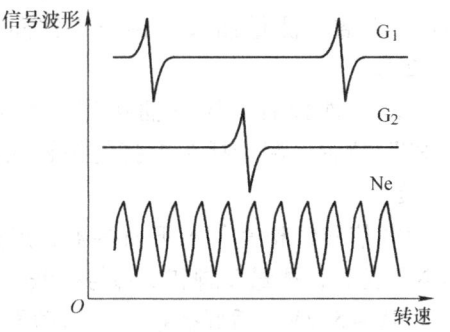

图 2-86　曲轴位置传感器信号的正常波形图

稍靠内间隔 60°分布着 6 个光孔，产生 120°曲轴转角信号，其中有一个较宽的光孔是生产一缸上止点对应的 120°信号。

信号发生器固定在分电器壳体上，主要由两只发光二极管、两只光敏二极管和波形电路组成。两只发光二极管分别正对着两只光敏二极管。发光二极管以光敏二极管为照射目标。信号盘位于发光二极管和光敏二极管之间，当信号盘随发动机曲轴运转时，因信号盘上有光孔，则产生透光和遮光的交替变化，信号发生器产生表征曲轴位置和转角的脉冲信号。产生的脉冲电压送至波形电路放大整形后，向 ECU 输送曲轴转角的 1°、120°信号，如图 2-88 所示。

光电式曲轴位置传感器与 ECU 连接线路如图 2-89 所示。下面以韩国现代 SONATA 汽车光电式曲轴位置传感器为例介绍该类传感器的故障检测与诊断方法。

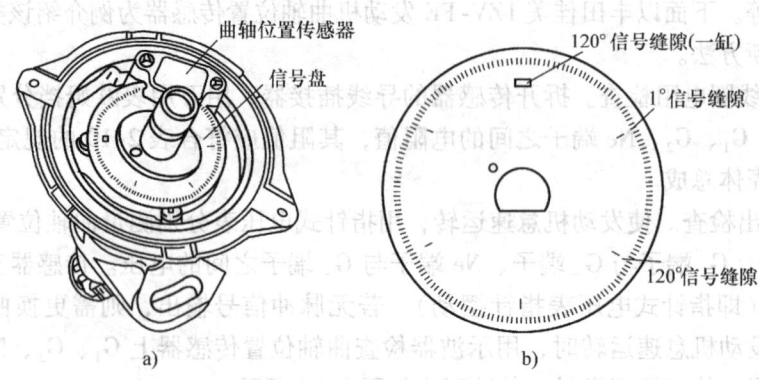

图 2-87 光电式曲轴位置传感器
a) 组成 b) 信号盘结构

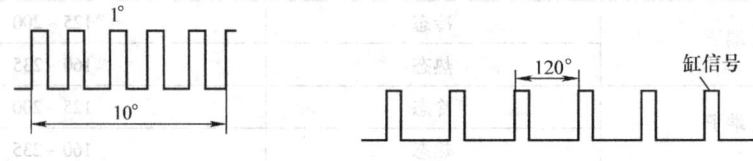

图 2-88 曲轴转角信号

① 电源检查。拔下插接器，点火开关置于"ON"位置，测量插头 4 脚与搭铁间的电压，应为 12V。

② 搭铁检查。拔下插接器，点火开关置于"OFF"位置，测量插头 1 脚与搭铁间的电阻，应为 0Ω。

③ 信号线检查。拔下插接器，点火开关置于"ON"位置，测量 2 脚和 3 脚与搭铁间的电压，应为 4.8V~5.2V；插好插接器，起动发动机，测量 3 脚与 1 脚间的电压，应为 0.2~1.2V，2 脚与 1 脚间的电压，应为 1.8~2.5V。

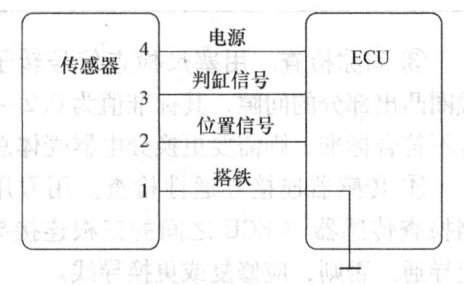

图 2-89 光电式曲轴位置传感器的工作电路

（3）霍尔式曲轴位置传感器 霍尔式曲轴位置传感器是利用霍尔效应原理，产生与曲轴转角相对应的电压脉冲信号的。在北美和欧洲的车辆上应用广泛。

霍尔信号发生器由永久磁铁、导磁板和霍尔集成电路等组成，如图 2-90 所示。信号轮转动时，每当叶片进入永久磁铁与霍尔元件之间的空气隙中时，霍尔集成电路中的磁场即被触发叶片所旁路，这时不产生霍尔电压。当触发叶片离开空气隙时，永久磁铁的磁通便通过导磁板穿过霍尔元件，这时产生霍尔电压。将霍尔元件间歇产生的霍尔电压信号经霍尔集成电路放大整形后，即向微型计算机控制装置输送电压脉冲信号。

霍尔式曲轴位置传感器与 ECU 的连接线路如图 2-91 所示。下面以捷达汽车中霍尔式曲轴位置传感器为例介绍该类型传感器的故障检测与诊断方法。

① 信号电压检查。接通点火开关，起动发动机并使其怠速运转，用万用表测量端子 B 与 C 之间的电压，正常情况下该电压值应在 0.3~5V 范围内变化；否则，应进一步检查传

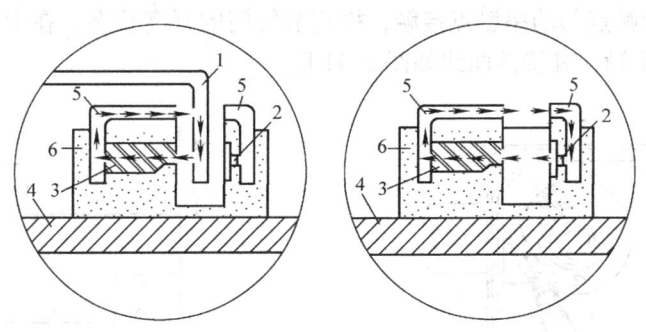

图 2-90 霍尔信号发生器工作原理
1—触发叶片 2—霍尔元件 3—永久磁铁 4—活动底板 5—导磁板 6—非导磁基体

感器的电源电压以及传感器与 ECU 之间导线的连接情况。也可在端子 B 与 C 之间串联一只发光二极管（正极连接 B 端子）和一只 330Ω 电阻。发动机正常运转时，发光二极管应当间歇闪亮；否则，应进一步检查传感器的电源电压以及传感器与 ECU 之间导线的连接情况。

② 电源电压检查。接通点火开关，用万用表测量端子 A 与 C 之间的电源电压。正常时该电压值约为 8V，否则应检查 ECU 与传感器之间的连接线路。

③ 连接导线导通性检查。用万用表测量传感器与 ECU 之间的连接线路，正常情况下其阻值应小于 0.5Ω。如果阻值为无穷大，说明线路断路，应更换导线。

④ 信号波形检查。接通点火开关，起动发动机并使其怠速运转，用汽车专用示波器测量端子 B 信号输出波形，信号频率随发动机转速的增大而增大，且信号波形的幅值大多数应满 5V，波形的形状要适当一致，矩形的拐角和垂直沿的一致性要好，如图 2-92 所示。

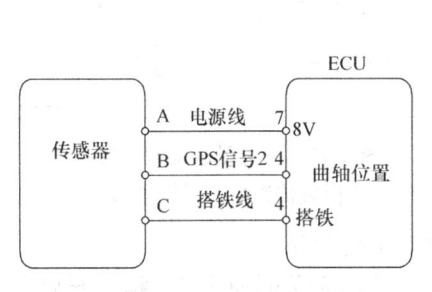

图 2-91 霍尔式曲轴位置传感器的工作电路

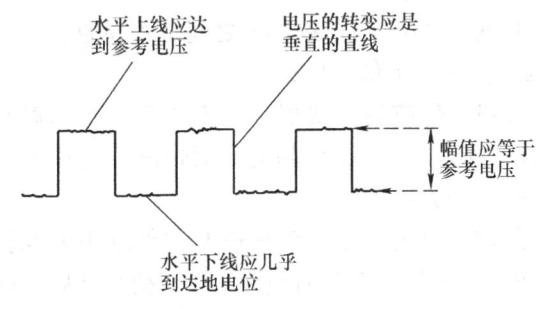

图 2-92 霍尔式曲轴位置传感器的信号输出波形

4. 节气门位置传感器

节气门位置传感器通常装在节气门体上，可同时把节气门开度、怠速、大负荷等信号转换成电压信号送至 ECU 中，以便控制系统可根据发动机的各种典型工况对其喷油量及点火提前角进行最优控制。节气门位置传感器有开关量输出型和线性输出型两种。

(1) 开关量输出型节气门位置传感器　开关量输出型也称开关式节气门位置传感器，主要由一个可动触点和两个固定触点——功率触点及怠速触点构成。如图 2-93 所示，可动触点可沿导向凸轮沟槽移动，导向凸轮由固定在节气门轴上的控制杆驱动。

当节气门全闭时，可动触点与怠速触点接触，检测节气门的全关闭状态。当节气门开度达50°以上时，可动触点与功率触点接触，检测节气门的开度状态。在中间开度时可动触点同任一个触点都不接触，其特性曲线如图2-94所示。

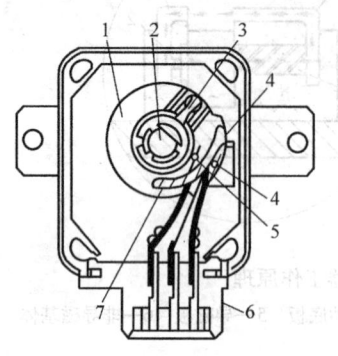

图2-93 开关量输出型节气门
位置传感器结构图
1—导向凸轮 2—节气门体轴 3—控制杆 4—怠速触点 5—功率触点 6—插接器 7—导向凸轮槽

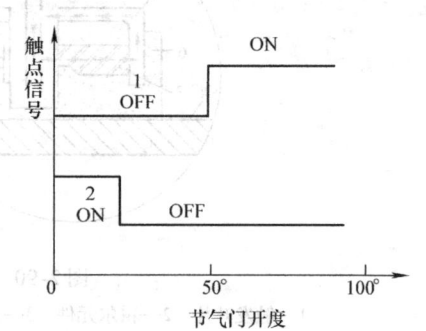

图2-94 开关量输出型节气门
位置传感器特性曲线

开关量输出型节气门位置传感器常见故障有：安装位置不正确、触点接触不良、阻值太大，触点烧结，连接导线短路或断路等。其与ECU的连接电路如图2-95所示。其故障检测与诊断方法如下：

1）搭铁电路检查。断开点火开关，拆开传感器插接器，用万用表欧姆挡测量线束插接器E_1端子与车身之间的电阻，其电阻值应为0，否则应检查ECU的E_1端子与搭铁部位之间是否导通。

2）怠速开关信号检查。

① 拔下传感器插接器，检查传感器怠速触点（IDL）与动触点（TL）间的导通情况，应在1.5°内导通，超过时截止。

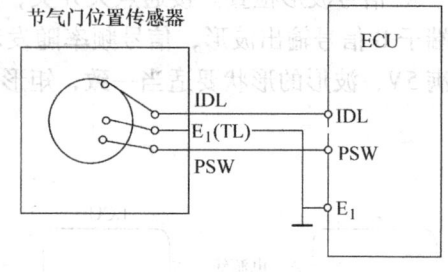

图2-95 开关量输出型节气门
位置传感器的工作电路

② 打开点火开关，检查ECU接线端IDL与搭铁间电压。节气门全关时应为12V，稍微开启电压值就应该变为0。

③ 打开点火开关，检查IDL接线端与TL间电压，节气门全关时应为0，稍微开启电压值应有几伏。

3）功率开关信号检查。打开点火开关，检查PSW接线端与搭铁间电压，在节气门打开45°以下时为0，在节气门打开55°以上时为12V。

若实际测量结果与上述不符合，应松开节气门体上两个固定螺钉，对其进行调整。调整时注意一定要轻微缓转，直至达到规定要求后拧紧固定螺钉。

（2）线性输出型节气门位置传感器 图2-96所示为线性输出型节气门位置传感器的结构示意图。该传感器有两对（活动）触点，其中一对作为主电位器，另一对作为节气门关闭位置指示的微型开关。其活动触点实为滑动触片，与节气门同轴。当活动触点随节气门的打开而改变电位器的电阻值时，其输出电压与节气门的开度成正比例增大，其工作特性曲线如图2-97所示。

第二章 发动机检测与故障诊断

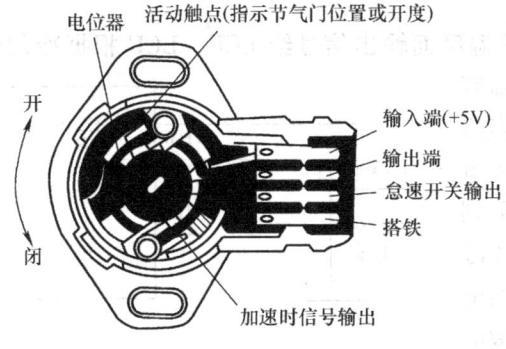

图 2-96 线性输出型节气门位置
传感器的结构示意图

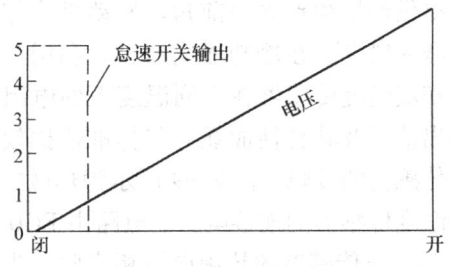

图 2-97 线性输出型节气门位置
传感器的工作特性曲线

线性输出型节气门位置传感器的常见故障有：插接器松动，导线断开，电刷、电阻片损坏，触点接触不良、损坏等。线性输出型节气门位置传感器工作不正常可能会引起无怠速、加速无力、减速冒烟、起动困难等故障。当线性输出型节气门位置传感器信号不正常时，应对传感器及其工作电路进行检查。

线性输出型节气门位置传感器的工作电路如图 2-98 所示，其一般检测步骤为：

1) 搭铁电路检查。断开点火开关，拆下传感器插接器。然后用万用表欧姆挡检查节气门位置传感器线束插接器 E_2 端子到 ECU 的 E_2 端子之间的导线，以及 ECU 的 E_1 端子到车身搭铁部位之间的导通性。

2) 电源电压检查。打开点火开关，用万用表电压挡分别检测线束插接器 V_C 与车身之间的电压。线路正常时，V_C 端子与车身之间的电压为 5V。

3) 电阻值检测。拔下插接器，点火开关置于"OFF"位置，测量插座各引脚间的电阻，应与规定相符，见表 2-11。

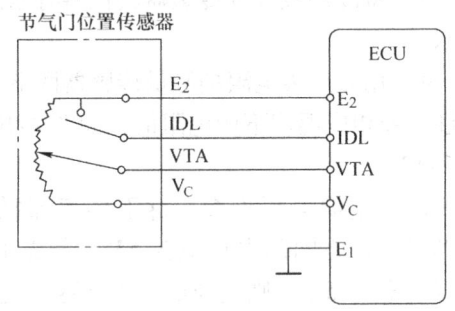

图 2-98 线性输出型节气门位置
传感器的工作电路

4) 信号电压检测。插好插接器，点火开关置于"ON"位置，测量各引脚间的电压，应与规定相符，见表 2-11。

表 2-11 信号检测值参照表

传感器端子	条 件	标准电阻/kΩ	标准电压/V
IDL-E_2	节气门全闭	≤0.5	0
	节气门打开	∞	12 左右
V_C-E_2		3.1~7.2	5 左右
VTA-E_2	节气门全闭	0.34~6.3	0.5 左右
	节气门全开	2.4~11.2	5 左右
	节气门全闭到全开	逐渐增大	逐渐增大

5. 冷却液温度传感器

发动机冷却液温度传感器用于检测冷却液温度而输出信号给 ECU，ECU 根据冷却液温度调整供油量和点火提前角。发动机冷却液温度传感器一般安装在冷却液出口处。利用万用表检测冷却液温度传感器在不同温度下的电阻值或电压输出信号及其特性曲线并与标准值比较，可判断其传感器的故障。图 2-99 所示为热敏电阻式冷却液温度传感器的连接电路。电路中 ECU 中的电阻 R 与水温传感器的热敏电阻相串联，当热敏电阻阻值变化时，电阻 R 的分压值也将随之改变。检测方法如下：

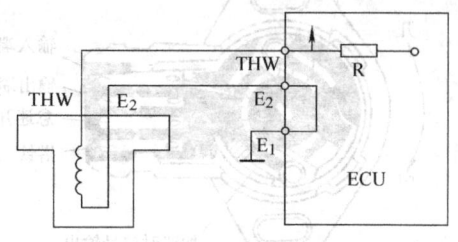

图 2-99　热敏电阻式冷却液温度传感器的连接电路

（1）电阻检查

1）断开点火开关，拆开冷却液温度传感器线束插接器，从发动机上拆下冷却液温度传感器。

2）用万用表电阻挡测量冷却液温度传感器 THW、E_2 两端子与传感器外壳之间的电阻，其电阻值均应为无穷大。

3）将冷却液温度传感器放在盛有水的烧杯内，如图 2-100a 所示，用电热器加热烧杯中的水。

4）用万用表电阻挡测量传感器两端子间的电阻，其电阻值随温度变化的规律，应符合特性曲线相应温度下的电阻值，如图 2-100b 所示，车型不同时会有些许差别，具体可参照表 2-12。

（2）电源电压检查　拆下传感器插头，打开点火开关，测量 ECU 一端接线插头上 THW 与 E_2 之间的电压应为 5V。若无电压，则应检查 ECU 插接器上 THW 端子与 E_1 的电压，若为 5V，则为 ECU 与传感器之间线路接触不良；若无 5V 电压，则为 ECU 有故障。

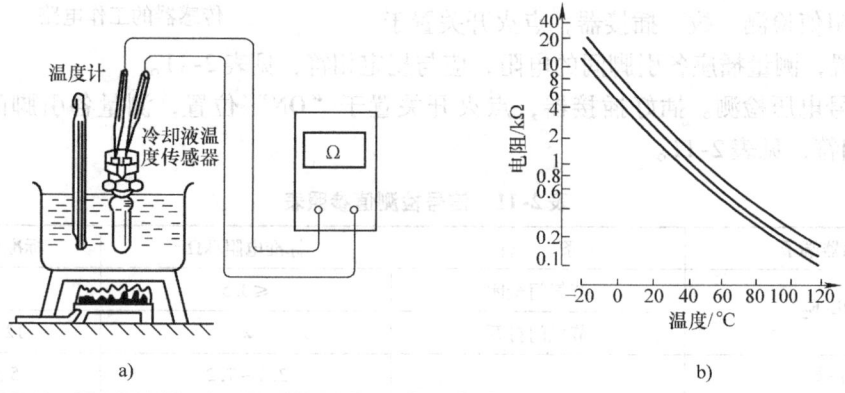

图 2-100　冷却液温度传感器检测示意图与特性曲线图

表2-12　冷却液温度传感器两端子间不同温度下的电阻

温度/℃	车　　型	电阻/kΩ	车　　型	电阻/kΩ
-20	桑塔纳2000GLi	14~20	北京切诺基	85.85~108.39
0		5~6.5		29.33~35.99
10		3.3~4.2		17.99~21.81
20		2.2~2.7		11.37~13.61
30		1.4~1.9		7.37~8.75
40		1.0~1.4		4.90~5.75
50		0.72~1.0		3.33~3.88
60		0.53~0.65		2.31~2.67
70		0.38~0.48		1.63~1.87
80		0.28~0.35		1.17~1.34
90		0.21~0.28		0.86~0.97
100		0.17~0.20		0.64~0.72

6. 进气温度传感器

进气温度传感器的作用就是检测进入进气管道中的空气温度，把进气温度转换为电信号并送给电子控制装置，以便根据进气温度的变化来控制喷油器的喷油量。

进气温度传感器的结构、工作原理与冷却液温度传感器相似，也采用负温度系数的热敏电阻作为检测元件。其安装位置一般在进气总管上，有的安装在空气流量计内部。其结构与连接电路如图2-101所示。

对进气温度传感器的检测方法与对冷却液温度传感器的检测方法一致。表2-13为部分品牌汽车进气温度传感器电阻与温度之间的对应关系。

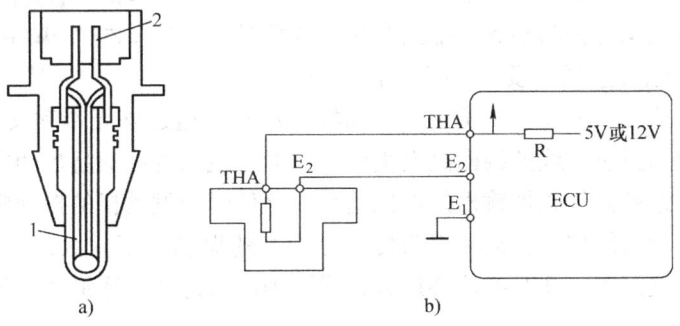

图2-101　进气温度传感器的结构与连接电路
a）结构　b）连接电路
1—热敏电阻　2—插接器

表2-13 部分品牌汽车进气温度传感器电阻与温度之间的对应关系

车 型	发动机型号	端 子	温度/℃	电阻/kΩ
丰田佳美	2VZ-FE型2.5L发动机	E_2与V_C	—	0.2~0.4
		E_2与V_S	—	0.2~0.6
		E_2与THA	0	4~7
			20	2~3
			40	0.9~1.3
丰田LS400	1UZ-FE型电喷发动机	E_2与THA	-20	10~20
			0	4~7
			20	2~3
			40	0.9~1.3
奥迪	1.8L电喷发动机	进气温度传感器两端子	0	5~6.5
			20	2.2~2.75
			40	1~1.45

7. 爆燃传感器

爆燃传感器的作用是把发动机爆燃时传到缸体上的机械振动转换成电压信号,输送给ECU,作为控制点火时刻,实现爆燃控制(点火时刻闭环控制),防止爆燃,同时获得最佳性能。

检测发动机爆燃的方法有三种:检测发动机燃烧室压力、检测发动机缸体振动以及检测燃烧噪声。目前,在汽车上大都采用检测发动机缸体振动的方法来检测发动机爆燃。在这种检测方法中,爆燃传感器大都安装在发动机缸体的侧面,如图2-102所示。

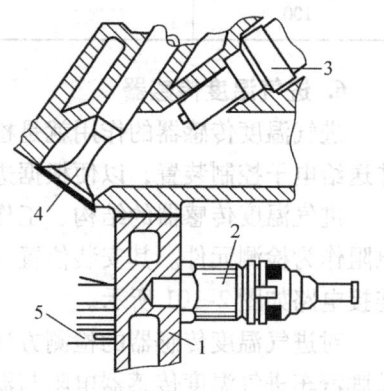

图2-102 爆燃传感器的安装位置
1—缸体 2—爆燃传感器 3—喷油器
4—气门 5—活塞

爆燃传感器按结构可分为磁致伸缩式和压电式两种。

磁致伸缩式爆燃传感器主要由感应线圈、铁心、永久磁铁和外壳等组成,如图2-103所示。发动机振动时,通过外壳带动其内部的铁心振动,铁心产生位移,使通过感应线圈的磁路发生变化,通过线圈的磁通量也随之发生变化,线圈产生感生电动势,这就是传感器输出的电压信号。该信号与发动机的振动频率有关。当发动机发生爆燃时,发动机缸体的振动频率与传感器固有的振动频率(大约7kHz)匹配,发生谐振现象,振动强度最大,铁心的位移最大,线圈内的磁通变化率最大,传感器输出最大信号,如图2-104所示。

压电式爆燃传感器是利用压电效应制成的,按检测缸体振动频率的方式不同可分为共振型与非共振型。

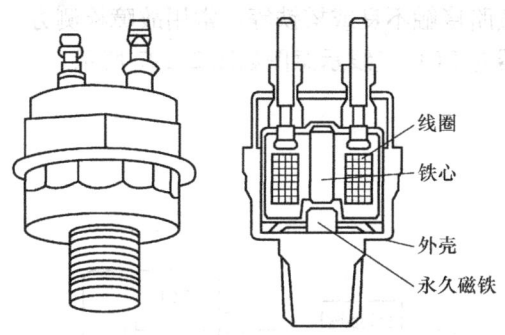
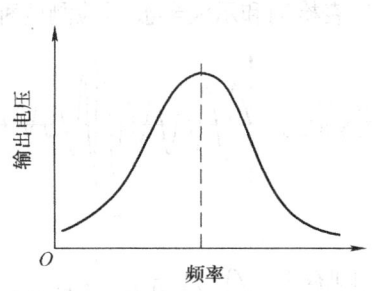

图 2-103　磁致伸缩式爆燃传感器　　　　　图 2-104　磁致伸缩式爆燃传感器的输出特性

非共振型压电式爆燃传感器用压电元件直接检测爆燃信息，并将振动压力转换成电压信号输出。其主要由惯性配重和压电陶瓷元件组成。惯性配重通过螺钉压在压电陶瓷元件上，并有一定的预紧力，如图 2-105a 所示。当发动机振动时，惯性配重会因振动而产生加速度。加速产生的惯性力作用在压电陶瓷元件上，使压电陶瓷元件产生电压信号。发动机发生爆燃时，振动幅度大，产生的加速度也大，因此压电陶瓷元件受到的作用力（惯性力）也大，压电陶瓷元件输出的电压信号就大。

共振型压电式爆燃传感器由与爆燃几乎具有相同共振频率的振子和能够检测振子振动压力并将其转换成电压信号的压电元件构成，如图 2-105b 所示。压电元件的材料为压电陶瓷晶体片。压电元件紧贴在振荡片上，振荡片紧固在传感器的基座上。当固定在缸体（缸盖）上的爆燃传感器随发动机振动时，通过基座带动振荡片振荡。振荡片压迫压电元件，使压电元件产生电压信号。当发动机爆燃时产生的频率与振荡片的固有频率相同时，振荡片就发生共振。压电元件受到的力最大，此时压电元件产生的电压信号也达到最大。

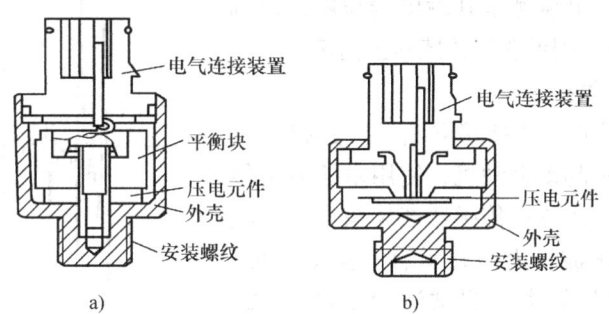

图 2-105　压电式爆燃传感器
a）非共振型　b）共振型

无论是共振型还是非共振型，传感器的输出信号都是随发动机的振动频率变化而变化的脉冲电压信号，信号的频率都与发动机振动频率一致，其电压幅值与振动频率有关。对于共振型传感器，其输出信号电压在发动机发生爆燃时最大；而对于非共振型传感器，其输出信号电压在发动机爆燃时无显著增加，只能依靠带通滤波器检查传感器输出信号中有无爆燃频率段来判断是否发生了共振。共振型和非共振型爆燃传感器的信号输出波形如图 2-106 所示。

爆燃传感器常见故障有：内部元件损坏，内部线路接触不良或搭铁等。常用故障检测方法有万用表检测和示波器波形检测两种。爆燃传感器与 ECU 接线示意图如图 2-107 所示。

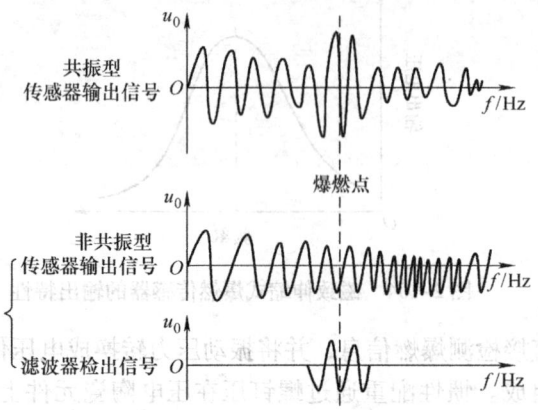

图 2-106　共振型和非共振型爆燃传感器的信号输出波形

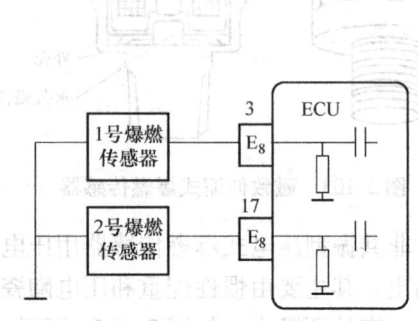

图 2-107　爆燃传感器与 ECU 接线示意图

（1）万用电表检测法

1）切断点火开关，脱开爆燃传感器接线端，脱开 ECU 接线器。

2）用万用表测量 ECU 爆燃传感器信号输入端与爆燃传感器信号输出端之间的连线是否导通，导线电阻正常情况下应接近 0。如果不通，应检查这段配线及接线器。

3）如果检查上述线路无问题，再检查传感器搭铁端与车身搭铁端之间是否通。如不通，说明接地不良。

4）如果检查传感器搭铁端接地良好，可进一步脱开爆燃传感器接线器，单独测量其输出端与搭铁两端电阻应近于 0。如不符，则说明该传感器已损坏。

（2）示波器波形检测法

1）将爆燃传感器的导线插接器断开，连接示波器，打开点火开关，不起动发动机，使用木槌敲击传感器附近的发动机气缸体以使传感器产生信号。在敲击发动机体之后，在示波器上应显示有一振动波形，敲击越重，振动幅度就越大。测试波形如图 2-108 所示。

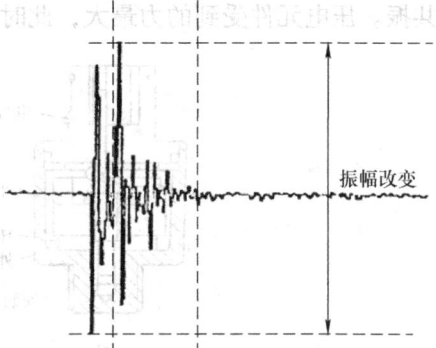

图 2-108　爆燃传感器测试波形

2）也可对爆燃传感器进行随车检测，连接好示波器，起动发动机，对发动机进行加载，获得信号波形，则可以看出波形的峰值电压和频率随发动机负载和转速的增加而增加；

3）爆燃传感器是极耐用的，最常见的失效方式是传感器不产生信号，波形显示一条直线，这通常是因为传感器被碰伤，造成传感器的物理损坏（在传感器内晶体断裂）。

另外，爆燃传感器及其相关电路出现故障时，ECU 自诊断系统会显示相应的故障码。

当显示故障代码 52 时，应检查 1 号爆燃传感器电路。

当显示故障代码 55 时，应检查 2 号爆燃传感器电路。

当显示故障代码 53 时,应检查或更换 ECU 电路。

与故障代码 52、53、55 有关的故障原因分析详见表 2-14。

表 2-14　LS400 故障代码 52、53、55

故障代码	诊断结果	故障原因分析
52	当发动机转速在 1600~5200r/min 时,1 号爆燃传感器电路中出现开路或短路	① 1 号爆燃传感器与 ECU 之间的配线或接线器接触不良 ② 1 号爆燃传感器本身不良 ③ ECU 损坏
53	爆燃控制程序出错	ECU 损坏
55	当发动机转速在 1600~5200r/min 时,2 号爆燃传感器电路中出现开路或短路	① 2 号爆燃传感器与 ECU 之间的配线或接线器接触不良 ② 2 号爆燃传感器本身不良 ③ ECU 损坏

8. 氧传感器

氧传感器是发动机电子控制系统中一个重要的传感器,其作用就是把排气中氧的浓度转换为电压信号,ECU 根据氧浓度传感器输入的信号判断混合气的浓度,进而修正喷油量,最终将缸内混合气的浓度控制在理想空燃比(14.7∶1)附近,实现燃油闭环控制,从而使三元催化效果最佳,达到最佳的排放性能。其安装位置一般在发动机排气管上,如图 2-109 所示。

氧传感器根据内部敏感材料的不同可分为氧化锆式(也称锆管式)和氧化钛式两种。

氧化锆式氧传感器是目前应用最多的氧传感器,它主要由锆管、电极等组成,如图 2-110 所示。ECU 给锆管两电极间提供一微小的基准电压,约为 0.45V;混合气浓(空燃比小于 14.7∶1),氧含量少,氧化锆管内外氧浓度差大,锆管两电极间电压大,大于 0.45V;反之,混合气稀(空燃比大于 14.7∶1),电压小,小于 0.45V。信号电压一般在 0.1~0.9V 之间,并以 0.45V 为中心上下波动。大于基准电压,ECU 控制减油;小于基准电压,ECU 控制增油。维持空燃比为 14.7∶1。

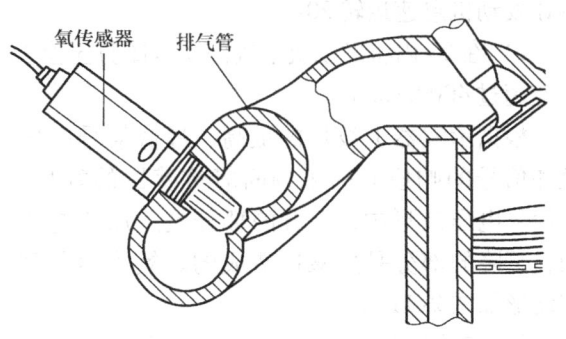

图 2-109　氧传感器的安装位置

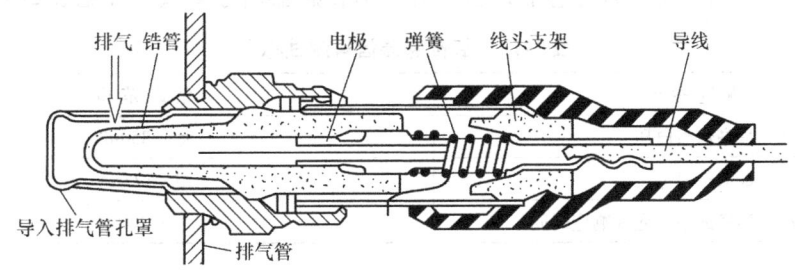

图 2-110　氧化锆式氧传感器

氧化锆式氧传感器常见故障有：陶瓷体破损、陶瓷元件表面积炭或铅中毒、内部线路接触不良等。其故障检测方法如下：

(1) 外观检查

1) 从排气管上拆下氧传感器，检查传感器外壳上的通气孔有无堵塞，陶瓷芯有无破损。如有破损，则应更换氧传感器。

2) 观察氧传感器顶尖部位的颜色，正常颜色为淡灰色。若顶尖为白色，说明氧传感器硅污染；若顶尖为棕色，说明氧传感器铅污染；若顶尖为黑色，说明氧传感器积炭。

(2) 信号电压检查　采用万用表检查氧传感器时，应先使氧传感器处于工作状态，也就是使氧化锆氧传感器处于400℃以上的温度，使发动机转速在2500r/min运行约90s，用万用表测氧传感器信号输出端电压，该电压正常值应为0.1~0.9V；以0.45V为中心上下波动次数10s内不少于6~8次；发动机加速，大于0.5V；发动机减速，小于0.4V。

(3) 电阻值检查　利用氧传感器的阻抗特性来判断其在暖机状态和非暖机状态下的电阻值，以此来判断其是否为损坏的。正常氧传感器的电阻值为：充分暖机状态电阻值约为300kΩ；不在暖机状态时电阻值为无穷大。

(4) 信号输出波形检查

1) 连接示波器，起动发动机以2500r/min的转速预热发动机和氧传感器2~6min，然后再让发动机怠速运转20s。

2) 在2s内将发动机节气门从全闭打至全开，共进行5~6次，注意不要使发动机空转转速超过4000r/min。

根据示波器上波形的最高、最低信号电压值和信号的响应时间来判断氧传感器的好坏；在信号电压波形中，上升的部分是急加速造成的，下降的部分是急减速造成的。氧传感器测试波形如图2-111所示。

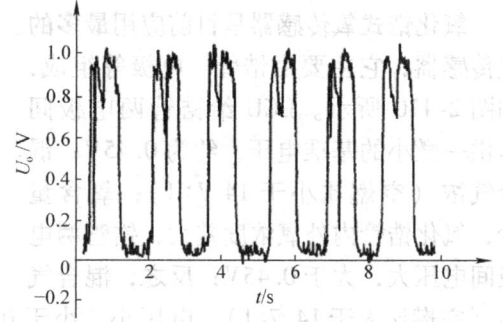

图2-111　氧传感器测试波形

氧传感器信号测试中有三个重要参数，即最高信号电压、最低信号电压和混合气从浓到稀时信号的响应时间。只要在这三个参数中有一个不符合规定，氧传感器就必须予以更换。更换氧传感器以后还要对新氧传感器的这三个参数进行检查，以判断新的氧传感器是否完好。氧传感器信号测试标准见表2-15。

表2-15　氧传感器信号测试标准

测量参数	允许范围
最高信号电压	大于850mV
最低信号电压	75~175mV
混合气从浓到稀的最大允许响应时间	小于100ms

(二) 电子控制执行元件的检测与诊断

发动机电子控制系统的执行元件主要有：喷油器、电动燃油泵、怠速控制阀、EGR电磁阀等。喷油器、电动燃油泵的检测在本章第六节汽油机燃油供给系统检测与故障诊断中已介绍,在此不再说明。

1. 怠速控制阀

怠速控制阀的作用是通过 ECU 的控制,可使发动机在所有怠速使用条件下(如空调压缩机工作、变速器挂入挡位),能以最佳的怠速转速稳定运行。目前大部分的汽车采用了步进电动机式怠速控制装置。

怠速控制阀存在故障时,会导致发动机怠速不稳定、油耗增加等。下面以丰田汽车发动机使用的步进电动机怠速控制阀为例介绍其故障检测诊断方法。

(1) 初步检查

1) 将怠速控制阀从进气管上拆下来(不拆线束插接器),打开点火开关,观察怠速控制阀阀杆应向内运动;关闭点火开关,阀杆应向外运动。若关闭点火开关时,阀杆向内运动,应重新调整和安装怠速控制阀。

2) 起动发动机运转暖机后关闭点火开关,仔细查听怠速控制阀是否有"嘀嗒"开启声。如无声响,则说明怠速控制阀没有工作。此时,需检查 ECU、线束及插接器,若均正常,则怠速控制阀存在故障。

(2) 怠速控制阀电阻检查　关闭点火开关,拆下怠速控制阀插接器,用万用表电阻挡检查其端子间电阻,测量电阻值应为 $10 \sim 30\Omega$,并且各绕组电阻值应一致,否则说明怠速控制阀有故障,应予以更换。

(3) 怠速控制阀动作检测　将蓄电池正极连接至怠速控制阀 B_1 或 B_2 端,蓄电池负极依次与 S_1、S_2、S_3、S_4 端子连接,给四个线圈依次通电,怠速控制阀应逐渐关闭;若依相反顺序通电,则怠速控制阀逐渐打开。如怠速控制阀工作不正常,应更换怠速控制阀。

2. EGR 电磁阀

EGR 电磁阀的作用是通过发动机 ECU 的控制,将 EGR 阀真空室压力调制在相应的值,使 EGR 阀有相应的开度,从而使废气再循环的流量控制在最佳范围。EGR 电磁阀产生故障时,会导致发动机工作性能下降,NO_x 的排放量增加。

EGR 电磁阀常见故障有:线圈短路或断路,真空连接软管松动或破损,线路插接器松动、锈蚀或接触不良等。其故障检测与诊断方法如下:

(1) 直观检查　检查与 EGR 电磁阀连接的真空管接头是否有松动或破裂,检查电磁阀插接器有无松动接触不良现象。

(2) 线圈电阻值检查　关闭点火开关,拆下电磁阀线束插接器,用万用表电阻挡在冷态下测量电磁阀电阻,其阻值应符合标准,一般应为 $33 \sim 39\Omega$。

(3) 工作状况检查　如图 2-112 所示,在电磁阀不通电时,从通进气歧管侧插头吹入空气应畅通,从通大气的滤网处吹入空气应不通。当给电磁阀接通蓄电池电源电压时,吹气通畅情况应与上述相反。若不符合上述要求,应更换电磁阀。

3. 活性炭罐电磁阀

活性炭罐电磁阀是汽车燃油蒸发排放控制系统中的一重要执行元件,受 ECU 控制通断电,适时来打开和关闭电磁阀,在不影响发动机正常工作的情况下,把燃油蒸气输送到发动机内燃烧。

活性炭罐电磁阀的检测方法:拔下电磁阀气管和线路插接器,向气管内吹气应不通;给

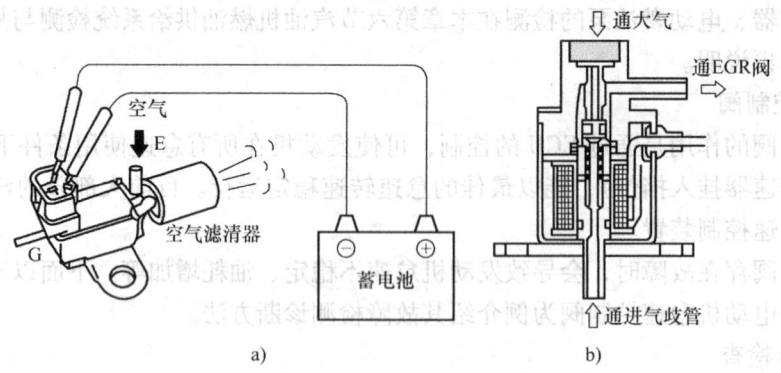

图 2-112　EGR 电磁阀工作状况检查

电磁阀外接蓄电池电压，向气管内吹气应导通；间断性为电磁阀接入蓄电池电压，应听到电磁阀发出的"嘀嗒"声。若不符合上述检测结果，应更换电磁阀。

（三）汽车发动机 ECU 的检测与诊断

ECU 是发动机电控装置的核心，为了避免 ECU 受发动机高温和振动的影响，一般被安装在驾驶室内。ECU 的基本组成由输入电路、A-D 转换器（模-数转换器）、微型计算机、输出电路等，基本构成如图 2-113 所示。

输入电路的功用是对从传感器来的信号进行预处理，一般是去除杂波和把正弦波变为矩形波，并转换成符合微型计算机要求的输入电平。

A-D 转换器的功用是将模拟信号转变为数字信号。从传感器输入 ECU 的信号有模拟信号和数字信号两种。变化缓慢的连续模拟信号经输入电路处理后，都已变成具有一定幅值的模拟电压信号，但微型计算机不能直接处理它，还必须用 A-D 转换器把这种信号转换成数字信号。

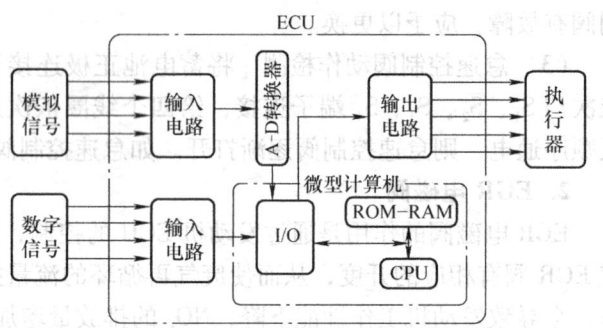

图 2-113　发动机控制器的基本构成

微型计算机简称微机，它是发动机电控系统的中枢，由中央处理器（CPU）、存储器（RAM 和 ROM）、输入/输出（I/O）接口和总线等组成。它的功用是把各种传感器送来的信号进行运算处理，并把处理结果（如燃油喷射指令信号、点火正时指令信号等）送至输出电路。

输出电路是微型计算机与执行器之间建立联系的一个装置。它的功用是将微型计算机发出的指令信号转变成控制信号（起着控制信号的生成和放大等作用），以驱动执行器工作。由于微型计算机输出的指令信号是低电压、小电流的数字信号，不能直接驱动执行器工作，所以需要输出电路将该信号转换成可以驱动执行器工作的控制信号。

1. ECU 检修注意事项

1) 在检修之前，应先检查 ECU 系统各个熔断器及线束插接器插头是否完好。

2) 点火开关在"ON"时，蓄电池电压不得低于 11V。

3) 检查时应使用高阻抗数字式万用表，阻抗应大于 10MΩ/V。

4) 测量 ECU 各端子间电压，应在点火开关处于"ON"位置，且 ECU 和插接器插头连接时进行。测量 ECU 各端子的电压时，万用表的表笔应从导线插接器插头侧向插入。

5) 测量电阻时，应关闭点火开关，在不拔下 ECU 的线束插接器时进行，否则会损坏 ECU。

6) 当需要拔下 ECU 线束插接器测量控制线路时，应先拆下蓄电池负极搭铁线，否则会损坏 ECU。

7) 所有的高压元件距离传感器或执行装置的控制线至少 25mm 以上。

8) 防止静电对 ECU 的损害。

2. ECU 故障检测基本内容

1) 检测 ECU 的电源线、搭铁线是否良好，导线插接器是否正常。拔下导线插接器，查看其内部是否有锈蚀、触针是否弯曲，并检查 ECU 上的所有搭铁线是否有腐蚀。如果上述检测一切正常，可用替代法确定 ECU 是否有故障。

2) 检测 ECU 的闭环控制情况。在氧传感器良好的情况下，起动发动机并使其怠速运转，检测氧传感器的信号电压。在正常情况下，其信号电压应在 0.1~0.9V 之间不停地变化，否则，说明 ECU 有故障。

3. ECU 故障诊断与检测方法

ECU 常见故障有：元件老化，内部电路短路或断路，内部电路烧坏，搭铁不良或电源不通等。常见的故障检测方法有：利用万用表检测，利用汽车电脑解码器检测，以及通过改变输入信号的方法检测等。

(1) 用万用表检测 ECU　在规定的检测条件下，利用高输入阻抗的万用表测量 ECU 一侧插座上各端子的电路参数（如电压等），可判断 ECU 及其控制电路有无故障。用这种方法检测 ECU 及其控制线路的故障，必须以被测车型的详细维修技术资料为依据。这些资料包括：该车型 ECU 线束插头中各端子与控制系统中的哪些传感器、执行器相连接；各端子在发动机规定工作状态下的标准电压值及其他电路参数。检测时，如 ECU 电路不符合标准，而在线束、传感器、执行器无故障的情况下，则表明 ECU 有故障。

检查 ECU 常用的方法是电压测量法。检测时，先将 ECU 连同其线束一起从车上拆下，不要拆下插头。在蓄电池电量足够的情况下接通电路或在发动机运转时，用万用表在 ECU 侧线束插接器处测量 ECU 各端子的工作电压，将测量结果分别与其标准值进行比较，即可判断其故障所在。

(2) 利用汽车电脑解码器进行故障检测　汽车电脑解码器分专用型和通用型两类。专用型汽车电脑解码器是各汽车生产厂家为自己的车型所设计制造的。这种测试仪只能用于指定的车型，如 VAG1552 解码器只能适用于大众公司生产的汽车，DRB-Ⅱ解码器只适用于克莱斯勒车系，STAR-Ⅱ解码器只适用福特车系。通用型汽车电脑解码器可以插接各种车型自诊断系统的检测磁卡，可以提取各种车型的故障码，如 ADC2000 等。

利用汽车电脑解码器，按照一定的操作方式进入系统自诊断模式，可方便地测出 ECU 故障码，并查出 ECU 本身的故障。当无电脑解码器时，可利用人工读码的方式获取 ECU 本身的故障码，再通过汽车公司维修手册给出的故障诊断表查出故障部位。

(3) 传感器模拟测试法　在故障诊断过程中，当怀疑某传感信号不良时（但究竟是传感器故障还是传感器至 ECU 的配线故障，需进一步确认），可使用传感器模拟测试仪，模拟该传感器向 ECU 输入信号。如果输入模拟信号后发动机工作状况改善或故障消失，即可判断为该传感器故障。若故障症状无改善，可直接由 ECU 线束插接器相应端子将信号输入。若故障症状消失，则说明该传感器至 ECU 的配线有故障。

　　(4) 替换法　所谓替换法就是用相同车型、相同规格的 ECU 来被替换怀疑有故障的 ECU。若替换后故障消除，说明原 ECU 损坏；若替换后故障现象依旧，则说明该 ECU 无故障。此时，应换回原件。

第三章 底盘检测与故障诊断

汽车底盘包括传动系统、行驶系统、转向系统和制动系统。汽车底盘的技术状况直接关系到整车行驶的操纵稳定性和安全性,同时还影响发动机动力的传递和燃油的消耗。因此,汽车底盘是汽车检测与故障诊断的重点之一。

汽车底盘技术状况变差主要表现在故障增多、性能降低和损耗增加。确定汽车底盘的技术状况可以采用道路试验检测和诊断、室内台架试验检测和诊断的方法进行。本章将根据底盘检测与诊断的特点采用较为方便的检测和诊断方法。

第一节 传动系统检测与故障诊断

汽车传动系统由离合器、变速器、万向传动装置和驱动桥等组成。传动系统技术状况的好坏不仅直接影响动力传递的效率,而且对汽车的操纵性和燃油经济性有较大影响。因此,对传动系统的故障应及时诊断与排除,确保汽车传动系统具有良好的技术状况。

一、离合器故障诊断与排除

干摩擦式离合器(以下简称为离合器)的常见故障有离合器打滑、分离不彻底、起步抖振和异响等。

1. 离合器打滑

(1)现象 汽车在遇到起步、加速、爬坡、重载等大负荷工况时,行驶速度不能随发动机转速的升高而提高,并伴随有离合器发热,可嗅到离合器烧焦的气味,以及有冒烟等现象;拉紧驻车制动汽车低速挡起步,发动机不熄火。

(2)原因分析

1)离合器踏板、离合器拉索、离合器分离杠杆、分离轴承等操纵传动机构卡滞或运动不灵活,分离轴承不能回位,长期压住离合器分离杠杆,离合器踏板没有自由行程,使离合器压板弹簧的压力减少,摩擦片与飞轮和压板的摩擦力减小,造成离合器打滑故障。

2)从动盘摩擦片沾油、磨损、烧蚀、硬化或铆钉外露,造成离合器从动盘摩擦片与飞轮和压板之间的摩擦系数降低,摩擦力减小,导致离合器打滑。

3)压盘、飞轮、从动盘磨损、变形,若磨损过大,造成压板弹簧的行程加大,压力减少;若变形,会造成摩擦面接触不平、翘曲,减少摩擦接触面,摩擦力下降,导致离合器打滑。

4)离合器的压力弹簧(包括膜片压力弹簧)退火变软、疲劳或断(开)裂都会使压力弹簧弹力不足,造成离合器打滑。

5)飞轮紧固螺栓或离合器壳固定螺栓松动,造成飞轮或离合器壳前后移动,相当于加大了离合器弹簧的行程,使压板压力减小,摩擦力减小,导致离合器打滑。

(3) 诊断与排除

1) 检查离合器踏板自由行程(从压下踏板至感觉有明显阻力时的行程),以桑塔纳轿车为例,测量标准为 (20 ± 5) mm,如图3-1所示。

2) 检查离合器踏板总高度(车厢底板与离合器踏板平面之间的垂直距离)。以桑塔纳轿车为例,测量标准为 (150 ± 5) mm,检查及调整部位如图3-1所示。若不符合标准应进行调整。

① 调整踏板高度,旋松其锁紧螺母,使调整螺栓旋出,可使踏板高度增加;反之,则减小踏板高度。

② 调整踏板自由行程。

a. 对于液压式离合器操纵机构,旋松其锁紧螺母,然后转动调整螺母使推杆有效部分变长,则离合器踏板自由行程变小;反之,则使自由行程变大。

b. 对于拉索操纵式,转动调整螺母使拉索的外露部分变短,则离合器踏板自由行程变小;反之,自由行程变大。

3) 反复踩离合器踏板几次,再检查踏板高度和自由行程应无变化,若发生改变,应进一步检查。

4) 检查分离叉和分离轴承能否正常回位。

5) 在以上检查过程中,若发现是踏板卡滞,应进行润滑;若是拉索卡滞,应更换;若是分离叉变形,应更换;若是分离轴承、分离叉卡滞,应进行润滑。

6) 若离合器操纵机构为液压式,应排除液压系统中的空气。方法步骤如下:

① 用液压油把离合器储油箱加至规定油位。

② 把透明塑料管一端接到离合器分泵的排气塞上,另一端插入装有半瓶制动油的瓶子里。

③ 排除油路中的空气。

a. 慢慢地反复踩下离合器踏板若干次。

b. 当踩住踏板时,松开排气塞直到制动液开始冒出,然后旋紧排气塞。

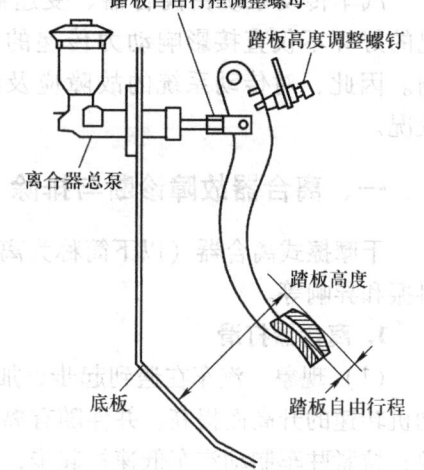

图3-1 离合器踏板检查及调整部位

c. 重复以上过程,直到瓶子中的制动液里没有气泡冒出为止,如图3-2所示。

7) 若离合器拉索带自动调整机构,应检查自动调整机构的功能是否完好。

8) 拆卸离合器总成,同时检查飞轮和离合器紧固螺栓是否松动。

9) 检查从动盘摩擦片是否沾有油和润滑脂,若有应清除。同时检查曲轴油封和变速器输入轴油封处是否漏油,若有漏油应更换油封。

10) 检查从动盘摩擦片是否有磨损、烧蚀、硬化或铆钉外露,铆钉头深度极限标准为大于 0.3mm,小于极限标准应更换摩擦片。检查方法如图3-3所示。

11) 检查离合器从动盘摩擦片的轴向跳动量,在离外边缘 2.5mm 处测量最大跳动值应小于 0.4mm,超过最大跳动值应更换从动盘。检查方法如图3-4所示。

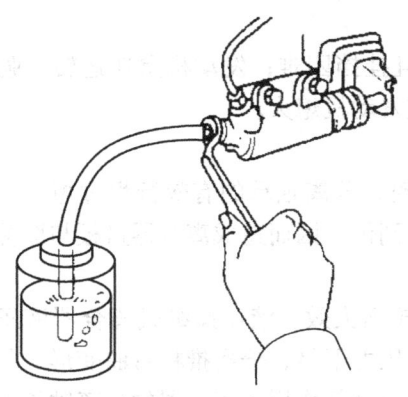
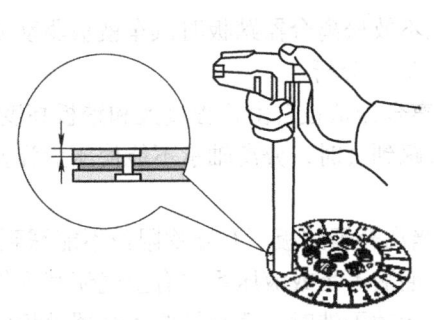

图 3-2　排除液压系统中的空气　　　　　图 3-3　检查从动盘摩擦片铆钉头深度

12）检查分离杠杆指端的磨损。极限标准：深度 0.6mm，宽度 5.0mm。超过极限标准，应更换离合器压板总成。

13）检查分离杠杆是否平整。用专用工具和塞尺测量分离杠杆的平整度，极限标准：小于 0.5mm。超过极限标准，用专用工具夹住杠杆顶端进行校正或更换分离杠杆。

14）检查压盘。

① 压盘表面不得有沟槽、伤痕、油污。

② 用直尺和塞尺检查压盘表面的变形量。极限标准：小于 0.2mm，否则，应更换压盘或离合器总成。

15）检查压盘弹簧是否退火，若有退火颜色，应更换离合器总成。

16）检查飞轮。

① 飞轮的摩擦表面不得有沟槽、伤痕、油污。

② 测量飞轮的端面跳动量应小于 0.1mm，否则，应磨削飞轮摩擦表面或更换飞轮。测量方法如图 3-5 所示。

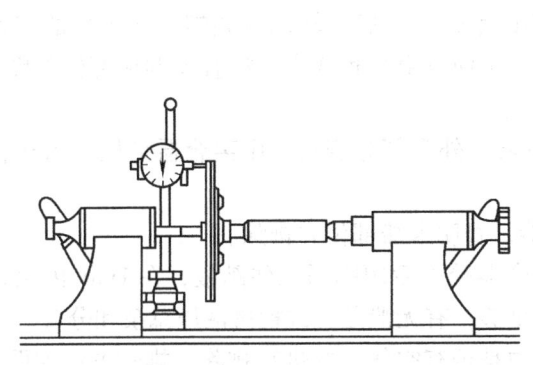
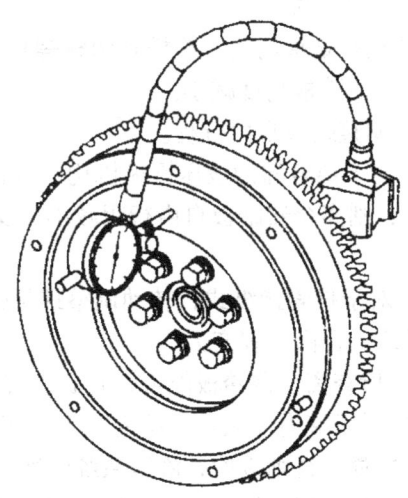

图 3-4　检查从动盘摩擦片的轴向跳动　　　　图 3-5　飞轮的端面跳动量测量方法

2. 离合器分离不彻底

（1）现象　汽车行驶中挂挡有齿轮撞击声，且挂挡困难；发动机怠速运转，强行挂入挡位，在不放松离合器踏板时汽车就被驱动或造成发动机熄火。

（2）原因分析

1）离合器踏板自由行程过大和踏板高度不够时，分离轴承的有效行程过短，会造成离合器踏板踩到底时，分离轴承不能使压盘弹簧压缩到位，因而造成离合器盘板与摩擦片分离不彻底。

2）当离合器踏板下有异物限位不能踩到底，拉索失效，液压操纵式离合器液压传动系统漏油、油液不足或液压系内有空气使其提供的液压力不足，分离推杆弯曲变形、与变速器壳体发生运动干涉时，驾驶员踩离合器踏板的力不能全部作用于离合器的分离轴承上，造成离合器分离不彻底。

3）离合器分离杠杆指端严重磨损或指端不在一个平面内时，会缩短分离轴承的有效行程或使压盘的移动不在一个平面内，使离合器出现分离不彻底的现象。

4）离合器从动盘挠曲变形超过 0.4mm，铆钉松动或离合器压板扭曲变形时，会出现离合器处于半接合、半分离的状态，从而造成离合器分离不彻底。

5）当发动机悬置点磨损或破坏后，会使得发动机曲轴主轴颈的中心线与变速器输入轴的中心线不在一条直线上，离合器压盘的运动是沿曲轴中心线移动的，若两者不在一条直线上移动，必然造成分离轴承压向分离杠杆指端时出现偏压，从而导致离合器分离不彻底。

6）双片离合器中间压盘调整不当，中间压盘个别支承弹簧疲劳或折断，中间压盘在驱动销上或在离合器盖的驱动窗孔内轴向移动不灵活，从而造成离合器分离不彻底。

（3）诊断与排除

1）检查离合器踏板自由行程，以桑塔纳轿车为例，测量标准为：（20±5）mm。

2）检查离合器踏板总高度，以桑塔纳轿车为例，测量标准为：（150±5）mm。若不符合标准应进行调整。

① 调整踏板高度。旋松其调整螺栓锁紧螺母，使调整螺栓旋出，可使踏板高度增加；反之，则使踏板高度减小。

② 调整踏板自由行程。

a. 对于离合器的液压操纵机构，旋松其锁紧螺母，然后转动调整螺母使推杆的有效部分变长，则离合器踏板自由行程减小；反之，则使自由行程变大。检查及调整部位如图 3-1 所示。

b. 对于拉索操纵式，转动调整螺母使拉索的外露部分变短，则离合器踏板自由行程变小；反之，自由行程变大。

3）检查离合器踏板能否踩到底，若不能，查明卡滞部位并排除。

4）对于液力操纵式，反复踩 2~3 次离合器踏板后用脚踩压住踏板，在 1min 内踏板应无下沉感觉。否则应检查液压系统油液是否足够，有无泄漏，或检修液压总泵和分泵。

若感觉踏板弹性过大，应检查液压系统中是否有空气，并进行排除。排除方法如图 3-2 所示。

5）检查离合器分离推杆是否活动自如，若推杆与变速器壳体发生运动干涉，查明原因及部位并排除。

6) 检查离合器分离杠杆指端的磨损。极限标准：深度 0.6mm，宽度 5.0mm。超过极限标准，应更换离合器压板总成。

7) 检查离合器分离杠杆指端是否在一个平面上。用专用工具和塞尺测量分离杠杆指端和工具之间的间隙，最大间隙应小于 0.5mm。超过极限标准，应予以调整。

8) 检查分离杠杆是否平整，若不平整应进行校正。

9) 检查从动盘摩擦片是否有磨损、烧蚀、硬化或铆钉外露，铆钉头深度极限为大于 0.3mm。否则，应更换摩擦片。检查方法如图 3-3 所示。

10) 检查离合器从动盘摩擦片的轴向跳动量，在离外边缘 2.5mm 处测量最大跳动值应小于 0.4mm，否则，应更换从动盘。检查方法如图 3-4 所示。

11) 检查离合器压盘表面的变形量。最大变形量应小于 0.2mm，否则，应更换压盘或离合器总成。

12) 检查飞轮的端面跳动量应小于 0.1mm。否则，应磨削飞轮摩擦表面或更换飞轮。检查方法如图 3-5 所示。

13) 检查发动机曲轴旋转中心线是否与变速器输入轴旋转中心线重合。

① 检查变速器与飞轮壳的固定螺栓是否松动，检查扭矩为 40N·m。

② 检查离合器盖与飞轮的固定螺栓是否松动，检查扭矩为 25N·m。若有松动，应按次序拧紧。

3. 离合器抖振

(1) 现象　汽车用低速挡起步时，按操作规程逐渐放松离合器踏板并徐徐踩下加速踏板，离合器不能平稳接合且产生抖振，影响了动力传递，严重时甚至出现整车抖振现象。

(2) 原因分析

1) 离合器从动盘中的扭转减振器起着在离合器接合时缓冲的作用，当其损坏或弹簧与弹簧座松动时，缓冲作用消失，从而产生离合器抖振现象。

2) 离合器从动片发生扭曲，个别压力弹簧折断或膜片压力弹簧开裂，膜片弹簧弹力不均，飞轮后端面的端面圆跳动严重，分离杠杆内端高度不在平行于飞轮的同一平面内，会使离合器在接合瞬间不平稳，从而引起抖振。

3) 分离轴承套筒与其导管之间尘腻严重，产生卡滞，使分离轴承不能回位，摩擦片油污，铆钉头露出，铆钉松动或切断，会使离合器接合力不足，从而引起抖振。

4) 离合器盖与飞轮固定螺栓松动，变速器与飞轮壳固定螺栓松动，发动机悬置支承松动，离合器将不能正确定位，接合时曲轴主轴颈中心线与变速器输入轴中心线不在一条直线上，使离合器不能平稳接合，从而产生抖振现象。

(3) 诊断与排除

1) 检查变速器与飞轮壳的固定螺栓是否松动，检查扭矩为 40N·m。

2) 检查离合器盖与飞轮的固定螺栓是否松动，检查扭矩为 25N·m。若有松动，应按次序拧紧。

3) 检查发动机悬置支承是否松动。

4) 检查离合器从动盘四个扭转减振器的弹簧是否松动。若松动，应更换离合器从动盘。

5）检查离合器从动盘所有摩擦片铆钉是否松动，如图3-6所示，若松动，应重新铆紧；若铆钉头已外露，应更换摩擦片。

6）检查离合器从动盘的翘曲变形。在离从动盘外缘2.5mm处放置百分表，转动从动盘，在百分表上观察指针最大变动量不应超过0.5mm。否则，应更换从动盘。检查方法如图3-4所示。

7）检查压盘弹簧、膜片弹簧有无退火颜色，若有应更换。

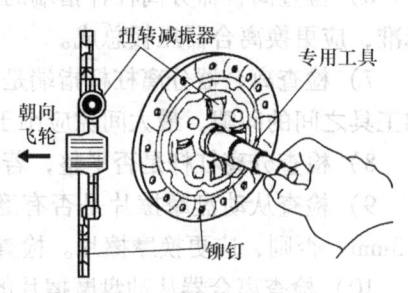

图3-6 检查摩擦片的铆钉与扭转减振器

4. 离合器异响

（1）现象 汽车行驶中，在分离或接合离合器时发出不正常响声。其表现是只要离合器变工况就会出现连续或间断的比较清晰的响声。

（2）原因分析

1）踏板回位弹簧或分离轴承回位弹簧过软、脱落或折断，造成离合器分离轴承在未踩离合器踏板时也会与分离杠杆指端接触，因此产生异响。

2）分离轴承磨损严重或缺油时，在踩下离合器踏板时，轴承旋转而产生异响。

3）飞轮端变速器第一轴支承轴承磨损严重或缺油，在离合器接合时，飞轮转速和变速器第一轴转速相等，轴承不旋转。当踩下离合器踏板使离合器分离时，由于飞轮与变速器第一轴产生转速差，支承轴承旋转产生异响。

4）从动盘摩擦片开裂或烧蚀，磨损过量，铆钉裸露，扭转减振器损坏、压盘、飞轮和从动盘之间有异物时，将使离合器不能平顺接合，因而产生异响。

5）飞轮紧固螺栓松动时，在离合器接合和分离的瞬间，飞轮相对于曲轴产生相对旋转和摆动，飞轮撞击螺栓产生异响。

（3）诊断与排除

1）踩下离合器踏板消除踏板自由行程后，膜片弹簧分离杠杆指端与分离轴承接触时，听到有"沙沙"的响声，为分离轴承响。

首先对分离轴承、分离叉、轴承套管和变速器输入轴花键进行润滑。若对分离轴承加油后仍有异响，为轴承磨损松旷或损坏，应予更换。

检查分离轴承时，用两手沿轴向用力对推，并转动轴承，若感觉有凸、凹感，说明轴承已损坏。

2）踩下、放松离合器踏板时，若出现间断的碰击声，则为分离轴承前后滑动响，说明分离轴承支承弹簧已失效，应检查支承弹簧。

3）发动机一起动就有响声，将踏板抬起后响声消失，为踏板回位弹簧失效，应更换弹簧。

4）踩下离合器踏板后，响声一直不间断，为飞轮端变速器第一轴支承轴承响，应检查轴承，若轴承损坏，应更换。

5）连踩离合器踏板，在离合器刚接触或刚分开时响，为从动盘铆钉松动或铆钉外露。检查铆钉头部陷入摩擦片的深度，最小深度为0.3mm。

6）在离合器刚接合或发动机负荷发生变化时响，为扭转减振器损坏或飞轮紧固螺栓松动。

二、机械式变速器故障诊断与排除

机械式变速器（以下简称为变速器）在工作中由于负荷的作用，行驶里程的增加，内部零件的磨损，以及变形的加大，引起各传动零件间的配合关系变坏，从而引起一系列故障。变速器的常见故障有换挡困难、脱挡、乱挡、异响和漏油等。

1. 变速器换挡困难

（1）现象　汽车行驶中换挡时，发生齿轮撞击，伴随有轮齿碰撞声，且不能顺利挂入挡位。

（2）原因分析

1）离合器分离不彻底，换挡时不能完全切断变速器输入轴的动力，主动齿轮继续旋转，致使待啮合的主、从动齿轮难以达到同步，造成换挡困难。

2）变速器壳变形，变速器第一轴与发动机曲轴不同心，变速器轴支承轴承磨损松旷等，导致换挡时的两啮合齿轮的轴距及平行度发生变化，造成换挡困难。

3）变速器操纵机构调整不当或损坏，换挡时不能将滑动齿轮或接合套灵活拨动到规定位置。

4）变速器拨叉轴弯曲变形，自锁、互锁机构锁销损伤或弹簧过硬，变速器轴弯曲变形或花键损坏，换挡时增大拨叉轴、滑动齿轮或接合套等有关机件的轴向移动阻力，致使换挡困难。

5）同步器故障，不能保证换挡时接合套与待接合齿圈的迅速同步作用，从而造成换挡困难。

6）变速器齿轮油量不足或过量、规格不符合要求，致使润滑不良或运动阻力增大，引起换挡困难。

（3）诊断与排除　诊断与排除故障的原则：先外后内，先简单后复杂。诊断程序视具体情况选用。

1）检查离合器能否彻底分离。若为离合器分离不彻底引起的换挡困难，则按离合器分离不彻底的相关内容进行诊断与排除。

2）检查变速器齿轮油的规格和油量。

① 如桑塔纳系列车型用齿轮油的牌号为 GL4（MIL-LZ105）或 SAE80 齿轮油，容量为 1.7L。检查油质若不符合要求则应更换符合规定的齿轮油。

② 油量：检查油面高度标准，若油面高度不符合标准规定，拆卸变速器加油塞或放油塞进行油量调整。

3）检查变速器的安装情况。检查变速器安装是否紧固及曲轴与变速器第一轴的同心度。

① 若曲轴与变速器第一轴不同心，会造成传动不均匀，以及变速器换挡困难，应调整两轴的轴线使其重合。

② 安装和紧固变速器。

a. 检视发动机与变速器对中的定位销，应完好无缺。

b. 按紧固螺栓位置及表 3-1 中所列紧固螺栓规定拧紧力矩，用扭力扳手依次交叉检查各紧固螺栓是否松动,并达到规定力矩。

表 3-1 变速器安装螺栓规定力矩

连接位置	螺栓规定力矩/N·m	连接位置	螺栓规定力矩/N·m
变速器与发动机	55	变速器支架至横梁	70
变速器减振垫前支架	25	发动机中间支架与车身	30
减振垫至前后支架	20	传动轴与变速器	40
减振垫与车身	40	内变速杆固定螺栓	30

4) 变速控制器的检查与调整(以桑塔纳车型为例)。

① 检查。调整变速控制器前,应先予以检查。检查步骤如下:

a. 啮合第一挡齿轮。

b. 将变速杆向左压到底。用一个手指将变速杆固定住,然后让它慢慢地回弹至压力点。在变速杆手柄处测量,手柄的位移量必须达到 5~10mm。如果达不到上述位移量,则需调节变速控制器。

大众系列各车型变速器变速杆检查方法类似。

② 调整。如果检查手柄的位移量达不到上述要求,说明弹簧压缩量不足,应调整变速杆,调整方法如下:

a. 微调变速杆。将变速杆支架从侧面推向长方形孔内,对变速控制器进行校正。

将变速杆支架向右调整,第一挡弹簧压缩量减少,将变速杆支架向左调整,第一挡弹簧压缩量增加。

b. 基准调整变速杆。如果微调达不到目的或在修理时将卡箍松开了,这时才需要进行基准调整。其方法为:将变速器置于空挡位置。放好变速量规,把止动销放在前面的中心孔内,把变速杆推到滑块的左侧止挡(变速拨块凹槽 1/2 挡),拧紧下面的滚花螺钉。将滑块和变速杆一起压到左侧止挡位置,拧紧上面的滚花螺钉。将变速杆压至滑块右侧挡块位置(变速拨块凹槽 3/4 挡)。校准变速杆/变速杆拨动端(变速器处于空挡),旋紧夹箍,将量规拆掉。检查变速杆,必要时进行微调。啮合各挡,必须很容易啮合,而且无卡滞现象,应特别注意倒挡止块的有效性。安装波纹管和旋紧变速杆手柄。调整完毕。

5) 检查变速器变速机构。变速机构主要由拨叉、拨叉轴及自锁、互锁、倒挡锁等组成。变速机构导致变速困难的主要原因是机件的弯曲和扭曲。

① 检查拨叉弯曲、扭曲,如图 3-7 所示。采用敲击或冷压方法进行校正。

② 检查拨叉与拨叉槽配合间隙,如图 3-8 所示。

③ 检查拨叉轴弯曲状况。

a. 用百分表测量轴中部,如图 3-9 所示,指针指示圆跳动不大于 0.2mm,超过时予以校正。

b. 用平板测量时,拨叉轴与平板之间缝隙不大于 0.2mm,超过时予以校正。

6) 检查同步器。

① 检查同步器齿环与轮齿之间的间隙,奥迪、桑塔纳系列车型的标准间隙一般为 1.1~1.9mm,磨损极限为 0.5mm。用塞尺测量间隙,检查方法如图 3-10 所示。

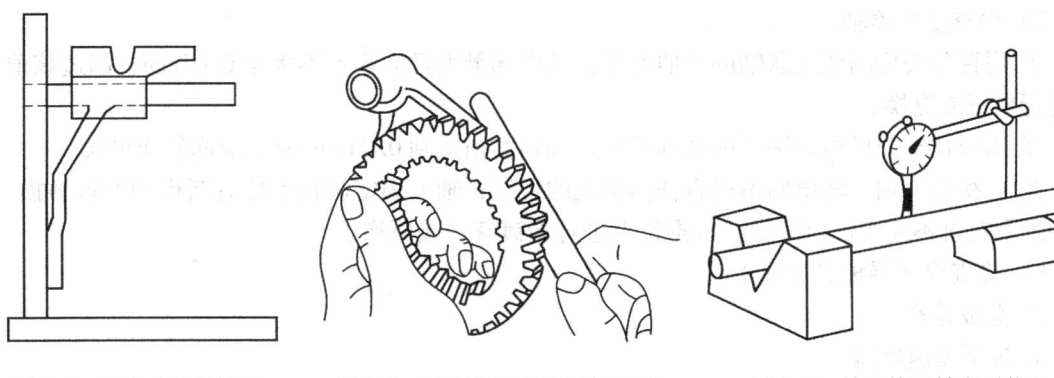

图 3-7 检查变速器拨叉　　图 3-8 检查拨叉与拨叉槽间隙　　图 3-9 检查拨叉轴变形状况

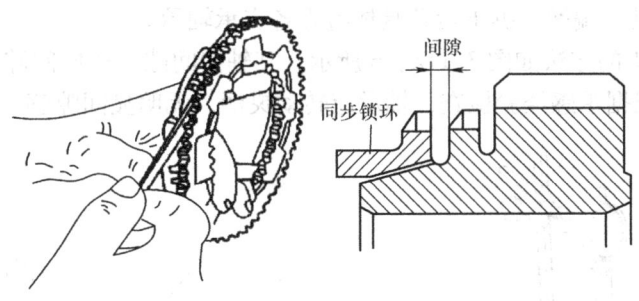

图 3-10 检查同步器齿环与轮齿之间的间隙

② 经验检查方法：在齿轮内斜面涂以齿轮油，将其与同步齿环配合面接触，用手将两者压紧并相对转动时感觉有阻力，且同步齿环不会从斜面滑出，即为两者工作配合正常。

桑塔纳 4 速、5 速系列车型同步器挡位齿轮间隙分别见表 3-2 和表 3-3。

③ 检查同步器花键毂与结合套的轴向移动是否阻力过大及有卡滞现象。

④ 检查同步器滑块顶部凸台是否磨损出现沟槽、锁止弹簧疲劳磨损、同步器啮合齿磨损等。

表 3-2　桑塔纳 4 速同步器挡位齿轮间隙

挡　位	装配间隙/mm	磨损极限/mm
1 挡	1.10 ~ 1.70	0.50
2 挡	1.10 ~ 1.70	0.50
3 挡	1.15 ~ 1.75	0.50
4 挡	1.30 ~ 1.90	0.50

表 3-3　桑塔纳 5 速同步器挡位齿轮间隙

挡　位	装配间隙/mm	磨损极限/mm
1 挡和 2 挡	1.10 ~ 1.70	0.50
3 挡和 4 挡	1.35 ~ 1.90	0.50
5 挡	1.10 ~ 1.70	0.50

7) 检查变速器轴。

① 用百分表检测变速器轴的弯曲变形，其中部最大径向摆差不大于0.05mm，超过该值应进行校正或更换。

② 用外径千分尺检查轴颈的磨损程度，轴颈磨损达到0.04mm时，应修复或更换。

③ 检视输入轴、输出轴不得有任何形式的裂纹；轴上固定齿轮不应有断齿和严重磨损；各轴颈及花键不应有严重磨损。根据情况进行涂镀修理或更换。

8) 检查变速器轴支承轴承。

① 总成检查。

a. 拆下变速器盖。

b. 拨动各齿轮轴检查。

c. 感到明显晃动、偏摆，拆下后盖具体检查各支承轴承。

② 检查轴承松旷的方法如图3-11a、b所示，其轴向间隙、径向间隙值标准数据见各车型修理手册。也可根据手感经验检查，轴承应转动灵活，无明显间隙感。

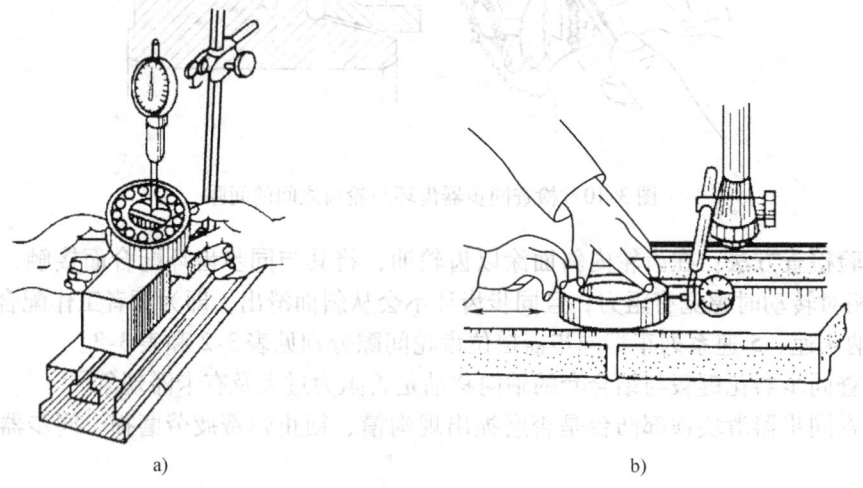

图3-11 检查变速器轴承
a) 检查轴向间隙 b) 检查径向间隙

③ 轿车类第一轴前轴承为滚针轴承，要求无脱落散架、异常磨损现象。

9) 检查传动齿轮。

① 变速器啮合齿轮齿面剥落、脱层、缺损、磨损过甚，应成对更换。

② 齿轮异常磨损检查。

a. 轮齿工作面上有占齿面积超过25%的细小斑点应更换。

b. 齿顶出现有很小的剥落，能磨光修复可继续用，否则应更换。

c. 轮齿表面出现长度达0.2mm的细浅磨痕应更换。

d. 齿顶磨损超过0.25mm；齿长磨损超过全长30%；啮合间隙超过0.4mm时均应更换。

e. 齿轮上的接合齿圈厚度磨损超过0.4mm，且啮合间隙超过0.6mm及长度磨损超过全长30%时应更换。

f. 齿轮上个别不相邻的个别轮齿端头裂损，允许焊修。

g. 花键齿厚度磨损超过 0.2mm，且配合间隙超过 0.4mm 时应更换。

h. 齿轮上不得有任何性质的裂纹。

10) 检查齿轮、轴承。

① 例如，桑塔纳车型变速器从动轴 1 挡齿轮内孔装好滚针轴承和内座圈后，用千分表测量齿轮和内座圈之间的间隙，标准值为 0.009~0.06mm，大于 0.15mm 应更换。测量方法如图 3-12 所示。

② 或按图 3-13 所示方法，待滚针轴承与变速器轴、齿轮内孔装配好后进行测量。标准值及测量方法与图 3-12 所示方法相同。

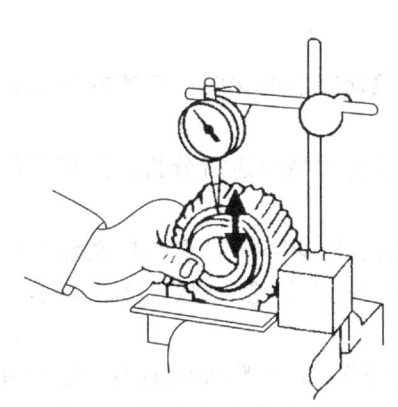 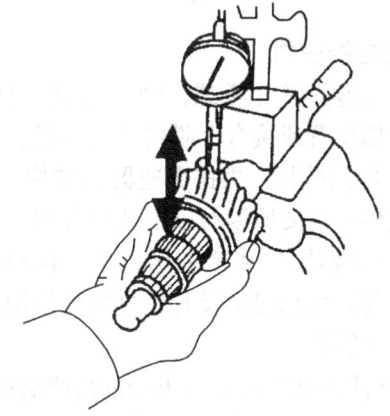

图 3-12　测量滚针轴承配合间隙　　　　　图 3-13　测量滚针轴承配合间隙

11) 检查变速器壳体。变速器壳体由前壳体、后壳体（盖）两部分组成。变速器壳体的主要损坏有：壳体变形，裂纹，定位销孔、轴承座孔、螺纹孔磨损等。

① 当壳体出现裂纹时，可用检视法或敲击法进行检查。对不重要部位裂纹可采用粘接法或焊修法修复。轴承座孔、螺纹孔、定位孔等重要部位出现裂纹时，必须更换壳体。

② 变速器壳体平行度检查。

a. 擦净需检测的各主要平面及孔，修磨平整不平处，将壳体倒放在平板上检查密合情况，壳体接合面的平面度误差应不大于 0.15mm/100mm。

变速器壳体前端面对输入、输出轴的垂直度误差不大于 0.1mm，超限可采用刨、铲、铣修理方法修复或更换。

b. 用内径千分尺及游标卡尺测出几个主要孔直径及圆度误差，找出最大磨损数值及方位。轴承座孔径向磨损量达到 0.05mm 时，应镶套修理或更换壳体。

c. 用高度游标卡尺夹住百分表对四个轴孔进行测量，分别测出四个孔下缘的读数，分别加上沿垂直方向测出的孔径的一半，得出四个孔实际中心到平板的高度。通过加减算出两轴线对平板（即壳体平面）的平行度误差和两轴线间的平行度误差，如图 3-14 所示。

③ 变速器壳体倾斜度检查，如图 3-15 所示。先用直尺检查，使壳顶平面与平板垂直，按图 3-15 所示方法测量计算得出孔心距 e 及另一端面上的孔心距 e'，e 和 e' 差的绝对值，即为变速器壳体轴承孔中心线的直线度误差。

④ 变速器盖检验。变速器盖边缘上的裂纹长度不大于 50mm，且不通过装变速器叉轴的孔，裂纹数目不多于三条，允许粘接、焊修。

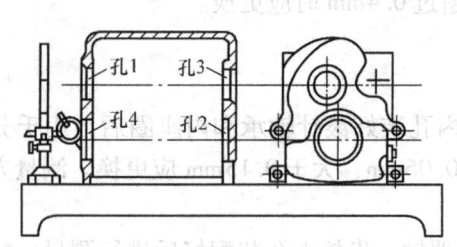 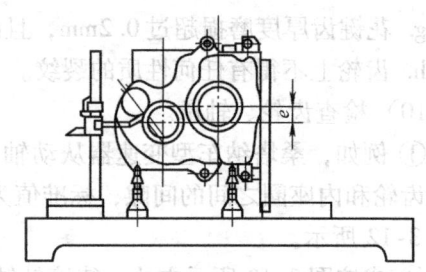

图 3-14 检查变速器壳体轴承孔中心线的平行度误差　　图 3-15 检查变速器壳体轴承孔中心线的直线度误差

2. 变速器脱挡

（1）现象　汽车重载行驶、爬坡、加速行驶或负荷突然变化时，变速杆会从某挡自动跳回到空挡位置或接合套脱离啮合位置。

（2）原因分析　根据变速器的结构、工作原理及受力特点进行分析，汽车运行中导致变速器脱挡的主要原因有以下几个方面。

1）变速器锁定装置工作不良，自锁装置的凹槽、钢球磨损严重或自锁弹簧疲劳、折断，不能起到可靠定位及有效自锁的作用，使相啮合的一对齿轮未达到全齿长啮合，导致变速器工作中脱挡。

2）同步器接合齿套与齿轮的齿圈之间配合性质变化，产生附加轴向力，使变速器自动脱挡。如变速器接合齿套、齿轮、同步环花键齿过度磨损，沿齿长方向形成锥形，啮合时产生的轴向推力迫使啮合齿轮轴向脱开。

3）变速器操纵机构因磨损配合松旷或调整不当，受力变形、同步器磨损等因素，导致啮合不能保持在正确位置而产生脱挡。

4）变速齿轮、齿轮轴及支承轴承的配合磨损、松旷以及变形，变速器壳体连接螺栓松动等，会引起变速器各轴轴向间隙、径向间隙太大，工作中轴向和径向窜动、摆动，造成脱挡。

（3）诊断与排除

1）检查变速器总成安装是否牢固。

2）检查变速器换挡操纵机构。

① 变速杆因使用操作频繁容易磨损，造成操作件连接部位松旷。检查时可采用与新件对比或新旧配合的检修方法。

当球节磨损超过 0.5mm、倒挡止位块变形超过 0.4mm 时应进行焊修，恢复各连接配合部位的正常配合。

② 直接操纵式变速操纵机构的检查。把球节装入座孔检查配合情况，当变速杆球节露出部分超过球高的 1/3，或变速杆球节顶低于座面 4mm 时，应予以焊修。

3）检查变速器自锁装置。

① 检查变速叉轴定位装置凹槽的轴向磨损，若有明显沟痕，根据情况予以更换。

② 检查变速叉轴的变形，百分表测量变速叉轴中部径向圆跳动不大于 0.2mm，外径千分尺测量轴颈磨损量不大 0.15mm。超过修理尺寸则更换。

③ 检查互锁销、自锁销及套筒的磨损，根据情况及时更换。

④ 检查定位弹簧自由长度、弹力、弹性及变形量，检查方法如图 3-16 所示。具体检查项目的标准数据可查阅各车型维修手册，根据其性能决定是否更换。

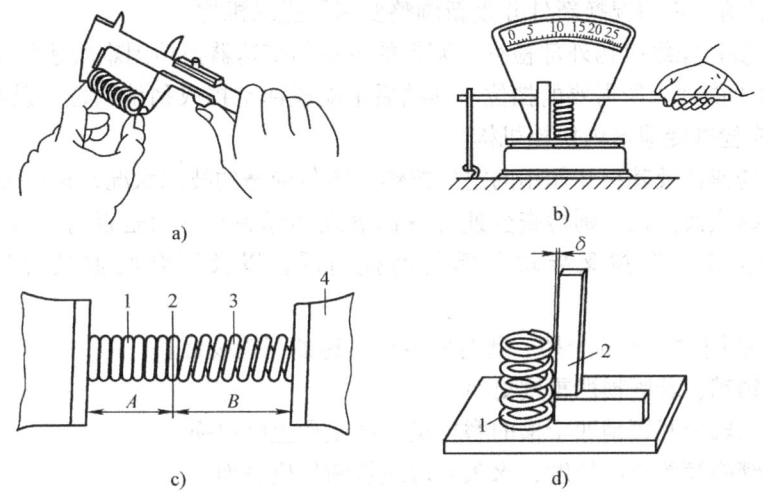

图 3-16 检查定位弹簧
a) 检查弹簧自由长度 b) 在台秤上检查弹簧弹力 c) 比较弹簧弹性 d) 弹簧变形检验

4) 检查同步器的配合、磨损及损坏情况。

① 检查锁环外花键齿。锁环键齿沿轴线明显变薄、折断或齿端锁止角角度发生明显变化，应更换锁环；若齿端锁止角磨损不严重，可钳工修复至原厂尺寸继续使用。

② 检查锁环轴向切槽。锁环的三个轴向切槽与滑块相配合，切槽与滑块的宽度差等于锁环键齿的宽度且与键齿具有准确的位置关系。若出现磨损、配合间隙过大，则更换新件。

③ 检查滑动齿套、花键毂及相应结合齿沿齿长方向的磨损，若形成锥形或配合松旷，会使工作中啮合齿副产生轴向推动力而脱挡。

5) 检查拨叉与滑动齿套凹槽的配合间隙，一般为 0.2~0.45mm，大于 1.0mm 则更换。

6) 检查变速器壳体、轴和轴承。检查及排除方法参照变速器换挡困难的相关项目进行。

3. 变速器乱挡

(1) 现象　在离合器分离彻底的情况下，出现挂不上挡或摘不掉挡；有时要挂某挡，结果挂在别的挡上。

(2) 原因分析　变速器乱挡主要是变速操纵机构失效，具体分析如下：

1) 变速器操纵机构中的连接销钉、定位销折断或失落导致变速杆失去控制作用，任意乱摆动，不能按需要挂上相应的挡位。

2) 变速杆拨动端松旷、损坏或变速杆拨动端与拨块过度磨损，不能正确拨动拨块或从拨块槽内滑出，致使变速器换挡时挡位混乱或不能退回空挡。

3) 变速器变速机构的拨叉轴弯曲，互锁装置的互锁销和拨叉轴上的锁定槽磨损过甚而失去互锁作用，导致操纵机构一次就拨动两根拨叉轴移动，同时挂上两个挡位，造成变速器无法工作或损坏。

(3) 诊断与排除

1) 检查变速器操纵杆。以变速器杆为中心转动变速杆，若能整圈或任意转动，说明夹箍销钉折断或脱落。视情况换新件并重新调整变速器操纵机构。

2) 变速器换挡操纵机构外部检查、调整的方法与变速器换挡困难所述相同。

3) 变速器不能挂入所需要的挡位。挂挡后不能脱回空挡或稍偏离位置就挂不上所要挂的挡位，此时应检查变速器内换挡机构。

① 检查内变速杆及其相互作用的定位拨销、定位弹簧的技术状况，视情况更换或调整。

② 直接操纵式换挡机构则检查变速杆球面磨损和球头限位销是否磨短或脱落；检查操纵杆下端弧形工作面和拨叉导块凹槽的磨损情况，以及配合间隙是否过大，标准为 0.10~0.16mm。

4) 变速器能同时挂入两个挡，此时应拆检变速器互锁装置。

① 检查互锁销，若磨损严重则更换。

② 检查拨叉轴上互锁销四个槽的磨损量，磨损严重则更换。

③ 检查互锁弹簧的自由长度，永久变形或折断均应更换。

4. 变速器异响

(1) 现象　变速器齿轮的啮合声、轴承的运转声等噪声太大；变速器发出干磨、撞击等响声。

(2) 原因分析

1) 变速器产生异常声响，主要是由于轴承、齿轮磨损松旷或齿轮啮合不正确造成碰击，从而引发噪声。

2) 变速器轴承磨损松旷、滚道出现疲劳剥落或滚珠（柱）碎裂，运转时产生异响。

3) 变速器齿轮的轮齿、轴承及轴上的花键齿磨损，使两啮合齿轮的轴距或啮合间隙增大，运转中产生冲击响声。

4) 齿面金属疲劳剥落、个别轮齿损坏折断或修理中啮合齿轮未成对更换等，导致齿轮啮合不良，运转中产生异响。

5) 变速器润滑油油质变坏、牌号不符使得油液过稀过稠、油量过少或变速器内掉入异物，某些重要位置的销钉、螺栓松动等，均是导致变速器异响的原因。

6) 空挡时变速器输入轴发出异常响声。

① 变速器安装不当或连接螺栓松动导致变速器第一轴与发动机曲轴旋转轴线不同心，使变速器输入轴及轴承受力不均匀引起变形，从而造成运动卡滞，空挡时变速器第一轴产生异响。

② 变速器输入轴前后轴承磨损、卡滞或损坏，导致输入轴轴向间隙、径向间隙过大，变速器工作中轴向窜动、径向跳动发生剧烈撞击，从而产生噪声。

③ 变速器常啮合齿轮磨损，个别轮齿破损，新旧齿轮配合不良等改变齿轮啮合性质，导致变速器中某些元件产生金属摩擦或撞击产生噪声。

④ 变速器拨叉与同步器接合套配合间隙过大，两者间轴向撞击发出响声。

7) 挂上挡位后变速器发出异常响声。

① 变速器轴弯曲变形，致使变速器工作中运动的轴承、啮合的齿轮受力不匀、卡滞、配合不良产生噪声。

② 变速器轴上花键与滑动齿轮或接合套与齿毂、齿轮间配合松旷，同步器磨损及损坏，主、从动锥齿配合间隙过大等，使变速器工作中产生冲击响声。

③ 输出轴上的齿轮磨损或轴承松旷，均能导致齿轮工作中啮合不良产生异响。

（3）诊断与排除　变速器内部相对运动件较多且工作特点不同，在诊断与排除异响故障时，应根据响声的特点、响声出现的时机、响声部位进行正确分析后，有针对性地采取相应技术措施检查与排除。

1）空挡异响的诊断与排除。发动机怠速运转，变速器空挡时有异响，踩下离合器踏板时响声消失。此时，应进行下列检查：

① 检查变速器第一轴轴承。

② 检查变速器中间轴轴承，轴承检查及故障排除方法与本节变速器换挡困难所述相同。

③ 检查变速器内部常啮合齿轮副工作面的损伤及配合情况，以及轮齿裂损情况等。齿轮检查及故障排除方法与本节变速器换挡困难所述相同。

2）挂挡后产生异响的诊断与排除。

① 挂入某挡时声响严重，应进行下列检查：

a. 检查该挡齿轮或齿套轮齿的磨损情况，检查及故障排除方法与本节变速器换挡困难所述相同。

b. 检查该挡两个齿轮的啮合间隙，一般不大于 0.8mm；啮合套与花键齿啮合间隙不大于 0.6mm。

检查以上技术配合间隙的同时，还应检查轮齿啮合表面是否良好。

c. 检查该挡相应同步器是否严重磨损或损坏。

检查以上零件产生严重磨损或配合不符合技术要求，应视情况修理或换件。

② 响声特征为周期性发生或是突发性的，一般为齿轮的个别轮齿损坏或断裂，应及时更换该挡齿轮，以防损坏其他机件。

3）各挡均有异响的诊断与排除。此类故障主要是由于基础件的装配、紧固、变形、磨损等造成的。必须拆卸变速器总成进行检查，并对变速器壳体、变速器轴等基础件进行全面检测。

① 检查变速器壳体。

a. 壳体变形及裂纹：目测或采用敲击法检查检视。

b. 变速器壳体平行度检查：检查及故障排除方法与本节变速器换挡困难所述相同。

c. 变速器壳体倾斜度检查：检查及故障排除方法与本节变速器换挡困难所述相同。

d. 变速器壳上轴承孔磨损检查方法：如图 3-17 所示。

用内径千分尺、外径千分尺及卡钳或相应尺寸精度的游标卡尺测出轴承孔的孔径及圆度误差，按照与轴承外圈的配合技术要求（一般标准为 -0.04 ~ 0.015mm）确定是否需要更换。当轴承孔磨损过度应予更换壳体。轿车两轴式变速器不宜采用镶套法修理。

② 检查变速器输出轴轴承应无损坏和损伤。

③ 检查变速器轴是否弯曲，花键及轮齿配合情况。

a. 测量变速器轴径向圆跳动量，不大于 0.15mm，超过规定值应更换。检查及故障排除方法与本节变速器换挡困难所述相同。

b. 变速器轴上的固定齿轮检查方法与本节变速器换挡困难所述相同。

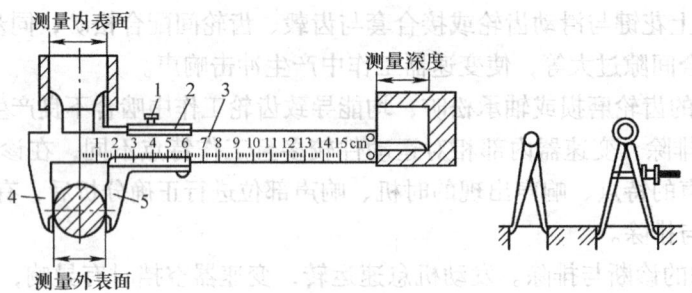

图 3-17 轴承孔径尺寸检测方法

c. 安装好滚针轴承和内座圈，用百分表检查齿轮和内座圈之间的间隙，标准值为 0.009~0.06mm，极限值不超过 0.15mm。配合间隙超限应进行修整或更换。

④ 检查主减速器主、从动锥齿轮的磨损、啮合不良程度。

主减速器配合副齿轮齿隙标准值为 0.1~0.2mm。因齿面（主要为主动锥齿轮）烧蚀磨损、个别齿有缺损或齿间间隙过大，会导致车辆底盘振抖，并伴随变速器发出金属撞击声，且声响随着转速的增加而增高。

因主减速器异响需要更换主、从动锥齿轮配合副时，必须成对更换或重新调整啮合间隙，在拆卸装复过程中，需用专用工量具测量有关数据进行计算来确定调整垫片厚度。

4) 其他情况产生异响的诊断与排除见本节"传动系统的检测"。若汽车在任何挡位及变化车速时，均有金属的干摩擦声，且伴有过热现象（触摸壳体有烫手感），应检查变速器润滑油量及品质。

① 若缺油应按规定添加变速器润滑油。

② 若油质不符合规定或变坏，则按相应车型厂家规定的品质牌号予以更换。

具体方法与本节变速器换挡困难所述相同。

三、自动变速器检测与故障诊断

采用自动变速器实现自动变速，是提高车辆使用性能和降低驾驶员劳动强度的有效措施。自动变速器一般由液力变矩器、行星齿轮变速系统、液压控制系统、电子控制系统（简称电控系统）、冷却系统、手动操纵机构、工作液和壳体等组成。近几年生产的自动变速器，除液压控制系统外，还装备了电子控制系统，称为电控自动变速器（ECT）。尽管自动变速器结构比较复杂，但它们的基本原理都是一样的，因此检测、诊断、维护修理的方法也是有规律可循的。

（一）自动变速器的检测

1. 用解码器对电控系统进行检测

1) 检测一台未曾接触过的自动变速器，首先应搜集、运用、分析其相关资料，弄清各电子元件的名称，了解各电子元件的功能。

2) 找到自动变速器电子控制单元的安装位置。以大众系列轿车装备的 01M 自动变速器为例，其控制单元 J217 位于发动机舱流水槽内左侧（有些车型的自动变速器控制单元位于后座下面）。发动机电子控制单元 J220 位于发动机舱流水槽内右侧。

3) 大众系列轿车 01M 自动变速器基本技术参数见表 3-4。

表 3-4 大众系列轿车 01M 自动变速器基本技术参数

自动变速器			01M			
变速器代码			FDA		FDC	
变矩器代码			QADD		QCDD	
阀体代码			QLB		QLB	
摩擦片数量			内片	外片	内片	外片
		离合器（K1）	5	5	5	5
		离合器（K2）	4	4	5	5
		离合器（K3）	5	5	6	5
		制动器（B1）	5	5	6	6
		制动器（B2）	4	5	5	6
匹配		车型	Golf 1998 > Bora 1999 >		Golf 1998 > Bora 1999 >	
		发动机	1.8L、92kW		1.8L、110kW	
传动比		1 挡	2.714		2.714	
		2 挡	1.441		1.441	
		3 挡	1.000		1.000	
		4 挡	0.742		0.742	
		倒挡	2.884		2.884	
中间传动	齿数	主动齿轮	45		45	
		从动齿轮	44		44	
		传动比	0.978		0.978	
主传动	齿数	主动齿轮	16		15	
		从动齿轮	78		68	
		传动比	4.875		4.533	
传动轴形式			二销轴滚轮		三销轴滚轮	
ATF 冷却器装备			Pressure-side6-row		Pressure-side6-row	

4）自动变速器自诊断的测试条件。

① 轿车电源电压正常。

② 用于自动变速器控制电路的 14 号熔丝正常。

③ 自动变速器及其电脑搭铁状况良好。

④ 变速杆位于 P 位并拉紧驻车制动。

⑤ 检查位于继电器盘左侧的搭铁点是否锈蚀和接触不良，检查蓄电池搭铁线和蓄电池与变速器间的搭铁线是否正常。如有必要进行修理后再进行自诊断。

5）找到自诊断接口。捷达轿车自诊断接口位于转向盘左下侧小储物盒后面，在中央接线盒的右侧，取下小储物盒后就可看见。

6）连接解码器。断开点火开关，将解码器与自诊断接口连接起来。

7）读取电脑显示数据。接通点火开关，操作解码器至屏幕显示如图 3-18 所示的系统菜单，选择"01：变速器"系统。继续按"OK"确认键至屏幕显示如图 3-19 所示的功能菜单，选择"00：读电脑版本"菜单，按确认键后，解码器屏幕显示如图 3-20 所示。

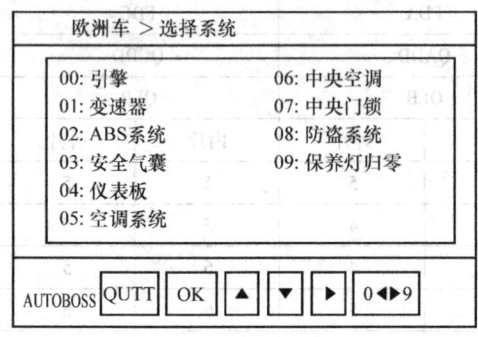

图 3-18 系统菜单

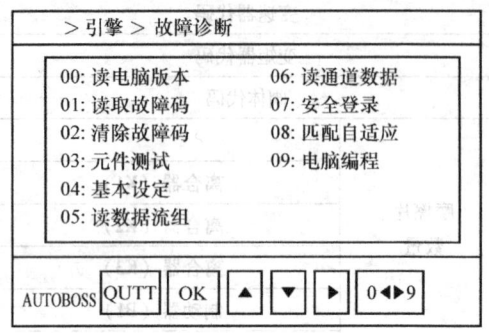

图 3-19 功能菜单

图 3-20 中，各数字、字母编号释义如下：

01M927733GF	控制单元的版本号
AG4 Getriebe 01M	4 挡自动变速器 01M
4395	程序号
CODING：0	编码号，现未使用
WSC：0	解码器操作码

如果读出的版本号与原车控制单元版本号不相符，应更换控制单元。

8）拆装自动变速器控制单元（点火开关位于"OFF"位置）。必须先拔下多孔插头锁销，然后拔下多孔插头，并将其从控制单元上取下，拆下控制单元。

安装自动变速器控制单元 J217，将多孔插头插入控制单元 J217 的销子上，并将其定位。

9）调取故障码。连接解码器到诊断座上，接通点火开关，操作至图 3-19 所示的功能菜

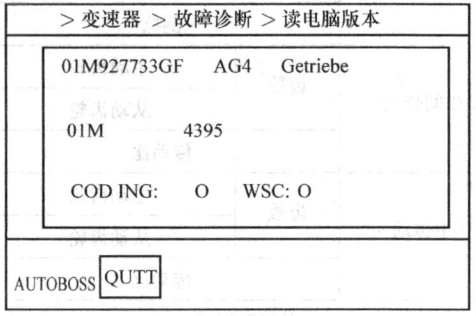

图 3-20 读电脑版本

单，选择"01：读取故障码"功能。01M 自动变速器电控系统部分故障代码内容见表 3-5。

表 3-5　01M 自动变速器电控系统部分故障代码内容

故障码及含义 V. A. G 打印输出	可能的故障原因	故 障 排 除
没有故障发生	如果在维修完后显示"No fault recognized"，自诊断完成，如果自诊断后，自动变速器换挡仍有故障，按故障查找程序继续查找故障	
00258 电磁阀 1—N88 断路；短路；对地断/短路；对正极短路	导线断路或短路，电磁阀 1—N88 失效	（1）按电路图检查导线和插头连接 （2）读取测量数据块

第三章 底盘检测与故障诊断

(续)

故障码及含义 V.A.G 打印输出	可能的故障原因	故 障 排 除
00260 电磁阀 2—N89 断路；短路；对地断/短路；对正极短路	导线断路或短路，电磁阀 2—N89 失效	(1) 按电路图检查导线和插头连接 (2) 读取测量数据块
00262 电磁阀 3—N90 断路；短路；对地断/短路；对正极短路	导线断路或短路，电磁阀 3—N90 失效	(1) 按电路图检查导线和插头连接 (2) 读取测量数据块
00264 电磁阀 4—N91 断路；短路；对地断/短路；对正极短路	导线断路或短路，电磁阀 4—N91 失效	(1) 按电路图检查导线和插头连接 (2) 读取测量数据块
00266 电磁阀 5—N92 断路；短路；对地断/短路；对正极短路	导线断路或短路，电磁阀 5—N92 失效	(1) 按电路图检查导线和插头连接 (2) 读取测量数据块
00268 电磁阀 6—N93 断路；短路；对地断/短路；对正极短路	导线断路或短路，电磁阀 6—N93 失效	(1) 按电路图检查导线和插头连接 (2) 读取测量数据块
00270 电磁阀 7—N94 断路；短路；对地断/短路；对正极短路	导线断路或短路，电磁阀 7—N943 失效	(1) 按电路图检查导线和插头连接 (2) 读取测量数据块
00281 车速传感器 G68 无信号	导线断路，车速传感器 G68 失效	读取测量数据块
00293 多功能开关 F125 开关不稳定	导线断路，多功能开关 F125 失效	(1) 首先检查多功能开关插头是否腐蚀或进水，如有必要更换 (2) 读取测量数据块
00297 变速器转速传感器 G38 无信号，不真实信号	导线断路，变速器转速传感器 G38 失效；如果控制单元识别到不真实信号，变速器转速传感器 G38 和车速传感器 G68 调整	(1) 首先检查传感器插头是否腐蚀或进水，如有必要更换 (2) 执行电气检测
00300 变速器油温传感器 G93 无法识别故障类型	导线断路，变速器油温传感器 G93 失效	(1) 首先检查传感器插头是否腐蚀或进水，如有必要更换。如果电磁阀显示有故障，要特别注意变速器传输线/阀体和线束间的 10 孔插头连接 (2) 读取测量数据块
00518 节气门电位计 G69 信号超出允许值	导线断路或短路，发动机控制单元或节气门电位计 G69、节流阀或加速踏板位置传感器 G79 失效	(1) 阅读节气门电位计相关内容 (2) 如果显示故障，发动机控制单元自诊断必须被执行。显示故障码 00638 或 01314 时，这些故障必须先被排除 (3) 读取测量数据块

(续)

故障码及含义 V.A.G 打印输出	可能的故障原因	故障排除
00529 无车速信号	导线断路	如果显示故障码 01312 或 01314 时，下面工作必须进行： （1）根据电路图检查线束和插头，包括数据总线 （2）读取测量数据 （3）检查发动机控制单元
00532 电源电压	蓄电池损坏，整流器电压过低	（1）检查蓄电池电压 （2）读取测量数据块
00545 发动机/变速器电控单元未接上	导线断路或短路，发动机/变速器控制单元之间点火正时信号没有传递或传递错误	如果显示故障码 01312 或 01314 时，下面工作必须进行： （1）根据电力图检查线束或插头，包括数据总线 （2）读取测量数据块 （3）进行基本设定

10）系统自诊断。根据解码器显示屏上的故障码指示，结合表 3-5 诊断故障；关闭点火开关后，排除故障。打开点火开关，然后用解码器清除故障码，试车验证。再次调取故障码，如果解码器显示屏显示"系统正常"，则自诊断结束。

11）读取数据流对电控系统进行故障诊断。有些电气故障无故障码显示或显示的故障码与实际故障不相符，需要读取、分析数据流后才可能找到故障原因。

① 测试条件，同步骤 4）。

② 关闭点火开关，连接解码器到诊断座上；起动发动机，操作解码器至图 3-19 所示的功能菜单，选择"05：读数据流组"菜单，逐一读取、记录数据流。

③ 数据流内容。01M 自动变速器电控单元在自诊断读取数据流时，只能显示 001、002、003、004、005、007 共六个组的说明，见表 3-6。001 显示组的内容见表 3-7。

④ 记录各显示组的数据后，退出解码器，关闭点火开关，按各表相应措施排除故障。

表 3-6　01M 自动变速器自诊断数据流各显示组的说明

显示屏显示（示例）			
Display zones： 1　2　3　4	显示组号	显示区	说　明
Read measured value block 1→ P　0.8V　0%　00000111	001	1　2　3　4	（1）位置 （2）节气门电位计电压 （3）加速踏板位置 （4）开关位置
Read easured value block 2→ 0.983A 0.985A 12.76V 2.50V	002	1　2　3　4	（1）电磁阀 6—N93 实际电流 （2）电磁阀 6—N93 额定电流 （3）蓄电池电压 （4）车速传感器

（续）

Display zones: 1 2 3 4	显示组号	显示区	说　　明
显示屏显示（示例）			
Read measured value block 3→ 0km/h 900r/min 0 0%	003	1 2 3 4	（1）车速 （2）发动机转速 （3）挂入挡位 （4）加速踏板位置值
Read measured value block 1→ 100000 0 P 0km/h	004	1 2 3 4	（1）电磁阀 （2）挂入挡位 （3）变速杆位置 （4）车速传感器
Read measured value block 1→ 40℃ 0011011 0 900r/min	005	1 2 3 4	（1）自动变速器机油温度 （2）换挡输出 （3）将要挂入挡位 （4）发动机转速
Read measured value block 6→	006	1 2 3 4	不需考虑
Read measured value block 7→ 4H +/- 200r/min 900r/min 0%	007	1 2 3 4	（1）挂入挡位（+或-显示在显示区2） （2）锁止离合器打滑 （3）发动机转速 （4）加速踏板位置值
Read measured value block 8→	008	1 2 3 4	不需考虑

表3-7　01M自动变速器数据流的含义（001显示组）

显示区	说　明	检查条件	仪器显示额定值		故　障　排　除
1	多功能开关F125	变速杆位置	P	P	（1）检查和调整变速杆拉索 （2）检查多功能开关
			R	R	
			N	N	
			D	D	
			3	3	
			2	2	
			1	1	
2	不带数据总线汽车上节气门电位计G69信号	发动机关闭，点火开关打开	最低急速	0.156V	从急速到节气门全开的加速过程中，电压值应稳步升高 （1）进行基本设定 （2）对发动机进行自诊断 （3）调整/更换节气门电位计 （4）进行基本设定
			最高急速	0.8V	
			全开最小值	3.5V	
			全开最大值	4.680V	

（续）

显示区	说　明	检 查 条 件		仪器显示额定值	故 障 排 除
2	带数据总线汽车上节气门电位计G69信号	位置	急速	0V	从急速到节气门全开加速过程中，电压值应稳步升高 （1）进行基本设定 （2）对发动机进行自诊断 （3）调整节气门电位计
			节气门全开	5V	
3	加速踏板值	位置	急速	0~1%	（1）从急速到节气门全开过程中，显示值稳步升高 （2）进行基本设定
			节气门全开	99%~100%	
	显示1 制动灯开关F	制动踏板	踏下	1	检查制动灯开关F
			未踏下	0	
	显示2 牵引力控制系统		起作用	1	不需考虑
			不起作用	0	
	显示3			0	不需考虑
4	显示4 强制降挡开关	强制降挡开关	起作用	1	（1）带节气门拉索汽车：检查强制降挡开关 （2）没有节气门拉索汽车：对发动机进行自诊断 （3）根据电路图检查线束和插头，包括数据总线线束不起作用
			未起作用	0	
	显示5 多功能开关F125	变速杆位置	P，N，D，3，2	1	（1）检查和调整变速杆拉索 （2）检查多功能开关F125
			P，	0	
	显示6 多功能开关F125	变速杆位置	P，R，2，1	1	
			N，D，3	0	
	显示7 多功能开关F125	变速杆位置	P，R，N，D	1	
			3，2，1	0	
	显示8 多功能开关F125	变速杆位置	P，R，N	1	
			D，3，2，1	0	

12）基本设定。

① 需要进行基本设定的条件。

a. 更换发动机。

b. 更换发动机控制单元J220。

c. 更换或改变节气门。

d. 调整节气门（比如急速调整），更换节气门电位计G69。

e. 改变节气门电位计G69的设置（例如，当调整过急速开关时）。

f. 更换自动变速器控制单元J217。

② 基本设定的操作步骤。

a. 连接解码器到诊断座上，接通点火开关，操作解码器至图 3-19 所示的功能菜单，选择"04：基本设定"功能，按确认键后，屏幕显示如图 3-21 所示。

```
基本调整              帮助
输入显示组号码××
```

图 3-21　进入"基本设定"菜单

b. 按"000"键，按"OK"键确认（系统执行基本设置），屏幕显示如图 3-22 所示。

```
         系统现处于基本调整状态0  →
```

图 3-22　按"→"键

c. 将加速踏板踩到底，使强制降挡开关动作，并且保持在该位置 3s。
d. 按"→"键，屏幕显示如图 3-23 所示。

```
快速数据传输          帮助
功能选择×××
```

图 3-23　按"QUIT"键退出

e. 按"QUIT"键退出。

2. 电控系统控制单元端子参数的检测

仍以大众 01M 自动变速器为例，在识读电路图的基础上，要弄清楚自动变速器电控单元 J217 各引脚的功用及其与各传感器、执行器的连接关系，特别要求弄清 J217 各引脚引出线具体与哪一个电气元件或电路的哪一个插孔或接线柱相连接。

1) 使用 V. A. G1598/18 检测盒或万用表对变速器单元的端子参数进行检测，检测数据及常见故障排除见表 3-8。

表 3-8　大众 01M 自动变速器检测数据及常见故障排除

检测步骤	V. A. G1598/18 插孔	被检内容	检测条件及附加工作	额定值	排除故障
1	23 + 1 45 + 1	自动变速器控制单元 J217 的供电电压	点火开关打开，测量电压	大约等于蓄电池电压	（1）根据电路图检查导线 （2）检查插孔 1 和地间导线 （3）检查插孔 23 和接线柱 15（熔丝 31）之间导线 （4）检查插孔 45 和接线柱 30（熔丝 15）之间导线

(续)

检测步骤	V. A. G1598/18 插孔	被检内容	检测条件及附加工作	额定值	排除故障
2	15 + 1	制动灯开关	(1) 点火开关打开 (2) 制动踏板未踏下	小于 1V	(1) 根据电路图检查导线 (2) 更换制动开关 F 或调整
	55 + 67		制动踏板踏下	约等于蓄电池电压	
3	55 + 1 67 + 1	电磁阀 1—N98	点火开关关闭	55~65Ω	根据电路图检查导线
			点火开关关闭,将 V. A. G1526 量程放到最大电阻挡	电阻无穷大	
4	54 + 67	电磁阀 2—N89	点火开关关闭	4.5~6.5Ω	根据电路图检查导线
	54 + 1 67 + 1		点火开关关闭,将 V. A. G1526 量程放到最大电阻挡	电阻无穷大	
5	9 + 67	电磁阀 3—N90	点火开关关闭	55~65Ω	
	9 + 1 67 + 1		点火开关关闭,将 V. A. G1526 量程放到最大电阻挡	电阻无穷大	
6	47 + 67	电磁阀 4—N91	点火开关关闭	45~65Ω	(1) 更换导线 (2) 更换阀体
	47 + 1 67 + 1		点火开关关闭,将 V. A. G1526 量程放到最大电阻挡	电阻无穷大	
7	55 + 67	电磁阀 5—N92	点火开关关闭	55~65Ω	
	56 + 1 67 + 1		点火开关关闭,将 V. A. G1526 量程放到最大电阻挡	电阻无穷大	
8	58 + 22	电磁阀 6—N93	点火开关关闭	55~65Ω	(1) 根据电路图检查导线 (2) 根据电路图检查导线 (3) 更换导线 (4) 更换阀体
	58 + 1 22 + 1		点火开关关闭,将 V. A. G1526 量程放到最大电阻挡	电阻无穷大	

第三章 底盘检测与故障诊断

(续)

检测步骤	V. A. G1598/18 插孔	被检内容	检测条件及附加工作	额定值		排除故障
9	10 + 67	电磁阀 7—N94	点火开关关闭	55 ~ 65Ω		(1) 根据电路图检查导线 (2) 根据电路图检查导线 (3) 更换导线 (4) 更换阀体
	10 + 1 67 + 1		点火开关关闭,将 V. A. G1526 量程放到最大电阻挡	电阻无穷大		
10	1 + 16	强制低挡开关 F (仅能被检查,开关与节气门拉索安装在一起)	(1) 点火开关关闭,将 V. A. G 1526 量程放到最大电阻挡 (2) 加速踏板未踏下	电阻无穷大		(1) 根据电路图检查导线 (2) 拔下开关插头,重新测量开关 (3) 调整或更换节气门拉索
			(1) 将 V. A. G 1526 量程放到 200Ω (2) 踏下加速踏板直至强制低挡开关接合	小于 1.5Ω		
11	23 + 29	变速杆锁止电磁阀 N110	点火开关关闭	12 ~ 15Ω		(1) 拔下传感器插头,重新测量电磁阀 (2) 根据电路图检查导线 (3) 更换变速杆锁止电磁阀 N110
12	6 + 67	变速器油温传感器 G93	(1) 点火开关关闭 (2) ATF 油温大约 20℃	0.247MΩ		(1) 根据电路图检查导线 (2) 更换导线
			将万用表 V. A. G1526 换至 200kΩ 量程:60℃/120℃	48.8/7.4kΩ		
13	20 + 65	车速传感器 G86	点火开关关闭	最小	0.8kΩ	(1) 拔下传感器插头,测量传感器 (2) 根据电路图检查控制单元到传感器之间导线
				最大	0.9kΩ	
14	21 + 66	变速器转速传感器 G38	点火开关关闭	最小	0.8kΩ	(1) 拔下传感器插头,重新测量传感器 (2) 根据电路图检查控制单元的传感器之间导线 (3) 更换变速器转速传感器 G38
				最大	0.9kΩ	

2）把检测到的数据与表3-8中所列的额定值进行比较，若不符合额定值的要求，可根据表中所列的故障排除方法进行排除。

3. 自动变速器失速检测

自动变速器的失速检测，是在前进挡或倒挡时踩住制动踏板并完全踩下加速踏板，车速为零的状态下，测试发动机转速。失速测试因其操作简便，对变速器功能检查全面，故在自动变速器故障诊断中广泛运用。

（1）失速检测的作用

1）检查液力变矩器各部件性能是否良好。例如，泵轮与涡轮之间的液流传动性能，导轮的液流传导性能，导轮单向离合器能否良好可靠地锁止导轮及准确释放导轮等。

2）检查自动变速器内部行星齿轮机构、换挡执行传动机构是否工作正常。例如，齿轮传动机构是否完好，检测离合器和制动器摩擦元件间承受大转矩而不打滑的能力。

3）检查发动机的输出功率是否正常。

4）辅助其他检测或结合其他试验进行故障诊断。

（2）检测前的检查准备工作　因为失速试验时，变速器内部受到一个极大的转矩负荷，因此要事先做好以下几方面工作：

1）根据原生产厂家的设计说明及变矩器现在的技术状态，分析是否适合进行失速试验。

2）确认发动机加速性能良好，否则会造成测得的失速转速对自动变速器的技术性能反映失真。

3）变速器内的油面与油温都必须正常，以保证测试结果准确，防止对自动变速器的损害。

4）制动踏板与驻车制动的性能良好，以保证测试时能充分地将车轮制动住，满足测试操作的要求并保证安全。

5）汽车需有良好的安全条件，用三角木等将车轮塞住，汽车周围不应有影响安全的人或障碍物。

6）如果车上无发动机转速表，需另外加装发动机转速表。

（3）检测操作及注意事项　此检测的操作动作较简单，实施驻车制动后，左脚踩住制动踏板，右脚迅速踏下加速踏板到最大加速位置，使发动机转速上升，当发动机转速上升到最大值（还可以通过发动机声音变化判断是否达到最大值）时，发动机的转速即为失速转速。

由于在检测时发动机功率全部在变矩器内损耗掉了，因此会产生大量的热，所以失速时间不要过长，一般都在5s之内，即读完数据后立即放松加速踏板。在做完检测后需让发动机怠速运转几分钟，以便使油及时冷却，然后再关闭发动机或再进行一次检测。

另外，在测试时，注意听发动机及自动变速器内声音的变化。在测试时随着加速踏板的踏下，发动机和变矩器应有很大的轰鸣声，但绝不可听到任何金属撞击声和尖锐的杂音。

（4）失速转速值　影响失速转速的因素较多，不同发动机、不同的液力变矩器的失速转速不同，但大部分汽车自动变速器的失速转速都在1500~3000r/min范围内。

1）常见的大众01M自动变速器的失速转速为2250~2550r/min。桑塔纳01N自动变速器的失速转速为2650~2850r/min。

2) 利用失速转速值分析故障。

① 失速转速的非正常情况有两种：高于规定值或低于规定值。生产厂家给出的失速转速值都是一个范围，而并非某一确定的值。通常在失速转速超出一定范围后才判断为失常。当转速过低（降低 500r/min 以上）或转速过高（超出 200r/min 以上）时，则认为异常。

② 失速转速过低故障分析。失速转速过低主要有液力变矩器与发动机工作不良两方面的原因。在实践中如何区分发动机与变矩器的故障，可利用动力断开法进行检验。将选挡手柄置于 P、N 两挡中任一挡位，让变矩器涡轮不带负荷，对发动机进行急加速，如果发动机转速能在急加速时很顺畅地上升，则说明发动机是正常的。如果汽车在行驶中也出现加速不良，而高速时却很正常，则可判断为变矩器故障。

③ 失速转速过高故障分析。从测试原理与实践经验可知，出现失速转速过高时，发动机与液力变矩器的故障可能性较小，故障一般都发生在变速器部分，主要是因换挡执行元件打滑引起的。据此可通过失速试验与变速器内相应挡位的执行元件工作情况进行分析，从而判断是哪些元件损坏所致。但失速检测只可检查到前进 1 挡和倒挡的执行元件，对前进挡 2 挡及 2 挡以上的挡位执行元件不能检测，因为换挡正常的变速器在失速时不可能升到高挡。现以丰田 A240E 变速器为例来分析失速转速过高与相应各挡执行元件的关系：

a. 如果在所有前进位失速转速均高，则原因可能为液压系统主油路压力过低，或内部换挡执行元件损坏较严重，如超速挡机构直接制动器 B_4 及单离合器损坏。

b. 如果在前进挡 D 位，失速转速正常，而 R 位的失速转速较高，则说明直接挡离合器 C_2、倒挡制动器 B_3 液压活塞损坏。

c. 如果 R 位失速转速正常，前进挡位（D、2、L）失速转速过高，则说明前进挡离合器 C_1 液压活塞及摩擦元件有故障，超速挡机构单向离合器 F_3 及 1 挡单向离合器 F_2 有故障。

4. 自动变速器液压检测

目前汽车自动变速器的自动控制与执行控制都是通过液压控制实现的。自动变速器的液压控制系统是一个比较复杂的系统，因此，对其故障进行诊断分析也就相对复杂一些。液压测试是检测液压控制系统的技术状况与进行故障诊断的有效手段。

(1) 原因分析　油液在自动变速器中的流动方向与路径无法通过视觉直观看到，也无法像检查电气线路一样分段测试检查，只能通过对油液压力的测试来分析判断。液压控制系统在使用过程中，虽然会出现各种各样的故障现象，但主要的故障原因不外乎是：液压系统密封不良造成压力降低，甚至无压力；液压元件及油道等因堵塞或磨损导致压力升高或部分无压力或压力降低（密封件的损坏、油液的脏污、控制滑阀的卡滞都可能造成泄漏与堵塞，引起液压系统压力不正常）。通过液压检测可准确了解系统的压力状况。自动变速器的同一故障现象可能有多种原因导致，例如：自动变速器离合器打滑，故障原因既可能是机械部分的摩擦元件损坏，也可能是液压系统压力低使离合器片压紧力不够，而通过液压测试便可分辨出是否是液压系统故障所致。

(2) 液压测试的准备及基本操作

1) 液压测试的准备。

① 准备一只量程为 0~3MPa 的油压表（个别车型自动变速器的油压测试可能用量程为 0~7MPa 的油压表，比如福特 C6 自动变速器）。若油压表的量程过大，将会导致测试数值不精确；若过小，则不能满足使用要求，甚至损坏压力表。实际测试时最好准备指针式与电

子数字式两种,指针式可以很好地观察到压力的变化情况,而数字式则可以很精确地测量到压力数值。

② 相应的油压测试连接油管,最好选用直径合适的耐高压橡胶软管。若油管内径过小,则会导致油压测试灵敏度变差;若过大,则操作不方便。

③ 应使用与变速器上的油压测试接点配套的油压测试专用接头,否则会造成油压测试时变速器油的泄漏,并损坏变速器油压测试接点螺纹,给变速器带来故障隐患。

④ 了解液压测试接点在变速器上的位置。只有知道需要测试的油压系统的接点位置,才能准确测试需要检查的系统油压。

2) 基本操作。

① 关闭发动机,变速器挡位置于 P 位,拆下需要测试油压的接点堵头,再接上油压测试管接头,然后接上油压软管及油压表。

② 仔细检查油管与导线,不应与汽车或发动机的旋转运动机件接触。

③ 起动发动机,使变速器处于油压被测状态,检查管接头及油管连接等是否有泄漏。

④ 待变速器的油温达到正常温度后,在各种工况下检测并记录油压表的数值,通过比较测量值与标准值来判断系统的工作情况。

(3) 测试接点位置与测试分析

1) 自动变速器油压测试点位置示例如图 3-24 和图 3-25 所示。

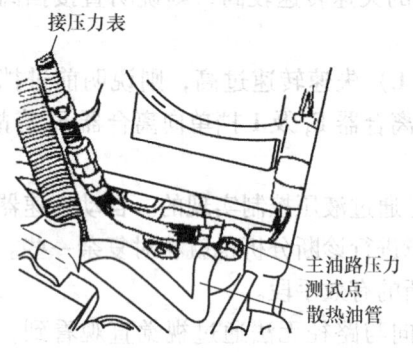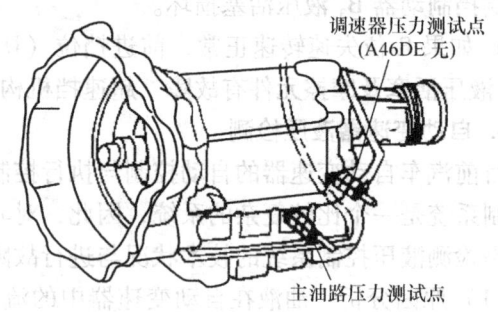

图 3-24　奥迪 A6 轿车 ZF4HP-18　　图 3-25　丰田 A46 自动变速器油压测试点
　　　　自动变速器油压测试点

2) 主油路压力测试。几乎每个自动变速器都有检测主油路压力的测试接点,检测时要先在自动变速器壳体上找到主油路压力测试接点,并按前面的基本操作程序接好油压表。

① 急速或发动机转速为 1000r/min 空负荷油压的测试。用举升机将汽车举起,使驱动轮离地,将变速杆置于所需要的挡位,让发动机在急速或转速为 1000r/min 时,放松对车轮的制动力,通过油压表的指示而得到的油压值,称为急速油压。一般发动机的急速转速大多为 (750±50) r/min,有时为了统一测试标准,而把发动机转速在 1000r/min 的情况下测得的油压也作为急速油压。急速油压反映了自动变速器工作时的最小工作压力。

在这种情况下,将选挡手柄从 P~L 各个挡位均进行测试,将测试结果记录下来,便于以后进行故障分析。

② 前进位发动机怠速与零车速油压测试。在完成基本操作后，拉紧驻车制动并踏住制动踏板，将变速杆置于前进位各位与倒挡 R 位，让发动机处于怠速状态，这时通过油压表读得的数值即为怠速状态下的变速器主油路压力值。此油压值主要反映了变速器在大负荷状态下的油压调节与保持能力，以及换挡控制油路是否有泄漏。这个压力应与空负荷时的压力相差不大，但在倒挡时油压应有所提高。

③ 主油路前进位失速油压测试。变速器在大驱动负荷下工作时，变速器液压系统自动将主油路油压提高，使驱动接合更可靠，而变速器失速状态也就是最大负荷状态，因此需要测试变速器失速状态的油压。对此油压的测试操作方法为：将变速器变速杆置于前进位后，踩住制动踏板，迅速将加速踏板踩到底，读取油压表上的数据后就放开加速踏板与制动踏板，这样一个挡位的测试完成后，置于 P、N 位，稍等片刻再进行其他挡位的测试。

④ 主油路全负荷油压测试。失速油压测试虽然可测试到油压的升高情况，但发动机的转速始终不能升高，加之测试的保持时间只有几秒钟，故不能真正反映变速器主油路压力的真实情况。全负荷压力测试就是在发动机最大供油量时测得的油路压力，有两种操作方法：

a. 对于有节流控制阀拉线或真空控制装置的自动变速器，将拉线拉到底或对真空膜盒施以发动机大负荷时进气管道内的真空压力。使驱动车轮离地，进挡后使发动机转速提高到 2500r/min 以上，这时测得的油压值即为全负荷油压值，这样操作可避免路试测试的繁琐工作，并且能节省大量时间。

b. 对于一些无节流控制拉线或真空装置的电控液动变速器，接好测试表及信号线，然后进行路试。发动机进入大负荷工况牵引汽车，这时测得的液压油路压力值即为全负荷油压值。

⑤ 大众 01M、奥迪 ZF4HP-18 自动变速器主油路压力，见表 3-9 和表 3-10。

表 3-9 大众 01M 自动变速器主油路压力

挡　位	测 试 条 件	主油路压力/kPa
D	怠速	338～379
	发动机转速 2000r/min	1007～1131
R	怠速	648～752
	发动机转速 2000r/min	2303～2399

表 3-10 奥迪轿车 ZF4HP-18 自动变速器主油路压力

生产公司	变速器类型	挡　位	怠速时主油路压力/kPa	全负荷时主油路压力/kPa
奥迪绅宝	ZF4HP-18	R 位	1000～1200	110～1280
		N 位	690～770	
		D 位	690～770	
		I 位	690～770	

3) 主油路压力测试结果分析。

① 如果通过上述各项测试，变速器各挡位对应测得的主油路压力都低，则可能有以下原因：

a. 变速器内油面过低，存油量不够，油道密封不良等，造成油泵吸油量不足，油腔有空穴存在，使油压不能提高。

　　b. 油泵吸油通道、集滤器堵塞，使油泵吸油阻力增大，吸油量受到限制；油泵压油腔的排油量也因此减少，压油腔的压力也就不能提高。

　　c. 油泵与油泵出油道有泄漏，压力油发生泄漏造油压降低。例如，油泵体有裂纹，油泵体相应接合面因不平等原因造成密封不良，油泵体之间密封圈损坏，油泵体与变速器壳体之间接合表面不平或密封垫破损，出油道有砂眼或裂纹。

　　d. 油泵安全（卸荷）阀故障，如单向阀卡死、弹簧折断、弹簧固定座不良。

　　e. 油泵内部泄漏，即油泵吸油腔与压油腔相互沟通。

　　f. 主油路压力调节阀调节不良，手动选挡阀调整不当等，油路压力控制有误差。

　　② 前进挡位压力正常，而倒挡 R 位时压力均较低，根据压力表指示情况可分以下几种情况：

　　a. 倒挡时压力高于前进挡位，但又低于规定值。这种情况的主要原因有：主油路压力调节阀不良，倒挡油路及与倒挡有关的制动器、离合器液压活塞或蓄压器等有轻度泄漏。

　　b. 倒挡时油压与前进挡位油压相同，或相差不大。这种情况的主要原因有：主油路压力调节阀的倒挡修正油压油路堵塞或泄漏，倒挡油压修正柱塞卡死。

　　c. 倒挡时油压很低甚至没有压力，造成该情况的主要原因有：倒挡控制阀故障，倒挡油路、倒挡制动器或离合器、倒挡减振蓄压器存在严重的泄漏。

　　③ 倒挡压力正常，而前进挡压力偏低，有以下两种情况：

　　a. 前进挡各挡位压力均低，则可能为前进挡离合器液压活塞或其液压油路有泄漏，或相应前进挡液压元件及油路有泄漏。

　　b. 在各前进挡位中，某一个挡位的油压偏低而其他几个挡位正常，则可能因手动选挡阀等调节不当引起某些挡位特殊油路泄漏。

　　④ 在各挡位或某些挡位的怠速油压值正常，而失速油压或大负荷油压偏低。故障原因一般有：主油路油压调节阀有故障，主油路修正调节油压油路有泄漏，主油路相应挡位的离合器或制动器活塞及其油路有轻度密封不良现象，在高油压时产生泄漏。

　　⑤ 如果变速杆在 P、N 两位时油压正常，而当选挡手柄进入前进位后压力变低，这说明油泵及主调压系统基本正常，故障可能在相应挡位各油路上或离合器、制动器活塞上。

　　⑥ 前进挡与倒挡的油压均高，有以下两种情况：

　　a. 压力均过高且超过倒挡压力，可能的原因是调节阀有故障，节气门阀有故障，节气门拉线调节不当或卡滞，从而造成系统油压调节失效。

　　b. 前进挡压力与倒挡压力相同，可能的原因为主调节阀压力修正柱塞卡死，倒挡修正油压油路与其他油路错乱或泄漏。

　　(4) 发动机负荷信号油压测试　某些自动变速器上设有发动机负荷信号油压测试接点，用来检测其压力是否正常。按基本操作程序接好油压测试表，起动发动机后有两种操纵节气门阀的方法可供选择。为了使油压值有一个正确范围，通常将节气门或节流阀置于怠速、半开度、全开三种状态，或按具体车型的规定在某一发动机转速与车速的状态下进行测试。一般先使节气门或节流阀移动，观察压力是否随之相应地变化，从而大致判断一下节流阀的调压作用是否正常，然后根据不同车型进行检测，读取数据，并把测量值与正常值进行比较，判断故障原因。

(5) 车速信号油压测试 在大多数具有车速信号油压的自动变速器上,都设有为检测此油压而用的测试接点。按基本操作程序接好油压表后(测试此油压最好用指针式小量程油压表,因为这样油压变化更直观),可通过道路行驶测试或在举升机上空负荷测试两种方式进行检测。观察油压是否随车速变化而变化,判断调速阀是否在做相应动作。然后根据车型油压为正常油压值时的相应测试状态操作汽车,读取油压值,最后把测量值与正常值进行比较,判断故障原因。

(6) 液力变矩器油压测试 一些自动变速器上设有用来检测变矩器工作油压及锁止离合器的控制油压的测试接点。按基本操作程序接好压力表后,可在道路或举升机上进行操作测试。在 D 位时使发动机驱动车轮转动。在急速状态,自动变速器在从 1 挡到最高挡位的几种工作状态下,分别测取油压值,之后分别在 R、N、2、L 各挡位进行测试。在前进挡位时,分别测取液力变矩器锁止离合器锁止与分离状态时的油压值,把测量值与正常值进行比较,判断变矩器及其液压控制系统故障原因。

(7) 其他油压测试

1) 各换挡执行元件的油压测试。例如:某离合器或制动器油压测试,强制降挡制动器控制油压测试等。测试方法一般都与主油路油压测试相同或相近,在故障诊断时可根据需要进行测试,并用来辅助分析故障。

2) 控制修正油压测试。在现代 KM、三菱系列等变速器中,油压控制电磁阀和锁止控制电磁阀的操作控制油压,不是直接取自主油路压力,而是将主油路压力经过一个减压阀进行调节后的油压,在变速器中还用这个油压配合油压控制电磁阀与锁止控制电磁阀,去修正控制其他油压,如控制锁止离合器的锁止,换挡时离合器或制动器上的油压变化平顺性(换挡品质)等。这个由减压阀调节后的油压称修正油压(或称减压阀油压)。测试时应对各挡位的急速与大负荷等状态分别进行测试,油压应在 360~480kPa 这个范围内,造成该油压不正常的原因有:电控系统不良,油压控制电磁阀及油路有泄漏或堵塞等。

总之,在对上述各油压进行测试时,应根据实际情况进行选择,在分析时应注意各油压值之间的相互联系与影响。

5. 道路试验与挡位试验

自动变速器道路试验和挡位试验虽属于不同的两种试验,但在对自动变速器故障进行诊断时,它们却是首先要做的试验,实际操作中将两个试验放在一起进行。

(1) 道路试验与挡位试验的定义

1) 道路试验:就是驾驶汽车在道路上行驶,让故障重新出现,从而来判断汽车技术状态的试验方法。道路试验检测项目有:冷车和热车时汽车起步驱动性能;汽车加速驱动传动性能;汽车匀速行驶自动变速器的传动性能;汽车大负荷高速行驶传动性能;汽车减速滑行性能;自动换挡情况;自动换挡过程的换挡品质;发动机对汽车滑行时的制动性能。因此要求在试验时有针对性地操纵汽车进行行驶试验。

2) 挡位试验:检查自动变速器各个挡位工作情况是否良好的操作方法的统称。挡位试验包括:手动进挡试验;挡位接合时滞试验;前进挡换挡试验;手动换挡试验。

在实际检测时各种试验并非都要做,需根据故障类型进行选择。

(2) 道路试验

1) 道路试验前的准备。由于道路试验是让车在道路上行驶,因此路试前需做好以下几种检查：

① 汽车外观检查：主要检查车身有无损坏及变形，是否装备原车规定轮胎，轮胎气压是否正常。

② 安全检查：主要保证试车在试验中与安全有关的系统及部件的安全，例如：制动、方向、灯光等功能应良好。

③ 油液检查：为了避免在试验时机械事故的发生和扩大，路试前应对发动机的机油及自动变速器油进行检查。

2）道路试验与分析。

① 起步工况检验与分析。汽车起步分冷车起步与热车起步两种情况。汽车起步时需要很大的牵引力矩，起步试验可检验液力变矩器与变速器1挡的工作状况。操作时踏住制动踏板，将变速杆置于前进挡位中任一挡（对D、2、L挡逐一进行检查）或R挡，松开驻车制动与制动踏板后2~3s（换挡执行元件接合动作时间），汽车应开始慢慢向前爬行。

再慢慢踩加速踏板，汽车应随之提高车速，不应有任何阻滞和延迟的感觉。由于液力变矩器的动力传递是靠油进行传递的，液压系统中各元件在不同油温时工作也有差异，所以需在两种状态下对汽车起步工况进行检查。汽车起步工况易出现的故障现象有：冷车（热车）不能起步，起步时发动机易熄火，起步时无怠速爬行。

② 汽车加速驱动传动性能试验。加速性能试验主要测试汽车自动变速器大负荷、大阻力、急加速度工况的动力传递性能。汽车加速性能是评价汽车动力性的一个重要参数，变速器的加速性能也一样直接影响到整个汽车的加速性能。对汽车加速性能检验，需用正常加速与急加速两种状况进行操作。检验操作方法通常为：在汽车正常起步后，踏下加速踏板，使汽车加速行驶，观察汽车车速是否能随发动机的转速增大而正常增大，在高速时加速是否良好，急加速时是否存在汽车驱动打滑等现象。

③ 匀速行驶传动性能试验。匀速行驶传动性能试验主要是针对装有巡航系统的汽车进行的试验。没有巡航系统的汽车也可根据实际情况进行试验。试验操作方法：在交通和道路情况良好的情况下，用巡航系统将汽车设定在某一车速，让汽车在稳定速度行驶，这时检测汽车行驶状况、发动机转速表的变化情况、乘坐及驾驶感觉、汽车变速器有无特殊情况与异常响声、自动变速器的自动换挡性能等。例如，汽车在平坦道路上匀速行驶时，发动机的转速不应有较大的波动或突变；行驶中自动换挡应适时柔和，不应有冲击；行驶时发动机及变速器工作声音应正常。没有装备巡航系统的汽车，可采用加速踏板控制法将汽车车速控制在其一个稳定的范围内，对匀速行驶传动性能进行检查。

④ 汽车大负荷高速行驶传动性能试验。汽车在大负荷和高速工况时，变速器处于大转矩、高转速运转状况，在这一工况下对变速器进行检验是非常重要的。操作方法通常为：在坡道或汽车重载情况下加速发动机进入大负荷状况，检测发动机转速、声音、车速，判断变速器的传动有无打滑现象，在坡道上是否能在2挡稳定行驶。另一种办法是：在道路情况较好（如高速公路上）、车速在100km/h以上的高速状态下，通过检测发动机转速、发动机声音的变化、车速状况来判断变速器传动情况。让汽车在长时间高速大负荷运转后，看变速器的性能是否发生变化，变速器油是否产生不正常高温或外溢等，同时变速器在大转矩与高转速传动这一特殊工况下，也是判断变速器有无异响等故障隐患的良好时机。

⑤ 汽车变速器减速滑行性能试验。一个能熟练驾驶手动变速器汽车的驾驶员通常在车

速较高时，不对汽车继续加速，而在缓慢行驶时，采用空挡滑行，这样低速转动的发动机不会对汽车产生反拖作用，车速不会下降很快，汽车可自由滑行很长距离；下次加速行驶时可避免再从低挡到高挡这样一个换挡加速过程，对汽车的经济性、安全性、机件使用寿命、乘坐驾驶性都有积极作用。装有自动变速器的汽车也一样需要有这种滑行状态，因此要求自动变速器在正常前进位（D 位）的 1 挡及 2 挡时，汽车车速较高而发动机处于低转速的状态下，能够自动脱开发动机与车轮间的驱动连接，并且带有锁止离合器的变矩器内的锁止离合器能解除锁止。在变速器齿轮机构中设有 1 挡、2 挡单向离合器来保证这一滑行功能，对锁止离合器的解除由控制系统控制操作。

在路试时先将车速提升到 80km/h 以上，或让变速器进入超速挡工作，然后放松加速踏板，让汽车自由滑行。滑行可在 N 位或前进挡位进行滑行。在 N 位滑行时变速器内部无任何挡位接合，变速器处于纯空挡状态。在这种状态下滑行可用来检验汽车行驶系统是否有故障，并检验该系统的技术状况，如果汽车行驶系统不存在阻滞、卡滞或其他故障，汽车将轻松滑行很长距离，否则将不正常降速。确认传动系统无故障后，再着重检验自动变速器的故障。这时可将变速杆置于正常前进位（D 位、3 挡），让汽车高速行驶，再放松加速踏板。此时由于变速器处于正常前进位，相应执行机构都参与工作，所以始终都有一个挡处于接合状态。在 3 挡、4 挡状态滑行时，发动机对汽车有一定的制动作用，这种制动作用和变速器内部的降挡作用，对汽车再次加速行驶的平顺性有利，因此在高挡位不必将发动机与驱动车轮脱开。大多数汽车在设计上已考虑到当自动变速器处在 1 挡和 2 挡低挡位滑行时，将发动机动力切断。因此在测试时，放松加速踏板后，观察汽车自动换挡动作是否平顺，发动机转速是否有明显变化，滑行是否良好，当再加速前进时是否存在冲击与打滑的现象。如果放松加速踏板后车速降低很快，并且发动机转速较高，说明单向离合器可能有卡滞现象，低挡离合器或制动器分离不彻底。如果再加速时有驱动打滑的情况，说明单向离合器已磨损或其他离合器打滑。如果在减速滑行过程中发动机有明显的制动作用，并在行驶时伴有较大冲击现象，说明变矩器内锁止离合器有故障或控制系统操纵不良。另外减速滑行也是诊断底盘行驶系统及传动系统有无异响故障的时机。

⑥ 自动换挡检测。自动换挡是指在给定工况状态下，自动变速器控制装置控制机械变速系统自动发生挡位转换。自动换挡包括自动升挡、自动降挡以及挡位保持三种状态，这是自动变速器的重要功能，也是道路试验中的核心检验项目。从自动变速器自动操纵系统原理可知：液控换挡自动变速器实现上述自动换挡的三种状态是由反映发动机负荷的节气门阀调节油压信号和反映车速的调速阀调节油压信号共同作用在换挡主阀上相互平衡而实现的，两个油压信号大小发生变化，就可自动推动换向主阀运动，控制换挡的两个油压信号不变，换向主阀不动，则保持挡位。在电控液动自动变速器中，则是由节气门位置传感器和车速传感器输送的信号传给电脑，再由电脑运算处理后指挥换挡电磁阀通断，操纵油路控制换向主阀来实现挡位自动转换。因此，换挡点（即发动机负荷与车速相对应的时刻）就由上述两种控制挡位转换的主要信号确定。

自动换挡检验有空负荷和带负荷检验两种检验方法。在此只介绍带负荷检验的内容。操作时选一段合适的路段，从零车速开始，按照慢加速、正常加速、急加速三种状态提速行驶。观察发动机转速与车速、发动机负荷与车速的变化。汽车车速随发动机转速上升到某一数值时，发动机的转速突然下跌 200～300r/min，同时车速上升，这一变化就意味着汽车自动变速器内部发生了升挡的换挡过程。这一换挡过程除可通过车速表与发动机转速表数值变化来判断外，还可通过驾驶感觉来判断。路试时应注意仔细体会车速随发动机转速变化时，发动机声音的变化，汽车车速的变化，发动机驱动汽车的动力变化。当自动变速器发生自动升挡后，发动机的工作噪声较换挡前的瞬间明显降低，升挡后汽车车速突然加快，驾驶时也感到发动机驱动力突然变强，在换挡的过程中会有轻微的振动或后坐感觉，出现一次上述情况就表明自动变速器完成了一次自动升挡或液力变矩器的锁止过程。例如，四挡变速器就要发生三次这样的过程。

随着车速的升高，自动变速器的挡位自动升到高挡位。将加速踏板放松到怠速状态，这时车速便会在阻力作用下下降。车速下降得很低了，变速器的挡位如果仍在高挡位，在手动变速器上则会出现"拖挡"现象，而在自动变速器的汽车上会出现发动机熄火，或再次对汽车加速时会出现很大的冲击与振动，使驾驶性与舒适性变坏。因此在车速降低时，需要自动变速器自动地由高挡位降到低挡位，这一过程称为"降挡"。加速汽车，进入高速行驶状态后放松加速踏板，使变速杆仍置于 D 位，让汽车自由滑行或通过踩制动踏板使汽车减速，当汽车车速下降到某一数值时，便会出现发动机转速突然上升，而车速反而下降的现象，发生这一现象即证明实现了降挡。

专门设置了超速挡开关控制装置的自动变速器，由于其自动变速器是否进入超速挡工作，仍由驾驶员通过按超速挡选择按钮来控制，因此可在高速行驶时通过打开与关闭超速挡选择按钮来控制超速挡的升挡与降挡。操作时先关掉超速挡开关（仪表盘上 O/D OFF 指示灯亮起），加速汽车使其升挡至直接挡行驶，到达直接挡位后再继续加速，使之超速挡行驶（一般都加速到 80~100km/h 以上），这时再按下超速挡选择按钮，使超速挡接通（这时仪表盘上 O/D OFF 灯熄灭），观察发动机转速与车速的变化，结合驾驶乘坐感觉来判断汽车是否进行了超速挡的升挡过程并进入超速挡行驶，经检验已经进入超速挡工作后，再按下超速挡选择按钮，使超速挡断开，这时同样通过发动机转速与车速的变化、驾驶乘坐感觉的变化来判断汽车是否发生了超速挡的降挡过程。

要使自动变速器正常工作，除了能进行升挡与降挡外，还得使自动变速器有正确良好的自动换挡时刻。由前面叙述可知，确定汽车自动换挡时刻主要由发动机负荷和车速两个因素决定，而反映发动机负荷有两个重要参数：节气门开度和发动机转速。在自动变速器的换挡控制中都以节气门开度信号为主来反映发动机负荷，但在路试时发动机的转速容易直观检查，故在此引入发动机转速作为发动机负荷参数。

⑦ 发动机制动性能试验。当汽车在下长坡时，汽车因重力作用而加速滑行，由于坡道距离长，不可能一直利用刹车制动力减速，故要求利用发动机运转惯性对汽车进行反拖制动。一般自动变速器为实现 1 挡发动机制动而设计了一组低挡滑行制动器。对发动机制动性能的试验操作方法为：

a. 可在汽车下坡时将变速杆置于 L 位，观察汽车滑行的制动情况。

b. 在平路上将车速提升到 60km/h 左右，然后将选挡手柄置于 2 位，当车速为 40km/h 左右时，再将变速杆置于 L 位，观察汽车车速是否下降很多。对于有 2 挡滑行制动器的自动变速器，其 2 挡制动性能的检查方法与之类似。

⑧ 强制降挡功能检验。在汽车行驶中如果急加速，则此时的加速度特别大，由汽车驱动力矩平衡关系可知，这时需要的驱动力矩也应特别大，除了增大发动机输出功率外，还可

通过减速的方法来实现增矩。操纵变速器使之进入低挡位行驶状态,提高汽车驱动加速性能。一般的检验操作方法是:

在适合做试验的道路上,汽车节气门开度为一半以下的状态,使汽车在 D 位自动换入 3 挡以上的挡位工作。

然后迅速将加速踏板踏到底,这时通过发动机的转速变化情况来检验自动变速器是否发生了强制降低一个挡的情况。

如果发动机的转速能迅速上升到 4000r/min 左右,汽车有明显的向前冲的现象,并且发动机的转速随着车速的上升和自动变速器的自动升挡而慢慢下降,说明自动变速器的强制降挡功能正常。

⑨ 液力变矩器锁止功能检验。让发动机的水温与变速器的油温达到正常工作温度,在平坦的路面上加速汽车,使其车速达到 60~80km/h 以上,自动变速器自动换入了 3 挡或 4 挡。

检查液力变矩器锁止离合器锁止是否正常的方法是:迅速踏下加速踏板,看发动机的转速是否有明显的升高现象。如果锁止离合器已经锁止了,发动机的转速则没有明显的升高现象。

检查液力变矩器锁止离合器分离是否正常的方法是:在液力变矩器锁止离合器锁止后,微踩制动踏板(让制动开关接通即可,而不让汽车制动),看发动机的转速是否下降为怠速转速。如果下降为怠速转速,则属正常。

⑩ 手动选挡试验与挡位接合时滞试验。这两个试验可放在一起进行。

试验前的准备工作:由于这两个试验是不需要让汽车移动的,因此需要在汽车驻车制动与脚制动功能正常的情况下才能进行,否则会发生机械事故与安全事故。为了准确检测出挡位接合的延滞时间,还需要准备一只秒表。

试验操作方法:在变速器油温正常后,将汽车停在平地上,拉好驻车制动,在 N 位时起动发动机,踩住制动踏板,将变速杆推入 R 位或 D 位的瞬间开始计时,直至感觉有振动的这一瞬间终止计时,然后再将变速杆置于 N 位,放松制动踏板。为了保证精确性,在操作时需多次测试,最后取平均值。

各种自动变速器的时滞时间有所不同,但一般都在 1~2s 范围内,新型电控自动变速器的时滞时间可能会稍短些。一般 R 位较 D 位的时滞时间长 0.3~0.5s,因为在液压操作系统中倒挡油压较高,为了避免较大振动,蓄压器等缓冲装置要求油压上升更缓慢些;另外,低倒挡制动器的摩擦片较多,制动器间隙也较大,因此活塞的行程也较长,液压缸容积变化较大,致使时滞时间较 D 位长。

时滞试验分析如下:

a. 如果进 R 位和 D 位时滞时间都过长,则原因可能为油液脏污,导致控制滑阀卡滞,阻尼小孔堵塞;控制油液的压力过低;超速挡机构直接挡离合器间隙过大。

b. 如果进 R 位正常,而进 D 位时滞时间过长,则原因可能为前进挡控制阀阻滞;前进挡位油路或换挡执行元件活塞有泄漏,使压力降低;前进挡离合器等元件间隙过大;D 位或相应执行元件的液压蓄压器背压泄漏或弹簧变软及折断。

c. 如果进 D 位正常,而进 R 位时滞时间过长,则原因可能为倒挡控制阀有阻滞;倒挡油路或倒挡执行元件活塞及蓄压器等有泄漏,使压力降低;倒挡离合器、制动器、直接挡离合器等摩擦元件间隙过大；倒挡蓄压器背压泄漏或弹簧过软与折断。

必须注意的是：经过时滞试验得到的结果可作为判断故障的参考，需结合其他试验结果及现象进行故障诊断。

（二）自动变速器的故障诊断

1. 无挡故障诊断

在装有自动变速器的汽车上，将变速杆置于行驶挡位（即前进位和倒挡位置，也即除P、N位外的其他挡位），解除驻车制动、制动踏板后，踏下加速踏板时，汽车不行驶的现象俗称无挡。无挡故障是一种较常见的故障，导致无挡故障的原因较多，机械部分、液压系统及电控系统工作不良均会导致这种故障的发生。但只要正确灵活运用故障诊断方法，问题都可迎刃而解。

无挡故障又可分为：无任何挡、无任何前进挡或者无倒挡、缺挡（只有某一挡或某几个挡）。因此在对自动变速器进行故障诊断前应先确定为哪一种故障，再将变速杆分别置于各个挡位，利用听觉与触觉来判断是否有其他现象（例如，异响、振动、发动机噪声等），以便进一步进行诊断。

（1）无任何挡　自动变速器同普通手动机械变速器一样，都是起到传动并改变转速和转矩，改变转动方向或切断动力传递的作用。出现无任何挡故障的实质就是变速器不能起到传递动力作用而使汽车动力中断。

对任何前进位均无挡的故障，应首先检查是不是非变速器故障，例如，车轮被抱死；传动系统卡死及传动系统有损坏部位，导致传动中断；自动变速器动力输出部分的机械锁止机构在P位时将输出轴锁住，使驱动车轮不能转动。如果此锁止机构出现故障而不能将棘爪脱开，将造成变速器无法传递动力。具体排除上述故障的方法是：将变速杆置于N位，看在平地上是否可以将汽车推动，或将汽车举起后看车轮是否能灵活转动，且传动轴是否能随驱动车轮一起转动，如果这些情况都正常，则可判断故障的确出在变速器上了。下一步就可集中检查变速器，检查方法很多，简单而又行之有效的方法是利用"进挡试验"。起动发动机，将选挡手柄分别置于各个挡位，在挂入挡位后是否有振动感。若有振动感，则说明液压系统在使换挡机构各制动器、离合器动作，故障可能出现在动力直接传递路线上，如果在挂入挡位后一点振动感也没有，则说明控制部分有故障。对于动力直接传递路线上的故障，检查方法是：挂上挡后在加速发动机时，听诊是否有异响从内部发出，如果有尖锐的异响，则说明内部行星齿轮系统机构有损坏现象；否则，应检查变速器的控制与操纵系统。

1）自动变速器控制装置的故障是导致无挡故障的常见原因。控制装置的构成包括：液压控制阀体、液压油泵、液压油油道、信号传输部分（节气门开度信号和车速信号的转换装置）、自动变速器油以及电控部分等，其结构较复杂，出现故障的可能性较大。系统中，是以自动变速器油为工作介质的，因此应首先对其油位及油质进行检查。需注意油变质与脏污极可能将集滤器堵塞，而造成与缺油同样的现象，故换油或补油是处理自动变速器故障的第一步。

2）操纵选挡机构故障也会导致无挡，我们知道，驾驶员是通过操纵选挡机构将自己的意愿变成指令传递给控制装置使其动作的。选挡系统导致汽车无挡故障的情况不外乎有连接脱落、调整不当、连杆变形等几种。将汽车举起，扳动变速杆使之分别进入各挡位，观察位于变速器空挡起动开关处的变速杆摇柄是否也相应进入了各挡位。检查操纵选挡机构的外连接件是否松脱,如图 3-26 所示。如果正常,说明故障在变速器内部机构上;如果摇柄处的位置与手柄处不相符,则说明选挡机构调整不当。发生在变速器内部的选挡系统故障主要是选挡拨叉与手动阀连接脱落,变速杆与转轴间连接松脱,拆开油底壳即可看到。

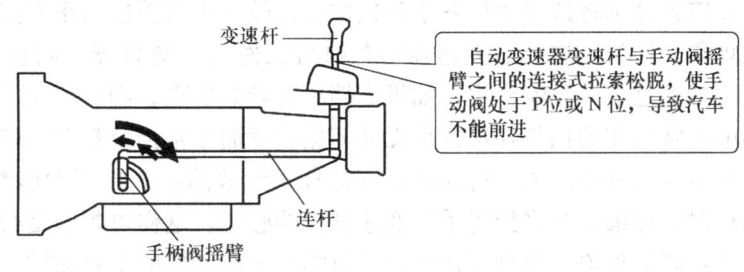

图 3-26　检查操纵选挡机构的外连接件是否松脱

3) 油泵故障导致无挡。控制装置中液压系统操纵各执行机构动作,油泵承担着为整个控制系统提供动力介质的任务,因此如果它工作不正常,将导致整个系统工作失常。自动变速器使用的油泵一般有转子泵和叶片泵两种,由发动机驱动,驱动方式一般有两种:a. 装在变速器前端的油泵,由与发动机飞轮连接一体的液力变矩器的轮毂套端面处开有的缺口驱动转子上的齿块而转动;b. 油泵装在变速器后端,由一根细长的油泵驱动轴,连接液力变矩器泵轮体与油泵转子,通过驱动轴花键驱动。如果油泵工作不正常,就会出现:油压过低或没有压力油输出,执行机构就不能正常工作。就油泵故障而言,除油泵本身损坏外,油泵不能被驱动和油泵进油管道与出油管道串通都将发生前述现象。对油泵故障的判断可利用油压测试法进行,如果经检测主油道压力,油泵油压一点也没有,则可能是油泵不转或油泵严重损坏,如果压力低,则可能为油泵磨损,集滤器堵塞,油泵吸油管道有泄漏而进入空气(在油泵内进入空气后有较大噪声出现)。就液压控制系统故障而言(包括液压、电控系统),为整个液压系统提供合适油压的主油压调节系统出现故障的情况较多。例如,阀体上主油路压力调节阀、电控自动变速器中的油压调节电磁阀及手动阀工作不正常,均会导致没有油压力或压力太低。其中电控系统中油压调节电磁阀的故障,除本身工作不正常外,还与输入到控制单元的信号有关,这可通过系统故障自诊断进行检查。

4) 排除了控制装置引起无挡故障的可能性后,应进一步用以下方法检查动力直接传递装置各部位。

① 用经验判断法来判断变速器油质及变速器内部是否有异常。特别要注意声音是否异常,如果在外部不能听到动力直接传递装置有任何异常响声,换到挡位后又有振动,可用压缩空气试验法进一步验证各离合器、制动器活塞动作是否正常。

② 解体检查法:最后可解体变速器进行检查。出现这种无任何挡的情况,原因可能是全部离合器或制动器烧损;超速挡机构的离合器或制动器烧损及单向离合器损坏;多组离合器、制动器烧损;单向离合器与其他离合器和制动器损坏等多种情况。另外液力变矩器作为动力传递的重要装置,如果其与飞轮连接松脱,其内部损坏或涡轮轴损坏都将使传动中断,所以在解体时有必要对液力变矩器进行检查。

(2) 无前进挡或无倒挡　在自动变速器的维修中常遇到这种情况:a. 变速器选挡手柄置于前进挡位(D、2、L)均无驱动反应,置于倒挡位置却能正常倒车;b. 汽车在各前进挡位均能正常行驶，而在倒挡（R位）时汽车却不能倒车。

自动变速器中大都为行星齿轮系，没有专门为某一挡而设计的齿轮，只需改变传递路线就可实现各挡的动力传递。如果其他各挡位都能正常行驶，一般与行星齿轮系关系不大。

对于这类故障应先分别将选挡手柄置于各挡位，比较非正常挡位与正常挡位，观察进挡后有什么不同的现象，例如：进挡后变速器内各执行元件（各离合器、制动器）接合时的振动是否正常，进挡后是否有异响产生。如果进挡后有异响出现，则有相应的元件损坏，需解体检查。如不能正常工作的挡位在进挡后无任何振动感而正常挡位却有，则为相应挡位的液压系统故障或相应变速杆系故障。可在确认变速杆系无故障后，再用油压测试进行验证。另外在扳动变速杆时，仔细体会进挡时手在变速杆上的感觉，这样可判断是否有变速杆系脱落、卡滞或调整不正确的现象。自动变速器油是影响变速器工作的重要物质，故对变速器油位、油质的检查不可忽视。

1）无前进挡（D、2、L），只有倒挡。如果变速杆置于前进挡位后变速器内有相应的离合器或制动器动作声，但无其他响声，则说明有相应的前进挡离合器或制动器摩擦片损坏，可用油压测试进行检验。另外，也可能是离合器或制动器的液压系统存在轻度泄漏，导致离合器或制动器虽然接合但接合不可靠，从而不能驱动传动系统。可采用油压测试检验这些挡位在失速时的油压情况是否正常，加以验证。

在一些变速器中，如果行星轮系中某一单向离合器打滑，也将不能传递动力，尤其是1挡单向离合器打滑，便会出现汽车无前进挡。

比较常见的故障现象是将变速器选挡手柄置于前进挡位置后，传动系统一点反应也没有。结合倒挡（R）及P、N位都正常这一现象，可将故障范围缩小到前进挡的直接执行与控制部分。首先检查变速器油位及油质，初步判断变速器的技术状态（例如有无油温过高、油液变质、磨屑等）。如果油液已变质且有较多磨屑，则极有可能是变速器内部机械部分有故障。如果油液良好，则看故障是在使用中出现的还是在维修后出现的。如果故障是在维修后出现的，则需首先考虑是否是变速杆系与手动选挡阀脱落未连接上，阀体与变速器壳体的安装及油道口处密封是否良好，变速器内的相关机构及单向离合器的装配是否正确。如果故障是在使用中出现的，则原因为液压控制系统不正常，可利用油压测试检测1挡离合器或制动器油路油压、前进挡离合器油路油压。如果变速器没有上述的1挡油压测试接点，可直接检测主油路油压，再进挡看是否有无变化。如果在变速杆置于相应的挡位之后油路根本无油压，则说明相应挡位的换挡执行元件油路已严重泄漏或者相应液压控制阀根本就没动作；如果油路油压过低或在进挡前后及踏加速踏板提高发动机转速时油压无变化或变化不大，则说明油路有泄漏。如果检测到油压不正常，可拆下变速器油底壳，看选挡手动阀是否能跟变速杆的移动一起作相应运动。如果正常，则拆下阀体，用压缩空气通到变速器箱体上到各离合器或制动器的油道口处，看是否有相应的动作，再保持片刻听是否有漏气声，通过声音及漏出的有色空气来判断这些离合器或制动器是否动作及油路是否泄漏。如果用压缩空气试验法检查正常，则检查阀体与变速器壳体间密封是否良好，控制阀体各阀是否能正常工作以及各液压蓄压器能否正常工作，密封是否良好。如果是电控液动自动变速器，则还需检查各电磁阀工作是否正常及与油道之间的密封情况是否良好。

2）无倒挡而其他前进挡位均正常。诊断的第一步是先移动变速杆，检查变速杆是否能灵活地进入每个挡位，以及进挡后变速器内部的离合器、制动器是否都有动作反应。因为在大多数自动变速器中，选挡系统的挡位位置排列都采用 P、R、N、D、2、L 的顺序直线排列，这样倒挡位置与各前进挡位置各在 N 位的两端，如果选挡机构的调整或传动连接不正确，则极有可能造成无倒挡 R 位而前进挡各位均正确。由于 R 位两侧是 P 位与 N 位，都是不传递动力的挡位，所以只要选挡系统位置调节上稍有误差，就会造成无倒挡现象。

一般装自动变速器的汽车在倒挡执行器啮合时，都有比其他挡位明显的振动感觉，因此可利用此现象来大致判断各执行元件（倒挡离合器或制动器）的工作是否正常，从而缩小故障诊断范围。在条件许可的情况下，对汽车的前进挡位进行路试，通过比较前进挡各个挡位的实际工作驱动情况与其执行元件的运用情况来分析判断故障原因。

如果通过路试检查不能确定故障，或前进挡工作情况正常，则需要对倒挡独立工作的执行元件或倒挡工作油路进行检查判断。检查方法主要是对倒挡离合器或制动器进行油压测试，如果没有其油压测试点，则着重对怠速时主油路压力进行测试。因为倒车时常有频繁的制动与起步，所以为了能够可靠地实现倒车，在设计上将倒挡时的主油路油压提高，以增加液压活塞对离合器或制动器的压力，以保证啮合的可靠性。因此有时在倒挡离合器或制动器动作后，由于各种原因造成主油路油压低，往往也不能实现正常倒车，但有一点需注意，压力低只是不能正常倒车，并非进挡后一点反应也没有。

影响油压的因素除前述液压系统本身外，变速器油位和油质也是一个重要因素，故在诊断时应先检查油位、油质、油液粘度是否符合要求。如果油质与油位状况良好，则应对倒挡时主油路油压进行测试。如果油压过低，则说明可能是供油压力故障、液压系统调压不良故障或油道泄漏故障。

供油量不足，首先应考虑集滤器是否脏污堵塞，其次考虑油泵故障（例如，严重磨损漏油，油泵安全阀泄漏，可变量油泵的变量调节机构故障）。处理这类故障时可拆开油底壳检查集滤器是否脏污堵塞、集滤器与油泵进油口密封是否良好，油泵本身故障一般较少，且油泵必须解体后才能检查，所以应对其他部位检查后再解体检查变速器及油泵内部。

供油调节系统调压不正常的故障原因，一般都是一次调压阀工作不良。例如：滑阀卡滞，调压弹簧变软，下方作用的油压（节气门阀控制的油压、倒挡油压）存在泄漏而使调压阀的调节压力变低。有些变速器采用双参数无级变化主油路压力调节系统，在这种系统中，如果调压阀卡滞在最大开度位置，也会使主油路油压降低，但在前进挡行驶时会出现换挡不正常现象。对一次调压阀等阀体故障可采用清洁活动阀体、更换阀体密封垫的方法维修，如果无效就得更换阀体。有些电控液动变速器中主油路油压由电磁阀控制，可检查电路有无故障及电磁阀是否卡滞。

对于液压油道及换挡执行机构活塞泄漏，可采用压缩空气试验法加以判断，如果有泄漏，就得更换密封件。有些自动变速器上有专门的各离合器或制动器油压测试接口，利用液压测试可判断故障原因。如果油压及离合器与制动器的动作都正常，则原因可能为相应的离合器或制动器摩擦元件损坏。

在一般的行星齿轮系自动变速器中，倒挡往往与前进 3 挡同用一个离合器，与 L 低挡同用一个制动器，故可通过路试或对前进挡进行失速试验加以判断。如果挂上倒挡后，换挡执行机构无任何动作反应，且无油压，而选挡系统又正常，则原因可能为倒挡控制阀或倒挡减振蓄压器工作失常。在一些定轴齿轮系自动变速器中，相应的齿轮机构故障也可能导致无倒挡。

(3) 缺挡 缺挡故障即变速器在工作时某一挡位或某几挡出现无法工作的现象。这里说的缺挡主要指前进挡位中某些挡位工作不良。在 D 位主要表现为无 2 挡、3 挡或超速挡，在 2 挡主要表现 2 挡加速挡或无发动机制动，在 L 位主要表现为无法驱动汽车或无发动机制动。

对此类故障的诊断首先应检查变速器油，大概了解一下变速器当前的技术状况，在确认变速器油位及油质正常后，才能进行路试。通过路试来判断故障具体属于上述哪一种情况，且在路试时注意变速器有无其他异常情况发生（例如，有无噪声、异响、振动以及发动机的声音及负荷变化情况）。

1) 自动变速器无法进行换挡动作。

① 全液控自动变速器。

a. 全液控自动变速器控制换挡动作最根本的依据就是车速和发动机负荷。车速信号是通过位于变速器输出轴处的速控阀将车速转变为车速油压信号；发动机负荷信号是通过一根拉线连接节气门和变速器内的节流阀，节流阀能随节气门阀的转动一起移动，将节气门的转角信号转变成节流阀的位移信号，通过控制节流阀的移动来控制过油通道的面积大小，从而转变成负荷油压信号。两个油压信号被分别作用于换挡控制阀的两端，通过这两个油压的相互平衡来确定换挡阀的位置，从而控制（改变）通向各换挡执行元件液压活塞的主油路通道。上述任意一个环节出现故障，均会使整个换挡控制系统无法换挡或无法正确换挡。

b. 利用油压测试法进行分析判断。可利用油压测试法对调速器控制阀油压（即车速油压）和节气门控制阀调节油压（即负荷油压）进行检测。如果测得的油压均较低或较高，则测试主油路压力，因为这两个信号油压的压力源均来自主油路。如果主油路油压正常，而调速油压或节气门阀调节油压不正常，则说明相应的调速器阀或节气门节流阀及其油路有故障。如果两个信号油压都正常，则自动换挡阀存在故障。如果在变速器壳体上有各离合器或制动器的油压测试接点，则可在举升机上将汽车举起，模拟换挡试验，使车速与发动机转速都上升到设定值，看相应挡位的离合器或制动器有无油压。如果无油压，则说明该挡位换挡阀无换挡动作；如果有油压且正常，则说明执行元件有故障或其油路有堵塞现象。如果无法测得相应挡位离合器或制动器油压，或者经测量无油压，则需进一步检查阀体，检查是否有相应阀卡滞或油路堵塞现象，其次便是用压缩空气试验法检查各换挡执行元件是否动作。

② 电控液动自动变速器。电控液动自动变速器电子控制单元将各传感器信号收集后进行综合处理，经电脑分析运算后给换挡电磁阀发出动作电压信号，通过电磁阀的动作对换挡动作液压阀进行控制，从而改变换挡油路，实现换挡。对这种系统的故障诊断可分为两部分进行，即电控部分和液压系统部分。

电控部分的故障一般都可通过自诊断系统进行初步诊断。利用自诊断系统获得故障码，然后再根据故障码所提供的信息，对系统相应部位及线路进行具体检测诊断。不过自诊断系统无法检测到换挡电磁阀阀杆的卡滞现象，故电磁阀的动作正常与否及密封情况的好坏，应放在液压系统故障诊断时一起进行检查。也可利用电控系统故障诊断法中的开关检测法或试灯检测法来对系统进行检查，并做出判断。用试灯可以检测电控单元的控制信号是否正确，从而判断电控系统是否有故障；用开关检测法可检查自动变速器内部工作是否正常。

电控系统经检查无故障后，就应对液压控制系统进行检查了。其检查方法与全液控自动变速器（除两油压信号的检测外）相同，可利用油压测试法对系统的工作情况进行检查，检查、清洗阀体可对液压系统有无滑阀卡滞及损坏故障等进行判断，对执行元件进行气压试验可检查各换挡执行元件的动作是否正常。这些方法根据实际需要进行逐项选择或综合选择。

2) 换挡动作后无法稳定保持该挡工作状态。汽车在行驶时发动机转速与车速升到某一个数值后就出现发动机转速突然上升，而车速反而下降的情况；或者发动机转速与车速增加到一定程度后，出现发动机转速与车速不相匹配，汽车出现较大的冲击后才换入高挡高速行驶，这时发动机转速降低车速增大，发动机转速与车速的变化均相当大。出现这两种故障均为换挡故障，前者为换挡动作后汽车缺挡失去驱动而车速下降，后者为汽车不能进入应进的挡而直接超越式换挡。

① 打滑型缺挡。对于第一种缺挡故障，与变速器打滑的现象相近，因此称其为打滑型缺挡故障，可通过路试进行检查。检查在运行中和故障出现时有无异常现象及响声，如果变速器有异响且油内又有较多磨屑杂质，则说明行星齿轮机构元件及摩擦元件等机械部分损坏，应解体检查、修复或更换新件。

如果排除明显的机械损坏故障，缺挡故障还不能确认，就应考虑液压系统故障了。利用油压测试法检测油路油压。检查故障出现时油压是否降低，如果油压降低，则说明该挡位液压油路有泄漏，可用压缩空气检查该挡位各离合器和制动器的液压活塞及油路是否存在泄漏，如果没发现泄漏现象，则进一步检查阀体是否正常。如果油压正常，且相应离合器或制动器动作正常，则需检查变速器的其他相应机械部分是否有故障。如果在故障出现时，到执行元件的油压信号也丢失，则可能为滑阀卡滞或液压系统严重泄漏。

② 错挡型缺挡。对于第二种缺挡故障，因其没有驱动打滑现象而与换挡时间及规律不正确故障极为相似，所以称其为错挡型缺挡故障。这种故障在判断时应特别注意与换挡太晚故障区分开来，一般换挡太晚故障的换挡顺序及换挡规律是正常的，而缺挡故障则是没有正确换挡顺序及换挡规律的。

在诊断时应先区分变速器是液控换挡还是电控换挡。如果是全液控变速器，应测试其调速器控制阀油压与节气门控制阀调节油压，看两信号油压是否能连续且成比例地随车速与节气门开度的变化而变化。如果不正常，则说明有故障，应对其系统进行检查。如果信号油压正常，则检查阀体中换挡阀是否能良好动作，进而确定故障部位。如果是电控液动变速器，应首先检查电控系统的控制信号及电磁阀，这是因为在电控液动自动变速器中，通过两只换挡执行电磁阀通断四种状态的排列组合来控制油道，或相应电磁阀控制相应换挡挡位，使换挡液压阀动作，实现不同挡位工作。如果电磁阀动作不良或误动作都会导致上述缺挡故障发生。

对电控系统的检查可利用自诊断系统及检测仪进行，也可断开换挡电磁阀线束，进行手动换挡试验或电磁阀开关操作试验，看变速器是否能正确地进行工作及挡位情况是否有变化。如果无变化，则说明电控部分有故障，如换挡控制滑阀及换挡电控阀均工作不正常。如果电控部分无故障，则检查电磁阀阀杆的活动情况，控制油道是否堵塞及泄漏。换挡动作液压阀是否卡滞，可通过解体清洗检查阀体来排除故障。

2. 驱动无力

驱动无力故障即自动变速器作用到汽车驱动轮上的转矩不够而使汽车动力下降的故障，常见现象是：起动时发动机转速升高很快而车速升高缓慢；行驶中踩节气门加速时，发动机转速不能与车速同步提高。

(1) 所有挡都驱动无力 将变速器变速杆分别进入各个前进挡后汽车加速,汽车车速反应都很慢,即为各挡均驱动无力。较多的情况是起步困难,行驶时踩加速踏板而汽车的车速反应却不明显。

这类故障常常被错误地归结于自动变速器,其实从根本上分析,对驱动无力故障的判断是根据踩下加速踏板这一动作与车速变化这两个感觉的对比来得到的,深入分析就是根据发动机转速表与车速表的比较而得出判断的。因此,应排除发动机、传动系统其他部件故障的影响因素,特别是发动机故障易与驱动无力相混淆。

导致所有挡位驱动无力的原因有:主油路压力低;变速离合器或制动器严重损坏;单向离合器损坏;油泵损坏;液力变矩器损坏;蓄压器损坏等。

(2) 某挡驱动无力 在倒挡(R位)或前进位的某一个挡位(或几个挡位)行驶时,有驱动无力的现象,由于这种现象发生在某个挡位而其他挡位很正常,因此故障原因大多是自动变速器打滑。

1) 所有前进挡驱动无力。即汽车在各个前进挡位均驱动无力,而倒挡很正常。对于这种故障应该区分倒挡是否也存在驱动无力的现象,因为人们对于向后的运动不很敏感,因此较轻微的无力现象便不易分辨出来,所以一般路面行驶不好判断。为了确切验证故障现象,可通过失速试验检查是否有打滑现象存在,或在30°左右的坡道上分别用前进挡和倒挡起步,来观察是否有明显的差别。

故障确认之后,检查油质情况,无危险性异常后,再对汽车进行路试,观察自动变速器是否能正常自动换挡,如果自动变速器不能正常自动换挡,则说明是传动比不正确而导致驱动无力,这种情况主要发生在一些电控自动变速器上,例如,克莱斯勒与奔驰、宝马、奥迪等新款欧洲车型电控自动变速器,因为这些自动变速器出现故障时往往将自动变速器锁止在2挡传动比的状态下工作。如果能正常自动换挡,则进一步试验汽车在2挡、3挡、4挡行驶时是否有驱动无力的现象,如果2挡、3挡、4挡行驶正常,则说明变速器1挡驱动打滑;如果在行驶时虽然能勉强自动换挡,但在换挡后仍然存在驱动无力的现象,并且在行驶时发动机转速较相应车速有明显过高的现象,则证明自动变速器有打滑故障。

① 各个前进挡都驱动打滑。这种情况可能为前进挡离合器因故障打滑,为了区分是机械部分的故障,还是液压系统的故障,以及故障出现的根本原因,可通过液压测试来判断。如果液压系统的压力正常,则说明故障在机械部分的离合器上,一般是摩擦片损坏。在实际维修中,液压系统不正常的现象比较多,很多时候离合器摩擦片的损坏都因液压系统工作不良造成,液压系统工作不正常又以油路压力低的情况较多,而压力过高也会导致离合器在接合时太粗暴,使其快速损坏。如果油路压力过低,则进行主油路的压力测试,最好对几种状态下油路的压力都进行测试,以便进行故障诊断及分析。

② 1挡打滑。对于1挡打滑的现象,如果在低挡位与其他各挡位也一样,则说明相关的1挡油路有漏油现象,主要原因有:控制1挡的相应执行元件(指各离合器与制动器)的油路部分有漏油现象。对于一些低挡滑行制动器(或离合器)不与倒挡制动器(或离合器)共用一组制动器的变速器(如部分美国车系自动变速器),其离合器(制动器)和单向离合器损坏也会出现这种打滑现象。在实际故障诊断中可先进行油压试验,观察进挡后油压是否下降,如油压有较明显的下降,则说明系统有漏油的情况,可根据实际情况进一步检查。如

果油压正常，则故障可能在离合器及单向离合器，可通过道路试验与失速试验确认，再解体变速器进行检查。

2）低挡位以外的各前进挡均驱动无力。在自动变速器进挡后的行驶中，倒挡和低挡位能正常行驶，而在前进位（如D位、3位、S位）与2位则出现了驱动无力的现象，这种故障比较容易确认，因为低挡位（L位或1位）与D位、2位同是前进挡，如果D位、2位等挡位出现了驱动无力现象，那么它与低挡位有明显的差别，这一故障现象同样有两大故障原因：挡位的传动比不正确与驱动打滑。为了区分是哪一类故障，可采取前述自动换挡试验，检查油质无危险性异常后，再对汽车进行路试。检查自动变速器是否能进行正常自动换挡。自动变速器能或不能正常自动换挡的对策见前所述。

如果自动变速器的状况很差，不适合进行路试，则可在举升机上进行空负荷自动换挡试验，对自动变速器的自动换挡情况进行检验。另外，因传动比不正确而导致的故障，在对自动变速器进行失速试验时失速转速不会明显地超过规定值。

① 自动变速器的传动比不正确而引起驱动无力故障，主要是指自动变速器在高速挡时起步。这种故障在电控自动变速器上较容易出现，当然在液控自动变速器上若其换挡信号油压不正常，换挡阀等卡滞也会出现同样故障。

在电控自动变速器上，首先检查其故障警告灯是否闪亮。如果闪亮，可先利用故障自诊断方法检查电控系统故障。如果没有故障码存在，可先通过专用电脑检测仪的数值流分析功能，检查电脑输出的挡位控制信号及其他信号，或在变速器外面的电磁阀控制导线上并联引出接线，通过测试灯或电压表检测自动变速器的挡位控制信号。如果信号不正确，则故障在电控部分；如果信号正确，则检查电磁阀与液压控制系统（主要是阀体）。如果电磁阀发生泄压或卡滞，阀体中有滑阀出现卡滞现象，就会导致挡位不正确。

电控自动变速器出现挡位不正确的故障，在电控部分主要有两个方面原因：a. 因电控部分的某个重要元件有故障使电脑进入失效保护状态，或重要电气元件信号错误及线路错误，致使电脑输出的控制信号错误；b. 控制单元（电脑）出现错误控制。如果通过检查得知电脑的输出信号错误，而相应的传感器与控制线路没有故障，则可初步判断为电脑有故障，可根据实际情况更换电脑做对比试验，有条件的也可对电脑做进一步检查。

② 打滑故障。故障原因在机械部分，主要是相应挡位的离合器、制动器及单向离合器有故障，在液压系统部分主要是相应换挡执行元件的油路有泄压现象。

在大多数自动变速器中，正常前进挡的任一挡都用到了单向离合器的锁止作用，如果该单向离合器因损坏而打滑，则会出现驱动无力，严重时为无挡现象；单向离合器损坏只出现低挡位以外的前进挡驱动无力，是因为在低挡时有低挡滑行制动器工作，故在低挡能正常工作，在实际故障诊断中，这类故障往往表现为冷车时的状况比热车时好，与液压系统有泄压的故障现象极为相似，但可以通过液压测试来区分。

对液压部分的故障，可通过液压测试进行检查，如果在其他挡位时的油压都正常，而在进入D位、2位、S位后的主油路压力突然下降，则说明这时工作的离合器或制动器油路有漏油现象。这时可就车拆下阀体，通过气压试验检查相应的油路及液压活塞是否有泄漏的地方，如果有泄漏，则解体检查变速器；如果没有泄漏，则说明阀体有故障。如果在正常使用中出现的故障，则主要是各滑阀有卡滞现象及密封件破损；如果故障在维修后才出现，则注意检查阀体的装配是否有错误，更换的密封纸垫是否是该车型的，油路板是否有损伤及变形。

3) 倒挡驱动无力。即变速器进倒挡后起步出现驱动无力，而在其他挡位又正常的现象。在实际维修中碰到的倒挡驱动无力故障绝大部分是打滑产生的，因为倒车时的车速都不很高，能在使用中觉察出故障已经比较明显且严重。

对于倒挡驱动无力的故障，可先了解故障出现的过程及出现的时间，再进行挡位试验，用进挡时滞试验检查挡位接合的迟滞时间；检查进挡冲击现象的明显程度；通过选挡试验检查挡位的调整与定位是否正确；也可通过油质状况检查对自动变速器的状态作大体了解。如果油质变得非常不好，有焦煳味并有破碎的细杂质，说明变速器内可能有摩擦片损坏。手动阀未能达到正常的工作位置，也会导致挡位工作不良。

对故障确认之后应进一步对自动变速器进行油压测试，因为大多数打滑故障是由摩擦片损坏所致，而摩擦片的损坏大多与主油路压力有关。为了进一步找到故障根源，在对自动变速器进行解体检修之前，应对其进行油压测试。如果压力正常，则为机械部分故障；如果压力不正常，则进行详细的压力测试，并根据实际情况决定是否进行气压试验，来区分是相应的离合器油路故障，还是阀体等控制系统泄压或堵塞故障。

4) 正常行驶的 2 挡、3 挡或 4 挡驱动无力。即在正常前进挡位（如 D 位、S 位）行驶时，起步与加速换挡都能正常进行，但是会在自动换入某一挡后就出现驱动无力的故障。这类故障原因主要是（离合器、制动器）打滑，当然对于打滑故障来说，也主要以机械与液压部分故障为主。更直接一点地说，也就是故障与相应挡位的执行元件与液压控制部分的元件有关。

对于这类故障，可以通过手动换挡试验对故障进一步确认，可以通过检查油质状况与行驶中有无诸如异响等一些其他相关情况，对故障进行辅助判断。例如：在故障出现时有很明显的异响发生，或油液严重变质并有金属磨粒，说明自动变速器的机械部分存在故障的可能性较大。如果仍不能确定故障原因，可进行油压测试，以区分机械与液压系统的故障，最后根据需要对自动变速器进行解体检修。

(3) 某时驱动无力　某时驱动无力故障即故障的出现与时间有关，而与自动变速器的挡位等没有重要关系，也就是说故障是在一定条件下才出现的。按故障出现的形式可以分为加速时驱动无力、高速大负荷时驱动无力、偶然性驱动无力三种情况。

这类故障的出现不是一直存在的，只是在一定的条件下故障才出现，因此故障分析诊断的难度就稍大一些。这类故障一般与"后段传动部分"的传动行驶系统的关系不大，故障主要发生在发动机与自动变速器上。在自动变速器上，故障主要发生在液压系统与电控系统，当然也有少数故障是因机械部分的故障而产生的。在故障诊断前应首先通过道路试验让故障重新出现，根据故障出现的过程与症状区分出属于哪一类故障，然后再有目的地进行检查、诊断。

1) 加速时驱动无力。即在汽车行驶时快速踏下加速踏板急加速行驶时，汽车车速却不能快速提高，但在匀速行驶与缓慢加速时工作情况又比较正常。

这种故障原因主要有两方面：a. 发动机有故障，使输出功率不足，加速性能差；b. 自动变速器有故障，导致变速变扭不良及传动损失。因此在诊断时应首先区分出是发动机有故障，还是自动变速器有故障，一般有以下几种方法，在故障诊断时可根据实际情况灵活运用。

① 观察并检测发动机的工作情况是否正常。如发动机工作是否很平稳，排气是否正常，对发动机进行空加速检查时发动机的加速性能是否良好。

② 在路试时观察发动机的转速是否与车速相对应。如果在加速行驶过程中发动机的转速与车速都不是很高，并且发动机的转速再提升很困难，则发动机的故障可能性较大；如果发动机的转速能很快提升而车速却提升很慢，则自动变压器的故障可能性较大。

③ 通过对变速器进行失速试验来分析判断。

④ 通过故障自诊断系统得到与此相关的故障信息，作为故障诊断的参考资料。

⑤ 可在试车时的加速过程中听发动机工作声音的变化情况，从而对发动机是否工作良好进行判断。

如果故障出在发动机上，则按相应的发动机故障诊断方法进行检测。对于自动变速器故障，有以下几种主要情况：

a. 自动变速器内存在轻度打滑现象。在检查这种故障时，要特别注意检测在加速、大负荷时主油路压力是否能达到相应要求，失速油压是否符合标准。如果油压不正常，则按油压检测方法进行检查诊断。如果变速器装用电控油压调节系统，应注意检查电路是否有故障。

根据经验可知这种打滑现象往往是严重打滑与导致变速器严重损坏的早期现象，如果这种现象出现不久，可以换掉变速器油，拆开油底壳检查一下集滤器的情况。如果油太脏及杂质太多，可以换上新油，清洗集滤器，观察情况有无好转。

在一些新型电控自动变速器中，设置了自我保护功能，当检测到变速器内有轻度打滑现象时（通过两转速传感器信号的对比），就将变速器锁定在某一挡工作而成为一种跛行模式。

b. 自动变速器内换挡情况不好。加速时驱动无力的现象在自动换挡方面主要是无强制降挡与升挡太早。

对于液压控制式的自动变速器，如果出现没有强制降挡功能，大部分故障都出在节气门拉索及其调整等问题上，当然其油路的泄漏与堵塞也同样会导致这种故障。在故障诊断时可按液压检测中有关检查及调整的方法进行操作。

对于电控式自动变速器，出现这种情况的原因一般是强制降挡开关调整不当及其电路故障，在诊断检查时可参照相关内容进行。另外，电控单元故障与其输出线路故障，或其执行电磁阀有故障，也会导致这种故障。在故障诊断时可以通过检测其电控单元的输出信号是否正确，来区分是其控制系统有故障，还是其执行部分有故障。

c. 液力变矩器故障。液力变矩器是动力传递过程中的一个重要元件，担任着将发动机的动力传递给变速器的任务，如果它出现故障，动力将不能正常传递。

2）高速大负荷时驱动无力。即汽车在高速行驶时驱动无力，而在一般行驶时很正常。这种故障与前述的加速驱动无力故障有许多相同之处，所不同的是这种故障现象在车速较低时不发生，只在高速大负荷时发生，其最明显的标志就是最高车速下降了。

对这种故障的诊断也要首先区分是发动机故障还是自动变速器的故障。这种故障在自动变速器方面主要有高速挡打滑、液力变矩器故障等几个原因。

高速挡执行元件存在打滑现象。如果发动机动力正常，在运行时发动机转速高于正常情况下的转速，而车速却很低，并且发动机的工作声音异常；长时间运行后变速器油温异常高，严重时会从加油口处冒白烟，则说明自动变速器已存在打滑现象了。如果在行驶中发动机转速也不高，则说明可能是发动机的输出功率不足或传动系统有阻滞现象。

对于高速挡打滑现象，一般通过失速试验无法检验到，只有根据行驶时的状况做出诊断。但对于一些电控自动变速器仍然可采用失速试验，一些电控自动变速器在对其换挡电磁阀断电后，在选挡手柄位于 D 位或 2 位时，变速器会在 3 挡或 4 挡工作，可利用这一原理，拔掉换挡电磁阀的线路插接器后再对自动变速器进行失速试验，这时便可检查 3 挡或 4 挡的执行元件是否打滑。

对于高速挡打滑的故障，一般都是相应的执行元件损坏，液压控制系统有泄漏或压力不够所致。在诊断时可首先检查变速器油质情况，看变速器是否发生过异常过热的现象及摩擦元件是否有损坏现象，并注意自动变速器是否有异响等现象存在，如果油太脏，可进一步拆下油底壳，检查其内部是否有较多杂质，并分析是些什么杂质。检查集滤器是否因太脏而发生堵塞现象。如果油质正常，可进一步测试油压，来检查液压系统是否有故障。

3）偶然性驱动无力。即故障只是有时出现，没有一定的时间性与规律性。这种故障在诊断时有一定的难度。

机械部分导致此类故障可能性较小，而电控系统出现这种故障的可能性较大。根据经验，这种故障有相当大一部分是由于发动机电控系统故障所引起的，所以在诊断这类故障时不要首先怀疑是自动变速器出现故障。

在诊断这类故障时应首先进行道路测试，看故障出现时发动机加速性能是否良好，发动机的转速是否偏高，发动机的工作声音是否正常。如果通过一般的方法不能确定故障是发生在发动机还是自动变速器上，可用检测仪在故障出现时检测发动机有关点火与喷油的参数是否正确。如果经检查发动机的确没有故障，再对自动变速器进行检查。

自动变速器导致这种故障的主要原因是控制阀卡滞，电控单元、电磁阀和主要传感器工作不正常。在液压部分，可做换油及清洗集滤器与阀体等工作，看故障是否有所好转；在电路方面，可检查故障自诊断系统是否有故障记忆，用检测仪对电控系统进行数值检查分析。

四、传动系统的检测

（一）传动系统功率损失和传动效率的检测

汽车传动系统的功率损失可在具有储能飞轮的底盘测功机或惯性式测功机上对传动系统进行反拖试验而测得，根据所测得的驱动轮输出功率和传动系统功率损失，可换算出汽车传动系统的传动效率。在具有储能飞轮的底盘测功机上进行滑行试验，可测得汽车的滑行距离，滑行距离能反映汽车传动系统传动阻力的大小。

利用试验台反拖可测得汽车传动系统消耗的功率。在惯性式或带有储能飞轮的底盘测功机上模拟汽车在相应车速下的行驶动能并测得汽车驱动轮的输出功率后，立即踩下离合器踏板，储存在测功机飞轮系统中的汽车行驶动能会反过来拖动汽车驱动轮和传动系统运转，运动阻力作用于滚筒，因此底盘测功机可测得反拖驱动轮和传动系统的所消耗的功率。如果将统一车速下驱动轮输出的功率与反拖驱动轮和传动系统所消耗的功率相加，可求得该车速所对应的发动机转速下发动机的输出功率，根据发动机输出功率和汽车驱动轮输出功率可得到传动系统的机械效率，把汽车驱动轮输出功率与发动机输出的有效功率进行比较，计算出传动系统的传动效率，即

$$\eta_k = \frac{P_k}{P_e} \tag{3-1}$$

式中 η_k——传动系统的传动效率；

P_k——驱动车轮的输出功率；

P_e——发动机飞轮的输出功率。

汽车传动系统的传动效率正常值见表3-11。当被检汽车传动系统的传动效率低于表3-11中值时，说明消耗于离合器、变速器、分动器、万向传动装置、主减速器、差速器和轮毂轴承等处的功率增加。损耗的功率主要集中在各运动件的摩擦损耗和搅油损耗上。因此，通过正确的调整和合理的润滑，机械传动效率会得到提高。值得指出的是，新车和大修车的传动效率并不是最高的，只有传动系统完全走合后，由于配合情况变好，摩擦力减小，才使得传动效率达到最高。此后，随着车辆继续使用，由于磨损逐渐增大，配合情况逐渐恶化，造成摩擦损失不断增加，因而传动效率也就降低。所以，定期对车辆底盘测功，计算传动效率，能为评价底盘传动系技术状况提供重要依据。

需要说明的是，在底盘测功机上检测时，车轮在滚筒上的滚动损失功率可达所传递功率的15%~20%，所测驱动轮功率仅占发动机输出功率的60%~70%（一般小轿车为70%，装有双级主减速器或单级主减速器的载货汽车和客车分别为60%和65%）。

表3-11 汽车传动系统的传动效率正常值

汽车类型		传动效率（%）
轿车		0.90~0.92
载货汽车和大客车	单级主减速器	0.90
	双级主减速器	0.84
4×4越野汽车		0.85
6×6越野汽车		0.80

（二）传动系统游动角度的检测

传动系统游动角度，是离合器、变速器、万向传动装置、驱动桥的游动角度之和，因此也称为传动系统总游动角度。传动系统游动角度在汽车使用中随行驶路程增加将逐渐增大。因此，检测传动系统游动角度能表征整个传动系统的调整和磨损状况。

（1）现象 在汽车起步和车速突然改变时，传动系统发出撞击声；当汽车缓车行驶时，传动系统发出"呱啦、呱啦"的异常响声；汽车静止，变速器挂上挡，抬起离合器踏板，松开驻车制动，在车下用手左右转动传动轴时，感到旋转方向的松旷量很大。

（2）原因分析

1) 离合器从动片与变速器第一轴的花键配合松旷。

2) 变速器各挡传动齿轮啮合间隙太大或滑动齿轮与花键轴配合松旷。

3) 万向传动装置的伸缩节和各万向节等处松旷。

4) 驱动桥内主传动器一对锥齿轮、差速器行星齿轮与半轴齿轮、半轴齿轮与半轴花键配合等处的啮合间隙太大。

（3）技术经验检测法 检查传动系统游动角度可分段进行，然后将各段游动角度求和即可获得传动系统总游动角度。

1) 离合器与变速器游动角度的检查。离合器处于接合状态，变速器挂上要检查的挡位，松开驻车制动，然后在车下用手将变速器输出轴上的凸缘盘或驻车制动盘（鼓）从一个极端位置转到另一个极端位置，两极端位置之间的转角即为在该挡下从离合器至变速器输出端的游动角度。依次挂入每一挡，可获得各挡下的这一游动角度。

2) 万向传动装置游动角度的检查。支起驱动桥，拉紧驻车制动，然后在车下用手将驱动桥凸缘盘从一个极端位置转到另一个极端位置，两极端位置之间的转角即为万向传动装置的游动角度。

3) 驱动桥游动角度的检查。松开驻车制动，变速器置空挡位置，驱动桥着地或处于制动状态，然后在车下用手将驱动桥凸缘盘从一个极端位置转到另一个极端位置，两极端位置之间的转角即为驱动桥的游动角度。

上述三段之和即为传动系统游动角度。

(4) 仪器检测 可采用游动角度检测仪进行。游动角度检测仪有指针式和数字式两种。

1) 指针式游动角度检测仪及使用方法。该检测仪由指针、刻度盘、测量扳手等组成。在测量过程中，指针固定在驱动桥主动轴上，刻度盘固定在主减速器壳上，如图 3-27a 所示。测量扳手一端带有 U 形卡嘴，以便卡在十字万向节上。为了适应多种车型，卡嘴上带有可更换的钳口。测量扳手另一端有指针和刻度盘，可指示转动扳手的转矩值，如图 3-27b 所示。

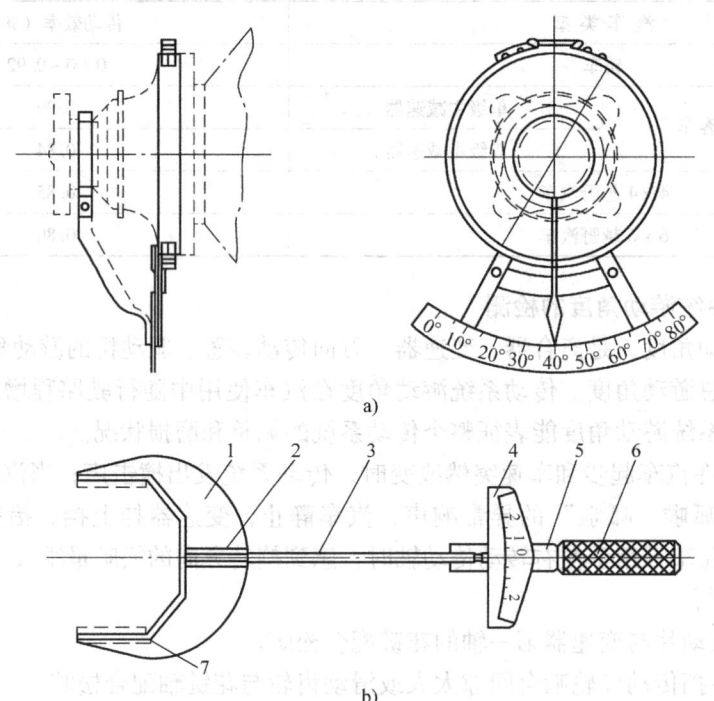

图 3-27 指针式游动角度检测仪
a) 指针与刻度盘的安装图 b) 测量扳手
1—卡嘴 2—指针座 3—指针 4—刻度盘 5—手柄 6—手柄套筒 7—可换钳口

检测传动系统游动角度时，将测量扳手卡在万向节上，用不小于 30N·m 的转矩转动，

使之从一个极端位置转动到另一个极端位置,刻度盘上指针转过的角度即为所测游动角度值,具体使用方法如下:

① 检测驱动桥的游动角度。变速器挂空挡位置,松开驻车制动,驱动车轮制动,将测量扳手卡在驱动桥主动轴万向节的从动叉上,即可测得驱动桥的游动角度。

② 检测万向传动装置的游动角度。与检测驱动桥游动角度的方法基本相同,只是将测量扳手卡在变速器后端万向节的主动叉上。此时获得的游动角度减去驱动桥的游动角度,即为万向传动装置的游动角度。

③ 检测离合器和变速器的游动角度。放松车轮制动,离合器处于接合状态,视必要可支起驱动桥,测量扳手仍卡在变速器后端万向节的主动叉上,依次挂入各挡即可获得不同挡位下从离合器到变速器的游动角度。

对上述三段游动角度求和,即可获得传动系统游动角度。

2) 数字式游动角度检测仪。该检测仪由倾角传感器和测量仪两部分组成,两者以电缆相连,检测范围为 0~30°,电源为直流 12V。

① 倾角传感器。其作用是将传感器外壳随传动轴游动的倾斜角转换为相应频率的电振荡信号。传感器外壳是一个长方形的壳体,其上部开有 V 形缺口,并配有带卡扣的尼龙带,因而可方便地固定在传动轴上。倾角传感器内部装置如图 3-28 所示,弧形线圈固定在外壳中的夹板上,弧形铁氧体磁棒通过摆杆和心轴支承在夹板的两轴承上,因此可绕心轴轴线摆动。在重力作用下,摆杆与重力方向始终保持某一夹角 α_0。当传感器外壳倾斜角度不同时,弧形线圈内弧形铁氧体磁棒的长度也随之不同,产生的电感量也不同,因而也就改变了电路的振荡频率。

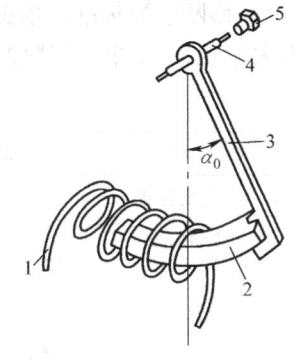

图 3-28 倾角传感器内部装置
1—弧形线圈 2—弧形铁氧体磁棒
3—摆杆 4—心轴 5—轴承

为使传感器可动部分摆动后能迅速处于平衡状态,传感器外壳内装有变压器油。

② 测量仪。测量仪实际上是一台专用的数字式频率计,由于采用了与传感器特性相应的门时和初始置数的措施,因而能直接显示传感器的倾角。测量仪采用数字集成电路。由倾角传感器送来的振荡信号经计数门进入主计数器,在置成的补数基础上累计脉冲数。计数结束后,在锁存器接收脉冲作用下,将主计数器的结果送入寄存器,并由显示屏将结果显示出来。使用中,将游动范围内两个极端位置的倾角读出,其差值即为游动角度。

3) 数字式游动角度检测仪的使用方法。将测量仪接好电源,用电缆把测量仪和倾角传感器连接好,先按本仪器使用说明书的要求对仪器进行自校,再将转换开关扳到"测量"位置,就可进行实测了。在汽车传动系统中,最便于固定倾角传感器的部位是传动轴。因此,在整个检测过程中,该倾角传感器一直固定在传动轴上。

① 万向传动装置的游动角度。把传动轴置于驱动桥游动范围的中间位置或将驱动桥支起,拉紧驻车制动。左、右旋转传动轴至极端位置,测量仪便直接显示出固定在传动轴上的倾斜角度。将两个极端位置的倾斜角度记下,其差值即为万向传动装置的游动角度。此角度不包括传动轴与驱动桥之间的万向节的游动角度。

② 离合器与变速器各挡的游动角度。放松驻车制动,变速器挂入选定挡位,离合器处

于接合状态，传动轴置于驱动桥游动范围中间位置或将驱动桥支起。左、右旋转传动轴至极端位置，测量仪便显示出倾角传感器的倾斜角度。求出两极端位置倾斜角度的差值，便可得到一游动角度值。该游动角度减去已测得的万向传动装置的游动角度，即为离合器与变速器在该挡位下的游动角度。按同样方法，依次挂入各挡位，便可测得离合器与变速器各挡位下的游动角度。

③ 驱动桥的游动角度。变速器置空挡位置，松开驻车制动，踩下制动踏板将驱动轮制动。左、右旋转传动轴至极端位置，即可测得驱动桥的游动角度。该角度包括传动轴与驱动桥之间万向节的游动角度。

对于多桥驱动的汽车，当需要检测每一段的游动角度时，倾角传感器应分别固定在变速器与分动器之间的传动轴、前桥传动轴、中桥传动轴和后桥传动轴上。

在测量仪上读取数值时应注意，其显示的角度值在 0 ~ 30°内有效。出现大于 30°的情况，可将固定在传动轴上的传感器适当转过一定角度。若其中一极限位置为零度，另一极限位置超过 30°，说明该段游动角度已大于 30°，超出了仪器的测量范围。

4) 诊断参数标准。根据资料介绍，中型载货汽车传动系统游动角度及各分段游动角度应不大于表 3-12 中所列数据，仅供检测时参考。

表 3-12 游动角度参考数据

部 位	游动角度	部 位	游动角度
离合器与变速器	≤5° ~ 15°	驱动桥	≤55° ~ 65°
方向传动装置	≤5° ~ 6°	传动系统	≤65° ~ 86°

第二节 转向系统检测与故障诊断

汽车完成转向动作主要依靠转向轴和转向系统。转向轴大多为汽车前轴，前轴包括前梁、主销、转向节和轮毂等；转向系统则由转向操纵机构、转向器、转向传动机构组成，它们技术状况的变化，对汽车操纵稳定性和高速行驶的安全性等有直接影响。

一、常见故障诊断及排除

转向系统的常见故障有：转向沉重，转向盘自由行程过大，自动跑偏，前轮轮胎磨损不正常和前轮摆振等。

1. 转向沉重

(1) 现象 汽车行驶中驾驶员向左、右转动转向盘时，感到沉重费力，无回正感；汽车低速转弯或掉头时，转动转向盘更加费力。

(2) 原因分析

1) 液压助力装置故障原因分析。

① 储液罐油面过低或缺油，储油量不能满足油泵的泵油量，助力油路中油压低或无油压，使助力作用减弱或丧失。

② 高、低压油管及油管接头漏油、渗入空气或堵塞。油路漏油使系统油量不足，油压降低，助力作用减弱；漏气时使进油量减少，泵油量及泵油压力减小，严重时在高压管路中

产生气阻;高压油管堵塞时压力油不能进入工作缸或工作缸内油压低,系统失去助力作用或助力作用减弱;回油管阻塞时助力油缸活塞运动阻力增大。

③ 助力泵驱动带调整过松或沾有油污、磨损、老化,导致打滑。助力泵驱动带打滑时,液压泵转速低,泵油量减小,工作缸油压低,助力作用减弱。

④ 助力泵损坏或机件磨损,内泄严重,泵油压力不足,助力油泵机件磨损时,内部泄漏严重,输油泵输出油量减少,油压降低,助力作用减弱。助力油泵损坏时系统内无油压,系统失去助力作用。

⑤ 转向分配阀损坏,隔离密封圈泄漏。压力油不能进入工作缸或回油受阻,助力油缸活塞运动阻力增大。

2)机械转向装置故障原因分析。

① 转向器故障。

a. 转向齿轮轴轴承装配调整过紧或损坏。轴承装配调整过紧,滚动摩擦阻力增大;轴承损坏时齿轮轴转动卡滞,轴承转动困难,导致转向沉重。

b. 定位弹簧张力过大,齿条变形,齿轮齿条啮合间隙过小,运动卡滞。定位弹簧张力过大,使齿轮齿条啮合间隙过小,运动阻力增大,齿条变形时产生卡滞,移动困难,导致转向沉重。

c. 各运动副缺油、润滑不良。转向器缺油或无油,各运动副润滑不良,传动时运动阻力增大,导致转向沉重。

② 转向柱弯曲或转向柱套管凹陷,转向柱转动卡滞,转动转向盘时,转向柱与套管之间发生碰擦甚至卡滞,导致转向沉重。

③ 转向传动机构故障。

a. 横拉杆球销配合过紧时,转向节与主销配合太紧或缺油,在零件接触处产生较大的摩擦阻力矩,使转向阻力增大,导致转向沉重。

b. 横拉杆、控制臂、转向臂或悬架支柱等零件弯曲变形,发生运动干涉。机件发生弯曲、变形时破坏了零部件之间正确的装配位置关系,在转向过程中零件间发生运动干涉,导致转向沉重。

3)行驶系统故障原因分析。

① 轮胎气压过低。前轮轮胎气压过低时,胎面与路面接触面积增大,同时使汽车重心前移,前轮载荷增大,转向轮偏转时摩擦阻力矩加大,导致转向沉重。

② 前轮定位失准。前轮定位各参数中主销内倾角过大、后倾角过大或前轮外倾角与前轮前束值不相适应,汽车转向时,转向车轮偏转的阻力矩过大,车轮偏转困难,导致转向沉重。

(3)诊断与排除

1)确定故障范围。

① 将汽车停放在平整的地面上,拉紧驻车制动,使变速器处于空挡位置,分别向左、向右转动转向盘检测转向阻力,具体操作方法见本节"转向盘转向力的检测"。

② 起动发动机,使发动机怠速运转,当发动机温度升高到正常工作温度后,再次分别向左、向右转动转向盘检测转向阻力,具体操作方法见本节"转向盘转向力的检测"。

a. 若转向阻力无明显减小,说明故障在液压助力系统。

b. 若转向阻力明显减小，说明故障在机械转向系统或行驶系统。

③ 举升汽车使转向车轮离开地面，再次分别向左、向右转动转向盘检测转向阻力，具体操作方法见本节"转向盘转向力的检测"。

a. 若转向阻力明显减小，则故障在行驶系统。

b. 若转向阻力仍然较大，则故障在机械转向系统。

2) 根据上述过程初步诊断故障范围后，再分别进行故障确诊和排除。

① 当转向沉重故障是由液压助力系统技术状况不良引起时，按下述方法进行诊断与排除。

a. 检查液压泵驱动带张紧度并视情调整。

检查方法（以奥迪 A6 发动机为例）：用大拇指在驱动带中部施加约 98N 的力，检查驱动带挠度：新驱动带为 7~9mm，旧驱动带为 10~12mm。若驱动带挠度不符合技术要求时，应进行调整或更换。

调整方法：松开液压泵后支架上的后固定螺栓，松开张紧螺栓的锁紧螺母，拧紧张紧螺栓，使驱动带的张紧度符合要求。

b. 检查储油罐中转向助力油的油质和油面高度。起动发动机使其怠速运转，分别向左、向右转动转向盘，使系统产生油压，在油温上升到 40~80℃ 后，检查油面高度应在 "MAX" 处，油面低于 "MIN" 时，应添加规定牌号的油液（ATF 液压油）至 "MAX" 处。

若检查时发现油液中有气泡或油液呈泡沫状（乳化）且系统工作中有噪声（空气渗入管路中，气泡在流经 "溢流阀" 时产生 "气穴爆炸"），说明有空气进入油路，应排除空气。

空气排除方法：起动发动机使其怠速运转，反复向左、向右转动转向盘至极限位置，直至储油罐中无气泡和泡沫。油面下降应适当补充至 "MAX" 处。

若油液脏污、油质不符合要求时应更换转向助力液压油。

更换转向助力油液的方法如下：

i）拆下储油罐回油管接头，使油液从储油罐和回油管中排出，并用容器收集好，起动发动机使其怠速运转，分别向左和向右转动转向盘至极限位置，直到油液完全排尽。

ii）装好储油罐回油管，在储油罐中加入规定牌号的液压油，起动发动机使其怠速运转，反复向左、向右转动转向盘排除油路中的空气，在排除空气的过程中，储油罐中油面下降应及时补充，直至液压油油面高度符合技术规范要求。

c. 检查液压系统的密封性。起动发动机使其怠速运转，分别将转向盘向左、向右转至极限位置并瞬间将其固定，使系统产生额定压力。检视转向分配阀、液压助力油泵、动力油缸及高低压油管接头等处有无渗漏，若有渗漏应予以排除。

d. 检测液压助力系统的油压。将压力表连接到助力油泵出油口至转向分配阀进油口之间，如图 3-29a 所示。起动发动机怠速运转，分别向左、向右转动转向盘，排出油液中的空气。储油罐中油面下降应及时补充至合适高度。当油温高于 40℃ 后，转向盘转至左侧或右侧极限位置时，快速关闭压力表截止阀（不超过 5s），如图 3-29b 所示。压力表指示值应不低于 7MPa，若压力过低，则说明助力油泵工作不良，需要拆检或更换油泵；若压力正常，则需要拆检或更换助力转向器。

② 当转向沉重故障是由机械转向装置技术状况不良引起时，按下述方法进行诊断与排除。

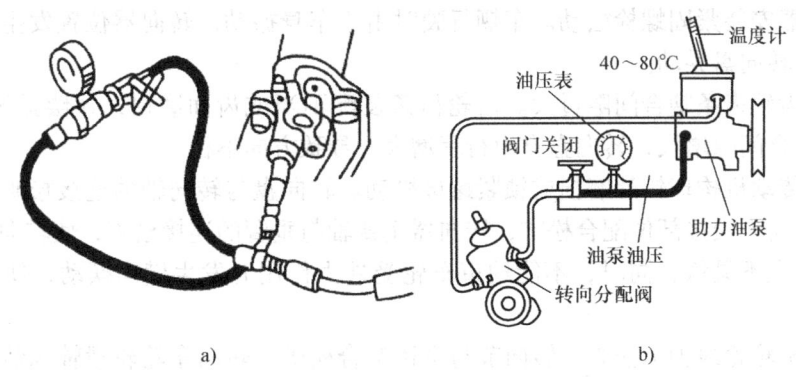

图 3-29 检测液压助力系统的油压

a. 拆开转向器与横拉杆的连接,转动转向盘,若转向阻力明显减小,说明故障在转向传动装置,应检查横拉杆有无变形、连接球销装配是否过紧,并视情更换或调整。

b. 若拆开转向器与横拉杆的连接后,转动转向盘,转向阻力仍较大,应进一步拆开转向柱与转向器的连接,若转动转向盘轻便,说明故障在转向器,需拆检或更换转向器。若转向阻力仍大,应检修转向操纵机构,检查转向柱有无弯曲、安全联轴节有无损坏,视情更换已损坏或技术状况不良的部件。

③ 当转向沉重故障是由行驶系统技术状况不良引起时,按下述方法进行诊断与排除。

a. 检查轮胎气压,应符合车型要求,轮胎气压过低时,应按车型轮胎气压标准充气。表 3-13 为大众车系常用车型轮胎规格及气压。

b. 检查悬架支柱有无损伤,连接是否牢靠紧固。

c. 用四轮定位仪检查转向车轮定位,视情进行调整。具体检测方法,详见本节"车轮定位的检测"。

表 3-13 大众车系常用车型轮胎规格及气压

车 型	轮胎规格	轮胎气压/kPa	
		前 轮	后 轮
红旗 7220	185/80R1490S	220	200
奥迪 100	180/70R14	200	200
捷达/高尔夫	175/70R1380S 185/60R1482H	200 220	260 260
桑塔纳	185/70SR13	190	180(半载) 230(满载)

2. 前轮轮胎磨损不正常

(1) 现象 轮胎磨损速度加快,胎面形状出现异常。

(2) 原因分析

1) 轮胎气压过高。轮胎与地面附着性能降低,汽车行驶中轮胎受到来自路面的外力作用时发生横向摆动,导致汽车方向不稳。

2）转向器安装紧固螺栓松动。车辆行驶时由于车身振动，转向器位置发生改变，引起转向轮摆动，转向盘晃动。

3）转向齿轮齿条啮合间隙过大。齿轮齿条装配不当或齿面磨损，补偿弹簧弹力减弱，使齿轮齿条啮合间隙增大，转向盘自由行程增大，导致方向不稳。

4）转向传动机构球销处磨损或锁紧螺母松动。转向盘与转向轴的连接松旷，球销磨损或锁紧螺母松动，铰接部位配合松旷，转向器垂臂轴与垂臂的连接松旷，使转向盘自由行程增大，转向操纵不灵敏，同时，不能约束车轮受外力作用时发生横向摆动，使转向盘左右晃动。

5）转向车轮轮毂轴承松旷，转向节与主销配合松旷。转向车轮轮毂轴承装配时，锁紧螺母调整过松或轴承磨损使间隙增大，转向节与主销磨损使间隙增大，汽车行驶中车轮横向摆动，造成转向不灵敏，操纵不稳定，转向不稳，使汽车转向轮难以保证直线行驶或按照操作者的操纵转向行驶。

6）车轮定位失准。前轮外倾角过大，汽车行驶中两前轮向外张开的趋势加强，高速行驶时车身晃动强烈；左右两转向轮外倾角相差过大，转向时前轮产生侧滑，致使方向不稳；前束调整不当，不能消除车轮外倾的不利影响，出现高速摆振，方向不稳。

(3) 诊断与排除

1）检查轮胎气压，轮胎气压不符合车型技术标准时应进行调整。

2）检查转向器安装及锁紧螺栓螺母的紧固情况，按规定扭紧力矩拧紧。

3）检查转向盘自由行程，具体检测方法，详见本节"转向盘自由转动量的检测"。

转向轮处于直线行驶位置时，分别向左、向右转动转向盘，最大自由转动量轿车应不大于15°。若自由行程过大，应先拆下转向齿条与横拉杆的连接，再检查转向盘自由行程。

若转向盘自由行程仍大，则说明转向器传动副（齿轮齿条）啮合间隙过大，应予以调整。调整方法：举升汽车到适当高度，使转向车轮处于直线行驶位置，松开调整螺柱锁紧螺母，拧紧调整螺柱消除齿轮齿条啮合副间隙。若调整无效时应拆检或更换转向器。

若转向器传动副（齿轮齿条）啮合间隙正常，进一步检查横拉杆球销锁紧螺母有无松动，检查球销有无磨损松旷，上下推拉横拉杆时应无间隙感，视情紧固锁紧螺母或更换球销。

4）轴向推拉车轮，检查前轮轮毂轴承轴向间隙。若轴向间隙过大，再检查轴承锁紧螺母有无松动。若锁紧螺母不松动，但轴承轴向间隙大，需要更换轴承。

5）转动车轮，检查前轮毂轴承是否装配过紧，有无损坏和磨损松旷，并视情更换轴承。

6）用四轮定位仪检测转向轮定位参数，并视情调整。具体检测方法，详见本节"车轮定位的检测"。

3. 转向盘振抖

(1) 现象　汽车在行驶过程中或在某一车速范围内，转向盘以一定的频率振抖，手扶转向盘有振动感觉。

(2) 原因分析

1）转向助力系统有空气渗入。液压管路中渗入空气，使管路中油液分布不均和变得可压缩,转向时助力作用时强时弱,转向阻力忽轻忽重,引起转向盘振抖。

2)转向操纵机构各机件连接松动或磨损松旷,配合间隙过大。转向操纵机构各连接机件之间的间隙过大,约束作用减弱,汽车行驶中车身的振动及路面对车轮的冲击没有得到有效地减缓,传至转向盘引起转向盘抖动。

3)悬架弹簧弹力不足或折断,减振器损坏。悬架系统减振性能差,不能吸收车辆行驶中车身的振动,导致转向盘抖动。

4)轮胎、轮辋变形,轮胎异常磨损,车轮平衡块脱落,轮毂轴承松旷。汽车行驶时高速旋转的车轮由于动不平衡,产生周期性的离心力导致车轮摆振,引起汽车振动和转向盘抖动。

5)轮胎气压过高或各车轮气压不相等。轮胎气压过高时不能有效地吸收、减缓路面的冲击,车轮跳动剧烈。各车轮气压相差大时,吸收路面冲击的效能不同引起车身振动和转向盘抖动。

(3)诊断与排除

1)检查液压助力系统储油罐中液压油油面高度及油质,液压油变质必须更换;液压油不足时应补充至规定高度;油液中有气泡或乳化时必须排除空气(排除方法与转向沉重故障中排出空气的方法相同)。

2)检查转向盘自由行程(具体检测方法,详见本节"转向盘自由转动量的检测"),查明转向盘自由行程过大的故障部位并给予排除。

3)检视减振弹簧是否疲劳折断和其他损伤,减振器有无漏油。

4)检视轮胎有无异常损伤,检查车轮平衡块是否脱落。

5)用磁力表座及百分表检查车轮径向和端面跳动,检查方法如图3-30所示。车轮跳动超过技术要求时(径向跳动应小0.8mm,端面跳动小于1.2mm),视情更换轮胎、轮辋或车轮。

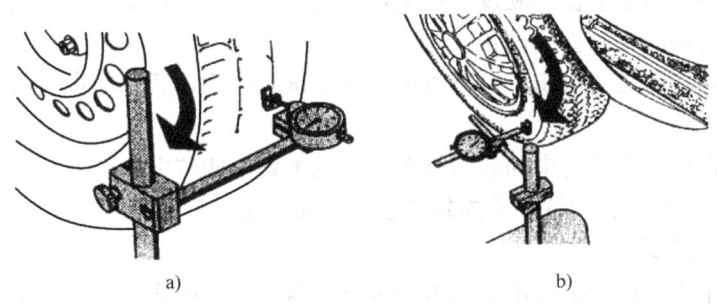

图3-30 检查车轮跳动
a)检查车轮径向跳动 b)检查车轮端面跳动

6)检查轮胎气压,气压过高时,先放气后再按标准气压充气。

7)检查轮毂轴承间隙是否过大,视情更换轴承。

8)检测、调整车轮动平衡(具体检测、调整方法见本章第四节中的"车轮不平衡的检测")。

二、车轮定位的检测

车轮定位的检测包括转向轮（通常为前轮）定位的检测和非转向轮（通常为后轮）定位的检测。转向轮和非转向轮定位的检测，也即前轮和后轮定位的检测，统称为四轮定位的检测。汽车前轮定位，包括前轮外倾、前轮前束、主销后倾和主销内倾，是评价汽车前轮直线行驶稳定性、操纵稳定性、前轴和转向系统技术状况的重要诊断参数。后轮定位主要有后轮外倾和后轮前束，可用于评价后轮的直线行驶稳定性和后轴的技术状况。因此，车轮定位值的检测不仅对在用车十分必要，而且对新车定型和质量抽查也是必不可少的。

（一）检测方法分类

汽车车轮定位的检测方法有静态检测法和动态检测法两种类型。

1. 静态检测法

车轮定位的静态检测法，是在汽车静止的状态下，根据车轮旋转平面与各车轮定位间存在的直接或间接的几何关系，用专用检测设备对车轮定位进行几何角度的测量。使用的检测设备一般有气泡水准式、光学式、激光式、电子式和微机式等前轮定位仪或四轮定位仪（统称为车轮定位仪）。

气泡水准式车轮定位仪一般由转盘、支架、水准仪等组成。由于其结构简单、价格低廉、便于携带等优点，在国内汽车维修行业获得了广泛应用。但是，它也存在安装、测试费时费力和只能检测前轮定位不能检测后轮定位等不足。

2. 动态检测法

动态检测法是在汽车以一定车速行驶的状态下，用检测设备检测车轮定位产生的侧向力或由此引起的车轮侧滑量。为了确知前轮前束和前轮外倾配合是否恰当，可使用动态检测法检测前轮的侧滑量。使用的检测设备有滑板式侧滑试验台和滚筒式车轮定位试验台两种。目前，国内几乎全部采用滑板式侧滑试验台进行动态检测。滑板式侧滑试验台简称为侧滑试验台。该试验台是使汽车在滑板上驶过，用测量滑板左、右方向移动量的方法，来检测前轮侧滑量并判断是否合格的一种检测设备。

后轮带有外倾和前束的汽车，也可以通过侧滑试验台测得后轮前束与后轮外倾的配合是否符合要求。

用侧滑试验台检测车轮前束的动态检测方法见本章第四节中的"车轮侧滑量的检测"。

（二）气泡水准式车轮定位仪及前轮定位的检测方法

1. 气泡水准式车轮定位仪

气泡水准式车轮定位仪按适用车型范围可分为两种：一种适用于大、中、小型汽车，另一种仅适用于小型汽车。前者一般由水准仪、支架、转盘（又称转角仪）等组成；后者一般由水准仪和转盘组成。

（1）水准仪　如图3-31所示，水准仪也分为两种：一种适用于大、中、小型汽车，另一种适用于小型汽车。它们均由壳体、水泡管、水泡调节装置和刻度盘等组成。适用于大、中、小型汽车的水准仪带有两个定位销，以便插入支架中心孔固装在支架上；适用于小型汽车的水准仪带有永久磁铁和定位针，可以对准转向节枢轴中心孔吸附在轮毂的端面上，因而省去了支架。

（2）支架　支架是水准仪与轮辋之间的连接装置。支架可以固定在轮辋上，水准仪则

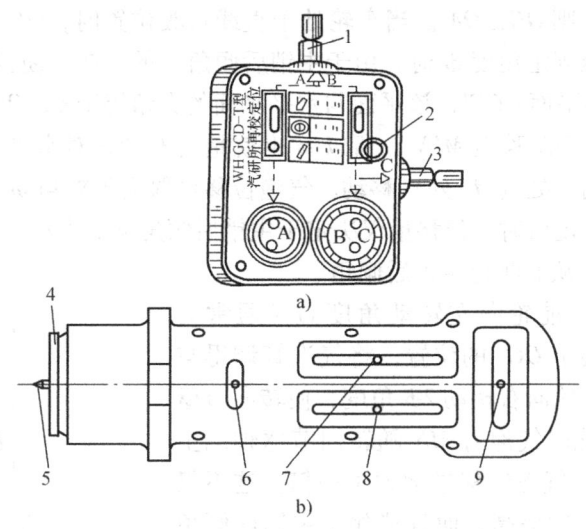

图 3-31 水准仪
a) 适用于大、中、小型汽车的水准仪 b) 适用于小型汽车的水准仪
1、3—定位销 2—旋钮 4—永久磁铁 5—定位针 6—校正水准仪水平状态的水泡管 7—测量主销后倾
角的水泡管 8—测量前轮外倾角的水泡管 9—测量主销内倾角的水泡管

插在支架的中心孔内,由锁紧螺钉锁住。支架有卡紧式和磁力式两种。

(3) 转盘 它一般由固定盘、活动盘、扇形刻度尺、游标指示针、锁止销和若干滚珠等组成。滚珠装于固定盘与活动盘之间,用保持架保持。转盘具有如下作用:

1) 在前轮定位检测中,便于静止的汽车前轮转向,并转至规定角度。

2) 可测得两前轮的最大转向角。

3) 可测得两前轮转向时内轮转角大于外轮转角的关系,用于验证能否满足下面等式:

$$\cot\theta_1 = \cot\theta_2 + B/L \tag{3-2}$$

式中 θ_1——汽车转向时前外轮的转向角;

θ_2——汽车转向时前内轮的转向角;

B——左右两侧主销中心间的距离;

L——汽车前后轴轴距。

2. 气泡水准车轮定位仪测量原理

(1) 测车轮外倾角 α 可直接测得 α。当车轮处于直线行驶位置且有外倾角 α 时,垂直于车轮旋转平面安装的水准仪上的测外倾角的气泡管,也垂直于车轮旋转平面,气泡管与水平平面的夹角即为车轮外倾角,如图 3-32 所示。此时,气泡跑向车轮。调整气泡管处于水平位置,气泡位移量就反映了角 α 的大小,通过标定就可测得车轮外倾角 α。

(2) 测主销后倾角 γ 不能直接测量 γ,只能采用建立在几何关系上的间接测量。如图 3-33 所示,在空间坐标系中,以左前轮为例,OA 代表主销中心线,位于 OYZ 平面内,γ 为主销后倾角,OC 为转向节枢轴,MN 为放置在 OC 上的气泡管。假设前轮外倾角 α 和

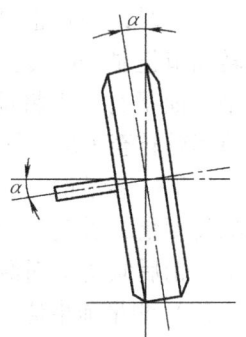

图 3-32 前轮外倾角
测量原理图

主销内倾角 β 均为零，则 $OC \perp OA$。当车轮处于直线行驶位置时，OC 与 OX 轴重合。当前轮在水平平面向右转至规定角度 ϕ 时，由于主销后倾角 γ 的存在，使得转向节枢轴轴线 OC 转至 OC'，形成一扇形平面 OCC'，该平面与水平平面的夹角等于 γ，OC' 与水平平面的夹角为 ω，此时，气泡管由 MN 移至 $M'N'$，所以 ω 也就是气泡管相对水平平面倾斜的角度。因此，气泡管内的气泡向高处（M' 处）移动。气泡位移量取决于夹角 ω，ω 则取决于 ϕ 和主销后倾角 γ。当 ϕ 为一定值时，位移量仅决定于主销后倾角 γ 的大小。这样，气泡位移量通过标定即可反映 γ 值，从而测得主销后倾角。

测量时，一般先将前轮向左转动角度 ϕ（通常为 20°），使转向节枢轴转至 OC'' 的位置，将气泡管调得与水平平面平行；再将前轮向右转动 2ϕ 角度，使转向节枢轴转至 OC' 的位置，此时气泡管 MN 随转向节枢轴绕主销轴 OA 转过 2ϕ 角度，气泡位移量增大了一倍。这不仅使测量灵敏度和读数精度提高，而且消除了主销内倾角 β 对测量值的影响，因为当转向节枢轴 OC 从前轮直线行驶位置分别向左、向右转动同样角度时，角 β 对主销后倾角 γ 测量值的影响数值相等，方向相反，互相抵消。因此，水准仪的测量值完全反映了主销后倾角 γ 的大小，消除了 β 的影响。至于前轮外倾角 α，由于影响甚微可以忽略不计。

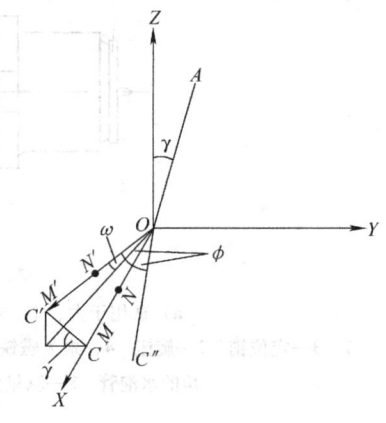

图 3-33　主销后倾角测量原理

（3）测量主销内倾角 β　不能直接测量 β，只能采用建立在几何关系上的间接测量。如图 3-34 所示，在空间坐标系中仍以左前轮为例。假设前轮外倾角和主销后倾角均等于零，则主销中心线 OA 在 OXZ 平面内，OA 与 OZ 的夹角 β 为主销内倾角。当前轮处于直线行驶位置时，转向节枢轴 OA 与 OZ 的夹角为 93°+β。若前轮在水平平面内向右转动规定角度 ϕ 后。由于主销内倾角的存在，使得转向节枢轴 OC 转至 OC'，形成圆锥面 OCC'。如果在转向节枢轴的前端部放置一平行于水平平面且与 OC 轴线垂直的气泡管 EF，则在 OC 绕轴 OA 转至 OC' 后，气泡管 EF 发生绕转向节枢轴轴线的转动，位置变为 $E'F'$，其与水平平面的夹角为 θ。此时，气泡管内的气泡向 F' 处移动，位移量取决于 θ。θ 取决于 β 和 ϕ。ϕ 为定值，所以 θ 角仅取决于 β。这样，气泡的位移量通过标定即可反映主销内倾角度值。

测量时，一般也是将前轮向左转 ϕ 角，则转向节枢轴 OC 转至 OC''，调整气泡管与水平平面平行；再将前轮向右转 2ϕ 角，转向节枢轴转至 OC'，气泡管 EF 则转过了 2θ 角，气泡位移量增大一倍。同理，这一测量方法使测量灵敏度和读数精度提高，而且消除了主销后倾角 γ 对测量值的影响。

（4）测量前束值（前轮及后轮前束）　用聚光器配合标杆来检测车轮前束值的原理如图 3-35 所示。当车轮中心为 O，AB 与放置在地面上的标杆 MN 垂直时，聚光器光束指针投射到车轮的 M 点。当车轮具有前束时 AB

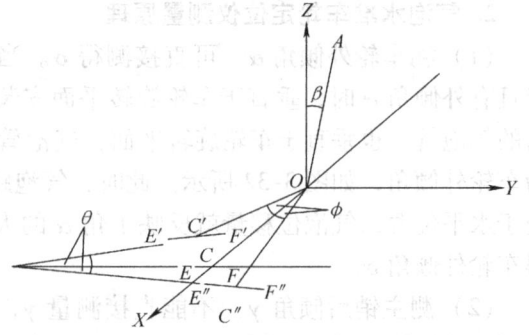

图 3-34　主销内倾角测量原理图

与 MN 不垂直，此时光束指针投射到标杆的 N 点，且聚光器由原来的位置 OCD 变为 OC_1D_1。由于 $\overline{CM} \gg \overline{OC}$，而前束与 $\overline{CM}$ 比较起来也非常小，故可认为点 C 与 C_1 重合，则 $\overline{AA_1} = \overline{A_2A_3}$（$A_2$、$A_3$ 是光束指针在与 A 点同一截面上的投影点）。从图中可得：$\overline{A_2A_3} : \overline{MN} = \overline{CA_2} : \overline{CM}$，其中 $\overline{CA_2} = \overline{OA} = D/2$，$\overline{CM} = 7D/2$。所以，$\overline{A_2A_3} : \overline{MN} = (D/2) : (7D/2) = 1 : 7$。此时，若 $\overline{AA_1} = \overline{A_2A_3} = 1\text{mm}$，则 $\overline{MN} = 7\text{mm}$。

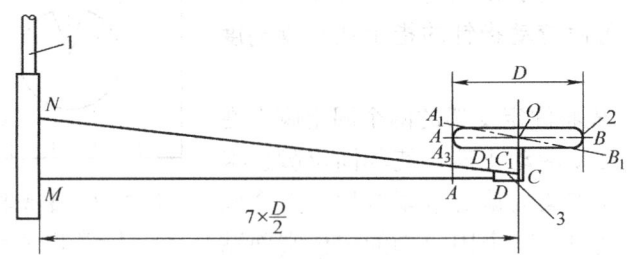

图 3-35　前束检测原理图
1—标杆　2—前轮　3—聚光器

在标杆的标牌上，每隔 7mm 划一刻度。当车轮前束测点每偏转 1mm 时，光束指针的变化为一个刻度（7mm），这样就把车轮前束实际值放大了 7 倍而显示在标杆的标牌上，从而提高了测量灵敏度和读数的精度。

3. 气泡水准式车轮定位仪使用方法

常见气泡水准式车轮定位仪的使用方法大同小异。以下以国产 GCD-1 型光束水准式车轮定位仪为例，将其使用方法介绍如下：

（1）检测前的准备

1）汽车技术状况的预检。

① 如无特殊说明，被检车辆的载荷应符合原厂规定。

② 轮胎气压应符合汽车制造厂的规定。

③ 车轮轮胎应为新胎或磨损均匀的半新胎。

④ 检查车轮轮毂轴承、转向节衬套与主销的配合是否松旷，检查制动器是否可靠。

2）对检测场地的要求。

① 检测场地表面应平整，并尽量处于水平状态。

② 检测场地如为专用地坪，可将两转盘分别放入深为 60mm 的预留坑内。如果无预留坑，当前轮放在转盘上后，后轮应垫一个厚 60mm 的平整木块，以保证前后轮接地面处于同一水平平面上。

3）汽车的正确放置。在汽车两前轮放在转盘上之前，应前后数次推动汽车，以便前轮自动处于直线行驶状态。然后，将两前轮分别放在各自的转盘上，并使主销中心线的延长线基本上通过转盘中心。在有工厂标记的条件下，依工厂标记来确定转向器的中间位置，进而确定前轮的直线行驶位置，这样比较方便而且准确。在没有工厂标记的情况下，若认为前束在每个前轮上是均匀分配的，则可参照下述方法来确定前轮的直线行驶位置。

① 取下转盘锁止销。

② 在两前轮上分别安装支架和聚光器，将聚光器光束水平投向在后轮中心且与后轮垂

直的带三脚架的标尺上。标尺应紧靠在车轮中心上。调节聚光器焦距，使在标尺上得到一清晰的带有一缺口的扇形图像（以下简称为指针），如图3-36所示。读出两侧标尺上指针所指数值。通过转动转向盘使两侧标尺上指针所指数值相等，则认为两前轮处于直线行驶位置。

前轮直线行驶位置找好后，应调整转盘扇形刻度尺零位对准游动指针，然后加以固定。当再转动转向盘时，前轮的转角便可由游动指针的指示从转盘刻度尺上读出。

4）支架的安装。先将固定支架的两个固定脚卡在轮辋的适当部位，再移动活动支架，使其固定脚也卡在轮辋上，然后用活动支架的偏心卡紧机构将三个固定脚卡紧在轮辋上。此时，三个固定脚的定位端面贴

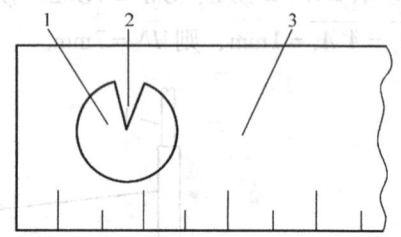

图3-36 聚光器投出的光束指针
1—光束 2—指针 3—标尺

紧在轮辋的边缘上。松开调整支座弹性固定板的固定螺栓，使调整支座沿导轨滑动，通过特制芯棒使调整支座安装聚光器或水准仪的孔中心与前轮中心重合，然后拧紧螺栓，将调整支座固定于导轨上。

经多次试验，当支架中心与车轮中心偏2~3mm时，对测量结果影响甚微，故也可以目视对中心，而不使用芯棒。

5）轮辋变形的检查及补偿。

① 将聚光器定位销轴插入支座孔中，使销轴定位端面与支座定位端面贴合，然后拧紧弹簧卡固定螺钉，使聚光器不至于从支座上滑落。

② 顶起被测车轮，使其离开转盘或地面，当在其圆周上施力时能自由转动。

③ 将标杆以轮辋半径7倍的距离放在所测车桥之前或之后的地面上。一般情况下，测前轮轮辋变形量时，可把标杆放于前桥之前；测后轮轮辋变形量时，可把标杆放在后桥之后。

④ 将聚光器通以直流电源（12V），聚光器发出强光束指针。转动聚光器的调节盘，使光束指针的扇形缺口朝上。调整聚光器伸缩套筒，使光束指针清晰地指在标杆上带有刻度的标牌上。用手把持住聚光器，松开弹簧卡固定螺钉，缓慢转动车轮一周，读出光束指针指示的最大值与最小值。最大值与最小值之差即为轮辋端面的摆差。当摆差大于3mm时，一般认为轮辋是不合格的，应予以更换。

⑤ 对于有摆差的车轮轮辋，为了消除对检测车轮定位角度值的影响，可转动调整支座上的滚花调节螺钉，直至光束指针指示的最大值与最小值之差在3mm之内为止。

轮辋的变形补偿后，将车轮放回转盘上。

(2) 车轮外倾角的检测

1）在车轮保持直线行驶位置不动的情况下，将水准仪黑箭头指示的定位销插入车轮上支架的中心孔内，并使水准仪在左右方向上大致处于水平状态。轻轻拧紧弹簧卡锁紧螺钉，固定住水准仪，如图3-37所示。

2）转动水准仪上的A调节盘，直到对应气泡管内的气泡处于中间位置为止，然后在黑刻度盘上读出A调节盘红线所指角度值，该角度值即为前轮外倾角。用同样的方法可检测其他车轮的外倾角。

A调节盘每转动（360°/13≈27.69°）代表车轮外倾角1°，黑刻度盘把每1°再分成6等份，每份为10′，读数分辨率可达1′，因而使读数误差减小。

（3）主销后倾角的检测 前轮外倾角度值测定后，不动水准仪，接着进行主销后倾角的检测。

1）将前轮向内转20°（对于左前轮则向左转，对于右前轮则向右转，下同），松开弹簧卡锁紧螺钉，使水准仪左右方向处于水平状态，然后拧紧锁紧螺钉。

2）转动水准仪上的BC调节盘，使其上的红线与蓝、红、黄刻度盘零线重合。调整对应气泡管的旋钮，使气泡管气泡处于中间位置。

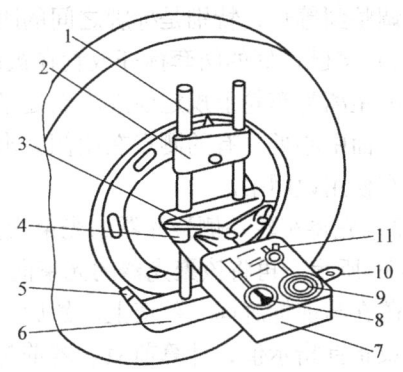

图3-37 检测车轮外倾角和主销后倾角
1—导轨 2—活动支架 3—调整支座 4—调节螺 5—固定脚 6—固定支架 7—水准仪 8—A调节盘 9—BC调节盘 10—定位销 11—旋钮

3）将前轮向相反方向转40°。转动BC调节盘使气泡管的气泡回到中间位置，在蓝刻度盘上读出BC调节盘红线所示之值，即为主销后倾角。用同样的方法测出另一侧主销后倾角。

BC调节盘每转动（360°/19.11≈18.4°）代表主销后倾角或主销内倾角1°，刻度盘把每1°再分成6等份，每份为10′，读数分辨率可达1′，使读数误差减小。

（4）主销内倾角的检测 为了防止转动转向盘时前轮滚动，必须踩下制动踏板或用踏板抵压器压下制动踏板，使前轮处于制动状态。

1）从支架上取下水准仪，将红黄箭头所指的定位销插入支架中心孔内，轻轻拧紧锁紧螺钉，如图3-38所示。将被测前轮向内转20°，松开锁紧螺钉，使水准仪在左右方向上大致处于水平状态，然后拧紧锁紧螺钉。

2）转动BC调节盘，使其红色刻线与蓝、红、黄刻度盘零线重合。调节对应气泡管的旋钮，使气泡处于中间位置。

3）将前轮向外转40°，调节BC调节盘使水泡管的气泡回到中间位置。

此时，BC调节盘红线在红刻度盘或黄刻度盘所示之值即为主销内倾角。用同样的方法检测另一侧的主销内倾角。检测左前轮时，在黄刻度盘上读数，检测右前轮时，在红刻度盘上读数，简称"左黄右红"。

（5）前束值的检测 汽车两前轮放于转盘上找正直线行驶位置后，在检测前束的过程中不得再转动转向盘。

1）调节标杆长度，使同一标杆两标牌之间的距离略大于被测轮距，并能使聚光器光束指针大致投射到标牌的中间位置，如"20"左右。两套标杆一

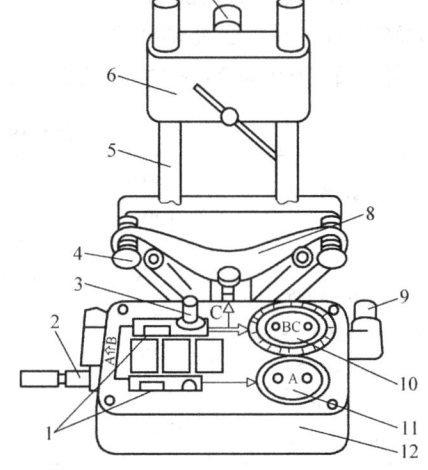

图3-38 检测主销内倾角
1—水泡管 2—定位销 3—旋钮 4—调节螺钉 5—导轨 6—活动支架 7、9—固定脚 8—调整支座 10—BC调节盘 11—A调节盘 12—水准仪

定要调整到等长，特别是标牌之间的距离一定要相等，否则将影响检测结果。

2）将已调好的两套标杆放置在被测车桥的前后两侧，并平行于该桥。每一标杆距车轮中心的距离为车轮上规定前束测点处半径的 7 倍。车轮上规定前束测点依车型而定，有的测点在胎面中心处，有的测点在胎侧突出处，而有的测点在轮辋边缘处，检测前束前应注意查阅汽车使用说明书。

3）先将车轮一侧聚光器的光束投向前标杆的标牌上，使光束指针指于某一整数上，如图 3-39 所示。再将该聚光器的光束向后投射到后标杆的标牌上，并平行移动后标杆使光束指针落在与前标牌同一数值上。然后，将另一侧聚光器分别向前标杆、后标杆投射光束，读出光束指针指示值，计算前束。若前标杆指示值为 23mm，后标杆指示值为 26mm，后值减前值，则前束值为 (26 - 23) mm = 3mm；反之，若前标杆指示值为 26mm，后标杆指示值为 23mm，则前束值为 (23 - 26) mm = -3mm，说明被测车轮为负前束。

（6）前轮最大转角的检测　前轮最大转角是指前轮处于直线行驶位置时，分别向左、右转向至极限位置的角度。由于有些汽车转向器和纵拉杆布置在车架的一侧，为防止轮胎碰擦，因而左、右的最大转角是不相等的。前轮最大转角的检测方法如下：

1）找正前轮直线行驶位置后，置转盘扇形刻度尺于零位并固定之。

2）转动转向盘使前轮向任一侧转至极限位置，从扇形刻度尺上读数并记录转角值，并与原厂规定值对照。不符合要求的前轮最大转角，可通过调整转向节上的限位螺钉，直至符合要求为止。

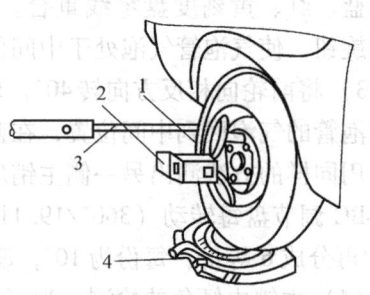

图 3-39　检测前轮前束
1—支架　2—聚光器　3—标杆　4—转盘

3）转动转向盘使前轮向另一侧转至极限位置，用上述同样的方法可测得另一侧的前轮最大转角值，并视必要调整之。

常见车型的前轮定位参数见表 3-14。

表 3-14　常见车型前轮定位参数

厂牌车型	前轮外倾		前轮前束		主销后倾		主销内倾	
	下限	上限	下限	上限	下限	上限	下限	上限
丰田 Dyna（YH/LH）1986~1995	-0°45'	-0°45'	-0°10'	0°10'	0°55'	2°25'	9°45'	11°15'
奥迪 Audi200（SLS）1988~1991	-1°0'	0°0'	-0°10'	0°4'	0°24'	1°45'		
大发 Mira 1993~1995	0°0'	1°3'	-0°5'	0°15'	1°49'	3°49'	11°45'	13°45'
宝马 M5 1988~1995	-1°0'	0°0'	0°15'	0°24'	7°58'	8°58'	12°16'	13°16'
奔驰 E500（Saloon）1993~1995	-1°19'	-0°49'	0°10'	0°30'	9°58'	10°58'		

(续)

厂牌车型	前轮外倾		前轮前束		主销后倾		主销内倾	
	下限	上限	下限	上限	下限	上限	下限	上限
通用 Cevrolet（Astro）1990	0°18′	1°17′	0°6′	0°18′	2°12′	3°12′		
沃尔沃 940 1991~1995	-0°12′	0°48′	0°10′	0°25′	4°30′	5°30′		
本田 Accord 1993~1995	-1°0′	1°0′	-0°25′	0°25′	2°0′	4°0′		
五十铃 Trooper 1992~1995	-0°30′	0°30′	-0°7′	0°7′	1°25′	1°55′	12°0′	13°0′
日产 PriMera 4×4 1991~1995	-1°4′	0°25′	0°0′	0°12′	1°34′	3°4′	14°4′	15°34′

三、转向盘自由转动量和转向力的检测

转向盘自由转动量是指汽车转向轮保持直线行驶位置静止时，轻轻左右晃动转向盘所测得的游动角度。转向盘的转向力是指在一定行驶条件下，作用在转向盘外缘的圆周力。这两个诊断参数主要用来诊断转向轴和转向系统中各零件的配合状况。该配合状况直接影响到汽车操纵稳定性和行车安全性。因此，对于新车和在用车都必须进行上述两项诊断参数的检测。

转向盘自由转动量和转向力的检测应采用专用检测仪进行。

1. 用简易转向盘自由转动量检测仪检测转向盘自由转动量

简易转向盘自由转动量检测仪只能检测转向盘的自由转动量。该仪器主要由刻度盘和指针两部分组成。刻度盘和指针分别固定在转向盘轴管和转向盘边缘上，固定方式有机械式和磁力式两种。机械式如图 3-40 所示。磁力式使用磁力座固定指针或刻度盘，结构更为简单，使用更为方便。

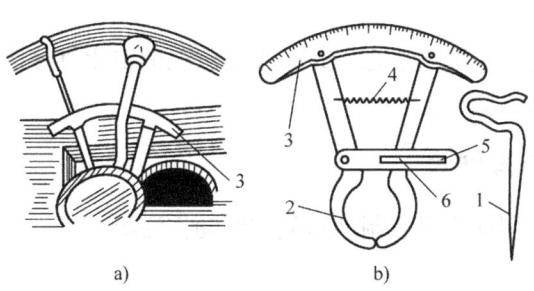

图 3-40 简易转向盘自由转动量检测仪（机械式）
a）检测仪的安装 b）检测仪
1—指针 2—夹臂 3—刻度盘 4—弹簧 5—连接板 6—固定螺钉

测量时，应使汽车的两转向轮处于直线行驶位置不动，轻轻向左（或向右）转动转向盘至空行程一侧的极端位置（感到有阻力），调整指针指向刻度盘零度。然后，再轻轻转动

转向盘至另一侧空行程极端位置,指针所示刻度即为转向盘的自由转动量。

2. 用转向参数测量仪检测转向盘自由转动量和转向力

国产 ZC-2 型转向参数测量仪,是以微型计算机为核心的智能仪器,可测得转向盘自由转动量和转向力。该仪器由操纵盘、主机箱、连接叉和定位杆四部分组成,如图 3-41 所示。

操纵盘由螺钉固定在三爪底板上,底板经力矩传感器与三个连接叉相连,每个连接叉上都有一只可伸缩长度的活动卡爪,以便与被测转向盘相连接。主机箱为一圆形结构,固定在底板中央,其内装有接口板、微型计算机板、转角编码器、打印机、力矩传感器和电池等。定位杆从底板下伸出,经磁力座吸附在驾驶室内的仪表盘上。定位杆的内端连接有光电装置,光电装置装在主机箱内的下部。

测量时,把转向参数测量仪对准被测转向盘中心,调整好三个连接叉上伸缩卡爪的长度,与转向盘连接并固定好。转动操纵盘,转向力通过底板、力矩传感器、连接叉传递到被测转向盘

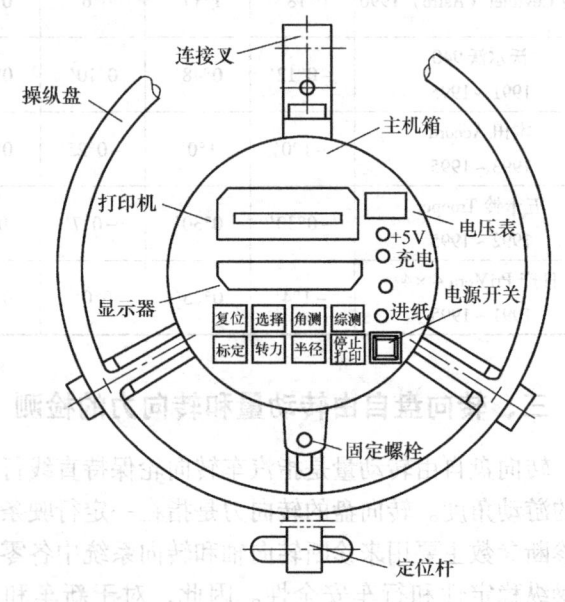

图 3-41 转向参数测量仪

上,使转向盘转动以实现汽车转向。此时,力矩传感器将转向力矩转变成电信号,而定位杆内端连接的光电装置则将转角的变化转变成电信号。这两种电信号由微型计算机自动完成数据采集、转角编码、运算、分析、存储、显示和打印。因此,使用该测量仪既可测得转向盘的转向力,又可测得转向盘的自由转动量。

第三节 制动系统检测与故障诊断

制动系统是汽车底盘的重要组成之一,其技术状况的变化直接影响汽车行驶、停车的安全性,是故障率较高的系统之一。

一、常见故障诊断与排除

制动系统常见故障有制动不灵、制动跑偏和制动拖滞等。

1. 制动不灵

(1) 现象 汽车行车制动时,驾驶员感到减速度不足;汽车紧急制动时,制动距离太长。

(2) 原因分析

1) ABS 系统车轮转速传感器安装不正确、传感器损坏、齿圈损坏或传感器沾附异物等故障,但 ABS 故障指示灯不闪亮时,引起制动失灵的故障。

2) ABS 系统线束出现短路或断路故障,车轮转速传感器损坏,ABS ECU 的液压控制单

元损坏。ABS ECU 的电子控制单元损坏时，汽车制动系统已转换为常规制动状态，当常规制动系统出现制动不灵故障时，即出现制动失灵的现象。

3）制动储液罐内液位过低，制动总泵活塞磨损严重、皮碗渗漏，主缸进油孔、补偿孔或储液室（罐）通气孔堵塞，主缸活塞前端贯通小孔堵塞或主缸皮碗膨胀、发粘、老化变质，制动总泵回油阀关闭不严或损坏，轮缸皮碗膨胀、发粘、老化变质，制动蹄摩擦片与制动鼓（盘）摩擦面接合不佳或制动间隙调整不当，造成制动时制动总泵所产生的制动力不足。此时，只踩一次制动踏板效果较差，连续踩几次制动踏板后，踏板升高，制动效果有所好转，但制动仍然不灵。

4）制动油管有渗漏现象，引起制动力不足。此时，连续踩几次制动踏板后踏板位置能升高，但保持制动一段时间后，踏板有下沉感觉。

5）制动油管中混有空气，制动力达不到要求，引起制动不灵。此时，踏板踩下时，位置很低，制动效果较差。连续踩几次制动踏板后，踏板位置升高，并有弹性感，制动效果有所好转。

6）制动器自由间隙过大，引起制动器产生的制动力不足；制动踏板自由行程过大，引起制动总泵产生的制动力不足。

7）制动鼓摩擦面失圆或摩擦片硬化、粘有油污，导致摩擦片与制动鼓接触不良。此时踏板动作正常，但制动效果不良。

8）制动液液化产生气阻，管路堵塞，或软管老化、膨胀等，引起制动液在管路中流动受阻。

(3) 诊断与排除

1）基本检查。

① 安装连接解码器。打开点火开关，检查仪表台上的 ABS 故障指示灯是否长时间闪亮，若 ABS 故障指示灯长时间闪亮，应安装连接解码器，读取 ABS 系统的故障码。

② 检查制动液。检查制动系统制动液位指示灯是否常亮，若制动液位指示灯常亮，应检查并添加制动液。

③ ABS 系统供电电压检查。用万用表的电压挡测量蓄电池的电压，标准值：大于 10V。若蓄电池的电压低于标准值，应对蓄电池进行充电或更换新的蓄电池总成。

④ 检查 ABS 供电熔丝。a. 桑塔纳轿车分别于 2 号熔丝、5 号熔丝和 15 号熔丝位置处拔下各熔丝进行检查；b. 检查熔丝烧断与否。若已经烧断，则应更换熔丝。

⑤ 读取故障码。安装连接解码器，读取 ABS 系统的故障码。若有故障码显示，应按故障码提示的内容进行检修。

⑥ 数据流分析。读取并记录 ABS 系统数据流，把记录的数据流和该车型维修手册上的标准数据流进行比较、分析，并找出故障。

2）检查车轮转速传感器（以桑塔纳 2000GSi 型轿车为例）。

① 对前轮转速传感器进行检查。

a. 前轮转速传感器产生故障的原因。前轮转速传感器插接器或线圈开路，前轮转速传感器线圈短路，前轮转速传感器插头或线束与搭铁端或电源短路，ABS ECU 前轮转速传感器信号处理电路有故障，前轮转速传感器漏装或间隙过大。

b. 前轮转速传感器产生故障后能读取故障代码的条件。ABS ECU 检测不到前轮转速传感器信号，而车速到达 20km/h 以上仍没有信号输出时，才能读取出故障码。当车速大于 20km/h 时，若前轮转速传感器信号超出公差范围，即能读取故障码。

c. 检查步骤。

a）检查前轮轴承摆动量。举升起汽车，让车轮离开地面，用双手分别转动左、右前轮，用手感觉车轮摆动量。若其中一前轮轴承间隙过大，则应检查此前轮齿圈的轴向摆差。标准值：<0.3mm。检查结果应符合要求，若摆差过大，应更换前轮轴承。

b）检查车轮转速传感器是否安装或安装是否正确。桑塔纳2000 GSi 型轿车 ABS 系统共有 4 个车轮转速传感器，前轮的齿圈（43 齿）安装在传动轴上，转速传感器安装在转向节上。若前轮转速传感器未安装，应首先正确安装传感器；若前轮转速传感器安装不正确，应重新正确安装。

c）检查前轮齿圈。举升汽车，转动车轮，检查前轮齿圈。前轮齿圈若有变形、断齿等现象，应更换前轮齿圈。前轮齿圈若被泥、脏物、铁石等异物堵塞，应清除前轮齿圈空隙中的异物。

d）检查前轮传感器与齿圈的间隙。在前轮齿圈上取 4 个点，用非磁性塞尺测量齿圈与前轮转速传感器之间的间隙。标准值：1.10~1.97mm。间隙应符合要求，否则需进行调整。

e）测量前轮转速传感器电阻值。拔下前轮转速传感器的线束插头。用万用表的欧姆挡测量前轮转速传感器的电阻值。标准值：1.0~1.2kΩ。若电阻值不符合要求，应更换前轮转速传感器。

f）检查前轮转速传感器信号电压。拔下前轮转速传感器的线束插头。用万用表的交流电压挡测量前轮传感器的输出电压，如图 3-42 所示。以 30r/min 的速度转动前轮，观察万用表所显示的电压值。标准值：190~1140mV。若电压值不符合标准，应更换前轮转速传感器。

g）检查前轮转速传感器线束的导通性。若发现故障，应进行修理或更换相应零部件。

② 对后轮转速传感器进行检查。

a. 后轮转速传感器产生故障的原因。后轮转速传感器插接器或线圈开路，后轮转速传感器线圈短路，后轮转速传感器插头或线束与搭铁或电源短路，ABS ECU 后轮转速传感器信号处理电路有故障，后轮转速传感器漏装或间隙过大。

b. 后轮转速传感器产生故障后能读取故障代码的条件。ABS ECU 检测不到后轮转速传感器信号，而车速到达 20km/h 以上仍没有信号输出时，才能读取故障码。当车速大于 20km/h 时，若后轮转速传感器信号超出公差范围，才能读取出故障码。

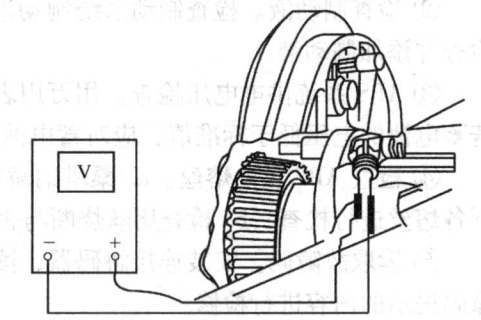

图 3-42 测量前轮传感器的输出电压

c. 检查步骤。

a）检查后轮轴承径向的摆动量。举升起后轮，让后轮离开地面，用双手分别转动左、右后轮，用手感觉车轮摆动量。其中某一后轮轴承径向摆动量过大，需要更换后轮轴承或调整后轮轴承的间隙。

b）检查轮速传感器是否安装或安装正确。后轮的齿圈（43 齿）安装在后轮毂上，转速传感器则安装在车轮支承短轴上。

c) 检查后轮齿圈。按顺序分解后轮制动器，检查后轮齿圈。后轮齿圈若有变形、断齿等现象，应更换后轮齿圈。后轮齿圈若被泥、脏物、铁石等异物堵塞，应清理后轮齿圈空隙中的异物。

d) 检查后轮转速传感器与齿圈的气隙。在后轮齿圈上取4点，用非磁性塞尺测量齿圈与后轮传动器之间的间隙。标准值：1.10~1.97mm。间隙应符合要求，否则需进行调整。

e) 测量后轮传感器电阻值。若发现故障，应进行修理或更换相应零部件。

f) 检查后轮转速传感器信号电压。若发现故障，应进行修理或更换相应零部件。

g) 检查后轮转速传感器线束的导通性。若发现故障，应进行修理或更换相应零部件。

3) 检查 ABS ECU 编码短接线束连接是否正确。用万用表的欧姆挡检测 ABS ECU 线束插头6号端子与22号端子之间的电阻值。标准值：<0.5Ω。若电阻值过大，说明编码短接线断路，应连接或更换编码短接线后，连接解码器重新校正 ABS ECU 编码。

4) 检查 ABS ECU 供电端子电压。

① ABS ECU 供电端子产生故障的原因。

a. ABS 系统熔丝烧断。

b. 蓄电池电压太低或太高。

c. ABS 线束插接件损坏。

d. ABS ECU 损坏。

② ABS ECU 供电端子产生故障后能读取故障代码的条件。当供电端子未提供电压或电压太高时，即可调取故障代码。

③ ABS ECU 供电端子电压的检查。若电压值不符合标准，则证明电源线束有短路或断路故障。

④ 检查 ABS ECU 供电端子线束的导通性。若蓄电池电压正常，且3个 ABS ECU 供电端子电压均达到 10V 以上，而故障码依然存在，则说明 ABS ECU 内部损坏，应更换 ABS ECU。

5) 检查 ABS 液压泵。

① ABS 液压泵产生故障的原因。

a. 电源线路短路。

b. 液压泵线束插头松脱。

c. 液压泵损坏。

② ABS 液压泵产生故障后能调取故障代码的条件。当车速超过 20km/h 时，ABS ECU 监控到电动机不能正常工作，就会记录此故障码。

③ 诊断步骤。

a. 检查熔丝及线束。检查熔丝是否完好。检查 ABS ECU 线束插头，若插头接触不良，应修理或更换。

b. 检查 ABS 液压泵是否工作。将 ABS 液压泵线束插头拔下，将蓄电池电源直接接到 ABS 液压泵插头上，观察 ABS 液压泵是否工作。若 ABS 液压泵不工作，则应更换 ABS 液压泵。

c. 再次使用解码仪诊断。连接 ABS 液压泵线束，打开点火开关，使用解码仪清除故障码。若故障码不能清除或故障码重现，则需要更换 ABS ECU。

6）检查制动开关。

① 制动开关的作用是当制动踏板踩下 40% 行程后制动灯开关打开，此信号输入 ABS ECU，作为 ABS ECU 控制系统工作的信号之一。

② 制动灯开关的信号电压的检查。

a. 关闭点火开关。

b. 拔下 ABS ECU 的 25 针连接插头。

c. 用万用表测量 ECU 插头 12 号端子与 8 号端子之间的电压。

d. 踏下制动踏板观察电压值的变化情况。制动灯开关的信号电压标准值见表 3-15。

表 3-15　制动灯开关的信号电压标准值

制动灯开关状态	标　准　值
未踩下制动踏板，制动灯开关处于断开状态	0V
踩下制动踏板，制动灯开关处于接通状态	12V（蓄电池电压）

若电压信号不符合标准，则有短路、断路或制动灯开关损坏等故障。

③ 检查制动开关线路是否断路。

a. 关闭点火开关。

b. 拔下 ABS ECU 的 2 芯插头。

c. 拔下 ABS ECU 的 25 针连接插头。

d. 用万用表测量制动开关 2 芯插头的 1 号端子与 ABS ECU 的 12 号端子之间的电阻值。

e. 用万用表测量制动开关 2 芯插头的 2 号端子与 2 号熔断器（10A）之间的电阻值。测量结果应符合表 3-16 的要求，否则制动开关线束有断路故障。

当踏下制动踏板时，测量 ABS ECU 插头 12 号端子与 8 号端子之间的电压值，应当等于电源电压（10.0~14.5V）。

表 3-16　制动开关线路检测标准

测　量　部　位	标　准　值
制动开关 2 芯插头的 1 号端子与 ABS ECU 的 12 号端子之间的电阻值	<0.5Ω
制动开关 2 芯插头的 2 号端子与 2 号熔断器（10A）之间的电阻值	<0.5Ω

7）检查常规制动系统。ABS 系统故障排除后，若制动仍然不灵，应进一步诊断排除常规制动系统故障。

① 制动检查。踩制动踏板，踏板能踩到底，连续踩几次制动踏板，若踏板仍到底，并且均感到踏板无阻力。这表明储液罐无制动液，总泵或分泵皮碗被踏翻或漏油，应适当加注制动液之后再检查。

a. 检查制动液。若液面低于规定标准（MIN 线），则需添加制动液到规定标准。

标准：MIN 线至 MAX 线之间。加注制动液后，若故障依旧，则应检查各车轮制动分泵有无漏油、各液压制动管路有无漏油、制动总泵有无漏油或工作失常，必要时进行更换。

b. 举升汽车后，检查各车轮制动分泵有无漏油现象。若某车轮有漏油现象，则应修理或更换制动分泵。

c. 各制动管路的漏油情况检查。查清常规制动系统各制动管路及接头部位。检查各制动管路有无漏油现象。检查各车轮制动软管有无开裂漏油。检查制动管路接头有无漏油。若有漏油，需紧固制动管路接头，必要时修理或更换制动管路。

具有 ABS 制动系统的汽车应检查制动压力调节器管路接头有无漏油。若管路接头漏油，应采取紧固、修理或更换的方法予以解决。

d. 前轮制动分泵检查。按顺序分解前轮制动器，在分解过程中，一边分解一边检查。应重点检查各零件安装是否正确，摩擦片是否沾有油污，摩擦片表面是否硬化，制动盘是否起槽或变形。若发现故障，应进行修理或更换。

按顺序分解前轮制动分泵，在分解过程中，一边分解一边检查。重点检查制动分泵是否漏油，活塞是否卡死。若发现故障，应进行修理或更换前轮制动分泵。

e. 后轮制动器检查。按顺序分解后轮制动器，在分解过程中，一边分解一边检查。应重点检查各零件安装是否正确，摩擦片是否沾有油污，摩擦片表面是否硬化，制动鼓是否起槽或变形。若发现故障，应进行修理或更换。

按顺序分解后轮制动分泵，在分解过程中，一边分解一边检查。重点检查制动分泵是否漏油，活塞是否卡死，皮碗是否翻转或破裂。若发现故障，应进行修理或更换分泵。

f. 检查制动总泵。检查制动总泵各管路及接头有无松动漏油现象。若有漏油现象则应紧固、修理或更换相应的损坏元件。检查制动总泵活塞口有无漏油现象。

分解检查制动总泵。按顺序分解制动总泵，在分解过程中，一边分解一边检查。若发现故障，应进行修理或更换分泵。检查活塞皮碗有无破损、翻转现象，若活塞皮碗出现破损现象，应更换活塞皮碗。检查活塞有无过度磨损现象，若有过度磨损，如图 3-43 所示，先用内径表检查制动主缸泵体 2 的内孔直径 B，再用千分尺 3 检查主缸活塞直径 C，算出阀体与活塞的间隙 $A = B - C$。其标准为：0.04 ~ 0.106mm，使用极限为：0.15mm。若检查结果超过极限，应更换制动总泵。

② 排除制动系统内空气。踩下制动踏板，若制动踏板高度很低，再连踩几下制动踏板，踏板逐渐升高，但踏板有回弹力。这表明制动系统内渗入空气，应予以排除。排除方法为：

a. 加注制动液到标准位置。

b. 依次松开每一个车轮制动器的放气螺栓，当有制动液流出时锁紧。

c. 放气应按先远后近顺序：右后轮分泵、左前轮分泵、左后轮分泵、右前轮分泵。

d. 如图 3-44 所示，将软管一头接在容器中，另一头接在放气螺栓上。

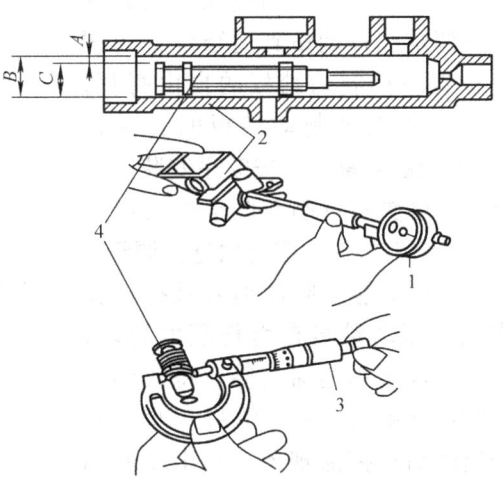

图 3-43 检查主缸泵体与活塞的间隙
1—内径表 2—制动主缸泵体 3—千分尺
4—主缸活塞

e. 如图 3-45 所示，助手迅速重复地踩下制动踏板并压住，一人松放气螺栓并迅速拧

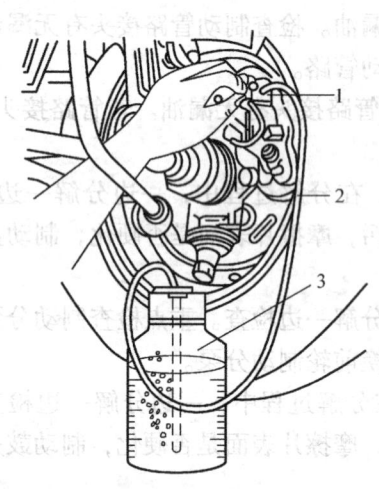
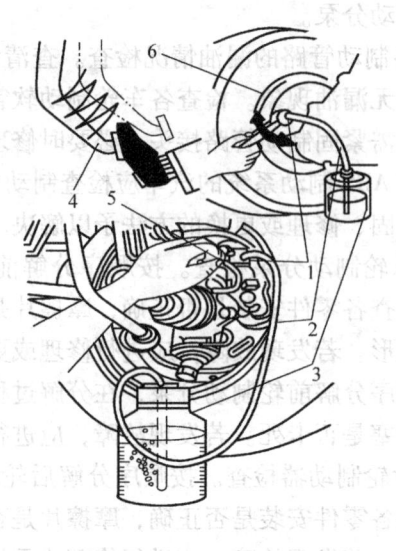

图 3-44 连接排除空气的软管　　　　图 3-45 按顺序排除空气

紧,然后助手缓慢放松制动踏板。

f. 重复操作,直到无气泡排出为止。

③ 调整制动踏板行程。踩制动踏板,制动效果不明显,连续踩几次后踏板位置逐渐升高,并且制动效果变好。这表明踏板自由行程过大或制动鼓与摩擦片间隙过大。

a. 制动踏板自由行程的调整。推杆外置式制动踏板的调整位置,如图 3-46 所示。

b. 推杆内置式制动踏板间隙的调整方法。按顺序拆下制动总泵,用钳子固定好推杆,松开调整螺杆锁紧螺母,将调整螺杆调整到适当位置(螺杆变长将减小制动踏板的自由行程,螺杆变短则增加制动踏板的自由行程),拧紧锁紧螺母。按顺序安装制动总泵后,再次测量制动踏板的自由行程,若不符合标准,应再次进行调整。

注意:不能无限制地调整推杆长度来满足制动踏板自由行程的要求,否则将出现制动拖滞故障。每次调整制动踏板自由行程后,需进一步检查是否出现制动拖滞现象。若出现制动拖滞,则应调短推杆长度。

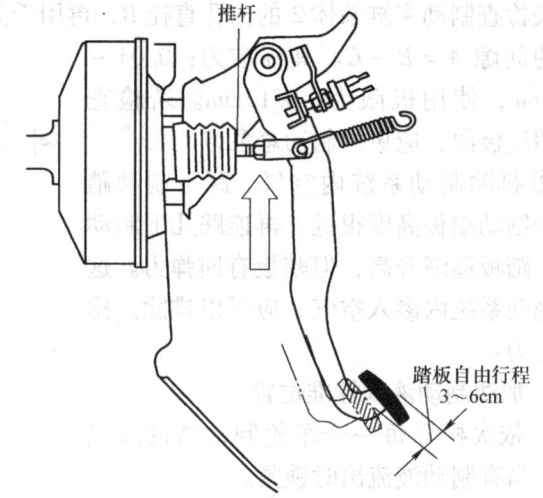

图 3-46 推杆外置式制动
踏板的调整位置

c. 制动鼓与摩擦片间隙过大多是由于自调装置失效引起的,应予以检查和调整。自调装置的检测方法为:按顺序拆下后轮制动鼓,用两把螺钉旋具,一端压在制动底板上,另一端压住制动片。助手缓慢踩下制动踏板,检查自调装置是否能自动调整并锁止。若自调装置不能自行调整与锁止,应进行修理,必要时更换自调装置。助手缓慢放松制动踏板,用螺钉旋具调整自调装置锁,检测自调装置是否能回位,若不能回位,应进行修理,必要时更换自调装置。

④ 制动系统漏油。踩制动踏板,制动效果不明显,连续踩几次后,踏板位置逐渐升高,但保持一段时间后踏板有下沉的感觉,这表明制动系统有漏油的现象或制动总泵出油阀关闭不严、橡胶密封圈损坏或总泵活塞磨损严重。

a. 各部位漏油情况检查。包括:储液罐液位检查;储液罐、制动总泵及总泵油管接头的漏油检查;制动压力调节器油管接头漏油情况检查;举升汽车,各制动分泵漏油情况检查;底盘各制动管路及管路接头漏油情况检查。

检查结果:任一检查位置出现漏油情况,应进行相应的修理或更换相应的零部件。

b. 制动总泵检查。按正常顺序,将制动总泵从汽车上安全拆下,将制动总泵进行分解,检查所有橡胶件是否出现翻转和损坏的情况,检查制动总泵活塞是否出现严重磨损的情况,若出现严重磨损情况则应更换制动总泵总成。制动总泵活塞的检查:缸体与活塞的配合间隙的标准为 0.04~0.106mm,若检测到的配合间隙大于 0.15mm,应更换制动总泵总成。

⑤ 制动总泵通气孔或补偿孔堵塞。踩下制动踏板,踏板高度很低,连续踩几次后,踏板位置不变。这表明:

a. 制动总泵通气孔或补偿孔堵塞,或总泵皮碗卡滞不回位,应予以检修或更换制动总泵。

b. 制动踏板与制动推杆的连接销脱落,应予以检修或更换连接销。

⑥ 车轮制动器故障。踩下制动踏板,踏板高度正常,也无松软下降感觉,但制动效果不良,则表明车轮制动器有故障,如摩擦片老化、粘油、制动鼓失圆或制动盘磨损严重,应进行更换或修理。

2. 制动跑偏

(1) 现象 汽车行车制动时,车辆行驶方向发生偏斜;汽车紧急制动时,车辆出现扎头或甩尾现象。

(2) 原因分析

1) ABS 系统车轮转速传感器安装不正确、传感器损坏、齿圈损坏或传感器粘附异物时,ABS 故障指示灯不会闪亮,但会引起制动跑偏的故障。

2) ABS 系统线束出现短路或断路故障,车轮转速传感器损坏,ABS ECU 的液压控制单元损坏,ABS ECU 的电子控制单元损坏,汽车制动系统已转换为常规制动状态。当常规制动系统存有制动跑偏故障时,即出现制动跑偏故障。

3) 左、右车轮制动蹄摩擦片与制动鼓(盘)的靠合面积不一,左、右车轮制动摩擦片与制动鼓或制动盘之间的间隙不一致,个别车轮或某一侧车轮制动分泵或管路出现气阻,制动管路凹陷堵塞,导致制动液流动受阻,影响个别车轮制动分泵工作性能,制动盘、制动鼓和摩擦片脏污或沾有油污,使某一侧车轮制动力下降,左、右车轮制动器材料不一样,单轮或某一侧车轮制动分泵漏油或运动干涉,使左、右车轮制动力大小不一致。

4) 车轮轴承松紧度调整不当,或某车轮轴承间隙过大,制动时车轮异常摆动,引起制动力下降。

5) 驻车制动时某侧车轮拉索卡死或调整不当,引起左、右后轮制动器的间隙不一致,因此两后轮制动效果也不一致。

6) 轮胎气压不等，轮胎胎面磨损不均匀或左、右车轮轮胎型号规格不一致，车轮定位参数不正确或左、右车轮定位参数不一致，在未制动时，汽车就有向一边跑偏的趋势，在制动时跑偏效果就会更明显。

(3) 诊断与排除　制动时汽车产生侧滑与跑偏对汽车的操纵稳定性及安全性都很不利，制动跑偏故障会使汽车在制动时行驶路线失控而引发事故。其基本成因是汽车制动系统和行驶系统的技术状态左、右两侧不一致。汽车行驶中进行制动，向左跑偏，表明右侧车轮制动不良；若向右跑偏，表明左侧车轮制动不良。

1) 基本检查。

① 轮胎检查。

a. 检查轮胎的花纹及胎面，并对比左右两侧车轮轮胎花纹及胎面是否一致。若两侧轮胎的花纹及磨损不一致，应调整车轮位置或更换新轮胎。

b. 检查轮胎的规格尺寸。左右车轮轮胎的规格尺寸必须一致，否则应调整车轮位置或更换新轮胎。

c. 检查轮胎气压，保证两侧车轮的气压一致。

② 检查车轮摆动量。

a. 举升汽车。

b. 用手摇动车轮，检查车轮轴承间隙和摆动量。

a) 若车轮轴承间隙过大，应重新调整车轮轴承间隙。调整车轮轴承间隙的方法为：用扳手顺时针方向将车轮轴承间隙调整螺母锁紧之后，再逆时针方向将扳手松开90°，用螺钉旋具拨动止推垫片，若止推垫片能够拨动但有一定的阻力，说明轴承间隙调整合理，否则应重新调整。

b) 若车轮摆动量过大，应检查行驶系统的技术性能。

③ 检查行驶系统的技术状况。

a. 检查左、右前轮控制臂球接头是否松动。

b. 检查左、右前轮控制臂胶套是否松动。

2) ABS制动系统故障的诊断与检查。ABS制动系统故障的诊断与检查方法详见本节第二部分"利用解码器对ABS系统进行检测"。

3) 制动试验检查。选择一平直空旷的路面进行制动试验，检查车轮在地面上的拖印，拖印不明显或无拖印的车轮为制动不良车轮。

① 左前轮制动不良如图3-47所示。

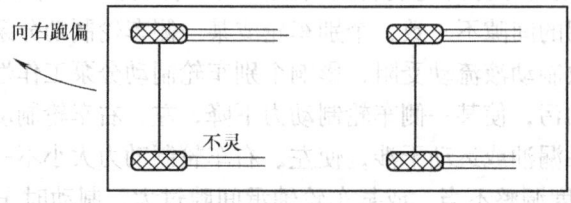

图3-47　左前轮制动不良

汽车制动时向右跑偏，左前轮拖印较短而且不明显，应做如下检查：

a. 检查左前轮制动系统是否漏油。包括：检查左前轮制动分泵是否漏油，检查左前轮制动分泵管路接头是否漏油，检查左前轮制动分泵放气螺塞是否漏油。

b. 排除左前轮分泵或制动管路内的空气。

c. 分解左前轮制动器，一边分解一边检查制动摩擦片是否沾油或严重磨损，以及安装是否正确。

d. 分解左前轮分泵，检查活塞是否卡死及运动是否正常，皮碗是否漏油或翻转。

e. 拆检右前轮，检查左、右前轮制动摩擦片、制动盘的材料或新旧搭配是否一致。若不一致，应进行调整或更换新件。

② 右前轮制动不良如图 3-48 所示。

汽车制动时向左跑偏，右前轮拖印较短而且不明显，诊断步骤与左前轮制动不良相同。

③ 左后轮制动不良如图 3-49 所示。

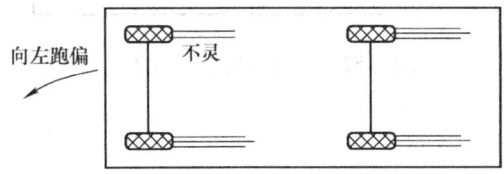
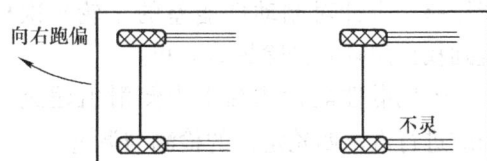

图 3-48　右前轮制动不良　　　　图 3-49　左后轮制动不良

汽车制动时向右跑偏，左后轮制动拖印较短而且不明显，应做如下检查：

a. 检查左后轮制动分泵是否漏油。

b. 检查左后轮制动分泵管路接头和放气阀是否漏油。

c. 排除左后轮分泵和制动管路内的空气，排除方法与本节制动不灵所述相同。若故障依旧，应进行分解检查。

d. 分解左后轮制动器，一边分解一边检查制动摩擦片是否沾油或严重磨损，以及安装是否正确。

e. 检查驻车制动拉索是否卡死。若驻车制动拉索卡死而导致制动器摩擦片无法张开，应进行修理或更换驻车制动拉索。

f. 分解左后轮分泵，检查活塞是否卡死及运动是否正常，皮碗是否漏油或翻转。若制动分泵卡滞或漏油而导致制动不灵，应修理或更换制动分泵。

g. 拆检右后轮，检查左、右后轮制动片、制动鼓的材料或新旧搭配是否一致，若不一致，应进行调整或更换新件。

④ 右后轮制动不良如图 3-50 所示。

汽车制动时向左跑偏，右后轮制动拖印较短而且不明显，诊断步骤与左后轮制动不良相同。

⑤ 左侧车轮制动不良如图 3-51 所示。

汽车制动时向右跑偏，左前轮、左后轮的制动拖印都较差，需同时检查左前轮制动不良与左后轮制动不良。

⑥ 右侧车轮制动不良如图 3-52 所示。

汽车制动时向左跑偏，右前轮、右后轮的制动拖印都较短而且不明显，需同时检查右前轮制动不良与右后轮制动不良。

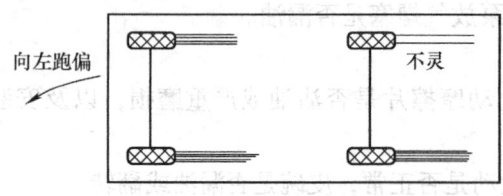
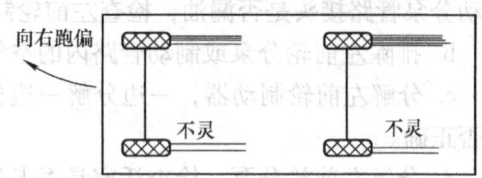

图 3-50　右后轮制动不良　　　　　图 3-51　左侧车轮制动不良

4）侧滑及制动检测。若通过以上的检查，仍然不能解除制动跑偏的故障，应对汽车进行侧滑、制动性能和四轮定位的检测。

若制动性能检测结果为某一车轮的制动性能较差，应针对制动性能差的车轮再次检测，直到找出问题并排除故障为止。

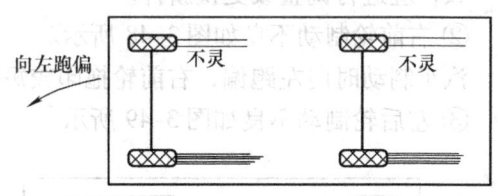

图 3-52　右侧车轮制动不良

若侧滑性能检测结果为侧滑值超过标准，则应进行汽车四轮定位的检测与调整。

3. 制动拖滞

（1）现象　抬起制动踏板后，个别或全部车轮的制动作用不能立即完全解除，影响了车辆重新起步、加速行驶或滑行；汽车行驶一段路程后，即使没有使用行车制动器，个别或全部车轮的制动器也有发热现象。

（2）原因分析　此故障的实质是在未制动时，即制动踏板在自由状态下，制动器自动产生不稳定的制动作用，即摩擦片和制动鼓或制动盘时有接触，从而对汽车行驶产生阻滞（此故障的出现与 ABS 制动系统无关）。

1）制动踏板的自由行程过小或没有自由行程使制动不能彻底解除或解除滞后，使制动摩擦片与制动鼓或制动盘时常接触引起制动拖滞。

2）制动总泵活塞变形，皮碗皮圈膨胀、粘有污物，在总泵缸筒中运动受到卡滞，总泵回油孔堵塞，制动液在总泵内流动不畅，不能正常回油泄压，因此制动力不能有效地解除，从而引起制动拖滞。

3）真空助力器阀壳卡滞，影响制动总泵的正常回位。

4）总泵回位弹簧过软或折断，使活塞不能回位，制动踏板回位不良，驻车制动装置回位不良，导致两后轮制动拖滞。

5）制动间隙自动调节装置工作不良，摩擦片与制动盘或制动鼓的间隙过小，导致汽车在行驶过程中摩擦片与制动盘或制动鼓长期摩擦。

6）个别车轮的制动分泵不回位，制动片在支点销上的运动受阻，油管堵塞，回油不畅，造成个别车轮的制动拖滞，制动器发热。

7）驻车制动调整过紧或驻车制动拉索卡滞，使后轮制动片与制动鼓长期接触。

（3）诊断与排除

1）直接检查找出制动拖滞车轮。

a. 举升汽车，放松驻车制动，将变速杆置于空挡位置。

b. 按顺序用手转动各车轮，感觉是否有制动感。若只有个别车轮有制动感觉，则应该针对产生制动的车轮找出故障。

2）若拖滞现象出现在后轮，诊断步骤如下：

① 若只有单一后轮出现制动拖滞现象应做如下检查：

a. 拧松该轮制动分泵的放油螺塞。若制动液急速喷出，则表明油管堵塞，应清洗疏通。若无制动液喷出，则表明摩擦片与制动鼓之间无间隙或间隙过小，应检修制动器。

b. 按顺序分解后轮制动器，在分解过程中，一边分解一边检查。应重点检查各零件安装是否正确，摩擦片铆钉是否松动，自调装置工作是否正常，制动鼓是否有沟槽或变形。若发现故障，应进行修理或更换相应的零部件。

c. 检查驻车制动拉索是否卡死。若驻车制动拉索卡死而导致制动器摩擦片无法回位，应进行修理或更换驻车制动拉索。

d. 分解后轮分泵，检查活塞是否卡死及运动是否正常。若制动分泵出现卡滞而导致制动片不回位，应修理或更换制动分泵。

② 若两后轮同时有制动的感觉，应做如下检查：

a. 检查驻车制动手柄是否能完全释放。

b. 若不能完全释放，按顺序分解驻车制动器，在分解过程中，一边分解一边检查。若发现故障，应进行修理或更换相应的零部件。

c. 调整驻车制动。释放驻车制动，用力踩制动踏板两次，将驻车制动手柄拉紧，调整螺母和限位板，直到用手不能转动两后轮为止。放松驻车制动，观察两个后轮是否都能运转自如，否则应重新调整。

d. 若故障不能排除，应检查左、右后轮驻车制动拉索是否脱出或卡死，视情况予以修理或更换驻车制动拉索。分别拆下左、右后轮的制动鼓，检查左、右后轮驻车制动拉索是否脱出或卡死，视情况予以修理或更换驻车制动拉索。分解左、右后轮制动分泵，检查分泵活塞是否卡死及运动是否正常。若制动分泵出现卡滞而导致制动片不回位，应修理或更换制动分泵。

3）若拖滞现象出现在前轮，诊断步骤如下：

① 若只有单一前轮出现制动拖滞现象应做如下检查：

a. 拧松该轮制动分泵的放油螺塞。若制动液急速喷出，则表明制动管路堵塞，应清洗疏通。若无制动液喷出，则表明摩擦片与制动盘之间无间隙或间隙过小，应检修制动器。

b. 按顺序分解前轮制动器，在分解过程中，一边分解一边检查。应重点检查各零件安装是否正确、摩擦片是否松动、制动钳活动套与安装螺钉是否生锈卡死、制动盘是否有沟槽或变形。若发现故障，应进行修理或更换相应的零部件。

c. 分解前轮制动分泵，检查活塞是否卡死及运动是否正常。若制动分泵出现卡滞而导致制动片不回位，应修理或更换制动分泵。

② 若两前轮同时有制动的感觉，应同时对两前轮的制动拖滞故障进行检查。

4）若所有车轮都有制动的感觉（全车制动拖滞），应做如下检查：

① 检查制动踏板。

a. 检查并调整制动踏板的自由行程。若自由行程过小，即会出现全车制动拖滞现象。
　　b. 反复踩下制动踏板，检查制动踏板是否有卡滞或不回位的现象。若制动踏板有卡滞现象，应排除制动踏板卡滞故障。若制动踏板不回位，应检查制动踏板回位弹簧是否折断或过软。
　　② 检查制动总泵。
　　a. 拆卸制动总泵。
　　b. 分解制动总泵，检查制动总泵的回油孔是否堵塞。若堵塞，应用酒精清洗使其导通。
　　c. 检查制动总泵活塞回位弹簧是否卡死或折断。若卡死或折断，应更换活塞回位弹簧或制动总泵总成。
　　③ 检查真空助力器。
　　a. 拆下真空助力器总成。
　　b. 将真空助力器放在专用工具上，并固定好。
　　c. 用力压下真空助力器推杆，若不能压下或压下后助力器推杆不能回位，应更换真空助力器总成。
　　5) 路试后检查。汽车行驶一段时间后，下车用手触摸各车轮制动器，根据各制动器的温度判断出制动拖滞故障的具体部位。
　　a. 若所有车轮制动器均发热或烫手，则为全车制动拖滞，应按全车制动拖滞的检查步骤进行检查。
　　b. 若个别车轮制动器发热或烫手，则为个别车轮的制动拖滞，应按个别车轮制动拖滞故障的检查步骤进行检查。
　　c. 若两后轮制动器均发热或烫手，应按两后轮制动拖滞故障的检查步骤进行检查。

二、利用解码器对 ABS 进行检测

　　汽车防抱死制动系统简称为 ABS，是提高汽车行驶安全性的重要装置。它能使汽车紧急制动时，在大多数道路条件下，防止车轮抱死以获取最大制动力，并保持行驶方向的稳定性和转向时良好的操纵性。
　　下面以日本丰田凌志汽车的 ABS 为例介绍。
　　ABS 由防抱死制动系统电子控制器（ABS ECU）、ABS 执行器、车速传感器和 ABS 警告灯等组成。其中，ABS 执行器主要由 ABS 主继电器、泵、马达继电器和三位电磁阀等组成。汽车紧急制动时，ABS ECU 能计算车轮的旋转速度并换算成车速，然后判断路面和轮胎的状况，使 ABS 执行器动作，把最适宜的制动液压力供给每个车轮制动器，避免车轮抱死，使车轮与地面的滑移率保持在最佳范围（10%~30%）之内，以达到最大制动效能。
　　ABS 装备有自诊断系统。如果 ABS 中任一信号系统出现故障，驾驶室组合仪表上的 ABS 警告灯点亮，告知驾驶员出现故障。同时，把故障以代码形式存储起来，以利检修人员读出诊断代码，检测、分析、判断并排除故障。

1. 自诊断系统使用方法

（1）检查 ABS 警告灯　点火开关置于 "ON" 位置时，此灯亮 3s 为正常。ABS 警告灯

的位置如图 3-53 所示。

（2）读取诊断代码

1）点火开关置于"ON"位置时，脱开维修插接器接头，如图 3-54 所示。

2）用专用维修工具 SST（跨接线）连接故障诊断通信插接器 TDCL 或检查插接器的端子 TC 和 EI，如图 3-55 所示。

3）读取警告灯闪烁出的诊断代码。通过观察 ABS 警告灯不同的闪烁方式（时间、次数），读取正常代码或故障诊断代码。ABS 警告灯闪烁方式举例如图 3-56 所示。如果有两个或更多故障出现，则数字最小的诊断代码首先显示。

4）ABS 系统诊断代码见表 3-17。

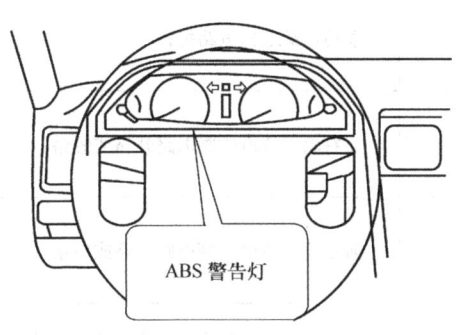

图 3-53 ABS 警告灯的位置

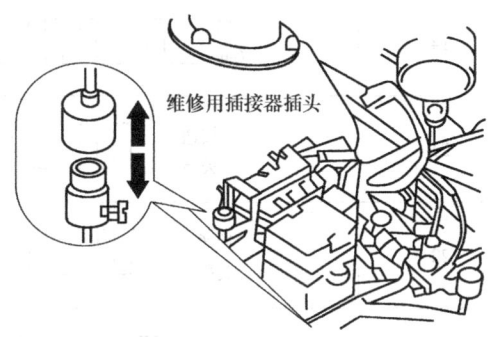

图 3-54 脱开维修插接器接头

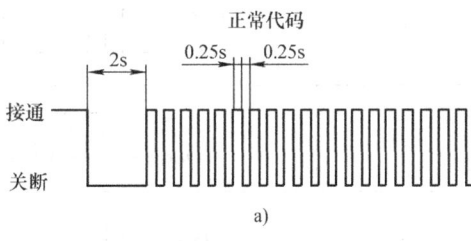

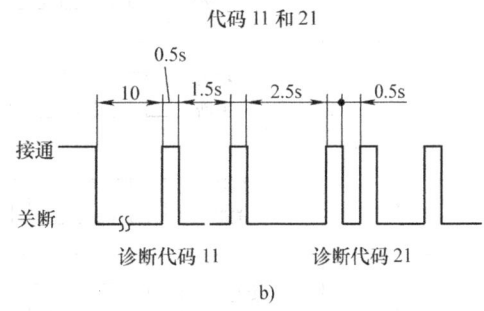

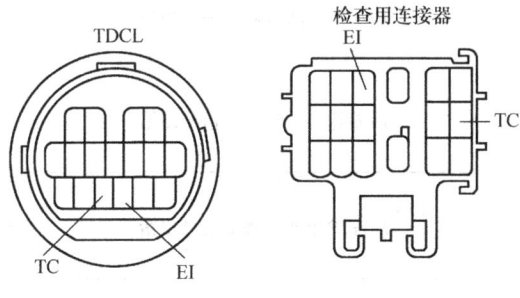

图 3-55 自诊断通信插接器 TDCL 和检查插接器

图 3-56 ABS 警告灯闪烁方式举例
a）正常代码　b）故障代码 11 与 21

表 3-17　ABS 系统诊断代码

诊断代码	ABS 警告灯闪烁方式及表示的故障	
11		ABS 电磁继电器电路开路
12		ABS 电磁继电器电路开路
13		泵马达继电器电路开路
14		泵马达继电器电路短路
21		前右轮三位电磁阀电路开路或短路
22		前右轮三位电磁阀电路开路或短路
23		右后轮三位电磁阀电路[①]（或后轮电磁阀开路）开路或短路
24		后左轮三位电磁阀电路开路或短路
31		前右轮车速传感器信号出错
32		前左轮车速传感器信号出错
33		后右轮车速传感器信号出错
34		后左轮车速传感器信号出错
35		前左或后右车速传感器电路开路
36		前右或后左车速传感器电路开路

(续)

诊断代码	ABS 警告灯闪烁方式及表示的故障	
37		前车速传感器转子故障
41		蓄电池电压过低或异常
43		TRC 控制系统失灵①
51		泵马达闭锁
常通	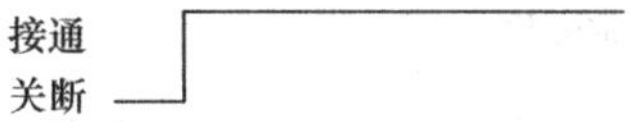	ECU 失灵

① 仅指带牵引控制系统（TRC）的汽车。

5）读取诊断代码完毕，脱开端子 TC 和 E1，关闭点火开关。

(3) 检查车速传感器

1）点火开关置于"OFF"位置，拉紧驻车制动，用 SST 连接检查插接器的端子 TS 和 E1、TC 和 E1。注意不要踩行车制动踏板。

2）起动发动机，检查 ABS 警告灯，应该闪烁。

3）放开驻车制动，驾驶车辆向前行驶，检查当车辆达到表 3-18 所列速度时 ABS 警告灯是否闪烁或者持续点亮。

表 3-18　不同车速下 ABS 警告灯的状态

车速/(km/h)	ABS 警告灯状态	车速/(km/h)	ABS 警告灯状态
0 ~ 3	闪烁（正常） 持续亮（不正常）	56 ~ 109	闪烁（正常） 持续亮（不正常）
4 ~ 6	熄火 1s 后持续亮	110 ~ 130（参考）	熄火 1s 后持续亮
7 ~ 44	闪烁（正常） 持续亮（不正常）	131 或更高（参考）	闪烁（正常） 持续亮（不正常）
45 ~ 55	闪烁 熄火 1s 后持续亮		

4）停车，读取 ABS 警告灯闪烁的次数。正常情况下，ABS 警告灯将以每隔 0.125s 的频率亮和灭（接通和关断）。

如果有两个或两个以上的故障同时出现，则数字小的诊断代码首先显示。ABS 车速传感器检查功能的诊断代码见表 3-19。

5）车速传感器检查完毕后，脱开检查用插接器的端子 TS 和 EI、TC 和 EI。

表 3-19 ABS 车速传感器检查功能的诊断代码

诊断代码	诊断内容	故障部位
71	前右车速传感器输出电压低	前右车速传感器 传感器安装方法
72	前左车速传感器输出电压低	前左车速传感器 传感器安装方法
73	后右车速传感器输出电压低	后右车速传感器 传感器安装方法
74	后左车速传感器输出电压低	后左车速传感器 传感器安装方法
75	前右车速传感器输出电压不正常变化	前右车速传感器转子
76	前左车速传感器输出电压不正常变化	前左车速传感器转子
77	后右车速传感器输出电压不正常变化	后右车速传感器转子
78	后左车速传感器输出电压不正常变化	后左车速传感器转子

2. 根据诊断代码进行故障诊断

通过 ABS 警告灯的闪烁读取诊断代码后，要根据车型在其维修手册中查出诊断代码代表的故障现象、故障部位和检查方法，然后进行故障诊断，主要是对电路进行检查。检查中，要严格按照维修手册给出的程序和方法进行，举例如下：

如果诊断代码为 41，通过查其维修手册得知：故障为蓄电池电压过低（一段时间内低于 9.5V 或更低）或异常高（一段时间内高达 17V 或更高），需要查 IC（点火）电源电路。该电源电路是 ECU 的电源，也是 CPU 和 ABS 执行器的电源。通过查其维修手册还得知故障部位为：①蓄电池；②充电电路；③蓄电池与 ECU、ECU 与车身地线之间的配线或插接器；④ECU。

故障诊断开始时，首先检查蓄电池电压，如电压不在 10～14V 之间，应检查并修理充电系统；然后，按图 3-57 所示诊断流程图进行检查和判断。在具体操作中，应按流程图中的每一步对电路进行仔细检查和测量，直至诊断出故障并排除之。

故障排除后，ECU 内的诊断代码应被消除。丰田系列汽车在满足以下 4 种情况时，3s 内踩制动踏板 8 次，即可消除 ABS 的诊断代码。

1）汽车静止。
2）点火开关置于"ON"位置。
3）检查插接器上的短路销拔下。
4）连接检查插接器或连接 TDCL 上的 TC 和 EI 端子。

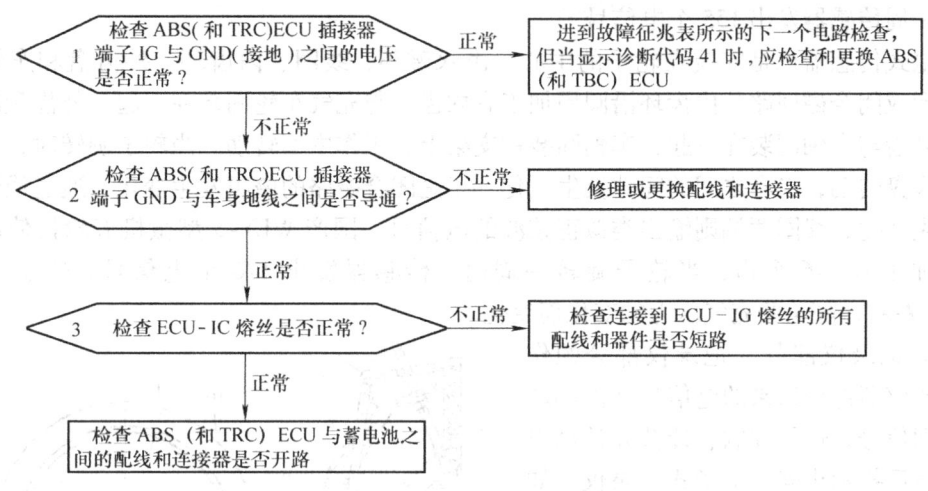

图 3-57 诊断代码 41 的故障诊断流程图

三、制动性能检测

根据国家标准 GB7258—2012《机动车运行安全技术条件》的规定，机动车可以用制动距离、制动减速度和制动力检测制动性能，只要其中之一符合要求，即判为合格。

（一）制动距离检测

当路试中用制动距离检测制动性能时，须采用五轮仪进行。

1. 五轮仪结构与工作原理

在路试中检测汽车整车性能时，经常要使用五轮仪，可以测出车辆行驶的距离、时间和速度。当五轮仪用于检测汽车制动性能时，能测出制动初速度、制动距离和制动时间等参数。五轮仪主要有机械式、电子式和微机式三种。

五轮仪一般由传感器部分和记录仪两部分组成，并附带一个脚踏开关。传感器部分与记录仪部分由导线（信号线）连接。脚踏开关带有触点的一端套在制动踏板上，另一端插接在记录仪上。

（1）传感器部分 传感器部分的作用是把汽车行驶的距离变成电信号。它一般由充气车轮、传感器、支架、减振器和连接装置等组成，如图 3-58 所示。充气车轮为轮胎式，安装在支架上，支架通过连接装置固定在汽车的侧面或尾部的车身上。在减振器压簧的作用下，充气车轮紧贴地面，并随汽车的行驶而滚动。对于四轮汽车来说，安装上去的充气车轮就像汽车的第五轮一样，故称为五轮仪。当充气车轮在路面上滚动一周时，汽车行驶了充气车轮周长的距离。在充气车轮中心处安装有传感器，可以把轮子在路面上滚动的距离变成电信号。

常用的传感器有光电式和磁电式等类型。

光电式传感器是在轮子的中心一侧固定有圆形的光孔板，其上沿圆周均布有若干小孔，在小孔的两侧分别装有光源和光敏管。光源和光敏管固定在支架上。当轮子转动时，光孔板随之转动。每转过一个小孔，光源的光线穿过小孔照射光敏管一次，光敏管就产生一个电脉冲信号，并通过导线送入记录仪。国产 PT5-3 型五轮仪使用的光孔板加工有 155 个小孔，轮子旋转一周传感器发出 155 个电信号。

磁电式传感器也是安装在轮子的中心,由永磁环、线圈、内齿环、外齿盘和车轴等组成,并形成闭合磁回路。内齿环沿圆周加工有内齿,与充气车轮固装在一起。外齿盘沿圆周加工有外齿与车轴固装在一起,车轴固装在支架上,工作中不转动。当轮子旋转时,内齿环围绕外齿盘转动,二者之间的间隙发生变化,于是闭合磁路的磁阻发生变化,通过线圈的磁通量发生变化,线圈两端则输出类似正弦波的电信号。国产 WLY-5 型微机五轮仪使用的外齿盘上加工有 176 个齿,当轮子旋转一周时,传感器发出 176 个电信号。轮子周长为 1760mm 左右,随轮胎充气压力的变化而变化。

(2) 记录仪部分　记录仪部分的作用是把传感器部分送来的电信号和内部产生的时间信号,进行控制、计数并计算出车速,然后指示出来。电子式记录仪,如 PT5-3 型五轮仪的记录仪,是由测距、测时、测速、音响和稳压等部分组成的,整机各元件均安装在一个金属盒子内,其面板图如图 3-59 所示。从传感器部分送来的电信号,经整形电路整形成矩形脉冲后通过控制器。其中一路送入测距电路进行测距计数,再经数据选择器及译码器由荧光数码管直接显示汽车行驶距离;另一路送入车速计数电路,通过时标电路以

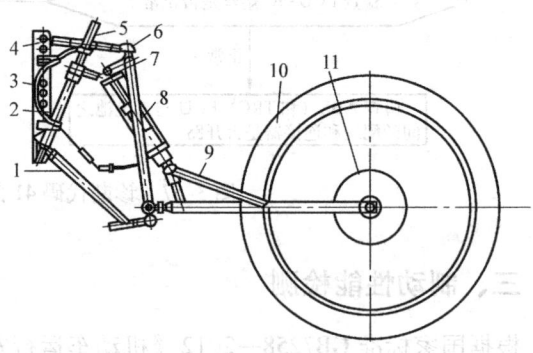

图 3-58　五轮仪的传感器部分
1—下臂　2—调节机构　3—固定板　4—上臂　5—手把
6—活节头　7—立架　8—减振器　9—支架
10—充气车轮　11—传感器

0.36s 瞬时车速值通过寄存器、译码器,由另一组数码管直接显示汽车行驶速度。测时则是把从石英谐振器经分频电路取出的 1kHz 频率,通过控制器送入测时计数器进行以毫秒为单位的测时计数,并通过数据选择器、译码器由荧光数码管直接显示汽车行驶时间。制动系反应时间的检测是通过一个传感器——附有磁钢的摆锤完成的。当车辆制动时,从驾驶员的脚踩上制动踏板(脚踏开关的触点闭合)时开始时间计数,到车辆刚出现减速度,摆锤因惯性作用向前摆动时,干簧管受摆锤磁钢影响闭合后送出闭合信号,数码管立即停止时间显示,因而测出了制动系的反应时间。

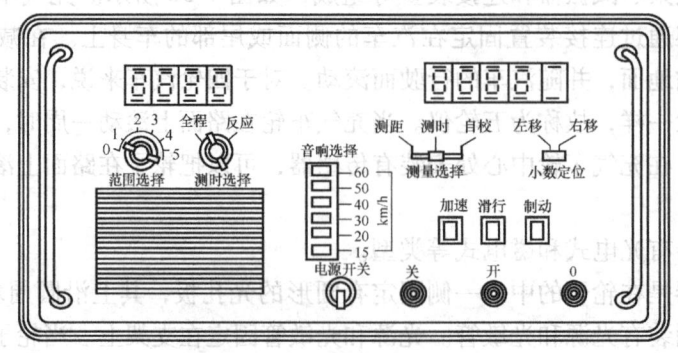

图 3-59　PT5-3 型五轮仪的记录仪

套在制动踏板上的脚踏开关,当驾驶员踩制动踏板时闭合,通过导线输入记录仪作为测量制动距离、制动系反应时间和制动全过程时间等的开始信号。

电脑式记录仪,如 WLY-5 型微机五轮仪,是以 MCS-51 系列的 8031 单片微机为核心的智能仪器,除能完成距离、速度和时间等参数的测量和数据处理外,还能存储全部数据并能打印试验结果。该种记录仪的面板如图 3-60 所示。

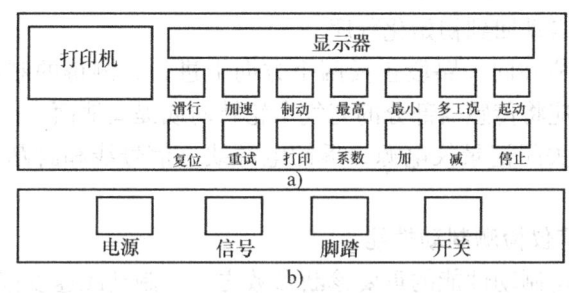

图 3-60　WLY-5 型五轮仪记录仪面板图

2. 五轮仪的使用方法

1) 如果五轮仪自备电源,使用前应按使用说明书的要求,充电至规定电压。

2) 汽车应运行至正常热状态。

3) 将传感器部分固定在汽车侧面或尾部的车身上,以不影响轮子左右摆动为准,并用打气筒对轮子充气至适当程度。

4) 将记录仪放置在驾驶室内或车厢内,正面朝上,水平放置,其前端要对准汽车前进方向,并紧靠固定部位,以防制动时撞击。

5) 用信号线把充气车轮上的传感器与记录仪连接起来。脚踏开关一端通过导线插接在记录仪上,另一端套在制动踏板上。用汽车蓄电池作电源的五轮仪,还应把电源线一端插接在记录仪上,另一端夹持在蓄电池正、负极上。

6) 打开记录仪电源开关,按使用说明书的要求检查与自校。如要求预热,应预热至规定时间。

7) 微机控制的五轮仪,使用前应首先进入初始化程序。一般地说,该种类型的五轮仪在电源开关打开后可自动进入初始化程序或通过键入的方法进入初始化程序。

8) 凡要求置入五轮修正系数的五轮仪,均应按照使用说明书上的方法置入。如 WYL-5 型微机五轮仪,只要把传感器部分的充气车轮转 10 圈的距离(在路面上的实测值)键入记录仪即可。

9) 检测制动距离前,须将与制动有关的旋钮、开关或键打到规定位置,并预选(按下对应的键或键入选择的值)制动初速度。

10) 检测制动距离时,按有关国家标准的规定,应在符合要求的道路条件和气候条件下,汽车空载或满载加速行驶,驾驶员根据记录仪上指示的瞬时车速或音响的提示,至预选制动初速度时,用力踩下制动踏板直至汽车停止。制动时的踏板力(可安装踏板力计)或制动气压应符合规定要求。

11) 读取并打印检测结果,可读取并打印测得的制动初速度、制动距离、制动系反应时间和制动全过程时间等检测结果。有的五轮仪还能读取制动减速度或打印"速度—时间"曲线和"减速度—时间"曲线等。以上检测结果是实际试验结果。实际试验结果中的制动初速度不一定正好等于预选制动初速度，可能大于或小于预选制动初速度。有些微机式五轮仪可以将实际试验结果修正到预选制动初速度下的试验结果，以便直接与诊断参数标准对照。

12）按记录仪"重试"或"复位"键，仪器复原，可重新进行制动试验。微机式五轮仪在打印结束后一般能自动回到初始化程序。

13）检测制动性能应在同一路段正反两个方向上进行，测得的制动距离及其他参数取平均值。汽车倒车时，应将传感器部分的充气车轮转向或提离地面。

14）路试结束后，关闭记录仪电源，拆卸电源线、信号线和脚踏开关，并从车身上拆下传感器部分。

（二）用制动减速度仪检测制动性能

制动减速度也是评价制动性能的重要诊断参数之一。制动减速度按测试、取值和计算方法的不同，可分为制动稳定减速度和充分发出的平均减速度两种。

1. 检测制动稳定减速度

检测制动稳定减速度需采用制动减速度仪。制动减速度仪（以下简称为减速度仪）也称为制动仪，以检测制动稳定减速度和制动时间为主，用于整车道路试验。该种仪器小巧轻便，便于携带，不用第五轮作传感器，并且对制动初速度和路面不平度要求也不高，因而使用较为方便。

（1）减速度仪的结构与工作原理 国产减速度仪已多为微机式智能化仪器，一般由仪器部分和传感器部分组成，并附带一个脚踏开关。仪器部分和传感器部分既可以制成整体式，装在一个壳体内；也可以制成分体式，两者用导线相连接。国产 QTZ 型微机减速度仪（也称为制动特性测试仪）为整体式，主要由电源、A-D 转换器、8080A 单板机、LED 显示器和滑块式传感器等组成，其组成框图如图 3-61 所示，外形图如图 3-62 所示。汽车制动时，由于惯性作用，滑块式传感器产生随制动减速度变化的电压信号，经 A-D 转换器将这一模拟信号转变成微机能接受的数字信号后，输入到 8080A 单板机中存储及数据处理，测量结果由 LED 显示器显示。

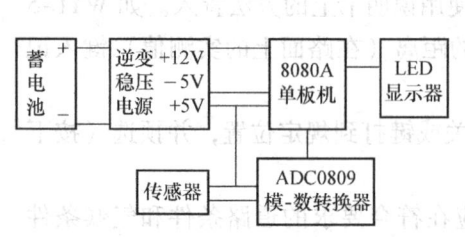

图 3-61 QTZ 型微机减速度仪组成框图

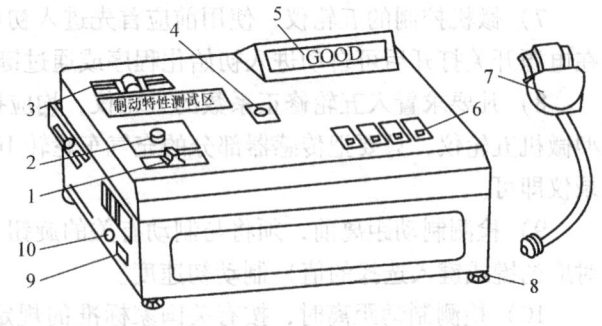

图 3-62 QTZ 型微机减速度仪外形图
1—电源开关 2—踏板开关插座 3—蓄电池表头 4—水平泡
5—LED 显示器 6—操作键 7—踏板开关 8—可调支脚
9—充电插座 10—熔丝

制动减速度仪所用的传感器有滑块式和摆锤式两种。滑块式传感器由阻尼杆、光电转换机构、齿条、弹簧和滑块机构等组成，如图3-63所示。汽车制动时，在惯性力的作用下，滑块克服弹簧的拉力发生位移，位移量与汽车减速度的大小成正比。为尽量减少弹簧、滑块组合产生的简谐振动，由阻尼杆产生适当的阻尼作用。光电转换机构由发光管、光敏管、定光栅和动光栅组成。当滑块发生位移时，与滑块固定于一体的齿条通过与之啮合的齿轮使动光栅转动，光敏管接收到时通时断的光信号并转变成电脉冲信号，经整形后通过导线送到微机。滑块的移动速度越快，光电转换机构输出的电脉冲信号越多。1个电脉冲信号代表制动减速度$0.1m/s^2$。

（2）减速度仪使用方法

1) 如果减速度仪自备电源，使用前应按仪器使用说明书的要求充电至规定电压。汽车应运行至正常热状态。

2) 将减速度仪或分体式的传感器部分放置在驾驶室或车厢地板上，正面朝上，调整支腿使其保持水平状态，其前端对准汽车前进方向，并紧靠固定部位，严禁放置在软性座椅上。

3) 脚踏开关一端通过导线插接在制动减速度仪上或分体式的传感器上，另一端套在制动踏板上。分体式减速度仪还应当用信号线把传感器部分与仪器部分连接起来。

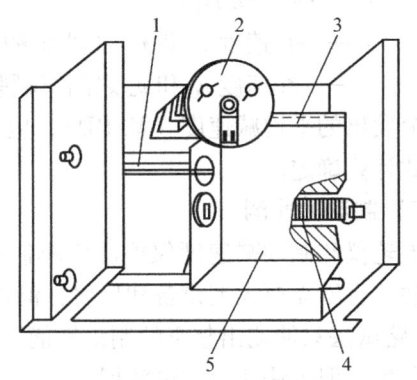

图3-63 滑块式传感器
1—阻尼杆 2—光电转换机构 3—齿条
4—弹簧 5—滑块机构

4) 打开减速度仪电源开关，按仪器使用说明书的要求检查与自校。如要求预热，应预热至规定时间。

5) 如需进行车型选择，应按被检车的座位数或吨位数按下相应选择键。

6) 检测制动减速度前应预选（按下对应的键或键入选择的值）制动初速度。

7) 制动减速度检测应在符合要求的道路条件和气候条件下，汽车空载或满载加速行驶，预选制动初速度时用力踩下制动踏板直至车辆停止。制动时的踏板力（可安装踏板力计）或制动气压应符合规定要求。

8) 读取并打印检测结果。制动过程结束后可读取并打印制动减速度、制动距离、制动系统反应时间、制动全过程时间和制动系统协调时间等检测结果。

9) 按下"复位"键，显示器清零，减速度仪进入下一次测量的初始状态。

10) 制动性能检测应在同一路段正反两个方向上进行，制动减速度及其他参数取平均值。

11) 检测结束后，关闭减速度仪电源，拆卸脚踏开关等。

2. 检测充分发出的平均减速度

用制动减速度仪检测制动稳定减速度评价汽车的制动性能，当使用滑块式或摆锤式制动减速度仪检测制动稳定减速度时，由于车头下沉，车身前倾，使制动减速度仪的测量精度受到影响。特别是紧急制动时，影响尤其明显。

鉴于这一原因，修订后的《机动车运行安全技术条件》，对于路试检验制动性能，不再使用制动稳定减速度,而是采用充分发出的平均减速度(MFDD)这一评价指标。充分发出的平均减速度(MFDD)是一个较为稳定的平均值,且不受车辆制动时车身倾角的影响,因而能较准确地反映汽车制动时的实际状况。

充分发出的平均减速度(MFDD)

$$MFDD = \frac{v_b^2 - v_e^2}{25.92(s_e - s_b)} \tag{3-3}$$

式中　MFDD——充分发出的平均减速度(m/s^2);

　　　v_b——$v_b = 0.8v_0$,v_0为制动初速度(km/h);

　　　v_e——$v_e = 0.1v_0$;

　　　s_b——在速度v_0和v_b之间车辆驶过的距离(m);

　　　s_e——在速度v_0和v_e之间车辆驶过的距离(m)。

充分发出的平均减速度(MFDD),应在测得实际制动初速度v_0、制动距离s_b、s_e后用上述公式计算确定。

(三) 制动力检测

用五轮仪和制动减速度仪检测汽车制动性能时,需在道路试验中进行。路试法虽然直观、简便,且不需要大型设备和厂房,但也存在下列问题:

1)路试法只能测出整车的制动性能,而对于各轮制动性能的差异虽能从拖印、压印作出定性分析,但无法获得定量数据。

2)对于制动性能不合格的车辆,不易诊断故障发生的具体部位。

3)制动距离的长短和制动减速度的大小,往往因驾驶员操作方法、路面状况和交通状况而异(专用试车场除外),重复性差。

4)除道路条件外,路试还将受到气候条件等的限制,且有发生事故的危险性。

5)路试法消耗燃料,磨损轮胎,且对全车各部分机件都有不良影响。

如果是不带任何仪器的原始路试法,则存在的问题更多。特别是随着汽车行驶速度的提高和道路行车密度的增大,如果不具备专用试车道路而在一般公路上进行制动试验的话,不仅是不允许的,而且试车难度和危险性也是可想而知的。为此,室内台架试验法在国内外越来越多地被采用。台架试验法所使用的制动检测设备称为制动试验台,它虽然固定在室内,但可以近似地模拟实际制动过程。由于试验台检测制动性能具有迅速、经济、安全、不受外界自然条件的限制,以及试验重复性好和能定量地指示出各轮的制动力或制动距离等优点,因而已成为检车的发展方向,在国内外获得了广泛应用。

1. 制动试验台的类型

制动试验台按不同的分类方法,可以分为不同的类型。常见的分类方法有:按试验台测量原理不同,可分为反力式和惯性式两类;按试验台支承车轮形式不同,可分为滚筒式和平板式两类;按试验台检测参数不同,可分为测制动力式、测制动距离式和多功能综合式三类;按试验台测量装置至指示装置传递信号方式不同,可分为机械式、液压式和电气式三类;按试验台同时能测车轴数不同,又可分为单轴式、双轴式和多轴式三类。

上述类型中,反力式滚筒制动试验台(测制动力式)获得了广泛应用。其中,特别是单轴反力式滚筒制动试验台应用最为普遍,国内外汽车检测站所用制动检测设备多为这种形式。惯性平板式制动试验台在国内外都有所应用,其优点也越来越明显。

2. 反力式滚筒制动试验台的结构与工作原理

(1) 结构　单轴反力式滚筒制动试验台的结构简图如图 3-64 所示。它由框架、驱动装置、滚筒装置、测量装置、举升装置和指示与控制装置等组成。为使制动试验台能同时检测车轴两端左、右车轮的制动力，除框架、指示与控制装置外，其他装置是分别独立设置的。

1) 驱动装置。该装置由电动机、减速器和链传动装置等组成。电动机的转动通过减速器内的蜗杆传动和一对圆柱齿轮传动后传递给主动滚筒，主动滚筒又通过链传动把动力传递给从动滚筒。减速器与主动滚筒共用一轴，减速器壳体处于浮动状态。

2) 滚筒装置。该装置由四个滚筒等组成。每对滚筒独立设置，有主动滚筒和从动滚筒之分。每个滚筒的两端分别用滚动轴承支承，被测车轮置于两滚筒之间。为使滚筒与轮胎的附着系数能够与路面相接近，在滚筒圆周表面上沿轴线方向开有间隔均匀、有一定深度的若干沟槽，附着系数可达 0.6～0.7。这种带沟槽的滚筒当车轮抱死时，有剥伤轮胎和附着系数仍显不足的缺点。因此，在国产反力式滚筒制动试验台中，已出现在圆周表面覆盖一定厚度粘砂、烤砂或其他材料以代替沟槽的滚筒。这种带有涂覆层的滚筒的表面几乎与道路表面一致，模拟性好，附着系数高（干态可达 0.9，湿态不低于 0.8），是比较理想的滚筒表面。

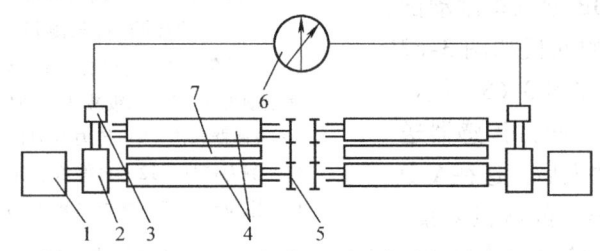

图 3-64　单轴反力式滚筒制动试验台结构简图
1—电动机　2—减速器　3—测量装置　4—滚筒装置　5—链传动装置　6—指示与控制装置　7—举升装置

3) 测量装置。该装置主要由测力杠杆、测力传感器和测力弹簧等组成。测力杠杆一端与传感器连接，另一端与减速器连接。连接的方式一般有两种：一种是测力杠杆直接固定在减速器壳体上；另一种是测力杠杆通过轴承松套在框架的支承轴上，其尾端作用有固定在减速器壳体上的带有刃口的传力臂，如图 3-65 所示。当浮动的减速器壳体前端向下移动时，第一种连接方式的测力杠杆其前端也向下移动；第二种连接方式的测力杠杆，通过传力臂刃口的作用使其前端向上移动，并拉伸测力弹簧 A 和测力弹簧 B。测力弹簧 A 与测力弹簧 B 在不同的测量范围内起作用。如国产 ZD-6000 型制动试验台，制动力在 0～4000N 范围内弹簧 A 起作用，制动力在 4000～20000N 范围内弹簧 A 与弹簧 B 共同起作用。

安装在测力杠杆前端的测力传感器，有自整角电机式（图 3-65 中的 12）、电位计式、差动变压器式或电阻应变片式等多种类型，能把测力杠杆的位移或力变成反映制动力大小的电信号，送入指示与控制装置中。

以上所述的驱动装置、滚筒装置和测量装置，直接或间接安装在框架上。

4) 举升装置。为了便于汽车出入试验台，在两滚筒之间设有举升装置。举升装置一般由举升器、举升平板和控制开关等组成。每个举升平板下一般设置 1～2 个举升器。常见的试验台举升器主要有三种类型，即气压式、液压式和电动机械式。气压式举升器有气缸式和气囊式之分，均以压缩空气为动力，以驱动气缸中的活塞上移或使气囊向上变形完成举升工作。液压式举升器以压力油液为动力，驱动液压缸中的活塞上移完成举升工作。电动机械式由电动机通过减速器带动螺母转动，迫使丝杠向上运动完成举升工作。

国产 FZ-10B 型汽车制动试验台的上述各装置如图 3-66 所示。

5) 指示与控制装置。控制装置有电子式与微机式之分。电子式的控制装置多配以指针式指示仪表；微机式控制装置多配以数字式显示器。国产反力式滚筒制动试验台多为微机式，其指示与控制装置主要由放大器、A-D 转换器、微机、数字式显示器和打印机等组成。国产 FZ-10B 型汽车制动试验台指示与控制装置的面板如图 3-67 所示，微机控制框图如图 3-68 所示。从图 3-68 中可以看出，测力传感器送来的电信号，经直流放大后，送往 A-D 转换器转换成数字信号，经微机采集、

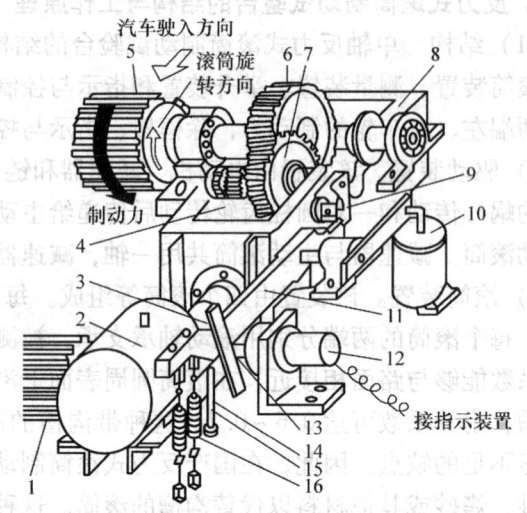

图 3-65 反力式滚筒制动试验台的驱动装置与测量装置
1、5—滚筒 2—电动机 3—齿条 4—二级减速主动齿轮 6—二级减速从动齿轮 7—蜗轮 8—减速器壳体 9—传力臂刃口 10—缓冲器 11—测力杠杆 12—自整角电机 13—小齿轮 14—限位杆 15—测力弹簧 A 16—测力弹簧 B

存储和处理后，由数码管显示或打印机打印出检测结果。制动过程中，当左、右车轮制动力之和大于 50daN（1daN=10N）时，微机即开始采集数据，采集时间为 3s。3s 后微机发出指令使电动机停转，以防止轮胎剥伤。左、右车轮的制动力由数码管显示，单位为 daN。当用打印机打印检测结果时，还可以把左右轮的最大制动力、制动力之和、制动力之差、拖滞力和制动力变化过程曲线，即制动力—时间曲线等一并打印出来。

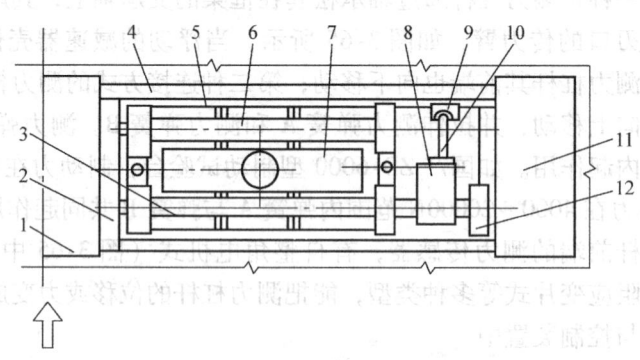

图 3-66 FZ-10B 型汽车制动试验台机械部分
1—中央盖板 2—链传动装置 3—主动滚筒 4—地基边缘 5—框架 6—从动滚筒 7—举升器 8—减速器 9—测力传感器 10—测力杠杆 11—侧盖板 12—轴承座

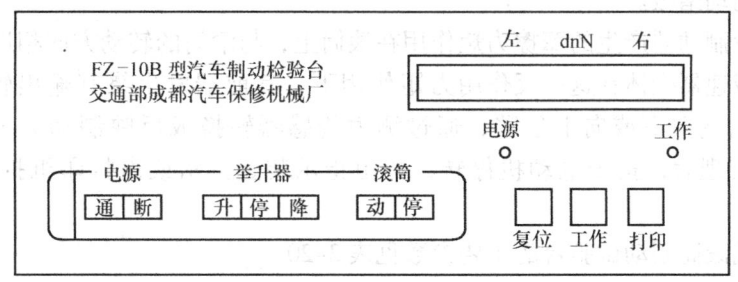

图 3-67 指示与控制装置面板图

制动试验台使用的指针式仪表有两种形式：一种是一轴单针式，如图 3-69 所示；另一种是一轴双针式，如图 3-70 所示。一轴单针式有两个刻度盘和两个指针，分别指示左、右轮的制动力。一轴双针式只有一个左、右轮制动力共用的刻度盘，两个指针分别指示左、右轮的制动力。

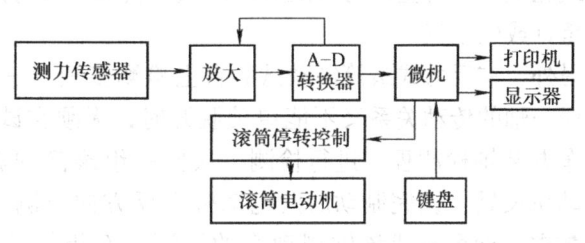

图 3-68 微机控制框图

一轴双针式的两个表针也是套在各自的轴上，只不过一个是空心轴，另一个是实心轴，两者套装在一起而已。

指示装置中，不管是显示器指示，还是指针式指示，现在一般向大屏幕、大数码管或大指针、大刻度盘方向发展，以使检测员、车上驾驶员在较远距离外也可清晰易读。

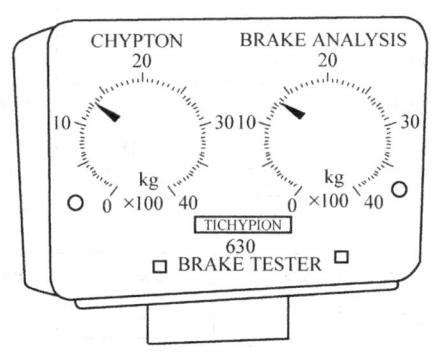

图 3-69 一轴单针式指针仪表

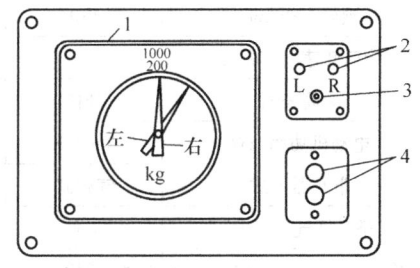

图 3-70 一轴双针式指针仪表
1—指示仪表 2—量程转换指示灯 3—仪表电源开关与控制灯 4—电动机电源开关

（2）工作原理 汽车开上反力式滚筒制动试验台，使被检车轴左右车轮处于每对滚筒之间，放下举升器，起动电动机，通过减速器、链传动使主、从动滚筒带动车轮低速旋转，然后用力踩下制动踏板。

此时，车轮制动器产生的摩擦力矩作用在滚筒上，与滚筒的转动方向相反，因而产生一反作用力矩。减速器壳体在这一反作用力矩作用下，其前端发生绕其输出轴向下的偏转，迫使测力杠杆前端向下或向上位移，通过测力传感器转换成反映制动力大小的电信号，由微机采集、处理后，指令电动机停转，并由指示装置指示或由打印机打印检测到的制动力数值。

国产反力式滚筒制动试验台的主要参数见表3-20。

需要指出的是，制动力的诊断参数标准是以轴制动力占轴荷的百分比为依据的，因此必须在测得轴荷和轴制动力后才能评价轴制动性能。所以，反力式滚筒制动试验台需要配备轴重计或轮重仪。有些反力式滚筒制动试验台本身带有内藏式轴重测量装置，可不必再单独设置轴重计或轮重仪。

另外，在反力式滚筒制动试验台上检测多轴（三轴或四轴）汽车的并列轴制动力，而其中任一轴的传动关系又不能单独脱开时，无须在试验台前后布置自由滚筒。此时，按多轴汽车并装轴检测程序进行检测，只要一组滚筒的驱动电动机正转，而另一组滚筒的驱动电动机反转，测完制动后两电动机再反方向重测一次，每一次只采集车轮正转时的制动力数据，即可完成该轴制动力的检测，而相邻另一并装车轴在地面上的车轮不转动。这一检测方法，不仅节省了制动试验台前、后两套自由滚筒，而且减少了占地，因而大大降低了资金投入。

表3-20 国产反力式滚筒制动试验台的主要参数

型号 参数	FZ-19B	FZ-10C	FZ-10D	SXFB-1′	ZD-6000	ZD-10
指示方式	数码显示	数码显示	—	数码显示	指针显示	数码显示
测试精度（%）	±5	—	±5	<5	—	2
容许最大输载质量/t	10	10	10	7	6	10
可测最大制动力/N	30000	30000	30000	21000	20000	35000
滚筒直径/mm	120	240	190	120	105	195
滚筒转速/(r/min)			7	8.225	7	
滚筒表面	开槽	粘砂	粘砂			
电动机功率/kW	2×2.2	—	2×2.2	2×1.5	2×1.5	2×1.1
举升器形式	气缸式		气囊式			
举升器气压/MPa	1.0		0.9			
外形尺寸（长×宽×高）/mm	4500×940×680		3750×900×650		1690×810×380	

(3) 反力式滚筒制动试验台的使用方法

1) 将反力式滚筒制动试验台（以下简称制动试验台）指示与控制装置上的电源开关打开，按使用说明书的要求预热至规定时间。

2) 如果指示装置为指针式仪表，检查指针是否在机械零点上，否则应调整之。

3) 检查制动试验台滚筒上是否粘有泥、水、砂、石等杂物，若有清除之。

4）核实汽车各轴轴荷，不得超过制动试验台允许的载荷。

5）检查汽车轮胎是否粘有泥、水、砂、石等杂物，若有应清除之。

6）检查汽车轮胎气压是否符合汽车制造厂之规定，否则应充气至规定气压。

7）检查制动试验台举升器是否在升起位置，否则应升起举升器。

8）汽车被测车轴在轴重计或轮重仪上检测完轴荷后，应尽可能顺垂直于滚筒的方向驶入制动试验台。先前轴，再后轴，使车轮处于两滚筒之间。

9）汽车停稳后变速杆置于空挡位置，行车制动器和驻车制动器处于完全放松状态，能测制动时间的试验台还应把脚踏开关套在制动踏板上。

10）降下举升器，至举升器平板与轮胎完全脱离为止。

11）如果是带有内藏式轴重测量装置的制动试验台，此时已将轴荷测量出。

12）起动电动机，使滚筒带动车轮转动，先测出制动拖滞力。

13）用力踩下制动踏板，检测轴制动力。一般在 1.5~3.0s 后或带有第三滚筒发出信号后，制动试验台滚筒自动停转。

14）读取并打印检测结果。

15）升起举升器，开出已测车轴，开入下一车轴，按上述同样方法检测轴荷和制动力。

16）当与驻车制动器相关的车轴在制动试验台上时，检测完行车制动性能后应重新起动电动机，在行车制动器完全放松的情况下用力拉紧驻车制动器操纵杆，检测驻车制动性能。

17）所有车轴的行车制动性能及驻车制动性能检测完毕后，升起举升器，汽车开出制动试验台。

18）切断制动试验台电源。

（4）反力式滚筒制动试验台的特点　反力式滚筒制动试验台具有测试条件稳定，试验车速低，所需电动机功率小，结构简单，占地少和能适应多种车型检测等优点。不少反力式滚筒制动试验台除了能测得各车轮的制动力外，还可测得制动系统的协调时间、制动全过程时间和制动完全释放时间。配备打印机、记录仪或示波器的制动试验台，还可以描绘出制动力随制动时间变化的全过程曲线，为分析、判断制动系技术状况提供了一种既直观又全面的依据。制动力—制动时间曲线典型图例如图 3-71 所示。尽管如此，反力式滚筒制动试验台也有以下缺点：

1）行车制动性能检测中，该种制动试验台仅能测得汽车静止时各车轮的制动力，但制动时整车重量前移，因此测量结果与实际情况有较大差异。

2）该种制动试验台滚筒的直径太小，与轮胎接触面积太小，与路试情况差异较大。

3）主动、从动滚筒之间的距离多为不可调式，当不同直径车轮的汽车检测制动力时，较大车轮和较小车轮在滚筒上的附着情况有很大的不同，因此检测结果受到严重影响。

（四）诊断参数标准

国家标准 GB 7258—2012《机动车运行安全技术条件》，对机动车制动性能检验有以下规定。

1. 路试检验制动性能

机动车行车制动性能和应急制动性能检验应在平坦、硬实、清洁、干燥且轮胎与地面间的附着系数不小于 0.7 的水泥或沥青路面上进行。检验时发动机应与传动系统脱开。

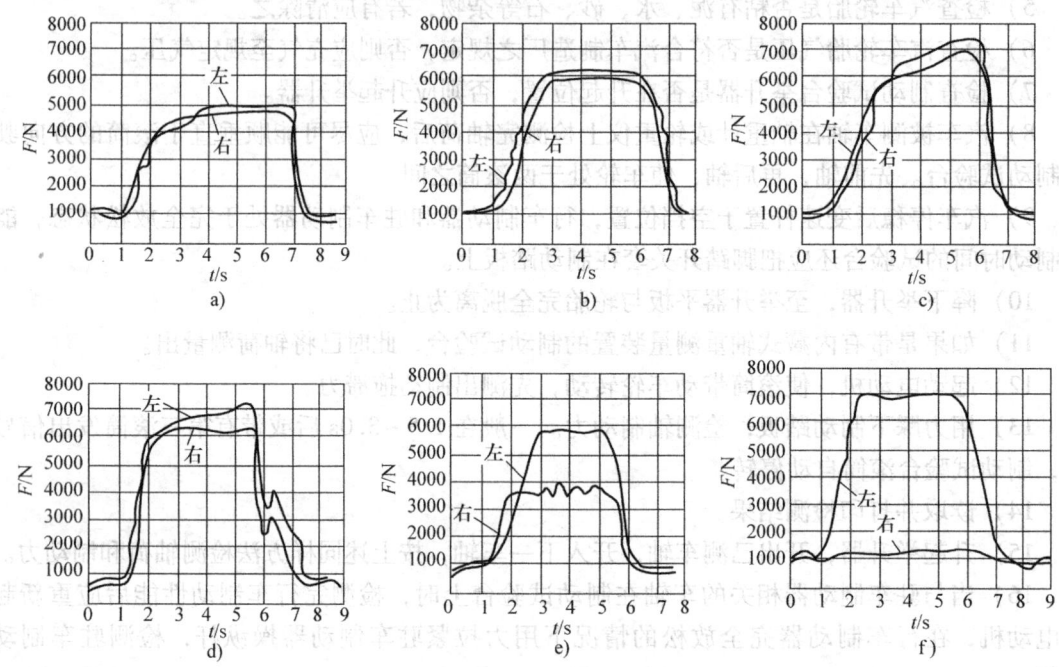

图 3-71 制动力—制动时间曲线典型图例

a) 制动力不足　b) 左轮制动鼓不圆　c) 制动力增长缓慢　d) 制动力完全释放时间太长
e) 左轮制动力增长缓慢　右轮制动力不足　f) 右轮无制动力

(1) 行车制动性能检验

1) 制动距离标准。机动车在规定的初速度下的制动距离和制动稳定性，应符合表 3-21 的要求。对空载检验制动距离有质疑时，可用表 3-21 满载检验的制动性能要求进行。

制动距离是指机动车在规定的初速度下急踩制动时，从脚接触制动踏板（或手触动制动手柄）时起至车辆停住时止车辆驶过的距离。

表 3-21　制动距离和制动稳定性要求

机动车类型	制动初速度/(km/h)	空载检验制动距离要求/m	满载检验制动距离要求/m	试验通道宽度/m
三轮汽车	20	≤5.0		2.5
乘用车	50	≤19.0	≤20.0	2.5
总质量不大于 3500kg 的低速货车	30	≤8.0	≤9.0	2.5
其他总质量不大于 3500kg 的汽车	50	≤21.0	≤22.0	2.5
铰接客车、铰接式无轨电车、汽车列车	30	≤9.5	≤10.5	3.0
其他汽车	30	≤9.0	≤10.0	3.0
两轮普通摩托车	30	≤7.0		—
边三轮摩托车	30	≤8.0		2.5
正三轮摩托车	30	≤7.5		2.3

(续)

机动车类型	制动初速度/(km/h)	空载检验制动距离要求/m	满载检验制动距离要求/m	试验通道宽度/m
轻便摩托车	20	≤4.0	—	
轮式拖拉机运输机组	20	≤6.0	≤6.5	3.0
手扶变型运输机	20	≤6.5		2.3

2) 制动减速度标准。汽车、汽车列车在规定的初速度下急踩制动时充分发出的平均减速度及制动稳定性要求应符合表 3-22 的规定,且制动协调时间对液压制动的汽车应小于等于 0.35s,对气压制动的汽车应小于等于 0.60s,对汽车列车、铰接客车和铰接式无轨电车应小于等于 0.80s。对空载检验的充分发出的平均减速度有质疑时,可用表 3-22 规定的满载检验充分发出的平均减速度进行。

制动协调时间是指在急踩制动时,从脚接触制动踏板(或手触动制动手柄)时起至机动车减速度(或制动力)达到表 3-22 规定的机动车充分发出的平均减速度(或表 3-24 所规定的制动力)的 75% 时所需的时间。

表 3-22 制动减速度和制动稳定性要求

机动车类型	制动初速度/(km/h)	空载检验充分发出的平均减速度/(m/s^2)	满载检验充分发出的平均减速度/(m/s^2)	试验通道宽度/m
三轮汽车	20	≥3.8		2.5
乘用车	50	≥6.2	≥5.9	2.5
总质量不大于 3500kg 的低速货车	30	≥5.6	≥5.2	2.5
其他总质量不大于 3500kg 的汽车	50	≥5.8	≥5.4	2.5
铰接客车、铰接式无轨电车、汽车列车	30	≥5.0	≥4.5	3.0
其他汽车	30	≥5.4	≥5.0	3.0

3) 进行制动性能检验时的制动踏板力或制动气压应符合以下要求:

① 满载检验时:

气压制动系统:气压表的指示气压 ≤ 额定工作气压;

液压制动系统:踏板力,乘用车 ≤ 500N;其他机动车 ≤ 700N。

② 空载检验时:

气压制动系统:气压表的指示气压 ≤ 600kPa;

液压制动系统:踏板力,乘用车 ≤ 400N;其他机动车 ≤ 450N。

4) 汽车、汽车列车路试行车制动性能检验,若符合用制动距离检验或用充分发出的平均减速度检验之一即为合格。

(2) 应急制动性能检验 汽车在空载和满载状态下,按表 3-23 所列初速度进行应急制动性能检验,测量从应急制动操纵始点至车辆停住时的制动距离。应急制动中的制动距离应符合表 3-23 的要求。

表 3-23　应急制动性能要求

车辆类型	制动初速度 /(km/h)	制动距离 /m	充分发出的平均减速度/(m/s²)	允许操纵力不大于/N	
				手操纵	脚操纵
乘用车	50	≤38	≥2.9	400	500
客车	30	≤18	≥2.5	600	700
其他汽车（三轮汽车除外）	30	≤20	≥2.2	600	700

（3）驻车制动性能检验　在空载状态下，驻车制动装置应能保证车辆在坡度为20%（总质量为整备质量的1.2倍以下的车辆为15%），轮胎与路面间的附着系数不小于0.7的坡道上正、反两个方向保持固定不动，其时间不少于5min。检验时施加于操纵装置上的力：

1）手操纵时，乘用车应不大于400N，其他机动车应不大于600N。

2）脚操纵时，乘用车应不大于500N，其他机动车应不大于700N。

2. 台试检验制动性能

（1）制动力

1）汽车、汽车列车在制动试验台上测出的制动力应符合表3-24的要求。对空载检验制动力有质疑时，可用表3-24中规定的满载检验制动力要求进行检验。

检验时制动踏板力或制动气压按本节路试检验制动性能同一条款的规定。

表 3-24　台试检验制动力要求

机动车类型	制动力总和与整车重量的百分比（%）		轴制动力与轴荷[①]的百分比（%）	
	空载	满载	前轴[②]	后轴[②]
三轮汽车	—	—	—	≥60[③]
乘用车、其他总质量不大于3500kg的汽车	≥60	≥50	≥60[③]	≥20[③]
铰接客车、铰接式无轨电车、汽车列车	≥55	≥45	—	—
其他汽车	≥60	≥50	≥60[③]	≥50[④]
普通摩托车	—	—	≥60	≥55
轻便摩托车	—	—	≥60	≥50

① 用平板制动检验台检验乘用车时应按左右轮制动力最大时刻所分别对应的左右轮动态轮荷之和计算。

② 机动车（单车）纵向中心线中心位置以前的轴为前轴，其他轴为后轴；挂车的所有车轴均按后轴计算；用平板制动试验台测试并装轴制动力时，并装轴可视为一轴。

③ 空载和满载状态下测试均应满足此要求。

④ 满载测试时后轴制动力百分比不做要求；空载用平板制动检验台检验时应大于等于35%；总质量大小3500kg的客车，空载用反力滚筒式制动试验台测试时应大于等于40%，用平板制动检验台检验时应大于等于30%。

2）制动力平衡要求（两轮、边三轮摩托车和轻便摩托车除外）。在制动力增长全过程中同时测得的左右轮制动力差的最大值，与全过程中测得的该轴左右轮最大制动力中大者（当后轴及其他轴，制动力小于该轴轴荷的60%时为与该轴轴荷）之比，对新注册车和在用车应分别符合表3-25的要求。

表 3-25 台试检验制动力平衡要求

	前 轴	后轴（及其他轴）	
		轴制动力大于等于该轴轴荷60%时	制动力小于该轴轴荷60%时
新注册车	≤20%	≤24%	≤8%
在用车	≤24%	≤30%	≤10%

3）制动协调时间要求。汽车的制动协调时间，对液压制动的汽车应小于等于0.35s，对气压制动的汽车应小于等于0.60s；汽车列车和铰接客车、铰接式无轨电车的制动协调时间应小于等于0.80s。

（2）驻车制动性能检验 当采用制动检验台检验汽车和正三轮摩托车驻车制动装置的制动力时，机动车空载，乘坐一名驾驶员，使用驻车制动装置，驻车制动力的总和应大于等于该车在测试状态下整车重量的20%，但总质量为整备质量1.2倍以下的机动车应大于等于15%。

当车辆经台试检验后对其制动性能有质疑时，可用前述路试检验制动性能的规定（制动距离、充分发出的平均减速度）进行复检，并以满载路试的检验结果为准。

3. 制动完全释放时间

机动车制动完全释放时间（从松开制动踏板到制动消除所需要的时间）对两轴汽车不得大于0.8s，对三轴及三轴以上汽车不得大于1.2s。

第四节 行驶系统检测与故障诊断

汽车行驶系统的功用是连接车身与车轮，以适当的刚度支承车轮，吸收来自地面的冲击，改善乘坐的舒适性，稳定行驶中的车身姿势，改善操控性。

汽车行驶系统技术状况的好坏，不仅影响汽车乘坐的舒适性和汽车的操纵稳定性，而且还直接关系到汽车的行驶安全。因此，应高度重视行驶系统的检测与诊断。行驶系统检测与诊断的主要内容是：车轮不平衡的检测、车轮侧滑量的检测、悬架装置的检测和行驶系统故障的诊断与排除。

一、常见故障诊断与排除

汽车行驶系统既要传递驱动力、制动力及其力矩，又要承受整车载荷及路面冲击。因此，汽车在长期工作后，行驶系统会出现一些综合性故障。其故障发生时经常伴随有噪声、振动，其故障原因有时不仅在行驶系统本身，而且还与转向系统、制动系统、传动系统有关，在诊断行驶系统故障时，应对相关部位进行检查。汽车行驶系统的常见故障有：车身摆振、行驶跑偏及侧滑、轮胎磨损异常和行驶系统异响。

1. 车身摆振

（1）现象 汽车在某一速度范围内行驶时，有时出现两前轮围绕各自主销左、右摆动的现象，高速行驶时，两前轮左、右摆振严重，甚至在驾驶室内可以感觉到车身摆振。

（2）原因分析

1）轮胎气压过高，汽车行驶中轮胎吸收振动和减缓路面对车轮冲击的作用减弱，转向轮胎受到路面的附加外力作用时产生摆头。各车轮气压相差过大时，轮胎滚动半径不等，滚动阻力相差过大，造成汽车车身左右摆振。

2）横向稳定杆装配不当，安装位置不正确或紧固螺栓松动、橡胶垫损坏，汽车转弯或路面不平时稳定作用减弱，引起汽车左右摆振。

3）转向器主、从动部分啮合间隙或轴承间隙太大，转向器垂臂与其轴配合松旷，纵、横转向拉杆球头连接松旷，转向节与主销配合松旷或转向节与前梁拳形部沿主销轴线方向配合松旷，转向器在车架上的固定松动，使零部件间相互约束的作用减弱，车轮受变化的行驶阻力和附加外力作用时，左右偏摆引起汽车摆振。

4）轮胎螺母松动和轮毂轴承松旷，汽车行驶中车轮受到路面变化的外力作用，车轮相对于其支承轴横向窜动，造成汽车横向摆振。

5）车轮质量分布不均（包括轮胎、轮辋、轮毂、制动鼓或制动盘等），高速旋转时产生径向和轴向周期性变化的离心力及力矩，当离心力的变化周期和车身的固有频率相同时，车身产生共振，引起车轮跳动和车身摆振。

6）前梁或车架弯、扭变形，造成转向系统与前悬架（钢板弹簧）的运动相互干涉，前悬挂减振器失效或两边减振器效能不一，左、右两边的前悬挂在高度或刚度（对于钢板弹簧，包括厚度、长度、片数、弧高或新旧程度等）等方面不一，前钢板弹簧的U形螺栓松动或钢板销与其衬套松旷。在外力作用下，由于这些零部件的摆振带动车轮左右偏摆引起汽车摆振。

7）前轮外倾角过大，两前轮滚动时向外张开的作用增强，汽车高速行驶时车身晃动；两前轮外倾角相差过大时汽车行驶跑偏，方向不易控制，转向不稳致使汽车左、右摆振。主销后倾角过小时，车轮自动保持直线行驶和抵抗外力的力矩减小，当阻抗力矩小于外力产生的力矩时，车轮摆振引起车身摆振。后轮定位失准，车辙的重合性不好，引起车身摆振。

（3）诊断与排除

1）检查轮胎气压，并按车型轮胎气压标准充气。

2）检查车轮紧固螺母有无松动，并按规定扭力紧固螺母。

3）检测转向盘自由行程，转向盘自由行程过大时应查明故障部位，予以排除。

4）用扭力扳手扭紧轮毂轴承锁紧螺母，检查轮毂轴承锁紧螺母有无松动。

5）举升汽车，检查轮毂轴承间隙。轴向推拉车轮，检查轴承有无明显的轴向间隙；转动车轮，检查轴承滚动阻力是否过大和转动有无卡滞，听察轴承是否旷动；横向摆动车轮，检查轴承径向间隙是否过大。视情调整轴承间隙或更换轴承。

6）直观检视横向稳定杆各连接部位安装是否牢靠，用撬杠撬动横向稳定杆，检视各部位有无松动。

7）直观检视下控制臂连接是否牢靠，用撬杠撬动控制臂检查各连接部位是否松动，视情紧固或更换。

8）检视橡胶衬垫是否损坏；视情更换损坏的橡胶衬垫，并紧固各连接部位的螺栓螺母。

9）检视轮胎磨损及损伤，检查平衡块是否脱落。轮胎严重磨损、变形时，需进行轮胎换位或更换轮胎。平衡块脱落时，需进行动平衡检查并加装平衡块。

10）检测车轮动平衡，调整车轮动平衡量或更换轮胎。

11）用四轮定位仪检测车轮定位，视情调整车轮定位参数。

2. 行驶跑偏及侧滑

（1）现象　汽车行驶时，自动向一侧跑偏，必须用力掌握转向盘才能保持直线行驶；

行驶中遇有制动和转向时，车轮产生横向侧滑，导致行驶跑偏。

（2）原因分析

1）汽车左右两侧轮胎气压相差过大或磨损不一致，轮胎气压不同或轮胎磨损不均时，车轮滚动半径不同，汽车行驶中自动向车轮滚动半径小的一侧跑偏。

2）车轮制动器单边制动。前、后桥两端的车轮有单边制动或单边制动拖滞现象，使汽车在行驶中一侧车轮受到制动阻力，造成左、右轮所受阻力不相等，汽车自动向阻力大的一侧跑偏。

3）减振弹簧刚度不同或一侧弹簧失效，前减振器性能不同或一侧减振器失效，悬架一侧弹簧或减振器性能变差甚至损坏时，汽车重心向"软"的一侧偏移，该侧轮胎变形大，滚动半径小，汽车自动向"软"的一侧跑偏。

4）轮毂轴承单边调整过紧。轮毂轴承单边调整过紧，汽车行驶时该车轮阻力增大，汽车向轴承紧的一侧跑偏。

5）悬架与车架连接松动，车架变形，下控制臂变形或连接松动，橡胶衬套损坏，部件连接松动、变形或损坏，破坏了各部件之间正确的装配位置关系，使车轮定位发生改变，行驶中各车轮滚动阻力不相等，汽车向滚动阻力大的一侧跑偏；汽车左、右两侧前、后轮间轴距相差过大，汽车向轴距小的一侧跑偏。

6）前轮定位失准。

① "主销"后倾角、内倾角小或两侧转向轮主销后倾角度不同，汽车行驶中车轮偏转后回正力矩变小，保持直线行驶的回正力矩减弱，从而出现向倾角小的一边跑偏。

② 一侧车轮的外倾角为负值或两侧车轮外倾角不同，使两侧车轮滚动阻力不同，汽车向滚动阻力大的一侧跑偏甚至发生侧滑。

③ 车轮前束调整不当或前束值与外倾角不相适应，汽车向滚动阻力大的一侧跑偏。

（3）诊断与排除

1）检测轮胎气压。检测轮胎气压，轮胎气压不同时，按车型技术规范要求充气。

2）轮胎换位。检视轮胎规格及轮胎磨损、轮胎花纹是否一致。轮胎磨损不一致时，视情更换轮胎或进行轮胎换位。桑塔纳轿车轮胎换位的方法如图3-72a所示。

对轮胎换位没有明确规定的车型，可按图3-72a、b所示方法进行交叉换位或按图3-73a、b所示方法进行循环换位。

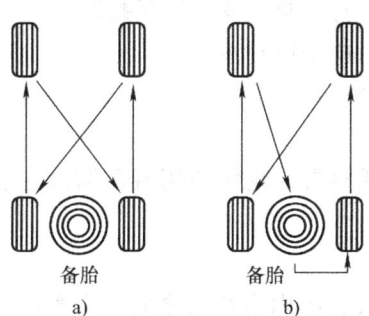
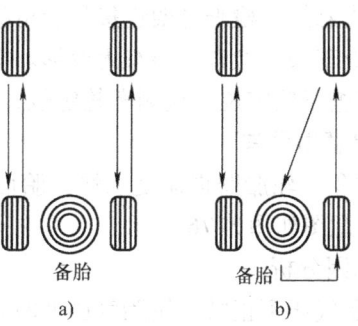

图3-72 轿车轮胎交叉换位法　　　　图3-73 轿车轮胎循环换位法

3）检查汽车左、右两侧离地高度，悬架弹簧高度。

① 在水平地面上目测或测量汽车四周对称情况，测量部位如图 3-74 所示。离地高度差应在允许的偏差范围内（轿车不超过 10mm）。

② 检查弹簧有无断裂、安装是否正确，并检视悬架弹簧的高度，悬架弹簧断裂或高度不一致时应予以更换。

③ 检视减振器有无漏油，并就车进行减振器性能检查。

方法一：在被检查一侧以 392~491N 的力按压汽车，如图 3-75 所示。力解除后，车身上下晃动 2~3 次为正常。若减振器性能不良，应更换。

方法二：汽车行驶一定里程后，用手触摸减振器外壳，感觉不发热说明减振器失效。有检测条件的可按照本节"悬架装置的检测"方法进行。

减振器漏油、性能不良或损坏，都必须更换，且同一车桥两侧的减振器应同时更换。

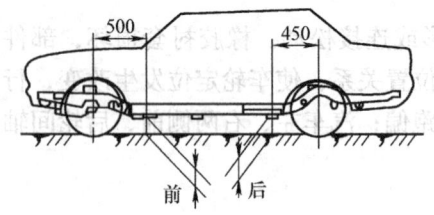

图 3-74 测量离地高度的部位

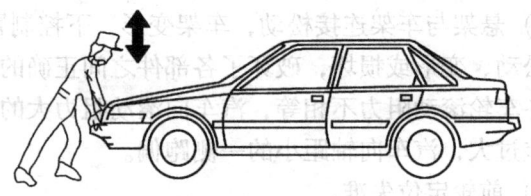

图 3-75 就车检查减振器性能

4）检查轮胎锁紧螺母。检查轮胎锁紧螺母有无松动。检查轮毂轴承锁紧螺母是否松动，按规定力矩拧紧螺母。

5）检查车轮转动情况。用举升器将汽车举离地面，转动车轮，检查制动器是否卡滞，轮毂轴承转动是否灵活。

① 若制动卡滞应给予排除。

② 检查轮毂轴承间隙是否过小，间隙过小时，需要重新调整；轴承损坏必须更换。

6）检查控制臂。检视车架、下控制臂有无变形，用撬杠撬动控制臂铰接处，检查连接是否松动。

7）检查控制臂橡胶垫。检视下控制臂及橡胶衬套是否损坏，视情更换变形、损坏的下控制臂和橡胶衬套。

8）检查悬架。检查悬架连接是否可靠，按规定拧紧悬架支柱锁紧螺母。

9）检查车架。检查车架有无变形。车架变形时应予以校正。

10）检查车轮定位。检测车轮定位，并视情调整。

3. 轮胎磨损异常

（1）现象 轮胎磨损速度加快，胎面形状出现异常，轮胎使用寿命缩短。前轮轮胎磨损不正常示意图如图 3-76 所示。

（2）原因分析

1）轮胎气压不正常。轮胎气压低时，变形量大，胎内帘布层之间、帘布层与橡胶之间的摩擦加剧，胎温高，橡胶在高温下强度、耐磨性和粘结力下降，加速轮胎早期磨损或损坏。

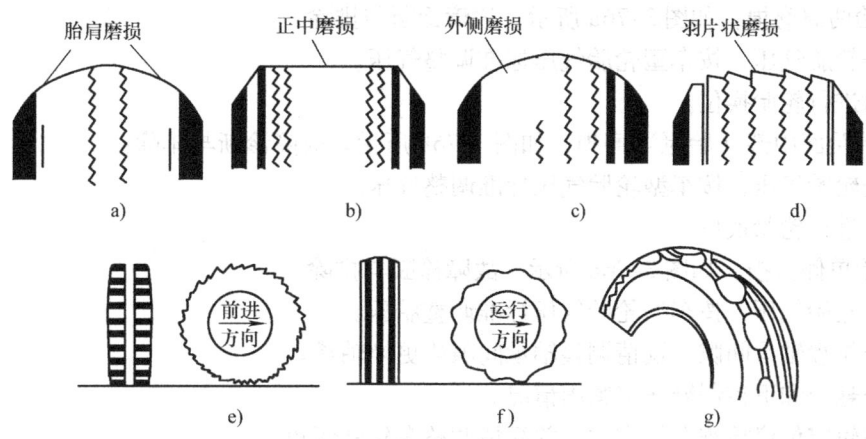

图 3-76 前轮轮胎磨损不正常示意图
a) 胎肩磨损 b) 正中磨损 c) 外侧磨损 d) 羽片状磨损 e) 锯齿状磨损 f) 波浪状磨损 g) 胎肩碟片状磨损

轮胎气压高时,轮胎与路面接触面积小,加速胎冠的磨损,并使轮胎内应力增大,遇冲击负荷时易爆胎。

2) 汽车超载。汽车超载时轮胎承受较大的负荷,变形量增加,内应力增大,帘线易断裂,使轮胎轮辋产生永久变形而早期损坏。

3) 轮胎换位不及时。前后桥轴荷分配不均衡,负荷大的车桥车轮磨损快;驱动轮比随动轮磨损大;右侧车轮比左侧车轮磨损大;轮胎换位不及时导致一侧轮胎磨损加剧,轮胎早期损坏。

4) 轮胎、轮辋变形,车轮动平衡差。汽车长期超载或受意外冲击使轮胎、轮辋产生永久变形,使车轮动平衡变差,导致胎面磨损异常。

5) 悬架连接松动、轮毂轴承松旷、轮胎螺栓松动、转向系统松旷。悬架连接松动、轮毂轴承松旷、轮胎螺栓松动或转向系统松旷,车轮在滚动中横向窜动或摆动,胎面横向磨损加剧。

6) 前轮定位失准。车轮外倾角过大或过小,车轮倾斜过多,轮胎一侧负荷过重,外侧或内侧磨损严重。

前束过大或过小,车轮滚动方向与汽车行驶方向不一致,轮胎侧向受力增大,汽车行驶过程中,胎面在路面上产生横向滑移现象,加剧轮胎磨损。

(3) 诊断与排除 诊断轮胎异常磨损故障时,通常从轮胎异常磨损的典型特征入手查找故障原因,表 3-26 为轮胎异常磨损的典型特征与故障原因的对应关系。

表 3-26 轮胎异常磨损的典型特征与故障原因的对应关系

轮胎异常磨损的典型特点	故障原因
轮胎两肩磨损	气压不足(过低)或换位不及时
轮胎胎面中部(胎冠)磨损	气压过高
轮胎单侧磨损	车轮外倾角过大或过小
轮胎羽片状磨损	前束调整不当
胎肩碟片状磨损	车轮动不平衡

1) 轮胎两肩磨损,如图 3-76a 所示。故障诊断与排除:
① 检查轮胎气压,按车型轮胎气压标准调整气压。
② 及时进行轮胎换位。
2) 轮胎胎面中部(胎冠)磨损,如图 3-76b 所示。故障诊断与排除:
① 检查轮胎气压,按车型轮胎气压标准调整气压。
② 及时进行轮胎换位。
3) 轮胎单侧磨损,如图 3-76c 所示。故障诊断与排除:
① 检查轮胎气压,按车型轮胎气压标准调整胎压。
② 检查轮毂轴承间隙,视情调整轴承间隙或更换轴承。
③ 检查悬架和下控制臂连接紧固情况。
④ 用四轮定位仪检查车轮定位,并视情调整车轮外倾角。
4) 羽片状磨损,如图 3-76d 所示。故障诊断与排除:用四轮定位仪或前束尺检查前轮前束,并视情调整。

前束检查方法:
① 用前束尺检查。
a. 将汽车停放在平坦的地面上,使转向车轮保持在直线行驶位置。
b. 在两转向轮后方胎面的中心画上记号,记号高度与车轮旋转中心等高,如图 3-77a 所示;用前束尺测量两记号之间的数值,如图 3-77b 所示。
c. 推动汽车向前移动,车轮滚动半圈,使记号转到车轮前方与车轮旋转中心等高的位置,再测量两记号之间的数值。

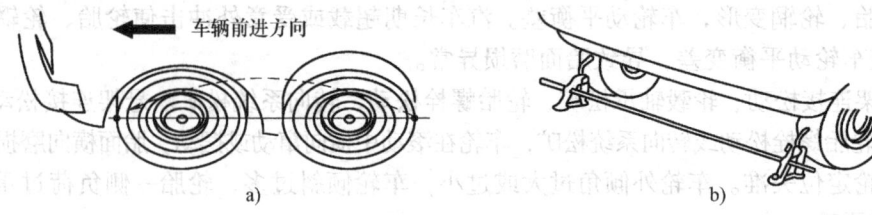

图 3-77 检查前束
a) 记号高度 b) 测量前束值

d. 两次测量的数值之差(前束值)应符合车型技术标准,否则应予以调整。调整时左、右两个转向车轮的前束应同时调整。
② 用四轮定位仪检查前束。
5) 锯齿状磨损、波浪状磨损、胎肩碟片状磨损,如图 3-76e、f、g 所示。故障诊断与排除:
① 清除胎面夹杂物。
② 检视轮胎平衡块有无脱落,平衡块脱落时,需进行车轮动平衡检测,并加装动平衡块。
③ 检查轮胎气压及车轮跳动。轮胎气压过高或过低时,需按车型气压标准充气。车轮

径向、轴向跳动量过大时,应查明原因,视情调整或更换。

④ 检查车轮动平衡,视情调整车轮动平衡量。

4. 行驶系统异响

(1) 现象　汽车在行驶过程中,行驶系统某些部位产生噪声或异常的响声。

(2) 原因分析

1) 车轮安装不牢靠。车轮锁紧螺母松动,车速变化或车轮滚动阻力变化时,轮辐与螺母或螺栓之间产生冲击而发出异常响声。

2) 轮毂轴承间隙过大、过小,轴承润滑不良或损坏。

① 轴承间隙调整过大或轴承磨损松旷,汽车行驶中车轮横向移动,转向或弯道行驶时,产生异响。

② 轴承间隙过小或润滑不良,汽车行驶中轴承滚动阻力大,产生噪声,严重时使轴承烧蚀损坏。

3) 减振器固定不良、失效或衬套损坏。减振器安装松动、失效或衬套损坏,汽车行驶中车身振动时,连接部位的零部件之间产生冲击而异响。

4) 减振弹簧折断或疲劳失效。减振弹簧折断、疲劳或弹性减弱,不能有效地减缓汽车行驶中车身的振动,悬架各部件之间产生冲击而发出异响。

5) 控制臂、横拉杆、横向稳定杆各连接部件球销磨损松旷,锁紧螺母松动或橡胶轴承损坏。转向、行驶系统连接部件球销因磨损而松旷或锁紧螺母松动、橡胶衬垫损坏,使各连接件配合松旷,路面对车轮的冲击及车身振动通过悬架传递时,松旷部位零部件之间产生冲击而异响。

(3) 诊断与排除

1) 检查车轮锁紧螺母的紧固情况,按规定扭矩紧固锁紧螺母。

2) 转动螺母,检查轮毂轴承转动是否灵活。横向摆动车轮,检查轴承径向间隙是否过大。若车轮转动不灵活,轴承轴向间隙过小或制动卡滞,应重新调整轴承间隙或制动间隙。若轴承径向间隙过大,说明轴承已经磨损松旷,必须更换轴承。

3) 检查悬架安装紧固情况,按规定扭力紧固锁紧螺母。

4) 检视减振器有无漏油、减振弹簧有无折断。减振器漏油、减振弹簧断裂时必须更换。

5) 检查横拉杆球销有无松旷。检查球销锁紧螺母紧固情况,并视情更换球销。

6) 检测控制臂有无松动及橡胶衬套有无损坏。控制臂连接松动应按规定扭矩紧固其连接螺栓,橡胶衬套老化、损坏应更换。

7) 检查横向稳定杆有无松动。检查橡胶垫有无损坏。横向稳定杆松动应紧固安装支座紧固螺栓,橡胶衬套老化、损坏应更换。

二、车轮不平衡的检测

高速行驶的汽车,如果车轮不平衡,不平衡的质量将引起车轮上下跳动和横向振摆。这不仅影响了汽车的行驶平顺性、乘坐舒适性和操纵稳定性,使车辆难以控制,而且也影响了汽车行驶的安全性。此外,还因加剧了轮胎及有关机件的磨损和冲击,缩短了汽车使用寿命,增加了汽车运输成本。因此,车轮平衡问题越来越引起人们的重视,车轮平衡度已成为汽车检测项目之一。

（一）车轮不平衡的概念

1. 车轮静不平衡

支起车轴，调整好轮毂轴承松紧度，用手轻转车轮，使其自然停转。在停转的车轮离地最近处作一标记，然后重复上述试验多次。如果每次试验标记都停在离地最近处，则车轮静不平衡。这个车轮上所作的标记点称为不平衡点或垂点。反之，若车轮经几次转动自然停转后所作标记的位置各不一样，或强迫停转消除外力后车轮也不再转动，则车轮是静平衡的。

对于静平衡的车轮，其重心与旋转中心重合；对于静不平衡的车轮，其重心与旋转中心不重合，在旋转时产生离心力，如图 3-78 所示。

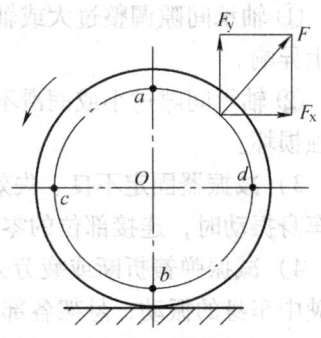

图 3-78 中

$$F = mr\omega^2 = mr(2\pi n)^2 \tag{3-4}$$

式中 F——车轮在旋转时产生的离心力；

m——不平衡点质量；

r——不平衡点质量离车轮旋转中心的距离；

ω——车轮旋转角速度，$\omega = 2\pi n$；

n——车轮转速。

图 3-78 车轮静不平衡示意图

从式（3-4）可以看出，转速 n 越高，不平衡点的质量 m 越大，不平衡点质量离车轮旋转中心距离越远，则离心力 F 越大。离心力 F 可分解为水平分力 F_x 和垂直分力 F_y。在车轮转动一周中，垂直分力 F_y 有两次落在通过车轮中心的垂线上，一次在 a 点，一次在 b 点，方向相反，均达到最大值，使车轮上、下跳动，并由于陀螺效应引起前轮摆振。水平分力 F_x 有两次落在通过车轮中心的水平线上，一次在 c 点，一次在 d 点，方向相反，均达到最大值，使车轮前后窜动，并形成绕主销来回摆动的力矩，造成前轮摆振。当左、右前轮的不平衡质量相互处于 180°位置时，前轮摆振最为严重。

2. 车轮动不平衡

即使静平衡的车轮，即重心与旋转中心重合的车轮，也可能是动不平衡的。这是因为车轮的质量分布相对车轮纵向中心面不对称造成的。在图 3-79a 中，车轮是静平衡的。在该车轮旋转轴线的径向相反位置上，各有一作用半径相同质量也相同的不平衡点 m_1 与 m_2，且不处于同一平面内。对于这样的车轮，其不平衡点的离心力合力为零，而离心力的合力矩不为零，转动中产生方向反复变动的力偶 M，使车轮处于动不平衡中。动不平衡的前轮绕主销摆振。如果在 m_1 与 m_2 同一作用半径的相反方向上配置相同质量的 m_1' 与 m_2'，则车轮处于动平衡中，如图 3-79b 所示。动平衡的车轮肯定是静平衡的，因此对车轮主要应进行动平衡检验。

3. 车轮不平衡原因

1）轮毂、制动鼓（盘）加工时轴心定位不准，加工误差大，非加工面铸造误差大，热处理变形、使用中变形或磨损不均。

2）轮胎螺栓质量不等、轮辋质量分布不均或径向圆跳动、端面圆跳动太大。

3）轮胎质量分布不均，尺寸或形状误差太大，使用中变形或磨损不均，使用翻新胎或垫、补胎。

4）并装双胎的充气嘴未相隔180°安装，单胎的充气嘴未与不平衡点标记（经过平衡试验的新轮胎，往往在胎侧标有红、黄、白或浅蓝色的□、○、△、◇符号，用来表示不平衡点位置）相隔180°安装。

5）轮毂、制动鼓（盘）、轮胎螺栓、轮辋、内胎、衬带、轮胎等拆卸后重新组装成车轮时，累计的不平衡质量或几何偏差太大，破坏了原来的平衡。

（二）车轮不平衡检测原理

1. 车轮平衡机类型

车轮平衡度应使用车轮平衡机检测。车轮平衡机也称为车轮平衡仪。车轮平衡机有以下类型：按功能分，车轮平衡机可分为车轮静平衡机和车轮动平衡机两类；按测量方式分，车轮平衡机可分为离车式车轮平衡机和就车式车轮平衡机两类；按车轮平衡机转轴的形式分，车轮平衡机又可分为软式车轮平衡机和硬式车轮平衡机两类。

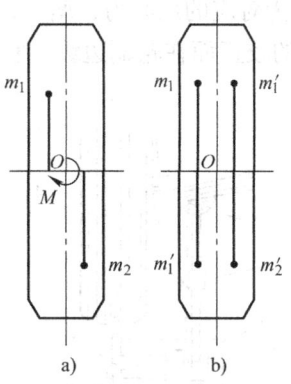

图 3-79 车轮平衡示意图
a) 车轮静平衡但动不平衡　b) 车轮动平衡

使用离车式车轮平衡机时，是把车轮从车上拆下安装到车轮平衡机的转轴上检测其平衡状况的。而就车式车轮平衡机，无需从车上拆下车轮，就车即可测得车轮的平衡状况。

软式车轮平衡机，安装车轮的转轴由弹性元件支承。当被测车轮不平衡时，该轴与其上的车轮一起振动，测得该振动即可获得车轮的不平衡量。硬式车轮平衡机的转轴由刚性元件支承，工作中转轴不产生振动，它是通过直接测量车轮旋转时不平衡点产生的离心力来确定不平衡量的。

凡是可以测定车轮左、右两侧的不平衡量及其相位的，可以称为两面测定式车轮平衡机。

就车式车轮平衡机，既可以进行静平衡试验，又可以进行动平衡试验。

2. 静不平衡的检测原理

（1）离车式　安装在特制平衡心轴或平衡机转轴上的车轮，如果不平衡，在自由转动状态下，其不平衡点只有处于最下面的位置才能保持静止状态，而配重平衡后则可停于任一位置。利用这一基本原理，即可测得车轮的静不平衡质量和相位。

（2）就车式　用就车式车轮平衡机检测车轮静不平衡的原理如图 3-80 所示。支离地面的车轮如果不平衡，转动时产生的上下振动通过转向节或悬架传给检测装置的传感磁头、可调支杆和底座内的传感器。传感器输出的电信号控制频闪灯闪光，以指示车轮不平衡点位置，并输入指示装置指示不平衡度（量）。从图 3-80 中可以看出，当传感磁头传递向下的力时，频闪灯就发亮，所照射到的车轮最下部的点即为不平衡点。当不平衡点的质量越大时，传感器的受力也越大，变换的电量也越大，指示装置指示的数值也越大。

3. 动不平衡的检测原理

（1）离车式　以硬支承平衡机为例，由于其转轴支承装置刚度大，固有振动频率高，振幅小，因而车轮的惯性力可忽略不计。车轮不平衡所产生的离心力是以力的形式作用在支承装置上的，只要测出支承装置上所受的力或由此而产生的振动，就可得到车轮的不平衡量。电测式车轮平衡机检测原理如图 3-81 所示。图 3-81 中，m_1、m_2 为车轮不平衡质量，

F_1、F_2 为对应的离心力，N_L、N_R 为左右支承测得的动反力。该测量法的测量点在支承处，不平衡的校正面在轮辋边缘，它们存在动平衡关系。

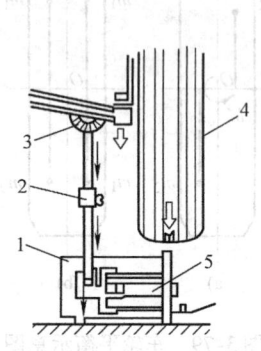

图 3-80　用就车式车轮平衡机检测
车轮静不平衡的原理
1—底座　2—可调支杆　3—传感磁头
4—车轮　5—传感器

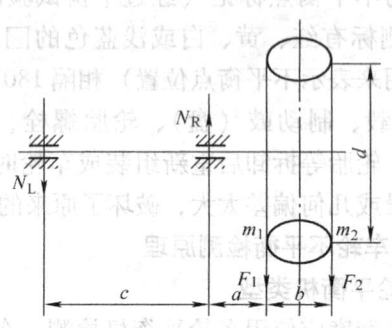

图 3-81　电测式车轮平衡机检测原理
a—轮辋边缘至右支承的距离；b—轮辋宽度；
c—左右支承间的距离；d—轮辋直径

根据力的平衡条件可得

$$N_R - N_L - F_1 - F_2 = 0 \tag{3-5}$$

$$F_1(a+c) + F_2(a+b+c) - N_R c = 0 \tag{3-6}$$

联立求解得

$$F_1 = N_L(a+b+c)/b - N_R(a+b)/b \tag{3-7}$$

$$F_2 = N_L(a+c)/b - N_R a/b \tag{3-8}$$

可以看出，不平衡点质量产生的离心力仅与支承处的动反力及尺寸 a、b、c 有关。支承处的动反力或由此而引起的振动可以通过相应传感器变成电信号后测出，各位置尺寸中 c 是常数，a、b 可通过测量后输入运算电路的方法得出。因此，通过运算即可根据动反力确定出车轮两个校正面上的离心力，再根据离心力确定出两个校正面上的平衡量。

(2) 就车式　就车式车轮平衡机上检测车轮动不平衡的原理与就车检测车轮静不平衡相同，如图 3-80 所示，只不过传感磁头固定在制动底板上，检测的是横向振动。横向振动通过传感磁头、可调支杆传至底座内的传感器，传感器转变成的电信号控制频闪灯闪光，以指示车轮不平衡点位置，并输入到指示装置指示车轮不平衡度（量）。

（三）离车式车轮动平衡机及使用方法

1. 结构简介

离车式车轮动平衡机如图 3-82 所示。目前应用最多的是硬式两面测定车轮动平衡机。该动平衡机一般由驱动装置、转轴与支承装置、显示与控制装置、制动装置、机箱和车轮防护罩等组成。驱动装置一般由电动机、传动机构等组成，可驱动转轴旋转。转轴由两个滚动轴承支承，每个轴承均有一能将动反力变为电信号的传感器。转轴的外端通过锥体和大螺距螺母等固装被测车轮。驱动装置、转轴与支承装置等均装在机箱内。车轮防护罩可防止车轮旋转时其上的平衡块或花纹内夹杂物飞出伤人。制动装置可使车轮停转。近年来生产的车轮动平衡机多为微机式，具有自动判断和自动调校系统，能将传感器送来的电信号通过微机运算、分析、判断后显示出不平衡量及相位。为了使显示的不平衡量恰是轮辋边缘所加平衡块的质量，还必须将测得的轮辋直径 d、轮辋宽度 b 和轮辋边缘至平衡机机箱的距离 a（轮辋外悬尺寸），通过键盘或选择器旋钮输入微机才行。

2. 使用方法

1) 清除被测车轮上的泥土、石子和旧平衡块。
2) 检查轮胎气压，并充至规定值。
3) 根据轮辋中心孔的大小选择锥体，仔细地装上车轮，用大螺距螺母上紧。
4) 打开电源开关，检查指示与控制装置的面板是否指示正确。
5) 用卡尺测量轮辋宽度 b、轮辋直径 d（也可由胎侧读出），用平衡机上的标尺测量轮辋边缘至机箱距离 a，再用键入或选择器旋钮对准测量值的方法，将 a、b、d 值输入指示与控制装置中。a、b、d 三尺寸如图 3-83 所示。为了适应不同计量制式，平衡机上的所有标尺一般都同时标有英制和公制刻度。

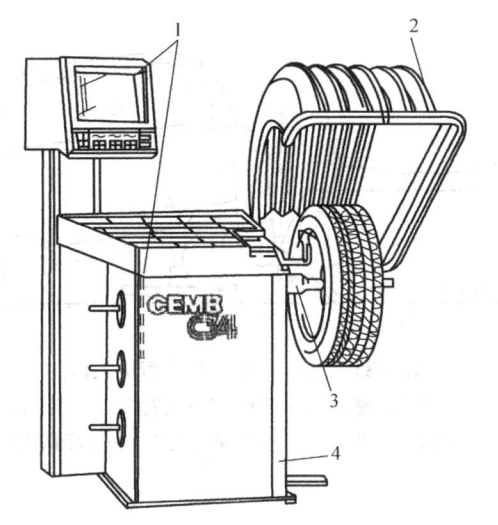
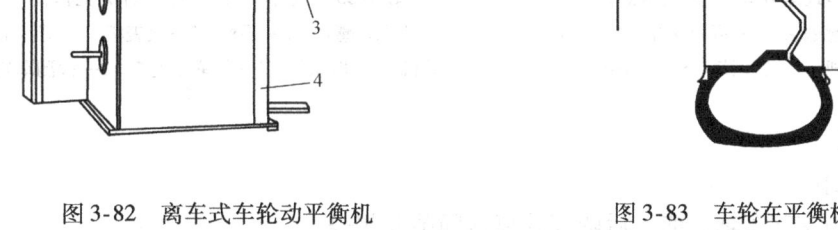

图 3-82　离车式车轮动平衡机　　　　　　　　图 3-83　车轮在平衡机上的安装
1—显示与控制装置　2—车轮防护罩　3—转轴　4—机箱　　　a—轮辋边缘至机箱距离；b—轮辋宽度；d—轮辋直径

6) 放下车轮防护罩，按下起动键，车轮旋转，平衡测试开始，微机自动采集数据。
7) 车轮自动停转或听到"嘀"声按下停止键并操纵制动装置使车轮停转后，从指示装置上读取车轮内、外两侧不平衡量和不平衡位置。
8) 抬起车轮防护罩，用手慢慢转动车轮。当指示装置发出指示（音响、指示灯亮、制动、显示点阵或显示检测数据等）时停止转动。在轮辋的内侧或外侧的上部（时钟 12 点位置）加装指示装置显示的该侧平衡块质量。内、外侧要分别进行，平衡块装卡要牢固。
9) 安装平衡块后有可能产生新的不平衡，应重新进行平衡试验，直至不平衡量 <5g（0.3oz），指示装置显示"00"或"OK"时才能满意。当不平衡量相差 10g 左右时，如能沿轮辋边缘左右移动平衡块一定角度，将可获得满意的效果。
10) 测试结束，关闭电源开关。

（四）就车式车轮动平衡机及使用方法

1. 结构简介

就车式车轮动平衡机一般由驱动装置、测量装置、指示与控制装置、制动装置和小车等组成，其示意图如图 3-84 所示，其工作图如图 3-85 所示。驱动装置由电动机、转轮等组成，能带动支离地面的车轮转动。测量装置由传感磁头、可调支杆、底座和传感器等组成。它能将车轮不平衡量产生的振动变成电信号送至指示与控制装置。指示与控制装置由频闪灯、不平衡度表或数字显示屏等组成。频闪灯用来指示车轮不平衡点位置，不平衡度表或数字显示屏用来指示车轮的不平衡量，一般有两个挡位。第一挡一般用于初查时的指示，第二挡一般用于装上平衡块后复查时指示。制动装置用于车轮停转。除测量装置外，车轮动平衡机的其余装置都装在小车上，可方便地移动。

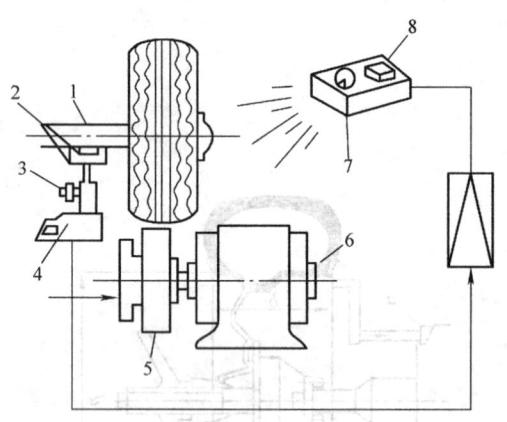

图 3-84 就车式车轮动平衡机示意图

1—万向节 2—传感磁头 3—可调支杆 4—底座
5—转轮 6—电动机 7—频闪灯 8—不平衡度表

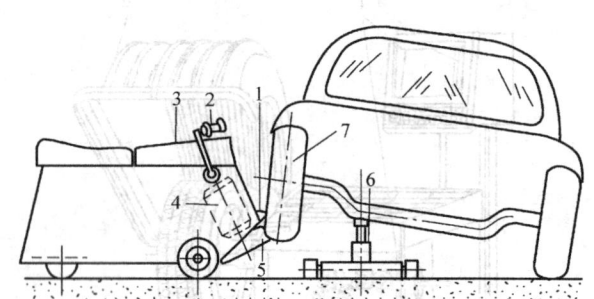

图 3-85 就车式车轮动平衡机工作图

1—光电传感器 2—手柄 3—仪表板 4—驱动电动机 5—摩擦轮 6—传感器支架 7—被测车轮

2. 使用方法

（1）准备工作

1）用千斤顶支起车轴，前、后两车轮离地间隙要相等。

2）清除被测车轮上的泥土、石子和旧平衡块。

3）检查轮胎气压，必要时充至规定值。

4）检查轮毂轴承是否松旷，必要时调整至规定松紧度。

5）在轮胎外侧面任意位置上用白粉笔或白胶布做上记号。

（2）从动前轮静平衡

1）用三角垫木塞紧对面车轮和后轴车轮，将就车式车轮动平衡机的测量装置推至被测前轮一端的前轴下，传感磁头吸附在悬架下或转向节下，调节可调支杆高度并锁紧。

2）将就车式车轮动平衡机推至车轮侧面或前面（视车轮平衡机形式不同而异），检查频闪灯工作是否正常，检查转轮的旋转方向能否使车轮的转动与前进行驶时方向一致。

3）操纵车轮平衡机转轮与轮胎接触，起动驱动电动机带动车轮旋转至规定转速。

4）观察频闪灯照射下的轮胎标记位置，并从指示装置（第一挡）上读取不平衡量数值。

5) 操纵就车式车轮动平衡机上的制动装置,使车轮停止转动。

6) 用手转动车轮,使其上的标记仍处在上述观察位置上,此时轮辋的最上部(时钟12点位置)即为加装平衡块的位置。

7) 按指示装置显示的不平衡量选择平衡块,牢固地装卡到轮辋边缘上。

8) 重新驱动车轮进行复查测试,指示装置用二挡显示。

9) 若车轮平衡度不符合要求,应调整平衡块质量和位置,可参照图3-86所示的方法进行,直至符合平衡要求。

(3) 从动前轮动平衡

1) 将传感磁头吸附在经过擦拭的制动底板边缘平整之处。

2) 操纵就车式车轮动平衡机转轮驱动车轮旋转至规定转速,观察轮胎标记位置,读取不平衡量数值,停转车轮找平衡块加装位置,加装平衡块和复查等,方法与静平衡相同。

(4) 驱动轮平衡

1) 对面车轮不必用三角垫木塞紧。

2) 用发动机、传动系统驱动车轮,加速至50~70km/h的某一转速下稳定运转。

3) 测试结束后,用汽车制动器使车轮停转。

4) 其他方法同从动轮动、静平衡测试。

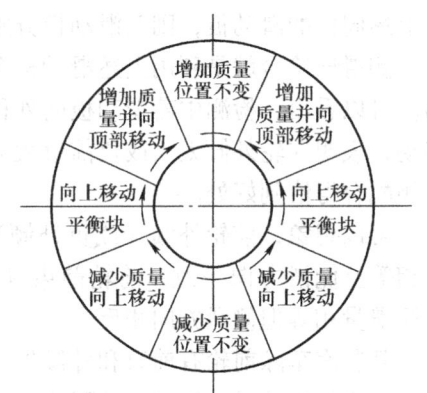

图3-86 复查时平衡块质量和位置的调整方法

车轮动平衡机的平衡重也称配重,通常有卡夹式和粘贴式两种类型。卡夹式配重适用于轮辋有卷边的车轮。对于铝镁合金轮辋,因无卷边可夹,可使用粘贴式配重。粘贴式配重的外弯面有不干胶,粘贴于轮辋内表面。标准的平衡重有两种系列。一种系列以盎司(oz)为基础单位,分为9挡。其中,最小为0.5oz(14.2g),最大为6oz(170.1g)。另一种以克(g)为基础单位,分14挡。其中最小为5g,最大为80g,配重的最小间隔为5g。因此过分苛求车轮动平衡机的精度和灵敏度并无太大的实际意义。特殊情况下,如高速小轿车和赛车,可使用特制的平衡重块。

三、车轮侧滑量的检测

侧滑试验台是测量汽车前轮横向滑动量并判断是否合格的一种检测设备,有滑板式和滚筒式之分。其中,滑板式侧滑试验台(以下简称为侧滑试验台)在我国获得了广泛应用。检测前轮侧滑量的主要目的是为了判定前轮前束与前轮外倾的配合是否恰当。当两者配合恰当时,汽车前轮保持稳定的直线行驶状态。

(一) 侧滑试验台的检测原理

为了减少前轮纵向旋转平面接地点至主销中心线延长线与地面交点的距离,并为了前轴在承受较大载荷后前轮不致产生内倾,因而在前轮定位中出现了前轮外倾这一角度。但是,前轮外倾后,在两前轮滚动中出现了向外张开滚动的趋势。虽然在刚性前梁或车架的约束下,前轮并不能真正向外分开滚动,但两前轮分别给地面向内的侧向力和轮胎在地面上的滑磨是实际存在的。此时,若使这样的汽车前轮在两块互不刚性连接然而可以左右自由滑动的滑动板上前进通过时，则可以看到两块滑动板向内靠拢。滑动板向内的靠拢量，即为该前轮的侧滑量。

前轮前束是为纠正前轮外倾后致使前轮向外张开滚动这一不足而出现的。当前束值恰到好处时，即给已经外倾的前轮一个合适的方向修正量时，前轮就会保持稳定地直线行驶。此时，即使汽车前轮再通过同样的滑动板，滑动板也不会左、右移动。当然，若前轮前束值太大，则两前轮滚动中又有向内靠拢的趋势。刚性前梁和车架虽不允许两前轮真正向内靠拢，但两前轮分别给地面一个向外的力并在地面上滑磨也是实际存在的。此时，若汽车的前轮通过上述同样的滑动板，则两滑动板分别向外滑动。滑动板的滑动量，即为该前轮的侧滑量。

侧滑试验台就是利用上述滑动板在侧向力作用下能够横向滑动的原理来测量前轮侧滑量的。可以看出，检测中若滑动板向外移动，表明前轮前束太大或负外倾太大；若滑动板向内移动，表明前轮外倾太大或负前束太大；若滑动板不移动，表明前轮没有侧滑量，则前束与外倾配合得恰到好处。

可以想象，前轮外倾（或负外倾）对滑动板的作用，不管车辆前进还是后退，其侧滑量相等且侧滑方向一致；前轮前束（或负前束）对滑动板的作用，在车辆前进和后退时，虽侧滑量相等但侧滑方向相反。

某些汽车除前轮有前束和外倾外，后轮也有前束和外倾，因此也应检测后轮侧滑量。

需要指出的是，汽车驱动形式不同，前轮前束的大小也略有不同。对于从动前轴来说，前轮前束还要克服在前轮滚动阻力矩作用下，因前轴转向杆系存在间隙和弹性变形所造成的前轮前端绕主销向外张开滚动的趋势，因而这种车辆的前轮前束值都比较大，以给前轮一个恰到好处的方向修正量。然而，对于驱动前轴，特别是对于单前轴驱动的车辆来说，则无须采用较大的前束值。这是因为在前轮牵引力矩的作用下，由于杆系存在间隙和弹性变形，前轮前端发生了绕主销向内的靠拢滚动。因此，这种车辆的前束值都比较小，有的甚至为负前束。

（二）侧滑试验台的结构与工作原理

滑板式侧滑试验台按滑动板数不同，可分为单板式和双板式两种。它们一般均由测量装置、指示装置和报警装置等组成。以下介绍双板式侧滑试验台的结构与工作原理。

1. 测量装置

测量装置由框架、左右两块滑动板、曲柄机构、回位装置、滚轮装置、导向装置、锁止装置、位移传感器及信号传递装置等组成。该装置能把车轮侧滑量测出并传递给指示装置。

滑动板的长度一般有 500mm、800mm、1000mm 三种。滑动板的上表面制有"T"形纹或"十"形纹，以增加与轮胎之间的附着力。滑动板的下部装有滚轮装置和导向装置，两滑动板之间连接有曲柄机构、回位装置和锁止装置。在侧向力作用下，两滑动板只能在左右方向上作等量位移，且要向内均向内，要向外均向外，在前后方向上不能滑动。

当车轮正前束（IN）过大时，滑动板向外侧滑动；当车轮负前束（OUT）过大时，滑动板向内侧滑动；当侧向力消失时，在回位装置作用下两滑动板回到零点位置；当关闭锁止装置时，两滑动板被锁止。

电气式测量装置是把滑动板的位移量通过位移传感器变成电信号，再经过放大与处理而传输给指示装置的一种结构形式。位移传感器有自整角电机式、电位计式和差动变压器式等多种形式。以自整角电机作为位移传感器的测量装置如图 3-87 所示。

第三章 底盘检测与故障诊断

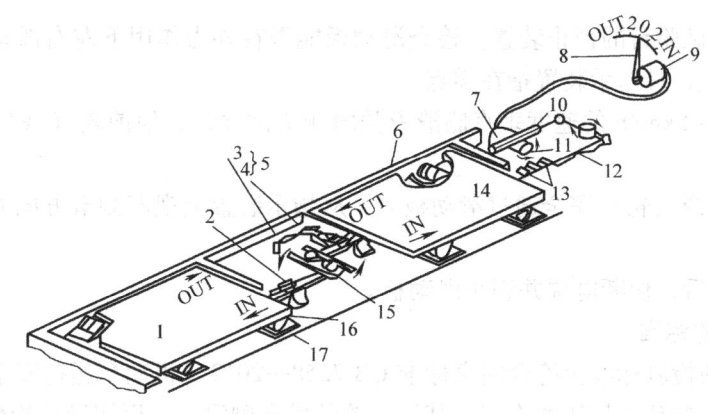

图 3-87 侧滑试验台电气式测量装置
1—左滑动板 2—导向滚轮 3—复位弹簧 4—摆臂 5—回位装置 6—框架 7—产生电信号的自整角电机
8—指示装置 9—接收电信号的自整角电机 10—齿条 11—齿轮 12—连杆 13—限位开关
14—右滑动板 15—双销叉式曲柄 16—轨道 17—滚轮

2. 指示装置

指示装置分为机械式和电气式两种,有的用指针指示,有的用数码管指示。电气式指示装置(指针式)如图 3-88 所示。指示装置能把测量装置传递来的滑动板侧滑量,按汽车每行驶 1km 侧滑 1m 定为一格刻度。车轮正前束(IN)和车轮负前束(OUT)都分别刻有 10 格的刻度。因此,当滑动板长度为 1000mm,侧滑 1mm 时,指示装置指示 1 格刻度,代表汽车每行驶 1km 侧滑 1m。检测人员从指示装置上就可获得车轮侧滑量的具体数值,并根据指针偏向"IN"或"OUT"的方向确定出侧滑方向。

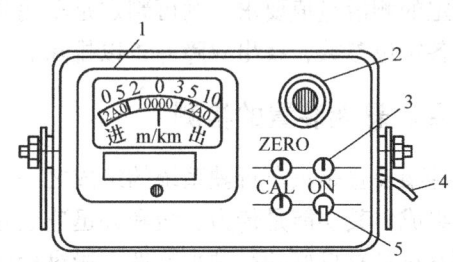

图 3-88 指针式指示装置
1—指示仪表 2—报警用蜂鸣器或信号灯 3—电源指示灯 4—导线 5—电源开关

3. 警告装置

在检测车轮侧滑量时,为便于快速表示检测结果是否合格,当车轮侧滑量超过规定值后,侧滑试验台的警告装置能根据测量装置的限位开关发出的信号,用蜂鸣器或信号灯报警,因而无须再读取指示仪表上的具体数值,为检测工作节约了时间。

(三) 车轮侧滑量的检测及故障排除方法

1. 侧滑量的检测方法

1) 轮胎气压应符合汽车制造厂的规定。

2) 轮胎上粘有油污、泥土、水或花纹沟槽内嵌有石子时,应清理干净。

3) 检查侧滑试验台导线连接情况,在导线连接良好的情况下打开电源开关,查看指示装置是否正常并都在零位上。

4) 检查警告装置在规定值时能否发出警告信号,并视需要进行调整或修理。

5) 检查侧滑试验台上面及其周围的清洁情况,如有油污、泥土、砂石及水等应予清除。

6）打开侧滑试验台的锁止装置，检查滑动板能否在外力作用下左右滑动自如，外力消失后回到原始位置，且指示装置指在零点。

7）汽车以 3~5km/h 的速度垂直侧滑板驶向侧滑试验台，使前轮（或后轮）平稳通过滑动板。

8）当前轮（或后轮）完全通过滑动板后，从指示装置上观察侧滑方向并读取、打印最大侧滑量。

9）检测结束后，切断电源并锁止滑动板。

2. 检测参数的标准

车轮侧滑量的检测标准应符合国家标准 GB 7258—2012《机动车运行安全技术条件》的规定，对前轴采用非独立悬架的汽车，其转向轮的横向侧滑量，用侧滑试验台检测时，其值应在 ±5m/km 之间。

3. 排除方法

当侧滑量检测超标时，应根据其侧滑特点调整车轮前束与车轮外倾的匹配，如侧滑试验台指示装置指向"IN"端，表明车轮前束过大或车轮外倾角太小甚至内倾；若指针指向"OUT"端，则表明车轮外倾角太大或车轮前束过小甚至负前束，此时应加以调整。

通常车轮的外倾角不可调整，因此只能调整车轮前束，若调整前束后仍无法达到国家标准规定的侧滑量值要求，则可判定是车轮外倾角超标所至，此时需进一步用静态车轮定位仪检测各定位参数，找出故障并予以排除。

四、悬架装置的检测

悬架装置是汽车行驶系统的组成之一。悬架装置主要由弹性元件、导向装置和减振器三部分组成。其功能是传力、缓和并迅速衰减车身与车桥之间因路面不平引起的冲击和振动，保证汽车具有良好的行驶平顺性、操纵稳定性、舒适性和行驶安全性。因此，悬架装置的技术状况和工作性能，对汽车整体性能有重要影响。

汽车悬架装置最易发生故障的部件是减振器。减振器对汽车行驶平顺性、操纵稳定性和舒适性的影响很大。有研究表明，大约有 1/4 的汽车上至少有一个减振器工作不正常。当悬架装置减振器工作不正常时，出现汽车行驶中跳跃严重，车轮轮胎有 30% 的路程接地力减少，汽车转向盘不稳，弯道行驶时车身晃动加剧，制动时易发生跑偏或侧滑，轮胎磨损异常，乘坐舒适性降低，有关机件磨损速度加快等不良后果。

随着道路条件的改善，尤其是高速公路的发展，不仅是小轿车的行驶车速已大大提高，就是货车和大客车以 100km/h 的车速行驶的情况也很常见。在高速行驶状态下，汽车的操纵稳定性和安全性尤为重要，并与悬架装置有着直接的关系。所以，悬架装置工作性能的检测是十分重要的。

1. 检测方法简介

汽车悬架装置工作性能的检测方法有经验法、按压车体法和试验台检测法三种类型。

（1）经验法 是通过人工外观检视的方法，主要从外部检查悬架装置的弹簧是否有裂纹，弹簧和导向装置的连接螺栓是否松动，减振器是否漏油、缺油和损坏等项目。

（2）按压车体法 按压车体法（既可以人工按压车体，也可以用试验台的动力按压车体。当采用试验台动力按压车体时，试验台如图 3-89 所示），是使车体上下运动，观察悬架装置减振器和各部件的工作情况，凭经验判断是否需要更换或修理减振器和其他部件。

显然，上述两种方法主要是靠检查人员的经验，因此存在主观因素大，可靠性差，只能定性分析不能定量分析等问题。

（3）试验台检测法　在 20 世纪 80 年代，国际上出现了能快速检测、诊断悬架装置工作性能的悬架装置检测台。根据激振方式不同，悬架装置检测台可分为跌落式（见图 3-90）和共振式（见图 3-91）两种类型。其中，共振式悬架装置检测台根据检测参数的不同，又可分为测力式和测位移式两种类型。

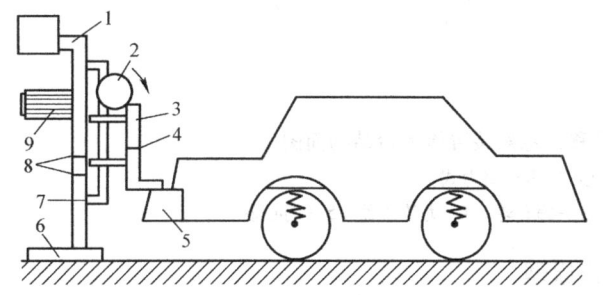

图 3-89　按压车体法试验台
1—支架　2—凸轮　3—推杆　4、8—光脉冲测量装置　5—汽车保险杠　6—水平导轨　7—垂直导轨　9—电动机

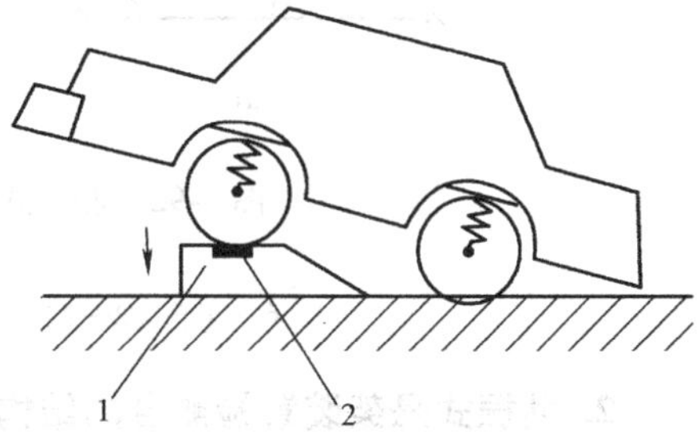

图 3-90　跌落式悬架检测台
1—垫块　2—测量装置

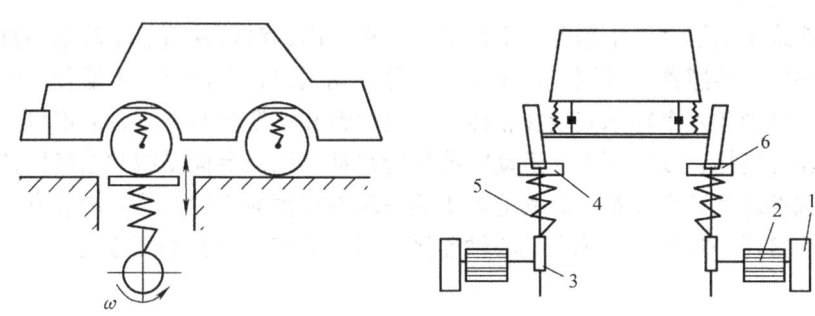

图 3-91　共振式悬架检测台
1—蓄能飞轮　2—电动机　3—凸轮　4—台面　5—激振弹簧　6—测量装置

① 跌落式悬架装置检测台。测试时，先通过举升装置将汽车升起一定高度，然后突然松开支撑机构或撤去垫块，车辆落下产生自由振动。用测量装置测量车体振幅或者用压力传感器测量车轮对台面的冲击压力，对振幅或压力分析处理后，评价汽车悬架装置的工作性能。

② 共振式悬架装置检测台。通过检测台的电动机、偏心轮、蓄能飞轮和弹簧组成的激振器，迫使检测台台面及其上被检汽车悬架装置产生振动。在开机数秒后断开电动机电源，从而由蓄能飞轮产生扫频激振。由于电动机的频率比车轮固有频率高，因此蓄能飞轮逐渐降速的扫频激振过程总可以扫到车轮固有振动频率处，从而使台面-汽车系统产生共振。通过检测激振后振动衰减过程中力或位移的振动曲线，求出频率和衰减特性，便可判断悬架装置

减振器的工作性能。测力式悬架装置检测台和测位移式悬架装置检测台,一个是测振动衰减过程中的力,另一个是测振动衰减过程中的位移量,它们的结构简图如图3-92所示。由于共振式悬架装置检测台性能稳定、数据可靠,因此应用广泛。

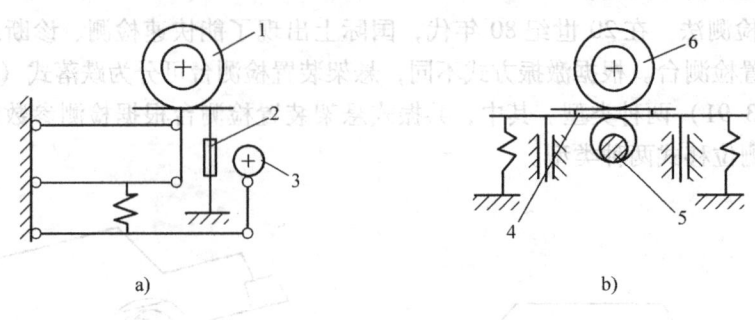

图3-92 测力式和测位移式悬架装置检测台结构简图
a) 测位移式 b) 测力式
1、6—车轮 2—位移传感器 3—偏心轮 4—力传感器 5—偏心轴

2. 共振式悬架装置检测台的结构与工作原理

共振式悬架装置检测台一般由机械和微机控制两部分组成。

（1）机械部分 共振式悬架装置检测台的机械部分由箱体和左右两套相同的振动系统构成,结构简图如图3-93所示。图3-93所示为检测台单轮支承结构。因为一套振动系统左右对称,故另一侧省略。

每套振动系统由上摆臂、中摆臂、下摆臂、支承台面、激振弹簧、驱动电动机、蓄能飞轮和传感器等构成。传感器一端固定在箱体上,另一端固定在台面上。上摆臂、中摆臂和下摆臂通过三个摆臂轴和六个轴承安装在箱体上。上摆臂和中摆臂与支承台面连接,并构成平行四边形的四连杆机构,以保证上下运动时能平行移动,以及台面受载时始终保持水平。中摆臂和下摆臂端部之间装有弹簧。驱动电动机的一端装有蓄能飞轮,另一端装有凸缘。凸缘上有偏心轴。连接杆一端通过轴承和偏心轴连接,另一端和下摆臂端部连接。

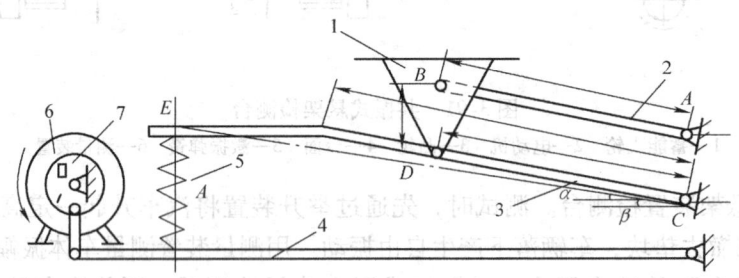

图3-93 共振式悬架装置检测台单轮支承结构简图
1—支承台面 2—上摆臂 3—中摆臂 4—下摆臂 5—激振弹簧 6—驱动电动机 7—偏心惯性结构

检测时,将汽车驶上支承平台,启动测试程序,驱动电动机带动偏心机构使整个汽车-台面系统振动。激振数秒钟达到角频率为ω_0的稳定强迫振动后,断开驱动电动机电源,接着由蓄能飞轮以起始频率为ω_0的角频率进行扫频激振。由于停在台面上车轮的固有频率处

于 ω_0 和 0 之间，因此蓄能飞轮的扫频激振总能使汽车-台面系统产生共振。断开驱动电动机电源的同时，启动采样测试装置，记录数据和波形，然后进行分析、处理和评价。

（2）微机控制部分　主要由微机、A-D 转换器、微机控制部分、传感器、电磁继电器及控制软件等组成。控制软件是悬架装置检测台与机械部分联系的桥梁。软件不仅实现对悬架装置检测台测试过程的控制，同时也对悬架装置检测台所采集的数据进行分析和处理，并最终将检测结果显示并打印出来。

3. 诊断参数标准

车轮接地性指数可以表征悬架装置的工作性能，因而可以作为诊断参数。车轮接地性指数的定义是：汽车行驶中车轮与路面间最小法向作用力与其法向静载荷的比值。即代表了车轮与路面间的最小相对动载，用 $A\%$ 表示，在 $0\sim100\%$ 范围内变化。车轮接地性指数表明了悬架装置在汽车行驶中确保车轮与路面相接触的最小能力。

汽车行驶中，所有车轮的接地性指数是不一样的，这是因为各轮悬架装置工作性能不一、各轮承受载荷不一、各轮轮胎气压不一和各轮路面冲击不一等原因造成的。如果在检测台上，人为使各轮承受的载荷、轮胎气压和各轮台面冲击是一致的，那么，车轮接地性指数就主要决定于悬架装置的工作性能。因此，完全可以用车轮接地性指数评价悬架装置的工作性能。

第四章 汽车附属系统检测与故障诊断

第一节 汽车空调系统检测与故障诊断

目前汽车空调已成为车辆的基本装置。汽车空调系统一般由采暖装置、制冷装置、通风换气装置、空气净化装置及加湿装置组成，专门用于冬季采暖、夏季制冷，还可对车内进行强制性换气，并使车内空气保持循环流动，使乘员感到舒适，预防或去除车窗玻璃上的霜、雾等。目前环保型制冷剂 R134a 已取代旧式制冷剂 R12。由于空调系统为一封闭系统，制冷剂在内部循环，故对空调系统的故障检查、诊断、排除必须掌握空调系统的结构、原理、控制方法等。

一、空调系统的工作原理

如图 4-1 所示，当发动机带动压缩机运转时，将蒸发器中因吸热而汽化的低温低压制冷剂蒸气吸入，经压缩机压缩后，变为高温（约70℃）、高压（约 1.47MPa）的制冷剂气体，然后经高压管送入冷凝器，通过冷凝器冷却后，变为高温（约 50℃）的制冷剂液体。液态制冷剂经节流装置（膨胀阀或孔管）节流减压后，变成压力为 0.15～0.3MPa、温度为 1～4℃ 的低压低温液体进入蒸发器，该低温低压的液体制冷剂便通过蒸发器的壁面吸收蒸发器表面周围空气的热量而沸腾汽化，从而可降低车厢内的空气温度，在鼓风机的作用下，车厢内的冷、热空气加速对流，提高了空调制冷效果。在蒸发器内吸热汽化

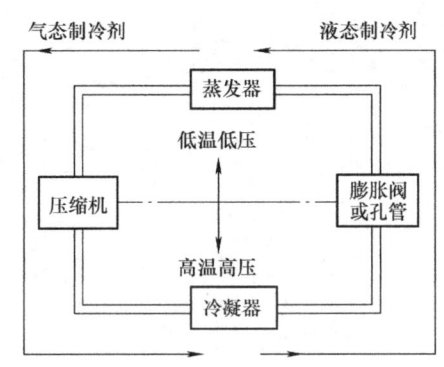

图 4-1 空调系统的工作原理

后的制冷剂蒸气再次被压缩机吸入，然后重复上述过程。

二、汽车空调系统的分类

汽车空调系统一般分两类：循环离合器系统和蒸发器压力控制系统。循环离合器系统压缩机的工作与否由压力或温度开关控制；蒸发器压力控制系统压缩机是连续工作的。在此主要介绍汽车空调系统中采用较多的循环离合器系统。

循环离合器系统又分两类：循环离合器膨胀阀系统和循环离合器孔管系统。膨胀阀系统和孔管系统有两个主要区别：

(1) 储液干燥器位置不同　膨胀阀系统的储液干燥器装在冷凝器出口和膨胀阀间的高压侧；而孔管系统的积累器则装在蒸发器出口和压缩机间的低压侧。

(2) 节流装置不同　膨胀阀系统用膨胀阀作节流装置，而孔管系统采用孔管作节流

装置。

三、汽车空调系统故障诊断方法

汽车空调系统是在振动、灰尘、发动机烘烤和连续运转的严酷条件下工作的，其中任何一个零部件损坏，都会使系统制冷能力下降或不制冷。空调系统出现故障时，不能随意拆检，否则不仅会损害空调系统本身，而且系统中的高压制冷剂也会产生危害。此外，由于系统密封性要求较高，因此会给检查、诊断带来一定困难。

1. 汽车空调系统的使用

正确地使用汽车空调是保证其发挥最大效率的必要条件，也是节约能源、延长使用寿命的关键。使用汽车空调系统时要认真阅读使用说明，严格按照使用说明的要求进行操作。

汽车空调系统的正确使用包括下述几个方面：

1) 在使用前，必须装有足量的制冷剂，并清除热交换器上的污垢，放净蒸发器的积水。

2) 夏季行车使用空调时，必须关闭车窗和车门，否则会降低制冷效率。

3) 调整冷（热）风口的风向，以使冷（热）风均匀地吹入车厢。如因吸烟或其他气味污染了车内的空气，可短时间打开车门或车窗，以便使外面的新鲜空气进入。

4) 在汽车发动机停止转动时，切勿使用空调，以免耗尽蓄电池内的电能。

5) 若汽车突然高挡起动、高速超车或长距离上坡，应暂时关闭空调。

6) 夏季停车时，应尽量避免车身直接在日光下暴晒，以免加重空调负担。

一般在汽车空调系统仪表板上有5个操纵钮，分别控制车内制冷、通风采暖、车内快速升温、除霜、除湿和强制通风等功能。

2. 汽车空调系统的常规检查

为保证空调系统运行正常，平时在没有制冷测试仪器的情况下应先整体检查，然后运行检查，再进行电气检查。

（1）手摸 用手触摸空调系统管路及各部件，检查表面温度。在压缩机运转10~20min后，正常情况下，低压管路应呈低温状态，高压管路应呈高温状态。

1) 高压区。压缩机→冷凝器→干燥储液器→膨胀阀进口，这一部分是制冷系统的高压区，这些部位部件应该先热后暖，是很烫的，手摸时应特别小心，避免被烫伤。如果在其中某一部分发现有特别热的部位，则说明此部分有问题，可能有堵塞。储液器进出口之间若有明显温差，则说明此处有堵塞。

2) 低压区。膨胀阀出口→蒸发器→压缩机进口，这些部件表面应该由凉到冷，但膨胀阀处不应发生霜冻现象。

3) 压缩机高、低压侧之间应该有明显的温差，若没有明显温差，则说明几乎没有制冷剂，空调系统有明显泄漏。

（2）眼看 所有连接部位或冷凝器表面一旦发现油渍，一般都说明此处有制冷剂渗漏，应采取措施；也可用较浓的肥皂水涂抹在可疑之处，观察是否有气泡出现来确定是否有渗漏。

确定是否有渗漏应重点检查以下部位：

1) 各个管道接头及阀门连接处。

2）全部软管，尤其在管接头附近，查看有否鼓泡、裂纹、油渍。

3）压缩机轴封、前后盖板密封垫、检修阀、安全阀处。

4）冷凝器表面被刮坏、压扁、碰伤之处。

5）蒸发器表面被刮坏、压扁、碰伤之处。

6）膨胀阀的进出口连接处、膜盒周边焊接处以及感温与膜盒的焊接处。

7）干燥储液器的易熔安全塞、视液镜、高低压阀连接处。

8）歧管压力表（如果安装的话）本身各种连接头、手动阀以及软管处。

（3）从视液镜判断工况　视液镜大多安放在干燥储液器上，也有个别的安放在从储液器到膨胀阀之间或冷凝器到储液器之间的管路上。

从视液镜中看到的制冷剂工作情况若是：

1）清晰、无气泡，但是：

① 出风口是冷的，说明制冷系统工作正常，制冷剂量适当。

② 出风口不冷，说明制冷剂有泄漏。

③ 出风口不够冷，而且关掉压缩机 1min 后仍有气泡慢慢流动，或在关闭压缩机的一瞬间就清晰无气泡，则说明制冷剂太多，要慢慢放掉些。

2）偶尔出现气泡，并且：

① 时而伴有膨胀阀结霜，则说明有水分。

② 没有膨胀阀结霜现象，可能是制冷剂略缺少或有空气。

③ 没气泡、泡沫，说明制冷剂不足。

④ 玻璃上有油纹、出风口不冷，则是完全没有制冷剂。

⑤ 泡沫很混浊，可能冷冻油过多。

（4）检查热交换器　检查蒸发器通道、冷凝器表面以及冷凝器与发动机散热器之间（停机检查）是否有杂物、泥污，要注意清理，小心清洗。冷凝器可用软长毛刷轻轻刷洗（可蘸水），但千万不要用蒸汽冲洗。热交换器表面，尤其是冷凝器表面需经常清洗。

检查冷凝器表面是否有脱漆，注意及时补漆，以免锈蚀。

（5）检查电磁离合器及低温保护开关　断开、接合电路，检查电磁离合器及低温保护开关工作是否正常。

1）小心地断开电磁离合器电源，此时压缩机会停止转动，再接上电源，压缩机应该立即转动。这样每次短时间接合试验几次，以证明电磁离合器工作正常。

2）在气温低时，若压缩机不起动，可能是由于低温保护开关起作用。可将蓄电池与电磁离合器直接连接（连接时间不能超过 5s），若压缩机仍不转动，则说明有故障（首先检查电磁离合器故障）。

3）在低温保护开关规定的气温以下正常起动压缩机，若仍能起动，则低温保护开关有故障，要更换。

（6）检查感温包保温层　检查膨胀阀感温包与蒸发器出口管路是否贴紧，隔热保护层是否包扎牢固。

（7）检查热交换器壳体　检查蒸发器壳体有无缝隙，冷凝器导风罩是否完好，冷凝器与散热器之间的距离是否合理（两者不应超过 5cm 间距，否则会产生紊流，空气在两者间隙中循环而不流过热交换器芯子，影响两者的换热效率）。

(8) 车速继电器的检查

1) 低速（怠速）保护。事先确认该系统有无低速保护装置（利用怠速继电器使发动机转速低于某限值时压缩机自动停转）。若有，则首先将发动机在高于此限定值上运转，确认压缩机工作正常，然后让发动机降速至限定值以下，若压缩机自动停转，则说明怠速继电器工作正常；否则检查低速继电器限定值或调整发动机怠速转速。

2) 高速保护。先确认该系统有无高速保护措施（超车继电器）。若有，则将发动机正常运转，确认压缩机能正常运转，然后短时间让发动机高速运转（模拟超车）几秒，观察压缩机能否自动停转，并能否在几秒钟后又恢复运转；否则检查高速继电器限定值。

(9) 检查压缩机油面是否正常 对于大型压缩机，在开机以前需要检查冷冻油是否足够，一般从玻璃油孔或用油标尺检查油面高度，可根据压缩机说明书判断油量是否适宜。

(10) 检查电线连接及软管连接 检查电线接头是否正常，电线有无碰到过热、转动、有毛刺的部件以及固定是否牢靠。检查制冷软管及冷凝水管固定是否牢靠，是否碰到过热、运动、尖角部件，是否有足够的伸缩余地。电线和软管穿过金属板件时是否有固定良好的橡胶保护套。

(11) 检查压缩机传动带张力 检查压缩机传动带张力是否适宜、表面是否完好（若风机也用传动带传递动力，则也要检查）。若压缩机传动带新装上时正好，运转一段时间会伸长，那么需要两次张紧。

3. 基本维修操作

现在汽车空调系统有80%的故障是由于系统制冷剂的泄漏造成的。系统制冷剂泄漏会引起高、低压力不正常，这就应该对系统内的制冷剂进行放卸回收、检漏、抽真空、加注制冷剂、加注润滑油（冷冻机油）。

(1) 放卸回收制冷剂 对汽车空调制冷剂系统内的制冷剂进行放卸，许多维修工常采用表阀或充注制冷剂的装置，"安全"地将它排放到大气中去，俗称放空过程。其实，放空这种传统的操作方法并不安全。因为，放空会严重污染环境，影响生物生长，即破坏人类赖以生存的环境。

对制冷剂放卸回收的方法很多，这里介绍一种能回收、净化、循环使用制冷剂的方法。制冷剂的放卸回收、净化循环使用工作过程如下：

用表阀系统将汽车空调制冷系统中的制冷剂引入回收到储液瓶。其中，高压阀连接压缩机排气管，低压阀连接压缩机吸气管。表阀的中间接口连接钢瓶。钢瓶的底部有一个截止阀，用来放卸制冷剂带出的润滑油（冷冻机油）。降压时，先慢慢拧开低压手动阀，让制冷剂慢慢流出而尽量不带出润滑油。当压力下降到345kPa时，再慢慢拧开高压手动阀，让制冷剂经降压、除酸、干燥、过滤等工序处理后，重新压缩、冷凝、液化，装入储液瓶中。

在此过程中，对生成的酸性物质的清除常采用中和法或膜处理方法，使酸性物质自动分离；对混入制冷剂中的水分清除采用分子筛吸附，使制冷剂的含水量降低到可重新使用的标准（含水量0.001%）；对不溶杂质（如铁屑、油污、灰尘等），可采用空调用的过滤装置加以清除。

(2) 系统的检漏 汽车空调制冷系统的检漏方法常用的有目测检漏法、肥皂水检漏法、卤素灯检漏法、卤素检漏仪检漏法、打压检漏法和抽真空做气密性试验法等几种。

1) 目测检漏法。目测检漏法是指用肉眼查看制冷系统（特别是制冷系统的管接头）部位有无润滑油渗漏痕迹的一种检漏方法。因为制冷剂通常与润滑油（冷冻机油）互溶，所以在泄漏处必然也带出润滑油，因此，制冷系统管道有油迹的部位就是泄漏处。

2) 肥皂水检漏法。肥皂水检漏法是指在检漏时，对施加了压力的制冷系统，用毛刷或棉纱蘸肥皂水涂抹在被检查部位，查看被检查部位是否有气泡产生的一种检漏方法。若被检查的部位有气泡产生，则说明这个部位是泄漏点。

3) 卤素灯检漏法。卤素灯检漏法是指在检漏时，利用卤素与吸入的制冷剂燃烧后产生的不同颜色火焰进行检漏的一种方法。

4) 抽真空做气密性试验法。抽真空做气密性试验法是指对制冷系统抽真空以后，保持一段时间（至少 1h），观察系统中的真空压力表指针是否发生变化的一种检漏方法。要指出的是，采用这种方法检漏只能说明制冷系统是否泄漏，而不能确定泄漏的具体部位。

5) 打压检漏法。打压检漏法是指将 1.5~2MPa 压力的氮气、二氧化碳或混有少量制冷剂的氧气、二氧化碳等介质打入制冷系统中，再用肥皂水或卤素检漏灯进行检漏的一种方法。这种方法常用于空调制冷系统中的制冷剂全部漏光时的检漏。要注意的是，在高压条件下操作时尽量不要用空气压缩机打压或制冷系统本身的压缩机打压，因为这样会使制冷系统带入一部分水分。

(3) 系统抽真空　系统抽真空的过程就是利用真空泵将制冷系统内的空气和水分抽出的过程。系统抽真空一般可分为四个操作程序。

1) 连接系统抽真空设备。按图 4-2 所示，将真空泵、表阀与空调制冷系统连接好。

2) 抽真空。开动真空泵，打开高、低压手动阀几分钟后，在真空表上应有大于 99.1kPa（即大于 740mmHg）的真空度。若真空表上的压力达不到所需要的真空度，则说明系统有泄漏。待泄漏部位修好后，再进行抽真空。

3) 抽真空后的检漏。检漏时，首先关闭高、低压手动阀，等待 5~6min，其压力下降不得超过 3.4kPa（即 25.4mmHg）；否则，说明空调制冷系统有泄漏，等检漏修理后，再抽真空、再检漏。

4) 检漏后继续抽真空。经上述三个操作程序后，应继续对空调制冷系统进行抽真空工作，抽真空时间不少于 60min，这样有利于抽空系统中的空气和水分。当抽真空结束时，应首先关闭高、低压手动阀，再关闭真空泵电源开关，而不能倒过来操作。

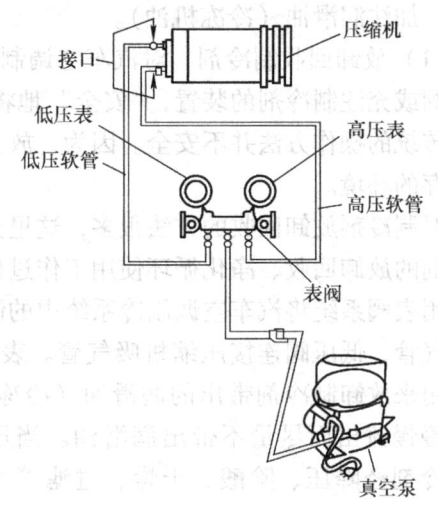

图 4-2　系统抽真空连接

(4) 加注制冷剂　汽车空调制冷系统加注制冷剂的方法根据形式不同，有三种方法可供选择。

1) 从低压端加注气态制冷剂。

① 检查真空度。系统在抽真空 60min 后，真空泵压力达到 99.1kPa，确认绝无泄漏，才能进行低压加注气态制冷剂工作。

② 按图 4-3 所示接好表阀、制冷剂钢瓶和空调制冷系统高、低压端的检修阀管道。

③ 去除管内空气。其方法为：关闭高、低压手动阀，拧开高压端检修阀和软管的连接口，打开高压手动阀，再打开制冷剂钢瓶阀，让制冷剂慢慢进入软管。当在软管口听到制冷剂蒸气出来时发出的"嘶嘶"声音后，迅速接上高压端检修阀，并关闭高压手动阀。然后用同样的方法去除低压端的管道空气，关好低压手动阀。

④ 充注气态制冷剂。其方法为：打开放在磅秤上的制冷剂瓶阀和低压手动阀，起动发动机，空调功能键置于"A/C"，风扇挡置为"HI（高）"，当充注到预定量时，关闭低压手动阀，观察流过视液镜的情况，检查高压表、低压表的吸、排气压力值（高压表应为 1.01～1.64MPa，低压表应为 0.12～0.20MPa）。充注完毕后，关闭低压手动阀，再关制冷剂瓶阀，并迅速拆下充注软管，停止空调器工作，停止发动机运转。

2) 从低压端充注液态制冷剂。

① 抽真空，确保系统在 60min 以内真空泵压力达到 99.1kPa 以上，绝无泄漏后才能进行制冷剂充注。

② 按图 4-4 所示接好表阀、制冷剂钢瓶和空调系统的高、低压端管道，并除去管内空气。

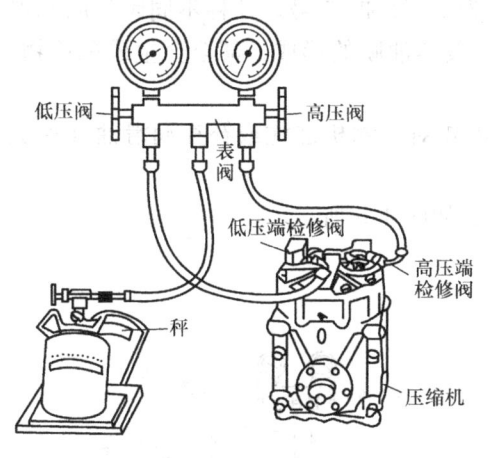

图 4-3　从低压端加注气态制冷剂

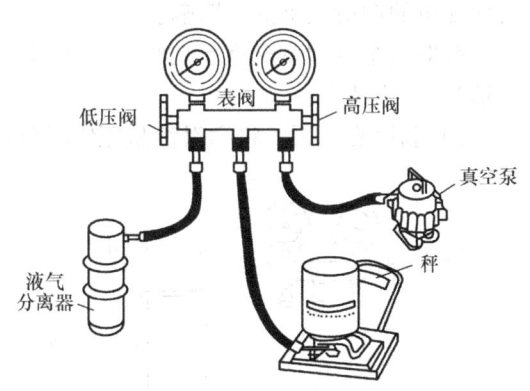

图 4-4　从低压端充注液态制冷剂

③ 打开直立的制冷剂钢瓶和低压手动阀，让制冷剂气体进入系统达 3～5min，起动发动机（转速为 1250～1500r/min）和空调器（空调键置于"A/C"，风扇键置于"HI"），将制冷剂钢瓶倒置，让液态制冷剂慢慢进入系统的气液分离器直到足量。

④ 充注制冷剂完毕后，关闭低压手动阀，观察流过视液镜的情况，检查高压表、低压表的压力值。符合标准后，关闭制冷剂钢瓶的阀门，拆下软管，停止空调器工作，停止发动机运转。

制冷剂是否适量可采用从视液镜观察的判断方法，详见表 4-1。

表 4-1　从视液镜观察制冷剂量

制冷剂量	观察现象
制冷剂适量	几乎透明，在改变压缩机转速时；可能会出现气泡；关闭空调后，立即起泡，然后渐渐消失
制冷剂不足	有少量气泡出现
制冷剂严重不足或没有	视液镜呈油雾状或出现机油条纹
制冷剂过量	观察到气泡，关闭空调后，镜内处于澄清状态，无泡沫出现

3）从高压端充注液态制冷剂。从高压端充注液态制冷剂的步骤是：在压缩机工作阀（高、低压阀）上连接好表阀，排除制冷剂注入管道内的空气，然后打开高压端手动阀，使其处于全开启状态，并把制冷剂钢瓶倒立起来，液态制冷剂就会从高压端流入制冷系统，如图 4-5 所示。

注意：通过高压端向空调系统充注制冷剂时，千万不要起动发动机。正在充注液态制冷剂时，不要打开表阀的低压端手动阀，而且制冷剂的充注量也应根据车型按规定充注量进行充注。制冷剂充注过程中，要边充注边观察低压表指示针，如果发现低压表不显示读数，则表示该制冷系统阻塞，应排除故障后再充注制冷剂。

（5）加注润滑油（冷冻机油）　我国生产的压缩机润滑油牌号主要有 18 号、25 号、30 号、40 号、60 号等。汽车空调压缩机常用的润滑油为 18 号和 25 号。几种不同牌号的润滑油不能混合使用，因为这样会造成润滑油粘度降低，破坏油膜的形成，甚至会生成沉淀物，使压缩机的润滑效果受到影响。

在对汽车空调系统重新充注制冷剂时，一般都需要对压缩机加注或补充润滑油（冷冻机油）。其方法有：

1）利用真空泵，将润滑油从压缩机低压阀吸入，如图 4-6 所示。

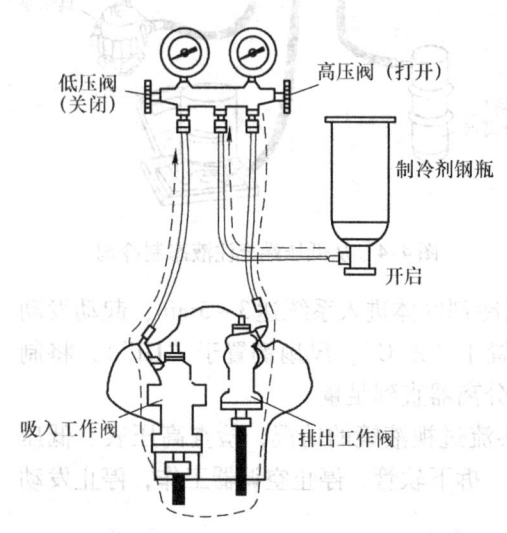
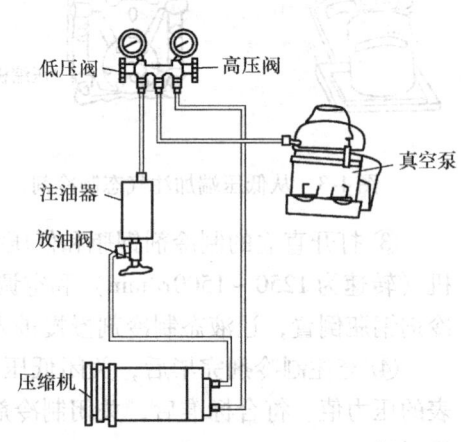

图 4-5　从高压端充注液态制冷剂　　　　图 4-6　真空泵将润滑油从压缩机低压阀吸入

2）利用压缩机自身的泵吸作用，将润滑油从低压阀处吸入。注意：此时发动机一定要保持怠速运转。

3）利用漏斗将润滑油直接从压缩机吸入口倒入。加注润滑油时必须在制冷系统完全抽真空后进行。当利用真空泵或压缩机自身加注润滑油时，需要一根加油管。此加油管必须干燥、干净，而且在加注润滑油前必须用制冷剂清洗，以除去管内空气和水分。加注的润滑油油量要事先称好。加好润滑油后，需开启压缩机转动 5~10 圈。加完润滑油后要及时盖严装润滑油的容器，并且擦净制冷系统上的油迹。

4. 主要总成的检修

（1）检修前的注意事项

1）首先应检查发动机的冷却系统、燃油供给系统和电气系统，若有问题，必须先将其修好，再检修空调系统。

2）如果在车上修理并拆卸制冷系统零部件时必须戴手套及防护眼镜，以免制冷剂外泄造成对人体暴露部位的冻伤。

3）因制冷剂在常温常压下是无色、无味、无毒的气体，且密度比空气大，在通风条件差的场所易造成窒息的危险，因此，应将制冷剂排放到远离工作场所且通风条件较好的场地，最好收集到密封的容器中。

4）在制冷剂未排放完前，切勿锡焊、气焊制冷系统零部件，避免制冷剂遇明火分解成对人体健康极其危险的剧毒气体。

5）在正式连接管子之前，系统各部件的密封塞不得拆除，以免水气或异物进入而影响系统的正常工作。

（2）压缩机的检修

1）压缩机的拆卸。

① 拔下蓄电池插头。

② 排放制冷剂。

③ 拆卸高、低压管，封闭管口，防止异物侵入。

④ 拆卸电磁离合器导线。

⑤ 拆卸压缩机固定螺栓。

⑥ 拆下压缩机。

⑦ 压缩机的解体。

2）压缩机的安装。

① 安装压缩机时，必须使离合器带轮、发动机带轮的带槽对应面处在同一平面内。

② 以规定力矩拧紧固定螺栓。

③ 冷凝器与风扇之间应保持一定间隙，一般不少于 20mm，压缩机及其托架和软管之间的间隙为 15mm。

④ 应更换高、低压管密封垫圈，检查发动机供油系统及冷却系统，防止渗漏。

（3）冷凝器的检修

1）冷凝器的拆卸。

① 排放制冷系统的制冷剂。

② 拆下冷却系统散热器。

③ 拆下冷凝器进口管和出口管。
④ 拧下固定螺栓，拆下冷凝器。
2）冷凝器的安装。
① 安装前应充分清洁冷凝器表面，确保有足够的空气流经冷凝器盘管表面，使其充分散热。
② 安装时注意冷凝器下部的正确位置，上端与发动机罩的间隙不得小于5mm。
(4) 蒸发器的检修
1）蒸发器的拆卸。
① 排放制冷系统的制冷剂。
② 拆下新鲜空气风箱盖。
③ 拆下蒸发器。
④ 拆下低压管固定件及压缩机管路，并封住管子端部。
⑤ 拆下高压管固定件及储液干燥器，并封住管子端部。
⑥ 拆下仪表板右侧下部挡板及网罩。
⑦ 拆下蒸发器口的感应管。
⑧ 拆下蒸发盘，取出蒸发器。
2）蒸发器的安装。
① 蒸发器外壳下方有排水孔，应保证排水孔通畅，不能阻塞或遮挡。
② 连接电线与发动机机体之间的距离至少为50mm，与燃油管的间隙最少为100mm。
③ 安装蒸发盘时，应将边缘安置在横向盘网的凸缘上。
④ 蒸发器上插有感温开关的毛细管，安装时切勿将感温管扭曲。为防止将感温管拔出，应将其夹紧。
(5) 储液干燥器的检修
1）储液干燥器的拆卸。
① 拔下蓄电池插头。
② 排放制冷系统的制冷剂。
③ 拆下管路接头，封住管子端部。
④ 拆下储液干燥器。
2）储液干燥器的安装。
① 储液干燥器应垂直安装，冷凝器的出口接储液干燥器入口。
② 在抽真空之前方可将导管接至储液干燥器入口。

5. 空调系统的故障诊断与排除

汽车空调系统的大多数故障都必须由专业技工修理，驾驶员只需作一般性问题处理。如果发现空调系统不制冷，或制冷量不足，首先，应安装好各种量表，根据各量表的情况再结合外部的检查，判定引起故障的原因，然后参阅表4-2所示的各种故障现象、产生原因及排除方法，予以排除或修理。

表 4-2 空调系统的故障诊断与排除

故障现象	故障原因	排除方法
系统不能产生冷空气，失去制冷作用	1. 驱动传动带太松或传动带断裂 2. 压缩机不工作，传动带在带轮上打滑，或者离合器接合后带轮不转 3. 压缩机阀门不工作，在发动机不同转速下，高、低压表读数仅有轻微变动 4. 膨胀阀不能关闭，低压表读数太高，蒸发器流液 5. 熔断器熔断，接线脱开或断线，开关或鼓风机的电动机不工作 6. 制冷剂管道破裂或泄漏，高、低压表读数为零 7. 储液干燥器或膨胀阀中的细网堵死，软管或管道堵死，通常在限制点起霜	1. 拉紧传动带或更换传动带 2. 拆下压缩机，修理或更换 3. 修理或更换压缩机阀门 4. 更换膨胀阀 5. 更换熔断器、导线，修理开关或吹风机的电动机 6. 换管道，进行系统检漏，修理或更换储液干燥器 7. 修理或更换储液干燥器
冷空气量不足	1. 压缩机离合器打滑 2. 出风通道空气不足 3. 鼓风机的电动机运转不顺畅 4. 外面空气管道开着 5. 冷凝器周围的空气流通不够，高压表读数过高 6. 蒸发器被灰尘等异物堵住 7. 蒸发器控制阀损坏或调节不当，低压表读数太高 8. 制冷剂不足，观察玻璃处有气泡，高压表读数太低 9. 膨胀阀工作不正常，高低压表读数过高或过低 10. 储液干燥器细网堵住，高低压表读数比正常高或低 11. 系统有水分，高压侧压力过高 12. 系统有空气，高压表值过高，观察玻璃处有气泡或呈云雾状 13. 辅助阀定位不对	1. 拆下离合器总成，修理或更换 2. 清洗或更换空气滤清器；清除通道中的阻碍物 3. 更换电动机 4. 关闭通道 5. 清洁发动机散热器和冷凝器，安装强力风扇、风扇挡板或重新摆好散热器和冷凝器的位置 6. 清洗蒸发器管道和散热片 7. 按需要更换或调节阀门 8. 向系统充液，直至气泡消失、压力表读数稳定为止 9. 清洗细网或更换膨胀阀 10. 清除或更换储液干燥器 11. 清除或更换储液干燥器 12. 清除、抽气和加液 13. 转动阀至逆时针方向的最大位置
系统间断制冷	1. 压缩机离合器打滑 2. 电路开关损坏、鼓风机的电动机开关损坏 3. 压缩机离合器线圈松脱或接触不良 4. 系统中有水分，引起部件间断结冰 5. 热控制失灵，低压表读数偏低或过高 6. 蒸发器控制阀粘住	1. 拆下压缩机，修理或更换 2. 更换损坏部件 3. 拆下修理或更换 4. 更换膨胀阀或储液干燥器 5. 更换热控制 6. 清洗系统并抽气，更换储液干燥器使全控制阀复位，向系统加液
系统太冷	1. 热控制不当 2. 空气分配不好	1. 更换热控制 2. 调节控制表板的拉杆

(续)

故障现象	故障原因	排除方法
空调系统噪声大	1. 传动带松动或过度磨损 2. 压缩机零件磨损或安装托架松动 3. 压缩机油液面太低 4. 离合器打滑或发出噪声 5. 鼓风机的电动机松动或磨损 6. 系统中制冷剂过量，工作时发出噪声，高、低压表读数过高，观察玻璃有气泡 7. 系统中制冷剂不足，使膨胀阀发出噪声，观察玻璃有气泡及雾状，低压表读数过低 8. 系统中有水分，引起膨胀阀发出噪声 9. 高压辅助阀关闭，引起压缩机颤动，高压表读数过高	1. 拉紧或更换传动带 2. 拆卸压缩机，修理或更换，拧紧托架 3. 加机油 4. 拆下电磁离合器修理或更换 5. 拧紧电动机的安装连接件，拆下电动机修理或更换 6. 排放过剩的制冷剂，直到压力表读数降到标准值，且气泡消失 7. 找出系统漏气点，清除及修理，抽空系统并更换储液干燥器，向系统加液 8. 清除，抽气，更换储液干燥器，加液 9. 立即把阀门打开
不供暖或暖气不足	1. 暖风散热器芯内部堵塞 2. 暖风散热器芯表面气流受阻 3. 暖风散热器芯管子内部有空气 4. 温度门位置不正确 5. 温度门真空驱动器损坏 6. 鼓风机损坏 7. 鼓风机继电器、调温电阻损坏 8. 热水开关损坏 9. 发动机的节温器损坏	1. 冲洗或根据需要更换芯子 2. 用空气吹通散热器芯表面 3. 排出管内空气 4. 调整拉索 5. 修理或更换 6. 修理或更换 7. 修理或更换 8. 修理或更换 9. 修理或更换
鼓风机不转	1. 熔断器熔断或开关接触不良 2. 鼓风机电动机损坏 3. 鼓风机调速电阻损坏	1. 检查熔断器和开关，用细砂纸轻擦开关触点 2. 修理或更换 3. 更换
漏水	1. 软管老化、接头不牢 2. 热水开关关不死	1. 更换水管，接牢接头 2. 修复热水开关
过热	1. 调温风门调节不当 2. 发动机节温器损坏 3. 风扇调速电阻损坏	1. 重调 2. 修理或更换 3. 更换
除霜热风不足	1. 除霜风门调整不当 2. 出风口堵塞 3. 供暖不足	1. 重调 2. 清理 3. 见供暖不足部分
操纵吃力或不灵	1. 操纵机构卡死，风门粘紧 2. 所有真空驱动器失灵	1. 调整或修理 2. 更换
暖风散热器有异味	1. 暖风散热器进水接头漏水 2. 暖风散热器管漏水	1. 拧紧 2. 更换

第二节　汽车安全气囊系统的检测与故障诊断

汽车安全气囊系统是一种被动安全装置，它可对汽车驾驶员及前排乘员起辅助安全保护作用,因此也称为辅助乘员保护系统(Supplemental Restraint System,简称 SRS)。电子控制安全气囊系统主要由传感器、气体发生器、气囊和电子控制单元(ECU)组成。

图 4-7 所示为安全气囊工作框图。当汽车行驶速度超过 30km/h 且发生前碰撞时,碰撞传感器将此时汽车的加速度值转换为电信号送入 ECU,信号被放大后由微处理器判断撞击的程度,并在几毫秒内确定是否打开气囊,若确定需要打开气囊,则发出点火信号,使气体发生器在极短的时间内向气囊充气,气囊迅速膨胀,当气囊接触到人体时(主要针对人体面部),气囊的泄气孔便逐渐泄气,从而起到缓冲保护作用。从 ECU 发出点火信号至气囊完全胀开需 30~40ms。

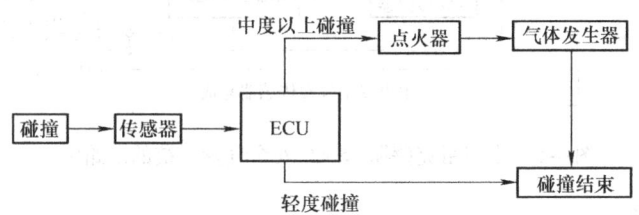

图 4-7 安全气囊工作框图

安全气囊系统在汽车运行时,应时刻处于无故障的正常状态,其工作必须可靠有效。因此,对安全气囊系统进行适时的检测诊断是必需的。实际上,在 SRS 控制装置中专门设计有自诊断系统和相应的检测电路。安全气囊系统一旦发生故障,自诊断系统能对其诊断,并控制仪表板上的 SRS 指示灯点亮,以警示驾驶员安全气囊系统发生了故障,同时将其故障信息以故障码形式存入 SRS 控制装置的存储器中,以便检测获取信息。

一、电子控制安全气囊系统的故障诊断

对于 SRS 的故障,其故障诊断方法因车系不同而不尽相同,下面以丰田雷克萨斯 LS400 轿车电子控制安全气囊系统为例,说明其故障诊断方法。

图 4-8 所示为丰田雷克萨斯 LS400 轿车电子控制安全气囊系统的电路图,该安全气囊系统有五个传感器,两个前安全气囊传感器采用机电式碰撞传感器,分别安装在汽车前部两边翼子板的内侧;一个中央安全气囊传感器为电子式碰撞传感器,两个安全传感器为水银式碰撞传感器,均安装在安全气囊控制装置盒中。

1. 利用 SRS 指示灯诊断

安全气囊系统是否正常,利用 SRS 指示灯进行初步诊断效果较好,其诊断方法如下:

1)若点火开关转至"ON"位置后,SRS 指示灯点亮,并在 6s 后自动熄灭,则表示安全气囊系统正常。

2)若点火开关转至"ON"位置后,SRS 指示灯一直点亮或闪烁,则表示安全气囊系统存在故障。

3)若发动机起动后汽车正常行驶时,SRS 指示灯亮起,则表示安全气囊系统存在故障。

4)若点火开关转至"ON"位置后,SRS 指示灯一直不亮,则说明 SRS 指示灯系统电路有故障。

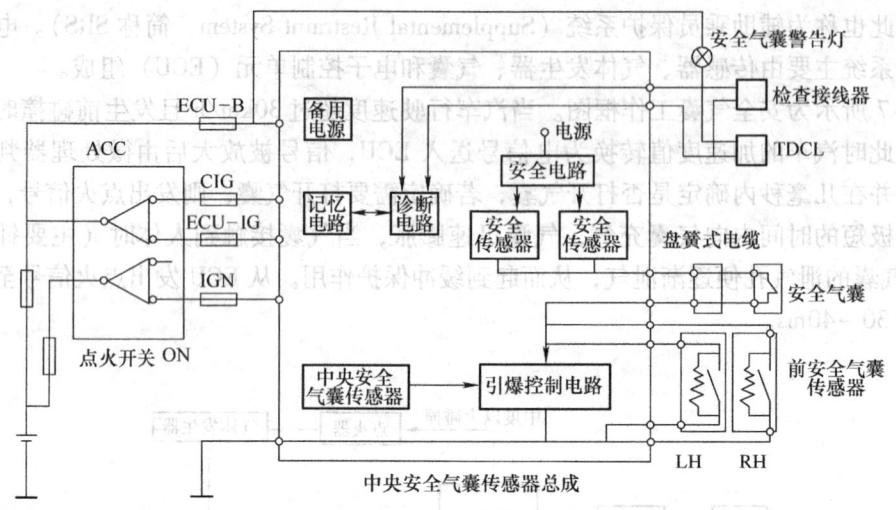

图 4-8 丰田雷克萨斯 LS400 安全气囊系统的电路图

2. 利用故障码诊断

安全气囊系统在进行故障诊断时，其故障码就成了最重要的信息来源。利用故障码诊断就是通过一定的方法读取故障码，然后根据其故障码表的内容诊断 SRS 故障。在进行操作时，首先应使系统进入自诊断状态，然后读取故障码，待故障排除后，还应将存储器内的故障码进行清除。

（1）读取故障码　最好用专用诊断仪读取故障码。当无诊断仪器时，可用人工方法读取故障码，其方法如下：

1）将点火开关转到"ON"或"ACC"位置，并等待 20s 以上时间。

2）用跨接线短接 TDCL 插座的 T_C 端子和 E_1 端子，如图 4-9a 所示。

3）根据仪表板上 SRS 指示灯的闪烁情况读取故障码。当 SRS 正常时，仪表板上的 SRS 指示灯每秒闪两次，并连续闪烁，如图 4-9b 所示；当 SRS 有故障时，SRS 指示灯就会闪烁显示故障码，其故障码为两位数字，闪烁规律如图 4-9c 所示。

4）故障码读取完毕后，脱开 T_C 端子和 E_1 端子之间的跨接线。

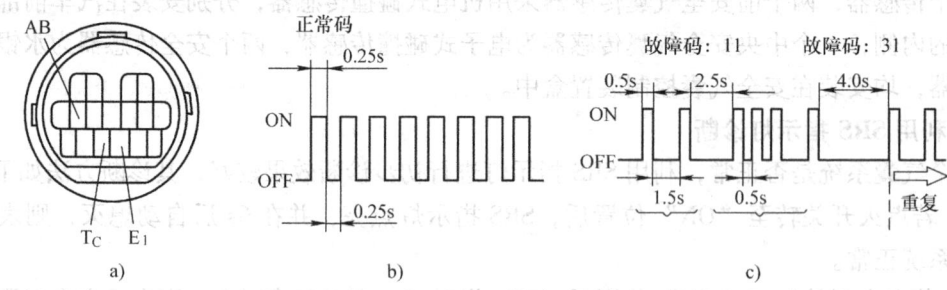

图 4-9　SRS 故障码的读取
a) TDCL 诊断插座　b) 正常代码　c) 故障码

（2）根据故障码诊断故障　读取故障码后，可根据表 4-3 中的内容诊断故障。

（3）清除故障码　只有在 SRS ECU 存储器中的故障码全部清除之后，其 SRS 指示灯才

表 4-3 雷克萨斯 LS400 安全气囊系统故障码

故障码	故障诊断	故障可能部位
正常代码	SRS 正常	—
	SRS 电源电压过低	蓄电池；SRS ECU
11	SRS 点火器线路搭铁；前安全气囊传感器线路搭铁	前安全气囊传感器；SRS 气囊组件；盘簧式电缆；SRS ECU；配线
12	SRS 点火器引线与电源线短路；前安全气囊传感器引线与电源线短路；前安全气囊传感器引线断路；盘簧式电缆与电源线短路	SRS 气囊组件；传感器线路；SRS ECU；盘簧式电缆；配线
13	SRS 点火器线路短路	SRS 点火器；SRS ECU；盘簧式电缆；配线
14	SRS 点火器线路断路	SRS 点火器；SRS ECU；盘簧式电缆；配线
15	前安全气囊传感器线路断路	前安全气囊传感器；SRS ECU；配线
22	SRS 指示灯线路断路	SRS 指示灯；SRS ECU；配线
31	SRS ECU 故障	SRS ECU
41	SRS ECU 曾记忆过故障码	SRS ECU

能恢复正常的显示状态。因此，当 SRS 故障排除后，应清除故障码。在该车安全气囊系统中，当故障码 11~31 所对应的故障被排除并清除故障码之后，SRS ECU 将把故障码 41 存入存储器中，SRS 指示灯将一直发亮，直到故障码 41 清除后，SRS 指示灯才能恢复正常显示状态。因此，其安全气囊系统故障码的清除应分两步进行，其方法如下：

1）清除故障码 41 以外的故障码。

① 将点火开关转到"OFF"位置。

② 拆下蓄电池负极电缆或拔下 ECU-B 熔断器 10s 以上，则故障码 41 以外的故障码清除完毕。

③ 将点火开关转到"LOCK（锁止）"位置，并接上蓄电池负极电缆或插上 ECU-B 熔断器。

2）清除故障码 41。

① 将点火开关转到"OFF"位置，取两根跨接线，将其分别与 TDCL 诊断插座的 T_C、AB 端子连接。

② 将点火开关转到"ON"或"ACC"位置，并等待 6s 以上时间。

③ 由 T_C 端子开始，使 T_C 和 AB 端子分别交替搭铁两次，每次搭铁要在 (1.0 ± 0.5)s 内完成。

④ 最后保持 T_C 端子搭铁，几秒钟后故障码即被清除，SRS 指示灯将以连续的形式闪烁正常码。若不闪烁正常码，则需重复上述的清码步骤，直至闪烁正常码为止。

注意：在清除故障码时，其他存储系统（如时钟、防盗、音响系统）的信息也将被清除。因此，待电源恢复后，其他存储系统的参数应重新设置。

二、电子控制安全气囊系统的检测

1. 安全气囊系统检测注意事项

在安全气囊系统故障检测过程中，若不了解安全气囊系统维修的注意事项，不遵循正确的操作程序和方法，就有可能导致 SRS 气囊意外引爆，造成人身伤害或财产损失。因此，在检修前应了解故障车安全气囊系统维修的注意事项，检修时应严格按操作规程进行。通常应重点注意如下事项：

1）在排除安全气囊系统故障、拆下蓄电池负极电缆端子之前，必须先读取故障码，以便准确诊断故障。

2）SRS 检修工作必须在点火开关转到"LOCK"位置，并将蓄电池负极电缆端子拆下 20s 或更长一段时间之后才能开始。这是因为 SRS 装有备用电源，如果检修工作在拆下蓄电池负极电缆端子 20s 之内就开始进行，则其备用电源有能力供电，检查时就有可能引爆气囊。

3）在检修过程中，为防止对 SRS 传感器产生冲击而引爆气囊，应在检修工作开始之前，先将碰撞传感器拆下。

4）即使只发生轻微碰撞而安全气囊并未张开，也应对 SRS 碰撞传感器、SRS 气囊组件进行检查。

5）SRS 零部件的工作可靠性要求极高，其所有的零部件均为一次性使用部件，绝不要修复使用。更换零部件时，必须使用新品，并且不允许使用不同型号车辆上的零部件。

6）绝对不能检测点火器的电阻，否则有可能导致气囊引爆。检测其他部位的电阻和检测 SRS 故障时，必须使用高阻抗万用表，最好使用高阻抗的数字式万用表，否则可能会导致 SRS 电路的损坏或安全气囊意外引爆而造成人身伤害。

7）严禁拆解气囊，因为气囊内部没有任何可维修的部件，引爆后的气囊不能再次使用。

8）不要将 SRS 碰撞传感器、SRS ECU 放置在高温热源附近，应将其置于无灰尘、阴凉、干燥之处。

9）安装 SRS 前，应仔细检查其零部件，若有不适当的装卸或摔落的迹象，则必须更换新件。

10）在 SRS 各个总成或零部件的表面上，均标有说明标牌或注意事项，使用与检查时必须照章行事。

11）当 SRS 检修工作完成之后，必须对 SRS 指示灯进行检查。当点火开关转到"ON"或"ACC"位置时，若 SRS 指示灯亮 6s 左右后自动熄灭，则说明 SRS 系统正常。

2. 安全气囊系统故障检测

对于 SRS 自诊断确定的故障，还应进行详细的检测，以便查出故障的确切原因并排除故障。其详细检测应使用推荐的检测工具，按汽车制造商维修手册提供的方法和步骤进行。下面以丰田雷克萨斯 LS400 轿车安全气囊系统故障码 11 的故障检测为例进行说明。

（1）故障内容 进行故障码读取操作时显示故障码 11，其故障为 SRS 点火器线路搭铁或前安全气囊传感器线路搭铁。

（2）故障检测 故障检测的参考电路如图 4-10 所示，其检测步骤如下：

1）将点火开关转到"LOCK"位置，然后拆下蓄电池负极电缆端子，等待 20s 以后再拆下 SRS 气囊组件并按规定放置。

2）检查前安全气囊传感器电路。拔下 SRS ECU 接线器，测量接线器线束侧 +SR 与 -SR 端子、+SL 与 -SL 端子之间的电阻，其正常电阻值为 755～885Ω，若电阻值正常，则

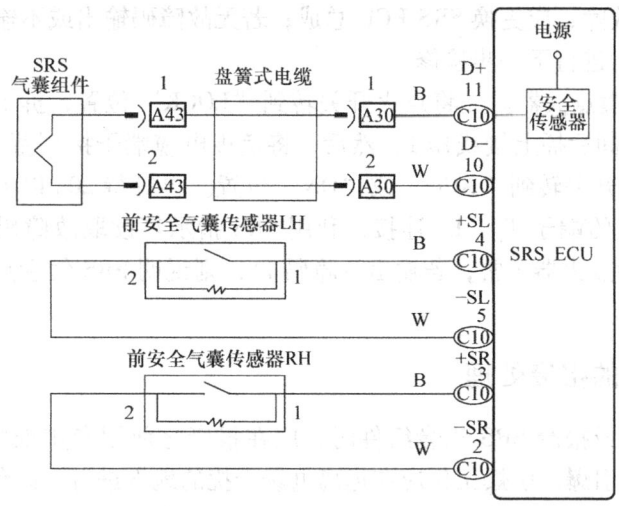

图 4-10 SRS 点火器和前安全气囊传感器电路

进行检修下一步骤；若电阻值不正常，则脱开前安全气囊传感器接线器插头，用万用表测量传感器插头各端子之间的电阻。其各端子之间的电阻值标准为：端子 +S 与 +A 之间的电阻为 755~885Ω，端子 +S 与 -S 之间的电阻为无穷大，端子 -S 与 -A 之间的电阻小于 1Ω。此时若各端子之间的电阻值符合标准，则表示前安全气囊传感器正常，应更换传感器插接器；若各端子之间的电阻值不正常，则表明前安全气囊传感器存在故障，应予以更换。

3）测量接线器线束侧 +SR、+SL 端子与车身搭铁之间的电阻。若电阻值不为无穷大，说明端子 +SR 或 +SL 至前安全气囊传感器之间的线束搭铁，需要修理或更换线束；若电阻值为无穷大，说明正常，则进行下一步检修。

4）检查 SRS 点火器线路和盘簧式电缆。脱开 SRS 气囊组件与盘簧式电缆之间的接线器 1（图 4-11），用万用表检测盘簧式电缆一侧插头上端子 D+、D- 与车身接地之间的电阻，其正常电阻值应为无穷大。若电阻值为无穷大，则进行检修下一步骤。若电阻值不为无穷大，则应脱开 SRS ECU 与盘簧式电缆之间的接线器 2，再次测量盘簧式电缆一侧插头上端子 D+、D- 与车身接地之间的电阻，此时，如果其电阻值不为无穷大，则应修理或更换盘簧式电缆；如果其电阻值为无穷大，则应更换 SRS ECU 与盘簧式电缆之间的配线和接线器。

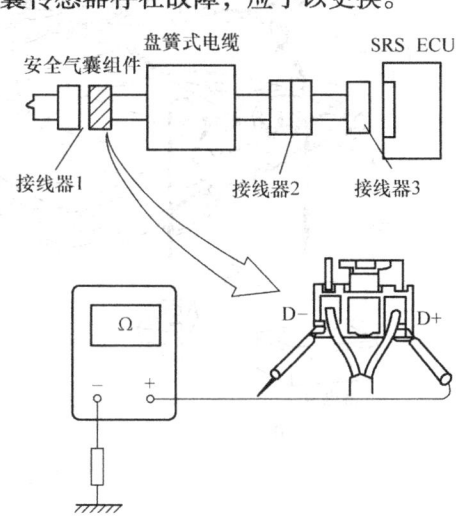

图 4-11 检查 SRS 系统点火器线路和盘簧式电缆

5）检查 SRS ECU。先将接线器 3 连接到 SRS ECU 总成上，然后将接线器 1 靠盘簧式电缆侧的端子 D+、D- 用导线连接起来，再将负极电缆端子接到蓄电池上，至少等待 20s 以上时间后，将点火开关转到"ACC"或"ON"位置。再等待 20s 以上时间，用跨接线将诊断插座 TDCL 上的端子 T_C、E_1 连接，利用 SRS 指示灯读取故障码。若输出故障码 11，则说明 SRS ECU 总成有故障，应更换 SRS ECU 总成；若无故障码输出或不输出故障码 11，则说明 SRS ECU 正常，可进行下一步检修。

6）检查 SRS 气囊点火器。先将点火开关转到"LOCK"位置，拆下蓄电池负极电缆端子，等待 20s 以上时间后插上接线器 1。然后，将负极电缆端子接到蓄电池上，并等待 20s 以上时间，再将点火开关转到"ACC"或"ON"位置。再等待 20s 以上时间后，用跨接线将诊断插座 TDCL 上的端子 T_C、E_1 连接，利用 SRS 指示灯读取故障码。若不输出故障码 11，则说明 SRS 气囊点火器正常；若输出故障码 11，则说明 SRS 气囊点火器存在故障，应更换 SRS 气囊组件。

三、安全气囊的报废处理

在报废汽车整车或报废 SRS 气囊组件时，应在报废之前用专用维修工具 SST（Special Service Tool）将气囊引爆。引爆工作应在远离电场干扰的地方进行，以免电场过强而导致气囊误爆。引爆 SRS 气囊时，应按制造厂家规定的方法进行。气囊既可在汽车上引爆，也可从车上拆下 SRS 气囊组件后引爆。引爆方法如图 4-12 所示，操作引爆器的人员与气囊之间的距离至少应在 10m 以上。

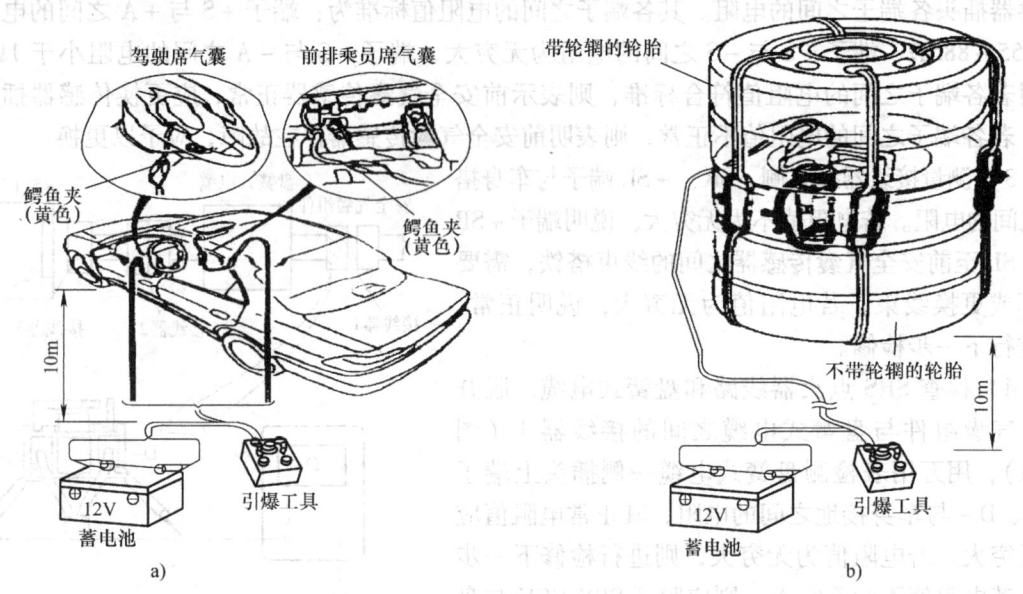

图 4-12 安全气囊的引爆方法
a）车上引爆 b）车下引爆

第三节 汽车电子仪表检测与故障诊断

随着汽车电子技术的飞速发展，现代汽车广泛使用电子仪表。汽车电子仪表是将各独立电子仪表有机组合在一起集中显示有关汽车行驶信息的仪表总成。汽车电子仪表通常由电子式车速表、里程表、百公里油耗表、发动机转速表、冷却液温度表、燃油表、油压表、气压表、车钟、警告及指示信号装置等组成，它用来显示汽车行驶的有关定量信息（如车速、里程、发动机转速、百公里油耗）和定性信息（如警告信号等），为驾驶员提供服务。

在高档仪表中还嵌入总线技术，仪表会起到数据采集处理的作用，与 ECU 双向通信，以便 ECU 能准确地综合判断仪表的工作状态，并给出故障显示提醒驾驶员，或指导维修人员排除故障；同时可将防盗系统纳入汽车仪表 ECU 的监管下，使汽车仪表具有一定的智能化水平。

有的汽车电子仪表与无线传输设备结合，可与车外进行信息交流，使仪表系统具有通信和导航等功能，如电子仪表储存电子地图并装备车载 GPS 系统，可随时了解车辆行驶的具体位置、到达目的地的行驶路线等信息；电子仪表及车载无线通信系统可通过交通管理中心、汽车救助中心等获得城市交通状况信息、选择最佳行驶路线、及时得到救助等。

一、汽车电子仪表系统

1. 组合仪表系统的组成及原理

汽车电子组合仪表系统主要由各传感器、微机、电子仪表板显示装置等组成，如图4-13 所示。

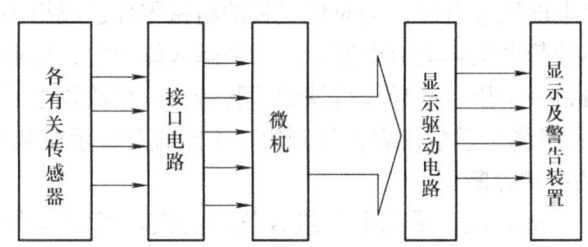

图 4-13　汽车电子组合仪表系统示意图

组合仪表系统的各有关传感器将汽车行驶的相应信号作为输入信号通过多路传输经接口电路送入微机，对于模拟式传感器，应通过 A-D 转换成数字信号后才能送入微机。各种信号经微机分析处理后经显示驱动电路将信息及时传送给相应的显示装置进行显示，对于模拟式显示器，微机的输出信号应通过 D-A 转换成模拟信号后才能送入显示器。

2. 电子组合仪表板

电子组合仪表板通过数字、文字、曲线、图形等多种显示方式，向汽车驾驶员发出车辆行驶工况、状态等信息和各种警告信号。这些信息或信号可直接或间接地反映汽车主要部位的技术状况，是保证汽车运行安全，提高动力性、经济性、可靠性和舒适性的第一手资料，汽车驾驶员会随时关注仪表上的瞬息变化。

汽车运行时，其电子组合仪表系统应处于良好的工作状态，以保证适时、准确地给驾驶员提供各种汽车运行状态信息，确保汽车高效、安全运行。当电子组合仪表出现故障时，应及时地进行检测诊断。

二、汽车电子组合仪表的检测与诊断

1. 电子组合仪表检测诊断注意事项

汽车电子组合仪表与一般的电子设备不同，它的逻辑电路板较易损坏，部件也比较精密。为了便于检测，系统设计时是按一系列独立装置进行设计的，所以在检测前应先弄清楚各个装置的作用和它们之间的相互关系，否则在检测过程中会造成不必要的损坏。因此，检测时应注意下列事项：

1）对于具有自检功能的电子组合仪表，在使用另外的检测设备对仪表进行检测之前，应先完成仪表板的全部自检。

2）在进行检测诊断前，应仔细研究原厂的技术文件，按照厂家的要求进行作业。在作业过程中要特别小心谨慎，防止失误造成损坏。

3）在拆下仪表板时，应事先切断电源，以防在拆卸过程中造成碰线或搭铁短路，损坏零件。

4）检测诊断时，若需要拆卸组合仪表，则要耐心细致，各车型的组合仪表拆卸方法不尽相同。

5）检测诊断时，除特殊说明外，不能用蓄电池的全电压加于仪表板的任何输入端。

6）检测诊断时，应按规定使用检测仪表工具，若使用不当会造成电子组合仪表系统的电脑、电路损坏。

7）检测诊断时，应防止静电放电损害零件。人体是一个大的静电发生器，有时会产生较高的静电电压。其静电电压放电时，会对仪表板的精密零件造成损害。所以拆卸电子仪表板时，要注意防止人体的静电损坏集成电路片。为清除人体静电，作业时应使用静电保护装置，通常作业人员随身带一个用一根导线搭铁的手腕带和一个放置电子部件的导电垫板。

8）在拆装作业中，只能用手拿仪表板的侧边，不能碰及显示窗和显示屏的表面部分。

2. 电子组合仪表的检测诊断

（1）故障自诊断　一般来说，采用电子组合仪表的汽车通常都由微机进行控制，包括对电子仪表板的控制。采用微机控制的汽车一般具有故障自诊断系统，并配备有故障码存储器。当被监测的传感器或控制元件出现故障时，ECU将检测到的故障信息编成故障码并存入存储器中，以便在检修时能读出故障信息。检测时，只要给出指令进入系统的自诊断模式，即可通过专用检测仪或人工方法读出电子组合仪表的故障信息，确定故障范围。

（2）用电脑快速检测仪进行故障诊断　使用故障自诊断检测故障有一定的局限性，其读出的故障码只能确定故障范围，如某传感器及其电路，而不能确诊故障的具体部位。灵活运用电脑快速检测仪可以弥补这一不足。

电脑快速检测仪能够模拟各种传感器信号，利用该功能可迅速测出故障的所在部位。如使用电脑快速检测仪向仪表板直接输入信号，若原不能正常显示的仪表板现能正确显示，则说明系统中的传感器或其电路有故障；若显示器仍不能显示，则表明电子仪表板有故障。若把电脑快速检测仪所发出的信号从不同部位输入，则可分别检测电子仪表系统的传感器、线束、微机和显示装置的工作是否正常。

3. 电子组合仪表系统的故障检测

汽车电子组合仪表显示不正常或个别仪表存在故障时，可分解组合式仪表系统进行故障检测。汽车电子组合仪表系统的故障一般都出在传感器、针状插接器、导线、个别仪表及显示器上。检修时应先将传感器电路断开或拆下，用检测工具对它们进行逐个检查。

（1）传感器的检查　对各种电阻式传感器，通常采用测量其电阻的方法来判断它的好坏，即把所测得的电阻值与其标准电阻值相对照，可判断传感器有无故障。若所测得的电阻值小于标准值或为零，表明传感器内部短路；若测得的电阻值大于标准值或无穷大，则说明传感器内部接触不良或断路，应更换传感器。

(2) 插接器的检查 电子组合仪表往往用很多插接器通过电线束和其他部分连接起来，这些插接器一般采用不同的颜色，以便辨认它属于哪一部分的插接器。如某一部分有故障，应检查其插接器接触是否良好，导线是否有断路处。为了保证连接可靠，在插接器上都设有闭锁装置，在进行检测时，应注意不要损伤闭锁装置、插接器针状插头和插座。

(3) 显示器上部分笔画、线段出现故障的检查 当显示器出现该故障时，应将仪表板上的显示器调整到静态显示状态，仔细观察是否还有别的故障。对于出现的故障，应用检测设备对有关的电路和装置进行检查，若有一两个笔画、线段不亮或不显示，则表明逻辑电路传输的信号是正确的，可能是显示装置的部分线段工作不正常。此时应进一步检查线路是否有接触不良处，若线路接触、连接正常，则其电子显示元件本身有问题，应更换。

第四节 汽车音响系统检测与故障诊断

汽车音响是安装在汽车这个特殊环境里使用的娱乐性电器产品。各种不同类型车辆上安装的音响都有着比较复杂的结构，若这种汽车音响发生了故障，则修理难度就会增大，往往在检修中会因一个微小的失误引发故障的扩大，有时造成故障无法修复。

一、汽车音响检修应注意的问题

1. 拆音响

拆音响难是指到车上拆卸音响的过程困难。因为汽车音响多数被完全覆盖在装饰框内，要想拆卸音响，必须先拆下罩在音响外面的装饰框，然后再将固定音响的螺钉拧下方可将音响取下来。

从目前汽车音响在汽车上的安装状态看，精美和平整的外观造型突出了整体音响的壮观和气派，封闭中的音响非常牢固，无特殊原因决不会想到拆音响。所以，每当遇到汽车音响出现故障，第一难题就是如何将音响从车上拆卸下来。如果为了拆卸音响不小心破坏了哪个部件都会产生不良后果。因此，在拆卸汽车音响时要小心翼翼地进行，尽量避免由拆卸造成新的故障。

2. 线路检修

在检查车辆音响线路故障时，可采用一些合适的测量手段，合理利用万用表测量线路电压对故障点的判断有较大帮助。例如，把汽车音响正常时的工作电压与机器出现故障后的电压变化进行比较，这样可大致判断故障出在线路中哪个具体部位。

3. 选择外接扬声器的试听功率

由于汽车音响功放大都采用 BTL 电路，这种电路特点是线路简单、输出功率大。因此，汽车音响在车内都有着比较好的音响效果，听感非常舒适，是其他音响所不能比的。汽车音响会有这样好的音色，主要原因就是扬声器与机器的合理配置，扬声器起到至关重要的作用。

汽车音响一旦脱离车内使用环境就失去工作能力，这时就需要外加电源和扬声器，使汽车音响在车外一样能够正常工作。一般原车安装扬声器的质量是不容置疑的，均属一流产品。正常情况下扬声器功率大都选在了 5W、10W、30W 等，阻值为 4Ω，并合理地搭配高音、中音、低音。汽车音响扬声器的合理配置直接关系到机内功放电路的寿命，如果配置得不合理，功放电路就会有高的温度产生，久而久之会对功放块构成威胁。例如，若配置 0.5W、1Ω 的扬声器，这样小的功率就无法将机器大的功率发挥出来，而音质也很难达到好的效果。因此，在维修汽车音响时，应尽量避免接小功率的扬声器进行试听。为了能够较好地将音响效果表现出来，选择适当功率的扬声器是非常必要的。

二、汽车音响检修

1. 从车上拆卸音响

能够顺利地将原装音响从车上固定位置拆卸下来，是整个维修工作的第一步，也是一项比较难做到的事情。从汽车安装音响的位置看，音响主机大都安装在车前方仪表板与杂物箱之间的位置，并且考虑行车颠簸振动，避免脱落，整个音响被牢牢固定在车体上，非常牢固。不仅这样，还从车内美观和气派方面考虑，音响正面被一些装饰框架罩住，这些都将给拆装工作带来诸多不便。总之，要想轻易地将机器从车上拆卸下来绝不是一件简单的事情。

面对国内汽车音响损坏普遍要求修理的情况看，一般遇到原车安装机器修理是比较困难的，其中主要原因是没有配件换。另外国内的汽车音响生产厂家少，生产的品种相对单一，很难买到原车相同型号的机器。即使选到类似原车的音响，而新音响的尺寸大小、固定方式、接线方法都需重新进行布置，改动性较大，就是安装到车上也很难达到原来相同的音响效果。所以，修复故障音响是众多司乘人员的一致要求，也是唯一的选择（厂家负责更换则例外），这就需要认真对待此项工作，并能够引起足够重视。

（1）便携式拆卸音响方法　便携式拆卸音响方法如图 4-14 所示。由图看出，固定音响由两个部分组成，其中一部分是音响本身；另一部分是固定音响的外框架。

安装这种音响需将外框架事先固定在车上放置音响的位置，然后接好对应的连线，再将音响主机由外框架口插进去，确认完全到位后放下手柄拉杆，这时设置在手柄两边的卡点顶片会无阻力地落入固定框架对应的卡槽内，此时因卡点作用，主机会被牢牢锁住。

（2）用专用工具拆卸音响方法　用专用工具拆卸音响方法如图 4-15 所示。具体拆卸过程是：取出原车拆卸音响配套"U"形工具，双手各握一把，按图 4-15 所示方法分别从机器两边将"U"形工具插进插孔内，然后从两边方向向外用力，这时因受到力的作用，设置在机器两边的弹簧片就会脱离卡点，在失去阻力情况下，机器会轻松从装机位置上取下。再次安装时，将机器从外框架入口处插进，若装机听到"咔"声，说明机器已被锁住。

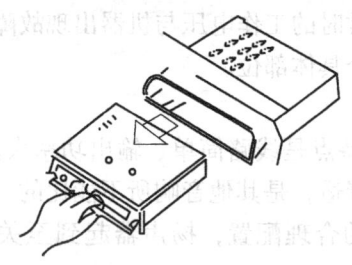
图 4-14　便携式拆卸音响方法

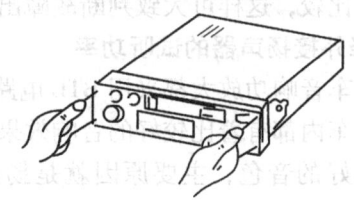
图 4-15　用专用工具拆卸音响方法

（3）高级原车音响拆机方法　许多进口原车安装音响都有着相当复杂的拆卸过程，有的车在拆卸音响时还需将整个前面板都拆卸下来，拆卸一个音响着实令人费力。图 4-16 所示为某轿车音响安装图，从图中看到，整台机器完全被装饰框严密地封闭在车中固定音响位置上,要想拆下这台机器必须清楚各个拆卸顺序,不能逆着来。同时还要注意不能轻易破坏装饰框,因塑料产品较脆,碎了将很难买到相同产品件。

该轿车音响的具体拆卸步骤如下:

1)确定排风口四角卡点位置,用平口工具撬排风口四边缘,稍加用力可取下排风口。此时露出设在排风口后边的两只螺钉,拧下两只螺钉。

2)把变速杆整个框架拆下来,在取下框架后能够露出设在烟灰盒下方的两只螺钉,拧下两只螺钉。

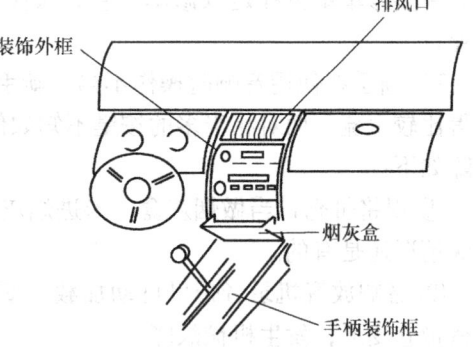

图4-16 某轿车音响安装图

3)完成上述两步骤后再考虑罩住音响面板装饰框四边的卡扣位置,用螺钉旋具撬动装饰框四边,使框架脱离卡扣,取下装饰框后就能露出固定音响的四只螺钉,旋下这四只螺钉就能将音响拆下来。

2. 汽车音响基本检修方法

(1) 询问法 接到报修音响不要急于修理,问清楚音响发生故障的经过是很有必要的。通过询问可从中掌握音响出故障的过程,做到心中有数,为维修做好准备。经过询问一般会遇到下面几种情况:

1)音响损坏的偶然性。平时用机是正常的,故障发生是在使用中偶然出现的,任凭怎样操作按键都无法启动音响。此时使用者往往误认为是音响熔丝断了,并开始盲目地查找熔丝故障,可实际情况并不是这样。例如:

① 行车加大节气门,音响突然无声,显示屏照明灯灭,数字消失。遇到这种情况极有可能是汽车电压不稳引起熔丝负荷加大被烧断,经检查如果未发现熔丝断,还可进一步检查机内电源线路,观察线路板印制电路有无明显的烧断痕迹,还可测量电源供电是否正常,如果测量确定电压正常,将考虑故障是否与中央处理器电路损坏有关,必要时可考虑更换。

② 高档汽车音响在生产线上普遍装入一些启动程序,当音响安装到车上后,由于种种原因破坏了事先设置的程序。例如,蓄电池老化引起12V电压降低,改变了启动程序的内容,有时会遇到测量线路电压时万用表表笔无意划出一个火花,使得线路元器件损坏。有时还会遇到这样一种现象:在检修故障之前机器还存在一些功能,经过修理后一些功能消失了,此时任凭怎样检查修理都无济于事。遇到这种情况不要随意更换机器零部件,也不要盲目对音响进行修理。首先要弄清楚机器是否存在生产工艺问题,确定音响在生产时有没有事先编辑了一些启动程序存储在微处理器内,如果没有办法确定,最好通过适当渠道与汽车音响生产厂家取得联系,问明情况,然后再作处理。

③ 汽车到修理厂修理可能会选择不同的修理项目,如选择修发电机、修油路、修电路、换轮胎、换蓄电池等,无论选择哪一种修理都是恢复用车的需要。但这里提醒换蓄电池时应注意,因为有不少高档汽车音响在线路上设置了密码,换蓄电池必然会断电,音响密码电路会在断电瞬间锁死,当换过蓄电池后音响将无法恢复使用,必须重新输入密码。

汽车音响在线路上设置密码是防止机器被盗的一种措施,同样属于生产工艺的范畴,是在生产线上事先将密码输入在码片中,并且一台机器只有一个密码。如果日常维修遇到相关机器出现这类故障，应该问明音响是否存在防盗密码，掌握具体的输入密码方法。关于汽车使用知识，可翻阅随车使用说明书，音响方面资料都可在使用说明书上找到，其中包括密码。许多修车单位都是以修车为主，很少考虑得那么周全，可能导致音响电子密码电路被锁死。

2) 新手在使用音响时操作不当。新手上车由于不是十分熟悉车内的设施，对音响操作显得比较生疏，面对相当多的按键不知如何使用，试着按来按去很容易损伤音响。常见人为故障如下：

① 误将带仓口当做烟灰盒，卡进烟灰、塞进烟头。这种现象虽不多见，但乘车人员杂，特殊情况还是有的。

② 音响放音机录音带可自动加载，新手不清楚，在放置录音带时强行推入，由此造成机械带仓变形，发生机械故障。

③ 使用劣质录音带、废旧碟片，这种情况也会造成机械组件损坏，应该避免。

④ 按压轻触按键用力过大，由此造成轻触按键被压碎，塑料压片压断等。

(2) 直观检查法　直观检查是通过人体的感觉器官对音响的全面检查，也是针对故障音响电路进行检修的第一步。通过用眼观察可发现音响是否存在有人拆过、焊过、修过，线路板印制电路是否存在严重烧断、烧裂、松动等现象。其他像用手触摸可发现某只元器件温度过高，或嗅到通电瞬间个别元器件冒烟有焦味。

通过直观检查可快速确定故障部位，对诊断、判断、分析故障原因极为有利，能提高快速修复故障机器的工作效率。通过直观检查可发现下面几种情况：

1) 印制电路严重烧断。印制电路被烧断现象多发生在机内电源线路上，出现这种情况机器将无法正常工作。其烧断印制电路的原因是：

① 车上电压不稳偏高。

② 音响负荷过大。

③ 印制板铜线较细。

④ 线路中元器件被击穿。

上述四种现象都能引起印制电路电流过大，使线路产生高温，长时间用机就会造成印制电路被烧断，而且故障都在正常用机时发生，无法事先预防。

2) 线路上元器件有温度产生。一般线路上有温度的元器件主要是功放电路，其他像熔丝电阻也有一定的温度，这些元器件有温度是正常的。

其实功放电路有温度在设计机器时都已经考虑到了，为避免音响因温度过高烧坏集成块，每部音响在功放电路上都加装了散热片以进行散热。而熔丝电阻产生的过热现象，基本采取选择大功率电阻的办法解决。如果发现其他元器件有冒烟或者过热现象，这就有可能是线路某器件损坏造成的，如在线二极管、晶体管击穿等。

3) 线路中电容出现爆裂。汽车音响线路中选用的电容都是一些质量很好的产品，都能经得起12V电压的使用环境，耐压达到25~50V。如果偶然发现机内电路有电容爆裂，首先要考虑电源电压不稳定因素，还要考虑修机时接线是否正确，存不存在电源正负极接反的现象，有没有将电源线错接在音响输出线路上。如果遇到电容爆裂不属于上面几种情况，就很有可能是电容失效，需要更换。一般线路上电容爆裂现象并不多见，很少能够遇到。

(3) 万用表检测法 万用表是众多电器维修业常用的工具之一，利用万用表测量可初步判断机器的工作情况，电路电压有无变化。还可检查线路上的电阻、电容、二极管、晶体管的优劣，测量目的就是为了快速排除故障，确保机器能够正常工作。如果检测顺手，万用表会在整个修理中起到决定性的作用。

三、汽车音响故障诊断与排除

平时遇到汽车音响故障大致分以下九类：
1）整机不工作。
2）整机无音响。
3）收音正常放音不响。
4）放音正常收音不响。
5）显示屏有显示，放音走带无音响。
6）收放音正常，碟机不工作。
7）主机工作正常，显示屏不亮。
8）显示屏亮，主机不工作。
9）机械故障。

整机不工作故障分析：这种故障主要发生在机器电源线路上，高档汽车音响电源线路包括供电电路和控制电路。供电电路是用导线将蓄电池电压连接到机器插件上，为机器正常工作提供电源。而控制电路由机内相关的电源电路、电子开关电路、中央处理器电路等组成。当机器出现整机不工作故障时，总体与上面电路有关，关键是中央处理器电路。

整机无音响故障分析：机器收放音均无音响故障多发生在音频输出功放电路处。由于高档汽车多数在车上装有二次放大音频输出电路，这样，机内功放损坏或者二次放大电路损坏都会引起整机无声现象，因此，针对该故障检修应重点关注上述两个线路，必要时还要检修印制电路。依照维修经验，因印制电路出现腐蚀氧化造成断路现象极其普遍，是不可忽视的一个关键环节，应该加以重视。

收音正常放音不响故障分析：机器发生这种故障说明主机线路是没有问题的，故障主要出在放音机线路上。而放音机线路包括：收放音转换开关电路、音频前置级电路、电动机驱动电路、电动机。

放音正常收音不响故障分析：这种故障一般很少遇到，也很少发生。原因是收音机电路是整机正常工作的主体，既然放音正常，那么收音机电路基本没多大问题。如果在维修中确实遇到这种故障，应根据显示屏数字显示是否正常，有无显示屏背景照明灯来判断故障所在位置。例如，显示屏没有任何反映，显示屏背景照明灯不亮，这种情况应考虑故障可能出在中央处理器及通往 I/O 线路上，或者照明灯烧坏。有时中央处理器 IC 内部分电路损坏也是故障原因之一，涉及的电路主要在收音机上，应做好更换中央处理器 IC 的准备。

显示屏有显示，放音走带无音响故障分析：这种故障说明机器整个线路是正常的，故障主要出在机内功放电路。这种故障在高档进口汽车音响故障中占一定的比例，故障原因与功放电路本身和功放相关信号电路有关。修复这类故障难点主要是购置相同型号功放 IC 难

(型号特殊，国内电子市场没有零售的），排除功放 IC 故障、检查功放线路信号断路点困难（密集线路，不易找到故障点）。

收放音正常，碟机不工作故障分析：这种故障多数是碟机线路有问题，而碟机包括单碟、6 碟、10 碟等，无论属于上面哪一种类型机器，如果收放音正常，故障都有可能与碟机有关。至于碟机哪个部位容易出问题，应该从收放音机与碟机相连的电源线路查起。同时还要查碟机主板与激光唱头组件连接排线有无折断，激光唱头本身是否出现老化等。

主机工作正常，显示屏不亮故障分析：目前国产车安装 DVD 机相当普遍，偶然出现故障机器并不少见，以这种故障居多。经接触发现，故障原因与显示屏和主机连接导线脱落、显示屏线路烧断有关，而显示屏线路烧断比较常见。

显示屏亮，主机不工作故障分析：显示屏通电后能够正常显示光亮说明显示屏电路基本正常，这种故障主要与主机线路有关。在日常维修接触到的机器中，车载音响 DVD 机出现主机不工作现象比较多，故障主要出在主机线路上，通常情况下以主机完全失去工作能力较为常见，属于主机不工作故障范畴。

机械故障分析：机械故障总体表现为传动带断裂、齿轮磨损，特殊情况还会遇到绞带、变调等，应根据实际情况进行维修。

上面列出的九种故障是高档汽车音响的典型和常见故障类型，日常检修大都围绕这九种故障进行。

由于汽车音响机内结构比较紧凑，线路板上各种器件间隔密集，双面线路板反映出不同的线路走向，实际检修一般不易查到被测部位，这些都是日常维修能够遇到的问题。但实际情况还不仅这些，还会遇到没有线路图、没有零配件等现象。不管怎样，汽车音响故障还是有规律的。如故障现象明显，但故障部位却非常隐蔽等。

第五节 汽车电动门窗检测与故障诊断

汽车电动门窗控制系统，具有钥匙联动锁门和开门功能以及钥匙禁闭预防功能。根据不同的车型、等级和使用地区，门锁装置具有不同的功能。

门锁控制开关操纵锁门和开门控制器，具有钥匙联动开门和锁门功能。

两级开锁功能是指在钥匙联动开锁功能中，一级开锁操作，只能以机械方法打开钥匙插入的门；两级开锁操作，则同时打开其他车门。

钥匙占用预防功能是指防止钥匙插入点火开关时，没有钥匙而将车门锁住。安全功能是指当钥匙从点火开关中拔去而门已锁住时，无论用钥匙或不用钥匙锁门，门都不能用门锁控制开关打开。

电动窗不用钥匙的动作功能是指驾驶员和乘员的车门都关上，点火开关断开后，电动窗仍可动作约 60s。

一般来说，所有电动门窗可以通过前右或前左侧门上的钥匙操纵同时关闭和打开。若已执行了锁门操纵，而一侧前门打开并且点火开关钥匙仍插在锁芯内，则所有的车门会自动打开，以防止点火开关钥匙遗忘在汽车内。

汽车电动门窗是汽车车身的重要部件，是汽车防盗的第一步。它的发展趋势是由机械式向电子化演变。汽车电子锁是采用电子电路控制，以电磁铁、微型电动机和锁体或继电器作为执行机构的机电一体化保险装置。汽车电子门锁、电子密码点火锁和汽车电脑转向锁是汽车门锁向电子方向发展的产物。

一、电控门锁的结构

汽车电动门窗通常由控制部分和执行机构两部分组成。

1. 控制部分

控制部分包括编码器、输入器、存储器、鉴别器、驱动器、抗干扰电路、显示装置、报警器、保险装置和电源等部分。

1）编码器。编码器实质上是人为地设定一组二进制或十进制数的密码。设定的原则是所编的密码不易被别人识破。对密码电路的要求是容量大，换码率高，保密性、可靠性好，换码操作简单。

2）输入器和存储器。经输入器输入一组密码，由存储器记忆后送至鉴别器。

3）鉴别器。鉴别器的作用是对来自输入器和编码器的两组密码进行比较，仅当两组密码完全相同时，鉴别器才输出电信号，经抗干扰处理后送至驱动器和显示装置。若用户有特殊要求，鉴别器还可以输出报警和封锁行车所需的电信号。

4）驱动器。由于鉴别器送出的电信号通常很微弱，为了能带动执行机构的电磁铁产生动作，故设置驱动器。

5）抗干扰电路。为了抑制来自汽车内外的电磁波干扰，保证电子门锁不会自行误动作而设置了抗干扰电路，由此提高汽车电子门锁的可靠性和安全性。一般情况采用延时、限幅和定相等方法来达到此目的。

6）显示器和报警器。该部分为电子门锁控制部分的附加电路，用于显示鉴别结果和报警，从而扩大了电子门锁的功能。

7）保险装置。速度传感器和车门锁止器是汽车电子门锁的独特组成单元。当汽车运行超过一定时速时，车门锁止器根据来自速度传感器的信号将锁体锁止；若控制电路万一失灵，可通过紧急开启接口直接控制锁体的开启。

8）电源。

2. 执行机构

汽车电动门窗的执行机构一般采用电磁铁式或微型电动机式结构控制。

1）电磁铁式结构。这种门锁的开启和锁闭均由电磁铁驱动，其结构如图4-17所示。它内设两个线圈，分别用来开启、锁闭门锁。门锁集中操作按钮平时处于中间位置，用手按压即可开启或锁闭车门。这种车门锁的优点是结构简单，内部摩擦力小，动作敏捷，操作方便；缺点是耗电量大，电磁铁质量大且动作时有撞击声。

2）微型电动机式结构。该锁由可逆式电动机、传动装置及锁体总成构成。其工作原理为：由电动机带动齿轮齿条副或螺杆螺母副，进而驱动锁体总成，控制车门的锁闭或开启。其传动装置如图4-18所示。这种锁的优点是体积小、耗电量小、动作较迅速；不足之处在于，打开或关闭车门之后，若因疏忽通电，易烧毁电动机。

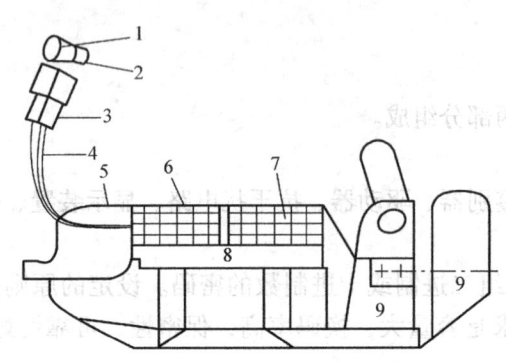
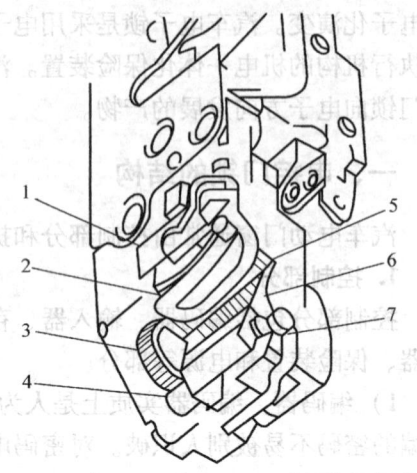

图 4-17 电磁铁式结构
1—锁闭位置 2—开启位置 3—插座 4—导线 5—橡皮罩 6—轭铁 7—线圈 8—铁心 9—托架

图 4-18 电动机式门锁传动装置
1—位置开关 2—回动开关 3—惰轮 4—小齿轮 5—锁紧齿轮 6—蜗轮齿轮 7—门锁电动机

二、汽车电动门窗系统故障检修

由于车型的不同，防盗系统的结构及原理有较大的差异。因此，在检修之前应查阅制造厂家的维修手册，准确找出故障部位和产生故障的原因，然后进行必要的修理。目前绝大部分汽车的防盗系统主要由中央控制电动门锁、防盗控制系统、汽车零部件防盗等组成。

1. 汽车电动门窗故障检查的注意事项

无论系统出现什么故障，应先通过检查，使故障可能存在的部位缩小到一定范围以内，然后再拆下车门内饰，露出门锁机构。最好先将拨动门锁开关后的情况列出图表，然后和维修手册中的故障诊断图表相对照，以便分析故障原因和部位。在测试电路前，应结合故障诊断图表，先弄清线路图，然后再试加蓄电池电压或用欧姆表测量。如果盲目地测试，则有可能损坏昂贵的电子元件。

2. 汽车电动门窗系统故障检查

汽车电动门窗系统的常见故障如下：

（1）操作门锁控制开关，所有门锁均不动作　这种故障一般发生在电源电路中。首先检查熔断器是否熔断，熔断器熔断应予更换。若更换熔断器后又立即熔断，说明电源与门锁执行器之间的线路有搭铁或短路故障，可用万用表查找出搭铁部位，即可排除。

若熔断器良好，检查线路接头是否松脱、搭铁是否可靠、导线是否折断。可在门锁控制开关电源接线柱和定时器或门锁继电器电源接线柱上测量该处的电压，判断输入电动门锁系统的电源线路是否良好。

（2）操作门锁控制开关，不能开门（或锁门）　这种故障是由于开门（或锁门）继电器、门锁控制开关损坏所致，可能是继电器线圈烧断，触点接触不良，开关触头烧坏或导线接头松脱。

（3）操作门锁控制开关，个别车门锁不能动作　这种故障仅出在相应车门上，可能是连接线路断路或松脱，门锁电动机（或电磁铁式执行器）损坏，门锁连杆操纵机构损坏等。

(4) 速度控制失灵　当车速高于规定车速时，门锁不能自动锁定。故障原因是车速传感器损坏或车速控制电路出现故障。首先应检查电路中各接头是否接触良好，搭铁是否良好，电源线路是否有故障，然后检查车速传感器。车速传感器的检查可采用试验的方法进行，也可采用代换法，即以新传感器代换被检传感器，若故障消除，则说明旧传感器损坏；若故障仍存在，则应进一步检查速度控制电路中各个元件是否损坏。

3. 门锁的检修

(1) 门锁控制开关　用万用表测量开关在不同位置时的工作状态，以判断开关好坏，然后进行相应的修理。

(2) 门锁控制继电器　门锁控制继电器是由电子电路控制的继电器，它包括控制电路和继电器两个部分，为门锁执行器提供脉冲工作电流，也称门锁定时器。检测时测量其输出状态，从而判断是否有故障，然后进行相应的处理。

(3) 门锁执行器　门锁执行器有电磁铁机构、直流电动机等。可以用直接通电方法检查其工作是否有开锁和闭锁两种状态，判断其是否损坏。

4. 汽车电动门窗系统故障的检修

常见汽车电动门窗故障现象及故障原因见表4-4。

表4-4　常见汽车电动门窗故障现象及故障原因

故障现象	故障原因
门锁控制系统不工作（全部）	1. 门锁熔断丝有故障 2. 继电器有故障 3. 配线有故障
车门锁锁止/开启故障（使用钥匙）	1. 驾驶员侧车门锁有故障 2. 继电器有故障 3. 配线有故障 4. 门锁拉线断开
仅有一个车门锁不工作	1. 门锁电动机有故障 2. 配线有故障 3. 门闩或连杆有故障
无线门锁控制系统失效	1. 门控灯开关有故障 2. 车门钥匙锁止和开启开关有故障 3. 钥匙开启警告开关有故障 4. 无线门锁控制接收器有故障 5. 车身控制系统有故障 6. 配线有故障
车门锁不能锁止	1. 车门钥匙锁止和开启开关有故障 2. 无线门锁控制接收器有故障 3. 配线有故障
每个车门都打开时，无线门锁功能也起作用；在所有车门开启30s内打开任一车门，无线门锁控制系统自动锁止功能起作用	1. 门控灯开关有故障 2. 无线门锁控制接收器有故障 3. 配线有故障
门锁只有一种方式工作	1. 继电器有故障 2. 配线有故障 3. 搭铁电路开路

(续)

故障现象	故障原因
所有门锁只按一个开关工作	1. 配线有故障 2. 开关故障
车门锁锁止/开启故障（使用手动开关和钥匙）	1. 电动车窗主开关有故障 2. 继电器有故障 3. 配线有故障
钥匙封闭防护运行故障	1. 继电器有故障 2. 车门开启检测开关有故障 3. 门控开关有故障 4. 配线有故障
无线门锁功能故障（虽然只有一个车门开启，但按下遥控器开关时，所有车门锁均开启）	1. 钥匙开启警告开关有故障 2. 无线门锁控制接收器有故障 3. 配线有故障
车门锁不能开启	1. 车门钥匙锁止和开启开关有故障 2. 钥匙开启警告开关有故障 3. 无线门锁控制接收器有故障 4. 车身控制系统有故障 5. 配线有故障
只有钥匙封闭防护功能失效	1. 钥匙开启警告开关有故障 2. 无线门锁控制接收器有故障 3. 配线有故障
即使按下紧急手柄，警告操作系统也不运行	1. 无线门锁控制接收器有故障 2. 配线有故障
门锁间歇工作	1. 连接点松动 2. 继电器有故障 3. 开关故障
门锁只在发动机运转时工作	1. 连杆故障 2. 蓄电池电压低

5. 汽车电动门窗的安装

目前，许多轿车加装了带遥控门锁的防盗器。对于自身装有中央门锁的车辆，主要有以下两种安装方法：

1）对于驾驶室门内仅有一个开关来转换信号，进而控制其他三个门锁电动机的轿车，如桑塔纳、本田等，可以加装一个电动机来驱动保险销拉杆，从而实现整车门锁的遥控启闭。

2）对于驾驶室门内既有门锁电动机（或气泵），又有转换开关的轿车，如标致、奥迪等，可根据其控制方式的不同，直接与防盗器主机适配连接。

第五章 汽车整车检测技术

第一节 汽车检测站概述

汽车检测站是综合运用现代检测技术，对汽车实施不解体检测、诊断的机构。它拥有现代的检测设备和检测方法，能在室内检测出车辆的各种参数并诊断出可能出现的故障，为全面、准确评价汽车的使用性能和技术状况提供可靠的依据。汽车检测站不仅是车辆管理部门或行业对汽车技术状况进行检测和监督的机构，而且已发展成为汽车制造企业、汽车运输企业、汽车维修企业中不可缺少的重要组成部分。

一、汽车检测站的任务

按照我国交通运输部第 29 号令《汽车运输业车辆综合性能检测站管理办法》的规定，汽车检测站的主要任务如下：

1) 对在用运输车辆的技术状况进行检测诊断。
2) 对汽车维修行业的维修车辆进行质量检测。
3) 接受委托，对车辆改装、改造、报废及其有关新工艺、新技术、新产品、科研成果等项目进行检测，提供检测结果。
4) 接受公安、环保、商检、计量和保险等部门的委托，为其进行有关项目的检测，提供检测结果。

二、汽车检测站的类型

1. 按照检测站服务功能分类

按照检测站服务功能，可分为安全检测站、维修检测站和综合检测站三种。

1) 安全检测站是国家的执法机构，不是营利型企业。它按照国家规定的车辆检测法规，定期检测车辆中与安全和环保有关的项目，以保证汽车安全行驶，并将污染降低到允许的限度。这种检测站对检测结果往往只显示"合格""不合格"两种，而不作具体数据显示和故障分析，因而检测速度快，生产效率高。检测合格的车辆凭检测结果报告单办理年审签证，在有效期内准予车辆行驶。安全检测站一般由车辆管理机关直接建立，或由车辆管理机关认可的汽车运输企业、汽车维修企业等单位建立，也可多方联合建立。

2) 维修检测站主要是从车辆使用和维修的角度，担负车辆维修前、后的技术状况检测。它能检测车辆的主要使用性能，并能进行故障分析与诊断。它一般由汽车运输企业或汽车维修企业建立。

3) 综合检测站既能担负车辆管理部门的安全环保检测，又能担负车辆使用、维修企业的技术状况诊断，还能承接科研或教学方面的性能试验和参数测试。这种检测站检测设备多，自动化程度高，数据处理迅速准确，因而功能齐全，检测项目广度、深度大。

2. 按照检测站工作职能分类

检测站按照其工作职能可分为 A 级站、B 级站和 C 级站三种类型，各类检测站的具体职能如下：

1) A 级站能全面承担检测站的任务，即能检测车辆的制动、侧滑、灯光、转向、前轮定位、车速、车轮动平衡、底盘输出功率、燃料消耗、发动机功率和点火系统状况以及异响、磨损、变形、裂纹、噪声、废气排放等状况。

2) B 级站能承担在用车辆技术状况和车辆维修质量的检测，即能检测车辆的制动、侧滑、灯光、转向、车轮动平衡、燃料消耗、发动机功率和点火系统状况以及异响、变形、噪声、废气排放等状况。

3) C 级站能承担在用车辆技术状况的检测，即能检测车辆的制动、侧滑、灯光、转向、车轮动平衡、燃料消耗、发动机功率以及异响、噪声、废气排放等状况。

三、汽车检测站的组成和检测线的工位布局

1. 汽车检测站的组成

汽车检测站主要由一条至数条检测线组成，对于独立而完善的检测站，还包括停车场、清洗站、维修车间等。安全检测站一般由一条至数条安全环保检测线组成。有两条以上安全环保检测线时，一般一条为大、小型汽车通用自动检测线，另一条为小型汽车的专用自动检测线，有的还配备一条新规检测线（对新车登录、检测之用）和一条柴油车排烟检测线。维修检测站一般由一条至数条综合检测线组成。综合检测站一般由安全环保检测线和综合检测线组成，可以各为一条，也可以各为数条。国内交通系统建成的检测站大多属于综合检测站。

2. 检测线的工位布局

不论是安全环保检测线，还是综合检测线，它们都由多个检测工位组成，检测工位的布局、工位检测项目的安排以及检测顺序的确定目前并无统一要求，但在设计时应该遵循检测时全线综合效率最高、所需人员最少和对检测现场污染最少的"三最原则"，按照这一基本原则，检测工位布置形式多为直线通道式，以利于流水作业。

(1) 安全环保检测线　这种检测线工位布局视具体情况而定，但不管工位如何编排，其检测项目固定。目前国内常用的一种安全环保检测线布局方式如图 5-1 所示，其检测流程及各工位具体情况说明如下。

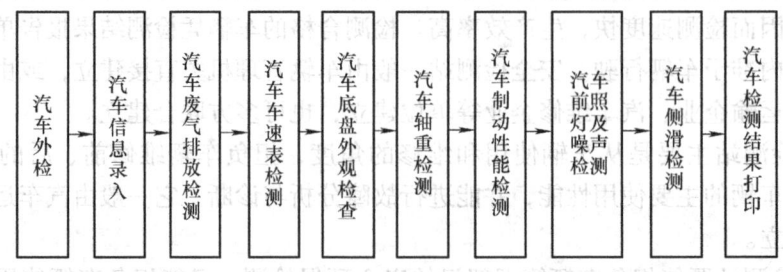

图 5-1　国内常用的一种安全环保检测线布局方式

1）汽车外检。汽车外检工作是对汽车性能和故障进行定量、客观检测诊断的补充与完善，主要检查汽车装备是否齐全、功能是否正常，车身是否清洁、周正，有无漏油、漏气、漏电、漏水现象，轮胎气压、轮胎花纹深度是否符合要求等内容，通常在汽车进线前开展此项工作。采用的设备主要有轮胎气压表、轮胎花纹深度计、皮尺、卷尺等。

2）汽车信息录入。在汽车进线前由登录微机进行车辆信息录入工作，以便检测时计算机系统自动进行数据处理。

3）汽车废气排放检测。主要是对汽油车、柴油车的废气排放成分与浓度进行检测，采用的设备主要有不分光红外分析仪、不透光度计和滤纸式烟度计。

4）汽车车速表检测。通过比较实测车速与指示车速的误差来评价车速表精度，采用的设备是汽车速度检验台。

5）汽车底盘外观检查。主要是对汽车底盘零部件的外观和连接部件的间隙进行检测，采用的设备是汽车底盘间隙检测台，该检测台配备有地沟，用于检测人员进行车底外观检查。

6）汽车轴重与制动性能检测。主要检测各轴轴重、各轮制动力、制动力平衡、车轮阻滞力、驻车制动力、制动协调时间等内容，采用的设备是汽车制动试验台、轴重计或带有轴重检测功能的制动试验台。

7）汽车前照灯、噪声及侧滑检测。主要检测前照灯发光强度、光束照射位置、喇叭声级和车轮侧滑量，采用的设备有汽车前照灯检验仪、喇叭声级计和侧滑试验台。

8）汽车检测结果打印。检测完毕后，检测系统自动打印检测结果。

（2）综合检测线　综合检测线一般有两种类型。一种是全能综合检测线，设有包括安全环保检测线主要检测设备在内的比较齐全的工位，这种检测线的检测设备多，检测项目齐全，与安全环保检测线互不干扰，因而检测效率相对较高，但建站费用也高。另一种是一般综合检测线，设置的工位不包括安全环保检测线的主要检测设备，主要由底盘测功工位组成，能承担除安全环保检测项目以外项目的检测诊断，必要时车辆需开到安全环保检测线上才能完成有关项目的检测，国内已建成的综合检测站有相当多是属于这种类型，与全能综合检测线相比，一般综合检测线设备少，建站费用低，但检测效率也低。

B级站和C级站的综合检测线不包括底盘测功工位。

四、汽车检测站和检测线的工艺路线流程

汽车进入检测站后，在检测线上只有按照规定的检测工艺路线和程序流动，才能完成整个检测过程。

1. 检测站工艺路线流程

对于一个独立而完整的检测站，汽车进站后的工艺路线流程如图5-2所示。

2. 检测线工艺路线流程

检测线的工位布置是固定的，进线检测的汽车按工位顺序流水作业。以多工位全能综合检测线为例，其工艺路线流程如图5-3所示。

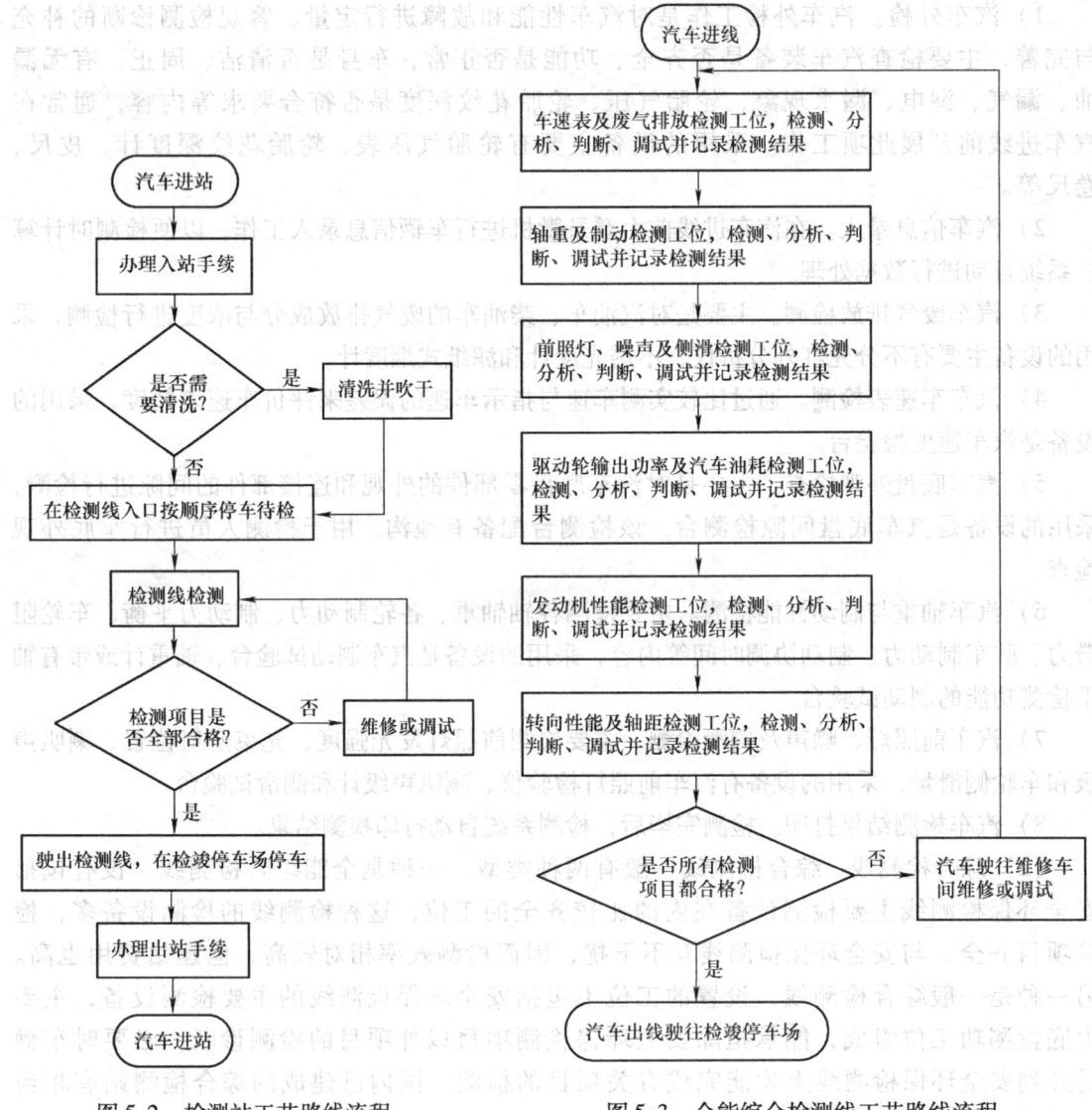

图 5-2 检测站工艺路线流程　　图 5-3 全能综合检测线工艺路线流程

五、汽车检测线微机控制系统

1. 系统的功能与要求

（1）功能

1）能输入、传输、存储、查询、打印汽车资料。

2）除车上、车底外观检查、汽车资料输入、插入与取出废气分析仪（或烟度计）探头仍需人工操作外，能实现其余检测设备运行的自动控制以及数据的采集、处理、判定、显示、打印、存储、统计等工作。

3）检测结果能在主控制室微机显示器上以数据、图表、曲线等方式进行动态显示，同时又能在工位微机显示器和工位灯箱上显示"○"或"×"或直接用文字显示，并能集中打印检测结果报告单。

4）主控室能对全线实行监控和调度。

5）具有指令汽车驾驶员（或汽车引车员）操作的检验程序指示器（灯箱、彩显或电子灯阵）。

6）具有丰富的软件功能。

(2) 要求

1）可靠性要高。要求系统平均无故障时间要长，并设有自检和自诊断系统，出现故障后可利用它进行快速诊断。

2）系统要有先进性。系统应具有较高的自动化程度，检测速度快，测量精度高，应排除人为因素的影响，使检测结果准确客观，具有较高的可信度。

3）适应性要强：要有较强的环境适应性；要能满足不同用户的实际需要。

4）使用方便性要好。能满足人机对话方便，易学易操作，数据易存易查等要求。

5）经济性要好。在不影响检测功能前提下，应尽量降低造价，尽量使用国产设备。

6）在实时响应、系统配套、系统扩充、系统通信和软件支持等方面，系统应有较强的功能。

7）除系统对全线自动控制外，应在主控制键盘上设置自动/手动开关和一套手动操作键盘，以便必要时对部分检测设备实施手动操作。

2. 微机控制系统的组成

汽车自动检测线上的微机控制系统组成如图 5-4 所示。

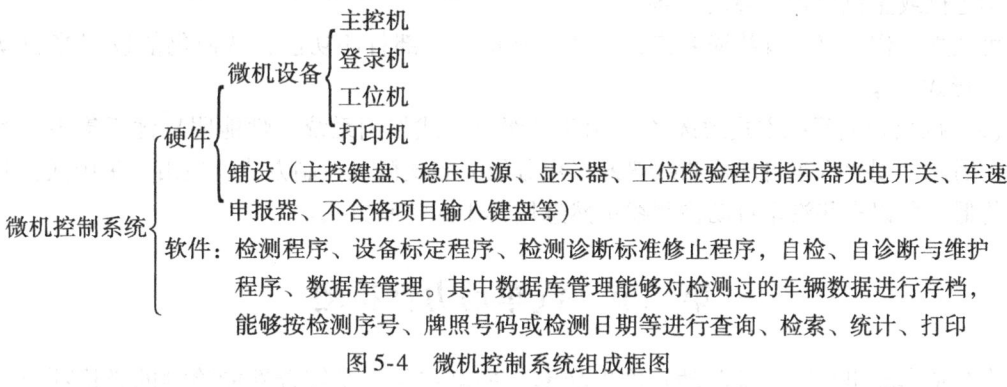

图 5-4 微机控制系统组成框图

3. 微机控制系统的控制方式

汽车检测线微机控制系统的控制方式主要有集中式和分级分布式两种形式。

(1) 集中式控制系统　集中式控制系统是采用单一主控微机直接监控整个检测现场，不设置工位机的结构控制体系，其结构如图 5-5 所示。集中式控制系统除汽车信息录入由登录微机完成并发往主控微机外，现场各工位的检测模拟信号经放大器放大后，均直接传输给主控微机。全线的数据采集、处理、判定、显示、打印、存储等全部工作均由主控微机完成。

集中式控制系统的特点是结构简单、价格低廉，但主控微机负担重、系统工作可靠性差、故障发生后易使全线不能正常工作。

(2) 分级分布式控制系统　分级分布式控制系统是一台主控微机和若干台工位机共同构成的一种结构体系，它一般采用二级控制方式，如图 5-6 所示。第一级为检测现场控制级，由分布在各工位的测控机完成，主要担负检测设备运行控制、数据采集、处理及数据通信任务。第二级为监督管理级，由主控微机完成，具有安排检测程序、担负全线调度、综合判定检测结果、存储并集中打印检测报告和管理数据库等功能。

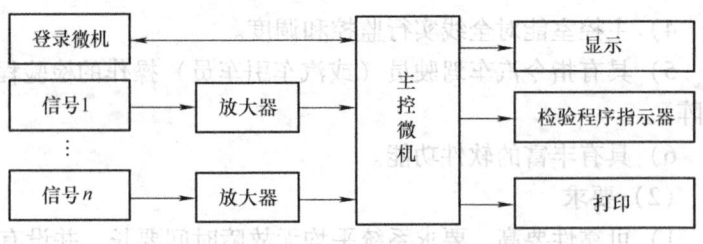

图 5-5 集中式控制系统结构图

分级分布式控制系统的特点是系统层次清楚，各微机任务明确，工作量较均衡；主控系统与各工位子系统的软件设计、硬件配置组装、局部调试等工作均可分别进行，从而加速系统开发速度；系统抗干扰性能有所提高，由于信息传递大部分以串行通信方式进行，传输线主要是传送数字量，而模拟量的传输仅限于局部，从而提高了系统抗干扰能力；由于每个工位都由相对独立的微机控制，故在不用主机或主机出现故障时，各

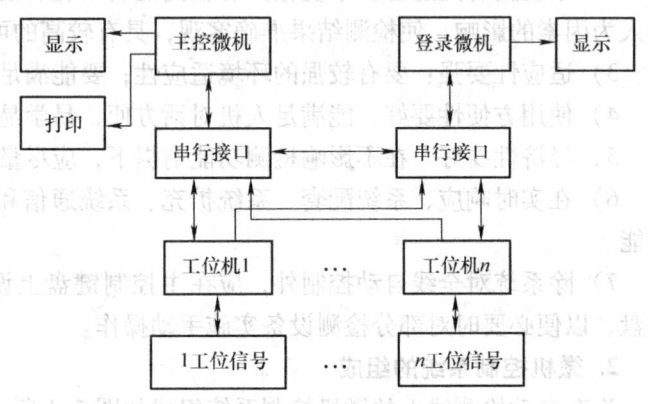

图 5-6 分级分布式系统结构图

工位可独立工作，仍具有数据采集、处理、显示和局部打印功能，从而仍能以"半自动检测线"形式工作。

(3) 微机控制系统方式的选择　由于分级分布式控制系统的性能明显优于集中式控制系统，因此，现代汽车自动检测线普遍采用分级分布式微机控制方式，但由于集中式控制系统造价低，所以有些汽车自动检测线仍然选用集中式控制方式。

第二节　汽车动力性检测

汽车整车输出功率（即驱动轮输出功率）的测定是汽车综合性能检测的必检项目，是评价汽车技术状况的基本参数之一。检测汽车整车的输出功率，是为了获得汽车驱动轮的输出功率或牵引力，以评价汽车的动力性，也可以用测得的驱动轮输出功率与发动机输出功率进行对比，求出传动系统的传动效率，以判定底盘传动系统的技术状况。

汽车整车输出功率的室内试验具有周期短、节省人力、精度高等特点。室内检测情况如图 5-7 所示，检测时采用的设备是底盘测功试验台。

底盘测功试验台是一种不解体检验汽车性能的检测设备，它是通过在室内台架上的汽车，模拟道路行驶工况的方法来检测汽车的动力性，而且还可以测量多工况排放指标及油耗，同时能方便地进行汽车的加载调试和诊断汽车在负载条件下出现的故障等。由于汽车底盘测功试验台在试验时能通过控制试验条件，使周围环境影响减至最小，同时通过功率吸收加载装置来模拟道路行驶阻力，控制行驶状况，故能进行符合实际的复杂循环试验，因而得到了广泛应用。

一、底盘测功试验台的结构与检测原理

1. 底盘测功试验台的结构

底盘测功试验台一般由滚筒装置、加载装置、测量装置、控制与指示装置和辅助装置等组成。

(1) 滚筒装置 滚筒相当于连续移动的路面,被测车辆在其上滚动。滚筒有单滚筒和双滚筒两种类型,单滚筒直径大(1500~2500mm),制造和安装费用大,但其测试精度高,一般用于制造厂和科研单位;双滚筒直径小(180~500mm),设备成本低,使用方便,但测试精度较差,一般用于汽车维修行业及汽车检测线或检测站。

(2) 加载装置 加载装置用来吸收和测量驱动轮上的输出功率,也称测功器。测功

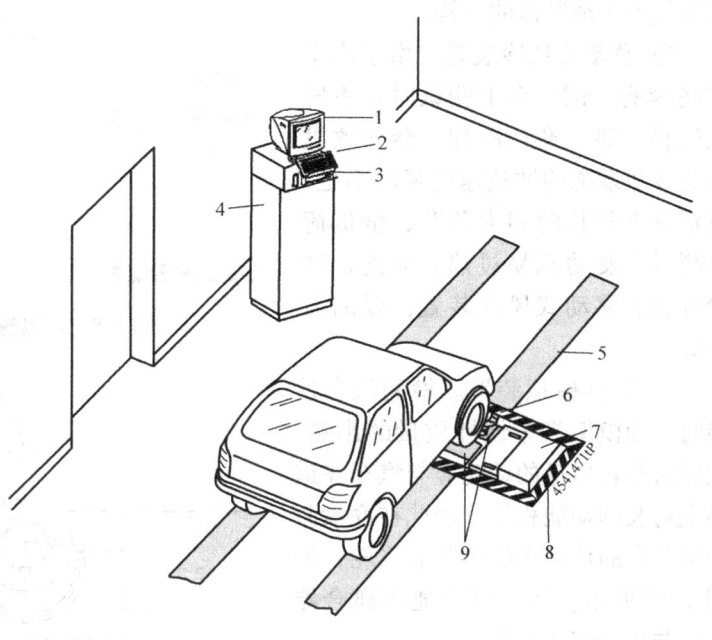

图 5-7 室内检测汽车动力性
1—显示器 2—操控键盘 3—工控主机 4—电源开关 5—导向线
6—滚筒 7—罩盖 8—安全线 9—举升器

器的类型有水力测功器、电力测功器和电涡流测功器。水力测功器可控性差;电力测功器可用于反拖式底盘测功试验台,但制造成本高;电涡流测功器测试范围广,结构紧凑,耗电量小,易于实现自动控制,且造价适中,故应用较广。

(3) 测量装置 测量装置包括测力装置、测速装置、测距装置等。

1) 测力装置。测功器的转子与定子之间制动力矩由与定子相连的测力臂传给测力装置,然后由仪表指示出数值,该指示值即为驱动轮上的驱动力。根据测量原理的不同,测力装置有机械式、液压式、电测式和转矩仪式等多种类型。

2) 测速装置。测速装置一般由测速传感器、中间处理装置和指示装置组成。常见的测速传感器有磁电式、光电式、霍尔式和测速发电机等。测速传感器一般安装在从动滚筒的端部,随滚筒一起转动,并把滚筒的转动转变为电信号。

3) 测距装置。测距装置一般为光电盘脉冲计数式,用于汽车加速、滑行、油耗试验所需要的行驶距离测量。

(4) 控制与指示装置 由计算机控制的底盘测功试验台的控制与指示装置有多个按键、显示窗、旋钮、功能灯、指示灯和警告灯等,用来控制和显示操作过程与检测结果。底盘测功试验台的指示面板如图 5-8 所示。

(5) 辅助装置

1) 举升器。为方便被测车辆驶入和驶出试验台,在试验台两个滚筒之间装有举升器。

举升器有气动式、液动式和电动式三种,气动式使用较广。图5-9所示为气动式举升器的结构。

2) 移动式风冷装置。由于汽车在底盘测功试验台上测试时并不发生位移,缺少迎风冷却,会导致发动机冷却系统的散热速度相对不足,特别是进行长时间大负荷、全负荷检测时,发动机易过热,为此,试验台设有移动式风冷装置,以加强冷却。

3) 惯性模拟装置。检测汽车性能时,为模拟汽车惯性质量的影响,试验台旋转质量的动能应与汽车在道路上行驶的动能相等,因此在底盘测功试验台的传动系统中装有飞轮,如图5-10所示。飞轮可以通过离合器直接与主动滚筒相连。

2. 底盘测功试验台的检测原理

汽车在道路上行驶时是相对于静止的路面作纵向运动,汽车在行驶中将受到各种阻力,如空气阻力、爬坡阻力等。在底盘测功试验台上则是以滚筒的表面代替路面,使滚筒的表面相对于静止的汽车作旋转运动,从而带动汽车驱动轮旋转。检测时,汽车驶上底盘测功试验台,将驱动轮支承于两个滚筒之上,起动发动机让车轮驱动滚筒转动,使之模拟路面的行驶状态,此时滚筒表面的线速度就是汽车的行驶速度,根据滚筒的转速就可以换算出汽车的行驶速度,而滚筒的转速可由安装在主动滚筒的转速传感器输出脉冲信号来反映,其脉冲频率的高低与滚筒转速成正比。汽车行驶的道路阻力由电涡流测功器加载模拟,当给电涡流测功器励磁线圈加一定电流时,则测功器中的涡电流与交变磁场相互作用,产生一个制动转矩;反作用于滚筒表面,这个制动转矩反力使定子随着转子旋转方向摆动,通过力臂作用在压力传感器之上,传感器输出模拟信号的大小与制动转矩成正比,在滚筒转速稳定时该制动转矩即为驱动轮对滚筒的驱动转矩。实际上,在测速装置获取滚筒转速电信号的同时,其测力装置也将滚筒转矩信息转换成电

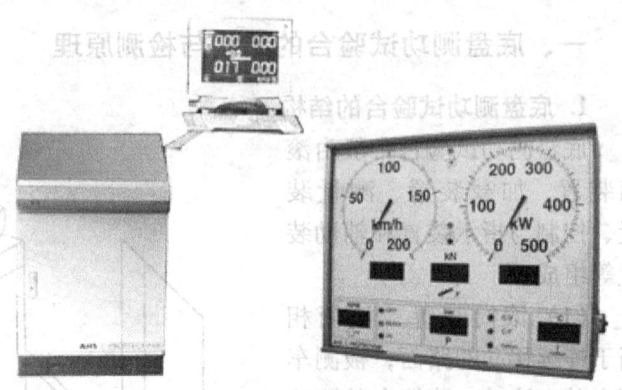

图5-8 底盘测功试验台的指示面板

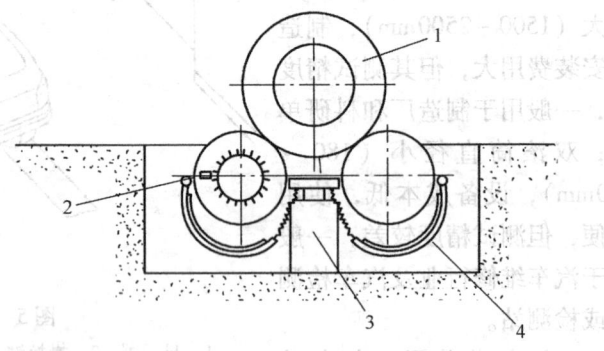

图5-9 气动式举升器的结构
1—车轮 2—滚筒转速传感器 3—举升器 4—滚筒制动器

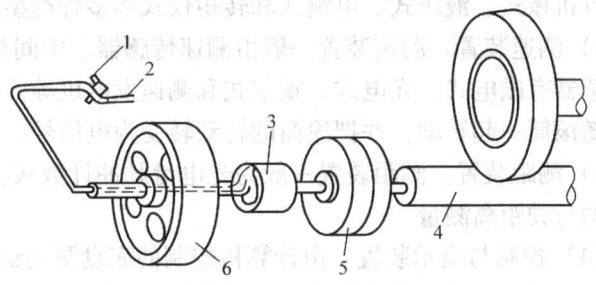

图5-10 带飞轮的底盘测功试验台
1—离合器调节阀 2—压缩空气管 3—气压传动离合器
4—主动滚筒 5—功率吸收装置 6—飞轮

信号，两信号同时输入给计算机系统处理运算后，即可显示驱动轮输出功率。

通过改变电涡流测功器负荷的大小，可以模拟汽车在道路上行驶的各种阻力，因此可以实现汽车在各种车速下驱动轮上的输出功率、驱动力的测定。但实际测试时，汽车发动机稳态转速下的最大功率点和最大转矩点对应的汽车底盘输出功率及驱动力的测试用得最多，因为利用它们可以评价汽车及发动机的动力性和底盘的工作性能。

具有飞轮装置的试验台称为惯性式底盘测功试验台。飞轮的转动惯量是根据道路试验和台架试验两种情况下总动能相等的关系推导求得的。在底盘测功试验台的传动系统加装具有一定转动惯量的飞轮来模拟汽车行驶时的加速阻力，并通过加载装置模拟汽车行驶时的负荷情况，就可以在底盘测功试验台上完成加速能力和滑行距离等汽车性能试验和各系统故障诊断工作。

二、驱动轮输出功率检测

由于驱动轮输出功率的大小与汽车行驶工况有关，因此，为客观、准确地评价汽车动力性，在检测时必须正确选择能够反映汽车动力性的检测工况和检测点。

1. 确定检测项目

底盘测功根据其目的不同可分为汽车动力性检测、经济性检测、排放检测等内容。测功前，首先应根据检测目的或应车主的要求，确定检测项目。不同的检测项目，其检测点的选取及测试方法会有所差别，常用的底盘测功检测项目有：

1）发动机全负荷额定功率转速下驱动轮输出功率的检测。
2）发动机全负荷额定转矩转速下驱动轮输出功率的检测。
3）发动机全负荷选定车速下驱动轮输出功率的检测。
4）发动机部分负荷选定车速下驱动轮输出功率的检测。

2. 确定检测点

通常检测点的多少与所确定的检测项目有关。在评定汽车技术等级和评价在用车动力性时，只需测定发动机全负荷额定功率转速下和额定转矩转速下驱动轮的输出功率。为了全面考核车辆的动力性、底盘的技术状况以及调整质量，检测点除了制造厂给出的发动机额定功率对应的转速点和额定转矩对应的转速点外，还应进行中间转速下的功率检测，这样才能全面反映出供油系统和点火系统的调整质量和底盘的技术状况。常用的检测点车速有：发动机额定功率转速对应的车速、发动机最大转矩转速对应的车速和汽车常用车速（中速）。

3. 底盘测功试验台的准备

1）检查调整底盘测功试验台各部件，补充润滑油。
2）检查举升器有无漏气（油）现象，工作是否正常。
3）对于水冷式测功机，将冷却水阀打开。
4）检查各连接导线是否连接可靠。

4. 被检测车辆的准备

1）检测车辆测试前应处于热车状态，检测过程中受检车辆的发动机冷却液出口温度应控制在 $(80 \pm 5)℃$，必要时可设置外加风扇向汽车发动机吹风，以确保检测结果可靠。
2）按 GB/T18276—2000 规定，检测前检查受检汽车空气滤清器，需按时更换空气滤清器滤芯，以排除因空滤器滤芯堵塞而降低充气效率，减小发动机功率。

3）检查轮胎胎压，使之达到制造厂的规定值。轮胎花纹深度必须符合车辆使用手册的要求，一般不得小于1.6mm。胎面、胎壁不得有暴露出轮胎帘布层的破裂和割伤。

4）检查动力传动路线有无连接松脱。

5）车辆为空载，以简化检测作业。

6）所用燃料和润滑油必须符合车辆生产厂技术条件的规定，以保证受检车辆运转条件与同型号新车一致，才可将测得的驱动轮输出功率与新车的额定值进行比较。

5. 功率检测步骤

1）打开底盘测功试验台电源开关，调整功率表换挡开关置相应挡位。

2）升起举升器托板，使被测车辆的驱动轮与滚筒垂直停放在托板上。

3）降下举升器托板，用挡块抵住试验台的一对车轮，接通移动式风冷装置电源。

4）根据受检车型号按 GB/T 18276—2000 的规定设定检测车速。额定转矩检测工况或额定功率检测工况车速见表5-1。

表 5-1 汽车驱动轮输出功率的限值

汽车类别	汽车型号		额定转矩工况		额定功率工况	
			直接挡检测车速 v_M/(km/h)	校正驱动轮输出功率/额定转矩功率的限值 η_{Ma}(%)	直接挡检测速度 v_P/(km/h)	校正驱动轮输出功率/额定功率的限值 η_{Pa}(%)
载货汽车	1010、1020 系列	汽油车	60	50	90	40
	1030、1040 系列	汽油车	60	50	90	40
		柴油车	55	50	90	45
	1050、1060 系列	汽油车	60	50	90	40
		柴油车	50	50	80	45
	1070、1080 系列	柴油车	50	50	80	45
	1090 系列	汽油车	40	50	80	45
		柴油车	55	50	80	45
	1100、1110、1120、1130 系列	柴油车	50	45	80	40
	1140、1150、1160 系列	柴油车	50	50	80	40
	1170、1190 系列	柴油车	55	50	80	40
半挂列车①	10t 半挂列车系列	汽油车	50	50	80	45
		柴油车	50	50	80	45
	15t、20t 半挂列车系列	柴油车	45	45	70	40
	25t 半挂列车系列	柴油车	45	50	75	40
客车	6600 系列	汽油车	60	45	85	35
		柴油车	45	50	75	40
	6700 系列	汽油车	50	40	80	35
		柴油车	55	45	75	35
	6800 系列	汽油车	40	40	85	35
		柴油车	45	45	75	35
	6900 系列	汽油车	40	40	85	35
		柴油车	60	45	85	35
	6100 系列	汽油车	40	40	85	35
		柴油车	40	45	85	35

(续)

汽车类别	汽车型号		额定转矩工况		额定功率工况	
			直接挡检测车速 v_M/(km/h)	校正驱动轮输出功率/额定转矩功率的限值 η_{Ma}(%)	直接挡检测速度 v_P/(km/h)	校正驱动轮输出功率/额定功率的限值 η_{Pa}(%)
客车	6110系列	汽油车	40	40	85	35
		柴油车	55	45	80	35
	6120系列	柴油车	60	40	90	35
轿车	夏利、富康		95/65②	40/35②	—	—
	桑塔纳		95/65②	45/40②	—	—

注：5010系列～5040系列厢式货车和罐式货车驱动轮输出功率的允许值按同系列普通货车的允许值下调2%；其他系列厢式货车和罐式货车驱动轮输出功率的允许值按同系列普通货车的允许值下调4%。

① 半挂列车是按载质量分类。

② 为汽车变速器使用三挡时的参数值。

5）起动汽车，逐步加速并换至直接挡，使汽车以直接挡的最低稳定车速运转，将加速踏板踩到底，测定额定转矩或额定功率工况的驱动轮输出功率。

6）以每10km/h检测车速设置一测试点，测取汽车驱动轮输出功率。为使测取的驱动轮输出功率是发动机稳定工况下的输出功率，必须待检测车速至少稳定15s后再取值。

7）测取数据时的实测车速与设定车速误差不应大于±0.5km/h，以确保检测数据的准确、可靠。

8）全部测试完毕，待驱动轮停转，切断移动式风冷装置电源，移去挡块，升起举升器托板，将被测车辆驶出试验台。

9）切断底盘测功试验台电源，合上罩盖板。

6. 检测注意事项

1）对走合期的新车或大修车不宜进行驱动轮输出功率的检测。

2）检测过程中，测试车辆前方严禁站人，同时还应密切注意被检车辆的各种异响、发动机和底盘测功试验台的工作状态，以保证测试工作的顺利进行。

三、在用车动力性检测结果分析

在底盘测功试验台检测时，在用车的动力性评价指标通常为发动机在额定转矩和额定功率时的驱动轮输出功率。

1. 驱动轮实际输出功率的测取

在实际检测环境状态下，采用发动机在额定转矩和额定功率的工况时，利用底盘测功试验台测得的驱动轮输出功率即为驱动轮的实际输出功率，该功率不包含轮胎滚动阻力和底盘测功试验台传动系统阻力所消耗的功率。

2. 驱动轮输出功率的校正

汽车使用手册中提供的额定功率（最大功率）和额定转矩（最大转矩）均是指发动机在标准环境状态和在规定的额定转速下输出的功率和转矩。标准环境状态是：大气压力 p_0 = 100kPa；相对湿度 ϕ_0 = 30%；环境温度 T_0 = 298K（25℃）。

由于实际测试环境状态与标准环境状态差别较大,这样同一辆汽车在不同的测试环境下驱动轮输出的功率将明显不同。如在高原、热带和寒带地区工作时,汽车发动机功率将显著下降,同一辆汽车在冬季和夏季发动机性能也差别明显,如以实测汽车驱动轮输出功率与额定输出功率比较将会导致错误的检测结论。为此,必须将实测驱动轮输出功率校正为标准环境状态下的功率,即将其转换为与额定功率相同的环境状态下的功率,然后再与额定输出功率进行比较,这样就可避免误判,保证动力性检测作业的公正性和科学性。

实测环境状态下的输出功率校正为标准环境状态下的输出功率,称为校正驱动轮输出功率。校正驱动轮输出功率的表达式为

$$P_0 = \alpha P \tag{5-1}$$

式中　P_0——校正功率,即标准环境状态下的功率(kW);

　　　α——校正系数,通过计算或查表得到;

　　　P——实测驱动轮输出功率(kW)。

1)汽油车驱动轮输出功率校正系数 α_a 的计算公式为

$$\alpha_a = (99/p_s)^{1.2} \times (T/298)^{0.6} \tag{5-2}$$

式中　T——测试时的环境温度(K);

　　　p_s——测试时的干空气压(kPa)。

式(5-2)中的99(kPa)为标准环境状态下的干空气压,298(K)为标准环境状态下的环境温度。测试环境的干空气压(p_s)可据式(5-3)计算

$$p_s = p - \phi p_{sw} \tag{5-3}$$

式中　p——测试环境状态下的大气压(kPa);

　　　ϕ——测试环境状态下的相对湿度(%);

　　　p_{sw}——测试环境状态下的饱和蒸气压(kPa)。

式(5-3)中的 ϕp_{sw} 也可从表5-2中查得。

表5-2　不同湿度和温度下的 ϕp_{sw} 值

| T/℃ | ϕ | | | | | T/℃ | ϕ | | | | |
| | 1 | 0.8 | 0.6 | 0.4 | 0.2 | | 1 | 0.8 | 0.6 | 0.4 | 0.2 |
	ϕp_{sw}/kPa						ϕp_{sw}/kPa				
-10	0.3	0.2	0.2	0.1	0.1	32	4.8	3.8	2.9	1.9	1.0
-5	0.4	0.3	0.2	0.1	0.2	34	5.3	4.3	3.2	2.1	1.1
0	0.6	0.5	0.3	0.2	0.1	36	6.0	4.8	3.6	2.6	1.2
5	0.9	0.7	0.5	0.2	0.4	38	6.6	5.3	4.0	2.7	1.3
10	1.2	1.0	0.7	0.5	0.2	40	7.4	5.9	4.4	3.2	1.5
15	1.7	1.4	1.0	0.7	0.5	42	8.2	6.6	4.9	3.3	1.6
20	2.3	1.9	1.4	0.9	0.5	44	9.1	7.3	5.5	3.6	1.8
25	3.2	2.5	1.9	1.3	0.6	46	10.1	8.1	6.1	4.0	2.0
27	3.6	2.9	2.1	1.4	0.7	48	11.2	8.9	6.7	4.5	2.2
30	4.2	3.4	2.5	1.7	0.9	50	12.3	9.9	7.4	4.9	2.5

2)柴油车驱动轮输出功率校正系数 α_d 的计算公式为

$$\alpha_d = (f_a)^{f_m} \tag{5-4}$$

式中 f_a——大气因子；

f_m——发动机因子，是发动机形式和调整的特性参数。

$$f_a = (99/p_s) \times (T/298)^{0.7} \tag{5-5}$$
$$f_m = 0.036q_c - 1.14 \tag{5-6}$$
$$q_c = q/r \tag{5-7}$$

式中 q_c——校正的比排量循环供油量；

q——比排量循环供油量 [mg/（L·循环）]；

r——增压比，压缩机出口与进口的压力比，对于自然吸气式发动机 $r=1$。

在 q_c 值低于 40mg/（L·循环）时，f_m 可取恒定值 0.3；在 q_c 值高于 40mg/（L·循环）时，f_m 可取恒定值 1.2。

3. 在用车动力性评价

(1) 计算校正驱动轮输出功率与相应发动机输出总功率的百分比

$$\eta_{VM} = P_{VMO}/P_M \tag{5-8}$$
$$\eta_{VP} = P_{VPO}/P_e \tag{5-9}$$

式中 η_{VM}——汽车在额定转矩工况下的校正驱动轮输出功率与额定转矩功率的百分比；

η_{VP}——汽车在额定功率工况下的校正驱动轮输出功率与额定功率的百分比；

P_{VMO}——汽车在额定转矩工况下的校正驱动轮输出功率（kW）；

P_{VPO}——汽车在额定功率工况下的校正驱动轮输出功率（kW）；

P_M——发动机额定转矩功率（kW）；

P_e——发动机额定功率（kW）。

(2) 在用车动力性评价标准 在用车动力性合格的条件是

$$\eta_{VM} \geq \eta_{Ma} \tag{5-10}$$

或

$$\eta_{VP} \geq \eta_{Pa} \tag{5-11}$$

式中 η_{Ma}——汽车在额定转矩工况下的校正驱动轮输出功率与额定转矩功率的百分比的允许值；

η_{Pa}——汽车在额定功率工况下的校正驱动轮输出功率与额定功率的百分比的允许值。

GB 18565—2001《营运车辆综合性能要求和检验方法》中规定，轿车的动力性按额定转矩工况进行检测和评价，应满足式（5-10）所示合格条件的要求；而其他车辆应按规定的式（5-10）、式（5-11）所示两种合格条件中任选一种工况进行检测和评价。

GB 18565—2001《营运车辆综合性能要求和检验方法》给出了各种车型的 η_{Ma}、η_{Pa} 允许值，若 η_{VM} 或 η_{VP} 比其相应的 η_{Ma} 或 η_{Pa} 允许值小，则表明汽车动力性不良，在用车发动机及其传动系统技术状况较差。为了确诊汽车动力性不良的原因，可在底盘测功试验台上采用反拖的方法来检测车辆传动系统消耗的功率，若测得的传动系统消耗功率过大，表明传动系统技术状况不佳；否则，说明发动机动力性不足，技术状况欠佳。

第三节 汽车燃油经济性检测

汽车的使用经济性能是指完成单位运输量所支付最少费用的一种性能，它是评价汽车运输经济效果的综合性指标。汽车的经济性能包括燃油经济性、润滑油经济性和轮胎消耗几个主要指标，其中燃油经济性是最主要的指标。

汽车燃油经济性是指汽车以最少的燃油消耗完成单位运输工作量的能力，它是汽车使用的主要性能之一。测定燃油经济性的方法有很多：不控制使用因素的道路试验；控制使用因素的道路试验；道路循环试验；在底盘测功试验台上的循环试验。我国运输企业中采用"使用油耗试验"，是一种不控制使用因素的道路试验，即在某地区将被检车辆投入实际使用，对汽车运行的道路条件、交通条件、气候条件、驾驶员水平等不加严格的限制，在运行中认真记录汽车的行驶里程和燃油消耗量，以确定汽车的平均燃油消耗量。这种试验结果能够较好地反映车辆的实际油耗水平，但难以做到准确的测量，同时费工费时，因此其测量数据仅有参考价值。

在道路试验测量油耗时，如果维持影响油耗的因素中一个条件或几个条件不变，则称之为"控制条件的道路试验"，一般是在专用的道路或汽车试验场进行这种试验。汽车完全按照规定的车速-时间规范进行的道路试验称为"道路循环试验"。试验规范中规定严格的换挡时刻、制动时间、行车速度、加速度、减速度等条件。其中等速油耗试验和怠速油耗试验方法最为简单。

利用汽车底盘测功试验台在室内进行试验，可不受外界气候条件的限制，周围环境影响的修正系数可以减少到最小。由于在室内便于控制行驶工况，因此可采用符合实际状况的复杂循环，可同时测量汽车的经济性能和排放性能，还可采用多种测量油耗的方法，如质量法、体积法、流量法和碳平衡法等。

一、汽车燃油经济性评价指标

汽车燃油经济性评价指标是单位里程的燃油消耗量。汽车燃油消耗量的检测，可采用测定其容积、质量、流量和流速等方法，其中容积法和质量法较常用，特别是容积法应用更为广泛。发动机台架试验时，容积法和质量法是测定发动机消耗一定燃油体积或一定燃油质量所经过的时间，由燃油量和时间计算单位的燃油消耗量。汽车道路试验或整车在底盘测功试验台上检测燃油消耗量时，则是测定汽车通过一定路程时消耗的燃油量和通过时间，然后由燃油量、路程和时间，计算试验车速下单位里程燃油消耗量、100km 体积燃油消耗量、100t·km体积燃油消耗量或单位体积油耗行程。

二、汽车燃油经济性检测

1. 试验仪器的结构与工作原理

汽车燃油消耗量是通过油耗仪来进行测量的。油耗仪种类很多，目前常用的是容积式油耗仪和质量式油耗仪。

（1）容积式油耗仪的结构与工作原理　容积式油耗仪的工作原理是使被测流体充满一定容积的测量室，通过测量充满测量室的次数，则可测得被测流体的总量，再除以测量时间间隔或行驶里程即可得出平均燃油消耗量。

图 5-11 所示为行星活塞式油耗传感器的流量转换机构的工作原理图。该装置由十字形配置的四个活塞和旋转曲轴构成，流量转换机构用于将一定容积的燃油流量转变为曲轴的旋转运动。

燃油在泵油压力作用下推动活塞运动，再由活塞运动推动曲轴旋转，曲轴旋转一周即四个活塞各往复运动一次,完成一个进排油循环。活塞在油缸中处于进油行程还是排油行程,取决于活塞相对于进排油口的位置。图5-11a表示活塞1处于进油行程,从其曲轴箱来的燃油通过P_3推动下行,并使曲轴作顺时针旋转,此时活塞3处于排油行程终了,活塞4处于排油行程中,燃油从活塞4上部通过P_1从排油口E_1排出,活塞6处于进油行程终了。当活塞和曲轴位置如图5-11b所示时,活塞1进油终了,活塞3处于进油行程,通道P_4导通,活塞4排油终了,活塞6处于排油行程,燃油从P_2经排油口E_2排出。同理,可描述图5-11c、d所示位置各活塞的进排油状态。如此反复,在燃油泵泵油压力的作用下,就

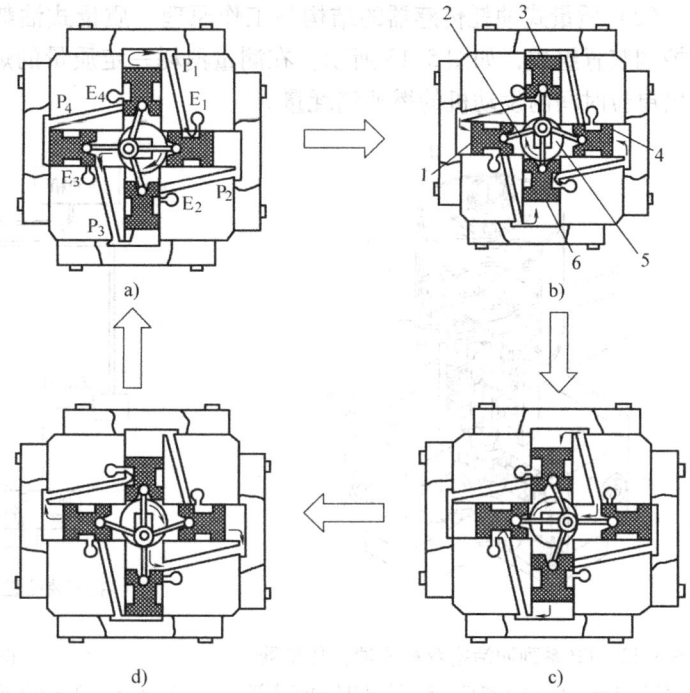

图5-11 行星活塞式油耗传感器的流量转换机构的工作原理图
1、3、4、6—活塞 2—连杆 5—曲轴 P_1、P_2、P_3、P_4—油道
E_1、E_2、E_3、E_4—排油口

可完成定容量、连续泵油的作用。曲轴旋转一周,各缸分别排油一次,其排油量可用下式确定

$$V = 4 \times \frac{\pi d^2}{4} 2h = 2\pi h d^2 \tag{5-12}$$

式中 V——四缸排油量(cm^3);

4——代表四个油缸;

$\pi d^2/4$——代表某一活塞截面积(cm^2);

$2h$——2倍的曲轴偏心距(cm)。

由此可见,经上述流量转换机构的转换后,从测燃油消耗量转化为测流量变换机构曲轴的旋转圈数。这可由装在曲轴一端的信号转换装置完成。一般采用光电测量装置进行信号转换,将曲轴旋转圈数转化为电脉冲信号。

FP系列四活塞容积式油耗传感器如图5-12所示,它由主动磁铁、从动磁铁、转轴、光栅板、发光二极管、光敏管、电缆插座及壳体等组成。主动磁铁装在曲轴上,从动磁铁装在转轴上,转轴通过轴承支承在壳体内,转轴的上端固定有转动光栅板,在固定光栅板上、下方有发光二极管和光敏管。当曲轴转动时,由于一对永久磁铁的吸引作用,转轴及其上的转动光栅板也随之转动,通过发光二极管和光敏管的光电作用,将曲轴的转动变成光电脉冲信号送入计量显示仪。显然,该电脉冲数与曲轴转过的圈数成正比,从而经过内部运算处理后,即可在显示装置上显示出流经的燃油量。

(2) 质量式油耗传感器的结构与工作原理　质量式油耗传感器由称重装置、计数装置和控制装置组成，如图 5-13 所示。在测量消耗一定质量的燃油所需的时间后，即可按下式算出单位时间内发动机的燃油消耗量。

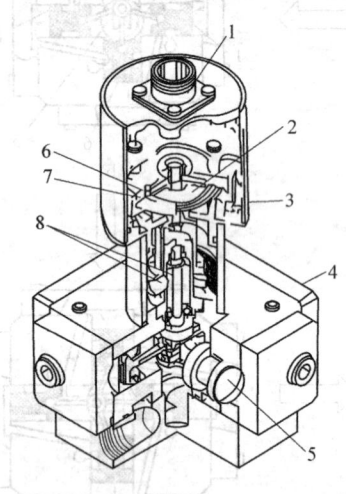
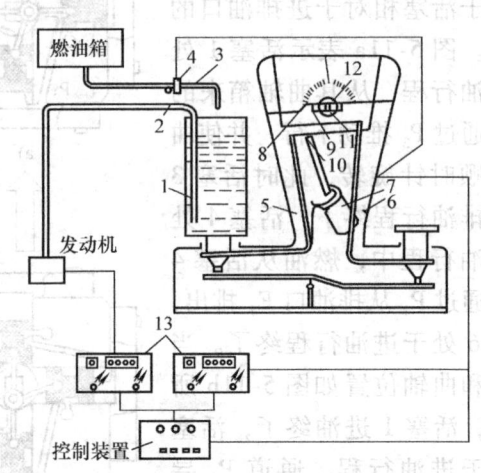

图 5-12　FP 系列四活塞容积式油耗传感器
1—信号端子　2—转动光栅　3—转速/脉冲变换部
4—流量/转速变换部　5—活塞　6—磁性联轴器
7—固定光栅　8—光敏管、LED（对置）

图 5-13　质量式油耗计
1—油杯　2—出油管　3—加油管　4—电磁阀　5、6—限位开关　7—行程限位器　8、9—光敏二极管　10—光源
11—鼓轮机构　12—鼓轮　13—计数器

$$G = 3.6 \times \frac{m}{t} \tag{5-13}$$

式中　m——燃油质量（g）；
　　　t——测量时间（s）；
　　　G——燃油消耗量（kg/h）。

称重装置通常利用台秤改制，量程为 10kg，称重误差为 ±0.1%。称重装置的秤盘上装有油杯 1，燃油经电磁阀 4 加入油杯。电磁阀的开闭由装在平衡块上的行程限位器 7 拨动两个微型限位开关 5 和 6 来控制。光敏传感器给出油耗始点和终点信号，它由两个光敏二极管 8、9 和装在棱形指针上的光源 10 组成，光敏二极管 8 为固定式，光敏二极管 9 装在活动滑块上，滑块通过齿轮齿条机构移动，齿轮轴与鼓轮 12 相连，计量的燃油量通过转动鼓轮 12 从刻度盘上读出。计量开始时，光源 10 的光束射在光敏二极管 8 上，光敏二极管发出信号，使计数器 13 开始计数，随着油杯中燃油的消耗，指针移动。当光束射到光敏二极管 9 上时，光敏二极管 9 发出信号，使计数器 13 停止计数。上述质量式油耗仪有一个系统误差，即测量时油杯中油面高度发生变化，伸入油杯中的油管浮力的反作用力也变化，造成称重时的系统误差。此项系统误差必须根据汽车耗油量及油杯液面高度变化进行修正。此外在用（l/100km）油耗量单位时，在换算中必须考虑燃油密度与温度之间的关系。

2. 燃油消耗量的台架试验

在汽车底盘测功试验台上进行循环试验（测定油耗）是近年来新发展的试验方法，试验示意图如图 5-14 所示。将汽车驱动轮置于底盘测功试验台的转鼓上，驱动轮既可拖动转鼓又可进行反拖。如果将底盘测功试验台装在有空调设施的试验室内，则就不会有风和气温的变化，能够使行驶阻力保持一定，所以试验具有良好的再现性。

按照 GB 18565—2001《营运车辆综合性能要求和检验方法》的规定，汽车百公里燃油消耗量不得大于该车型原厂规定的相应车速等速百公里燃油消耗量。要想在底盘测功试验台上进行的油耗试验能取得与道路试验一致的结果，关键是将汽车在道路上的行驶阻力（滚动阻力和空气阻力）能在测功机上尽可能地模拟出来。

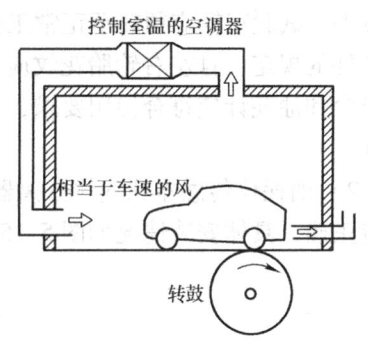

图 5-14 燃油消耗量台架试验示意图

(1) 等速百公里油耗测试模拟加载量的确定 在台架试验汽车的等速百公里油耗时，合理确定测功机的加载量来模拟汽车在Ⅲ级以上平直道路上以规定车速行驶时所受到的阻力极其重要，汽车在平直道路上等速行驶时克服滚动阻力和空气阻力所消耗的驱动轮功率为

$$P_k = \left(Gf + \frac{1}{21.15} C_D A v^2 \right) v / 3600 \tag{5-14}$$

式中 P_k——驱动轮输出功率（kW）；
G——汽车总重量（N）；
f——滚动阻力系数；
C_D——空气阻力系数；
A——迎风面积（m²）；
v——试验车速（km/h）。

其中，C_D、f、A 值可参考表 5-3，求出试验车速下驱动轮功率，并且应考虑到测功机传动机构的摩擦损失功率及驱动轮-滚筒间的摩擦损失功率的存在。此两项损失功率应从式（5-14）计算值中减掉后，才是真正应该在测功机功率吸收单元中模拟的加载量，即

表 5-3 C_D、f、A 推荐值

车辆类型	C_D	f	A
轿车	0.35 ~ 0.55	$f = 0.0076 + 0.000056v$	$A = 1.05BH$ （B 为轮距，H 为车高）
货车	0.40 ~ 0.60		
客车	0.58 ~ 0.80		

注：半挂汽车列车由于连接处间隙造成局部风阻增加，因此空气阻力一般比牵引车高 15%。

$$P_{PAU} = P_k - P_{PL} - P_C \tag{5-15}$$

式中 P_{PAU}——模拟功率；
P_{PL}——传动机构摩擦损失功率；
P_C——轮胎与滚筒间摩擦损失功率。

以此作为测功机的模拟加载量。

(2) 试验准备

1) 试验条件。环境温度：0 ~ 40℃；环境相对湿度：小于 85%；大气压力：80 ~

110kPa。试验车辆应预热至正常工作温度（一般在 80~90℃范围），轮胎气压应符合该车技术条件的规定，且左右轮胎花纹应一致。底盘测功试验台应预热至正常工作温度，底盘测功试验台和油耗计应符合使用要求，工作正常。检测时应测量记录环境温度、大气压力和燃油密度。

2）油耗仪传感器和气体分离器的安装。试验用的油耗仪传感器和气体分离器的安装位置应正确，具体安装情况如图 5-15 所示。

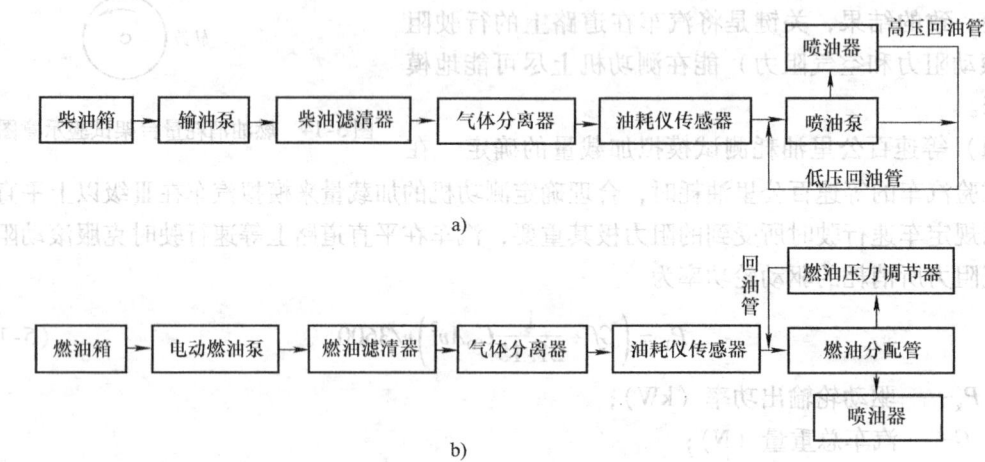

图 5-15 油耗仪传感器和气体分离器的安装位置
a）在柴油机上的安装位置 b）在电控燃油喷射发动机上的安装位置

(3) 试验方法

1）在底盘测功试验台上设定检测车速：轿车，60km/h；其他车辆，50km/h。

2）将被测汽车驱动轮平稳驶至底盘测功试验台滚筒上，落下举升器，起动汽车，逐步加速并换至直接挡（若无直接挡，可换至最高挡），使车速达到规定的车速。给测功机加载 P_{PAU}，使其模拟汽车满载等速行驶在平坦良好路面时的行驶阻力功率 P，即

$$P = P_{PAU} + P_{PL} + P_F \tag{5-16}$$

式中 P——汽车满载等速行驶在平坦良好路面时的行驶阻力功率；

P_{PAU}——底盘测功试验台吸收单元的吸收功率；

P_{PL}——测功机内部摩擦损失功率，由底盘测功试验台生产厂家给出；

P_F——汽车驱动轮、传动系等的摩擦损失，由测功机使用者自行测定。

当 $P_{PL} + P_F \geq P$ 时，则车辆不能在该测功机上进行检测；当 $P_{PL} + P_F < P$ 时，则需调整 P_{PAU}，使 $P_{PAU} + P_{PL} + P_F = P$。

其中行驶阻力功率 P 可按 GB 18352.1~2—2001 附件中的有关规定试验测得，试验时基准质量为车辆满载；也可以按汽车在平坦良好路面等速行驶所消耗的功率值计算得到。

3）待车速稳定后开始测量，要求测量不低于 500m 距离的燃油消耗量。连续测量两次并记录。

4）计算等速百公里燃油消耗量和两次的算术平均值。

参照 GB/T12545—2008《汽车燃料消耗量试验方法》的有关规定，可在不同试验车速

下进行汽车的等速百公里油耗试验,并作出汽车的等速百公里油耗特性曲线。试验时,汽车使用常用挡位,试验车速从20km/h(最小稳定车速高于20km/h时,从30km/h)开始,以车速10km/h的整数倍均匀选取试验车速,直到最高车速的90%。

3. 燃油消耗量的道路试验

(1) 路试的基本条件

1) 试验前,应对试验的车辆进行磨合;试验时,试验车辆必须进行预热行驶,使发动机、传动系统及其他部分预热到规定的温度状态。轮胎气压应符合该车技术条件的规定,误差不超过10kPa。装载质量除有特殊规定外,轿车应为规定乘员数的一半(取整数),城市客车为总质量的65%;其他车辆为满载,装载物应均匀分布且固定牢靠,试验过程中不得晃动;不应因潮湿、散失等条件变化而改变其质量,以保证装载质量的大小、分布不变。试验车辆必须清洁,关闭车窗和驾驶室通风口,由恒温器控制的空气流必须处于正常调整状态,做各项燃油消耗量试验时,汽车发动机不作调整。

2) 试验道路应为清洁、干燥、平坦的,用沥青或混凝土铺成的直线道路,道路长2~3km,宽不小于8m,纵向坡度在0.1%以内。试验应在无雨无雾、相对湿度小于95%、气温0~40℃、风速不大于3m/s的气候条件下进行。车速测定仪器和燃油流量计的精度为0.5%;计时器最小读数为0.1s。试验油耗仪常用容积式。

(2) 试验方法

1) 等速行驶燃油消耗量测定。进行等速行驶燃油消耗量试验时,汽车尽量选用最高挡,按照等速百公里油耗指标规定的车速,如乘用车速为90km/h或120km/h,等速行驶通过500m或1200m的测试路段,测量并记录通过该路段的时间及燃油消耗量,同一车速往返试验各进行两次,两次试验之间的时间间隔应尽可能缩短,以保持稳定的热状况,往返四次试验结果的燃油消耗量差值不应超过±5%,取四次试验结果的平均值作为等速行驶的耗油量,并折算为等速百公里油耗量(L/100km)。

2) 多工况燃油消耗量测定。汽车运行工况可分为匀速、加速、减速和怠速等几种,实际运行时,往往是上述几种工况的组合,并以此决定了汽车的油耗。所以,各国根据不同车型车辆的常用工况,制订了不同的试验循环,从而既可使试验结果比较接近于实际情况,又可缩短试验周期。

多工况燃油消耗量试验方法就是将不同车型的车辆严格依据各自的试验循环进行燃油消耗量测定。怠速工况时,离合器应接合,变速器置于空挡,从怠速运转工况转换为加速工况时,在转换前5s,分离离合器,将变速器挡位换为低速挡,换挡应迅速、平稳。减速工况中,应完全放松加速踏板,离合器仍然接合,当车速降至10km/h时,分离离合器,必要时,减速工况中允许使用车辆制动器。

汽车在进行多工况试验时,加速、匀速和用车辆制动器减速时,在每个试验工况除单独规定外,车速偏差为±2km/h。在工况改变过程中允许车速的偏差大于规定值,但在任何条件下超过车速偏差的时间应不大于1s,即时间偏差为±1s。

每次循环试验后,应记录通过循环试验的燃油消耗量和通过的时间。当按各试验循环完成一次试验后,车辆应迅速调头,重复试验,试验往返各进行两次,取四次试验结果的算术平均值作为多工况燃油消耗量试验的测定值。

图5-16~图5-20所示为各类汽车进行多工况燃油消耗量试验时的试验循环图。

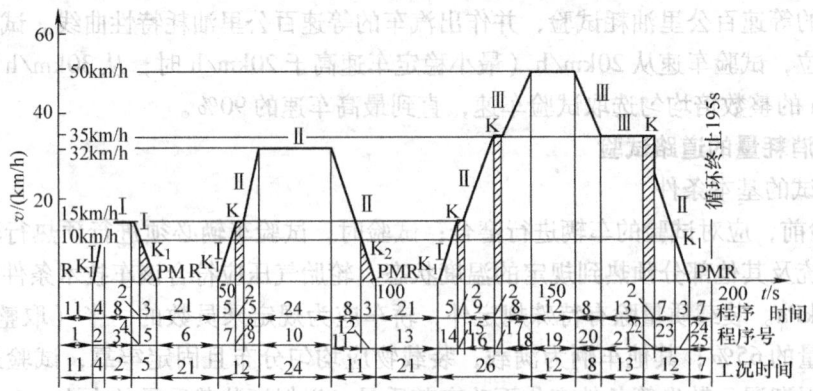

图 5-16 轿车及总质量小于 3500kg 货车试验循环图

K—离合器分离 K_1、K_2—离合器分离，变速器接合 1 挡或 2 挡；

Ⅰ、Ⅱ、Ⅲ—变速器 1 挡、2 挡、3 挡 PM—空挡 R—怠速（图中阴影表示换挡）

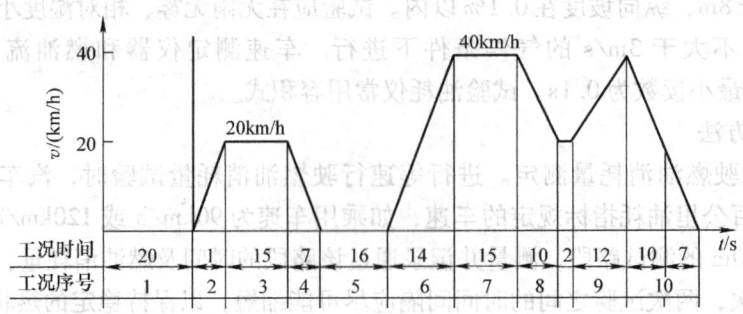

图 5-17 微型汽车试验循环图

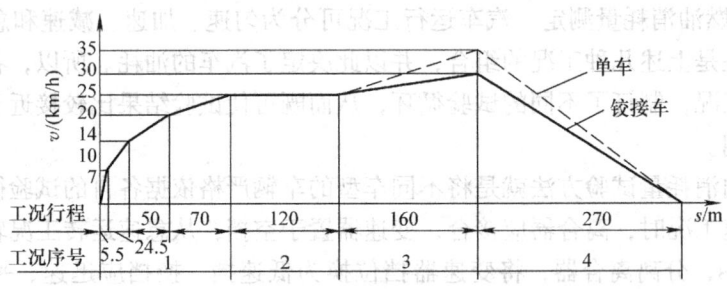

图 5-18 客车、城市客车试验循环图

4. 试验结果分析处理

（1）试验结果的重复性检验

1）检验结果的重复性按第 95 百分位来判断。

2）标准差：第 95 百分位分布的标准差 R 与重复性检测次数 n 有关，见表 5-4。

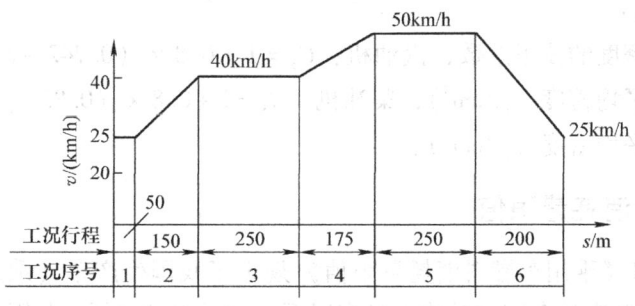

图 5-19 载货汽车（总质量为 3500~14000kg）试验循环图

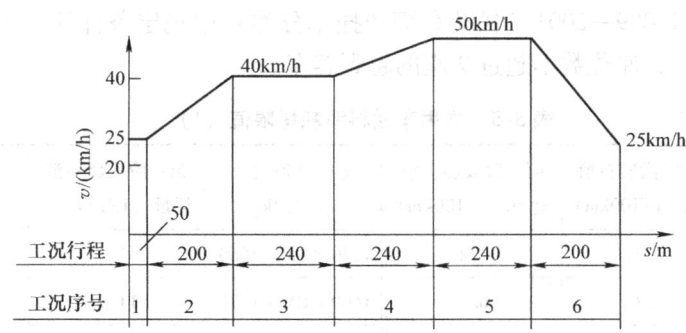

图 5-20 载货汽车（总质量大于 14000kg）试验循环图

表 5-4 标准差 R 与重复性检测次数 n 的关系

n	2	3	4	5	6
$R/(L/100km)$	$0.053Q_{mp}$	$0.063Q_{mp}$	$0.069Q_{mp}$	$0.073Q_{mp}$	$0.085Q_{mp}$

注：Q_{mp} 为每次检测时，n 次检测所得百公里燃油消耗量算术平均值（L/100km）。

3）重复性检验。ΔQ_{max} 为每次检测时，n 次检测结果中最大值与最小值之差，单位为 L/100km。

① $\Delta Q_{max} < R$ 时，则检测结果的重复性好，不必增加检测次数。

② $\Delta Q_{max} > R$ 时，则检测结果的重复性差，必须增加检测次数。

（2）检测数据的修正 燃油消耗量的检测值均应校正到标准状态下的数值。

1）标准状态。环境温度：20℃；大气压力：100kPa；汽油密度：0.742g/cm³；柴油密度：0.830g/cm³。

2）校正公式

$$Q_{mj} = Q_{mp}/C_1 C_2 C_3 \tag{5-17}$$

式中 Q_{mj}——检测百公里燃油消耗量校正值（L/100km）；

Q_{mp}——检测百公里燃油消耗量算术平均值（L/100km）；

C_1——环境温度校正系数，$C_1 = 1 + 0.0025 \times (20 - T)$，$T$ 为检测时的环境温度（℃）；

C_2——大气压力校正系数，$C_2 = 1 + 0.0021 \times (P - 100)$，$P$ 为检测时的大气压力

（kPa）；

C_3——燃油密度的校正系数；汽油机：$C_3 = 1 + 0.8 \times (0.742 - \rho_s)$，$G_s$ 为检测时的汽油平均密度（g/cm³）；柴油机：$C_3 = 1 + 0.8 \times (0.83 - \rho_d)$，$G_d$ 为检测时的柴油平均密度（g/cm³）。

三、汽车燃油消耗量限值

GB 19578—2004《乘用车燃料消耗量限值》规定了我国生产车（乘用车）燃料消耗量的限值，见表5-5。若申请车型在结构上具有以下一种或多种特征，其限值则见表5-6。

1）装有自动变速器。

2）具有三排或三排以上座椅。

3）符合 GB/T 15089—2001《机动车辆和挂车分类》中规定条件的 M_1G 类汽车，即指包括驾驶员座位在内，座位数不超过9座的越野客车。

表5-5 乘用车燃料消耗量限值（1）

整车整备质量 (CM)/kg	第一阶段燃料消耗量/(L/100km)	第二阶段燃料消耗量/(L/100km)	整车整备质量 (CM)/kg	第一阶段燃料消耗量/(L/100km)	第二阶段燃料消耗量/(L/100km)
CM≤750	7.2	6.2	1540 < CM≤1660	11.3	10.2
750 < CM≤865	7.2	6.5	1660 < CM≤1770	11.9	10.7
865 < CM≤980	7.7	7.0	1770 < CM≤1880	12.4	11.1
980 < CM≤1090	8.3	7.5	1880 < CM≤2000	12.8	11.5
1090 < CM≤1205	8.9	8.1	2000 < CM≤2110	13.2	11.9
1205 < CM≤1320	9.5	8.6	2110 < CM≤2280	13.7	12.3
1320 < CM≤1430	10.1	9.2	2280 < CM≤2510	14.6	13.1
1430 < CM≤1540	10.7	9.7	2510 < CM	15.5	13.9

注：1. 对于新认证车，第一阶段的执行日期为2005年7月1日，第二阶段的执行日期为2008年1月1日。

2. 对于在生产车，第一阶段的执行日期为2006年7月1日，第二阶段的执行日期为2009年1月1日。

表5-6 乘用车燃料消耗量限值（2）

整车整备质量 CM/kg	第一阶段燃料消耗量/(L/100km)	第二阶段燃料消耗量/(L/100km)	整车整备质量 (CM)/kg	第一阶段燃料消耗量/(L/100km)	第二阶段燃料消耗量/(L/100km)
CM≤750	7.6	6.6	1540 < CM≤1660	12.0	10.8
750 < CM≤865	7.6	6.9	1660 < CM≤1770	12.6	11.3
865 < CM≤980	8.2	7.4	1770 < CM≤1880	13.1	11.8
980 < CM≤1090	8.8	8.0	1880 < CM≤2000	13.6	12.2
1090 < CM≤1205	9.4	8.6	2000 < CM≤2110	14.0	12.6
1205 < CM≤1320	10.1	9.1	2110 < CM≤2280	14.5	13.0
1320 < CM≤1430	10.7	9.8	2280 < CM≤2510	15.5	13.9
1430 < CM≤1540	11.3	10.3	2510 < CM	16.4	14.7

第四节 汽车排放污染物检测

一、汽车排放污染物及其危害

随着汽车保有量的迅速增加，汽车排放污染物造成的环境污染情况正变得越来越严重，对汽车排放污染物的监控与防治已到了刻不容缓的地步。汽车排放的污染物主要是一氧化碳（CO）、碳氢化合物（HC）、氮氧化合物（NO_x）、硫化物和微粒物等。

在相同工况下，汽油机排放的 CO、HC 和 NO_x 排放量比柴油机大，因此，目前的排放法规对汽油机主要限制 CO、HC 和 NO_x 的排放量。柴油机对大气的污染较汽油机轻得多，柴油机燃烧时混合气形成时间非常短，在空气不足或混合气不均匀的情况下，主要是产生碳烟污染，因此，排放法规主要限制柴油机排气的烟度。

在内燃机中，CO 是空气不足或其他原因造成不完全燃烧时所产生的一种无色、无味的气体。CO 吸入人体后，非常容易和血液中的血红蛋白结合，它的亲和力是氧的 300 倍。因此，肺里的血红蛋白不与氧结合而与 CO 结合，致使人体缺氧，引起头痛、头晕、呕吐等中毒症状，严重时造成死亡。CO 的容许限度规定为 8h 内 100ppm（体积分数，ppm 表示百万分之一）。如 1h 内吸入 500ppm 的 CO，就会出现中毒症状，并危害中枢神经系统，造成感觉、反应、理解、记忆等机能障碍，严重时引起神经麻痹。如 1h 内吸入 1000ppm 的 CO，就会发生死亡。

HC 是指发动机废气中的未燃部分，还包括供油系中燃料的蒸发和滴漏。单独的 HC 只有在浓度相当高的情况下才会对人体产生影响，一般情况下作用不大，但它却是产生光化学烟雾的重要成分。

NO_x 是发动机大负荷工作时大量产生的一种褐色的有臭味的废气。发动机废气刚一排出时，废气内存在的 NO 毒性较小，但 NO 很快氧化成毒性较大的 NO_2 等其他氮氧化合物。这些氮氧化合物，我们统称为 NO_x。NO_x 进入肺泡后能形成亚硝酸和硝酸，对肺组织产生剧烈的刺激作用。亚硝酸盐则能与人体内的血红蛋白结合，形成变性血红蛋白，可在一定程度上导致组织缺氧。3.5ppm 的 NO_2 作用 1h 即可对人产生有害影响，而 0.5ppm 的 NO_2 作用 1h 可对自然界中的某些敏感植物产生毒害作用。

NO_x 与 HC 受阳光中紫外线照射后发生化学反应，形成光化学烟雾。当光化学烟雾中的光化学氧化剂超过一定浓度时，具有明显的刺激性。它能刺激眼结膜，引起流泪并导致红眼症，同时对鼻、咽、喉等均有刺激作用，能引起急性喘息症。光化学烟雾还具有损害植物、降低大气能见度、损坏橡胶制品等危害。

炭烟是柴油发动机燃料燃烧不完全的产物，其内含有大量的黑色炭颗粒。炭烟能影响道路上的能见度，并因含有少量的带有特殊臭味的乙醛，往往引起人们恶心和头晕。为此，包括我国在内的不少国家都规定了最大允许的烟度值，并规定了测量方法。

汽车内燃机尾气中硫氧化物的主要成分为二氧化硫（SO_2）。当汽车使用催化净化装置时，就算很少量的 SO_2 也会逐渐在催化剂表面堆积，造成所谓催化剂中毒，不但危害催化剂的使用寿命，还危害身体健康，而且 SO_2 还是造成酸雨的主要物质。

世界工业化进程引起的能源大量消耗,导致大气中 CO_2 的剧增。其中30%约来自汽车排气。CO_2 为无色无毒气体,对人体无直接危害,但大气中的 CO_2 大幅度增加,因其对红外热辐射的吸收而形成的温室效应,会使全球气温上升,南北极冰层溶化,海平面上升,大陆腹地沙漠趋势加剧,使人类和动植物赖以生存的生态环境遭到破坏。因此近年来对 CO_2 的控制也已上升为汽车排放研究的重要课题。

二、汽车排放污染物检测技术

1. 排放成分分析法

(1) 不分光红外线分析法　用不分光红外线分析仪测定 CO 是目前最好的方法,其测量上限为100%,下限可进行微量(10^{-6}级)分析;在一定量程范围内,即使气体浓度有极小变化也能检测出来;当 CO 排放浓度较高时,废气中干扰成分对测定值影响可略去不计;采用连续取样系统,能观察随发动机运转条件变化而引起的废气成分的变化。

1) 不分光红外线分析仪检测原理　汽车废气中的 CO、HC、NO 和 CO_2 等气体,都分别具有吸收一定波长范围红外线的性质,如图 5-21 所示,而且红外线被吸收的程度与废气浓度之间有一定的关系。不分光红外线分析法就是利用这一原理,即根据检测红外线被汽车废气吸收一定波长范围红外线后能量的变化,来检测废气中各种污染物的含量。对于特定的气体,测量时所用的红外线的波长是一定的。在各种气体混在一起的情况下,这种检测方法具有测量值不受影响的特点。

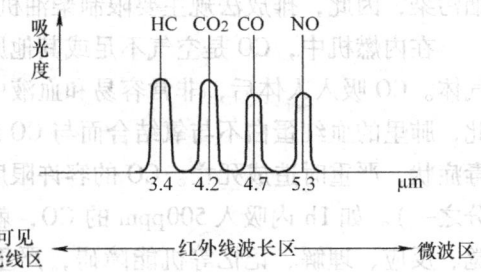

图 5-21　不同气体吸收红外线情况

不分光红外线气体分析装置的结构原理如图 5-22 所示。该装置由红外线光源、气样室、旋转光栅和传感器组成。气样室由比较室和试样室构成,比较室内充满不吸收红外线能量的气体(如 N_2),试样室则可接受连续流过的废气。检测室用于吸收红外光的能量,它由容积相等的左右两腔构成,中间用兼作电容传感器极板的金属膜片隔开,两腔充有相同浓度的被测气体,如测废气中 CO 含量时,两腔均充有 CO,而测 HC 含量时,均充有 C_6H_{14} 气体。在过滤室中充有干扰气体,其作用是预先滤掉干扰气体所能吸收的那部分波段,以防检测时废气中所含的干扰气体的干涉而产生测量误差,如分析 CO 时,在过滤室中充入 CO_2、CH_4 等,就可在分析时不受废气中的 CO_2 和 CH_4 的干扰。旋转光栅的作用是交替地遮挡和让开红外线,使两极间的电容交替变化,从而产生交变信号,有利于测量。

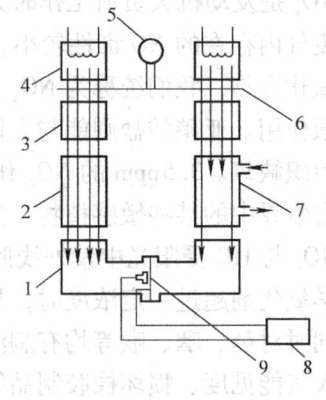

图 5-22　不分光红外线气体分析装置结构原理图

1—检测室　2—比较室　3—过滤室
4—红外线辐射器　5—电动机　6—旋转光栅　7—试样室　8—电信号测量显示装置　9—电容器动极膜片

检测时,由两个红外线光源发出两组分开的射线被两旋转光栅同相地遮断,从而形成射线脉冲,两路射线脉冲分别经过滤室、比较室与试样室后进入检测室左、右腔。由于通过比较室到达检测室左腔的红外线能量未被吸收，所以检测室左腔中的被测气体吸收了较多的能量；而通过试样室到达检测室右腔的红外线由于已被试样室中的所测气体吸收了一部分能量，所以检测室右腔中的被测气体只能吸收较少能量。这样，检测室两腔中的气体便产生了温差，从而导致两腔压力出现差异，致使作为电容一个极的金属膜片产生弯曲振动，其振动频率取决于旋转光栅的转速，振幅则取决于所测气体的浓度。膜片的弯曲振动将使传感器的电容量发生交替变化，从而产生交流电压信号，该信号经放大整流后，转换为直流信号，变为被测成分浓度的函数，因而可用仪表测量。

2）不分光红外线气体分析仪基本结构。不分光红外线气体分析仪是一种基于不分光红外线分析法检测原理，能够从汽车排气管中采集气样，对汽油车排放污染物成分（CO、HC、CO_2、O_2）与含量进行连续测量的仪器，汽车检测实践中常用的气体分析仪外形结构如图5-23所示，汽车废气在分析仪内流动路线如图5-24所示。该气体分析仪主要由废气取样装置、气体分析装置、浓度指示装置和校准装置组成。

① 废气取样装置。该装置由取样探头、滤清器、导管、水分离器和泵等组成。通过取样探头、导管和泵从汽车的排气管里采集废气，经滤清器和水分离器除去废气中的炭渣、灰尘和水分后，送入气体分析装置。

② 气体分析装置。该装置根据废气中不同污染物能分别吸收不同波长红外线能量的原理，从来自取样装置的混有多种成分的废气中，分别测量出各种污染物的浓度，并以电信号形式输送给浓度指示装置。

③ 浓度指示装置。该装置主要由CO、HC、CO_2、O_2等指示装置组成，从气体分析装置送来的电信号，在CO、CO_2、O_2指示仪表上以体积百分数（％）指示出相应气体的浓度，在HC指示仪表上以正己烷当量体积百万分数（10^{-6}）指示出HC的浓度。

④ 校准装置。校准装置是为了保持分析仪指示精度，使之能经常显示正确指示值的一种装置。在分析仪上通常设有加入标准气样进行校准的校准装置，即将标准气样从分析仪单设的一个专用注入口直接送到气体分析装置，再通过比较标准气样浓度值和仪表指示值的方法来进行校准的装置。

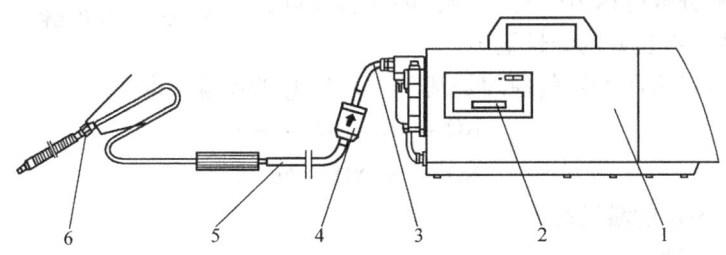

图5-23 气体分析仪的组成
1—仪器本体 2—微型打印机 3—短导管 4—前置过滤器 5—取样管 6—取样探头

此外，仪器还配备感应式转速传感器和温度传感器，可在检测汽车废气的同时监测发动机的转速和润滑油的温度。

（2）氢火焰离子分析法 氢火焰离子分析法是目前分析发动机排气中的HC化合物最有效方法。它具有很高的灵敏度，其检测极限最小可达10^{-9}数量级，而且线性和频响特性好，

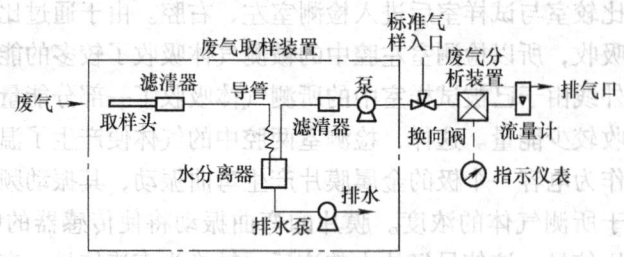

图 5-24 废气在分析仪内流动路线

对环境温度及大气压力也不敏感。

氢火焰离子分析法是基于大多数 HC 化合物在氢火焰中产生大量电离碳的现象来测定 HC 浓度的。由于电离度与引入火焰中的 HC 化合物分子中碳原子数成正比,所以这种分析法只能测定 HC 浓度总量。

氢火焰离子分析仪通常由燃烧器、离子收集器及测量电路组成。图 5-25 所示为该分析仪的工作原理图,被测气体与含有 H_2 体积分数为 40%(其余为 He)的燃料气体混合后进入燃烧器,并与引入的空气一起形成可燃混合气。此时用点火丝点燃,HC 便在氢火焰的高温(2000℃左右)中,裂解产生元素态碳,形成碳离子 C^+,在 100~300V 外加电压作用下形成离子流,该离子流(即电流)的强度与 HC 中 C 原子数成正比,因此只要测出离子流的大小,就可得到相应的 HC 浓度。微弱的离子流经放大后送入指示或记录仪表显示。整个系统应加电磁屏蔽,以避免外界电磁干扰的影响。

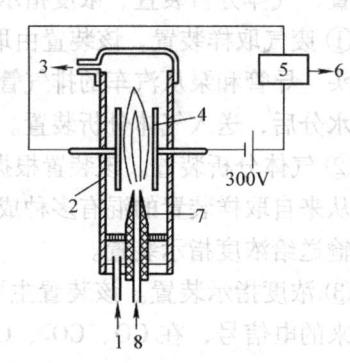

图 5-25 氢火焰离子分析仪工作原理图

1—空气入口 2—陶瓷外壳 3—排气出口 4—电极板 5—直流电流增幅器 6—信号输出端口 7—燃烧器喷嘴 8—被测气体和燃料气体(H_2)入口

(3) 化学发光分析法 化学发光分析法是目前分析汽车排气中 NO_x 的最理想方法,用该方法测量 NO_x 时灵敏度高,体积分数可达 10^{-7} 数量级,响应特性好,在 $0~10^{-2}$ 范围内具有良好的线性输出。

化学发光分析仪测量 NO_x 的原理是基于 NO 和 O_3 的反应,即

$$NO + O_3 = NO_2^* + O_2$$

$$NO_2^* = NO_2 + h\upsilon$$

式中 NO_2^*——NO_2 的激发态;

h——普朗克常量;

υ——光量子频率。

分析时,被测气体中的 NO 与 O_3 反应生成 NO_2^* 分子,在 NO_2^* 由激发态衰减到基态的过程中,会发出波长为 0.6~3μm 的光量子 $h\upsilon$(称为化学发光),化学发光强度与 NO 浓度成正比,可见只要测出光量子强度就可确定被测气体中 NO 的浓度。测量 NO_2 时,先将 NO_2 还原成 NO,通过测量此时的 NO 浓度来间接测出 NO_2 及其浓度。

图 5-26 所示为化学发光分析仪的检测原理图。检测时,O_2 持续不断地进入臭氧发生

器，产生的臭氧 O_3 进入反应室。在检测 NO 时，汽车尾气经二通阀后直接进入反应室，NO 与 O_3 反应产生的化学发光，经滤光片进入光电倍增器，反映 NO 浓度的电信号经信号放大器输出，并由指示仪表显示，其测量结果是 NO 的浓度。检测 NO_2 时，转动二通阀，汽车尾气全部经催化转化器，尾气中的 NO_2 在此转化为 NO，然后进入反应室再与 O_3 反应，这时仪器测出的是 NO 与 NO_2 的总和 NO_x，再利用测定的 NO_x 和 NO 的浓度差值，可以测出 NO_2 的浓度。为使 NO_2 全部转化成 NO，催化转化器的工作温度必须保持在 650℃ 以上，由于转化器的效率对分析精度有直接影响，故应经常检查催化转化器，当效率低于 90% 时，需要更换新的催化转化器。使用滤光片的目的是分离给定的光谱区域，以避免反应气体中其他一些化学发光的干扰。

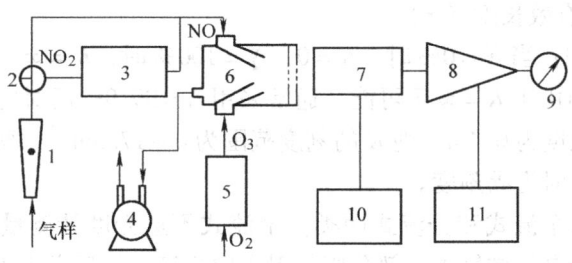

图 5-26　化学发光分析仪检测原理图

1—流量计　2—二通阀　3—催化转化器　4—抽气泵　5—臭氧发生器　6—反应室
7—光电倍增器　8—放大器　9—指示仪表　10—高压电流　11—电流放大器

化学发光分析仪为各国汽车排放试验规范中推荐的检测 NO_x 仪器，但如果没有这种仪器，允许采用不分光红外分析法进行 NO_x 测量，不过此时的测试精度较低。

2. 排气烟度测量

柴油车排出的烟色，主要分为黑烟、蓝烟和白烟三种。其中，以柴油机在全负荷和加速工况时排出的黑色炭烟最为常见。柴油机的排气烟度用烟度计来测量。烟度计大致分为滤纸式烟度计、透光式烟度计和重量式烟度计等多种。使用不同的烟度计，烟度的定义也不同。国家标准 GB 3847—2005《车用压燃式发动机和压燃式发动机汽车排气烟度排放限值及测量方法》规定：按 GB 18352 通过型式认证的装配压燃式发动机的车辆，应进行自由加速排气可见污染物试验，试验时应采用不透光度计进行测量；其他装配压燃式发动机的车辆应进行自由加速烟度试验，试验时应采用滤纸式烟度计进行测量。

(1) 不透光度计　不透光度是指光源的光线被排气中可见污染物吸收而不能到达光电检测单元的百分率，用 N 表示。不透光度计是一种根据光在排气中被烟气消减的程度来测量烟度的仪器，它主要由光源、光通道、光接收器等组成，其基本检测原理如图 5-27 所示。不透光度计的光源发出可见光通过一定有效长度的、充满被测排气的光通道，其光强度被排气衰减，而透过排气的被衰减的光量到达光接收器，于是光接收器输出与光强度衰减成正比的不透光度信号，从而检测烟度即不透光度。不透光度计可根据 N 从 0%~100% 的变化进行线性刻度，$N=0\%$，表示被测废气不吸光；$N=100\%$，表示光线完全被废气吸收。我国新的排放标准中用光吸收系数 K 作为柴油机排放可见污染物的评价指标，因此不透光度计必须用光吸收系数 K 进行刻度，其单位为 m^{-1}。光吸收系数 K 是指光束被可见污染物衰减的

系数，它是排气中单位容积微粒数、微粒在光束方向的法向投影面积和微粒消光率的函数。光吸收系数与不透光度之间有下列关系

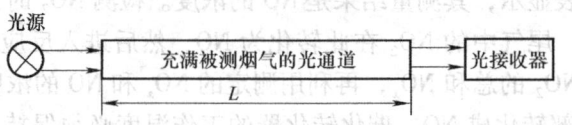

图 5-27 不透光度计基本检测原理

$$K = -\frac{1}{L}\ln(1-N) \tag{5-18}$$

式中 L——光通道的有效长度（m）。

由式（5-18）可知：当 $N=0\%$ 时，$K=0$；$N=100\%$ 时，$K=\infty$。因此，用 K 刻度时，应从 $0 \sim \infty$（m^{-1}），但由于 $K=\infty$ 不可能，通常采用 $N=99.9\%$ 所对应的 K 值进行满量程刻度，如取光通道有效长度为 0.4m，则 K 的刻度范围为 $0 \sim 17.3 m^{-1}$。两种刻度的范围均以光全通过时为零，全吸收时为满刻度。

不透光度计可分为全流式和分流式两类。全流式不透光度计测量全部排气的透光衰减率，分流式不透光度计是将排气中一部分废气引入取样管，然后送入不透光度计进行连续分析。我国排放标准中规定，检测烟度使用分流式不透光度计。

图 5-28 所示为分流式不透光度计的结构简图。测量前，用鼓风机向空气校正管吹入干净空气，旋转转换手柄，使光源和光电池分别置于校正管两侧，作零点校正。然后，再旋转转换手柄，将光源和光电池移至测试管两侧，并把需要测定的一部分汽车排气连续不断地导入测量管，光源发出的光部分地被排气中的可见污染物所吸收，光电检测单元则可连续测出光源发射光透过排放气体的透光强度，并通过光电转换显示测量结果。

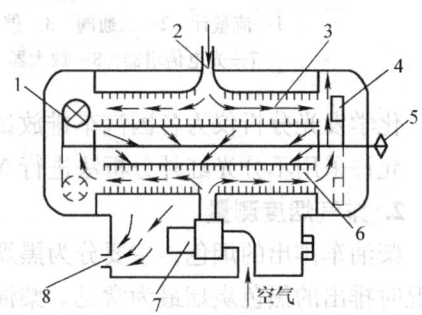

图 5-28 分流式不透光度计的结构简图
1—光源 2—排气入口 3—排气测试管 4—光电池 5—转换手柄 6—空气校正管
7—鼓风机 8—排气出口

不透光度计可以对柴油车排气可见污染物进行连续测量，可以按排放法规的要求进行稳态和非稳态工况下的烟度测量，在低烟度时有较高的分辨率，可以用来研究柴油机的瞬态炭烟排放特性。不透光度计目前在世界各国都得到了广泛的应用。

（2）滤纸式烟度计 滤纸式烟度计是一种用滤纸收集排烟，再比较滤纸表面对光的反射率来测量烟度的仪器。用滤纸式烟度计检测柴油机烟度时，需从排气管抽取一定量的废气，并使之通过规定面积的标准洁白滤纸，于是废气中的炭烟微粒便过滤在滤纸上，使滤纸染黑，然后用光电检测装置测出滤纸的染黑度，该染黑度即代表柴油机的排气烟度。烟度用符号 S_F 表示，其单位的符号为 FSN。滤纸染黑的程度不同，则对照射到滤纸表面光线的反射能力不同。据此，烟度 S_F 可表示为

$$S_F = 10(1 - R_b/R_e) \tag{5-19}$$

式中　R_b——污染滤纸的反射因数；
　　　R_c——洁白滤纸的反射因数。

R_0/R_c 的值由 0~100%，分别对应于全黑滤纸的反射和洁白标准滤纸的反射。当污染滤纸为全黑时，烟度值为 10；滤纸无污染时，烟度值为 0。

滤纸式烟度计有手动、半自动和全自动三种类型，主要由取样装置、烟度测量与指示装置、控制装置、校准装置等组成，如图 5-29 所示。

取样装置由取样探头、活塞式抽气泵和取样软管等组成，其作用是将柴油机的炭烟取出并吸附于滤纸上，然后送至烟度检测装置。取样软管把取样探头与活塞式抽气泵连接在一起，取样探头的结构形状能保证在取样时不受排气动压的影响。取样时，滤纸在泵筒内，取样探头在活塞式抽气泵的作用下抽取废气，抽气时炭烟留在滤纸上并将其染黑，夹持机构保证滤纸的有效工作面直径为 32mm。取样完成后，滤纸夹持机构松开，染黑滤纸由进给机构送至烟度检测装置。

烟度测量与指示装置由环形硒光电池、光源和指示仪表构成，如图 5-30 所示。检测时，光源的光线通过有中心孔的环形光电池照射到滤纸上，一部分光线被滤纸上的炭烟所吸收，另一部分光线被滤纸反射到环形光电池上，使光电池产生光电流。光电流的大小反映了滤纸反射率的大小，而滤纸反射率则取决于滤纸的

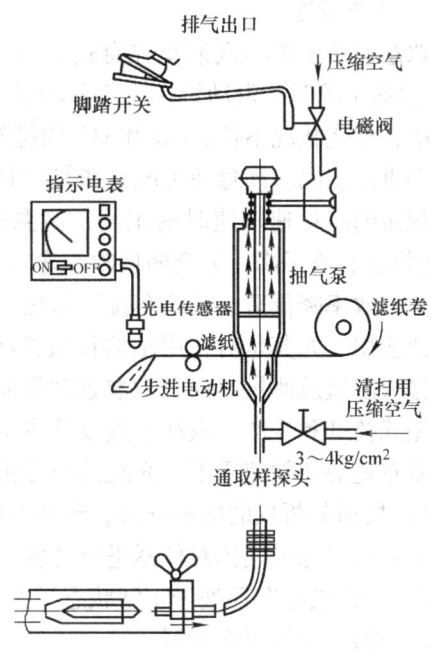

图 5-29　滤纸式烟度计结构简图

染黑程度。滤纸染黑程度越高，则滤纸反射率越低，光电流就越小；滤纸染黑程度越小，则滤纸反射率越高，光电流就越大。指示仪表是一块微安表，仪表指针位置随硒光电池输送来的电流强度不同而发生变化。实际使用的烟度计上，多数指示仪表盘的刻度以 0~10 均匀刻度，用波许（Rb）单位表示，测量全白滤纸时指针位置为 0，测量全黑滤纸时指针位置为 10，从表盘上可以直接读出波许单位烟度值。

控制机构包括用脚操纵的抽气泵电磁开关、滤纸进给机构和压缩空气清洗机构等。压缩空气清洗机构可在废气取样前，用压缩空气清除探头和取样管内积存的炭粒，以避免前一次测量残留在取样管内炭烟的影响。

烟度计在使用过程中，由于电源电压的变化，会引起灯光发光强度改变，影响测量精度，因此要随时校准。通常烟度计附带有供标定用的标准烟样纸，烟度校准时，把标准烟样纸放在烟度计测量装置的规定位置上，开灯

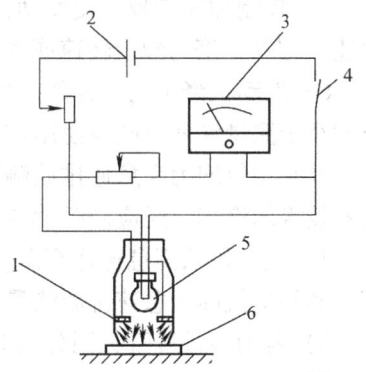

图 5-30　烟度测量与指示装置
1—硒光电池　2—电源　3—指示仪表
4—电源开关　5—灯泡　6—滤纸

照射，再用仪表调整旋钮把仪表指针调到标准烟样纸所代表的污染度数值上即可。

滤纸式烟度计具有结构简单、调整方便、使用可靠以及测量精度较高等优点，它曾广泛用于各国柴油机的烟度检测，目前，我国许多检测站仍在使用滤纸式烟度计。但滤纸式烟度计只能对废气作抽样试验，不能作连续测量和在线检测。

三、汽车排放污染物检测方法

1. 双怠速法

双怠速法是检测汽油车在怠速、高怠速工况下排气污染物的方法，主要是检测 CO 和 HC。怠速工况时，发动机在无负载的最低稳定转速运转，混合气雾化条件较差，混合气相对较浓，燃烧状况不佳，CO 和 HC 的排放严重，因此怠速工况历来都是作为 CO 和 HC 检测的一个重要工况。高怠速工况是指发动机无负载稳定运转在 50% 额定转速或制造厂技术文件中规定的高怠速转速时的工况，高怠速时，混合气的雾化及燃烧条件有所改善，CO 和 HC 的排放有所下降。为全面反映汽车 CO 和 HC 的排放状况，提高测量精度，并监控因催化转化器效率降低造成的汽车排气恶化，将高怠速工况纳入检测范围。目前，双怠速法得到了广泛应用，尤其是对在用车的排放检测。如 GB 18285—2005《点燃式发动机汽车排气污染物排放限值及测量方法（双怠速法及简易工况法）》规定，装用点燃式发动机的新生产汽车的型式核准和生产一致性检查以及在用车的排放检查采用双怠速法。

双怠速法通常使用不分光红外线分析仪来检测排气中的 CO 和 HC，其测量步骤如下：

1) 接通分析仪的电源开关，预热好仪器后，进行取样气路泄漏检查和被检车辆信息设置，必要时用标准气体对仪器进行精度校准。

2) 保证被检车辆处于正常状态，发动机进气系统应装有空气滤清器，排气系统应装有排气消声器，并不得有泄漏。

3) 必要时在发动机上安装转速计、冷却液和润滑油测温计等测试仪器。测量时，发动机冷却液和润滑油温度正常，或者达到汽车使用说明书规定的热车状态。

4) 汽车离合器处于接合状态，变速器置于空挡位置（对于自动变速器汽车应处于"N"位或"P"位）。

5) 控制加速踏板，使发动机由怠速工况加速到 0.7 倍的额定转速，维持 30s 后降至高怠速（即 0.5 倍的额定转速或规定的转速）。

6) 发动机降至高怠速状态后，将取样管插入排气管中，深度为 400mm。若车辆排气管长度小于测量深度，则应使用排气加长管。维持 15s 开始读数，读取 30s 内的最低值及最高值，其平均值即为高怠速排放测量结果。对于使用闭环控制电子燃油喷射系统和三元催化转化器技术的汽车，还应同时读取过量空气系数的数值。

7) 发动机从高怠速降至怠速状态，维持 15s 后开始读数，读取 30s 内的最低值及最高值，其平均值即为怠速排放测量结果。

8) 若为多排气管，则分别取各排气管高怠速和怠速排放测量结果的算术平均值作为测量结果。

上述测量程序可用图 5-31 简易表示。

2. 工况法

工况法是将汽车若干常用工况和排放污染较重的工况结合在一起测量排放污染物的方

0.7倍额定转速		0.5倍额定转速		急速
30s	15s	30s	15s	30s
	稳定	读平均值	稳定	读平均值

图 5-31 双急速排放测量程序

法。工况法的循环试验模式应根据汽车的排放性能、行驶特点、交通状况、道路条件、车流密度和气候地形等因素，对大量统计数据进行科学分析而制订，以最大限度地重现汽车运行时的排放特性。工况法是当今世界最为科学并得以广泛使用的汽车排放试验方法，是汽车排放检测的必然发展趋势。

与急速法相比，工况法检测结果能全面评价车辆的排放水平。但工况法比急速法要复杂得多，工况法要有转鼓试验台，并具有齐备的模拟汽车行驶动能的飞轮系统，还要有经过大量调查研究与数据处理制订出模拟城市（城区和郊区）道路上汽车运行工况的试验程序，还要配备复杂而昂贵的大型综合分析仪和保证发动机按试验程序运转所需的程序自动控制系统。因此，工况法的执行受到了很大限制，一般多用于新车的型式核准试验和生产一致性检查。

世界各国的排放法规中，对测试装置、取样方法和分析仪器的规定基本上是一致的，但测试的循环工况及排放限值的差别较大。我国于 2007 年 7 月 1 日起开始实施的 GB 18352.3—2005《轻型汽车污染物排放限值及测量方法（中国Ⅲ、Ⅳ阶段）》规定，在车辆型式核准中的 I 型试验，应在底盘测功试验台上，按规定的运转循环（见图 5-16），即 4 个城区 15 工况循环（换挡、急速、加速、等速、减速等）+1 个城郊 13 工况循环（换挡、急速、加速、等速、减速等）进行。我国于 2005 年 7 月 1 日起实施的 GB 18285—2005《点燃式发动机汽车排气污染物排放限值及测量方法（双急速法及简易工况法）》规定，全国点燃式发动机在用汽车的排放监控，可采用双急速法，但在机动车保有量大、污染严重的地区，可采用本标准所列的简易工况法，如稳态工况法（ASM）等。ASM 试验在底盘测功试验台上进行，其测试运转循环由 ASM5025 和 ASM2540 两个工况组成，其试验规范如图 5-32 和表 5-7 所示。

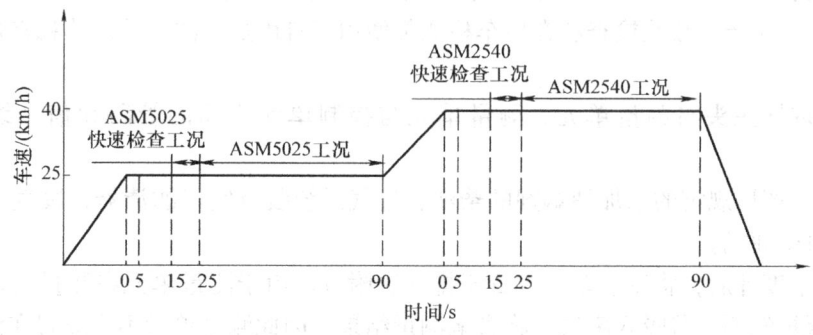

图 5-32 ASM 试验运转循环

3. 烟度法

烟度法是指对柴油车排烟浓度进行监测的方法，它可分为稳态测量和非稳态测量两种。

表 5-7　ASM 试验运转循环规范

工况	运转次序	速度 $v/(km/h)$	操作时间 t/s	测试时间 t/s
5025	1	25	5	—
	2	25	15	
	3	25	25	10
	4	25	90	65
2540	1	40	5	—
	2	40	15	
	3	40	25	10
	4	40	90	65

（1）稳态烟度测量　稳态烟度测量是指在柴油车稳定转速工况下利用不透光度计检测其排烟浓度或光吸收系数。由于柴油车冒黑烟在全负荷运转时较为严重，因此稳态烟度测量通常是在柴油车全负荷稳定运转时进行。各国都有各自的烟度测量规范与排放标准，我国制订的车用柴油机全负荷烟度测量方法规定：由最低转速至额定转速之间选取足够多的转速工况点对各种车用柴油机进行全负荷烟度测量，其中测点必须包含最大转矩转速和最大功率转速，最低转速是指 45% 额定转速或 1000r/min 中较高的一个，每一转速的烟度测量必须在柴油机运转稳定后进行，任何一次测量结果都不得超过允许限值。我国于 2005 年 7 月 1 日起实施的 GB 3847—2005《车用压燃式发动机和压燃式发动机汽车排气烟度排放限值及测量方法》中，压燃式发动机的形式核准烟度检测试验采用了全负荷烟度测量方法。

稳态烟度测量既可在发动机（台架）上也可在汽车（底盘测功试验台）上进行。对于那些高度强化和增压柴油机，由于在突然加速等过程中排烟浓度很高，因此，稳态烟度测量就不能反映出柴油机的全部冒烟特性。

（2）非稳态烟度测量　柴油机在非稳态下的排气烟度受多种不稳定因素影响而变化很大，为了客观公正地反映柴油车的排烟特性，对非稳态烟度测定应有严格控制的试验规范。目前，非稳态烟度测定广泛使用自由加速法。2005 年 7 月 1 日起实施的 GB 3847—2005《车用压燃式发动机和压燃式发动机汽车排气烟度排放限值及测量方法》中，压燃式发动机的型式核准试验、生产一致性检查和在用车检测都使用了自由加速法试验。非稳态烟度测量步骤如下：

1）连接取样探头与测量单元、测量单元与控制单元之间的管路和信号线，预热烟度计。

2）采用生产厂规定的未加消烟剂的柴油，进气系统装有空气滤清器，废气系统装有消声器后，预热柴油机。

3）校准烟度计后，将测量单元放置于排气管附近。由于测量单元在测量时，需吸入干净空气作为保护气幕，若吸入废气，将影响测量结果。因此测量单元不应放置在汽车废气扩散方向上，而应与之保持垂直。

4）在将取样管插入汽车排气管前，先由怠速工况将加速踏板踩到底，约 4s 迅速松开，如此反复 3 次，以便将排气管内的炭粒除掉，使测量准确。

5）取样探头逆气流固定于排气管内，并使其中心线与排气管平行，取样探头插入深度不小于300mm，否则，排气管应加接管，并保证接口不漏气。

6）急速状况检查完成后，根据仪器提示，按图5-33所示的试验规范进行自由加速烟度的测量。其方法是，迅速踩下加速踏板，使发动机急剧加速至最高额定转速，并保持该转速，直至仪器屏幕提示"请减至急速，并保持"为止，然后松开加速踏板，使发动机恢复急速状态。按照GB 3847—2005的规定，自由加速烟度至少重复测量6次，如果光吸收系数示值连续4次均在$0.25m^{-1}$的带宽内，并且没有下降趋势，则将这4次示值的算术平均值作为测量结果。

7）测量完成后，将取样探头从车辆的排气管中取出，将测量单元放回清洁干燥处，控制系统退出测量界面，返回主菜单，关闭电源。

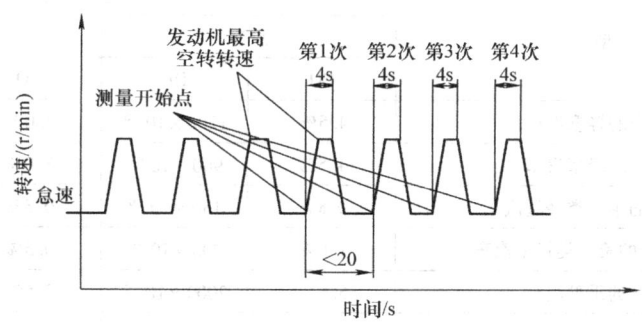

图5-33　自由加速烟度试验规范

四、汽车排放污染物检测标准

为了控制汽车排放污染对生态环境的危害，世界上许多国家对车辆的排放制定了严格的法规。我国在吸收发达国家的成功经验后，制订了一条适合我国国情的汽车排放标准技术路线：对汽油车先实行"急速法"控制，再实施"强制装置法"，即对曲轴箱排放和燃油蒸发进行控制，最后实行工况法控制；对柴油车则是先实行"自由加速法"及"全负荷法"控制烟度，然后再与汽油车同步实施工况法，最后再考虑制定柴油车颗粒物排放标准。

汽车排放标准可分为型式核准试验标准、生产一致性试验标准和在用车检测标准。其中，型式核准试验标准适用于对新设计车型的认证试验；生产一致性试验标准适用于从成批生产的车辆中任意抽取一辆或若干辆进行的抽样试验；在用车检测标准适用于对在用车的年检及抽样检测。一般而言，型式核准试验标准严于生产一致性试验标准，但这两种排放标准今后有合二为一的趋势；而在用车的排放检测标准通常与该车型生产时所达到的新车排放标准相对应。下面就我国现行的或即将执行的部分汽车排放污染物检测标准的限值作一介绍。

1. 点燃式发动机汽车排气污染物双急速排放限值

点燃式发动机的车辆，其排气污染物是指排气管排放的气体污染物。采用双急速法检测时，通常是测量CO和HC的浓度排放量。从2005年7月1日起实施的GB 18285—2005《点燃式发动机汽车排气污染物排放限值及测量方法》规定：装用点燃式发动机的新生产汽车，其型式核准和生产一致性检查的排气污染物排放限值见表5-8；在用汽车排气污染物排放限值见表5-9。

表5-8 新生产汽车排气污染物排放限值（体积分数）

车 型	类 别			
	急速		高急速	
	CO	HC	CO	HC
2005年7月1日起新生产的第一类轻型汽车	0.5%	100×10^{-6}	0.3%	100×10^{-6}
2005年7月1日起新生产的第二类轻型汽车	0.8%	150×10^{-6}	0.5%	150×10^{-6}
2005年7月1日起新生产的重型汽车	1.0%	200×10^{-6}	0.7%	200×10^{-6}

表5-9 在用汽车排气污染物排放限值（体积分数）

车 型	类 别			
	急速		高急速	
	CO	HC	CO	HC
1995年7月1日前生产的轻型汽车	4.5%	1200×10^{-6}	3.0%	900×10^{-6}
1995年7月1日起生产的轻型汽车	4.5%	900×10^{-6}	3.0%	900×10^{-6}
2000年7月1日起生的第一类轻型汽车	0.8%	150×10^{-6}	0.3%	100×10^{-6}
2001年10月1日起产的第二类轻型汽车	1.0%	200×10^{-6}	0.5%	150×10^{-6}
1995年7月1日前生产的重型汽车	5.0%	2000×10^{-6}	3.5%	1200×10^{-6}
1995年7月1日起生产的重型汽车	4.5%	1200×10^{-6}	3.0%	900×10^{-6}
2004年9月1日起生产的重型汽车	1.5%	250×10^{-6}	0.7%	200×10^{-6}

说明：1）轻型汽车是指最大总质量不超过3500kg的M_1类、M_2类和N_1类车辆。M_1类车是指包括驾驶员在内座位数不超过9座的载客车辆；M_2类车是指包括驾驶员在内座位数超过9座，且最大设计总质量不超过5000kg的载客车辆；N_1类车是指最大设计总质量不超过3500kg的载货车辆。

2）第一类轻型汽车是指设计乘员数不超过6人（包括驾驶员），且最大总质量不大于2500kg的M_1类车。对于2001年5月31日以后生产的5座以下（含5座）的微型面包车，执行此类在用车排放限值。

3）第二类轻型汽车是指 GB 18285—2005 适用范围内除第一类车以外的其他所有轻型汽车。

4）重型汽车是指最大总质量超过3500kg的车辆。

5）HC容积浓度值按正己烷当量。

6）轻型汽车的高急速转速规定为（2500±100）r/min；重型车的高急速转速规定为（1800±100）r/min；如有特殊规定的，按照制造厂技术文件中规定的高急速转速。

2. 压燃式发动机汽车排气烟度排放限值

装配压燃式发动机的在用汽车排气烟度由规定的自由加速试验测得，其排气烟度排放限值，在2005年7月1日起实施的 GB 3847—2005《车用压燃式发动机和压燃式发动机汽车排气烟度排放限值及测量方法》中有明确的规定，见表5-10。

表 5-10　在用汽车排气烟度排放限值

车辆类型	光吸收系数/m^{-1}	波许烟度值/Rb
2005 年 7 月 1 日起按本标准规定经型式核准批准车型生产的在用汽车	不应大于车型核准批准的自由加速排气烟度排放限值，再加 $0.5 m^{-1}$	—
2001 年 10 月 1 日至 2005 年 7 月 1 日生产的自然吸气式汽车	2.5	—
2001 年 10 月 1 日至 2005 年 7 月 1 日生产的涡轮增压式汽车	3.0	—
1995 年 7 月 1 日以前生产的在用汽车	—	5.0
1995 年 7 月 1 日至 2001 年 9 月 30 日生产的在用汽车	—	4.5

3. 轻型汽车型式核准试验污染物排放限值

GB 18352.3—2005《轻型汽车污染物排放限值及测量方法（中国Ⅲ、Ⅳ阶段）》规定了轻型汽车污染物排放第Ⅲ和Ⅳ阶段型式核准的要求、车辆生产一致性和在用车符合性的检查和判别方法。这里针对其标准中型式核准试验的类型及部分排放限值加以说明。

（1）车辆型式核准试验类型　车辆型式核准试验类型和内容见表 5-11。表 5-11 中的轻型汽车是指总质量不超过 3500kg 的 M_1 类、M_2 类和 N_1 类汽车；其车载诊断（OBD）系统是指安装于汽车上用于排放控制的车载诊断系统，它具有识别可能存在故障区域的功能，并能将故障信息以故障码形式存入 ECU 存储器内。

表 5-11　车辆型式核准试验类型和内容

型式核准试验类型	试验内容	装配点燃式发动机的轻型汽车			装配压燃式发动机的轻型汽车
		汽油车	两用燃料车	单一气体燃料车	
Ⅰ型	常温下冷起动后排气污染物排放试验	进行	试验两种燃料	进行	进行
Ⅲ型	曲轴箱污染物排放试验	进行	只试验汽油	进行	不进行
Ⅳ型	蒸发污染物排放试验	进行	只试验汽油	不进行	不进行
Ⅴ型	污染控制装置耐久性试验	进行	只试验汽油	进行	进行
Ⅵ型	低温下冷起动后排气中 CO 和 HC 的排放试验	进行	只试验汽油	不进行	不进行
双急速	测定双急速的 CO、HC 和高急速的过量空气系数	进行	试验两种燃料	进行	不进行
车载诊断（OBD）系统	车载诊断（OBD）系统试验	进行	进行	进行	进行

（2）车辆型式核准试验排放限值

1）Ⅰ型试验排放限值。汽车在带有负荷和惯性模拟的底盘测功试验台上，常温下冷起动后，按规定的运转循环（4 个城区 15 工况循环 +1 个城郊 13 工况循环，如图 5-16 所示）、排气取样和分析方法、颗粒物取样和称量方法进行排气污染物排放试验。对点燃式发动机汽车，其排气污染物是指排气管排放的气态污染物（CO、HC、NO_x）；对压燃式发动机汽车，其排气污染物是指排气管排放的气态污染物和颗粒物（PM）。试验时，记录 CO、HC、NO_x、PM，并将其结果乘以表 5-12 确定的相应劣化系数后，应满足表 5-13 的排放限值要求。

表 5-12 劣化系数

发动机类别	劣化系数				
	CO	HC	NO_x	$HC + NO_x$	PM
点燃式发动机	1.2	1.2	1.2	—	—
压燃式发动机	1.1	—	1	1	1.2

表 5-13 I 型试验排放限值

阶段	类别	级别	基准质量（RM）[①]/kg	限值/(g/km)								
				CO		HC		NO_x		$HC + NO_x$		PM
				L_1		L_2		L_3		$L_2 + L_3$		L_4
				汽油	柴油	汽油	柴油	汽油	柴油	汽油	柴油	柴油
III	第一类车[②]	—	全部	2.3	0.64	0.2	—	0.15	0.5	—	0.56	0.05
	第二类车[③]	I	RM≤1305	2.3	0.64	0.2	—	0.15	0.5	—	0.56	0.05
		II	1305 < RM ≤ 1760	4.17	0.8	0.25	—	0.18	0.65	—	0.72	0.07
		III	1760 < RM	5.22	0.95	0.29	—	0.21	0.78	—	0.86	0.1
IV	第一类车	—	全部	1	0.5	0.1	—	0.08	0.25	—	0.3	0.025
	第二类车	I	RM≤1305	1	0.5	0.1	—	0.08	0.25	—	0.3	0.025
		II	1305 < RM ≤ 1760	1.81	0.63	0.13	—	0.1	0.33	—	0.39	0.04
		III	1760 < RM	2.27	0.74	0.16	—	0.11	0.39	—	0.46	0.06

① 基准质量（RM）是指车辆整备质量加上100kg。
② 第一类车是指包括驾驶员座位在内，座位数不超过6座，且最大总质量不超过2500kg的 M_1 类汽车。
③ 指 GB 18352.3—2005 适用范围内除第一类车以外的其他所有轻型汽车。

2) Ⅲ型试验排放限值。除装压燃式发动机的汽车外，所有汽车都必须进行曲轴箱污染物排放试验。曲轴箱污染物是指从发动机曲轴箱通气孔或润滑系统的开口处排放到大气中的物质。按规定方法进行试验时，发动机曲轴箱通风系统不允许有任何曲轴箱污染物排入大气。

3) Ⅳ型试验排放限值。所有汽油车都必须进行蒸发污染物排放试验。其蒸发污染物是指排气管排放之外，从汽车的燃油系统损失的碳氢化合物蒸气，它包括燃油箱内温度变化排放的碳氢化合物（燃油箱呼吸损失）和汽车行驶一段时间后静置汽车的燃油系统排放的碳氢化合物（热浸损失）。按规定方法进行试验时，蒸发污染物排放量应小于2g/试验。

4) Ⅴ型试验要求。所有轻型汽车都应进行污染控制装置耐久性试验。按标准规定，在试验跑道上或在道路上或在底盘测功试验台上，进行80000km的耐久性试验，确定实测劣化系数。也允许汽车制造厂选用表5-12中的劣化系数，以替代80000km的耐久性试验。

5) Ⅵ型试验排放限值。所有汽油车都必须进行低温下冷起动后排气中 CO 和 HC 的排放试验。汽车在带有负荷和惯性模拟的底盘测功试验台上，在-7℃环境温度下，按规定的运转循环（4个城区15工况循环）、排气取样和分析方法测量 CO 和 HC，其 CO 和 HC 的排放量应小于表5-14中的排放限值。

表 5-14　Ⅵ型试验排放限值

类　别	级　别	基准质量（RM）/kg	CO, L_1/(g/km)	HC, L_2/(g/km)
第一类车	—	全部	15	1.8
第二类车	Ⅰ	RM≤1305	15	1.8
第二类车	Ⅱ	1305＜RM≤1760	24	2.7
第二类车	Ⅲ	1760＜RM	30	3.2

试验温度 266K（-7℃）

五、检测结果分析

1. 汽油车怠速污染物检测结果分析

汽油车怠速污染物超过标准，其主要原因是汽油机燃料供给系统调整不当所致。除发动机供油系统的调整对排气污染物的成分、浓度有影响外，点火系统和冷却系统工作状态及曲柄连杆机构技术状况，对排气中 CO、HC 的浓度也有影响，这里作一简要分析。

（1）混合气过浓　混合气过浓，意味着空气量不足，燃烧不完全，废气中 CO 的含量必然增高，为此必须注意以下的调整与检验。

1）喷油量的检查与调整。主要检查喷油泵的供油压力、喷油器的工作状况。

2）检查空气滤清器。检查空气滤清器滤芯是否被灰尘堵塞影响发动机吸气。

3）检查怠速控制系统。

（2）点火时刻失准　汽油机点火时刻过迟，会使混合气燃烧不彻底，致使废气中 CO、HC 含量增加。在电控点火系统中，主要检查火花塞的工作状况。

（3）冷却系统温度过低　发动机冷却系统不良，工作时温度过低，燃油不能充分雾化燃烧，可使废气中 CO、HC 含量增加。节温器工作失常、散热器容量过大、电子风扇常开等，都会影响冷却系统正常工作。

（4）曲柄连杆机构磨损严重　气缸、活塞、活塞环等磨损严重，漏气增加，压缩终了时，气缸内压力不足，混合气不能充分燃烧，也会造成废气中 CO、HC 的增加。

2. 柴油机自由加速烟度检查结果分析

柴油机自由加速烟度超过标准时，其主要原因是柴油机供油系统调整不当所致。此外，柴油机气缸活塞组和曲柄连杆机构的技术状况及柴油的质量等对烟度排放也有影响。下面简要介绍排烟故障的原因和诊断。

（1）黑烟故障　柴油机工作时黑烟浓重，大多是由喷油量过大、雾化不良、各缸喷油量不均匀、喷油时刻过早、调速器失调和空气滤清器堵塞等因素引起的。

（2）蓝烟故障　蓝色烟雾一般是润滑油窜入燃烧室后燃烧而生成的。因此，发现蓝色烟雾后，首先要检查油底壳的油面高度是否超高，因为润滑油油面过高容易造成润滑油上窜。值得注意的是，检查油面高度时，切不可在发动机停熄工作后就抽出油尺查看，因为此刻飞溅到曲轴箱壁的润滑油尚未流回，须待停机后 10min，再抽出查看。如果经检查油面高度正常，则可进一步检查气缸压缩压力。

（3）白烟故障　燃油中含有水分或冷却水漏入气缸，经炽热后化为蒸汽由排气管喷出，常被视为白烟。寒冷季节或雨天汽车露天停放，初次起动时，排气管所冒白汽，往往是由于排气消声器内积水被发动机废气加热蒸发造成的，在发动机起动运转正常后，水蒸气蒸发殆尽，症状也即消失，故属正常现象。

第五节 汽车噪声检测

一、噪声及其危害

在日常生活中，有的声音是我们所需要的，而有一些声音则是我们不需要的，甚至是厌恶的。从生理学和心理学的观点，把这些不需要的声音，不论是什么样的声音，统称为噪声。汽车的噪声主要来自发动机、传动系统、轮胎及车身扰动空气所发生的声响。因此，汽车噪声是由多种声源组成的综合性噪声，它和汽车与发动机的结构形式、技术状况及运行条件（车速、载荷、道路等）有关。

汽车噪声是汽车的第二公害，它不仅会破坏安静的环境，使人心情不安、烦躁、疲倦和工作效率降低，干扰语言交流和通信联络，影响人们的工作和生活，而且还会损害人体健康，引起某些疾病，如听力下降、噪声性耳聋以及神经系统和血液循环系统疾病。噪声的强度愈大、频率愈高、作用时间愈长、个人耐力愈小，则危害愈严重。另外，车内噪声过大还会影响驾驶员的正常操作而诱发汽车交通事故。因此，对汽车的噪声应根据国家标准进行检测与控制。

二、噪声的评价指标

噪声是一种声波，具有一切声波运动的特点和性质。声音的强弱取决于声压，而声压是指声波作用于大气使大气压强发生变动的变动量，声压越大听到的声音越强。人耳可以听到的声压范围是 2×10^{-5} Pa（听阈声压）~20Pa（痛阈声压），相差 100 万倍，因此用声压的绝对值表示声音的强弱会感到很不方便，所以人们常用声压级来表示声音的强弱。

声压级 L_p 是指某点的声压 p 与基准声压（听阈声压）p_0 的比值取常用对数再乘以 20 的值，即

$$L_p = 20 \lg \frac{p}{p_0}$$

单位为分贝（dB），可闻声声压级范围为 0~120dB。在噪声测量中，通常是测定它的声压级。然而，人耳对声音的主观感觉，不仅与声压有关，而且还与声音的频率有关。在人耳可听的频率范围内，人耳对高频声反应敏感，而对低频声反应迟钝。声压级相同的声音，但由于其频率不同，听起来并不一样响；相反，不同频率的声音，虽然声压级不同，但有时听起来却一样响。因此，用声压级测定的声音强弱与人耳的主观感受往往不一样，这说明主观感受与客观物理量之间并不完全一致。在噪声研究中，应将这种主观感受与客观反应加以统一，否则无法对噪声做出有用的评价。因此，对噪声的评价常采用响度级和响度、噪声级等与人耳生理感觉相适应的指标。

1. 响度级和响度

响度级和响度能表示声音的强弱程度，它是一种与人耳的听感特性相适应的对声音强弱的主观表示法。响度级同时考虑了声音频率和声压级对人耳听觉感受的影响，更符合人耳接

受声音的实际情况，响度级的单位是方（phon），方是1000Hz纯音的声压级分贝值。响度级是一个相对量，有时需要把它化为自然数，即用绝对值来表示，因此引出了响度的概念。响度是受声刺激的听觉反应量，响度单位为宋（sone），1sonc是声压级为40dB、频率为1000Hz纯音所产生的响度。

为了确定声压级与响度级的关系，通过许多人的听觉试验，得到1000Hz纯音各分贝值的等响曲线。图5-34所示为ISO推荐的等响曲线。图5-34中的纵坐标是声压级，横坐标是频率，两者都是声波客观的物理量。因为频率不同时，人耳的主观感觉不同，所以每个频率都有各自的听阈声压级和痛阈声压级。如果把它们连接起来，就能得到听阈线和痛阈线。两线之间按响度的不同可分为若干个响度级，通常分成13个响度级，单位是方，听阈线为零方响度线，痛阈线为120phon响度线。两者之间通常标出10phon、20phon、……、100phon、110phon响度线。

凡在同一条曲线上的各点，虽然它们代表着不同频率和声压级，但其响度（主观感觉）是相同的，故称等响曲线。每条等响曲线代表的响度级的大小由该曲线在1000Hz时的声压级的分贝值而定。实际上是以1000Hz纯音作为基准声音，当某一噪声听起来与该纯音一样响，则该噪声的响度级（方值）就等于这个纯音的声压级（分贝值）。例如某噪声听起来与声压级85dB、频率1000Hz的基准声音一样响，则该噪声的响度级就是85phon。

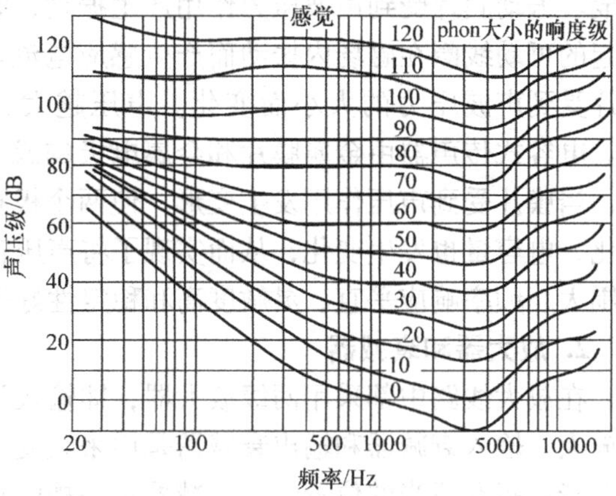

2. 噪声级

图5-34 等响曲线

声级计是测量声音强弱的仪器，声级计的"输入"是声音客观存在的物理量（声压和频率），而其"输出"不仅要求是对数关系的声压级，而且应该是符合人耳特性的主观量（响度级）。然而声压级没有反映出频率的影响，它具有平直的频率响应。为了模拟人耳在不同频率有不同的灵敏性，在声级计内设有一种能够模拟人耳的听觉特性，把电信号修正为与听觉近似值的网络，这种网络称作计权网络。通过计权网络测得的声压级，已不再是客观物理量的声压级，而是经过听感修正的声压级，称作计权声级或噪声级。

国际电工委员会（IEC）对声学仪器规定了A、B、C等几种国际标准频率计权网络，它们是参考国际标准等响曲线而设计的。由于A计权网络的特性曲线接近人耳的听感特性，故目前普遍采用A计权网络对噪声进行测量和评价，记作dB（A）。

三、汽车噪声检测仪器

噪声的测量采用声级计。声级计是一种能把噪声以近似于人耳听觉特性测定其噪声级的仪器，可以用来检测机动车的行驶噪声、排气噪声和喇叭声音响度级。

根据测量精度不同声级计可分为精密声级计和普通声级计两类；根据所用电源不同可分为交流式声级计和直流式声级计两类，后者也可以称为便携式声级计，具有体积小、重量轻和现场使用方便等特点。声级计的结构形式虽因制造厂家不同而异，但其主要部分却大致相同，一般由传声器、放大器、衰减器、计权网络、检波器、指示表头和电源等组成。其工作原理是：被测的声波通过传声器被转换为电压信号，根据信号大小选择衰减器或放大，放大后的信号送入计权网络作处理，最后经过检波并在以 dB 标度的表头上指示出噪声数值。图 5-35 所示为 ND_2 型精密声级计。

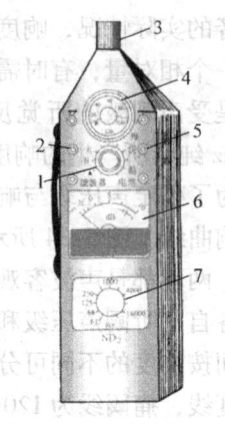

图 5-35 ND_2 型精密声级计
1—计权网络旋钮 2—外接滤波器 3—电容传声器
4—衰减器 5—放大器输出
6—指示表头 7—滤波器旋钮

1. 传声器

传声器是将声波的压力转换成电压信号的装置，是声级计的传感器。常见的传声器有动圈式和电容式等多种形式。

动圈式传声器由振动膜片、可动线圈、永久磁铁和变压器等组成。振动膜片受到声波压力作用产生振动，它带动着和它装在一起的可动线圈在磁场内振动而产生感应电流。该电流根据振动膜片受到声波压力的大小而变化。声压越大，产生的电流就越大。电容式传声器由金属膜片和金属电极构成平板电容的两个极板，当膜片受到声压作用发生变形，使两个极板之间的距离发生变化，电容量也发生变化，从而实现了将声压转换为电信号的作用。电容式传声器具有动态范围大、频率响应平直、灵敏度高和稳定性好等优点，因而应用广泛。

2. 放大器和衰减器

在放大线路中都采用两级放大器，即输入放大器和输出放大器，其作用是将微弱的电信号放大。输入衰减器和输出衰减器是用来改变输入信号的衰减量和输出信号衰减量，以便使表头指针指在适当的位置上。衰减器每一挡的衰减量为 10dB。

3. 计权网络

计权网络一般有 A、B、C 三种。A 计权声级模拟人耳对 55dB 以下低强度噪声的频率特性，B 计权声级模拟 55～85dB 的中等强度噪声的频率特性，C 计权声级模拟高强度噪声的频率特性。三者的主要差别是对噪声低频成分的衰减程度不同，A 衰减最多，B 次之，C 衰减量最少。A 计权声级由于其特性曲线接近于人耳的听感特性，因此目前应用最广泛，B、C 计权声级已逐渐不被采用。

4. 检波器和指示表头

为了使经过放大的信号通过表头显示出来，声级计还需要有检波器，以便把迅速变化的电压信号转变成变化较慢的直流电压信号。这个直流电压的大小要正比于输入信号的大小。根据测量的需要，检波器有峰值检波器、平均值检波器和方均根值检波器之分。峰值检波器能给出一定时间间隔中的最大值，平均值检波器能在一定时间间隔中测量其绝对平均值。多数的噪声测量中均采用方均根值检波器。方均根值检波器能对交流信号进行平方、平均和开方，得出电压的方均根值，最后将方均根电压信号输送到指示表头。指示表头是一只电表，只要对其刻度进行标定，就可从表头上直接读出噪声级的 dB 值。

声级计表头阻尼一般都有"快"和"慢"两个挡。"快"挡的平均时间为 0.27s，很接近于人耳听觉器官的生理平均时间。"慢"挡的平均时间为 1.05s。当对稳态噪声进行测量或需要记录声级变化过程时，使用"快"挡比较合适；在被测噪声的波动比较大时，使用

"慢"挡比较合适。

声级计面板上一般还备有一些插孔，这些插孔如果与便携式倍频带滤波器相连，可组成小型现场使用的简易频谱分析系统；如果与录音机组合，则可把现场噪声录制在磁带上储存下来，待以后再进行更详细的研究；如果与示波器组合，则可观察到声压变化的波形，并可存储波形或用照相机把波形摄制下来；还可以把分析仪、记录仪等仪器与声级计组合、配套使用，这要根据测试条件和测试要求而定。

四、汽车噪声检测方法

国家标准规定汽车噪声使用的测量仪器有精密声级计或普通声级计和发动机转速表，声级计误差不超过±2dB，并要求在测量前后，按规定进行校准。

1. 声级计的检查与校准

1）在未接通电源时，先检查并调整仪表指针的机械零点。

2）检查电池容量。将声级计功能开关对准"电池"，衰减器任意，此时电表指针应达到额定红线，否则读数不准，应更换电池。

3）打开电源开关，预热仪器 10min。

4）校准仪器。每次测量前或使用一段时间后，应对仪器的电路和传声器进行校准。根据声级计上配有的电路校准"参考"位置，校验放大器的工作是否正常。如不正常，应用微调电位计进行调节。电路校准后，再用已知灵敏度的标准传声器对声级计的传声器进行对比校准。

5）将声级计的功能开关对准"线性""快"挡。由于室内的环境噪声一般为 40~60dB，声级计上应有相应的示值。当变换衰减器刻度盘的挡位时，表头示值应相应变化 10dB 左右。

6）检查计权网络。按上述步骤，将"线性"位置依次转换为"C""B""A"。由于室内环境噪声多为低频成分，故经"C""B""A"三挡计权网络后的噪声级示值将低于线性值，而且应依次递减。

7）检查"快""慢"挡。将衰减器刻度盘调到高分贝值处。通过操作人员发声，来观察"快"挡时的指针能否跟上发音速度，"慢"挡时的指针摆动是否明显迟缓。

8）在投入使用时，若不知道被测噪声级有多大，此时则必须将衰减器刻度盘预先放在最大衰减位置（120dB 处），在实测中再逐步旋至被测声级所需要的衰减挡。

2. 车外噪声测量方法

（1）汽车加速行驶噪声的测量

1）测量条件。

① 测量仪器应采用精密声级计。

② 测量场地应平坦而空旷，在测试中心以 25m 为半径的范围内，不应有大的反射物，如建筑物、围墙等。

③ 测试场地跑道应有 20m 以上平直、干燥的沥青路面或混凝土路面，路面坡度不超过 0.5%。

④ 背景噪声应比所测车辆噪声至少低 10dB，并保证测量不被偶然的其他声源所干扰。背景噪声是指测量对象噪声不存在时，周围环境的噪声。

⑤ 测量应在良好的天气条件进行，风速不超过 5m/s，为避免风噪声干扰，可采用防风罩，但应注意防风罩对声级计灵敏度的影响。

⑥ 声级计附近除测量者外，不应有其他人员，如不可缺少时，则必须在测量者背后。

⑦ 被测车辆不载重，测量时发动机应处于正常使用温度，车辆带有其他辅助设备也是噪声源，测量时是否开动，应按正常使用情况而定。

⑧ 测量场地及测点位置如图 5-36 所示，传声器应用三脚架固定在离地面高（1.2±0.02）m、距行驶中心线（7.5±0.05）m 的两侧，其参考轴线必须水平并垂直指向行驶中心线。

2）加速行驶车外噪声的测量方法。

① 确定汽车的前进位。

a. 对于 M_1、N_1 类前进挡位为 4 挡或 4 挡以下的汽车应选用第 2 挡测量。

b. 对于前进挡位为 4 挡以上的 M_1 和 N_1 车辆，应分别选用第 2 挡和第 3 挡测量。

若选用第 2 挡测量时，汽车尾端通过 BB' 线时发动机转速超过了额定转速 n_r，则应逐次按 $5\%n_r$ 降低接近 AA' 线时发动机的稳定转速 n_A，直至通过 BB' 线的发动机转速不再超过 n_r，若 n_A 降到了

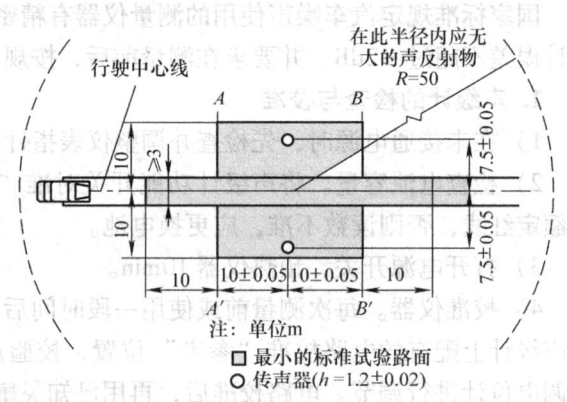

图 5-36　车外加速行驶噪声测量场地示意图

怠速，汽车通过 BB' 线的发动机转速仍超过 n_r，则只用第 3 挡测量。对于前进挡多于 4 挡并装用额定功率 140kW 的发动机、且比功率大于 75kW/t 的 M_1 类汽车，若该车用第 3 挡其尾段通过 BB' 线时的速度大于 61km/h，则只用第 3 挡测量。

② 按规定条件稳定地到达始端线。接近 AA' 线时的稳定速度取下列速度中的较小者：

a. 50km/h。

b. 对于 M_1 类和发动机功率不大于 225kW 的其他各类汽车，对应于 $3n_r/4$ 的车速。

c. 对于 M_1 类以外的且发动机功率大于 225kW 的各类汽车，对应于 $n_r/2$ 的车速。

③ 加速通过测量区。从车辆前端到达始端线开始，立即将加速踏板踩到底并保持不变，使车辆直线加速行驶，当车辆后端到达终端线时，立即松开加速踏板。

④ 声级测量。声级计用 A 计权网络、"快"挡进行测量。

a. 在汽车每一侧至少应测量 4 次。

b. 应测量汽车加速驶过测量区时的最大声级。每一次测得的读数值应减去 1dB（A）作为测量结果。

c. 若在汽车同侧连续 4 次测量结果相差不大于 2dB（A），则认为测量结果有效。

d. 将每一挡位条件下每一侧的 4 次测量结果进行算术平均，然后取两侧平均值中较大者作为中间结果。

⑤ 汽车最大噪声级的确定。对于只用一个挡位测量的汽车，直接取中间结果作为最大噪声级；对于采用两个挡位测量的汽车，取两挡位中间结果的算术平均值作为最大噪声级。最大噪声级的值应按有关规定修约到一位小数。

(2) 汽车定置噪声测量

1) 测量条件。

① 测量仪器应采用精密声级计。

② 测量场地应为开阔的,由混凝土、沥青等坚硬材料构成的平坦地面,其边缘距车辆外廓至少 3m。除测量人员和驾驶员外,测量现场不得有影响测量的其他人员。

③ 背景噪声应比所测车辆噪声至少低 10dB(A)。

④ 测量时,变速器应挂空挡(自动变速器汽车操纵手柄处于"P"位或"N"位),拉紧驻车制动器,离合器接合;发动机机罩、车窗和车门应关上,车辆的空调器和其他辅助装置关闭;发动机冷却液温度、机油温度应符合生产厂的规定要求。

2) 排气噪声测量方法。

① 将车辆置于测量场地中央,如图 5-37 所示。

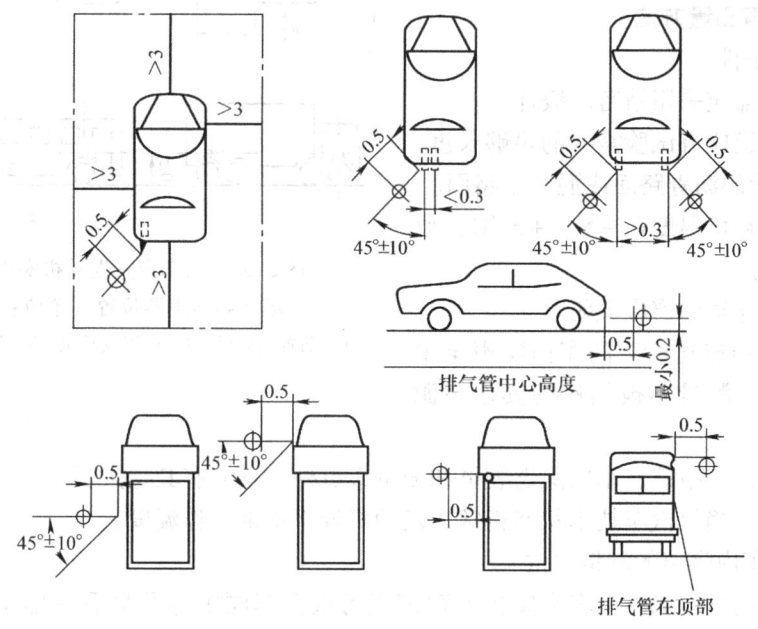

图 5-37 汽车定置排气噪声测量场地及传声器位置(单位:m)

② 将声级计传声器按图 5-37 所示的规定测点放置,图中"○"表示传声器位置。传声器与排气口端等高,在任何情况下距地面不得小于 0.2m;传声器的参考轴应与地面平行,并和通过排气口气流方向且垂直地面的平面呈 45°±10°的夹角;传声器朝向排气口,距排气口端 0.5m,放在车辆的外侧。对排气管垂直向上的车辆,传声器放置高度应与排气管口等高,传声器朝上,其参考轴应垂直地面,传声器应放在离排气管较近的车辆一侧,并距排气口端 0.5m。

③ 将发动机稳定在 3/4 的额定转速,测量由稳定转速尽快减速到怠速过程的最高声级。测量时使用声级计的 A 计权、"快"挡,每个测点重复测量,直到连续出现三个读数变化范围在 2dB(A) 之内为止,并取其算术平均值作为测量结果。

④ 若汽车装有多个排气管,并且各排气管的间隔又大于 0.3m,则应对每一个排气管都要测量,并记录其最高声级。

3）发动机噪声测量方法。

① 将车辆置于测量场地中央，如图 5-38 所示。

② 将声级计传声器按图 5-38 所示的规定测点放置，图中"○"表示传声器位置，传声器测点位置随发动机在车上的布置不同而变化。

③ 将发动机从怠速尽可能快速地加速到 3/4 的额定转速，并保持必要长的时间，测量该过程的最高声级；测量时使用声级计的 A 计权、"快"挡，每个测点重复测量，取算术平均值作为测量结果。

3. 车内噪声测量方法

（1）测量条件

1）测量仪器应采用精密声级计。

2）测量跑道应有试验需要的足够长度，应是平直、干燥的沥青路面或混凝土路面。

3）测量时环境温度在 -5 ~ +35℃，风速不大于 5m/s。

4）测量时车辆门窗应关闭。

5）背景噪声应比所测的车内噪声至少低 10dB，并保证测量不被偶然的其他声源所干扰。

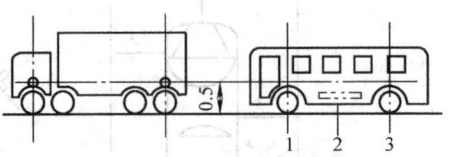

图 5-38　汽车定置发动机噪声测量
场地和传声器位置（单位：m）

1—前置发动机　2—中置发动机　3—后置发动机

6）测量时汽车空载，车内除驾驶员和测量人员外，不应有其他人员。

7）测量时，确保汽车技术状态正常，发动机处于正常工作温度。

（2）客车车内噪声的测量方法

1）确定车内噪声测点。客车室内噪声测点可选在车厢中部及最后一排座的中间位置，其高度通常在人耳附近，传声器朝向车辆前进方向，其车内噪声测点的布置如图 5-39 所示。

2）使车辆以常用挡位 50km/h 的车速匀速行驶。

3）用声级计测量 A 计权声级的数值。

（3）驾驶员耳旁噪声的测量方法

1）按照图 5-39 所示确定噪声测点。

2）将变速器置于空挡，车辆处于静止，发动机处于额定转速状态。

3）将声级计置于 A 计权、快挡进行测量，读取声级计的读数。

4. 汽车喇叭声级的测量

汽车喇叭声级的测点位置如图 5-40 所示，传声器朝向汽车，轴线与汽车纵轴线平行。检测时应注意不被偶然的其他声源峰值所干扰。测量次数定在两次以上，并监听喇叭声音是否悦耳。

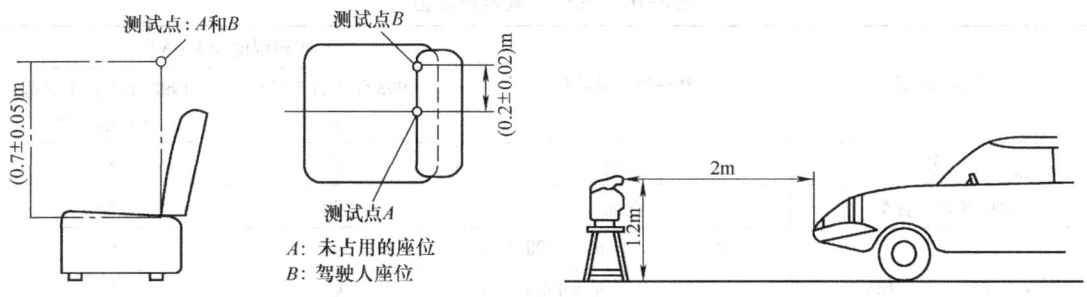

图 5-39 车内噪声测点位置　　　　图 5-40 汽车喇叭声级的测点位置

五、汽车噪声检测标准

1. 车外噪声标准

（1）汽车加速行驶噪声标准　GB 1495—2002《汽车加速行驶车外噪声限值及测量方法》中规定了汽车加速行驶车外噪声的检测限值，见表 5-15。

（2）汽车定置噪声标准　汽车定置噪声是指车辆不行驶，发动机处于空载运行状态时的噪声。我国在用车辆处于定置工况下的噪声应根据 GB 16170—1996《汽车定置噪声限值》的规定，不超过表 5-16 中的限值。

表 5-15　汽车加速行驶车外噪声限值

汽车类型	噪声限值/dB（A）	
	第一阶段	第二阶段
	2002 年 10 月 1 日—2004 年 12 月 30 日期间生产的汽车	2005 年 1 月 1 日以后生产的汽车
M_1	77	74
M_2（GVM[①]≤3.5t）或 N_1（GVM≤3.5t）： GVM≤2t 2t＜GVM≤3.5t	78 79	76 77
M_2（3.5t＜GVM≤5t）或 M_3（GVM＞5t）： P[②]＜150kW P≥150kW	82 85	80 83
N_2（3.5t＜GVM≤12t）或 N_3（GVM＞12t）： P＜75kW 75kW≤P＜150kW P≥150kW	83 86 88	81 83 84

注：1. M_1 类、M_2 类（GVM≤3.5t）和 N_1 类汽车装用直喷式柴油机时，其限值增加 1dB（A）。
　　2. 对于越野汽车，其 GVM＞2t 时：如果 P＜150kW，其限值增加 1dB（A）；如果 P≥150kW，其限值增加 2dB（A）。
　　3. M_1 类汽车，若其变速器前进挡多于 4 个，P＞140kW，P/GVM 之比大于 75kW/t，并且用第 3 挡测试时，其尾端出线的速度大于 61km/h，其限值增加 1dB（A）。
　　① GVM 表示最大总质量（t）。
　　② P 表示发动机额定功率（kW）。

表 5-16　汽车定置噪声限值

车辆类型	燃料种类及其他		噪声限值/dB（A）	
			1998年1月1日前出厂的车辆	1998年1月1日起出厂的车辆
轿车	汽油		87	85
微型客车、货车	汽油		90	88
轻型客车、货车、越野车	汽油	$n_r \leq 4300 \text{r/min}$	94	92
		$n_r > 4300 \text{r/min}$	97	95
	柴油		100	98
中型客车、货车大型客车	汽油		97	95
	柴油		103	101
重型货车	$P \leq 147 \text{kW}$		101	99
	$P > 147 \text{kW}$		105	103

注：1. P 表示发动机额定功率（kW）。
　　2. n_r 表示发动机额定转速（r/min）。

2. 车内噪声标准

（1）客车车内噪声标准　GB 7258—2012《机动车运行安全技术条件》规定，客车以 50km/h 的速度匀速行驶时，客车车内噪声声级应不大于 79dB（A）。

（2）驾驶员耳旁噪声标准　GB 7258—2012《机动车运行安全技术条件》规定，汽车驾驶员耳旁噪声声级应不大于 90dB（A）。

3. 汽车喇叭检测标准　GB 7258—2012《机动车运行安全技术条件》规定：机动车喇叭声级在距车前 2m、离地高 1.2m 处测量时，汽车声级的合格范围为 90~115dB（A）。

第六节　汽车前照灯检测

前照灯是汽车在夜间或能见度较低的条件下，为驾驶员提供行车道路照明的重要装备，也是驾驶员发出警示、进行联络的灯光信号装置。由于在行车过程中，汽车受到振动，可能引起前照灯部件的安装位置发生变化，从而改变光束的正确照射方向，同时，灯泡在使用过程中会逐步老化，反射镜也会受到污染而使其聚光的性能变差，导致前照灯的亮度不足。这些变化都会使驾驶员对前方道路情况辨认不清，或在与对面来车交会时造成对方驾驶员眩目等，从而导致交通事故的发生。所以，前照灯的发光强度和光束的照射方向被列为汽车运行安全检测的必检项目。

一、前照灯评价指标

汽车前照灯的性能通常用前照灯的发光强度、光束照射位置以及配光特性予以评价。

1. 发光强度

发光强度是光线在给定方向上发光强弱的度量，单位是坎[德拉]（cd）。根据国际单位制的规定，若一光源在给定方向上发出频率为 540×10^{12} Hz 的单色辐射，且在此方向的辐射强度为每球面度 1/683W 时，则该光源在所给方向上的发光强度为 1cd。

前照灯就是一个光源,若前照灯发光强度越大,则驾驶员能看清物体的距离就越远。受光物体被光源照明的程度称为照度,它是受光面明亮度的物理量,单位是勒[克斯](lx)。在不计光源大小的情况下,照度与离开光源距离的平方成反比。因此,在受光距离一定时,受光物体照度的大小实际上反映了光源的发光强度。

2. 光束照射位置的偏移值

由于前照灯透过散光玻璃各点的光线是不均匀的,同时还有与主光束交叉的光线,因而它不是单纯从光源发出的散射光线。但是,由于主光束上的光线,大部分是穿过散光玻璃中心直射的,因此,在离开散光玻璃足够远的地方,可以近似地看做是由点光源发出的散射光线。如果把前照灯最亮的地方看做是光束中心,则它对水平、垂直坐标轴交点的偏离,即表示它的照射方位的偏移,其偏移的尺寸就是光束照射方向的偏移值。

3. 配光特性

用等照度曲线表示的明亮度分布特征称为配光特性。汽车前照灯的配光特性有对称配光和非对称配光两种。前照灯光束的光形分布一般是水平方向宽,垂直方向窄,若等照度曲线左右对称,不偏向一边,上下扩展也不太宽,则称为对称配光特性,如图5-41所示。非对称配光的光形分布有一条明暗截止线,非对称配光有两种:一种是在配光屏幕上,明暗截止线的水平部分在V—V线的左半边,右半边为与水平线向上成15°的斜线,如图5-42a所示;另一种是明暗截止

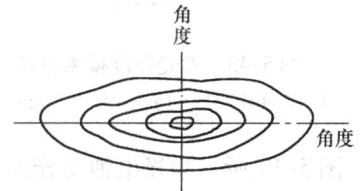

图5-41 对称配光特性示意图

线右半边为与水平线向上成45°斜线至垂直距离为25cm处转向水平的折线,由于明暗截止线呈Z形,也称Z形配光,如图5-42b所示。

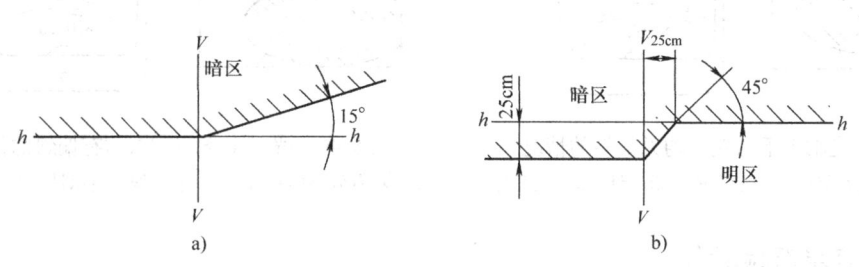

图5-42 非对称配光特性示意图

二、前照灯检测原理

前照灯检验仪通过采用能把吸收的光能变成电流的光电池作为传感器,按照前照灯光轴照射光电池产生电流的大小和比例,来测量发光强度和光轴偏斜量。

1. 发光强度的检测原理

如图5-43所示,连接光电池与光度计,按规定的距离使前照灯照射光电池,光电池便按接收光强度的大小产生相应的光电流使光度计指针摆动,指示出前照灯的发光强度。

2. 光轴偏斜量的检测原理

如图 5-44 所示，其中有 $S_上$、$S_下$、$S_左$ 和 $S_右$ 四块光电池，在 $S_上$ 和 $S_下$ 之间接有上下偏斜指示计，在 $S_左$ 和 $S_右$ 之间接有左右偏斜指示计。当前照灯的光束照射光电池时，四块光电池将各自产生电流，根据 $S_上$ 和 $S_下$、$S_左$ 和 $S_右$ 电流差值，使上下偏斜指示计和左右偏斜指示计动作，由此可检测出光轴的偏斜方向与偏斜量。

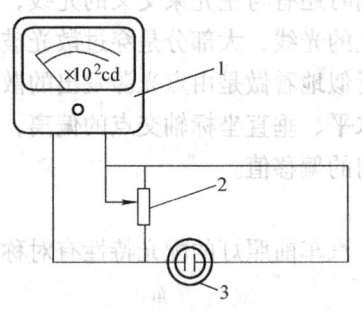 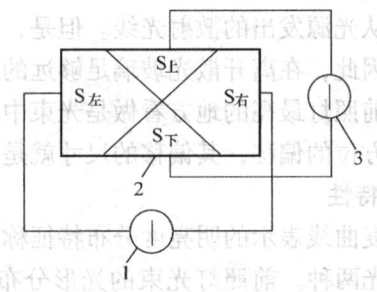

图 5-43 发光强度检测原理　　　　　　　　图 5-44 光轴偏斜量的检测原理
1—光度计　2—可变电阻　3—光电池　　　　1—左右偏斜指示计　2—光电池　3—上下偏斜指示计

图 5-45 所示为光电池受光面无偏斜受光的情况，这时上下偏斜指示计和左右偏斜指示计指针均垂直向下，即处于零位。图 5-46 所示为光电池受光面向左下方偏斜受光的情况，这时上下偏斜指示计的指针向下偏斜，左右偏斜指示计的指针向左偏斜。

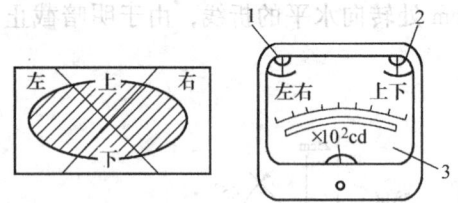 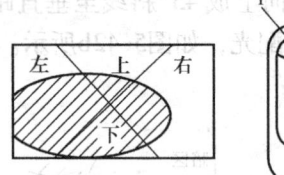 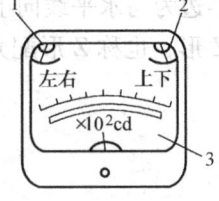

图 5-45 光轴上下与左右均无偏斜的情况　　　　图 5-46 光轴上下与左右均有偏斜的情况
1—左右偏斜指示计　2—上下偏斜指示计　3—光度计　　1—左右偏斜指示计　2—上下偏斜指示计　3—光度计

三、前照灯检验仪

前照灯检验仪是按一定的检测距离停放在被检车辆对面，用来检测前照灯的发光强度和光束偏斜量的一种仪器。根据检测距离与测量方法的不同，前照灯检验仪可分为聚光式、投影式、自动追踪光轴式等多种类型。

1. 聚光式前照灯检验仪

使用这种前照灯检验仪时，检测距离为 1m。检测时，检验仪位于被测前照灯正前方 1m 处。聚光式前照灯检验仪结构如图 5-47 所示，它通过受光器的聚光透镜将前照灯的散射光束导引到光电池的光照面上，根据光束对光电池的照射情况，来检测前照灯发光强度和光束偏斜量的一种仪器。根据仪器不同的测量方法，聚光式前照灯检验仪又可分为移动反射镜式、移动光电池式和移动聚光透镜式三种类型。

1）移动反射镜检测法如图 5-48 所示。前照灯的灯光通过仪器受光器的聚光透镜、反射镜，将光线照射到光电池上，转动光轴刻度盘，可使反射镜的安装角产生变化，从而使偏斜指示计的偏转量发生变化，当调整指针指向零位时，光轴刻度盘上即指示了光轴的偏斜量，

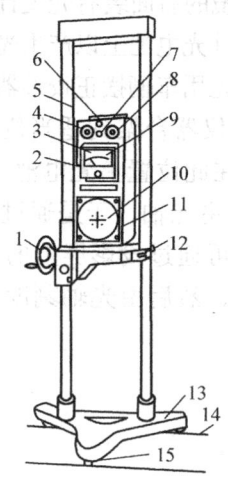

图 5-47 聚光式前照灯检验仪结构

1—升降手轮 2—光度计 3—左右偏斜指示计 4—光轴刻度盘（左、右） 5—支柱 6—汽车摆正找准器 7—光度、光轴变换开关 8—光轴刻度盘（上、下） 9—上下偏斜指示计 10—前照照准器 11—聚光透镜 12—角度调整螺钉 13—底座 14—导轨 15—车轮

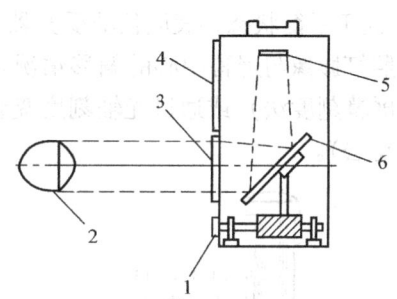

图 5-48 移动反射镜检测法

1—光轴刻度盘 2—前照灯 3—聚光透镜 4—光轴偏斜指示计 5—光电池 6—反光镜

与此同时光度计指示了灯光的发光强度。

2）移动光电池检测法如图 5-49 所示。通过转动光轴刻度盘，使光电池作上下、左右移动，直至左右偏斜指示计和上下偏斜指示计的指示均为零，光电池信号通过光度计指示光强的大小，通过两个光轴刻度盘则可读出光轴的左右与上下偏斜量。

3）移动聚光透镜检测法是通过调节聚光透镜的方位，使入射到光电池的光强最强，且光轴偏斜指示计读数为零。这个调节通过光轴检测杠杆的移动来实现，如图 5-50 所示。同样，其光轴刻度盘指示杠杆的移动量（即光轴的左右与上下偏斜量），光度计指示光强大小。

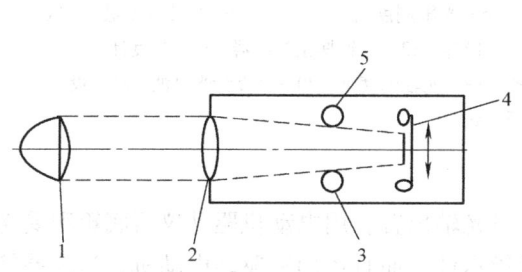

图 5-49 移动光电池检测法

1—前照灯 2—聚光透镜 3、5—光轴刻度盘 4—光电池

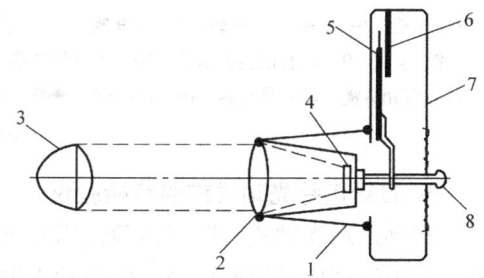

图 5-50 移动聚光透镜检测法

1—插接器 2—聚光透镜 3—前照灯 4—光电池 5—指针 6—光轴刻度盘 7—外壳 8—光轴检测杠杆

2. 投影式前照灯检验仪

投影式前照灯检验仪外形结构如图 5-51a 所示，其检测原理如图 5-51b 所示，在聚光透镜的上下左右四个位置上，分别装有光电池 $N_{01} \sim N_{04}$，在透镜的后面装有光度计光电池，被检车辆的前照灯光束的影像通过聚光透镜，一方面投射到光度计光电池上以产生光强信号驱动光度计，另一方面经反射镜将影像投到投影屏上。检测时，先用车辆摆正校准器找准车辆与仪器的相对位置（规定检测距离为 3m），然后移动受光器和仪器台架到适当位置，使得指示光轴位置的上下与左右偏斜指示计的指示均为零，因此，在此位置上光电池 N_{01} 与 N_{02}、N_{03} 与 N_{04} 处于平衡状态，表明仪器受光器正好对准了前照灯的主光轴，于是通过投影屏可以看到前照灯影像与屏幕中心的偏移情况。此时，光轴偏斜量可通过投影屏上的刻度值读出（投影屏幕刻度法）或通过光轴刻度盘将影像调回屏幕中心，然后由光轴刻度盘读出（光轴刻度盘法）。

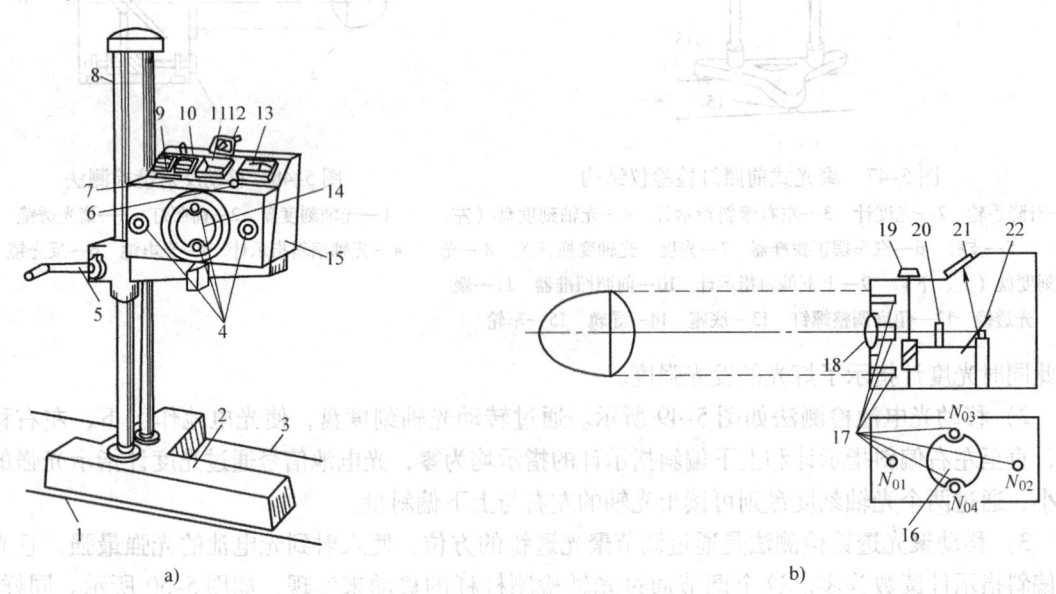

图 5-51 投影式前照灯检验仪
a) 外形结构 b) 光束影像的映射原理
1—车轮 2—底座 3—导轨 4—光电池 5—上下移动手柄 6—光轴刻度盘（上下） 7—光轴刻度盘（左右） 8—支柱 9—左右偏斜指示计 10—上下偏斜指示计 11—投影屏 12—车辆摆正找准器 13—光度计 14—聚光透镜 15—受光器 16、18—聚光透镜 17—光电池 19—光轴刻度盘 20—光度计光电池 21—投影屏 22—反射镜

3. 自动追踪光轴式前照灯检验仪

自动追踪光轴式前照灯检验仪用光电池来测量光轴位置，用电动机驱动仪器底箱和受光器，光电池产生的偏差信号不仅驱动光轴偏斜量指示计，而且还用来驱动电动机，当偏差信号为零时，电动机停转，中央光电池检测光强，副受光器光电池则检测光轴偏斜量。

（1）自动追踪光轴式前照灯检验仪 其结构如图 5-52 所示，各部分的功能分别如下：

1）底箱。底箱是仪器的基座，由四个导向轮支承，可在导轨上作水平方向运动，其内部装有驱动电动机、减速及传动机构，以驱动仪器作水平方向运动及使光接收箱作垂直方向运动。水平及垂直方向运动的电气控制系统（底箱线路板组件）也安装在底箱内。

2）左右立柱。左右立柱是仪器在垂直方向运动的支柱及导向柱，左立柱左侧表面上刻蚀有指示被检前照灯中心高度的刻度尺，刻度范围为 500~1300mm。

3）光接收箱。光接收箱用以接收被检前照灯投射的光束，正面装有两组四片硅光电池，其输出作为仪器跟踪光轴的控制信息，内部装有聚光透镜及其驱动系统以及用以测定光轴偏斜量和发光强度的四象限硅光电池组和相应的信号控制、处理电路。

4）光轴水平（左右）方向偏斜量指示表。在检验仪处于"测定"状态时，用以指示被检前照灯光轴在水平方向的偏斜量，一般用角度（°）和 cm/10m 双重刻度指示。

5）发光强度指示表。在"测定"状态时，用以指示被检前照灯的发光强度，单位为 cd。

6）光轴垂直（上下）方向偏斜量指示表。在检验仪处于"测定"状态时，用以指示被检前照灯光轴在垂直方向的偏斜量，一般用角度（°）和 cm/10m 双重刻度指示。

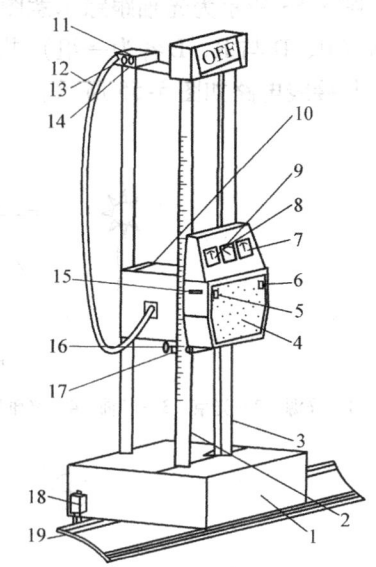

图 5-52　自动追踪光轴式前
照灯检验仪外形结构

1—底箱　2—左立柱　3—右立柱　4—光接收箱　5—电源指示灯　6—测定指示灯　7—左右偏斜指示表　8—发光强度指示表　9—上下偏斜指示表　10—水准泡　11—接线盒　12—连接电缆　13—控制电缆插座　14—输出信号插座　15—瞄准器　16—手轮　17—箭标　18—限位开关　19—导轨

7）水准泡。检验仪的圆形水准泡用以指示光接收箱是否已处于水平位置，当水准泡的气泡偏离出水准泡的中心圆时，光接收箱的位置应进行适当调整，以使气泡回到中心圆。

8）瞄准器。用以瞄准被检车辆的纵向中心线（或该中心线的平行线），需要调整时，转动调整手轮，当瞄准器的前后准星与该中心线平行时仪器的光接收箱正面就垂直于被检车辆的纵向中心线。

9）调整手轮。用以调整光接收箱的位置，使光接收箱的正面与被检车辆的纵向中心线垂直。

10）箭标。其作用是：

① 在调整光接收箱的位置时，当箭标的尖端对准了左立柱刻度尺上的纵向刻度线时，即表示光接收箱正面与导轨平行。如果导轨在安装时已保证了与被检车辆的纵向中心线垂直，则在上述情况下即表示光接收箱正面已与被检车辆的纵向中心线垂直。

② 在检验仪进入"测定"状态时，箭标的尖端所对应的横刻度线即为被检车辆前照灯的中心高度（与地面之间的距离）。

11）限位开关。当检验仪运行到导轨的左右末端时，限位开关的滑杆与导轨端部的挡块相接触，限位开关内的触点开路，使仪器自动停止运行，以防冲出导轨。

12）导轨。安装在地面上，供检验仪左右移动时导向用。

(2) 检验仪检测原理

1）光轴自动对准原理。在进行灯光检测时，检验仪首先要自动对准被检车辆前照灯的光束中心（以下称光轴），前照灯远光灯的配光特性为等照度曲线，即越靠近中心，照度越大。图 5-53 所示为光轴跟踪示意图，为了对准前照灯的光轴，检验仪的光接收箱正面配置两组（U、D 与 R、L 各为一组）共四个硅光电池，如图 5-54 所示，用以接收前照灯照射光束，其接线电路如图 5-55 所示。

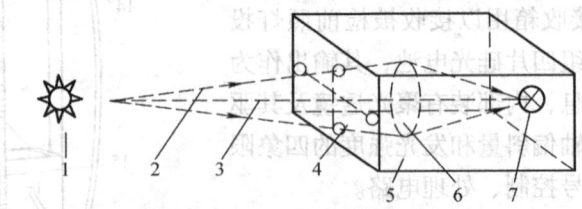

图 5-53 光轴跟踪示意图

1—光源　2—光束　3—光轴　4—光轴跟踪硅光电池　5—光接收箱　6—聚光透镜　7—四象限硅光电池组

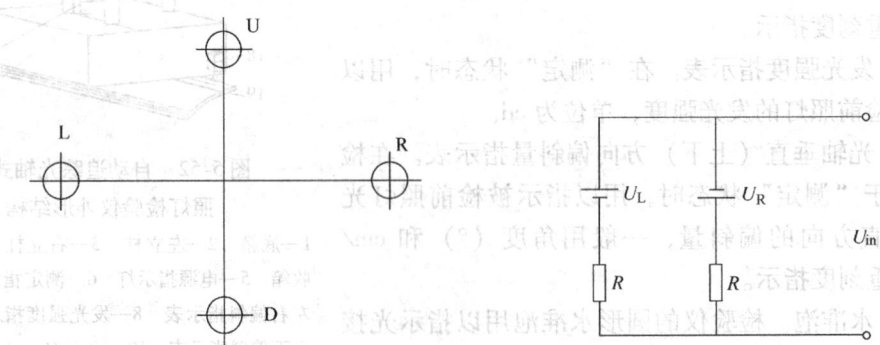

图 5-54 检验仪光接收箱正面硅光电池分布图　　图 5-55 接线电路

当 R、L 处的光照度相等时，$U_R = U_L$，$U_{in} = 0$，表示光接收箱在水平方向上已处于光束的正中位置。当 R 处的光照度大于 L 处时，$U_R > U_L$，$U_{in} > 0$，表示光接收箱此时应向右移动；反之，当 R 处的光照度小于 L 处时，则 $U_R < U_L$，$U_{in} < 0$，表示光接收箱此时应向左移动。

图 5-56 所示为检验仪水平方向运动的控制系统框图。由硅光电池组输出的差值电压信号经放大器放大后，送入三状态比较器，当 $U_{in} = 0$ 时，三状态比较器输出为零，继电器不动作，电动机停转，仪器停止运动；当 $U_{in} > 0$ 时，三状态比较器输出为负，反转继电器动作，电动机反转，仪器向右运动；当 $U_{in} < 0$ 时，三状态比较器输出为正，正转继电器动作，电动机正转，仪器向左运动，直至光接收箱对准前照灯的光轴，硅光电池组输出信号 $U_{in} = 0$ 时为止。

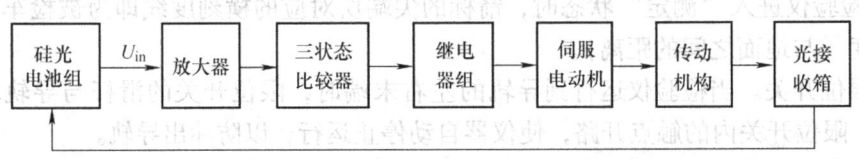

图 5-56 检验仪水平方向运动的控制系统框图

仪器垂直方向运动的控制系统与水平方向运动的控制系统相类似，在这两个系统同时作用下,检验仪即能自动对准被检前照灯的光轴。

2) 光轴偏斜量的测量原理。检验仪的光接收箱对准被检前照灯的光轴后,由安装在光接收箱内的聚光透镜将前照灯的光束聚光,然后投射至光接收箱后部的四象限硅光电池组上,该光电池组由 U、D、R、L 四片硅光电池按图 5-57 所示组合而成,接线方式如图 5-58 所示。

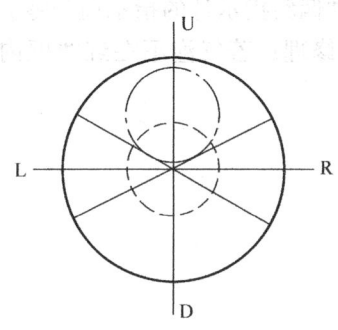

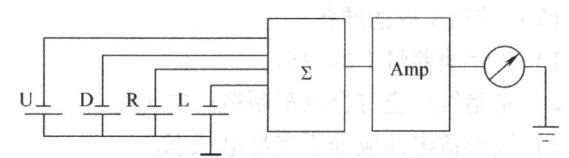

图 5-57　四象限硅光电池组　　　　　　图 5-58　硅光电池接线方式

当前照灯的光轴偏斜量为零时,光束的焦点落在四象限硅光电池组的中心,如图 5-59a 所示,四象限硅光电池组的 U 与 D 电池所接收的光能量相同(见图 5-57 中的虚线圆),因而电池组输出电压 U_U 与 U_D 相等,输出差值电压信号 $U_{in} = U_U - U_D = 0$。

当前照灯的光轴向上偏斜时,光束的焦点落在四象限硅光电池组的上部,如图 5-59b 所示,四象限硅光电池组的 U 与 D 电池所接收的光能量不相同(见图 5-57 中的点画线圆),因而电池组输出电压 U_U 与 U_D 不相等,输出差值电压信号 $U_{in} = U_U - U_D \neq 0$。

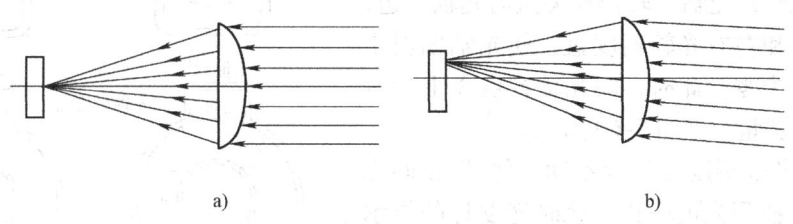

a)　　　　　　　　　　　　　　b)

图 5-59　前照灯的光轴偏斜示意图
a) 光轴偏斜量为零　b) 光轴向上偏斜

通过类似图 5-56 所示的控制系统(此时控制对象为聚光透镜)的作用,使聚光透镜向下移动至光束的焦点重新回复到在四象限硅光电池组的中心时为止,由于聚光透镜的位移量与光轴偏斜量成线性比例关系,因此只要利用位移传感器测出聚光透镜的上下位移量,即可测得光轴的上下偏斜量,光轴的左右偏斜量也是通过上述原理进行测定的。

3) 发光强度的检测原理。根据光学定律,当距离为一定值时,被照面上的照度与光源的发光强度成对应比例关系。当聚光透镜聚焦后的光束焦点移动到四象限硅光电池组的中心后,U、D、R、L 硅光电池组输出电压的大小,只取决于照射在硅光电池表面的光照度,因而也就是取决于被检前照灯的发光强度,将 U_U、U_D、U_R、U_L 通过加法器相加后,再经放大器放大,在放大器的输出端用电流表将相应的发光强度显示出来,如图 5-58 所示。

四、前照灯检测方法

1. 检测前的准备工作

（1）检验仪的准备

1）检查聚光透镜和反射镜的镜面上有无污物。若有，用柔软的布或镜头纸擦拭干净。

2）在不受光的情况下，确保前照灯检验仪光度计和光轴偏斜指示计的指示值为零。

3）检查水准器的技术状况。若水准器无气泡，应进行修理；若气泡不在红线框内时，可用水准器调节器或垫片进行调整。

4）检查导轨是否沾有泥土等杂物。若有，应扫除干净。

（2）被测车辆的准备

1）清除前照灯上的污垢。

2）轮胎气压应符合汽车制造厂的规定。

3）汽车蓄电池应处于充足电状态。

2. 前照灯发光强度、光轴偏斜量的检测

由于前照灯检验仪的牌号、型号不同，其检测方法也不尽相同，现分述如下：

（1）采用聚光式前照灯检验仪的检测方法

1）将被测车辆尽可能地与检验仪的导轨保持垂直方向驶近检验仪，直至前照灯与检验仪受光器之间达到检测所要求的距离（如1m、0.5m或0.3m）。

2）用汽车摆正找准器使检验仪与被检车辆对正。

3）打开前照灯，用前照灯照准器使检验仪与被检车辆前照灯对正。

4）将"光度-光轴"转换开关扭向光轴一边，然后转动上下和左右光轴刻度盘，使光轴偏斜指示计的指示值为零。此时，两光轴刻度盘上指示值即为光轴偏斜量，如图5-60所示。

5）保持光轴刻度盘位置不动，将"光度-光轴"转换开关扭到光度一边，此时光度计的指示值即为前照灯的发光强度。

（2）采用投影式前照灯检验仪的检测方法

1）将被测车辆尽可能与导轨保持垂直方向驶近检验仪，使前照灯与检验仪受光器相距3m。

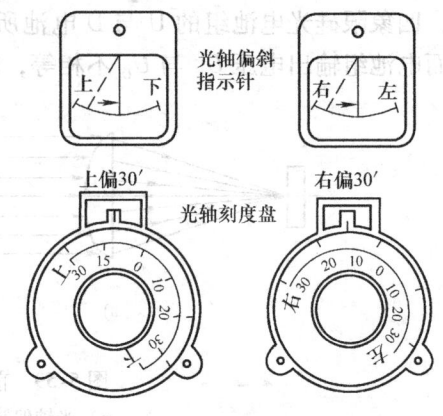

图5-60 光轴偏斜量的检测

2）用汽车摆正找准器使检验仪与被测车辆对正。

3）打开前照灯，移动检验仪，使光束照射到受光器上，并使上下和左右光轴偏斜指示计指示值为零。此时，根据投影屏上前照灯光束影像位置，即可得出光轴的偏斜量。

4）根据光度计上的指示值，即可得出前照灯的发光强度。

（3）采用自动追踪光轴式前照灯检验仪的检测方法

1）将被测车辆尽可能与导轨保持垂直方向驶近检验仪，使前照灯与检验仪受光器相距3m。

2）用汽车摆正找准器使检验仪与被测车辆对正。

3）打开前照灯，接通检验仪电源，用控制器上的上下、左右控制开关移动检验仪的位置，使前照灯光束照射到受光器上。

4）按下控制器上的测量开关，受光器随即追踪前照灯光轴，根据光轴偏斜指示计和光度计的指示值，即可得出光轴偏斜量和发光强度。

五、前照灯检测标准

GB 7258—2012《机动车运行安全技术条件》中第 8.5.3、8.5.2 款对机动车前照灯光束照射位置和前照灯光束发光强度作了明确的规定，GB 4599—2007《汽车用灯丝灯泡前照灯》对前照灯配光特性也有明确的要求。

1. 前照灯光束照射位置要求

1）在检验前照灯近光光束照射位置时，被测车辆空载，轮胎气压正常，乘坐一名驾驶员。前照灯照射在距离 10m 的屏幕上时，乘用车前照灯近光光束明暗截止线转角或中点的高度应为 $0.7H \sim 0.9H$（H 为前照灯基准中心高度，下同），其他机动车（拖拉机运输机组除外）应为 $0.6H \sim 0.8H$。机动车（装用一只前照灯的机动车除外）前照灯近光光束水平方向位置向左偏不允许超过 170mm，向右偏不允许超过 350mm。

2）在检验前照灯远光光束及远光单光束照射位置时，对于能单独调整远光光束的前照灯，前照灯照射在距离 10m 的屏幕上时，要求在屏幕上光束中心离地高度，对乘用车为 $0.85H \sim 0.95H$（但不得低于前照灯近光光束明暗截止线转角或中点的高度），对其他机动车应为 $0.8H \sim 0.95H$；机动车（装用一只前照灯的机动车除外）前照灯远光光束水平位置要求，左灯向左偏不允许超过 170mm，向右偏不允许超过 350mm，右灯向左或向右偏均不允许超过 350mm。

2. 前照灯远光光束发光强度要求

机动车每只前照灯的远光光束发光强度应达到表 5-17 的要求。测试时，其电源系统应处于充电状态。

表 5-17 前照灯远光光束发光强度最小值要求　　　　　　　　（单位：cd）

机动车类型		检查项目					
		新注册车			在用车		
		一灯制	二灯制	四灯制[①]	一灯制	二灯制	四灯制[①]
三轮汽车		8000	6000	—	6000	5000	—
最大设计车速小于 70km/h 的汽车		—	10000	8000	—	8000	6000
其他汽车		—	18000	15000	—	15000	12000
普通摩托车		10000	8000	—	8000	6000	—
轻便摩托车		4000	3000	—	3000	2500	—
拖拉机运输机组	标定功率 >18kW	—	8000	—	—	6000	—
	标定功率 ≤18kW	6000[②]	6000	—	5000[②]	5000	—

① 四灯制是指前照灯具有四个远光光束；采用四灯制的机动车其中两只对称的灯达到两灯制的要求时视为合格。
② 允许手扶拖拉机运输机组只装用一只前照灯。

3. 前照灯配光性能要求

配光性能应在距离前照灯基准中心前 25m 的配光屏幕上测量，各测试点、区的位置如图 5-61 所示。

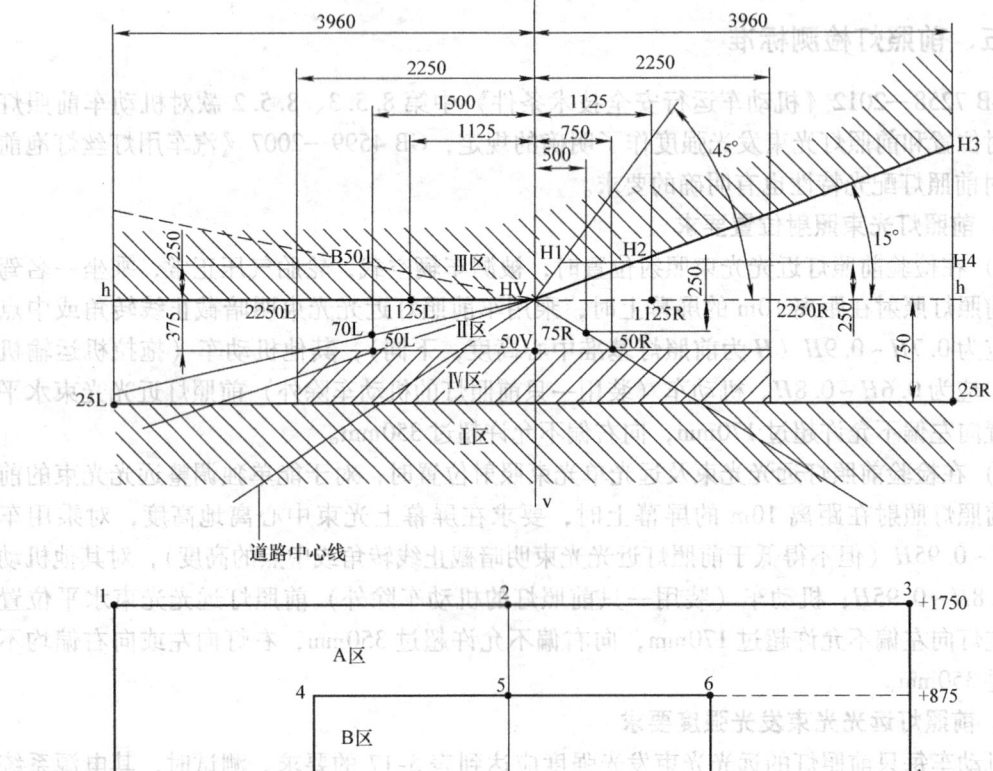

图 5-61 配光屏幕

（1）近光的配光要求

1）在配光屏幕上，近光应产生明显的明暗截止线，其水平部分位于 v-v 线左侧，右侧为 HVH2H3 线或 HVH1H2H4 线。

2）在配光屏幕上的照度限值，应符合表 5-18 的规定。

表 5-18 近光照度限值 （单位：lx）

测试点或区域	A 级前照灯和 SB 灯光组	B 级前照灯和 HSB 灯光组
B50L	≤0.3[①]；≤0.4	≤0.4
75R	≥6	≥12
75L	≤12[①]	≤12
50L	≤15[①]	≤15
50R	≥6	≥12

(续)

测试点或区域	A 级前照灯和 SB 灯光组	B 级前照灯和 HSB 灯光组
50V	—	≥6
25L	≥1.5	≥2
25R	≥1.5	≥2
Ⅲ区中任何点	≤0.7	≤0.7
Ⅳ区中任何点	≥2	≥3
Ⅰ区中任何点	≤20	≤2·E_{50R} ②

① 封闭式白炽灯 SB 灯光组为 0.3,且不包括测试点 75L 和 50L。
② E_{50R} 为 50R 的实测照度值。

3) 对于半封闭式前照灯,在配光屏幕上 A、B 区中,测试点 1~8 的照度限值应符合如下规定:

测试点 1 + 2 + 3 ≥ 0.3lx;
测试点 4 + 5 + 6 ≥ 0.6lx;
0.7lx ≥ 测试点 7 ≥ 0.1lx;
0.7lx ≥ 测试点 8 ≥ 0.2lx。

4) 在Ⅰ、Ⅱ、Ⅲ和Ⅳ区内,应无影响良好可见度的横向照度变化。

(2) 远光的配光要求

1) 远光在配光屏幕上的照度限值应符合表 5-19 的规定。

2) 对于远、近光卤钨灯,其远光最大照度值应不大于近光 75R 测量照度值的 16 倍。

表 5-19 远光照度限值 （单位:lx）

测试点或区域	A 级前照灯和 SB 灯光组	B 级前照灯和 HSB 灯光组
E_{max}	≥32	≥48 且 ≤240
HV 点	≥0.80E_{max}; ≥0.90E_{max} ①	≥0.80E_{max}
HV 点至 1125L 和 R	≥16	≥24
HV 点至 2250L 和 R	≥4	≥6

① 0.90E_{max} 适用于 SB 灯光组。

六、前照灯检测结果分析

前照灯检验不合格有两种情况:一是前照灯发光强度偏低;二是前照灯照射位置偏斜。

1. 前照灯发光强度偏低

前照灯发光强度又有下列两种情况:

(1) 左右前照灯发光强度均偏低

1) 检查前照灯反光镜的光泽是否明亮,如灰暗、镀层剥落或发黑应予更换。

2) 检查灯泡是否老化,质量是否符合要求,如老化或质量不符合要求,光度偏低者应更换。

3) 检查蓄电池端电压是否偏低,如端电压偏低,应先充足电再检测。送检汽车普遍存在蓄电池电量不足，端电压偏低的现象。如由蓄电池供电，前照灯发光强度一般很难达到标准的规定；如由发电机供电则大部分汽车前照灯发光强度增加，多数可达到标准规定。

（2）左右前照灯发光强度不一致　检查发光强度偏低的前照灯的反射镜光泽是否灰暗，灯泡是否老化，质量是否符合要求，一般多为搭铁线路接触不良。

2. 前照灯光束照射位置偏斜

前照灯安装位置不当或因强烈振动而错位致使光束照射位置偏斜超标，应予以调整。前照灯光束照射位置偏斜的调整可在前照灯检验仪上进行。

第六章 汽车远程测试与诊断技术

随着现代汽车结构的日益复杂，汽车电子控制技术的应用越来越广泛，汽车故障诊断尤其是电子系统故障诊断的难度也越来越大。汽车远程故障诊断技术是集现代通信技术、网络技术、计算机技术、传感器技术、人工智能技术、汽车电子控制技术为一体的一门新兴学科技术。它的实现可以有效地提高诊断的精确性及工作效率，实现资源共享，极大地提高社会生产效率。

第一节 远程测试与诊断技术概述

一、远程测试与诊断技术的发展

远程故障诊断技术的兴起与发展起源于远程医疗诊断的发展应用。1988年开放式远程医疗系统的概念在美国被提出。而设备诊断与人类的疾病诊断是相似的，因此从技术上说能实现远程医疗诊断也就能实现远程设备诊断。但是由于重视程度不够和投入的科研资金少、人力不足等原因，与医疗行业已取得的显著成果相比，工业领域的远程诊断工作的进展相对较慢。

1997年1月，首届基于Internet技术的工业远程诊断研讨会由斯坦福大学和麻省理工学院联合主办。1996年10月，斯坦福大学和麻省理工学院从开始合作开发基于Internet的下一代远程诊断示范系统，并得到了Boeing、Fort、Segate、Intel等12家大公司的支持和通力合作。此外，密歇根大学也在积极开展针对机械加工的远程诊断和制造系统的研究工作，并在Internet上设立了一个宣传站点。许多国际组织也纷纷通过网络进行设备故障诊断咨询和技术推广工作，并制定了一些信息交换格式和标准，相应的许多公司也在他们的产品中加入了连接Internet的功能。国内，西安交通大学、上海交通大学、哈尔滨工业大学等都在向国外先进水平看齐，已经开始或准备开始从事工业领域的远程诊断研究工作。华中科技大学机械学院信息所，建立了设备故障诊断中心，它不仅可以为Internet用户提供远程信号采集、信号分析和设备故障诊断服务，还可以从网上为在校学生开设工程测试与信号分析实验，实现了网络课程教学。哈尔滨工业大学航天学院热能工程研究所，实现了基于Internet的大型汽轮发电机组远程故障诊断。淮阴工学院交通工程学院自2005年6月开始进行汽车远程测试与故障诊断实验室的建设，经过几年的努力，现已基本建成具有远程控制、远程测试、远程诊断及远程教学等功能的车辆故障诊断实验室。

二、汽车远程测试与诊断技术的优越性

随着汽车结构日趋复杂，新技术的运用日趋广泛和深入，汽车维修行业发生了巨大变化，已从传统依靠维修实践经验进行诊断的阶段，发展到目前利用专门设备进行综合检测诊断阶段。但是，由于受到汽车维修工人技术老化问题的限制，汽车故障经常无法快速、经济

地利用各方面的技术力量进行解决；特别对于一些疑难杂症，现场技术人员经常力不从心，需求助技术雄厚的大型汽车制造维修部门或科研院所专家才能解决。现代网络技术及多媒体技术的蓬勃发展，为汽车故障远程诊断技术的推广应用提供了技术支持。汽车故障远程诊断技术具有以下优点：

1）远程诊断可以加强科研院所与生产企业的合作。能够使技术领域力量较强的维修企业、科研院所充分发挥自身的技术优势，更好地为企业服务，而且使理论更好地联系实际，而企业的需求也可以很好地反馈给科研院所。

2）远程诊断可以实现资源的共享。互联网的发展，可通过网上诊断中心获得故障的原因及其解决措施，使故障诊断变得灵活方便，无论用户在何处，只要通过 Internet 连接检测中心的 Web 服务器，即可请求检测服务。而且又可以实现资源共享，避免重复开发，具有非常好的社会效益和经济效益。

3）可实现多诊断系统远程协作诊断。以提高系统的整体诊断能力传统的诊断系统缺乏系统间的协作能力，但远程故障诊断系统的发展可大大提高这种协作能力，从根本上改变了系统的整体诊断能力。

4）可实现远程教学和技术培训。通过网络传递信息进行在线教学，越来越受到高校的重视，学生通过网络接收远端服务器传来的数据，进行数据保存或在线分析处理，不仅可以节省实验教学成本，同时也可以使实验教学更灵活，提高教学效果。

三、远程故障诊断系统模式

远程故障诊断系统模式通常有两种：一种是基于 C/S 的故障诊断模式；另一种是基于 B/S 的故障诊断模式。

（一）C/S 的故障诊断模式

C/S 模式即客户端/服务器（Client/Server）模式，它是软件系统体系结构，通过它可以充分利用两端硬件环境的优势，将任务合理分配到客户端和服务器端来实现，降低了系统的通信开销。其主要由客户应用程序、服务器管理程序和中间件（Middleware）三个部件组成。客户应用程序是系统中用户与数据进行交互的部件。服务器程序负责有效地管理系统资源，如管理一个信息数据库，其主要工作是当多个客户并发地请求服务器上的相同资源时，对这些资源进行最优化管理。中间件负责连接客户应用程序与服务器管理程序，协同完成一个作业，以满足用户查询管理数据的要求。

（二）B/S 的故障诊断模式

B/S 模式即浏览器/服务器（Browser/Server）模式，是一种以 Web 技术为基础的新型的 MIS 系统平台模式，是对 C/S 结构的一种改进结构。在这种结构下，用户工作界面是通过 www 浏览器来实现，极少部分事务逻辑在浏览器端实现，但是主要事务逻辑在服务器端实现，形成所谓三层结构。

第一层客户机是用户与整个系统的接口。客户的应用程序精简到一个通用的浏览器软件，如 Netscape Navigator、微软公司的 IE 等。浏览器将 HTML 代码转化成图文并茂的网页。网页还具备一定的交互功能，允许用户在网页提供的申请表上输入信息提交给后台，并提出处理请求。这个后台就是第二层的 Web 服务器。

第二层 Web 服务器将启动相应的进程来响应这一请求，并动态生成一串 HTML 代码，其中嵌入处理的结果，返回给客户机的浏览器。如果客户机提交的请求包括数据的存取，Web 服务器还需与数据库服务器协同完成这一处理工作。

第三层数据库服务器的任务类似于 C/S 模式，负责协调不同的 Web 服务器发出的 SQ 请求，管理数据库。

（三） C/S 模式与 B/S 模式的优势比较

1. C/S 模式的优势

1）交互性强。在 C/S 中，客户端有一套完整的应用程序，在出错提示、在线帮助等方面都有强大的功能，并且可以在子程序间自由切换。

2）存取模式更安全。由于 C/S 是配对的点对点的结构模式，采用适用于局域网、安全性比较好的网络协议（例如：NT 的 NetBEUI 协议），安全性可以得到较好的保证。而 B/S 采用点对多点、多点对多点这种开放的结构模式，并采用 TCP/IP 这一类运用于 Internet 的开放性协议，其安全性只能靠数据服务器上管理密码的数据库来保证。

3）网络通信量低。B/S 采用了逻辑上的三层结构，而 C/S 只有两层结构，网络通信量只包括客户端与服务器之间的通信量。所以，较 B/S 模式 C/S 模式处理信息的能力强、处理速度快。

2. B/S 模式的优势

1）简化了客户端。不必像 C/S 模式那样在不同的客户机上安装不同的客户应用程序，而只需安装通用的浏览器软件。这样不但可以节省客户机的硬盘空间与内存，而且使安装过程更加简便、网络结构更加灵活。

2）操作更简单。对于 C/S 模式，客户应用程序有自己特定的规格，使用者需要接受专门培训。而采用 B/S 模式时，客户端只是一个简单易用的浏览器软件。无论是决策层还是操作层的人员都无需培训，就可以直接使用。B/S 模式的这种特性，还使 MIS 系统维护的限制因素更少。

3）业务扩展、维护简单方便。通过增加网页、改变网页即可实现服务器功能的业务扩展、系统维护升级。

4）开发简单，共享性强。

四、远程故障诊断的实现方法及手段

随着电子技术、计算机技术、网络技术、通信技术和传感器技术的长足进步和发展，在设备运行状态的远程监测方面，通常有两种方法：一种是外置式诊断监测，即在设备上安装的附加监测仪器系统，依托较为成熟的现有状态监测与故障诊断技术，实现在线的远程智能监测和故障诊断；另一种是内置式诊断监测，即在设备电子控制单元（ECU）设计阶段就将设备状态监测仪器作为设备的一个重要单元一并考虑，来设计设备状态监测与故障诊断系统，设备一旦制造完毕，设备状态监测系统便内置于设备中。

在汽车远程测试与诊断系统中两种不同的诊断检测方法，各有各的特点和优势。外置式诊断监测方法可以充分发挥现有诊断检测设备的资源优势，检测信息丰富，适用于汽车检测与维修中心，具有最高的性能价格比。由于汽车动态移动的特点，使得内置式诊断系统利用现有的移动通信网络、GPS 网络比装外置式监测系统在方便、灵活性上更占有明显优势。就国内外目前研究现状来看，外置式远程诊断方法应用更为广泛，特别是随着近年来计算机测

试技术、虚拟仪器技术的迅猛发展,以往需要涉及较为复杂的 TCP/IP 低层编程和 ActiveX 等技术才能解决的数据网上发布和共享问题现在变得简单和容易。

第二节 虚拟仪器技术

一、虚拟仪器的概念

所谓虚拟仪器就是利用现有的计算机,加上特殊设计的仪器硬件和专用软件,形成既有普通仪器的基本功能,又有一般仪器所没有的具有特殊功能的高档低价的新型仪器。20 世纪 80 年代,美国国家仪器公司(National Instruments Corporation)首先提出了虚拟仪器的概念,利用个人计算机独具的运算、存储、回放、调用、显示、文件管理以及在线帮助等智能化功能,建立中英文界面的虚拟仪器面板,构成一台从外观到功能都完全与传统硬件仪器相同,同时又充分享用了计算机智能资源的全新的仪器系统,如图 6-1 所示。操作人员通过操作与现实仪器面板相似的虚拟按键、旋钮等实现信号的采集、处理和控制等整个测试过程。用户可使用相同的硬件系统,通过不同的软件编程就可以充分发挥自己的才能和想象力,按自己的意愿随心所欲地设计自己的仪器系统,实现功能完全不同的各种测量。

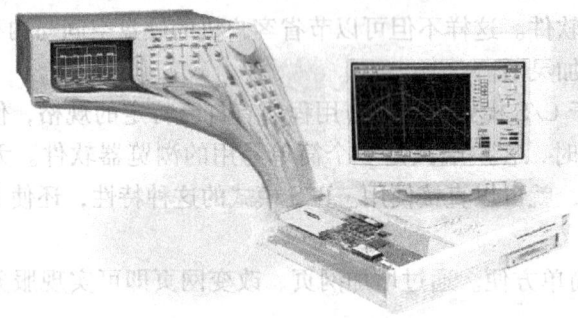

图 6-1 National Instruments Corporation 提出的计算机虚拟仪器

"虚拟"主要包含两方面的含义:一是虚拟仪器的面板是虚拟的,即虚拟仪器面板上的各种"控件""显示件"代替了传统仪器面板上开关、按键、显示器等各种器件,但是完成功能完全相同;二是虚拟仪器测量功能是由软件编程来实现的,即在以个人计算机为核心组成的硬件平台支持下,通过软件编程来实现仪器的测试功能,而且可以通过不同测试功能的软件模块的组合来实现多种测试功能,因此有在硬件平台确定后"软件就是仪器"的说法。它体现了测试技术与计算机技术深层次的结合。

可见,在整个虚拟仪器中,个人计算机是虚拟仪器的灵魂,软件系统是虚拟仪器的核心。

二、虚拟仪器技术的特点

虚拟仪器利用计算机的显示功能来模拟传统测试仪器的控制面板,通过软件将计算机硬件资源与仪器硬件有机地融合为一体,从而把计算机强大的计算处理功能和仪器硬件的测量、控制功能结合在一起，同时通过软件实现对数据的分析处理、显示、存储等。虚拟仪器的概念打破了传统仪器功能用户无法改变的模式，使得用户可以根据自己的需要，设计适于自己的测试系统。与传统仪器相比较，虚拟仪器具有以下优点，见表6-1。

表6-1 虚拟仪器与传统仪器的比较

虚拟仪器	传统仪器
用户定义仪器功能	厂商定义仪器功能
关键是软件	关键是硬件
技术更新周期短（1~2年）	技术更新周期长（5~10年）
速度和可靠性高	测试速度和可靠性难以保证
开发与维护费用降至最低	开发与维护开销高
可复用、可配置性强	价格昂贵
开放、灵活、与计算机技术同步发展	封闭、固定
可以与网络以及其他周边设备互联	功能单一的独立设备
数据可以进行编辑、存储和打印	需人工记录或通过软盘与其他数据交流

三、虚拟仪器的组成

虚拟仪器是计算机化仪器，由计算机、信号测量硬件模块和应用软件三大部分组成，基本构成框图如图6-2所示。

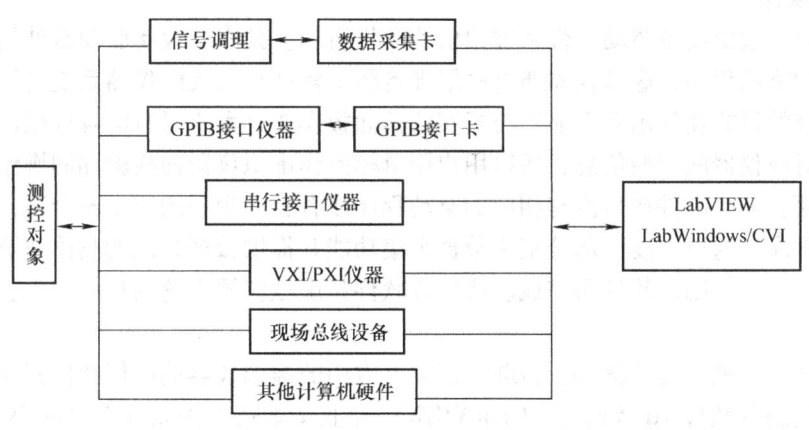

图6-2 虚拟仪器基本构成框图

1. 计算机

计算机是虚拟仪器的硬件基础，对于工业自动控制、测试与测量而言，计算机是功能强大、价格低廉的运行平台。由于虚拟仪器充分利用计算机的图形用户界面（GUI），所开发的具体应用程序都基于 Windows 运行环境，所以计算机的配置必须合适。

2. 信号测量硬件模块

根据虚拟仪器所采用的信号测量硬件模块的不同，虚拟仪器可以分为下面几种形式：

（1）PC-DAQ 测试系统 利用计算机扩展槽和外部接口，将信号测量硬件设计为计算机插卡或外部设备，直接插接在计算机上，再配上相应的应用软件，组成计算机虚拟仪器测试系统。这是目前应用得最为广泛的一种计算机虚拟仪器组成形式。按计算机总线的类型和接口形式，这类卡可分为 ISA 卡、PCI 卡、PCMCIA 卡、并口卡、串口卡和 USB 口卡等。

（2）GPIB 系统　通过 GPIB 标准接口总线，可以把具备 GPIB 总线接口的测量仪器与计算机连接起来，组成计算机虚拟仪器测试系统。GPIB 总线接口有二十四线（IEEE-488 标准）和二十五线（IEC-625 标准）两种形式，其中以 IEEE-488 的二十四线 GPIB 总线接口应用最多，其接口的总线定义和机电特性如图 6-3 所示。

（3）VXI 系统　以 VXI 标准总线仪器、计算机和虚拟仪器软件构成的测试系统。VXI 总线模块从物理结构看，由一个能为嵌入模块提供安装环境与背板连接的主机箱和插接的 VXI 板卡组成。与 GPIB 仪器一样，它需要通过 VXI 总线的硬件接口才能与计算机相连。

（4）串口系统　以 RS232 标准串行总线仪器、计算机和虚拟仪器软件构成的测试系统。

（5）现场总线系统　以现场总线仪器、计算机和虚拟仪器软件构成的测试系统。现场总线仪器是一种用于恶劣环境条件下的、抗干扰能力很强的总线仪器模块。通过现场总线专用连接电缆，与计算机构成虚拟仪器测试系统，实现用计算机对现场总线仪器进行控制。

数据	DIO1	1	13	DIO5
	DIO2	2	14	DIO6
	DIO3	3	15	DIO7
	DIO4	4	16	DIO9
握手信号	EOI	5	17	REN
	DAV	6	18	GND
	NRFD	7	19	GND
	NDAC	8	20	GND
接口管理	IFC	9	21	GND
	SRQ	10	22	GND
	ATN	11	23	GND
信号线	SHIELD	12	24	GND

图 6-3　IEEE-488 标准总线定义和机电特性

3. 应用软件

软件部分一般由设备驱动软件和虚拟仪器面板组成。其中，设备驱动软件是直接控制各种硬件接口的驱动程序，虚拟仪器通过底层设备驱动软件与真实的仪器系统进行通信，并以虚拟仪器面板的形式在显示器上显示与真实仪器面板操作元素相对应的各种控件。在这些控件中集成了对应仪器的程控信息，所以用户用鼠标操作虚拟仪器面板就如同操作传统仪器一样真实与方便。如果硬件接口没有相应的驱动程序或者驱动程序的版本不合适，用户就需要编写其驱动程序。这里，硬件部分实现数据采集功能并提供数据处理的具体环境，而数据的处理、显示和存储等则由软件来完成。所以说软件是虚拟仪器系统的核心，由它来定义仪器的具体功能。

应用软件是虚拟仪器的核心。目前，市面上常用的虚拟仪器的应用软件开发平台有很多种，如图形化编程软件 HP VEE、NI LabVIEW，专业文本式编程软件 NI Lab Windows/CVI，通用编程语言 Microsoft 公司的 Visual C ++、Visual Basic，Borland 公司的 Delphi 等。其中 NI 推出的 LabVIEW 软件开发平台易于学习、易于使用且功能强大，备受测控人员的青睐。其具有以下几点：

（1）图形化的仪器编程环境　它使用"所见即所得"的可视化技术建立人机界面，针对测试、测量以及过程控制等领域，LabVIEW 提供了面板上所必需的许多显示和控制对象，如旋钮、表头、图表等。用户还可以方便地将现有控制对象改成适合自己需要的控制对象。

（2）内置的程序编译器　LabVIEW 采用编译方式运行 32 位应用程序，解决了其他按解释方式工作的图形编程平台速度慢的问题。

（3）灵活的程序调试手段　用户可以在源代码中设置断点，单步执行源代码，在源代码数据流上设置断针，在程序运行中观察数据流的变化。

(4) 功能强大的函数库　LabVIEW 提供了大量现成函数供用户直接调用，从底层 VXI、GPIB、串口及数据采集板的控制子程序到大量的仪器驱动程序，从基本的功能函数到高级分析库，涵盖了仪器设计中几乎所有的函数，提高了程序开发效率。

(5) 开放式的开发平台　提供大量与外部代码或软件进行连接的机制，如 DLLs 动态连接库、DDE 共享库、ActiveX 等。

(6) 网络功能　它支持常用的网络协议，方便网络、远程测控仪器的开发。

(7) 助手功能　有强大的助手帮助功能，特别是在对 DAQ 的通道设计时，只要指定输入或输出的通道，就能轻松实现数据和信号的输入输出，不必再像传统的 DAQ 那样还要对通道的端口、驱动口号等进行设置。

四、虚拟仪器技术的发展及其应用

综上所述，虚拟仪器是电子测量技术与计算机技术深层次结合的、具有很好发展前景的新一类电子仪器。它要比传统的电子仪器更为通用，在组建和改变仪器的功能和技术性能方面更为灵活、经济，更能适应迅猛发展的当代科学技术对测量技术和测量仪器不断提出的更新并扩展功能与性能的要求。因此，虽然虚拟仪器技术诞生的时间不长，但它的发展速度是惊人的。目前已在声学分析、故障诊断、航天航空、军事工程、电力工程、机械工程、建筑工程、铁路交通、地质勘探、生物医疗、教学及科研等涉及国民经济的诸多领域广泛应用。随着计算机网络技术、媒体技术、分布式技术的飞速发展，融合了计算机技术的 VI 技术，其内容会更丰富。如简化仪器数据传输的 Internet 访问技术 DataSocket，基于组件对象模型（COM）的仪器软硬件互操作技术 OPC、软件开发技术 ActiveX 等。这些技术不仅能有效提高测试系统的性能水平，而且也为"软件仪器时代"的到来做好了技术上的准备。以个人计算机为基础，通过网络来构成实用的测控系统，提高生产效率，共享资源，将成为仪器技术发展的方向，网络化仪器将是今后测试仪器发展的必然。

目前，虚拟仪器在实验教学、科学研究、远程教育中发挥着巨大的作用。利用虚拟仪器构建虚拟实验室被认为是有广阔前景的事业。虚拟仪器与 Internet 结合组成远程虚拟仪器系统，将中心实验室的虚拟仪器和远端学员计算机上的虚拟仪器通过 Internet 联系起来，建成网络实验系统。为远程教育实验教学难的问题提供了一种全新的解决方案。通过虚拟仪器测试系统的网络化实现，可以实现汽车等设备的远程测试、诊断及维修服务，使故障诊断变得灵活方便，实现资源共享，避免重复开发，大大地提高了故障诊断的正确性及其工作效率。

第三节　远程虚拟仪器技术及其应用

网络化虚拟仪器是虚拟仪器技术与网络技术相结合的产物。远程虚拟仪器能从通过局域网或 Internet 相连的远端获得动态数据或将控制信号传送到远端，使在本地个人计算机上监控远端成为可能。可见利用网络技术组建远程虚拟仪器系统，可以使信息采集、传输和处理一体化。它的主要特点是借助于互联网这一媒介，在各个联网的地方都可以使用，不受地域的限制就能远程监控，并且还具有易于扩展的特点。

其主要特点是：用户界面的重心由 Windows 转为 Browsers；系统结构由单一的两个层次

扩展到由客户、数据库服务器、应用服务器组成的三个层次,并由浏览器、网络服务器的加入进一步扩展为多个层次。

系统运行过程为:用户使用浏览器访问数据采集服务器中的网络服务器,下载含有网络化虚拟仪器客户端程序的 HTML 文件,并在浏览器中启动网络化虚拟仪器客户端程序;然后和服务器端的数据采集服务器程序进行通信,发送控制命令和接收返回的测试数据,并进行分析、显示,数据采集服务器程序定期将采集的数据存入数据库服务器中;用户也可访问数据库服务器中的网络服务器,下载含有数据库查询功能的页面,对数据库中存储的测试数据进行查询和显示。

一、基于 B/S 模式的远程数据传输

使用 LabVIEW 的 Web 服务器在 Web 上发布 LabVIEW 程序,可以将 LabVIEW 环境下设计的虚拟仪器前面板发布到 Internet 上,远程用户可通过浏览器使用现场运行的虚拟仪器。下面以一个信号产生与处理的程序为例来说明数据传输过程的实现。

1. 服务器端的设计

服务器端的设计是设计一个虚拟的信号产生和处理的程序,用 LabVIEW 开发的虚拟信号产生和处理程序的服务器端的运行界面。

2. Web Server 的设计

Web Server 设计需要文件路径和网络设置、客户机访问权限设置、VIs 访问权限设置三个方面的设置。

(1) 文件路径和网络设置 在 LabVIEW 主菜单中选择 Tools≫Option…,出现一个 LabVIEW "Options" 对话框,选中启动 Web Server 单选框,填写 Web Server 存放 HTML 文件的位置和 LabVIEW 保存 Web 连接信息文件的位置,如图 6-4 所示。

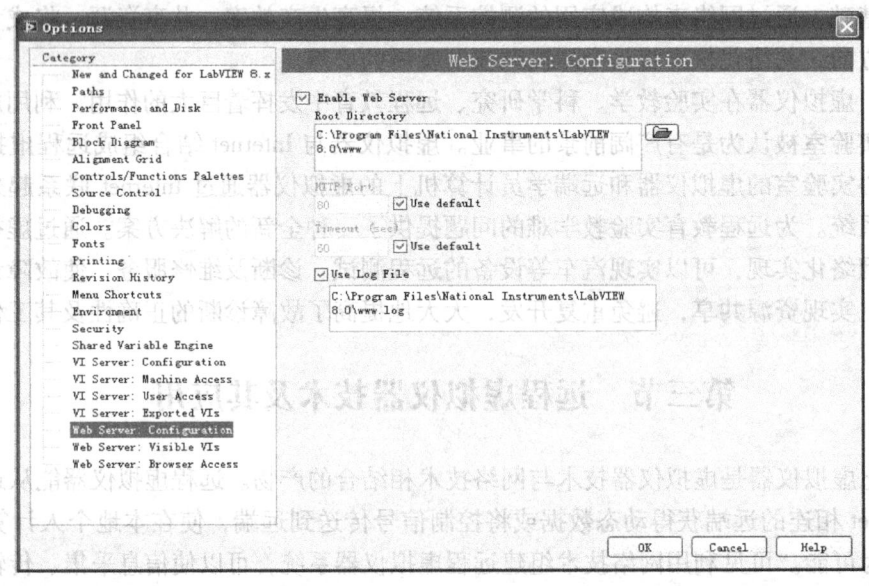

图 6-4 Web Server:Configuration 配置页面

(2) 客户机访问权限设置 设置允许或不允许访问 Web 服务器的计算机 IP 地址,设定

某个计算机的访问权限（允许查看及控制，允许查看，拒绝访问），如图 6-5 所示。

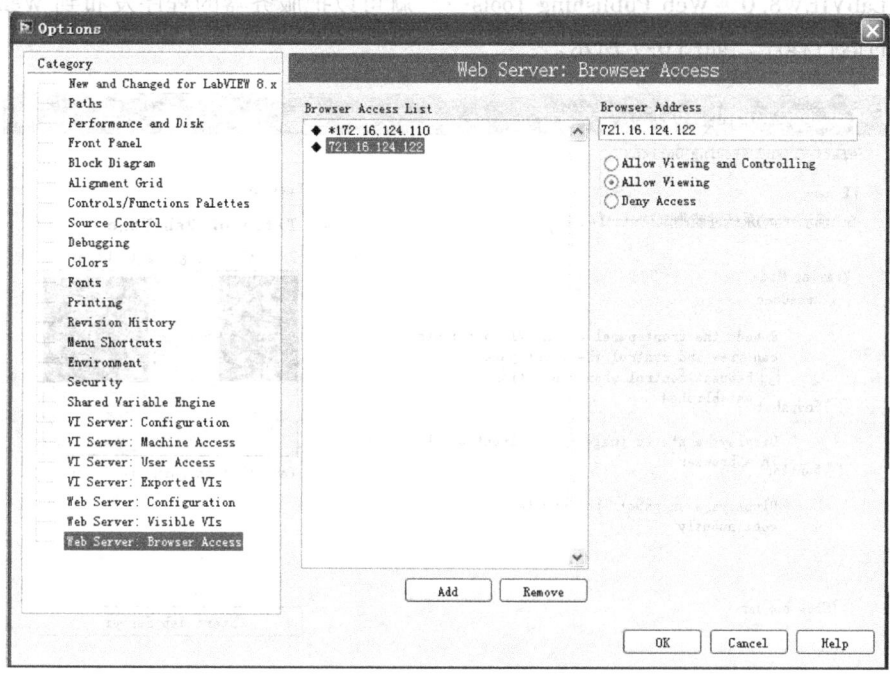

图 6-5　Web Server：Browser Access 配置页面

（3）VIs 访问权限设置　添加或删除内存中可通过 Web 服务器查看的程序名，如图 6-6 所示。

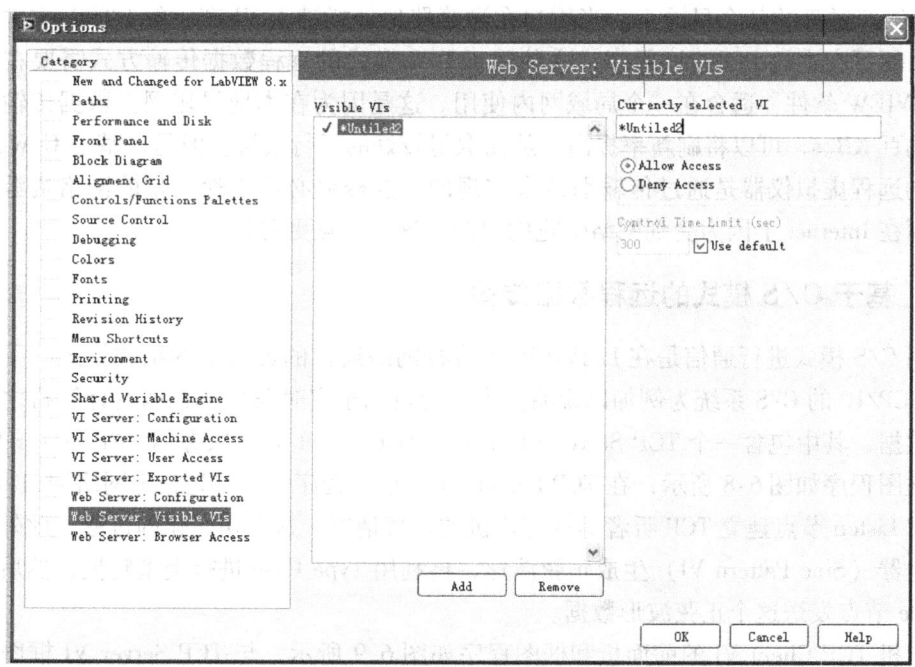

图 6-6　Web Server：Visible VIs 配置页面

3. 客户端程序的设计方法

利用 LabVIEW8.0 "Web Publishing Tools…" 就可以把服务器的程序发布到 Web 上，产生客户端的运行程序，如图 6-7 所示。

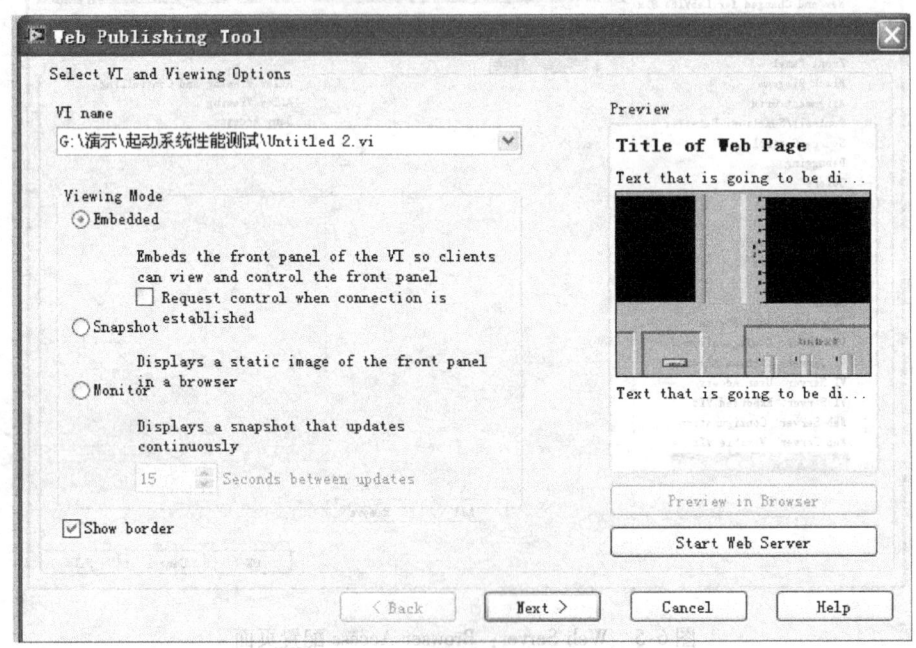

图 6-7 "Web Publishing Tool" 对话框

在 "VI Name" 框中输入要发布的 VI 的名称，单击 "Save to Disk" 按钮保存 VI 产生的 HTML 文件到磁盘的某个目录下。当用户在浏览器地址栏键入 VI 产生的 HTML 文件的网络路径后，便可在本机上运行该程序，这种基于 B/S 模式的远程数据传输方式需要在客户端安装 LabVIEW 软件，适合在一个局域网内使用。这是因为在本地局域网上数据传输的速率能达到几百 KB/s，可以将刷新率提高，从而取得较好的运行效果。但是，基于 G Web Server 实现的远程虚拟仪器是通过传输图像来实现的，这样势必会消耗大量的网络资源，实时性差，而在 Internet 上因为受到网络带宽的限制，这种缺点更明显。

二、基于 C/S 模式的远程数据传输

采用 C/S 模式进行通信是在 LabVIEW 中进行网络通信的最基本的结构模式。下面以一个基于 TCP/IP 的 C/S 系统为例加以说明。本系统可用于实时条件下在两台计算机之间共享少量的数据。其中包含一个 TCP Server VI 和一个 TCP Client VI。服务器 TCP Server VI 的前面板及框图程序如图 6-8 所示，在 TCP Server VI 的框图程序中，首先指定网络端口 (Port)，并用 TCP Listen 节点建立 TCP 听者等待客户机的连接请求，这是初始化的过程。此外用正弦波形发生器 (Sine Pattern VI) 生成正弦波形，再利用 Type Case 进行类型转换，然后用一个 TCP Write 节点发送这个正弦波形数据。

客户机 TCP Client VI 的前面板和框图程序如图 6-9 所示，与 TCP Server VI 框图程序相对应，TCP Client VI 的框图程序中，首先指定网络端口 (Port)，并用 TCP Open 节点建立用

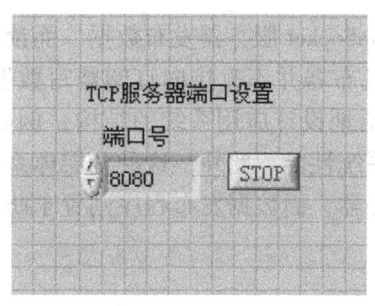 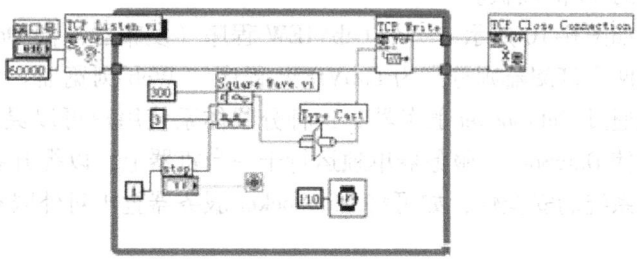

图 6-8　TCP Server VI 前面板及框图程序

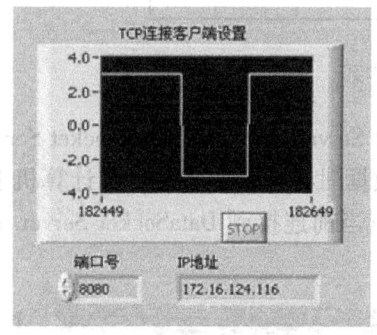 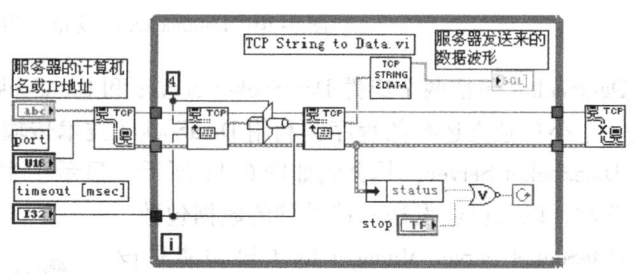

图 6-9　TCP Client VI 前面板及框图程序

指定的计算机名称和远程端口来打开一个 TCP 连接。此外还采用了 TCP Read 节点读取由服务器送来的正弦波形的数据，并用 Type Case 进行类型转换，在图形显示器（Waveform Chart）中进行实时输出正弦波形的数据。

值得注意的是，在 TCP 节点进行通信的时，需要在服务器框图程序中指定网络通信端口（Port），客户机也要指定相同的端口，才能与服务器之间进行正确的通信。端口值由用户任意指定，只要服务器和和客户机的端口保持一致即可。在一次通信连接建立后，就不能更改端口的值了。如的确需要改变端口值，则必须首先断开连接，才能重新设置端口值。

还有一点要值得注意的是，在客户机框图程序中首先要指定服务器的名称才能与服务器之间建立连接。服务器的名称是指服务器的计算机名，若服务器和客户机程序在同一台计算机上同时运行，客户机程序中输入的服务器的名称可以是 localhost，也可以是这台计算机的计算机名，甚至可以是一个空字符串。

三、基于 DataSocket 技术的远程数据传输

DataSocket 是 NI 公司提供的一种基于 TCP/IP 协议的网络编程新技术，它支持本地文件 I/O 操作、FTP 和 HTTP 文件传输、实时数据共享，并提供统一的 API 编程接口。它具有使用方便、编程工作量少、不需要了解底层操作过程等优点，特别适合于远程数据采集、监控和数据共享等应用程序的开发。用户使用这种技术可以很容易地在互联网上实现高速实时数据交换。LabVIEW 还具有远程面板访问技术，用户可以在互联网上直接控制位于远端服务

器上的 VI 前面板。

如图 6-10 所示，一个 LabVIEW 程序（发布器）向 DataSocket 服务器发布数据，而读数据的两个订阅器则分别为 LabVIEW 程序和 Web 浏览器。发布器并不直接向订阅器写数据，而是通过 DataSocket 服务器，这种分层体系使用户可以灵活地设计应用系统的结构，例如，可以使 DataSocket 服务器单独运行于一台机器上，以提升系统性能。此外，这种分层体系可提高系统的安全性，如可将 DataSocket 服务器置于对外服务器，而数据发布程序则置于防火墙后。

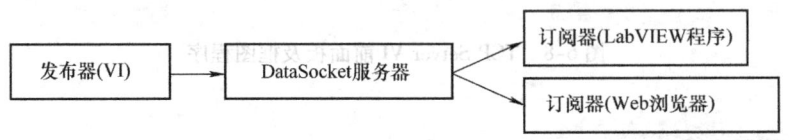

图 6-10 DataSocket 的发布/订阅体系

DataSocket 包括两个组件 DataSocket Server 和 DataSocket Server Manager。DataSocket Server 是一个小巧独立运行的程序，利用 DataSocket 技术传输数据时必须在发布程序的计算机上打开 DataSocket Server，其页面如图 6-11 所示，显示了主机当前连接到 DataSocket Server 上的任务数，以及已经发送和接受到的数据包数。

DateSocket Server Manager 的主要功能是设置 DateSocket Server 可连接的客户数目和可创建的数据项数目、设置用户权限、预定义数据项等，如图 6-12 所示。

利用 DataSocket 将现场采集数据的程序与故障诊断中心的程序连接起来实现远程监控的方法有两种：

1. 通过 DataSocket 连接两个程序的前面板

通过 DataSocket 将两个程序的前面板对象连接起来，一个对象发送数据，另一个对象接

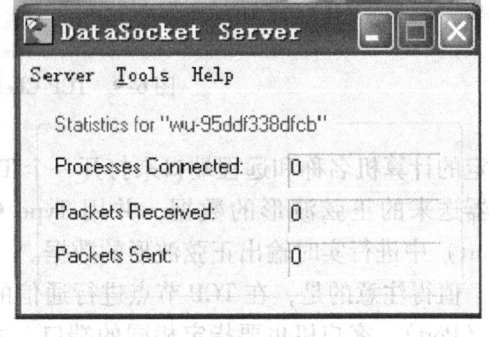

图 6-11 DataSocket Server 页面

收数据，不需要任何网络编程，就可以实现对程序的远程控制和数据采集等功能。利用 LabVIEW7.1 中控件的 DataSocket Connection 这个属性，可以实现不同计算机上相对应的两个甚至多个同类型控件之间的 DataSocket 通信。在控件的右键菜单中选择 Data Operations≫DataSocket Connection，就会弹出"DataSocket Connection"属性对话框，如图 6-13 所示。

在"Connect To"栏中填写该控件的 URL 地址，格式为 dstp：//servername/dataname，在"Connection Type"选项中选择相应的类型。

如果为不同计算机中的两个类型相同的 LabVIEW 控件设置相同的 DataSocket Connection URL 地址，并且其"Connection Type"都选择"Publish and subscribe"，那么，这两个控件就由 DataSocket 连接起来了，这两个控件会完全保持同步，其中一个控件发生了变化，另一个控件也会发生同样的变化。

利用 DataSocket 的这种特性，可以将现有的 LabVIEW DAQ 应用程序很容易地改造成具有远程数据采集功能的 DAQ 应用程序。但要求发布程序的计算机和接受程序的计算机上需

第六章 汽车远程测试与诊断技术

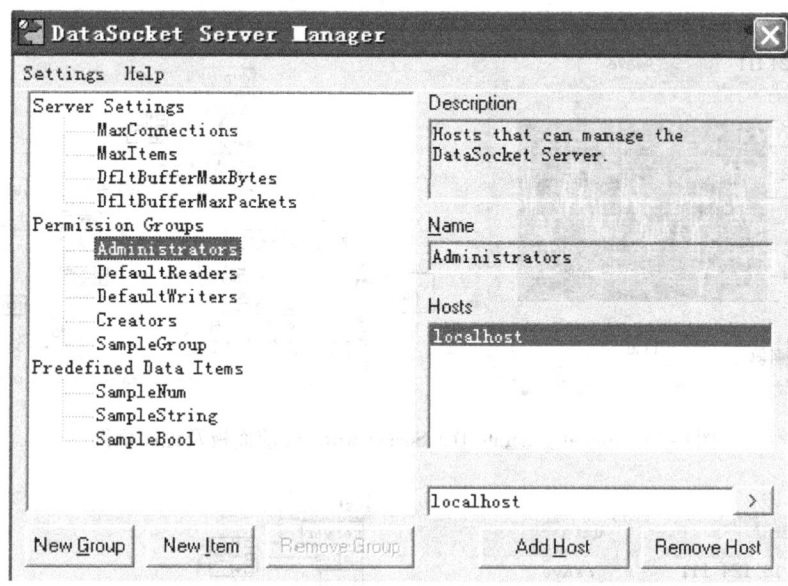

图 6-12　DataSocket Server Manager 页面

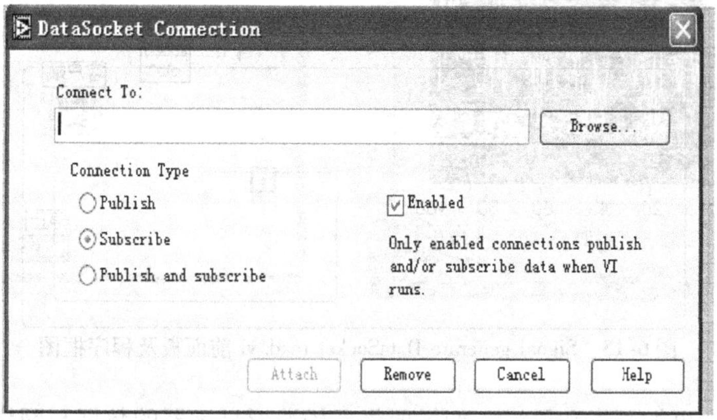

图 6-13　"DataSocket Connection" 对话框

有相同的程序面板。用这种连接的方式无需编程，简单易用。但其数据传输是不透明的，不能对数据进行处理。要客户机处理服务器传入的数据，就必须编写基于 DataSocket 协议的程序。

2. 在程序中使用 DataSocket 传输数据

下面举例说明利用 DataSocket write.vi 向服务器写数据，用 DataSocket read.vi 读取数据的远程传输的实现。前面板和程序框图如图 6-14 和图 6-15 所示。

它是通过使用 URL 地址唯一标识数据源，通过规定（俗称网址或资源定位管理器）和控件连接方式就可发布和读取数据。这里的 URL 标识方式不同于大多数的数据 I/O 技术，它表示了数据所在位置的同时也表明了取得数据的方式（如 dstp：/172.16.124.111/wave）：在 URL 地址的第一部分表明了数据传输的传送协议，第二部分表示 DataSocket Server 所在的计算机名或其 IP 地址，第三部分为传送的数据名，类似于文件名，这些使得数据

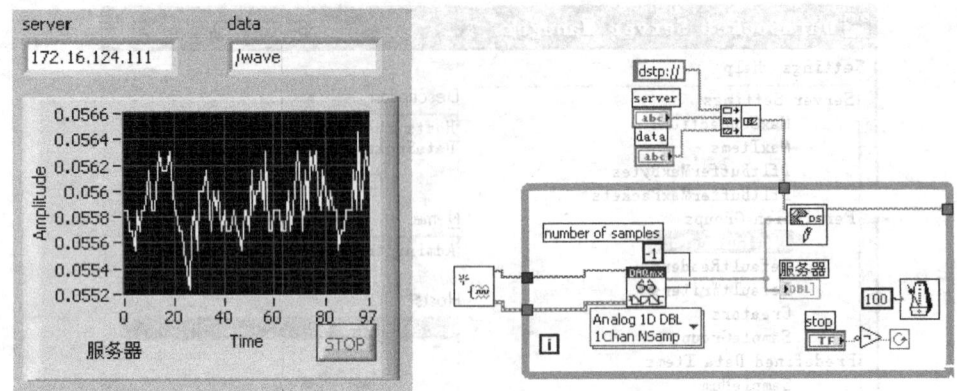

图 6-14 Signal generate DataSocket write.vi 前面板及程序框图

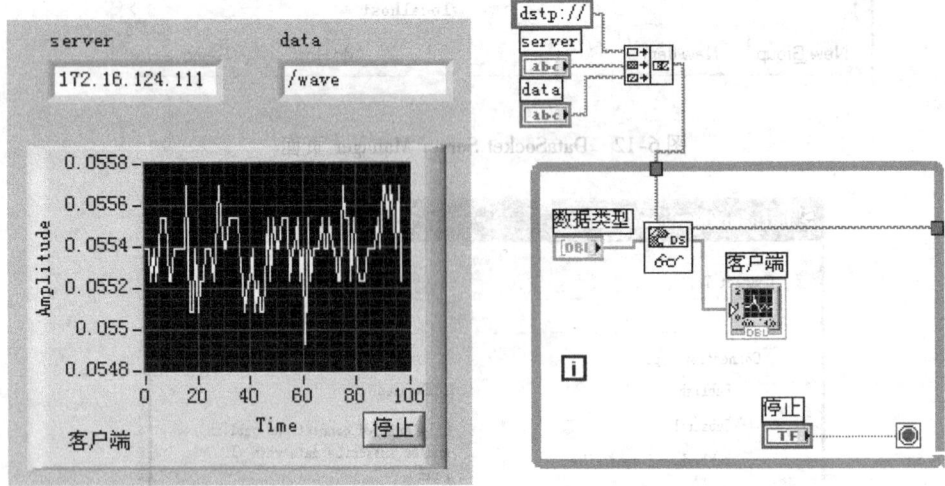

图 6-15 Signal generate DataSocket read.vi 前面板及程序框图

的远程采集和传送更加可靠和灵活。如果要将现场波形显示器的数据与网络中的其他计算机共享，则在本地的 DataSocket write.vi 程序的前面板的 URL 栏中指定一个 URL，在远程客户机的 DataSocket read.vi 程序的前面板 URL 栏中填写相同的 URL，并运行程序，这样数据就可以在现场和远程之间进行无误差的传送。

DataSocket 技术是实现实时高速数据发布的有效手段。在 DataSocket 技术的安全性方面，可以在以下几方面进行控制：

1）运用 DataSocket 服务器管理起来设置管理。

2）让 DataSocket 服务器运行于防火墙之外的主机上，同时让写数据的源应用程序（如现场数据采集程序）所在的主机置于防火墙之内；而且 DataSocket 已注册使用的 TCP/IP 的 3015 端口作为 dstp 协议端口。

3）使用 TCP/IP 网络层加/解密工具软件，或直接在应用程序中应用加解密算法实现传输数据的加密。

4）在客户端程序中增加安全性控制，如口令、功能限制等。

四、远程虚拟仪器技术在汽车检测中的应用实例

汽车发动机被誉为"汽车的心脏",是车辆行驶的动力来源,汽车的一些基本技术性能都直接或间接地与发动机的相关性能相联系。通过发动机综合性能不仅能够反映车辆的整车性能,还可以对发动机的工作状况作出判断。

(一) 工作原理及方案

基于虚拟仪器技术和网络通信技术的发动机综合性能远程测试诊断系统硬件系统由传感器、数据采集卡、服务端计算机及远程客户端组成,具体结构如图 6-16 所示。传感器类别由检测项目确定。

发动机综合性能测试项目包括动力性、经济性、环保性能等。其中发动机气缸的密封性、点火正时、空燃比、起动性能是影响这些性能的主要因素。可通过测试发动机工作状态下的气缸压力、转速、点火提前角、尾气排放等状态信息,准确反映、判断发动机的工作情况,为进一步进行故障诊断、修理提供科学依据。

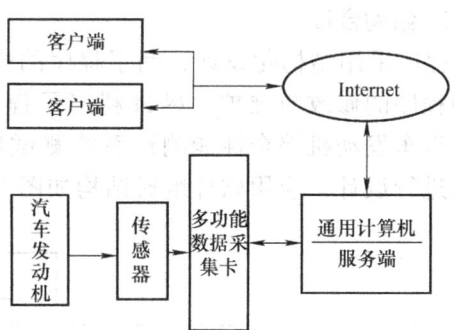

图 6-16 系统结构组成示意图

1. 起动系统性能检测

检测发动机在起动过程中的起动电压/电流、起动转速、气缸压力、各缸相对缸压等状态参数。

测量原理:利用电流/电压传感器,测试起动电流和蓄电池电压;利用转速传感器即可测出发动机转速;用压力传感器测出发动机 1 缸的压力值,其他各缸的压力值按电流波形幅度推算获得。

2. 点火系统检测

主要检测发动机点火系统各缸点火高压、点火提前角、闭合角等状态参数。

测量原理:系统传感器有点火高压传感器、缸压传感器、发动机转速传感器、蓄电池电压等。点火高压传感器用于检测发动机各缸点火高压信号,缸压传感器在此主要用于判断气缸压缩上止点位置时刻,结合发动机转速传感器信号和点火高压信号进而计算获得点火提前角信息,其检测原理图如图 6-17 所示。闭合角即汽油机点火过程中,初级电路导通阶段所对应的凸轮轴转角。闭合角的检测点火波形和蓄电池电压波形分析计算获得。

3. 发动机异响测试

包括主轴承响、连杆轴承响、活塞销响、活塞敲缸响、气门响(异响波形)。

测量原理:系统异响声信号通过声强传感器进行识别提取。由于发动机异响信息的非平稳性决定了对发动机时域声强特征的提取以及诊断时,需通过信号联合时域、频域分析的方法将非平稳的一维噪声信号以二维的时间频率函数形式表示出来,以揭示信号中包含的频率成分,以及各个频率分量随时间变化关系,从而以获得更多的故障诊断信息,使发动机故障诊断的准确性得到提高。

4. 尾气排放测试

发动机工作过程中的 HC、CO、NO_x、O_2 的排放量。

测量原理：以 RS-232 串口通信协议为基础，利用串口通信技术设计上位机与废气分析仪之间的通信，构建汽车尾气检测系统的硬件部分；在软件方面，采用图形化编程语言 LabVIEW 作为开发平台，完成 RS-232 数据通信并设计友好的尾气排放检测系统操作界面和数据库模块。

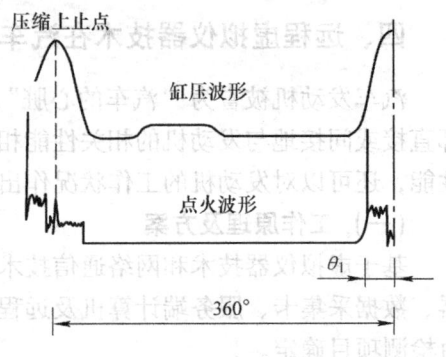

图 6-17　点火提前角检测原理图

（二）测试系统的软件设计

软件设计是虚拟仪器设计的主要任务，设计时应遵循以下的设计原则：

1. 结构合理

程序采用结构化设计，利于程序的进一步扩展和程序的修改与维护。尽量利用子程序，使得程序的层次分明，易于阅读和理解。根据汽车发动机综合性能测试系统测试项目的要求，对测试系统软件按照模块化设计方法进行设计，应用软件组成结构如图 6-18 所示。

图 6-18　测试系统软件组成结构

2. 操作性好

程序的操作界面使用方便，还要考虑到降低对操作人员专业知识的要求。在程序设计中，尽量多采用各种图标或菜单实现人机对话，以提高工作效率和程序的易操作性。例如：汽车发动机综合性能测试系统前面板如图 6-19 所示，面板上的"起动性能检测""点火性能检测""发动机异响检测""尾气排放检测"四个按钮控件可方便地实现单项测试子程序调入，执行"点火性能检测"后会出现图 6-20 所示的提示信息，确定后进入点火性能检测子程序，如图 6-21 所示。

3. 一定的保护措施

程序中设计一定的检测程序，以便于系统发生故障时查找故障部位。对于重要的参数要定时存储，以防止因掉电而丢失数据。

4. 程序中包括必要的程序说明和用户帮助文件

帮助用户了解软件设计功能，并在遇到使用问题时尽量通过参考帮助文件解决。系统每一检测模块均带有系统帮助功能。

（三）远程测试功能实现

当汽车发动机故障无法现场诊断排除时，可执行系统主程序前面板"远程求助诊断"按钮以寻求远程帮助。可以利用前面介绍的三种方法进行诊断测试信息的远程发布，在此不再详述。另外，在远程诊断过程中，如远程故障诊断中心需要客户端提供设备的故障情况和

第六章 汽车远程测试与诊断技术　　345

图 6-19　系统程序前面板

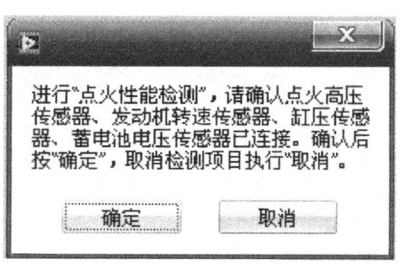

图 6-20　信息提示对话框

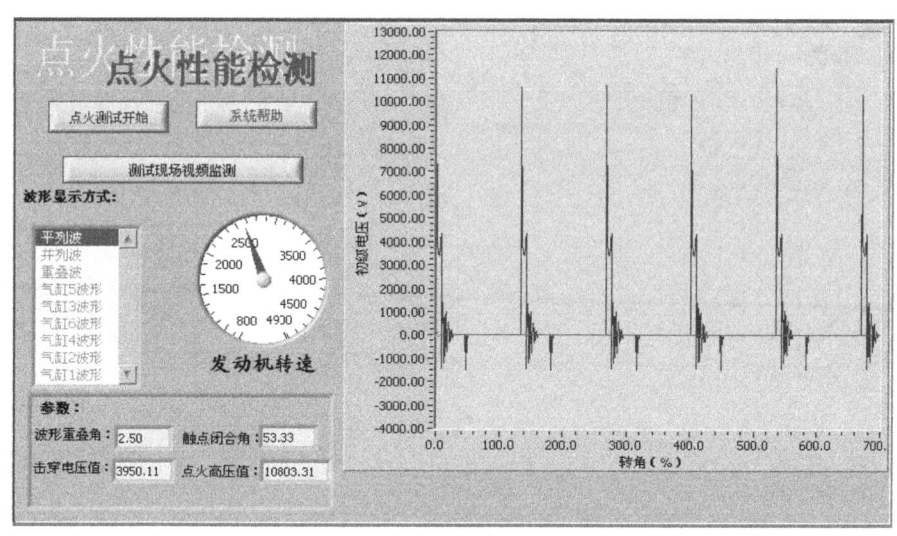

图 6-21　点火性能检测程序前面板

运行状态或客户端用户需要远程故障中心的专家通过网络对用户的设备进行诊断，指导用户进行维修，双方需要通过音频和视频进行相互交流时，执行面板上"视频检测"控件，测试系统软件调用 Windows 系统 NetMeeting 程序,如图 6-22 所示,远程故障诊断中心确认用户应后建立连接,双方使用语音、图像、文字或者白板的工具,可对故障问题进行讨论。

 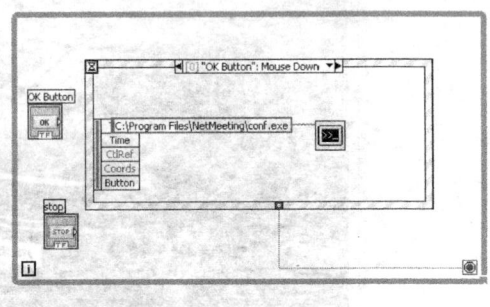

图 6-22 调用程序面板及程序框图

参 考 文 献

[1] 嵇伟. 现代汽车故障诊断与维修 [M]. 北京：人民交通出版社，2005.
[2] 张子波. 汽车故障诊断技术 [M]. 北京：机械工业出版社，2005.
[3] 赵英勋. 现代汽车检测与故障诊断 [M]. 北京：国防工业出版社. 2007.
[4] 孙成刚，王超. 汽车检测与诊断技术 [M]. 北京：北京理工大学出版社，2008.
[5] 王秀贞. 汽车故障诊断技术 [M]. 西安：西安电子科技大学出版社，2007.
[6] 刘艳莉. 汽车故障诊断技术 [M]. 西安：西安电子科技大学出版社，2007.
[7] 赵福堂，渠桦，解建光. 现代汽车检测诊断与维修 [M]. 北京：北京理工大学出版社，2005.
[8] 嵇伟. 汽车电喷发动机常见故障诊断与分析 [M]. 北京：机械工业出版社，2008.
[9] 付仙兰. 虚拟仪器在汽油发动机综合性能检测系统中的应用研究 [D]. 长沙：中南林学院，2004.
[10] 孙培峰，陶伟华. 基于 Internet 的汽车发动机综合性能检测系统 [J]. 农机化研究，2004（3）：222-224.
[11] 朱同. 基于虚拟仪器的发动机点火系测试与诊断方法研究 [D]. 长春：吉林大学，2006.
[12] 卢小武. 基于网络的远程汽车发动机故障诊断系统的研究 [D]. 福州：福州大学，2004.
[13] 王程，常思勤，许善珍. 汽车燃油蒸发排放测试系统的远程虚拟仪器实现 [J]. 汽车技术，2007（2）：33-35.